Affaires et Comptabilité 3.0

Les chiffres au cœur de l'innovation et du succès

Micheline Renault

I0894592

JFD Éditions

Affaires et Comptabilité 3.0 : les chiffres au cœur de l'innovation et du succès
Micheline Renault

Catalogage avant publication de Bibliothèque et Archives nationales du Québec et Bibliothèque et Archives Canada

Renault, Micheline

Affaires et Comptabilité 3.0 : les chiffres au cœur de l'innovation et du succès

Comprend des références bibliographiques

ISBN 978-2-923710-78-5

1. États financiers. 2. Entreprises - Comptabilité. I. Titre.

HF5681.B2R46 2016 657.3 C2016-941413-2

Les Éditions JFD inc.
CP 15 Succ. Rosemont
Montréal (Québec)
H1X 3B6
Téléphone : 514-999-4483
Courriel : info@editionsjfd.com
www.editionsjfd.com

ISBN : 978-2-923710-78-5
Dépôt légal : 4e trimestre 2016
Bibliothèque et Archives nationales du Québec
Bibliothèque et Archives Canada

Infographie et graphisme : Jonathan Lemarcheur & Adrien Rowen
Révision des épreuves : Marie Vézina

Correction : Lise Bergeron

Imprimé au Québec, Canada

À Béatrice,
À R.D.

Table des matières

Introduction

Dans les réseaux d'entrepreneurs, dans les milieux d'affaires, on n'a jamais autant parlé d'économie de partage, d'entreprises collaboratives, de nouveaux modèles de consommation axés sur l'utilisation plutôt que sur la propriété, bref, on n'a jamais autant parlé, sans les nommer comme telles, de comptabilité et de finance. Les entrepreneurs et les décideurs auraient-ils découvert que la maîtrise du langage des chiffres est un atout remarquable pour créer des modèles d'affaires innovants et tisser des liens solides entre les clients, les actionnaires et les investisseurs? Cette triade étant devenue un lieu d'idéation et de création d'entreprises où chacun y trouve son compte :

- Un produit répondant au besoin immédiat des clients et offert au prix qu'ils souhaitent payer;
- Des liquidités et du temps pour les entrepreneurs;
- Une « sortie de billes » rentable pour les investisseurs.

Nous pourrions tergiverser longtemps sur la définition de ce qui est souhaité par chacune des parties de la triade en nous disant « Nous verrons bien » : nous allons produire, placer en tablette, vendre et rembourser les investisseurs, tout cela étape par étape. Mais nous n'en sommes plus là. Le Web, appelé « Web 2.0 », source et partage d'information, a fait place au Web 3.0[1], où clients, entrepreneurs et investisseurs définissent, ensemble, le bien ou le service requis, dans le format désiré, au prix fixé[2].

Les modèles d'affaires évoluent en fonction des besoins et des exigences des clients de chaque entreprise, de ses clients. Ainsi, au moment où l'entreprise montréalaise Frank + Oak, connue pour ses vêtements vendus en ligne, ouvre de plus en plus de « vraies » boutiques[3], une autre société, Altitude Sports[4], qui avait pignon sur rue depuis plus de 30 ans, ferme ses portes pour faire essentiellement du commerce électronique. Des décisions d'affaires qui reposent sur la connectivité entre les clients et l'entreprise, mais aussi sur les chiffres. Dans le premier cas, Frank + Oak a vérifié auprès de ses clients à quel endroit ils seraient suffisamment nombreux pour justifier les frais importants liés à l'ouverture d'un magasin de « brique et de mortier ». Alors que dans le second cas, Altitude Sports a vu sa clientèle migrer vers le Web, car celle-ci préférait l'inventaire « virtuel » plus abondant et diversifié de son site Internet que celui, limité, en magasin. Ce faisant, Altitude Sports a probablement conclu un nouvel accord commercial tacite avec ses clients en leur transférant une partie des économies générées par la nouvelle gestion d'inventaire moyennant un délai raisonnable de livraison[5].

---

[1] Également appelé « *Common Sense Web* ».

[2] John Markoff, dans un article publié dans le New York Times, le 12 novembre 2006, anticipait déjà l'impact de la connectivité « intelligente » entre clients et entreprises que permettraient une meilleure organisation des bases de données, la sophistication des technologies de forage de données et surtout, la simplification, pour le client, de la recherche et de la prise de décision. « Je désire une chambre d'hôtel située près de l'intersection x et y, avec vue sur la rue, au 2e étage, à tel prix »... Voilà. http://query.nytimes.com/gst/fullpage.html?res=9506E3DD163EF931A25752C1A9609C8B63&pagewanted=2&pagewanted=print. Consulté en juillet 2016.

[3] Jolicoeur, M. (2015, 16 septembre). Frank + Oak prend pied au centre-ville de Montréal. *Les Affaires*, La vitrine du détail. https://www.lesaffaires.com/blogues/martin-jolicoeur/frank-et-oak-s-installe-au-centre-ville/581648. Consulté en juillet 2016.

[4] Béland, G. (2016, 30 mars). Altitude Sports quitte Saint-Denis. *LaPresse+*, Commerce de détail, http://plus.lapresse.ca/ce-dont-vous-avez-besoin. Consulté en juillet 2016.

[5] Hypothèse de l'auteure.

Mais, pour ce faire, il faut savoir compter. Et décider. Ouvrir un magasin exige une mobilisation de capitaux et une assumation régulière et obligatoire des coûts de location, de personnel et de renouvellement de l'expérience client. Les nouveaux chiffres transforment fondamentalement la trésorerie, le risque et le défi commercial. Plus facile d'opter pour le commerce électronique? Pensez-y quelques minutes. La mobilisation de fonds est toujours requise pour la construction du site Internet et de l'application mobile, et il faut par la suite renouveler l'expérience client, se démarquer de la concurrence, dont la distance n'est qu'à un clic, et tenir ses promesses pour la livraison et les retours de marchandises. Ce qui se traduit une fois de plus par des impacts sur la trésorerie, le risque et le défi commercial.

J'utilise ici les exemples de Frank + Oak et d'Altitude Sports, mais imaginez quand il faut redéfinir et transformer des entreprises de la taille des grandes banques qui sont actuellement en pleine zone de turbulence. C'est tout un défi pour les gestionnaires-entrepreneurs[6], qui prennent actuellement la barre de cette période de changement que la firme comptable PwC qualifie de « révolution » plutôt que d'« évolution »[7].

Parallèlement à l'évolution des relations entre les clients et les entreprises, on constate une plus grande connivence dans les relations entre les entrepreneurs, les investisseurs et les prêteurs institutionnels. Il n'y a qu'à observer les plus récentes campagnes publicitaires des institutions financières où elles se présentent comme des partenaires actifs, apportant financement et expertise pour le plus grand succès de l'ensemble. Les clients y témoignent de la valeur de ce partenariat financier hybride alliant savoir et argent. On observe la même chose dans le marché de l'investissement privé où anges financiers et regroupements d'investisseurs prennent des participations actives dans des entreprises mettant au service des entrepreneurs, en plus de l'argent, leur savoir, leurs contacts et leurs réseaux[8]. Et, nouveau phénomène, avec la popularité du financement participatif, ce sont maintenant les clients qui dictent ce qu'ils veulent et qui financent directement les entreprises[9].

En effet, de plus en plus de personnes s'intéressent au financement direct, également appelé « financement privé », lasses des soubresauts des marchés boursiers ou animées par un désir d'entrer en relation directe avec les entrepreneurs, dans des entreprises en démarrage[10] ou en croissance. Dans ce cas, il s'agit de financement de gré à gré, assorti de contrats « sur mesure », où il faut connaître le langage d'affaires, le langage comptable et le langage légal.

Et de quelles expressions ces langages sont-ils truffés! On parle de métiers des financiers, d'*argent intelligent*, de financement « sur la tête de... », d'anges financiers, de sociétés d'investissement privées, de formules de rémunération et de stratégie de sortie. On est loin du traditionnel « remboursement mensuel, capital et intérêts » des prêts à terme. Redevances, royautés, pourcentage cédé de la valeur de l'entreprise, il n'y a pas de formule préétablie. Il faut connaître le langage comptable. Il faut savoir compter. Et décider.

J'ai la chance d'habiter un quartier où on trouve un grand nombre de jeunes entrepreneurs actifs dans l'industrie des technologies et où les cafés sont de véritables lieux de création et de développement des affaires. Et j'y entends parler de « rentabilité », de « liquidités » et de « coûts » avec l'aisance et la familiarité que tout décideur en affaires devrait posséder.

---

[6] Le lecteur aura remarqué que nous avons utilisé l'expression gestionnaires-entrepreneurs qui correspond exactement à ce qui est recherché et valorisé dans les organisations. Des gestionnaires qui se voient comme des « propriétaires » de leur service, de leur département, en partenariat avec l'organisation, avec les risques et les récompenses attenants. Ce volume s'adresse donc autant aux entrepreneurs-actionnaires qu'aux entrepreneurs-gestionnaires.

[7] PwC. (2016). Retail Banking 2020, Evolution or Revolution? https://www.pwc.com/gx/en/banking-capital-markets/banking-2020/assets/pwc-retail-banking-2020-evolution-or-revolution.pdf. Consulté en juillet 2016.

[8] Les émissions de télévision comme « Dans l'œil du dragon », diffusées sur les réseaux canadiens et américains, ont joué un rôle important en faisant connaître au grand public la fonction et les exigences des investisseurs privés. http://dragon.radio-canada.ca/. Consulté en juillet 2016.

[9] Entreprises Québec, Le financement participatif. http://www2.gouv.qc.ca/entreprises/portail/quebec/bulletin?x=bulletin&b=2669297835&t=n&e=4009218550. Consulté en juillet 2016.

[10] Communément appelées « *start-up* ».

À ces entreprises technologiques s'en greffent d'autres aux allures plus conventionnelles, comme la restauration, le logement, le divertissement, qui misent sur les caractéristiques de cette clientèle et le comportement des coûts pour construire leur proposition commerciale. C'est avec intérêt, d'ailleurs, que j'ai pris connaissance de la proposition commerciale d'un « café » qui loue maintenant des places de travail à l'heure et offre le café gratuitement. Les clients accepteront-ils ce transfert direct des coûts fixes du local de l'infrastructure et du personnel dans un mode de facturation à taux horaire, ou préféreront-ils d'autres formules, comme un coût plus élevé pour le café ou une « subvention » des clients qui ne font que passer? Chacune des parties fera ses calculs. Un beau cas de « *mix* » marketing et comptabilité[11].

Toujours dans le même quartier, certaines entreprises voient actuellement le coût de leur bail augmenter de façon importante[12]. Quelques-unes d'entre elles ont quitté et se sont relocalisées dans des quartiers avoisinants, souhaitant que leurs clients acceptent le contrat tacite d'un maintien des prix de vente conditionnel à un changement de lieu. D'autres sont entrées dans des partenariats en hébergeant des entreprises offrant des produits complémentaires, en louant à certaines périodes de la journée leur espace cuisine, ou, avec l'accord des clients, en leur transférant l'augmentation du loyer dans le prix de vente. Des entreprises utilisent le langage comptable pour dialoguer avec les clients? Certainement. Il n'est plus rare de voir affichée près de la caisse une note avisant les clients que, dû à une augmentation du coût des matières premières ou du loyer, l'entreprise doit augmenter ses prix. Et les clients comprennent, compatissent, évaluent le rapport entre l'augmentation du coût des matières premières et celle du prix de vente et acceptent la modification au contrat-client.

Au cours de ma carrière, j'ai eu l'opportunité de travailler avec des entrepreneurs, des gestionnaires de différentes disciplines, des comptables et des financiers, au Canada et à l'international, et de leur offrir de la formation. Je suis également présente dans les milieux entrepreneuriaux, vouant une grande admiration à ces femmes et à ces hommes qui osent. Et je suis cliente de différentes entreprises, une de celles qui les obligent à repenser leur proposition commerciale, incluant la distribution, le service à la clientèle et le prix. De façon anecdotique, je me plais à dire que je suis une « commissionnaire », que « je fais les messages » d'un groupe à l'autre. Et je réalise que cela est possible en autant que nous partagions le même langage universel, le même code d'échange et de discussion qu'est la comptabilité. Et que de part et d'autre, nous modifiions la perception de l'apprentissage de cette « langue de travail » pour innover, créer, avancer et réussir. Aussi, je dis aux entrepreneurs, aux gestionnaires-entrepreneurs, voyez les chiffres comme une partie intégrante de l'idéation et du succès en affaires plutôt que de les voir comme la partie obligée de la fin d'étape du projet d'affaires[13]. Voyez les comptables et les financiers comme des membres de l'équipe de création et cessez de les associer uniquement à la reddition de comptes et aux rapports de fin d'année et de perception de taxes[14]. Et je dis aux comptables et aux financiers, faites partie de l'équipe d'entrepreneurs, prenez le temps d'expliquer la pertinence et l'utilité de chacune de vos questions, faites de chaque rencontre un moment d'arrêt privilégié pour échanger sur ce qu'est et ce que veut être l'entreprise. C'est ce que j'appelle la comptabilité 3.0.

Finalement, dans cette ère où il n'y a plus de frontières, pour l'avoir expérimenté à plusieurs reprises, quoi de plus extraordinaire de constater que malgré la diversité des langues et des professions, la comptabilité est un langage universel qui rallie rapidement tous les intervenants autour de la table.

Bonne lecture,
Micheline Renault, D. Sc., MBA, CPA Auditeur, CA
Le 6 août 2016

[11] Des cafés montréalais réinventent l'espace de travail. http://www.tvanouvelles.ca/2016/03/18/des-cafes-montrealais-reinventent-lespace-de-travail. Anticafé Montréal. http://anticafemontreal.com/fr/. Les meilleurs cafés pour étudier à Montréal. http://www.nightlife.ca/2013/08/21/les-meilleurs-cafes-pour-etudier-montreal-avec-wi-fi-bien-sur. Fini les cafés, place aux espaces de co-travail. http://www.tonbarbier.com/2015/03/03/fini-les-cafes-place-aux-espaces-de-co-travail. Consulté en juillet 2016.

[12] Projet Montréal, Motion pour encadrer les hausses de baux commerciaux, 11 septembre 2014. http://projetmontreal.org/economie/motion-encadrer-les-hausses-baux-commerciaux/. Consulté en juillet 2016.

[13] À ce sujet, je constate que beaucoup de volumes ou de séminaires qui sont offerts sur la préparation des plans d'affaires placent en fin de parcours la préparation de l'information financière, ce qui contribue à cette pensée.

[14] Entreprises Québec, Finance et comptabilité. http://www2.gouv.qc.ca/entreprises/portail/quebec/finance?lang=fr&g=finance. Consulté en juillet 2016.

À qui s'adresse ce livre?

Aux **entrepreneurs** qui veulent se familiariser avec le langage des chiffres et faciliter leur prise de décision.

Aux **entrepreneurs** qui veulent découvrir comment la compréhension du comportement des coûts, les leurs, et ceux des autres entreprises, sont des indicateurs puissants de nouvelles occasions d'affaires.

Aux **entrepreneurs** qui veulent travailler de façon éclairée avec les investisseurs.

Aux **entrepreneurs sociaux** qui désirent comprendre et faire comprendre aux donateurs, comment leurs chiffres permettent de produire plus de « non chiffres »[1].

Aux **gestionnaires-entrepreneurs** d'entreprises de toute taille qui apprennent « à la dure » que le passage aux affaires 3.0 élimine toutes les certitudes et les emmène sur des sables mouvants.

Aux **investisseurs** qui doivent innover dans l'évaluation du risque et dans la monétarisation du rendement de projets où les périodes d'investissement et de « silence économique »[2] sont de longue durée.

Aux **experts-comptables** et aux **financiers** qui ont le goût des affaires et qui désirent jouer un rôle actif dans les équipes entrepreneuriales.

Aux **experts-comptables** qui souhaitent changer leurs relations d'affaires avec leurs clients en leur offrant un outil pratique, rempli d'exemples, montrant que la connaissance de la comptabilité permet de faire de bonnes affaires ici et à l'international.

Aux **étudiants en comptabilité ou en finance** qui ont besoin de rencontrer, ne serait-ce que sur papier ou sur écran, leurs clients, et de réaliser que les connaissances acquises n'ont leur utilité que dans leur intérêt et leur implication active, immédiate, dans le monde des affaires.

Aux **conseillers légaux** qui utilisent le langage comptable dans la préparation et la rédaction des clauses financières des contrats d'affaires.

[1] Retombées sociales.

[2] Nous entendons par « silence économique » l'absence de signes tangibles, en termes d'attestations scientifiques ou technologiques ou en termes commerciaux, d'avancée du projet.

Chapitre 1
Information financière et entreprise

Depuis l'année 2011, les entreprises canadiennes peuvent se référer à deux cadres conceptuels comptables pour préparer leurs états financiers. Les normes internationales d'information financière (ci-après appelées IFRS) et les normes comptables pour les entreprises à capital fermé (ci-après appelées NCECF).

L'organisme canadien qui est chargé d'adopter et de mettre à jour de façon continue les normes comptables est CPA Canada, et les normes comptables sont incluses dans un manuel appelé *Manuel de CPA Canada – Comptabilité* (ci-après appelé « le *Manuel* »).

Le *Manuel de CPA Canada – Comptabilité* inclut les sections suivantes :

- Préface du *Manuel de CPA Canada – Comptabilité*;
- Partie I : Normes internationales d'information financière (IFRS);
- Partie II : Normes comptables pour les entreprises à capital fermé (NCECF);
- Partie III : Normes comptables pour les organismes sans but lucratif;
- Partie IV : Normes comptables pour les régimes de retraite.

Un second manuel appelé *Manuel de CPA Canada – Certification* inclut les normes canadiennes de contrôle de qualité ainsi que les normes canadiennes d'audit[1]. À chaque fois que nous référons au travail des auditeurs indépendants[2] quant aux procédures d'audit suivies pour exprimer leur opinion sur les états financiers d'une entreprise, le manuel de référence est le *Manuel de CPA Canada – Certification*.

Dans ce chapitre, nous nous intéresserons aux normes internationales d'information financière (IFRS) ainsi qu'aux normes comptables pour les entreprises à capital fermé (NCECF), et nous nous référerons au *Manuel de CPA Canada – Comptabilité*.

1.1 Organisation de la profession comptable

Au Canada, il existe maintenant une seule entité, CPA Canada, qui régit l'exercice de la profession comptable. CPA Canada a son siège social à Toronto et compte des bureaux à travers le pays. Au Québec, le bureau est situé à Montréal; une personne qui veut connaître les règles et les programmes d'accréditation pour accéder au titre de CPA doit communiquer avec l'Ordre des CPA du Québec[3].

---

[1] Dans les textes de CPA Canada et CPA Québec, on utilise les termes « audit » et « certification » pour désigner ce volet de l'exercice de la profession comptable.
[2] Avant 2011, les auditeurs indépendants étaient appelés « vérificateurs ».
[3] http://cpaquebec.ca/la-profession-et-lordre/a-propos-de-lordre/profession-de-cpa.html

Encadré 1.1

Historique et mission de l'Ordre des CPA du Québec

L'Ordre des CPA du Québec est un ordre professionnel d'exercice exclusif au sens du Code des professions, c'est-à-dire un organisme principalement voué à la protection du public. Dans ce but, l'Ordre des CPA, comme les 46 autres ordres professionnels québécois, doit exercer des fonctions précises en matière de délivrance des permis d'exercice aux candidats à la profession, de tenue du Tableau de l'Ordre, de surveillance d'exercice de la profession et de dépistage de la pratique illégale. Il doit également suivre un ensemble de règles de fonctionnement imposées par le Code des professions.

L'Ordre des CPA a été créé en mai 2012 à la suite de l'unification de la profession comptable au Québec. Il résulte de la fusion de l'Ordre des comptables agréés (CA), de l'Ordre des comptables généraux accrédités (CGA) et de l'Ordre des comptables en management accrédités (CMA). L'Ordre représente ainsi tous les champs d'expertise de la profession – certification, comptabilité financière, management et comptabilité de management, finance et fiscalité – mis au service des entreprises, des organisations et du grand public.

Source : http://cpaquebec.ca/la-profession-et-lordre/a-propos-de-lordre/historique-et-mission.html. Juillet 2016.

Un professionnel de la comptabilité qui est membre de l'Ordre des CPA fera toujours suivre sa signature des lettres suivantes :

- CPA, CA
- CPA, CGA
- CPA, CMA
- CPA

Qu'est-ce que cela veut dire? Il faut faire un peu d'histoire pour le savoir. Avant 2012, il existait trois ordres professionnels comptables au Québec et au Canada : les CA (comptables agréés), les CGA (comptables généraux agréés) et les CMA (comptables en management agréés). Chacun de ces ordres se spécialisait dans un créneau de l'exercice de la profession. Avec le temps, sauf en ce qui concerne le travail de certification, les cheminements de carrière faisaient que des passages d'un créneau d'expertise à un autre étaient possibles. En même temps que la normalisation comptable canadienne entrait dans un grand bouleversement avec le passage aux normes internationales d'information financière, l'organisation canadienne des ordres professionnels connaissait un chamboulement semblable, avec comme résultat la fusion des trois ordres comptables et la création d'un nouveau titre comptable, celui de CPA[4]. Les programmes de formation n'étant pas les mêmes, les experts-comptables qui étaient déjà accrédités au moment de la fusion incluent le titre d'origine (CA) et le nouveau titre (CPA) dans leur signature. Les experts-comptables qui ont suivi le nouveau programme de formation, mis en place en 2014, n'incluent que le titre CPA dans leur signature.

En résumé, tous les experts-comptables répondant aux critères d'accréditation de l'Ordre des CPA sont des CPA, peu importe leur titre comptable originel. Ils sont habilités à travailler dans tous les domaines de la comptabilité, sauf un, l'audit indépendant, appelé également « certification ». Seuls les professionnels autorisés à mentionner le titre « auditeur » dans leur signature et répondant aux exigences de la profession peuvent exprimer une opinion d'audit sur des états financiers. Seuls les auditeurs enregistrés auprès du Conseil canadien sur la reddition de comptes (CCRC)[5] sont autorisés à exprimer une opinion

[4] Ne pas confondre avec le titre comptable américain CPA.
[5] http://www.cpab-ccrc.ca/fr/Pages/default.aspx.

d'audit sur les entreprises à capital ouvert. Une fraude financière, qui s'est produite au Québec voilà quelques années, a soulevé la question de l'adéquation entre les ressources et l'expertise d'une firme d'audit et le profil de l'entreprise auditée[6] et a incité les normalisateurs comptables à renforcer les règles d'accès à l'audit indépendant des entreprises à capital ouvert en ajoutant une autre restriction.

1.1.1 Responsabilité d'édicter les normes comptables et les normes d'audit

Voici les principales activités de CPA Canada :

« CPA Canada appuie ses membres en menant des recherches sur des sujets d'actualité dans le domaine des affaires, et soutient l'établissement de normes de comptabilité et de normes d'audit et de certification pour les secteurs privé et public ainsi que pour les organismes sans but lucratif. Nous publions également des recommandations sur le contrôle et la gouvernance ainsi que des documents destinés aux membres de la profession comptable sur des sujets ayant trait aux affaires et à la finance » (http://www.cpacanada.ca/fr/la-profession-de-cpa/a-propos-de-cpa-canada/les-principales-activites-de-cpa-canada. Consulté en juillet 2015).

CPA Canada est une organisation comptable nationale, et contrairement à une croyance populaire, elle n'est pas une organisation gouvernementale. Ce n'est donc pas le gouvernement canadien qui édicte les normes comptables mais CPA Canada. La confusion provient probablement du fait que la plupart des organismes publics et parapublics exigent des entreprises, pour des demandes de subvention ou autres demandes d'information financière, que les états financiers soient présentés en conformité avec les normes comptables canadiennes édictées par CPA Canada.

Une autre source de confusion provient de la transmission annuelle des états financiers au ministère du Revenu, Québec et Canada. Revenu Québec et Revenu Canada exigent, à la base, que les états financiers soient préparés en conformité avec les normes comptables canadiennes, mais avec de nombreux éléments de variation. Un des plus connus est certainement le calcul de l'amortissement d'un actif. En comptabilité, le calcul de l'amortissement correspond à l'affectation en charge de la partie de l'actif effectivement « consommée ». Alors qu'au ministère du revenu, l'amortissement (appelé « allocation du coût en capital ») est une façon, par l'enregistrement d'une charge dans l'état des résultats, d'encourager à l'investissement. Une entreprise qui possède un système comptable solide produira donc deux états financiers à chaque année. Un état financier correspondant à la mesure, pour prise de décision, de ses activités, et un autre état financier conforme aux lois fiscales. Il ne s'agit pas ici de double comptabilité, mais de la production, pour le fisc, d'un rapport spécial, répondant à des fins spécifiques. Tous les experts-comptables auront en tête la fameuse formule de réconciliation entre le bénéfice comptable et le bénéfice fiscal appelée *T2 – Déclaration des revenus des sociétés*[7].

En résumé, au Canada, CPA Canada est l'organisme qui est responsable d'édicter les normes comptables pour toutes les entreprises. Ces normes sont consignées dans le *Manuel de CPA Canada* que nous allons présenter. Toutes les informations afférentes aux normes comptables que nous fournissons dans ce volume sont extraites du *Manuel de CPA Canada*.

1.2 Normes comptables canadiennes

Le *Manuel de CPA Canada* divise les entreprises « à but lucratif » en deux groupes : les **entreprises à capital fermé** et les **entreprises à capital ouvert** qui, de par la règlementation, doivent rendre des comptes au public.

---

[6] Laprade, Y. (2009). *Autopsie du scandale Norbourg*, Éditions Québec Amérique.

[7] Le formulaire est disponible sur le site de Revenu Québec – Entreprises à cette adresse : http://www.revenuquebec.ca/fr/entreprises/. Consulté en octobre 2015.

1.2.1 Normes internationales d'information financière (IFRS)

Les entreprises à capital ouvert[8] doivent présenter leurs états financiers en conformité avec les IFRS, ce qui correspond à la Partie I du Manuel. Elles n'ont pas le choix. En revanche, les entreprises à capital fermé peuvent présenter leurs états financiers en conformité avec les IFRS ou avec les NCECF, ce qui correspond à la Partie II du Manuel. Elles ont le choix.

Les IFRS sont édictées par une organisation comptable internationale, l'International Accounting Standard Board (IASB)[9], fondé en 2001, dont CPA Canada est un membre actif. Il est important de noter que l'IASB est une organisation privée et que les organisations nationales sont libres d'adopter, en partie ou en totalité, les textes de l'IASB. Au Canada, CPA Canada a choisi d'adopter de façon intégrale les normes IFRS. Par contre, la Commission européenne[10], par exemple, a décidé de ne pas appliquer certains articles de la norme sur les instruments financiers (IAS 39)[11], ce qui a surtout une incidence sur les états financiers des institutions financières et des sociétés d'assurance. Le lecteur d'états financiers de groupes dont la société-mère est située à l'extérieur du Canada est invité à consulter la note aux états financiers où on mentionne le cadre conceptuel comptable qui a été utilisé pour la préparation des états financiers et les situations de dérogation, s'il y a lieu.

Examinons un premier exemple où l'intégralité des textes IFRS a été adoptée et mise en application par l'entreprise canadienne Aeterna Zentaris Inc.

a) Déclaration de conformité

Les présents états financiers consolidés au 31 décembre 2014 et au 31 décembre 2013 et pour les exercices clos les 31 décembre 2014, 2013 et 2012 ont été établis conformément aux Normes internationales d'information financière (« IFRS »), telles que publiées par l'*International Accounting Standards Board* (« IASB »).

Extrait des états financiers de Aeterna Zentaris Inc., pour la période se terminant le 31 décembre 2014, note 1 a).

Voici un second exemple, européen celui-là : l'entreprise Danone.

Note 1.2. Référentiel comptable appliqué

Les comptes consolidés sont établis en conformité avec le référentiel « IFRS » (International Financial Reporting Standards) tel qu'adopté par l'Union européenne, qui est disponible sur le site Internet de la Commission européenne.

http://ec.europa.eu/internal_market/accounting/ias/index_fr.htm

Extrait des états financiers de Groupe Danone, pour la période se terminant le 31 décembre 2014, note 1.2.

Le dernier exemple est celui du Groupe BNP Paribas, une institution financière connue au niveau international.

[8] Les entreprises canadiennes doivent respecter, en termes de présentation de leur information financière, du contrôle interne et des procédures de communication de l'information, les exigences des organismes auxquels ils sont soumis compte tenu du lieu de transaction de leurs titres financiers. Ainsi, les sociétés canadiennes inscrites auprès de la Securities and Exchange Commission (SEC) doivent respecter les exigences de l'organisme américain de règlementation, les émetteurs assujettis canadiens doivent respecter les exigences des Autorités canadiennes en valeurs mobilières (ACVM), et les émetteurs inscrits à la Bourse de Toronto doivent respecter les exigences de ce marché boursier.

[9] L'organisme précédent s'appelait l'International Accounting Standard Committee (IASC).

[10] La Commission européenne « élabore et gère les règles visant à s'assurer que les informations financières préparées et communiquées par les entreprises de l'UE sont comparables et de grande qualité. Notre objectif est de garantir que les informations sur l'impact environnemental des entreprises de l'UE et sur leur bilan social et en matière de droits de l'homme soient plus largement accessibles ». http://ec.europa.eu/finance/accounting/index_fr.htm. Consulté en juillet 2015.

[11] La norme IAS 39 sera remplacée par la norme IFRS 9 le 1er janvier 2018. Application anticipée autorisée. Le texte est disponible dans le Manuel de CPA Canada.

1.a Normes comptables applicables

Les comptes consolidés du Groupe BNP Paribas sont établis conformément aux normes comptables internationales (International Financial Reporting Standards – IFRS), telles qu'elles ont été adoptées au sein de l'Union Européenne. À ce titre, certaines dispositions de la norme IAS 39 relative à la comptabilité de couverture ont été exclues, et l'interprétation IFRIC 21 « Droits ou taxes » (adoptée par l'Union Européenne le 14 juin 2014) n'est applicable de manière obligatoire qu'à compter des exercices ouverts à partir du 17 juin 2014.

Extrait des états financiers de Groupe BNP Paribas pour la période se terminant le 31 décembre 2014, note 1.a

Les IFRS sont identifiées par un code qui correspond au nom de l'organisme qui a adopté la norme et par une séquence numérotée. Ainsi, la norme IAS 1 signifie que la norme a été adoptée par l'International Accounting Standard Commitee qui a précédé, comme nous l'avons déjà mentionné, la mise en place de l'International Accounting Standard Board, en 2001. Cet événement est important, puisque la création de l'IASB a en quelque sorte « redémarré le compteur » de la séquence numérique; la liste des normes adoptées par l'IASC a été conservée, mais une nouvelle numérotation (IFRS 1, IFRS 2, etc.) a débuté avec les normes adoptées par l'IASB. Si on vous pose la question suivante : quelle est la différence entre une norme IAS et une norme IFRS? La première a été adoptée par l'IASC (avant 2001), alors que la seconde a été adoptée par l'IASB. Les deux sont des normes comptables distinctes et effectives. Mais attention, une norme IAS n'est pas nécessairement une « vieille » norme, puisqu'elle a pu être révisée à plusieurs reprises par l'IASC et par l'IASB. Par exemple, la norme IAS 1 *Présentation des états financiers* a été révisée en 2009 et pourrait l'être encore dans l'avenir. Il arrive également qu'une norme IAS subisse une telle révision que sa motivation, sa substance, ne corresponde plus à la pensée initiale. Dès lors, la norme IAS est annulée et remplacée par une nouvelle norme IFRS. Par exemple, la norme IAS 14 *Information sectorielle*, a été remplacée par la norme IFRS 8 *Secteurs opérationnels* en 2009. Ce qui explique les numéros manquants de la liste des normes IAS.

Il faut donc toujours s'assurer d'avoir en main les dernières versions des normes comptables lorsqu'on les utilise. Le même avertissement s'applique aux versions des textes publiés sur support papier[12] ou sur Internet par les firmes comptables, les firmes de valeurs mobilières, les universitaires et les chercheurs.

1.2.2 Les normes comptables pour les entreprises à capital fermé (NCECF)

Les entreprises à capital fermé ont le choix de présenter leurs états financiers en conformité avec les normes internationales d'information financière (IFRS) ou en conformité avec les normes comptables pour les entreprises à capital fermé (NCECF).

Le cadre conceptuel comptable des NCECF est un cadre simplifié, plus souple que celui des IFRS, qui permet aux entreprises de toute taille, du Cirque du Soleil (une entreprise à capital fermé au moment où Guy Laliberté, son fondateur, en était le propriétaire) au dépanneur de quartier, de présenter leurs états financiers. Plus simple, car le texte est plus court, plus souple, car les entreprises ont le choix d'appliquer dans leur intégralité ou dans une forme simplifiée certaines normes comptables complexes. Par exemple, les acquisitions d'entreprises. L'entreprise appelée « société mère », qui contrôle plusieurs autres entreprises (l'ensemble étant appelé « le groupe »), peut choisir de consolider les états financiers ou de présenter les transactions au coût[13]. Le choix comptable doit être divulgué dans une note aux états financiers afin que le lecteur possède toute l'information pertinente avant de consulter et d'interpréter l'information remise. Les NCECF sont des normes locales, appliquées seulement au Canada[14].

---

[12] Faites attention aux « bonnes affaires » lors des soldes de manuels de comptabilité.

[13] Chapitre 1582 *Regroupement d'entreprises*.

[14] L'IASB a également publié un manuel de normes pour les entreprises à capital fermé intitulé *International Financial Reporting Standard for Small and Medium-sized Entities* (*IFRS for SMEs*). Ce manuel n'est pas utilisé au Canada.

Naturellement, les deux cadres conceptuels comptables sont reliés et reposent sur la prépondérance de la substance économique sur l'organisation légale de la transaction. Ce qui fait que la révision ou la publication d'une nouvelle norme dans le référentiel comptable IFRS aura probablement des répercussions sur le référentiel comptable NCECF.

Les NCECF sont identifiées par chapitre, le chapitre 1000 étant le premier chapitre, qui porte sur les fondements conceptuels des états financiers.

1.2.3 Présenter ses états financiers en NCECF ou en IFRS?

Qu'est-ce qui fait qu'une entreprise à capital fermé décide de présenter ses états financiers en normes comptables pour les entreprises à capital fermé ou en normes internationales d'information financière? Cela semblera peut-être étrange comme réponse, mais ce sont les utilisateurs des états financiers qui influencent en grande partie la décision.

Une entreprise qui compte parmi ses utilisateurs quelques actionnaires, une institution financière qui a déjà accès à beaucoup d'information fournie par le compte bancaire et le ministère du revenu, choisira sans aucun doute de présenter ses états financiers en conformité avec les NCECF. Si jamais l'entreprise désire bénéficier du maximum d'information offert par les NCECF, si elle a le projet ambitieux d'acquérir d'autres entreprises et de faire appel à des investisseurs sophistiqués dans l'avenir, elle optera pour les choix les plus près des normes IFRS inclus dans les textes des normes comptables NCECF. Cela, afin que le passage aux IFRS soit le moins laborieux possible.

Si nous reprenons le projet d'acquisition d'entreprises, l'entreprise choisira parmi les choix comptables de consolider les états financiers, ce qui correspond à ce qui est exigé dans la norme internationale correspondante sur les regroupements d'entreprises.

Une entreprise qui compte des investisseurs sophistiqués parmi ses utilisateurs de l'information financière, ou qui transige au niveau international, choisira probablement de présenter ses états financiers en conformité avec les IFRS.

Voici, ci-après, les principales raisons pour lesquelles une entreprise à capital fermé choisira de présenter ses états financiers en conformité avec les IFRS.

Membre d'un groupe d'entreprises présentant ses états financiers en conformité avec les IFRS

Pour satisfaire aux exigences de la norme comptable portant sur la présentation des états financiers consolidés, l'entreprise choisira, pour faciliter la comptabilité du groupe, de préparer ses états financiers en IFRS. Soulignons que cette situation peut se produire dans les cas suivants :

- L'entreprise est une filiale détenue par une entité de contrôle qui est une entreprise étrangère;
- L'entreprise est une filiale détenue par une entité de contrôle qui est une entreprise canadienne à capital ouvert;
- L'entreprise est l'entité de contrôle qui détient des filiales à l'étranger.

Sociétés d'investissement et utilisateurs sophistiqués

Il est normal qu'un investisseur qui détient plusieurs entreprises dans son portefeuille veuille que toutes les entreprises publient leur information financière dans un format uniforme, les IFRS, surtout dans le cas de sociétés d'investissement étrangères.

Projet de passage d'entreprise à capital fermé à entreprise à capital ouvert

Une entreprise qui pense procéder rapidement à un premier appel public à l'épargne choisira de présenter immédiatement ses états financiers en IFRS afin de minimiser le travail requis par le passage du référentiel comptable pour entreprise à capital fermé au référentiel comptable IFRS imposé par son nouveau statut de société à capital ouvert.

Commerce international

Une entreprise qui fait affaire au niveau international, qui projette de faire appel au financement d'institutions financières ou d'investisseurs étrangers, et qui entend conclure des partenariats avec des entreprises étrangères, pourrait décider de préparer et de présenter son information financière en conformité avec les normes comptables IFRS. Cela, dans le but de rendre l'information financière plus facile à comprendre et à interpréter, quel que soit l'utilisateur et peu importe son pays, puisque celui-ci n'aura qu'à se référer aux textes internationaux publiés par l'IASB pour décoder et comprendre le contenu. C'est, en fait, l'objectif de la publication des IFRS, éliminer les frontières dans la communication de l'information financière.

1.3 Les rapports des experts-comptables qui accompagnent les états financiers

La première étape de la consultation des états financiers d'une entreprise consiste à lire le type de rapport qui les accompagne. Dans les faits, il y a quatre types de rapport; la qualité de l'assurance augmente selon leur ordre d'apparition dans la liste ci-dessous[15] :

- États financiers « maison », sans rapport d'accompagnement;
- Rapport de mission de compilation;
- Rapport de mission d'examen;
- Rapport de mission d'audit.

1.3.1 États financiers « maison »

Ce sont des états financiers qui sont préparés par l'équipe comptable de l'entreprise. Comme il n'y a aucun rapport d'accompagnement provenant d'un expert externe à l'entreprise, la qualité de l'information est tributaire de la compétence de l'équipe interne et de sa bonne foi à présenter une information de qualité. Nous pourrions dire, avec une pointe d'humour, qu'un produit « maison » ou « du terroir » n'est pas toujours le produit recherché sur le marché de l'information financière.

1.3.2 Rapport de mission de compilation

Dans ce type de mission, le CPA ne fait que présenter des états financiers en conformité avec les standards de présentation des NCECF, sans appréciation, son travail étant tributaire de l'information qu'il reçoit de l'entreprise. Dans le langage populaire, on dit que le travail d'une mission de compilation consiste à compiler le contenu de « deux boîtes à chaussures », l'une contenant les factures de vente, l'autre contenant les factures d'achat. Aucun travail d'audit ou d'examen n'est fait. Seulement une compilation des informations remises par l'entreprise.

Voici le libellé du rapport de mission de compilation, appelé « Avis au lecteur », qui est proposé dans le *Manuel de CPA Canada – Certification*, chapitre 9200.26.

---

[15] L'information afférente aux trois derniers points est extraite de *Comprendre les rapports sur les états financiers*, de l'ICCA, et de *Comprendre les états financiers*, de l'Ordre des comptables agréés du Québec, http://ocaq.qc.ca/pdf/fra/6_presse/financier_fr.pdf. Consulté en juillet 2015

Avis au lecteur

J'ai compilé, à partir des informations fournies par la direction (le propriétaire), le bilan de Client limitée au .... 20X1, ainsi que les états des résultats, des bénéfices non répartis et des flux de trésorerie de (période) terminée à cette date.

Je n'ai pas réalisé une mission d'audit ou d'examen à l'égard de ces états financiers et, par conséquent, je n'exprime aucune assurance à leur sujet.

Le lecteur doit garder à l'esprit que ces états risquent de ne pas convenir à ses besoins.

Lieu (Signature imprimée ou manuscrite)

Date professionnel en exercice

Note importante

Nous prions le lecteur de porter une grande attention aux prochains propos

Un CPA, auditeur peut réaliser une mission de compilation et signer le rapport de l'avis au lecteur. Cependant, quand il le fait, il agit en tant que CPA, non en tant qu'auditeur, puisqu'il n'a pas été mandaté pour faire ce type de travail. Il ne faut donc pas confondre la signature avec le type de mission réalisé. La signature indique que le professionnel est membre de l'Ordre des CPA. Le nom du rapport et son contenu informent sur la portée et l'étendue des travaux qui ont été faits. Dans le cas de l'avis au lecteur, on précise qu'il s'agit seulement d'une compilation des chiffres fournis par le client, sans plus. Aucune opinion d'assurance est exprimée.

1.3.3 Rapport de mission d'examen

Au Canada, les CPA réalisent de plus en plus de missions d'examen des états financiers. La raison en est que les principaux utilisateurs des états financiers, les banques, exigent de plus en plus ce type de rapport dans leurs conditions de crédit aux entreprises en lieu et place d'un rapport d'audit.

En terme de niveau d'assurance, le rapport de mission d'examen se situe entre la mission de compilation (où il n'y a aucune assurance) et la mission d'audit (où il y a le plus haut degré d'assurance).

Selon les normes d'examen généralement reconnues, un examen se distingue ainsi d'un audit.

> L'examen se distingue de l'audit en ce que son étendue est moindre que celle d'un audit; il s'ensuit que le niveau d'assurance qu'il procure est moindre. L'examen consiste essentiellement en demandes d'informations, procédures analytiques et entretiens portant sur les informations fournies à l'expert-comptable par l'entité en cause; son objectif se limite à évaluer dans quelle mesure les informations devant faire l'objet du rapport sont plausibles compte tenu de critères appropriés. Dans le présent chapitre, l'adjectif « plausible » est employé dans le sens de « qui semble digne de foi » compte tenu des informations obtenues par l'expert-comptable dans le cadre de sa mission.
>
> *Manuel de CPA Canada – Certification*, chapitre 8100.05

Voici le libellé du rapport de mission d'examen qui est proposé dans le *Manuel de CPA Canada – Certification*, chapitre 8200.42 :

Rapport de mission d'examen

À la personne qui retient les services de l'expert-comptable

J'ai procédé à l'examen du bilan de Client limitée au [date] ainsi que des états des résultats, des bénéfices non répartis et des flux de trésorerie de l'exercice terminé à cette date. Mon examen a été réalisé conformément aux normes d'examen généralement reconnues du Canada et a donc consisté essentiellement en demandes d'informations, procédures analytiques[16] et entretiens portant sur les informations qui m'ont été fournies par la société.

Un examen ne constitue pas un audit et, par conséquent, je n'exprime pas une opinion d'audit sur ces états financiers.

Au cours de mon examen, je n'ai rien relevé[17] qui me porte à croire que ces états financiers ne sont pas conformes, dans tous leurs aspects significatifs, aux principes comptables généralement reconnus du Canada.

Lieu (signature)

Date professionnel en exercice

Étant donné la hausse des missions d'examen et de leur utilisation par les investisseurs dans leur prise de décision, le Conseil des normes d'audit et de certification (CNAC) de CPA Canada a entrepris une grande consultation afin de réviser et de préciser le travail à faire dans ce type de mission, et le niveau d'assurance apporté pour la prise de décision. Il faut dire qu'une grande confusion et une grande ignorance existent dans le public sur la teneur, la portée du travail, le niveau d'assurance et la signification exacte du texte du rapport de mission d'examen signé par le CPA. Un premier exposé-sondage soumis à la consultation a généré tellement de commentaires, qu'un second exposé-sondage a été lancé au printemps 2015[18] et est en cours d'étude.

1.3.4 Rapport de mission d'audit

Un rapport de mission d'audit est le type de rapport qui procure le plus haut niveau d'assurance à des utilisateurs d'états financiers. Attention, nous n'avons pas mentionné « assurance totale », mais **plus haut** niveau d'assurance. Car un audit ne consiste pas à « refaire la comptabilité de l'entreprise pour la période comptable », mais à procéder par sondages, suivant le niveau de risque estimé de la mission. Procéder par sondages signifie, par exemple, qu'à partir de la sélection aléatoire des données du compte bancaire, le CPA vérifiera, à rebours, le chemin d'une transaction d'encaissement d'un compte-client depuis la réception du bon de commande du client. Et il fera le chemin inverse, toujours à partir d'une sélection aléatoire, de la réception du bon de commande d'un client jusqu'à l'encaissement de la facture transmise.

Le travail d'audit est un travail laborieux, dont les procédures sont normalisées et répertoriées dans le *Manuel de CPA Canada - Certification*. Il existe une interrelation entre CPA Canada et l'IASB, puisque le Canada a adopté les normes internationales d'audit (ISA) pour les périodes comptables closes à compter du 14 décembre 2010 (Présentation du *Manuel de CPA Canada - Certification*, Boutique CPA).

Il est important de préciser qu'aucun audit ne procurera un niveau d'assurance de 100 % sur la fiabilité de l'information financière auditée. Il existe toujours des possibilités de collusion ou de fraudes à l'intérieur de l'entreprise que l'auditeur ne pourra déceler sur la base des procédures appliquées[19]. Un audit n'est pas une enquête policière, et il existe une spécialisation de la profession comptable appelée « juricomptabilité » qui est pertinente dans les cas d'enquêtes sur des crimes économiques.

[16] Des procédures analytiques peuvent être des comparaisons de ratios d'une période à l'autre, ou l'examen de la plausibilité des niveaux relatifs de postes comptables liés (ventes - comptes-clients - stocks).

[17] Le lecteur remarquera l'expression d'opinion exprimée sous forme négative.

[18] La période de réception des commentaires est maintenant close.

[19] CPA Canada a publié, en avril 2015, un document intitulé *Outil d'aide à la mise en œuvre à l'intention des auditeurs, Mise en œuvre des normes canadiennes d'audit (NCA)* où on aborde la norme NCA240 *Responsabilités de l'auditeur* concernant les fraudes lors d'un audit d'états financiers. https://www.cpacanada.ca/fr/ressources-en-comptabilite-et-en-affaires/audit-et-certification/normes-canadiennes-daudit-nca/publications/Tests-sur-les-ecritures-Contournement-des-controles-par-la-direction-fraude. Consulté en juillet 2015.

1.4 Responsabilités de la préparation et de la présentation de l'information financière

Ou « Qui est responsable de quoi dans la préparation et la présentation des états financiers audités d'une entreprise ».

1.4.1 La direction de l'entreprise

La direction de l'entreprise est responsable de la mise en place d'un bon système de contrôle interne et de la préparation des états financiers.

Responsabilité de la direction dans les états financiers

La direction est responsable de la préparation et de la présentation fidèle de ses états financiers conformément aux normes internationales d'information financière (IFRS)[20], ainsi que du contrôle interne qu'elle considère comme nécessaire pour permettre la préparation d'états financiers exempts d'anomalies significatives, que celles-ci résultent de fraudes ou d'erreurs.

1.4.2 Les auditeurs indépendants

Les auditeurs indépendants sont responsables d'émettre une opinion sur la fiabilité de l'information financière. Ce qui est conforme au libellé du rapport de la direction et du rapport de l'auditeur indépendant tel que proposés par la norme NCA 700, Annexe, Référence paragraphe A14.

Responsabilité de l'auditeur

Notre responsabilité consiste à exprimer une opinion sur les états financiers, sur la base de notre audit. Nous avons effectué notre audit selon les normes d'audit généralement reconnues du Canada. Ces normes requièrent que nous nous conformions aux règles de déontologie et que nous planifiions et réalisions l'audit de façon à obtenir l'assurance raisonnable que les états financiers ne comportent pas d'anomalies significatives.

Un audit implique la mise en œuvre de procédures en vue de recueillir des éléments probants concernant les montants et les informations fournis dans les états financiers. Le choix des procédures relève du jugement de l'auditeur, et notamment de son évaluation des risques que les états financiers comportent des anomalies significatives, que celles-ci résultent de fraudes ou d'erreurs. Dans l'évaluation de ces risques, l'auditeur prend en considération le contrôle interne de l'entité portant sur la préparation et la présentation fidèle des états financiers afin de concevoir des procédures d'audit appropriées aux circonstances, et non dans le but d'exprimer une opinion sur l'efficacité du contrôle interne de l'entité. Un audit comporte également l'appréciation du caractère approprié des méthodes comptables retenues et du caractère raisonnable des estimations comptables faites par la direction, de même que l'appréciation de la présentation d'ensemble des états financiers.

Nous estimons que les éléments probants que nous avons obtenus sont suffisants et appropriés pour fonder notre opinion d'audit.

[20] Ou NCECF.

Opinion

À notre avis, les états financiers donnent, dans tous leurs aspects significatifs, une image fidèle de la situation financière de la société ABC au 31 décembre 20X1, ainsi que de sa performance financière et de ses flux de trésorerie pour l'exercice clos à cette date, conformément aux Normes internationales d'information financière (IFRS)[a].

Rapport relatif à d'autres obligations légales et réglementaires

[La forme et le contenu de cette section du rapport varieront selon la nature des autres obligations de l'auditeur en matière de rapport.]

[Signature de l'auditeur]

[Date du rapport de l'auditeur]

[Adresse de l'auditeur]

[a] Ou NCECF.

L'expression de l'opinion de l'auditeur indépendant indique que les états financiers préparés par la direction de l'entreprise présentent une image fidèle de la situation financière. Aucune appréciation de l'état de la situation financière n'est faite, et un utilisateur d'état financier commettrait une grave erreur s'il interprétait l'expression d'une opinion favorable comme étant une appréciation de la *bonne* santé financière de l'entreprise. Ce qui n'est pas le cas (voir l'exemple de Homburg Invest Inc. présenté ci-après).

Opinion

In our opinion, the consolidated financial statements present fairly, in all material respects, the financial position of **Homburg Invest Inc.** as at December 31, 2011 and 2010 and the results of its operations and its cash flows for the years then ended in accordance with International Financial Reporting Standards as issued by the International Accounting Standards Board.

Consolidated Financial Statements, Homburg Invest Inc., December 31 2011, p. 2.

Un auditeur peut, dans le cadre de son travail, identifier des failles dans le système de contrôle interne ou être en désaccord avec la direction de l'entreprise sur des estimations, des hypothèses ou l'interprétation et l'application d'une norme comptable. Des circonstances malheureuses, tels une catastrophe naturelle ou un incendie peuvent survenir et empêcher de mettre en application toutes les procédures de travail requises par l'auditeur externe. Dans ces cas, le CPA auditeur pourra exprimer une opinion avec réserve, également appelée « opinion modifiée », expliquant pourquoi il doit agir ainsi.

Voici, tel que présenté dans la norme NCA 705 *Expression d'une opinion modifiée dans le rapport de l'auditeur indépendant*, les trois types d'opinion modifiée (paragraphe 2).

La présente NCA décrit trois types d'opinions modifiées, à savoir l'opinion avec réserve, l'opinion défavorable et la formulation d'une impossibilité d'exprimer une opinion. Le choix du type d'opinion modifiée qui convient dépend des facteurs suivants :

a) la nature du problème donnant lieu à une opinion modifiée, à savoir si les états financiers comportent une ou plusieurs anomalies significatives ou, dans le cas où l'auditeur n'est pas en mesure d'obtenir des éléments probants suffisants et appropriés, sont susceptibles de comporter une ou plusieurs anomalies significatives;

b) le jugement de l'auditeur quant au caractère généralisé des incidences ou incidences éventuelles du problème sur les états financiers. (Réf. : par. A1)

On retrouve peu d'opinions modifiées dans les états financiers des entreprises à capital ouvert, l'incidence d'une telle situation pouvant être difficile à communiquer et à expliquer sans sanction des marchés financiers. On peut en retrouver chez les entreprises à capital fermé, la direction étant prête à expliquer les raisons de son désaccord avec les auditeurs externes aux quelques utilisateurs de ses états financiers. Nous reviendrons sur ce sujet dans le chapitre sur l'analyse financière des entreprises à capital fermé.

Doutes sur l'hypothèse de la continuité de l'exploitation

Un des principes de base de la préparation des états financiers repose sur l'hypothèse de la continuité d'exploitation, à savoir que les activités de l'entreprise devraient se poursuivre au cours des prochaines périodes. Sinon, les états financiers doivent être présentés à la valeur de liquidation.

Comment l'auditeur peut-il déclarer « en continuité » ou « en arrêt » une entreprise, alors que les décideurs de l'arrêt des activités sont les prêteurs, les agences gouvernementales[21] et les investisseurs? C'est la réponse à cette difficile question qui doit être estimée par les auditeurs afin d'informer le lecteur et de justifier le maintien de l'hypothèse de la continuité d'exploitation dans l'expression de leur opinion. Le problème se pose de plus en plus avec l'augmentation des entreprises fondées sur le capital intellectuel, où les cycles de recherche et de développement se calculent en termes d'années et où le financement provient essentiellement de rondes ponctuelles de financement auprès des investisseurs privés et des fonds d'investissement spécialisés. Dans ce cas, les auditeurs utiliseront la première note aux états financiers pour faire part des risques de liquidité qui pourraient mener l'entreprise à la cessation de ses activités. Voici, par exemple, la note 1 de l'entreprise Aeterna Zentaris Inc. qui nous permet de comprendre le montage financier qui a permis de maintenir l'apport en liquidités jusqu'à présent.

1. Résumé des activités, risque de liquidité, entité présentant l'information financière, regroupement d'actions et base d'établissement

Résumé des activités
Aeterna Zentaris Inc. (la « Société ») est une société biopharmaceutique de spécialité, engagée dans le développement et la commercialisation de traitements novateurs en oncologie, en endocrinologie et en santé de la femme.

Risque de liquidité
La Société a un historique de pertes d'exploitation, principalement en raison de ses investissements massifs en recherche et développement (« R-D ») et de l'engagement d'importants frais généraux, de vente et d'administration. Le financement de ses activités provient de différentes sources, notamment l'émission d'actions ordinaires et la conclusion d'alliances stratégiques avec des partenaires de licence et d'autres collaborateurs. La Société s'attend à engager d'autres charges d'exploitation et pourrait avoir besoin de fonds importants pour s'acquitter de ses obligations futures si elle ne dispose pas de revenus suffisants à cet égard. Voir la note 23 – *Informations à fournir sur le capital* et la note 2 b) – *Instruments financiers et gestion de risques financiers – Risque de liquidité*.

Extrait des états financiers de Aeterna Zentaris Inc. pour la période se terminant le 31 décembre 2014, note 1.

Par contre, lorsque l'entreprise se retrouve en véritable état de précarité financière dû à une succession d'échecs ou à un appel à la protection de la cour pour se réorganiser, les auditeurs présenteront de façon plus remarquable la haute probabilité de défaillance de l'entreprise. Voici le cas de Homburg Invest Inc., une entreprise immobilière canadienne qui a connu des déboires importants à la suite de son expansion en Europe de l'Est.

[21] Un des signaux de la haute probabilité de défaillance d'une entreprise est le retard du paiement des taxes sur les produits et les services, du paiement des contributions employés-employeurs sur les salaires et du paiement des impôts sur le revenu.

Nous présentons d'abord la page de présentation des états financiers.

> **Homburg Invest Inc.**
> **Consolidated Financial Statements**
> **(Under Creditor Protection Proceedings as of September 9, 2011 – see notes 1 and 3**
> **(See note 1 regarding the going concern uncertainties)**
> **December 31, 2011**

Ensuite le rapport des auditeurs indépendants.

> **INDEPENDENT AUDITORS' REPORT**
>
> To the Shareholders of
> **Homburg Invest Inc.**
>
> We have audited the accompanying consolidated financial statements of **Homburg Invest Inc. (the "Company"),** which comprise the consolidated balance sheets as at December 31, 2011 and 2010 and the consolidated statements of loss, comprehensive loss, changes in equity, and cash flows for the years then ended, and a summary of significant accounting policies and other explanatory information.
>
> **Management's responsibility for the consolidated financial statements**
>
> Management is responsible for the preparation and fair presentation of these consolidated financial statements in accordance with International Financial Reporting Standards, and for such internal control as management determines is necessary to enable the preparation of consolidated financial statements that are free from material misstatement, whether due to fraud or error.
>
> **Auditors' responsibility**
>
> Our responsibility is to express an op1mon on these consolidated financial statements based on our audits. We conducted our audits in accordance with Canadian generally accepted auditing standards. Those standards require that we comply with ethical requirements and plan and perform the audit to obtain reasonable assurance about whether the consolidated financial statements are free from material misstatement.
>
> An audit involves performing procedures to obtain audit evidence about the amounts and disclosures in the consolidated financial statements. The procedures selected depend on the auditors' judgment, including the assessment of the risks of material misstatement of the consolidated financial statements, whether due to fraud or error. In making those risk assessments, the auditors consider internal control relevant to the entity's preparation and fair presentation of the consolidated financial statements in order to design audit procedures that are appropriate in the circumstances, but not for the purpose of expressing an opinion on the effectiveness of the entity's internal control. An audit also includes evaluating the appropriateness of accounting policies used and the reasonableness of accounting estimates made by management, as well as evaluating the overall presentation of the consolidated financial statements.
>
> We believe that the audit evidence we have obtained in our audit is sufficient and appropriate to provide a basis for our audit opinion.
>
> **Opinion**
>
> In our opinion, the consolidated financial statements present fairly, in all material respects, the financial position of **Homburg Invest Inc.** as at December 31, 2011 and 2010 and the results of its operations and its cash flows for the years then ended in accordance with International Financial Reporting Standards as issued by the International Accounting Standards Board.
>
> **Emphasis of Matter**
>
> Without qualifying our opinion, we draw attention to Note 1 of the consolidated financial statements which indicates that the Company and certain of its subsidiaries filed for creditor protection under the Companies' Creditors Arrangement Act ("CCAA"). It is not possible to predict the outcome of the CCAA proceedings, and confirmation by the court of a plan or plans of reorganization that satisfies the requirements of the CCAA is subject to material uncertainty. In addition, Note 1 of the consolidated financial statements indicates the Company was notified of and objected to the decision of the Authority for the Financial Markets in the Netherlands ("AFM") to withdraw Homburg Invest Inc.'s license as an investment company and to wind-up its current activities within six months of the date of the decision meaning by May 24, 2012. The Company is requesting that the AFM reconsider its decision but whether the Company will be able to reinstate its license is subject to material uncertainty. These conditions, along with other matters as set forth in Note 1, indicate the existence of material uncertainties that cast significant doubt about the Company's ability to continue as a going concern.
>
> Ernst + Young LLP
>
> Halifax, Canada,
>
> April 30, 2013
>
> Chartered Accountants

Consolidated Financial Statements, Homburg Invest Inc., December 31 2011, p. 1-2.

Une attention particulière doit être apportée au paragraphe du libellé de l'opinion des auditeurs indépendants qui est une opinion favorable, c'est-à-dire que les auditeurs ont été en mesure de faire leur travail en conformité avec les standards d'audit reconnus, que les systèmes de contrôle interne pour appuyer le travail sont adéquats, et que l'information financière préparée par la direction est fidèle, c'est-à-dire que les chiffres, les informations complémentaires présentés dans les notes aux états financiers reflètent la réalité financière de l'entreprise au 31 décembre 2011. Qui, à ce moment, est déficitaire et très précaire.

Voici à nouveau le paragraphe de l'opinion des auditeurs indépendants.

Opinion

In our opinion, the consolidated financial statements present fairly, in all material respects, the financial position of **Homburg Invest Inc.** as at December 31, 2011 and 2010 and the results of its operations and its cash flows for the years then ended in accordance with International Financial Reporting Standards as issued by the International Accounting Standards Board.

Notons que les auditeurs indépendants ont ajouté un paragraphe supplémentaire qui renvoie le lecteur à la note 1 où des informations sur le doute de l'hypothèse de la continuité de l'exploitation de l'entreprise sont fournies.

Emphasis of Matter

Without qualifying our opinion, we draw attention to Note 1 of the consolidated financial statements which indicates that the Company and certain of its subsidiaries filed for creditor protection under the Companies' Creditors Arrangement Act ("CCAA"). It is not possible to predict the outcome of the CCAA proceedings, and confirmation by the court of a plan or plans of reorganization that satisfies the requirements of the CCAA is subject to material uncertainty.

In addition, Note 1 of the consolidated financial statements indicates the Company was notified of and objected to the decision of the Authority for the Financial Markets in the Netherlands ("AFM") to withdraw Homburg Invest Inc.'s license as an investment company and to wind-up its current activities within six months of the date of the decision meaning by May 24, 2012.

The Company is requesting that the AFM reconsider its decision but whether the Company will be able to reinstate its license is subject to material uncertainty. These conditions, along with other matters as set forth in Note 1, indicate the existence of material uncertainties that cast significant doubt about the Company's ability to continue as a going concern.

Cet ajout dans le rapport d'audit a été fait parce qu'effectivement à la lecture du contenu du paragraphe on réalise qu'il s'agit d'une situation extrêmement sérieuse, l'entreprise ayant fait appel à la protection de la cour pour se réorganiser.

Dans d'autres cas critiques, les auditeurs placent une note en bas de page référant à la note 1 des états financiers, invitant le lecteur à s'y rendre pour avoir plus d'information avant d'amorcer leur lecture et leur réflexion.

1.5 Les normes comptables : un langage, un système de communication

Le dictionnaire Larousse définit le langage comme la capacité observée chez tous les hommes d'exprimer leur pensée et de communiquer au moyen d'un système de signes vocaux et éventuellement graphiques. Le dictionnaire définit également le langage comme une manière de parler propre à un groupe social ou professionnel, à une discipline, à un domaine d'activité, à quelque chose : le ***langage administratif***, par exemple.[22]

Dans ce volume, nous souhaitons que le lecteur réalise que les normes comptables sont un langage visant à communiquer de l'information financière sur une personne[23], une entreprise à but lucratif ou sans but lucratif à des décideurs, tels les entrepreneurs, les actionnaires, les investisseurs, les gestionnaires d'entreprises, les syndicats, les groupes communautaires et autres utilisateurs. Nous souhaitons également que l'apprentissage du langage comptable se fasse comme on ferait l'apprentissage d'un autre langage comme l'anglais, l'espagnol ou autre. Nul besoin d'avoir l'ambition de devenir un spécialiste du langage comptable pour vouloir connaître les bases, l'organisation du système (chiffres et lettres) et être capable de se « débrouiller » et de communiquer avec la communauté d'affaires.

Prenons, par exemple, la présentation d'un projet d'affaires à un groupe d'investisseurs. L'entrepreneur parlera du projet, de l'argument concurrentiel, du marché, des plans de développement, de la rentabilité, de l'argent, comment il projette de rembourser les investisseurs, etc. Bref, il présentera son plan d'affaires, sa proposition d'investissement. La présentation se soldera sans qu'on ait pu établir une synthèse de ce qui a été dit, une forme de matérialisation des retombées positives de l'exploitation de son idée.

C'est ici qu'arrive la pertinence de la connaissance du langage comptable, qui traduira et présentera la synthèse de tout ce qui a été dit et qui permettra de continuer les discussions sur des assises et une compréhension communes du projet, des ressources requises et des attentes de l'entrepreneur et des investisseurs. Bien entendu, le langage comptable a ses limites, et il empruntera à d'autres domaines des indicateurs de mesure et de performance qui viendront s'y greffer. Mais, encore une fois, le langage comptable offre :

- **Ex ante**, la possibilité de construire un prototype de projets d'affaires autour duquel les partenaires peuvent se rassembler et apporter leur contribution;
- **En cours** de projet, l'information nécessaire pour faire les ajustements et faire les choix difficiles;
- **Ex post**, la mesure du succès ou de l'échec du projet d'affaires.

1.5.1 La comptabilité financière et la comptabilité de caisse

Lorsqu'on parle de chiffres en affaires, on se réfère à deux systèmes de communication de l'information financière fort différents mais complémentaires. Et un ne va pas sans l'autre.

Le premier système est la comptabilité de caisse fondée sur l'enregistrement des entrées d'encaisse (recettes) et des sorties d'encaisse (déboursés). Autrement dit, le compte de banque (réel) et le budget de caisse (prévisions). Réglons dès maintenant une première question : une entreprise ne peut survivre sans encaisse. Aussi allons-nous consacrer un chapitre spécifique à la gestion de l'encaisse, plus largement appelée « liquidités » ou « trésorerie » et nous allons voir que la gestion des liquidités représente beaucoup plus que la gestion du « compte de banque ».

---

[22] http://www.larousse.fr/dictionnaires/francais/langage/46165?q=langage#46093. Consulté en juillet 2015.

[23] Bilan personnel.

Le second système est la comptabilité financière, fondée sur l'application de normes comptables. C'est ce système qui est présenté dans ce chapitre. Réglons maintenant une seconde question. Une entreprise ne peut survivre indéfiniment sans être rentable (revenus supérieurs aux coûts) que l'on parle de rentabilité monétaire, de création d'actifs hors bilan, pour les entreprises fondées sur le savoir, ou d'apport social pour les entreprises d'économie sociale.

Réglons finalement la dernière question. La comptabilité financière, ce n'est pas la comptabilité des comptables, c'est la comptabilité de l'entrepreneur, des gestionnaires d'entreprise, des actionnaires, bref, de tous les utilisateurs des états financiers, chacun ayant besoin de trouver les réponses à ses préoccupations spécifiques.

C'est dans cette perspective que nous présenterons les principales normes comptables dans ce chapitre ainsi que dans le suivant intitulé *Postes comptables*. Être en affaires c'est décider, faire des choix difficiles, prendre des risques, savoir compter. Aussi faut-il comprendre la base de la préparation des états financiers, collaborer avec l'équipe comptable à la préparation de l'information financière, et contrôler le langage des chiffres, plutôt que se faire contrôler par les chiffres.

Les études portant sur la finance de marché ont montré que, dans les composantes de la valeur d'une action cotée en bourse et suivie par les analystes financiers, il existe une prime pour la disponibilité de l'information aux investisseurs. En d'autres mots, les investisseurs sont prêts à payer plus cher pour obtenir de l'information sur l'entreprise sous examen. En effet, une entreprise dont les actions sont cotées en bourse publiera, en conformité avec la règlementation de l'Autorité des marchés financiers ou de la bourse, plusieurs documents d'information incluant une notice annuelle, un rapport de gestion et des états financiers audités. Par la suite, les analystes financiers en feront l'analyse et publieront dans des magazines spécialisés ou dans la presse les résultats de leur travail et leur appréciation.

Alors que pour les entreprises à capital fermé, c'est une affaire de responsabilité corporative, du cas par cas. N'étant régie par aucun organisme de règlementation des marchés financiers, chaque entreprise décide de la qualité du système d'information dont elle désire se doter pour la prise de décision à l'interne, comme pour la prise de décision par des utilisateurs externes, principalement les banquiers. Mais la bonification est toujours présente, car une information financière crédible se traduira par une diminution de la prime de risque exigée par les prêteurs (diminution du taux d'intérêt), par un niveau d'intervention des investisseurs plus élevé que prévu (montant du ou des prêts dépassant le ratio d'endettement normalement accepté) ou, à la limite, par une acceptation de crédit ou d'investissement qui normalement aurait été refusée.

1.5.2 Rencontre et discussions avec l'expert-comptable de l'entreprise

Comme nous l'avons mentionné ci-dessus, la direction est responsable de la préparation des états financiers. Elle est responsable de l'établissement des hypothèses, des estimations et des jugements qui sont requis dans la constatation et la mesure de plusieurs postes comptables. On pourrait penser que l'estimation de la période d'utilisation d'une automobile est arbitraire, factice, mais elle est essentielle au calcul du véritable coût des produits et des services vendus par l'entreprise, tout comme elle est essentielle à la préparation des budgets de trésorerie et à l'organisation des entrées et des sorties futures d'encaisse. Ce ne sont pas les comptables, à moins qu'ils ne soient impliqués dans la gestion courante des activités de l'entreprise, qui sont les plus habilités à fournir la réponse à la question portant sur la durée d'utilisation de l'automobile utilisée par le directeur des ventes, par exemple. Le fameux « cela dépend » prend ici toute sa signification. Cela dépend de l'image que veut projeter l'entreprise lorsque son directeur rencontre les clients, cela dépend de sa capacité financière, cela dépend... d'un ensemble de variables liées au marketing et à la finance. De transférer à des personnes extérieures à l'entreprise, à d'autres » ces estimations, mène à de grandes faiblesses dans la connaissance intime du fonctionnement de l'entreprise et à des prises de décision reposant sur de « mauvais chiffres ».

Note importante

Ce ne sont pas les conseillers comptables, légaux et autres qui décident de l'avenir de l'entreprise, ce sont les entrepreneurs, les gestionnaires, les administrateurs, comme le dit si bien un restaurateur et homme d'affaires montréalais, Stefano Faita dans un article paru dans La Presse +. Alors qu'on l'interrogeait sur l'avenir de l'un de ses restaurants, celui-ci répondait :

> « Le 1er janvier 2016, je vais avoir les vrais chiffres d'Impasto, indique le volubile entrepreneur. Je ne peux pas me comparer aux huit premiers mois. »
>
> *Tison, M. (2015, 7 octobre). Ne jamais oublier d'où on vient. La Presse +. http://affaires.lapresse.ca/portfolio/pme-croissance/201510/07/01-4907528-ne-jamais-oublier-dou-lon-vient.php. Consulté en octobre 2015.*

Cela résume parfaitement notre propos : « Avoir de bons chiffres pour prendre les bonnes décisions ».

1.5.3 Le livre de comptabilité du décideur en entreprise

Il existe de nombreux volumes de comptabilité qui expliquent de façon juste et exhaustive le contenu et les critères d'application de chaque norme comptable, et nous n'entendons pas nous y substituer.

L'objectif de cet ouvrage n'est surtout pas de « transformer » un propriétaire d'entreprise en « comptable », chaque propriétaire d'entreprise devant concentrer ses efforts dans sa zone de compétence.

Mais tout entrepreneur doit être capable de communiquer et d'avoir une conversation éclairée avec ses clients, ses fournisseurs, ses investisseurs dans le langage commun des affaires qu'est le langage comptable. Pour avoir déjà vécu l'expérience, il n'y a rien de plus troublant que de rencontrer des entrepreneurs complètement démunis devant les questions sur les revenus, les coûts et la rentabilité de leur projet d'affaires.

De plus en plus, on retrouve des duos d'entrepreneurs constitués d'un partenaire actif dans la commercialisation de l'entreprise et d'un partenaire actif au niveau de la gestion, des chiffres[24]. Bien que nous convenions que la confiance est à la base d'un bon partenariat, est-il sain pour un des membres du duo de faire abstraction de tous les rapports financiers produits par son entreprise parce qu'il doit faire un effort pour apprendre les codes de base du langage des affaires? Poser la question, c'est y répondre. Et si nous ajoutons la variante suivante : de plus en plus on retrouve de duos d'entrepreneurs dont un est actif dans l'exploitation, la commercialisation et l'autre est actif dans la gestion, les chiffres... Est-il sain qu'un des partenaires laisse le contrôle des chiffres à l'autre parce qu'il faut faire un effort d'apprentissage? Encore une fois, poser la question c'est y répondre.

1.5.4 Le livre de comptabilité du gestionnaire

Comme nous venons de le mentionner, il existe de nombreux volumes de comptabilité s'intéressant à la préparation des états financiers. Les ouvrages les plus simplifiés contiennent les résumés des principales normes comptables, les critères d'application et quelques techniques d'enregistrement comptable, donnant souvent l'illusion que « la comptabilité » est une « mécanique » où débit et crédit « doivent balancer ». Et que la comptabilité appartient aux comptables. Or, dans la vie quotidienne en entreprise, à chaque fois qu'un gestionnaire prend une décision, il y a un impact sur la trésorerie et sur la comptabilité. De plus, pour bien communiquer l'impact de ses idées ou de ses projets aux autres directeurs de l'entreprise, à la haute direction ou au conseil d'administration, il faut qu'il rassemble tous ces décideurs autour d'un plan commun, d'une image commune, et parler un langage universel commun. Plus un gestionnaire maîtrise le langage comptable, plus il suscite l'intérêt et favorise l'acceptation de ses bonnes idées.

---

[24] Pour nommer un duo célèbre : Pierre Péladeau (Québecor) et Charles-Albert Poissant, CA.

1.6 Cadre conceptuel comptable

Nous avons mentionné qu'il existe deux cadres conceptuels comptables pour les entreprises canadiennes, le cadre conceptuel IFRS, pour les entreprises à capital ouvert et pour les entreprises à capital fermé qui font le choix de les utiliser, et le cadre conceptuel NCECF pour les entreprises à capital fermé.

La présentation des normes sera faite en nous référant d'abord au cadre conceptuel IFRS, mais nous ajouterons les différences de l'application de la norme en contexte NCECF, s'il y a lieu. Comme il a déjà été mentionné, l'objectif de ce volume n'est pas de donner « un cours de comptabilité », mais de permettre à des personnes « non comptables » de connaître les grands principes du langage comptable, d'acquérir suffisamment d'aisance pour être capable d'exercer leur leadership dans l'organisation du système comptable de leur entreprise et d'enrichir leurs discussions avec les comptables, les auditeurs et les partenaires financiers. Finalement, de prendre le contrôle des chiffres plutôt que de se faire contrôler par les chiffres, ou pire, de se faire contrôler par des « mauvais chiffres ». À ce moment, l'utilisation du cadre conceptuel comptable IFRS est tout à fait approprié puisque les principes de base sont les mêmes[25].

Afin de faciliter la compréhension des normes comptables et l'établissement des relations entre les normes comptables et les états financiers, elles seront présentées en fonction de leur ordre de présentation dans la présentation des états financiers.

Pour chaque norme, nous ferons d'abord une présentation générale de celle-ci, suivie de quelques exemples extraits d'états financiers d'entreprises connues. Nous discuterons ensuite des hypothèses et des estimations où l'entrepreneur ou le gestionnaire seront appelés à participer aux travaux étant les plus habiletés pour aider l'équipe comptable (entrepreneur) et la haute direction (gestionnaire) à répondre aux questions difficiles.

Même si les états financiers de l'entreprise ne font pas l'objet d'un audit, le travail demeure le même, puisque l'objectif de la production d'une information financière de qualité est d'abord et avant tout de disposer d'un bon outil pour **décider**.

À cette étape, nous désirons apporter une précision sur la portée et la justesse de l'interprétation à apporter à notre propos. Les états financiers sont construits sur la base d'un langage documenté appelé normes comptables internationales ou entreprises à capital fermé. Dans certains cas, le chiffre présenté provient d'une information factuelle. Le solde du crédit bancaire d'exploitation, tel que transmis par la banque, en est un bon exemple. Dans d'autres cas, il est nécessaire de procéder à des estimations parce que l'utilisation (calcul de l'amortissement), le marché (estimation du prix de vente des stocks), et autres données de calcul sont propres à chaque entreprise. Ne pas en tenir compte reviendrait à présenter des états financiers trompeurs, peu utiles, voire nuisibles à la prise de décision.

C'est ce à quoi on réfère lorsqu'on dit que les normes comptables canadiennes IFRS et NCECF, reposent sur la substance économique (« principes comptables ») des activités des entreprises plutôt que sur des règles uniformes de loi (« règles comptables »).

Bien entendu, il serait plus simple de fonctionner sur la base de règles uniformes, telle « toutes les entreprises doivent amortir leurs automobiles sur une période de cinq ans ». Plus simple, mais source d'erreur dans la mesure du vrai coût et dans l'appréciation de la performance financière, une automobile utilisée dans l'industrie du taxi ne se détériorant pas au même rythme qu'une automobile utilisée par la présidence de l'entreprise.

---

[25] Bien que nous reconnaissions qu'il existe des différences entre les IFRS et les NCECF, nous convenons qu'à la base les deux systèmes font racine commune, certaines normes ou définitions étant quasi identiques, sinon identiques si on exclut certaines spécificités d'application. La norme comptable sur les stocks (IAS 2 *Stocks* = Chapitre 3031 *Stocks*), la norme comptable sur les actifs intangibles (IAS 38 *Immobilisations incorporelles* ≅ Chapitre 3064 Écarts d'acquisition et actifs incorporels), les normes comptables sur la définition du contrôle et de groupe (IFRS 10 États financiers consolidés ≅ Chapitre 1591 *Filiales*) la norme comptable sur l'enregistrement initial des regroupements d'entreprises (IFRS 3 *Regroupement d'entreprises* ≅ Chapitre 1582 *Regroupement d'entreprises*), etc. en sont quelques exemples.

CPA Canada a récemment publié un document intitulé *Document d'information pour les clients d'audit, points que la direction doit prendre en considération dans la détermination des estimations comptables*[26] où on insiste sur l'importance de bien documenter et étayer toute information ayant servi à appuyer l'enregistrement d'une transaction comptable.

Note importante

Lorsqu'on parle d'estimations en comptabilité, on ne parle pas de gestion de l'information, mais de précision et de qualité de l'information.

Revenons sur l'exemple qui montre le nombre et l'importance des estimations qui appuient le poste comptable *Immobilisations corporelles*.

1.6.1 Exemple « Immobilisations corporelles »

Voici la note 9 des états financiers de Groupe Canam inc. où l'entreprise présente les différentes catégories d'actifs corporels utilisés dans l'exploitation de ses activités. Examinons de plus près la catégorie « Équipements de production », dont le solde net est de 86 859 000 $ au 31 décembre 2013.

9. Immobilisations corporelles

	Terrains	Bâtiments et aménagements de terrains	Équipements de production[1]	Matériel roulant	Équipements informatiques et de bureau	Biens non amortissables	Immeubles de placement[2]	Total
Au 31 décembre 2013								
Coût								
Solde au 1er janvier 2013	23 880 $	225 728 $	193 612 $	15 283 $	15 008 $	1 279 $	19 285 $	494 075 $
Acquisitions	--	1 059	13 405	1 253	1 499	--	213	17 429
Dispositions	(36)	--	(275)	(650)	(28)	--	--	(989)
Acquisitions d'entreprises	755	3 000	891	67	59	--	--	4 772
Radiation d'immobilisations corporelles complètement amorties	--	--	(2 515)	(685)	(63)	--	--	(3 263)
Écarts de change et autres	825	7 886	3 142	6	881	--	--	12 740
Solde au 31 décembre 2013	25 424 $	237 673 $	208 260 $	15 274 $	17 356 $	1 279 $	19 498 $	524 764 $
Cumul des amortissements et des pertes de valeur								
Solde au 1er janvier 2013	-- $	(73 253) $	(113 285) $	(10 712) $	(12 802) $	-- $	-- $	(210 052) $
Dispositions	--	--	209	508	26	--	--	743
Amortissement	--	(8 550)	(10 725)	(897)	(1 288)	--	(638)	(22 098)
Radiation d'immobilisations corporelles complètement amorties	--	--	2 515	685	63	--	--	3 263
Écarts de change et autres	--	(1 869)	(115)	(196)	(584)	--	--	(2 764)
Solde au 31 décembre 2013	-- $	(83 672) $	(121 401) $	(10 612) $	(14 585) $	-- $	(638) $	(230 908) $
Montant net au 31 décembre 2013	25 424 $	154 001 $	86 859 $	4 662 $	2 771 $	1 279 $	18 860 $	293 856 $

Groupe Canam inc., note 9, *Rapport Annuel 2014*, page 47[27].

[26] *https://www.cpacanada.ca/.../Document-dinformation-pour-les-clients-daudit-NCA-540-R2_00310.pdf.* Consulté en juillet 2015.
[27] Extrait du *Rapport Annuel 2014*, Groupe Canam inc. note 1.

1. Informations générales

Groupe Canam inc. (la Société) est une entreprise manufacturière qui dispose de 22 usines en Amérique du Nord. Elle se spécialise dans la conception de solutions de construction et la fabrication de produits sur mesure depuis 1961. En 2014, l'entreprise a participé à de multiples projets dans trois groupes de produits et services : bâtiments, charpentes métalliques et ponts.

D'où viennent ces chiffres?

Le lecteur aura remarqué que le solde de 86 859 000 $ est constitué de deux soldes, soit le total du coût d'acquisition des immobilisations (208 260 000 $) et le total du cumul des amortissements (aussi appelé « amortissement accumulé ») des mêmes immobilisations (- 121 401 000 $). D'où viennent ces chiffres?

À la note 2 des états financiers, le Groupe Canam présente sa politique comptable. Pour le moment, nous concentrerons notre apprentissage sur le coût d'acquisition et sur le cumul des amortissements.

> Les immobilisations corporelles sont comptabilisées au coût diminué du cumul des amortissements, du cumul des pertes de valeur et des reprises de valeur subséquentes, le cas échéant. Les immobilisations corporelles sont amorties linéairement sur leur durée d'utilité estimée en tenant compte des valeurs résiduelles. Les durées d'utilité sont les suivantes :
>
> - Aménagement de terrains – 20 ans;
> - Bâtiments – 30 ans;
> - Équipements de production – 10 et 15 ans;
> - Matériel roulant – de 4 à 10 ans;
> - Semi-remorques et équipements forestiers loués à des clients – de 4 à 10 ans;
> - Équipements informatiques et de bureau – de 3 à 7 ans.
>
> Les durées d'utilité et les valeurs résiduelles sont révisées annuellement ou lorsque les circonstances le justifient.

Extrait du *Rapport Annuel 2014*, Groupe Canam inc.

Note : les terrains ne sont pas amortis.

Comment calcule-t-on le coût d'acquisition d'une immobilisation corporelle?

Dans le cas d'une immobilisation acquise[28], le coût est le total de la facture et des frais directs liés, comme l'installation[29]. Il y a une base objective et vérifiable de ce chiffre, puisqu'il repose sur le total de factures et des chèques émis pour le paiement. Ce qui signifie que le solde de 86 859 000 $ est le total de toutes les factures (acceptées pour paiement) qui appuient le coût de toutes les immobilisations corporelles de production que le Groupe Canam utilise actuellement dans son exploitation.

Comment est calculé le cumul des amortissements d'une immobilisation corporelle

Si nous faisons un retour sur le passage précédent, nous constatons que ce poste comptable nécessite plusieurs choix, hypothèses et estimations avant que nous puissions faire le calcul. Le poste *Cumul des amortissements* inclut le total de l'amortissement d'un actif incorporel calculé à chaque année. Voici la formule utilisée par le Groupe Canam.

$$\frac{\text{Coût - Valeur résiduelle}}{\text{Durée d'utilité}}$$

[28] Le calcul du coût des immobilisations corporelles construites par une entreprise est présenté dans le chapitre intitulé *Postes comptables*.

[29] Des explications plus exhaustives sur les coûts et les coûts liés à l'acquisition d'une immobilisation corporelle sont présentées dans le chapitre intitulé *Postes comptables*.

Voici les choix et estimations sur lesquels reposent les calculs :

Le choix de la méthode d'amortissement

Il existe plusieurs méthodes d'amortissement, qui seront présentées dans la section des immobilisations corporelles du chapitre *Postes comptables*, mais pour le moment, nous constatons que le Groupe Canam a considéré que la méthode d'amortissement linéaire était la plus appropriée pour mesurer la consommation de toutes ses immobilisations corporelles.

L'estimation de la durée d'utilité[30]

Pour chacune des catégories d'immobilisations, une entreprise doit estimer le nombre d'années d'utilisation, ce qui est spécifique à chaque organisation. Ce n'est pas la nature de l'actif qui détermine la durée d'utilité, mais son utilisation, son usure réelle et son usure fonctionnelle.

Supposons qu'une entreprise achète deux chaises : l'une d'elles sera utilisée dans la salle de réception et l'autre à l'entrée de l'usine. Sur la base de l'usure réelle, il est possible que le nombre d'années d'utilisation de la chaise située à la réception du siège social soit plus élevé que celui de la chaise située dans l'usine. Ce qui voudrait dire que la durée d'utilité de la chaise de la salle de réception serait plus élevée que celle de la chaise de l'usine.

Supposons maintenant que l'entreprise renouvelle à chaque année la décoration et le mobilier de la réception; c'est ce qu'on appelle « l'usure fonctionnelle ». La durée d'utilité de la chaise de la réception devient maintenant plus petite que celle de la chaise de l'usine. C'est du cas par cas.

L'estimation de la valeur résiduelle

La valeur résiduelle d'une immobilisation est la valeur de revente estimée à la fin de la période d'utilité. Ce qui correspond à la logique de la consommation de ressources, on ne peut passer en charge que le coût net, soit le coût d'acquisition moins le prix estimé de la vente à la fin de la période d'utilité. Encore une fois, c'est du cas par cas. Quel sera le prix de vente de la chaise dans un an, dans trois ans, etc.

C'est à l'entreprise de répondre aux questions difficiles posées par les estimations, parce que c'est elle qui connaît son exploitation, son marché, et comment elle se démarquera de la concurrence.

Ce travail est de plus en plus difficile à faire à cause des changements rapides dans les marchés et de la désuétude fonctionnelle. C'est-à-dire que le rythme d'entrée des nouvelles technologies est tel que les équipements acquis deviennent rapidement désuets.

Les entrepôts de produits recyclables sont remplis d'ordinateurs opérationnels. On appuie sur le bouton « marche », et l'appareil démarre. Le problème, c'est que ces ordinateurs ne sont plus fonctionnels, les nouveaux logiciels exigeant des appareils plus performants. C'est pourquoi on les retrouve dans des centres de recyclage.

Afin d'être crédible et juste, le travail d'estimation (l'estimation de la durée d'utilité d'un équipement, par exemple) doit être documenté et appuyé, au besoin, par des experts autres que des experts-comptables.

Voici, tel que publié par CPA Canada, les étapes du processus d'estimation, qui est un processus continu.

---

[30] Ne pas confondre l'amortissement comptable avec l'allocation du coût en capital (appelé « amortissement fiscal ») qui fonctionne sur la base des taux prédéterminés par catégorie d'immobilisations.

1.6.2 Les quatre étapes clés du processus d'estimation

Figure 1.1 **Étapes du processus d'estimation de CPA Canada**

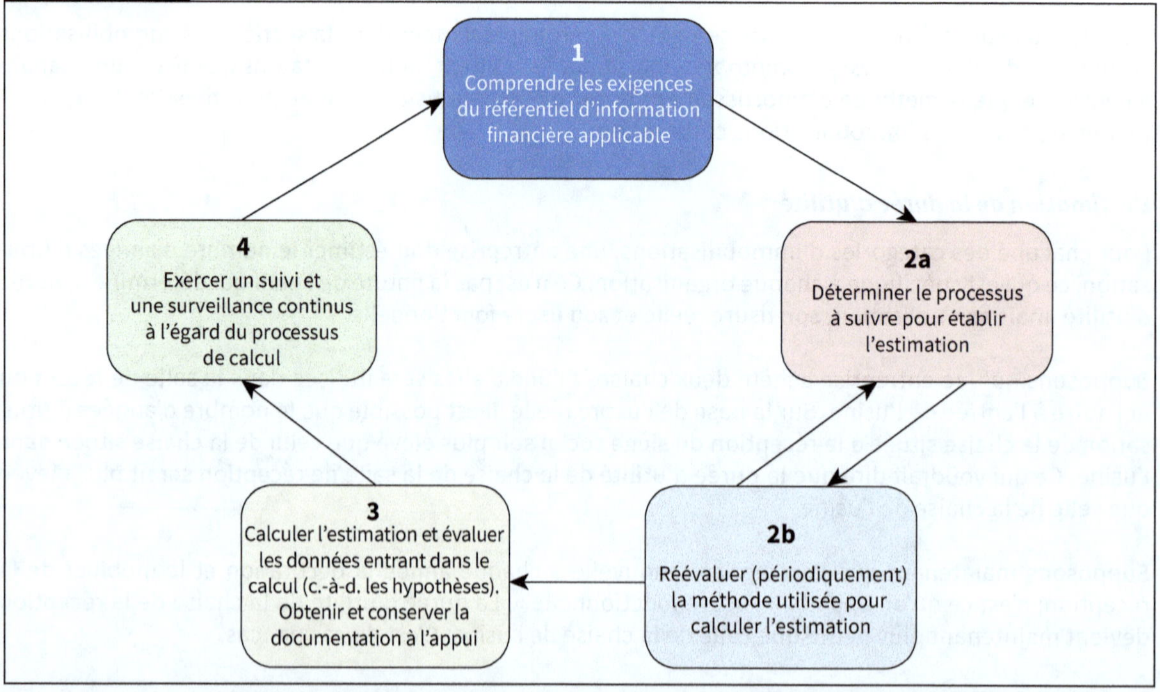

CPA Canada. (2015, mai). Document d'information pour les clients d'audit – Points que la direction doit prendre en considération dans la détermination des estimations comptables[31].

1.7 Les normes comptables – présentation des états financiers *IAS 1, chapitres 1520 et 1521*

La norme IAS 1 est la norme comptable qui pose les bases de la préparation des états financiers qui inclut :

- L'état de la situation financière (aussi appelé « bilan »);
- L'état du résultat global;
- L'état de la variation des capitaux propres;
- Les notes afférentes aux états financiers;
- Le tableau des flux de trésorerie (IAS 7, chapitre 1540)[32].

1.7.1 L'état de la situation financière (bilan)

Note importante

Les informations fournies dans cette section sont tout aussi valables pour les IFRS que pour les NCECF.

[31] https://cpacanada.ca/fr/ressources-en-comptabilite-et-en-affaires/audit-et-certification/normes-canadiennes-daudit-nca/publications/document-dinformation-pour-les-clients-daudit-NCA-540. Consulté en juillet 2015.

[32] Nous incluons le tableau des flux de trésorerie, parce que ce tableau fait partie des états financiers, mais qu'il est couvert par une autre norme comptable, la norme IAS 7.

Voici l'état de la situation financière de Dollarama Inc.

Dollarama inc.
❹ État consolidé de la situation financière
❷ (en milliers de dollars canadiens)

	Note	❶ 1er février 2015 $	2 février 2014 $
Actif			
Actifs courants	❸		
Trésorerie et équivalents de trésorerie		40 203	71 470
Créances		10 004	5 963
Acomptes et charges payées d'avance		5 213	5 382
Stocks de marchandises		408 919	364 680
Instruments financiers dérivés	14	84 009	11 455
		548 348	458 950
Actifs non courants			
Immobilisations corporelles	6	290 632	250 612
Immobilisations incorporelles	7	134 076	129 436
Goodwill	7	727 782	727 782
Total de l'actif		1 700 838	1 566 780
Passif et capitaux propres			
Passifs courants			
Dettes d'exploitation et charges à payer	8	175 739	128 857
Dividendes à verser		10 480	9 823
Impôt sur le résultat à payer		25 427	22 102
Partie courante de la dette à long terme	9	3 846	3 017
		215 492	163 799
Passifs non courants			
Dette à long terme	9	560 641	395 446
Obligations au titre des contrats de location-financement		1 566	2 506
Loyer et incitatifs à la location différés	11	60 475	51 592
Impôt différé	13	122 184	89 271
Total du passif		960 358	702 614
Engagements	10		
Capitaux propres			
Capital-actions	12	462 734	493 602
Surplus d'apport		15 338	10 884
Résultats non distribués		196 112	346 478
Cumul des autres éléments du résultat global	12	66 296	13 202
Total des capitaux propres		740 480	864 166
Total du passif et des capitaux propres		1 700 838	1 566 780

Approuvé par le conseil d'administration,

(signé) « *Stephen Gunn* »
Stephen Gunn, administrateur

(signé) « *John J. Swidler* »
John J. Swidler, administrateur

Remarques importantes

1. L'état de la situation financière est préparé à une date donnée, dans ce cas le 1er février 2015. Cela signifie que les chiffres présentés correspondent aux soldes des registres comptables au 1er février 2015. Le 2 février 2015 les chiffres étaient différents, parce que Dollarama a vendu des stocks, a encaissé de l'argent des clients, payé des factures, et fait d'autres transactions. Ce point est important, autant dans le cas des bilans corporatifs que dans celui des bilans personnels, parce que si un partenaire d'affaires, un client ou un associé potentiel présente son bilan pour montrer sa solidité financière et que ce bilan date d'hier, des transactions (comme une vente d'immeuble ou un transfert bancaire à une autre entreprise) ont pu modifier de façon radicale, en quelques heures, la situation financière présentée.

2. Les états financiers sont présentés dans la monnaie de fonction de l'entreprise, ce qui correspond à la devise utilisée dans la majorité des transactions de l'entreprise. Dans la plupart des cas, pour les entreprises canadiennes, la monnaie de fonction est le $ CA, mais il arrive, pour des raisons de transactions internationales ou de la devise utilisée dans l'industrie (le $ US est souvent la monnaie de fonction des entreprises actives dans le secteur de ressources naturelles cotées en $ US, comme les mines et les aciéries), que la monnaie de fonction soit autre que la devise canadienne. La monnaie de fonction peut varier suivant l'évolution des activités de l'entreprise. Par exemple, le Groupe Jean Coutu a vu sa monnaie de fonction changer de la devise $ CA à la devise $ US au moment où elle a fait l'acquisition d'un important réseau de 1 545 pharmacies situées aux États-Unis, les pharmacies Eckerd, pour revenir à la devise $ CA au moment où elle les a revendues à la société américaine Rite Aid.[33] Cette transaction évaluée à 2,4 milliards $ US[34] faisait que les activités réalisées en $ US devenaient plus importantes que les activités réalisées en $ CA, d'où le changement dans la monnaie de fonction utilisée dans la présentation des états financiers. Il ne faut surtout pas confondre le lieu de la règlementation comptable avec la monnaie de fonction. À l'annexe 1.1, le rapport des auditeurs mentionne, dans la section « Opinion », que les états financiers sont présentés en conformité avec les principes comptables généralement reconnus canadiens, alors que le bilan et les autres rapports comptables, présentés en conformité avec les principes comptables généralement reconnus canadiens, sont libellés dans la monnaie de fonction pertinente à ce moment, le $ US. Voir *Annexe 1.1*, page 71.

3. Afin de permettre la comparaison des données financières, deux périodes comptables sont présentées (trois périodes dans le cas des entreprises présentant leurs états financiers selon les IFRS qui ont procédé à des modifications comptables [IAS 8]).

4. Le terme « consolidé », mentionné en tête du rapport comptable, signifie que plusieurs entités légales sont contrôlées par l'entité Dollarama Inc. (Canada). Soit Dollarama International Inc. (Canada) et Dollarama S.E.C. (Québec). Ce qui est une particularité importante de la base économique de la présentation de l'information financière par rapport à la base légale.[35] Voici, à titre d'illustration, l'organigramme de Dollarama Inc. tel que présenté dans la notice annuelle 2015.

Figure 1.2 **Organigramme de Dollarama Inc.**

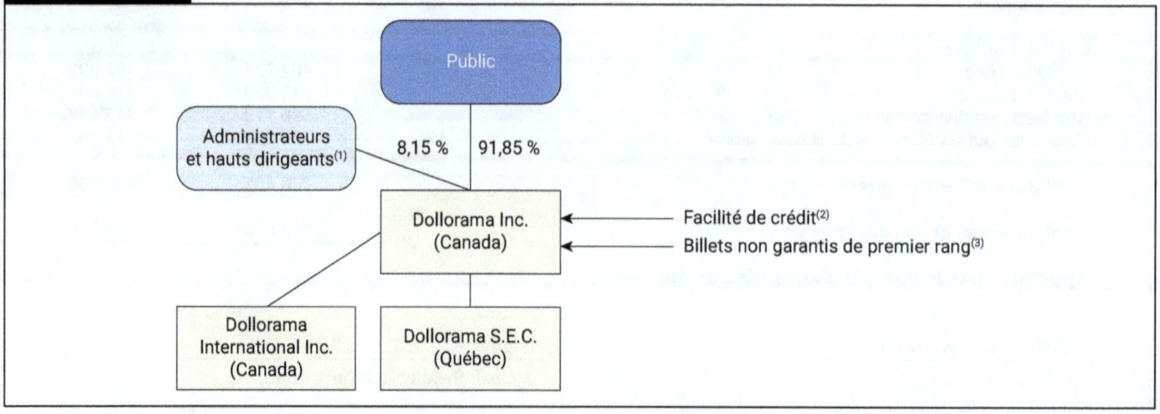

Dollarama Inc. (2015). Notice annuelle pour l'exercice clos le 1er février 2015, page 3.

[33] Turcotte, C. (2006, 20 septembre). Vente de ses pharmacies américaines – Jean Coutu conserve la confiance de ses actionnaires. *Le Devoir*. http://www.ledevoir.com/international/etats-unis/118569/vente-de-ses-pharmacies-americaines-jean-coutu-conserve-la-confiance-de-ses-actionnaires. Consulté en février 2016.

[34] La Presse Canadienne. (2010, 11 novembre). http://www.lesaffaires.com/secteurs-d-activite/commerce-de-detail/la-plus-grande-erreur-de-jean-coutu/520342/2. Consulté en février 2016.

[35] Les règles fiscales fonctionnent sur la base des entités légales, ce qui signifie que chaque entité du groupe doit présenter des états financiers distincts et est imposée de façon distincte.

Dollarama Inc. (Canada) + Dollarama International Inc. (Canada) + Dollarama S.E.C. (Québec) constituent le groupe Dollarama (ci-après appelé « l'entreprise ») dont les données financières sont présentées dans les états financiers consolidés de Dollarama Inc.

Structure de l'état de la situation financière (ou bilan)
IAS 1, chapitre 1521

L'équation comptable

L'état de la situation financière est cette équation comptable bien connue.

Actif = Passif + Capitaux propres

L'actif

Un actif est une ressource existante, contrôlée par l'entreprise, dont elle retirera des avantages économiques futurs.

Le lecteur aura remarqué que le terme contrôle, non pas le terme propriété, fait partie de la définition d'un actif, ce qui signifie que ce n'est pas le titre de propriété d'un actif qui définit le bilan d'appartenance de l'actif, mais l'entité de contrôle. Le terme contrôle réfère à l'entité qui bénéficie des avantages et assume les risques liés à l'exploitation d'un actif.

Pour mieux comprendre ce concept, nous utiliserons l'exemple d'un consommateur qui achète une automobile en vertu d'un contrat de location-financement. Bien que ce soit le consommateur qui détienne le contrôle (qui bénéficie des avantages et assume les risques) de l'automobile, c'est le nom de la société de financement qui est présenté à la ligne « propriétaire » du document d'immatriculation. Pourtant, vous ne verrez pas la société de financement se présenter chez vous un matin pour vous « emprunter » l'automobile pour une journée parce qu'elle en a besoin pour son directeur des ventes. « Cet actif est à moi » serait la réponse spontanée du consommateur.

Le passif

Un passif est une obligation financière qui a « pris racine » dans le passé et qui obligera une sortie de ressources économiques dans le futur. Il y a deux types de passifs : les passifs contractuels[36] et les passifs implicites. Les passifs implicites sont générés par la parole, les traditions, les us et coutumes qui ont créé des attentes telles, que de ne pas les respecter entraînerait des dommages à l'entreprise. Prenons, par exemple, une tradition qui veut que lorsque l'entreprise réalise un bénéfice de plus de 50 000 $, elle verse à ses employés un boni de 200 $. Il n'y a aucun écrit à ce propos dans le contrat d'emploi, mais c'est la tradition, et les employés s'attendent à cette récompense. Ne pas la verser créerait un sentiment d'insatisfaction et une perte de productivité dommageables pour l'entreprise. Ici, on a un bel exemple de l'importance du jugement professionnel dans la constatation et la mesure d'un passif implicite. Voici un autre exemple. Supposons qu'une entreprise cause un dégât environnemental. Il y aura bien sûr des passifs contractuels et réglementaires[37], le remboursement des dommages causés, mais il pourrait également y avoir des passifs implicites, tel l'engagement de faire un don substantiel à un centre de recherche sur l'environnement. Dans le premier cas, il y a obligation contractuelle. Dans le second cas, la société s'engage de plein gré à cette obligation financière, et on retrouverait probablement l'information sous l'onglet *responsabilité sociale* du site Internet de la société. Le lecteur aura constaté la relation entre un volet d'activité de l'entreprise, la responsabilité sociale et la préparation des états financiers.

[36] Inclut les passifs définis par la loi.

[37] Lois et normes gouvernementales, la *Loi sur l'Environnement du Québec*, par exemple.

La société Aeterna Zentaris Inc. nous informe, dans une note aux états financiers, qu'elle a en effet comptabilisé dans ses états financiers des obligations salariales juridiques et implicites.

> *Salaires et autres avantages à court terme*
>
> Les salaires et autres avantages à court terme sont évalués sur une base non actualisée et sont comptabilisés dans l'état consolidé du résultat global sur la période de service connexe ou lorsque la Société a une obligation actuelle, juridique ou implicite, d'effectuer ces paiements au titre d'événements passés lorsqu'une estimation fiable du montant à payer peut être effectuée.

Note 2, Résumé des principales conventions comptables, États financiers pour la période terminée le 31 décembre 2014, page 10.

Les capitaux propres

Les capitaux propres sont le solde résiduel aux actionnaires une fois les passifs déduits. On parle donc principalement du capital-actions[38] investi par les actionnaires et des bénéfices réinvestis à chaque année dans l'entreprise. Les capitaux propres sont également appelés « valeur comptable » de l'entreprise qui ne correspond aucunement à la « valeur marchande » ou la « juste valeur[39] » de l'entreprise. Si nous prenons la valeur boursière comme indicateur de la juste valeur d'une société cotée en course, il peut même y avoir « contradiction » ou « évolution inverse » entre les deux. Ce qui s'explique par la différence des regards posés sur les chiffres. La valeur comptable reflétant le cumul des données financières historiques de l'entreprise, alors que la valeur boursière, également appelée « capitalisation boursière », reflétant les gains futurs estimés par les investisseurs.

Par exemple, voici comment évoluait l'action d'Apple suivant la publication de son bénéfice net trimestriel en juillet 2015 :

> « Malgré des résultats records, les investisseurs ont fait la fine bouche, déçus par l'absence de chiffres concernant la nouvelle montre connectée d'Apple et le niveau des ventes d'iPhone.
>
> Ça deviendrait presque une habitude : Apple annonce des chiffres spectaculaires et, dans la foulée, le titre baisse. La publication d'hier illustre bien cette tendance avec un cours reculant de près de 7 % dans les échanges électroniques suivant la clôture de la Bourse.
>
> Pourtant, les chiffres annoncés par la marque à la pomme donnent le tournis. Pour le troisième trimestre (avril à juin) de son exercice 2014-2015, le bénéfice net d'Apple a bondi de 38 %, à 10,7 milliards de dollars pour des ventes en hausse aussi marquée : +33 %, à 49,6 milliards.
>
> Mais alors pourquoi cette réaction du marché? Parce que les investisseurs attendent énormément d'Apple. Ils veulent de l'exceptionnel et pas juste du très bien. »[40]

Autre exemple montrant la différence entre la valeur comptable et la juste valeur telle que constatée en bourse, la société Dollarama. Dans ses états financiers trimestriels présentant ses données financières au 1er novembre 2015, la valeur comptable de la société est de 623 834 000 $[41]. Elle est calculée ainsi :

Sommes investies par les actionnaires par l'achat d'actions

Capital-actions	451 875 000 $
Surplus d'apport	18 657 000 $

[38] Dans plusieurs états financiers, le capital-action est le total du compte capital-action et du compte surplus d'apport.

[39] L'évaluation de la juste valeur d'un actif consiste à estimer le prix qui serait reçu lors de la vente de ce dernier dans une transaction normale. CPA Québec. (2016, 16 février). Bulletin du groupe de travail de l'Ordre sur les régimes de retraite. http://cpaquebec.ca/fr/public-et-medias/salle-de-presse/nouvelles-et-publications/les-placements-prives-pour-les-regimes-de-retraite-un-defi-pour-levaluation-de-la-juste-valeur/. Consulté en février 2016.

[40] Le Revenu. (2015, 22 juillet). http://www.lerevenu.com/bourse/valeurs-en-vue/apple-en-baisse-malgre-un-benefice-record. Consulté en février 2016.

[41] http://www.dollarama.com/fr/information-financiere/. Consulté en février 2016.

Sommes investies par les actionnaires par l'investissement des résultats nets réalisés par l'entreprise

Résultats non distribués	101 519 000 $
Cumul des autres éléments du résultat global	51 783 000 $
Valeur comptable	**623 834 000 $**

Alors que sur le site Internet de Dollarama, durant la même période, la valeur boursière calculée au 17 février 2016 est de 9,15 milliards (122 225 104 actions × 74,89 $ (cours de clôture).[42]

Comment expliquer cette différence entre les deux valeurs? Encore une fois, à cause de la différence de perspective de présentation et de calcul des chiffres. La valeur comptable est tributaire d'événements passés. Les sommes que les investisseurs ont investies sous forme d'achat d'actions (première émission d'actions) plus le cumul des bénéfices nets historiques que les actionnaires ont décidé d'investir dans l'entreprise plutôt que de procéder à une déclaration et à un versement de dividendes.

La juste valeur est tributaire du rendement futur estimé par l'actionnaire constitué par la variation du prix de l'action (prix de vente estimé par l'investisseur – cours actuel de l'action) plus les dividendes que l'actionnaire pense recevoir durant la période de propriété de l'action.

Est-il difficile de diriger une société cotée en bourse, dont les décisions et les résultats sont constamment scrutés et durement sanctionnés par les analystes financiers et les investisseurs? Un dirigeant disait à juste titre que « diriger une société cotée en bourse était comme diriger dans une cage de verre ». Ce qui signifie que de prendre la décision d'aller vers les marchés boursiers est plus qu'une décision de financement.

Séparation des postes comptables courants des postes comptables non courants *IAS 1, chapitre 1510*

Vous aurez remarqué dans l'état consolidé de la situation financière de Dollarama, que les postes comptables sont séparés en deux sections distinctes : les postes comptables courants et les postes comptables non courants. Cela, autant du côté de l'actif que du passif.

Cette classification a pour objectif de fournir au lecteur une indication de la situation de solvabilité courante de l'entreprise en présentant, dans une section clairement identifiée, les actifs qui généreront de l'encaisse ou qui seront consommés au cours de la prochaine période comptable (12 prochains mois), soit directement (perception des comptes-clients), soit indirectement (matières premières qui, une fois transformées, deviendront des produits prêts à la vente, qui deviendront des comptes-clients [ventes à crédit] ou de l'encaisse). Notons que c'est l'utilisation de l'item pas sa nature, qui influence sa classification dans la section « courant » ou « non courant ». Prenons, par exemple, une automobile. Une automobile qui se trouve dans la salle de montre d'un concessionnaire est un item qui se transformera en encaisse au cours des 12 prochains mois. Elle fait partie des stocks de l'entreprise que les propriétaires espèrent vendre à plus ou moins court terme. Cette automobile est donc classée dans le poste *Stock*, section « Actifs courants ».

Si nous examinons l'état consolidé de la situation financière de Dollarama, nous constatons les actifs courants suivants :

- Trésorerie et équivalents de trésorerie;
- Créances;
- Acomptes et chargées payées d'avance;
- Stocks de marchandises;
- Instruments financiers dérivés.

[42] Id. note précédente.

Dans une autre entreprise, on achète une automobile qui sera utilisée par le président de l'entreprise au cours des trois prochaines années. Cette fois, le véhicule sera classé avec les actifs non courants d'exploitation, appelés « immobilisations corporelles », et la consommation périodique sera enregistrée dans le compte amortissement de l'état des résultats. L'état consolidé de la situation financière de Dollarama présente les actifs non courants suivants :

- Immobilisations corporelles;
- Immobilisations incorporelles;
- Goodwill.

La même classification s'observe du côté des passifs, mais interprétée en fonction de l'obligation de sortie de ressources, incluant l'encaisse au cours de la prochaine période comptable (12 prochains mois).

Par exemple, chez Dollarama, on constate les passifs courants suivants :

- Dettes d'exploitation et charge à payer;
- Dividendes à verser;
- Impôt sur le résultat à payer;
- Partie courante de la dette à long terme.

Le dernier item est intéressant, puisqu'il montre exactement l'objectif de séparer les passifs courants des passifs non courants. Posons l'hypothèse que vous vous rendez à la banque pour emprunter 5 000 $, que vous rembourserez à raison de 100 $ (remboursement de capital) + intérêts pour les 50 prochains mois[43]. Cela signifie que durant les 12 prochains mois, correspondant à une période comptable, vous rembourserez 1 200 $ (100 $ × 12) en capital. L'emprunt sera donc présenté ainsi : 1 200 $, partie courante de la dette à long terme et 3 800 $, dette à long terme, pour un total de 5 000 $.

Passifs courants	
Partie courante de la dette à long terme	1 200 $
Passifs non courants	
Dette à long terme	3 800 $
Total de l'emprunt	**5 000 $**

La mise en relation de l'actif courant et du passif courant donne lieu au calcul d'un ratio financier connu : le ratio de fonds de roulement. Celui-ci se veut un indicateur de la capacité d'une entreprise à assumer ses obligations financières courantes, mais il faut agir avec grande prudence, car il s'agit d'un indicateur, pas de la « vérité absolue ». Nous invitons le lecteur à se rendre au chapitre sur l'analyse financière par la méthode des ratios pour plus d'explications.

Les actifs et les passifs courants sont appelés « actifs et passifs d'exploitation », car ces postes comptables constituent ce qu'on pourrait appeler « le cœur » de l'entreprise, puisque c'est la « circulation » de ces actifs et passifs qui représente l'activité quotidienne de l'entreprise.

Les actifs et les passifs non courants sont appelés « actifs stratégiques » (le financement appuie l'acquisition des actifs), car ils constituent les assises sur lesquelles repose l'activité quotidienne.

[43] Pour les fins de cet exemple, nous excluons le paiement des intérêts.

Mécanique de l'équation comptable

À titre informatif seulement, voici quelques informations sur la mécanique de l'équation comptable.

Tout d'abord, la terminologie connue, débit et crédit. Que signifie « débit »? Que signifie « crédit »? Tout simplement « gauche » et « droite ».

Posons d'abord sous forme graphique l'unité de base de l'enregistrement comptable, le ***poste comptable*** souvent appelé ***Compte***.

Débit	Crédit

Plaçons maintenant quelques comptes à l'intérieur de l'équation comptable de l'état de la situation financière. Il y aura à gauche le compte *Banque*, le compte *Comptes-clients* et le compte *Immobilisations*. À droite, il y aura le compte *Prêt bancaire*, le compte *Comptes-fournisseurs* et le compte *Avoir des propriétaires*.

Mais d'abord, posons de nouveau l'équation comptable.

Débit	=	Crédit		
Actif	=	Passif	+	Avoir des propriétaires

Vous reconnaissez maintenant la célèbre expression « Il faut que les comptes balancent ». C'est-à-dire que le total des actifs (débit, ou à gauche de l'équation) doit être égal au total des passifs et de l'avoir des propriétaires (crédit, ou à droite de l'équation).

Posons maintenant l'équation comptable incluant les comptes mentionnés plus haut. Vous remarquerez que nous nous rapprochons maintenant du schéma connu; autrement dit, cela commence à ressembler à « de la comptabilité ». L'ensemble de l'enregistrement de toutes les transactions comptables constitue, à la fin de la période comptable, les postes comptables et les totaux qui sont présentés dans les états financiers.

État de la situation financière
Équation comptable

Débit	=	Crédit		
Actif	=	Passif	+	Avoir des propriétaires

Banque

DT	CT

Comptes-clients

DT	CT

Immobilisations

DT	CT

Prêt bancaire

DT	CT

Comptes-fournisseurs

DT	CT

Avoir des propriétaires

DT	CT

DT	=	CT
Augmentation de compte = DT		Augmentation de compte = CT
Diminution de compte = CT		Diminution de compte = DT

Vous reconnaissez sans doute ici le célèbre T qui divise le compte en deux parties. À gauche, le débit. À droite, le crédit.

Transaction 1 : Le propriétaire de l'entreprise investit 150 $ dans l'entreprise.

Débit	=	Crédit		
Actif	=	Passif	+	Avoir des propriétaires

Banque

DT	CT
(1) 150	

Prêt bancaire

DT	CT

Avoir des propriétaires

DT	CT
	150 (1)

Comptes-clients

DT	CT

Comptes-fournisseurs

DT	CT

Immobilisations

DT	CT

150 DT = 150 CT

Transaction 2 : L'entreprise emprunte 100 $ à la banque.

Débit	=	Crédit		
Actif	=	Passif	+	Avoir des propriétaires

Banque

DT	CT
(1) 150	
(2) 100	
250	

Prêt bancaire

DT	CT
	100 (2)

Avoir des propriétaires

DT	CT
	150 (1)

Comptes-clients

DT	CT

Comptes-fournisseurs

DT	CT

Immobilisations

DT	CT

250 DT

100 CT + 150 CT

250

Transaction 3 : L'entreprise achète une immobilisation au coût de 200 $. Elle paie 100 $ comptant et demande un financement pour le solde au manufacturier.

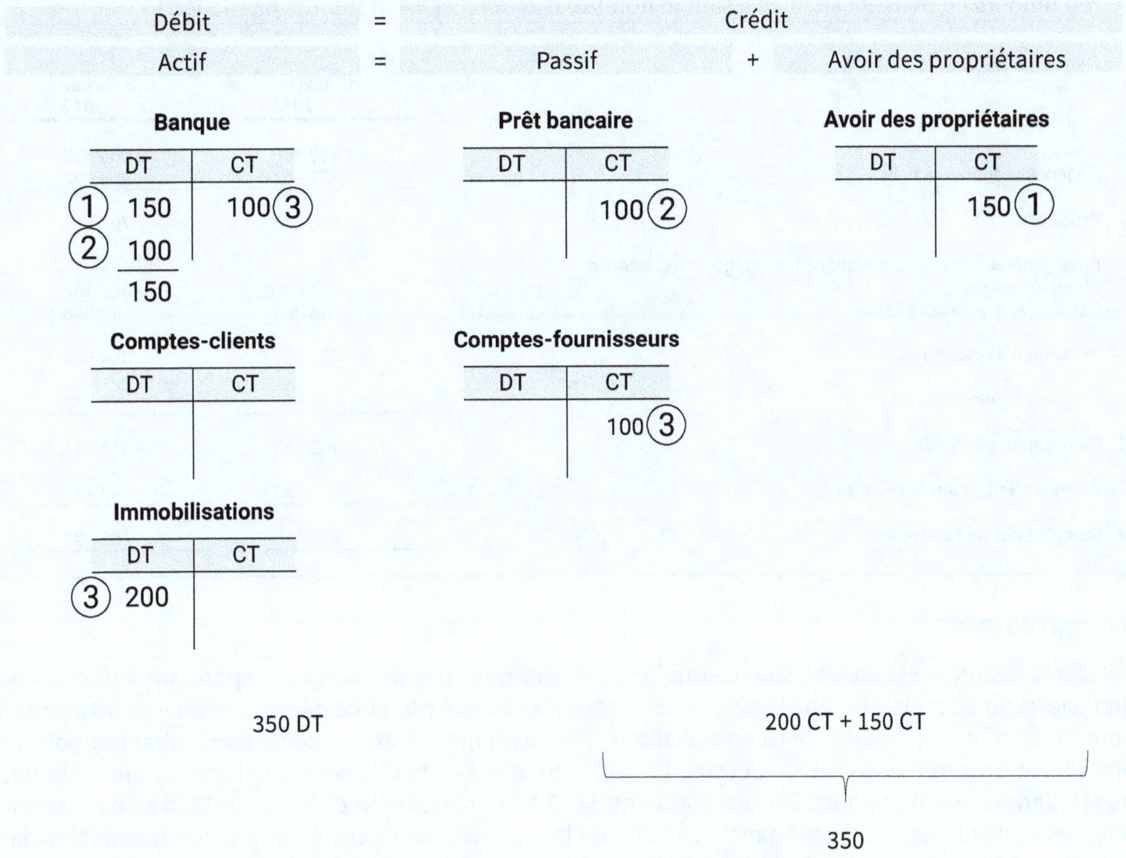

Et voilà, nous venons de démystifier la mécanique de la « fameuse » équation comptable.

1.7.2 L'état du résultat net et global
IAS 1, chapitre 1520

L'état du résultat global d'une entreprise se divise en deux parties. La première partie, qui se termine par « Résultat net de l'entreprise » (ou « bénéfice net de l'entreprise »), et la seconde partie, qui inclut la rentabilité et l'impact non monétaire d'autres transactions qui affectent directement l'avoir des actionnaires (ou « capitalisation de l'entreprise »). Mentionnons que pour les entreprises à capital fermé, l'état des résultats n'est constitué que d'une seule partie, toutes les transactions affectant le résultat net de l'exercice.

Autrement dit, l'état des résultats des entreprises qui présentent leurs états financiers selon les normes comptables pour les entreprises à capital fermé n'inclut pas une section intitulée « Résultat global ».

Au début de cette présentation, nous nous concentrerons uniquement sur la première partie de l'état du résultat global, que nous appellerons « état des résultats[44] », qui concerne le plus les propriétaires d'entreprises dans la réalité. À des fins d'illustration, nous utiliserons l'état des résultats de Dollarama.

[44] Dollarama Inc. utilise « État du résultat net », qui est un autre libellé pour désigner l'état des résultats.

Dollarama inc.
État consolidé du résultat net et du résultat global pour les exercices clos
(en milliers de dollars canadiens, sauf le nombre d'actions et les montants par action)

	Note	1er février 2015	2 février 2014
Ventes		2 330 805	2 064 676
Coût des produits vendus	17	1 471 257	1 299 092
Profit brut		859 548	765 584
Frais généraux, frais d'administration et charges d'exploitation des magasins		398 678	363 182
Dotation aux amortissements	17	38 309	47 898
Résultat d'exploitation		422 561	354 504
Coûts de financement nets		19 956	11 673
Résultat avant impôt		402 605	342 831
Charge d'impôt sur le résultat	13	107 195	92 737
Résultat net de l'exercice		295 410	250 094

La rentabilité

L'état des résultats est un état financier qui est préparé pour une période correspondant à une période financière, ou 12 mois. Lorsque l'état des résultats est présenté pour une période inférieure à 12 mois, le nombre de mois est indiqué de façon spécifique. Par exemple : « État consolidé du résultat net pour une période de trois mois close »). Ce qui signifie que le total présenté ci-dessus à la ligne « Ventes » indique que Dollarama a vendu pour 2 330 805 000 $ entre le 3 février 2014 et le 1er février 2015. Il en est de même pour les autres lignes de l'état financier. À la fin de la période, toutes ces données sont transférées dans le compte *Résultats non distribués* de la section *Avoir des propriétaires* de l'état de la situation financière. Et on repart à zéro pour la compilation des données de la prochaine période comptable.

L'utilité de l'état des résultats est de fournir la mesure de la performance financière des activités de l'entreprise dont la lecture est fort simple :

Pour être rentable, une entreprise doit vendre plus cher que cela lui coûte.

Autrement dit, le concept de la rentabilité comptable réfère à des revenus[45] provenant de la vente de produits, de la livraison de services, dont le total est plus élevé que le total des dépenses d'exploitation (incluant le coût des marchandises vendues, si l'entreprise est une entreprise commerciale ou le coût des produits fabriqués et vendus, si l'entreprise est une entreprise manufacturière), des dépenses de recherche et de développement, des dépenses de vente, des dépenses d'administration, des charges financières, et des impôts sur le revenu. Cela semble évident, mais dans la réalité, étant donné le comportement de certains coûts, les calculs peuvent devenir complexes.

Il est important de comprendre que la rentabilité, la différence entre les revenus et les dépenses pour une période comptable donnée, est une mesure comptable et ne correspond pas au solde en banque présenté dans l'état de la situation financière. On entend souvent l'expression suivante : « L'entreprise fait de l'argent » pour dire que l'entreprise est rentable. Ce n'est pas la même chose. Nous expliquerons plus en détail cette façon erronée de dire les choses dans le chapitre portant sur la trésorerie, mais il nous apparaît important de présenter dès maintenant la grande différence entre la rentabilité, ce dont nous discutons actuellement, et la solvabilité, qui est tout simplement l'argent disponible en banque.

[45] Nous aurions pu utiliser les termes « produits » au lieu de « revenus », et « charges » au lieu de « dépenses ».

Voici la transaction suivante.

Une entreprise réalise une vente de 100 $ en janvier et accorde 30 jours de crédit à son client. Les dépenses totales pour réaliser cette vente sont de 50 $ et sont payables au moment de la vente.

Calcul de la rentabilité

	Janvier	Février
Revenus	100 $	0
Dépenses	50 $	0
Rentabilité	50 $	

Calcul de la solvabilité

	Janvier	Février
Recettes		100 $
Déboursés	50 $	
Solvabilité	(50) $	50 $

Nous constatons ici la désynchronisation qui existe entre la comptabilité et la trésorerie. En janvier, l'entreprise a rempli toutes les conditions de constatation de la vente et elle peut la comptabiliser. La contrepartie de la transaction est l'enregistrement d'un compte-client au montant de 100 $. Le compte-client sera encaissé le mois suivant, en février. Par conséquent, en janvier, le solde d'encaisse est négatif et il faut s'assurer de payer les dépenses encourues. Un prêt d'exploitation (communément appelé « marge de crédit ») ou un investissement personnel du propriétaire de l'entreprise sont des moyens de pallier à la situation et d'assurer la solvabilité de l'entreprise.

Note importante

La rentabilité réfère à l'état des résultats.

La solvabilité réfère à la trésorerie[a].

[a] Communément appelée « le compte de banque ».

Il n'y a pas un système comptable qui est « mieux que l'autre », chacun des systèmes fournissant une information utile et différente. L'état des résultats fournit de l'information sur la rentabilité de l'entreprise, alors que l'état de caisse fournit de l'information sur la solvabilité de l'entreprise.

Y a-t-il un système prioritaire sur l'autre? Nous répondrons à cette question en disant qu'une entreprise insolvable ne peut plus continuer ses activités, alors qu'elle peut le faire si elle n'est pas rentable, les prêteurs, les investisseurs, les propriétaires de l'entreprise pouvant pallier de façon momentanée ou sur une plus longue période à la solvabilité. Combien de temps? C'est une grande question et nous y répondrons en disant que « tant que les investisseurs ont confiance au potentiel futur de l'entreprise et sont prêts à investir des fonds supplémentaires ».

L'entreprise bien connue Instagram est un bel exemple de la grande différence entre la rentabilité et la solvabilité.

Une société non rentable

Instagram n'est pas rentable et ne génère aucun revenu, puisque l'application est disponible gratuitement et sans publicité. L'entreprise de 13 salariés au moment du rachat[46] s'est financée grâce à d'importantes levées de fonds; 500 000 dollars dès l'origine, puis 7 millions de dollars en 2011 auprès de Benchmark Capital, de Baseline Ventures et d'Andreesen Horowitz. En 2012, la société réalise un nouveau tour de table et parvient à lever 50 millions de dollars. Ce sont ces différentes levées de fonds qui ont permis à Instagram de tenir malgré l'absence de revenus suffisants générés.

Dynamique-mag.com. http://www.dynamique-mag.com/article/lecons-rachat-instagram-entrepreneurs.4176. Consulté en octobre 2015.

Nous parlerons plus en détail des particularités des états financiers des entreprises immatérielles dans une autre section de cet ouvrage, un chapitre leur étant consacré.

Constatation et mesure des produits et des charges
IFRS 15, chapitre 3400

Si nous revenons à l'état des résultats de Dollarama, une entreprise où les éléments tangibles ou matériels sont plus présents que chez Instagram, force est de constater que Dollarama est une entreprise rentable. Est-elle solvable? Nous ne pouvons connaître cette information à la seule vue de l'état des résultats. Pour le savoir, nous devrons consulter un autre état financier appelé « Tableau des flux de trésorerie », qui est plus près de la comptabilité de caisse, présenté dans les pages suivantes.

Dollarama inc.
État consolidé du résultat net et du résultat global pour les exercices clos
(en milliers de dollars canadiens, sauf le nombre d'actions et les montants par action)

	Note	1er février 2015	2 février 2014
Ventes		2 330 805	2 064 676
Coût des produits vendus	17	1 471 257	1 299 092
Profit brut		859 548	765 584
Frais généraux, frais d'administration et charges d'exploitation des magasins		398 678	363 182
Dotation aux amortissements	17	38 309	47 898
Résultat d'exploitation		422 561	354 504
Coûts de financement nets		19 956	11 673
Résultat avant impôt		402 605	342 831
Charge d'impôt sur le résultat	13	107 195	92 737
Résultat net de l'exercice		295 410	250 094

Produits (ou revenus)

Les produits de l'entreprise sont les revenus qui sont générés par les activités de l'entreprise. Dans le cas d'une entreprise commerciale ou d'une entreprise manufacturière, on utilisera le terme « Ventes », alors que dans le cas d'une entreprise de services, on utilisera plutôt le terme « Honoraires ». Il arrive également que des entreprises utilisent tout simplement le terme « Revenus ». Ce qui sera notre cas dans la suite de ce texte.

[46] L'entreprise Instagram a été achetée par Facebook pour 1 milliard $ en 2015. *Dynamique-mag.com*. http://www.dynamique-mag.com/article/lecons-rachat-instagram-entrepreneurs.4176. Consulté en octobre 2015.

Une entreprise peut réaliser des revenus liés à son activité d'exploitation comme elle peut réaliser des revenus à la suite d'activités non courante ou exceptionnelles, comme un gain réalisé à l'occasion de la vente de matériel de bureau. Il ne faut pas confondre les deux sources de revenus, puisque l'une est récurrente, alors que l'autre est ponctuelle et non reliée aux activités de l'entreprise. Le gain non récurrent devrait même être enlevé des calculs lorsqu'on désire connaître la véritable rentabilité de l'entreprise.

Une nouvelle norme comptable, la norme IFRS 15[47], intitulée « Produits des activités ordinaires tirés de contrats conclus avec des clients » sera en application le 1er janvier 2018[48]. Mais l'application anticipée est autorisée, et plusieurs entreprises mentionnent, dans les notes aux états financiers, qu'elles sont actuellement à étudier les impacts et la possibilité de procéder à l'application anticipée. C'est pourquoi nous avons choisi d'y référer dans ce volume.[49]

L'objectif de cet ouvrage est de fournir aux décideurs des entreprises, qu'ils soient entrepreneurs ou intrapreneurs, les meilleurs outils comptables pour mesurer la rentabilité de leurs activités, calculer la désynchronisation entre la mesure comptable et la situation de caisse et prendre les décisions de gestion conséquentes.

Note importante

Tout au long de la présentation de la section des revenus, nous nous concentrerons sur **la mesure (rentabilité)**, **la caisse (solvabilité)** et **la prise de décision**.

De plus, nous couvrirons la comptabilisation des revenus provenant de la vente de biens, la comptabilité des revenus provenant de la prestation de services et la comptabilité des revenus provenant de la réalisation de travaux de longue durée.[50]

Produits - Vente de biens

Comme la norme IFRS 15 le reconnaît, toute vente d'un produit constitue un contrat (corporatif ou consommateur) qui crée des droits et des obligations exécutoires pour l'entreprise et pour le client[51].

Supposons une simple transaction commerciale, la vente d'un crayon par exemple. Le contrat entre le commerçant et le consommateur créera des droits (recevoir le paiement) et des obligations exécutoires (remettre un crayon en bon état de fonctionnement) qui se transposent ainsi pour le consommateur : le droit de recevoir un crayon en bon état de fonctionnement et l'obligation exécutoire de payer à l'instant, aucun crédit n'étant accordé.

[47] La norme IFRS 15 remplace la norme IAS 18 *Produits des activités ordinaires* et la norme IAS 11 *Contrats de construction*, ainsi que les documents d'interprétation comptable publiés sur ce sujet.

[48] CPA Canada – IFRS, Projet de modification d'IFRS 15, Exposé-sondage ES/2015/2, mai 2015.

[49] Il faut penser que la publication d'une nouvelle norme comptable va au-delà de la publication d'un nouveau texte « pour les comptables ». Elle indique l'innovation, l'introduction de nouveaux modèles d'affaires et le besoin d'adapter les règles comptables de constatation et de mesure des transactions en fonction des changements dans l'environnement des affaires. Autrement dit, l'IASB doit constamment examiner la justesse des normes comptables, les réviser ou, plus radicalement, annuler des normes et les remplacer par des nouvelles, cela afin de maintenir la préparation et la présentation d'une information financière de qualité. Mais que le lecteur se rassure, ce n'est pas l'ensemble des normes qui change année après année, le processus de consultation et de publication d'exposés-sondages appelant les commentaires sur les modifications proposées étant un processus long et sérieux.

[50] La nouvelle norme IFRS 15 présente un seul modèle de constatation des revenus provenant de la vente de biens et de services, fondé sur le transfert du contrôle.

[51] Texte préparé pour le comité des exposés-sondages, CPA Québec, par Micheline Renault (2013).

Comment sera constaté le « transfert des acquis du bien » de l'entreprise à son client? Par la constatation du « transfert du contrôle[52] ». Ce qui coïncide souvent avec le transfert du droit de propriété, mais pas tout le temps.

La note sur la constatation des produits des activités ordinaires de Aeterna Zentaris fournit une bonne définition de ce qui est appelé « Revenu » ou « Vente » en comptabilité.

Ventes de produits

Les produits des activités ordinaires provenant de la vente de biens sont comptabilisés lorsque la Société a transféré à l'acheteur les risques et avantages[a] importants inhérents à la propriété des biens (c'est-à-dire lorsque les biens sont livrés), lorsqu'elle ne continue ni à être impliquée dans la gestion, telle qu'elle incombe normalement au propriétaire, ni dans le contrôle effectif des biens cédés, lorsque le montant des produits des activités ordinaires peut être évalué de façon fiable, lorsqu'il est probable que les avantages économiques associés à la transaction iront à la Société et que les coûts engagés ou à engager concernant la transaction peuvent être évalués de façon fiable.

[a] Remplacé par « transfert du contrôle » dans la norme IFRS 15.

Aeterna Zentaris Inc., note 2, *Résumé des principales normes comptables*, États financiers pour la période terminée le 31 décembre 2014.

De même que la note aux états financiers de Industries Lassonde Inc., fort pédagogique à ce sujet.

2.5 Constatation des ventes

L'ensemble des conditions suivantes doivent être satisfaites pour constater les revenus :

- La Société a transféré à l'acheteur les risques et avantages[a] importants inhérents à la propriété des biens;
- La Société ne continue à être impliquée ni dans la gestion, telle qu'elle incombe normalement au propriétaire, ni dans le contrôle effectif des biens cédés;
- Le montant de la vente peut être évalué de façon fiable;
- Il est probable que les avantages économiques associés à la transaction iront à la Société; et les coûts engagés ou à engager concernant la transaction peuvent être évalués de façon fiable.

[a] Remplacé par « transfert du contrôle » dans la norme IFRS 15.

Industries Lassonde inc., note 2.5, *Constatation des revenus*, États financiers pour la période terminée le 31 décembre 2014.

Pour bien comprendre ce concept, posons de nouveau la définition d'un actif.

ABC

Actif

Un actif est une ressource existante, contrôlée par l'entreprise, dont elle retirera des avantages économiques futurs.

Autrement dit, au moment où une entreprise transfère le contrôle[53] inhérent à la propriété du bien vendu, le bien passe de l'état de la situation financière (E.S.F.) de l'entreprise « vendeur » à l'état de la situation financière du bilan de l'entreprise « acheteur ».

[52] Norme comptable IFRS 15. Les normes comptables précédentes faisaient référence au transfert des risques et avantages inhérents, plutôt qu'au transfert du contrôle, ce qui explique le texte des notes publiées par les entreprises Aeterna Zentaris et Industries Lassonde inc. Le lecteur remarquera que pour ces entreprises, le transfert du contrôle est également chose faite lorsqu'elles constatent les revenus. La suite du texte de ce chapitre permettra au lecteur de bien comprendre ce que signifie le « transfert du contrôle ».

[53] En conformité avec la norme IFRS 15 *Produits provenant des contrats-clients*. Dans les textes actuels de la norme IFRS ou de la norme NCECF, on parle plutôt de risques et avantages inhérents à la propriété, ce qui explique le libellé utilisé dans les notes présentées en illustration.

Supposons la vente d'une table de l'entreprise *Vendeur* à l'entreprise *Acheteur*. Le coût de la table est de 30 $ et le prix de vente est 50 $. Examinons les écritures de cette transaction de vente dans les registres comptables du vendeur et dans les registres comptables de l'acheteur.

E.S.F. Vendeur

		Dt	Ct
1.	Encaisse	50	
	Vente		50
2.	Coût table	30	
	Table		30

E.S.F. Acheteur

	Dt	Ct
Table	50	
Encaisse		50

Comme montré par les écritures comptables, la table se retrouve maintenant dans l'état de la situation financière d'Acheteur à un montant supérieur (50 $) au montant inscrit dans l'état de la situation financière du Vendeur (30 $), la différence représentant la marge brute réalisée par Vendeur dans cette transaction.

Supposons maintenant que Vendeur accorde à Acheteur 30 jours de crédit et conserve à titre de garantie le titre de propriété jusqu'à la réception du paiement par Acheteur. Rien ne change du côté de l'état de la situation financière de Vendeur, car ayant transféré le contrôle de la table, la transaction de vente est conclue. Du côté de l'état de la situation financière d'Acheteur, seuls les comptes liés au mode de paiement de la transaction sont modifiés.

E.S.F. Vendeur

		Dt	Ct
1.	Comptes-clients	50	
	Vente		50
2.	Coût table	30	
	Table		30
3.	Encaisse	50	
	Comptes-clients		50

E.S.F. Acheteur

		Dt	Ct
1.	Table	50	
	Comptes-fournisseurs		50
2.	Comptes-fournisseurs	50	
	Encaisse		50

D'autres questions se posent au moment de l'enregistrement de la vente. Que se passe-t-il si Vendeur accorde un droit de retour de 30 jours, octroie un rabais de 10 % sur l'achat de la prochaine table, si Vendeur met en en place un programme de fidélité où la 10ᵉ table est « gratuite » ou s'il crée divers programmes de promotion et de rétention de la clientèle.

La réponse à toutes ces questions est fort simple. Une entreprise doit présenter à la ligne « Ventes » (ou « Chiffre d'affaires » ou « Revenus ») le montant qu'elle estime recevoir de la transaction, net de tout effort à la vente. Ce qui peut différer du prix de vente inscrit sur l'étiquette attachée au produit. Quel que soit le moment où les retombées de l'effort à la vente se matérialiseront. Pour comprendre ce concept, il faut référer à la comptabilité de gestion[54] et à la détermination du prix de vente par rapport aux coûts totaux de production, de vente, d'administration et financiers, et dégager la marge bénéficiaire nette désirée[55]. Prenons le cas des points de fidélité offerts par Loblaw. Voici le descriptif de leur politique comptable à cet effet.

[54] Le dernier chapitre de ce volume porte sur la comptabilité de gestion.
[55] À des fins de simplification, nous excluons les impôts sur le revenu de ces calculs.

Loblaw[a]

Note 2 Politiques comptables

[...]

Comptabilisation des produits

[...]

Les points-cadeaux de fidélité de la clientèle sont comptabilisés comme composante distincte de la transaction de vente dans le cadre de laquelle ils sont attribués. Une tranche de la contrepartie reçue dans le cadre d'une transaction donnant lieu à l'attribution de points-cadeaux est reportée jusqu'à ce que les points-cadeaux soient échangés. La contrepartie attribuée aux points-cadeaux est établie d'après une évaluation de la juste valeur estimée des points-cadeaux à la date de la transaction réalisée selon la méthode de la juste valeur résiduelle.

[a] Loblaw, Rapport ann*uel 2014, page 64.*

Pour simplifier l'explication de ce concept, transposons-nous dans un café dont le programme de fidélité est le suivant : à l'achat de cinq cafés, le sixième est gratuit. Vraiment... Pensons-y quelques minutes. Un commerçant verse réellement un café pour 0 $? Il assume seul, en entier, le coût de ce café juste pour faire plaisir aux clients? Loblaw vous remet réellement des produits d'épicerie pour 0 $? Sur cette base, un commerçant ne pourrait demeurer en affaires longtemps. Comment se planifie et s'organise la mise en place d'une carte de fidélité? Encore une fois, sur la base de la comptabilité de gestion et sur la connaissance du prix de revient des produits vendus.

Revenons à l'exemple de la « carte café ». Le commerçant estimera d'abord le nombre de cafés qu'il versera au cours de la prochaine période comptable. Disons 100 cafés. Il estimera ensuite le nombre de cafés qui seront payés et le nombre de cafés « gratuits ». Disons 90 cafés payés. Il estimera ensuite l'ensemble des coûts de vente pour la prochaine période. Disons 300 $. Et la marge bénéficiaire désirée. Disons 20 % des ventes. Pour que ces prévisions se réalisent, il faut donc que les clients « payants » assument l'ensemble des coûts et de la marge bénéficiaire désirée. Faisons maintenant les calculs.

Ventes	(x) $
Coûts de production et de vente totaux :	300 $
Marge bénéficiaire désirée (20 %)	20 % (x) $

Résolution de l'équation

$$(x) - 300 = 0{,}20\,(x)$$
$$0{,}80\,(x) = 300$$
$$(x) = 375$$

Le total des ventes doit être de 375 $, ce qui donne :

Ventes	375 $	100 %
Frais de vente totaux :	300 $	80 %
Marge bénéficiaire désirée (20 %)	75 $	20 %

Sur la base de ces calculs, le total des factures émises aux 90 clients « payants » sera de 375 $ pour un montant unitaire de 4,15 $ (4,1666 $ pour plus de précision).

Posons maintenant cette transaction sur la base contractuelle. Le café (l'entreprise) a le droit de recevoir 4,15 $ pour deux obligations de prestation (ou deux promesses). Verser un café au client, maintenant, et lui verser un autre café « gratuit » quand sa carte de fidélité sera remplie. Quant au client, il doit payer immédiatement 4,15 $ pour recevoir un café, maintenant, et pour recevoir un café « gratuit » quand sa carte de fidélité sera remplie. Nous constatons donc ici qu'il existe dans cette transaction deux moments où se matérialisera la relation entre la vente et le coût de la vente. Dans le cas d'une entreprise qui présente ses états financiers sur une base annuelle, et où il y a peu de décalage entre ces moments, l'impact sur l'exactitude de l'information peut être moindre. Mais dans le cas d'entreprises qui présentent leurs états financiers sur une base trimestrielle et où ces programmes sont importants, il faut tenir compte de ce décalage entre l'encaissement client et la livraison du produit ou du service. Ce que doit présenter adéquatement l'enregistrement comptable.

Voici maintenant l'écriture comptable qui serait faite pour enregistrer la transaction au moment où un client paie et reçoit son café.

Première transaction

	Débit	Crédit
Encaisse (E.S.F. Actif)	4,15 $	
Vente (État des résultats, produits)		3,75 $
Provision[56] programme de fidélité (E.S.F. Passif)		0,40 $

Suivi par l'écriture qui permettra d'enregistrer le coût de cette vente.

	Débit	Crédit
Coûts des ventes (État des résultats, charges)	3,00 $	
Stock Café et Fournitures (E.S.F. Actif)		3,00 $

La marge bénéficiaire dégagée par la transaction de vente est de 20 % (3,75 – 3,00)/3,75 = 20 %

Et l'écriture comptable qui sera faite lorsque le client se présentera pour recevoir son café « gratuit ».

Seconde transaction

	Débit	Crédit
Provision programme de fidélité (E.S.F. Passif)	3,75 $	
Vente (État des résultats, produits)		3,75 $
Coût des ventes (État des résultats, charges)	3,00 $	
Stock Café et Fournitures (E.S.F. Actif)		3,00 $

La marge bénéficiaire dégagée par la transaction de vente est de 20 % (3,75 – 3,00)/3,75 = 20 %

Vous aurez remarqué que dans la seconde transaction, le compte *Encaisse* n'est pas affecté dans la transaction. Pourquoi? Parce que l'ensemble des clients ont payé à l'avance les cafés gratuits qui seront versés plus tard.

Note importante

L'ensemble des clients de l'entreprise, et non l'entreprise, paie à l'avance les gratuités qui seront offertes aux clients qui se prévaudront du programme de fidélité.

Naturellement, ce ne sont pas tous les clients qui se prévaudront du programme de fidélité, aussi, le restaurateur doit-il estimer le nombre de clients qui prendront la peine de faire estampiller leur carte à chaque visite et qui demanderont leur café « gratuit ».

Ce principe est le même pour tous les programmes de fidélité. Pensons aux dollars (maintenant la carte de fidélité) de Canadian Tire, à la carte de points Metro et aux autres programmes de fidélité que l'on trouve sur le marché.

[56] Les provisions seront vues plus en détail dans une autre section de ce chapitre.

Nous pouvons conclure cette section en posant l'hypothèse que vous ne regarderez plus de la même façon les nombreuses cartes de fidélité qui se trouvent dans votre portefeuille. Ce n'est pas l'entreprise qui vous fait un cadeau, mais vous qui faites un cadeau à l'entreprise en ne demandant pas votre « gratuité ».

Rabais, retours, garanties

Les entreprises proposent de nombreuses formes d'incitations à l'achat à leurs clients. Il peut s'agir d'un rabais immédiat, d'un rabais accordé sur un prochain achat, d'un droit de retour, d'une garantie de bon fonctionnement, etc. Les principes de la comptabilisation sont toujours les mêmes.

1. Estimation et constatation immédiate de l'incitatif à l'achat

Tout incitatif à l'achat doit être enregistré en diminution du prix de vente dans un compte de contrepartie. Précisons que nous faisons référence au **prix de vente avant taxes**, les taxes étant tout simplement perçues et remises au gouvernement.

L'utilisation d'un compte de contrepartie est utile à des fins de gestion interne, puisque seul le montant net (ventes – compte de contrepartie) des ventes sera présenté aux états financiers. Il est en effet impératif de connaître les montants encourus par les retours de marchandise, les garanties et les rabais, et d'analyser l'impact des incitatifs mis en place par rapport aux résultats, les ventes réelles.

2. Estimation du moment où le client se prévaudra de l'incitatif à l'achat

Le moment de l'impact de chaque incitatif doit être déterminé. Il y a des incitatifs dont l'impact est immédiat, un rabais qui diminue immédiatement la contrepartie payée par le client, par exemple. Il y a d'autres incitatifs dont l'impact est dans le futur, par exemple un rabais qui diminue la contrepartie payée par le client lors de son prochain achat.

Dans le premier cas, (rabais immédiat) l'écriture comptable est la suivante :

Encaisse (E.S.F. Actif)	95 $	
Rabais (État des résultats, charges)	5 $	
Ventes (État des résultats, produits)		100 $

Le montant de 95 $ sera présenté à la ligne « Ventes » dans les états financiers qui seront publiés.

3. Comptabilité de la provision

Lorsque l'incitatif à l'achat se matérialise à une période comptable suivante, un rabais au prochain achat, par exemple, l'écriture comptable est la suivante :

Encaisse (E.S.F. Actif)	100 $	
Provision pour rabais (E.S.F. Passif)		5 $
Ventes (État des résultats, produits)		95 $

Le montant net de la vente est toujours de 95 $, mais dans le second cas, l'entreprise doit remplir, dans le futur, une seconde obligation de prestation. Naturellement, ce ne sont pas tous les clients qui se prévaudront du rabais futur, et le montant provisionné, par client, sera moindre que 5 $. Il équivaudra à l'estimation faite par l'entreprise et par ses experts en marketing.

Voici maintenant l'écriture comptable qui sera passée au moment où le client utilisera son rabais :

Encaisse (E.S.F. Actif)	95 $	
Provision pour rabais (E.S.F. Passif)	5 $	
Ventes (État des résultats, produits)		100 $

Cette section nous ramène à la grande problématique de la désynchronisation entre la situation de caisse et l'enregistrement comptable de la transaction. Il est donc important que le lecteur d'états financiers comprenne que le total des encaissements provenant des clients ne constitue pas toujours la conclusion d'une transaction, sans impacts futurs. L'examen du compte *Provisions*, où les engagements contractuels futurs sont présentés, est instructif à cet égard.

Les cartes-cadeaux

Pour terminer cette section, nous présenterons le cas des cartes-cadeaux. Voici la politique comptable de Dollarama à cet effet.

Comptabilisation des produits des activités ordinaires

La Société comptabilise les produits des activités ordinaires lorsque le client paie la marchandise et en prend possession. Toutes les ventes sont fermes. Les produits des activités ordinaires sont présentés après déduction des taxes de vente, des rabais et des remises. Les cartes-cadeaux vendues sont comptabilisées à titre de passif et le produit des activités ordinaires s'y rapportant est comptabilisé lorsque les cartes-cadeaux sont échangées.

Dollarama Inc., *Rapport annuel 2014*, note 3.

Lorsqu'un commerçant vend une carte-cadeau à un client, **il échange seulement une contrepartie de paiement**. C'est-à-dire qu'il reçoit immédiatement de l'encaisse pour une transaction qui sera réalisée dans le futur. Il n'y a donc pas de transaction de vente au moment où il échange une carte-cadeau, qui est en fait l'émission d'une carte de paiement, contre une contrepartie en encaisse. Voici l'écriture comptable

	Débit	Crédit
Encaisse (E.S.F. Actif)	100 $	
Provision pour carte-cadeau (E.S.F. Passif)		100 $

Au moment où la personne qui a reçu la carte-cadeau se présente au magasin, fait des achats et passe à la caisse, le commerçant peut à ce moment comptabiliser la vente. Voici l'écriture comptable.

	Débit	Crédit
Provision pour carte-cadeau (E.S.F. Passif)	100 $	
Ventes (État des résultats, produits)		100 $

En résumé

Supposons la vente d'une table au montant de 100 $. Le commerçant accorde une garantie de un an (montant estimé de la garantie de 0,5 % du prix de vente), remet un rabais de 3 $ admissible à l'achat d'une prochaine table (montant estimé du rabais de 0,5 % du prix de vente) et accorde un droit de retour de 30 jours (montant estimé des retours de 0,7 % du prix de vente). De plus, le commerçant accorde un rabais immédiat de 1 $.

Voici l'écriture comptable de la transaction.

	Débit	Crédit
Encaisse (E.S.F. Actif)	99 $	
Rabais (État des résultats)	1 $	
Provision garantie (État des résultats, charges)	0,50 $	
Provision rabais (État des résultats, charges)	0,50 $	
Provision retours (État des résultats, charges)	0,70 $	
Provision pour garantie (E.S.F. Passif)		0,50 $
Provision pour rabais (E.S.F. Passif)		0,50 $
Provision pour retours (E.S.F. Passif)		0,70 $
Ventes (État des résultats, produits)		100 $

Voici maintenant un extrait de l'état de la situation financière de l'entreprise présentant cette transaction.

État de la situation financière (extrait)

Encaisse	99 $	Provision pour garantie	0,50 $
		Provision pour rabais	0,50 $
		Provision pour retours	0,70 $

Voici maintenant un extrait de l'état des résultats de l'entreprise présentant cette transaction.

État des résultats (extrait)

Ventes	97,30 $

Seul le montant net des ventes est présenté; la différence entre le prix de vente affiché[57], 100 $, et le montant net de la transaction espéré par le marchand, 97,30 $ montre ce que le marchand est prêt à sacrifier, maintenant ou dans le futur, pour conclure la vente. Un bel exemple de ce calcul nous a été récemment fourni par la mise en place de la nouvelle stratégie de bas prix annoncée par l'épicier Sobeys, aussi connu sous le nom de IGA, au Québec.

RÉDUCTION DES PRIX CHEZ IGA

Une stratégie à coût nul

Même si Sobeys Québec (IGA) a annoncé hier une baisse de 5 à 7 % des prix d'environ 60 % de ses produits non périssables, sa marge de profit restera la même.

En plus d'avoir renégocié avec ses fournisseurs, l'épicier proposera des soldes moins prononcés à ses clients, explique l'analyste Keith Howlett, de Desjardins Marché des capitaux.

Dans une note envoyée aux investisseurs, l'expert du secteur de la vente au détail souligne que les 8500 réductions de prix sont notamment rendues possibles « par une réduction des rabais ».

D'après sa compréhension du dossier, Sobeys Québec va réduire l'écart entre ses prix courants et ses prix en solde. Par exemple, des biscuits à 4 $ la boîte qui tombaient parfois à 2 $ continueront d'être soldés à 2 $. Mais puisque leur prix courant sera désormais de 3,50 $, il s'agira, en pourcentage, d'un rabais moindre.

La porte-parole du détaillant, Marie-Noëlle Cano, a nié que les rabais seraient désormais moins alléchants. « Ça n'a pas d'impact sur la qualité des promotions en circulaire. »

Dans son communiqué de presse, Sobeys a précisé hier qu'il utilisait entre autres les économies réalisées par l'abandon du cadeau de la semaine pour réduire ses prix courants.

Fournier M.-È. (2016, 6 avril). Réduction des prix chez IGA, une stratégie à coût nul. *La Presse.ca.*

Produits – Vente de services et travaux de longue durée

Autres produits (autres revenus)

Une entreprise peut réaliser des activités hors exploitation qui vont générer des revenus, comme la vente à un prix supérieur à la valeur comptable d'un équipement, des intérêts générés par des placements, et autres. Ces produits doivent être présentés de façon séparée, et il est préférable de les exclure des calculs (dans le calcul des ratios financiers, par exemple) lorsqu'on veut évaluer la véritable performance d'une entreprise.

[57] Appelé « prix courant» par Sobeys.

La norme IFRS 15 prévoit un seul modèle de constatation des produits des contrats-clients. Lorsque le vendeur transfère le contrôle de l'objet du contrat au client. Dans ce cas, les revenus sont constatés à un moment spécifique ou progressivement selon, encore une fois, les caractéristiques de l'objet du contrat-client.

Ici, nous incluons le texte de la norme correspondante dans le cadre des normes comptables pour les entreprises à capital fermé (NCECF), car il est plus simple à comprendre et couvre adéquatement la plupart des transactions de ventes de biens et de services.

> Les produits résultant de la prestation de services et de contrats à long terme sont habituellement comptabilisés au fur et à mesure que les services sont rendus.
>
> *Manuel CPA Canada*, NCECF, chapitre 3400.16.
>
> La méthode de l'achèvement des travaux ne convient que lorsque l'exécution de la prestation réside dans la réalisation d'un seul acte ou lorsque l'entreprise ne peut estimer le degré d'avancement des travaux.
>
> *Manuel CPA Canada*, NCECF, chapitre 3400.18.

La comptabilisation des produits provenant de la vente de services peut rapidement se compliquer selon la complexité des contrats sous examen. De plus, il n'est pas toujours évident que le client a reçu des avantages économiques (comme c'est le cas lorsqu'il s'agit de la vente d'un bien), qu'il en est satisfait et qu'il paiera. Nous connaissons tous des situations où un contrat de service informatique, de rénovation domiciliaire ou d'aménagement paysager a tourné au désastre, et où le paiement des factures s'est transformé en litige devant les tribunaux. Ce qui peut rapidement mener à l'insolvabilité, puisque les impacts monétaires sont cumulatifs.

1. L'entreprise ne reçoit pas le paiement du compte-client.
2. Le compte-client ne peut plus être considéré comme garantie en support du prêt d'exploitation, et il pourrait y avoir réduction du crédit autorisé.

Dans certains secteurs industriels, celui de la construction par exemple, il existe des moyens de protection utilisés par les clients. Ceux-ci conserveront une retenue sur contrat totalisant entre 10 à 15 % du total de la facture du constructeur qu'ils paieront lorsque tous les travaux seront terminés. En cas de désaccord ou d'insatisfaction de la qualité des travaux, le montant réservé sera utilisé pour régler les insatisfactions. Ceci a évidemment un impact sur la trésorerie et sur le financement du constructeur, cette partie de la facture ne pouvant être considérée comme support (garantie) à un prêt d'exploitation. L'entreprise doit donc assumer le financement de cette partie d'activité à même d'autres sources de financement ou à même ses capitaux propres. Par exemple, au 31 décembre 2014, l'entreprise SNC-Lavalin présente dans ses actifs courants les retenues sur contrats suivantes avec des clients.

Note 10. AUTRES ACTIFS FINANCIERS COURANTS

	31 décembre 2014	31 décembre 2013
Retenues sur contrats avec des clients	582 096 $	487 491 $

SNC-Lavalin, Rapport annuel, 2014.

Il peut arriver que, dans le cas de contrats dont la durée est de quelques années, les retenues soient conservées sur plus d'une période comptable. Elles sont alors présentées dans la section « non courant » de l'état de la situation financière. Encore une fois, le classement de l'actif dans la section courant ou dans la section non courant de l'état de la situation financière nous fournit une indication sur le moment prévu de leur encaissement. Des retenues sur contrats avec des clients présentées dans l'actif courant seront encaissées au cours des 12 prochains mois, alors que des retenues sur contrats avec des clients présentées dans l'actif non courant seront encaissées après les 12 prochains mois.

Les retenues sur contrats avec des clients font partie des actifs financiers, puisqu'elles constituent la partie des comptes-clients qui sera encaissée à la fin des travaux.

Dans d'autres cas, c'est la situation inverse qui se produit, c'est-à-dire que les clients sont appelés à « faire parvenir de l'argent » à l'avance à l'entreprise qui réalise le contrat de longue durée. C'est ce qu'on appelle du financement – client.

Cette pratique d'affaires s'observe chez Héroux-Devtek, par exemple, qui présente dans ses états financiers, dans la section des passifs courants, un poste comptable intitulé *Avance de clients*, qui représente des sommes reçues des clients pour des revenus non encore gagnés.

BILANS CONSOLIDÉS
Aux 31 mars 2015 et 2014
(en milliers de dollars canadiens)

	Notes	31 mars 2015	31 mars 2014
Passif et capitaux propres			
Passif à court terme			
Comptes fournisseurs et charges à payer	18	**69 182 $**	57 623 $
Comptes fournisseurs – autres et autres passifs	19	**8 196**	3 791
Provisions	9, 20	**26 241**	14 990
Avances de clients		**18 326**	9 409
Facturations progressives		**6 405**	6 529
Impôts à payer		**220**	690
Instruments financiers dérivés	13	**11 685**	4 781
Tranche à court terme de la dette à long terme	21	**5 972**	3 648
		146 227	101 461

Héroux-Devtek, *Rapport annuel*, 2015.

Lorsque ces sommes auront été gagnées par l'entreprise, qu'elle aura rendu les services attendus par le client, elles seront transférées de la section du passif courant de l'état de la situation financière (appelé « bilan » par Héroux-Devtek) à la section des revenus de l'état des résultats.

Ce dernier exemple nous permet d'attirer l'attention du lecteur, une nouvelle fois, sur la **désynchronisation** qui existe entre la situation financière telle que constatée et mesurée par les normes comptables et la situation de caisse.

Note importante

Ne pas confondre facture-client, encaissement et revenu gagné

Une facture est une demande de paiement faite par une entreprise à son client, correspondant à l'accord intervenu entre les deux parties. Par exemple, une facture indiquant « paiement complet au plus tard le 30 du mois courant » signifie que le client doit faire parvenir le montant total indiqué sur la facture au plus tard le 30 du mois courant.

1. Comptes-clients	10 000	
Ventes		10 000
2. Caisse	10 000	
Comptes-clients		10 000

Dans le cas de travaux de longue durée, il peut arriver, pour des raisons de gestion de risque de crédit ou pour des raisons de financement, que l'entreprise s'entende avec son client sur un échéancier de paiement qui ne correspond pas nécessairement aux moments de constatation du revenu par l'entreprise. Supposons la signature d'un contrat de construction d'un immeuble d'une durée de 12 mois. Le montant total du contrat est de 600 000 $. La facturation suivra un échéancier régulier de paiement. 600 000 $/12 mois = 50 000 $ par mois, ce qui est différent des moments de constatation de revenus qui devront correspondre à l'état d'avancement des travaux + acquis pour les clients.

Voici les écritures qui seront enregistrées dans les registres comptables à la fin de chaque mois concernant la facturation et la réception du paiement par le client.

1. Comptes-clients (E.S.F. Actifs)	50 000 $	
Revenu non gagné[a] (E.S.F. Passifs)		50 000 $
2. Caisse (E.S.F. (Actifs)	50 000 $	
Comptes-clients (E.S.F. Actifs)		50 000 $

Voici maintenant l'écriture qui sera enregistrée au moment où on constate que le revenu est gagné, c'est-à-dire qu'une étape prévue de la mesure de l'avancement des travaux est complétée et que le contrôle a été transféré au client.

1. Revenu non gagné (E.S.F. Passifs)	50 000 $	
Revenu gagné (État des résultats)		50 000 $

Nous n'avons pas l'intention, dans cet ouvrage, de discuter d'applications comptables complexes, mais plutôt de faire appel à des principes de gestion et « au bon jugement » qui feront en sorte que l'entreprise qui est présente dans le secteur des services ou dans la réalisation de contrats de longue durée soit en mesure d'évaluer périodiquement où elle en est en termes de rentabilité de contrat et de trésorerie. Autrement dit, d'évaluer la situation, contrat par contrat, en termes de :

- Perspective entreprise :
  - Moments de constatation du revenu.
  - Mesure du revenu.
  - Évaluation (coûts et revenus) de ce qui reste à faire.
  - Provision, au besoin, de la perte anticipée à la fin des travaux.
- Perspective client :
  - Acceptation des travaux par le client (transfert du contrôle).
  - Attestation de l'obligation de paiement.

On peut d'ailleurs percevoir ces préoccupations de mesure et de paiement des factures émises par les entreprises de services dans le contenu du texte de la nouvelle norme sur les revenus IFRS 15 que certaines entreprises appliquent déjà. Par exemple, dans l'industrie des services de technologie de l'information ou des services informatiques, plusieurs entreprises demandent que le client confirme, à la réception de chaque facture, qu'il reconnaît la bonne réalisation du contrat et qu'il s'engage à payer le total de la facture.

[a] Le compte pourrait également s'appeler « Produits différés », « Revenus différés » ou autres expressions semblables.

1.8 Le tableau des flux de trésorerie
IAS 7, chapitre 1540

Nous présentons le tableau des flux de trésorerie en fin de chapitre, mais n'allez pas croire que ce rapport comptable est de moindre importance que les autres. Au contraire, le tableau des flux de trésorerie est un état financier très important, puisqu'il donne l'information sur les sources et les utilisations d'encaisse par l'entreprise. Autrement dit, le tableau des flux de trésorerie répond à ces deux questions :

1. D'où vient l'argent?
2. Quelle a été l'utilisation de l'argent?

Le tableau des flux de trésorerie ne présente pas de nouvelles transactions. Il traduit tout simplement, en termes d'encaissements et de déboursés, les transactions présentées selon les normes comptables dans l'état de la situation financière et dans l'état du résultat net et du résultat global.

Il s'agit d'un état financier qui peut devenir complexe lorsqu'on en fait l'étude de façon détaillée, notamment dans la section des ajustements du résultat net présentée au début du tableau. Aussi n'est-il pas l'intention de ce volume de donner un cours de comptabilité avancée sur le sujet, mais de fournir au lecteur les lignes repères pour qu'il en retire le plus d'information possible.

Voici le tableau consolidé des flux de trésorerie de Dollarama.

Dollarama inc.
Tableau consolidé des flux de trésorerie pour les exercices clos
(en milliers de dollars canadiens)

	Note	1er février 2015 $	2 février 2014 $
Activités d'exploitation			
Résultat net de l'exercice		295 410	250 094
Ajustements :			
Dotation aux amortissements	17	38 309	47 898
Amortissement des frais d'émission de titres de créance		1 096	592
Excédent des encaissements (décaissements) sur le montant comptabilisé relativement aux instruments financiers dérivés		(94)	6 319
Comptabilisation des frais de location différés		609	465
Comptabilisation des allocations reçues du propriétaire différées	11	(4 282)	(3 543)
Incitatifs à la location différés		4 078	3 750
Allocations reçues du propriétaire différées		9 087	6 058
Rémunération fondée sur des actions	12	5 387	4 053
Coûts de financement nets de la dette à long terme		829	3 017
Impôt différé	13	13 547	4 469
Perte sur la sortie d'actifs		666	1 017
Flux de trésorerie générés, avant l'incidence des éléments du fonds de roulement		364 642	324 189
Variations des éléments hors trésorerie du fonds de roulement	18	97 478	80 015
Flux de trésorerie générés, avant l'incidence des intérêts et de l'impôt		462 120	404 204
Intérêts payés		(15 923)	(6 025)
Impôt sur le résultat payé		(90 325)	(89 801)
Flux de trésorerie liés aux activités d'exploitation, montant net		355 872	308 378
Activités d'investissement			
Ajouts d'immobilisations corporelles		(74 096)	(96 303)
Ajouts d'immobilisations incorporelles		(10 843)	(11 095)
Produit de la sortie d'immobilisations corporelles		695	552
Flux de trésorerie liés aux activités d'investissement, montant net		(84 244)	(106 846)
Activités de financement			
Produit de la dette à long terme (billets à taux fixe)	9	-	400 000
Produit de la dette bancaire	9	-	166 000
Remboursement de la dette bancaire	9	-	(166 000)
Produit de la dette à long terme (billets à taux variable)	9	150 000	-
Produit (remboursement) de la facilité de crédit renouvelable	9	15 000	(264 420)
Paiement des frais d'émission de titres de créance		(901)	(2 797)
Remboursement du contrat de location-financement		(940)	(985)
Émission d'actions ordinaires	12	1 136	1 430
Dividendes versés		(41 835)	(38 418)
Rachat et annulation d'actions	12	(425 355)	(277 438)
Flux de trésorerie liés aux activités de financement, montant net		(302 895)	(182 628)
Augmentation (diminution) de la trésorerie et des équivalents de trésorerie		(31 267)	18 904
Trésorerie et équivalents de trésorerie au début de l'exercice		71 470	52 566
Trésorerie et équivalents de trésorerie à la fin de l'exercice		40 203	71 470

Vous remarquerez que la première ligne est importée de **l'état consolidé du résultat net et du résultat global**, la ligne *Résultat net de l'exercice*, au montant de 295 410 000 $.

Dollarama inc.
État consolidé du résultat net et du résultat global pour les exercices clos
(en milliers de dollars canadiens, sauf le nombre d'actions et les montants par action)

	Note	1er février 2015	2 février 2014
Résultat net de l'exercice		295 410	250 094

Et que les deux dernières lignes sont importées de **l'état consolidé de la situation financière**, la ligne *Trésorerie et équivalents de trésorerie*, au montant de 40 203 000 $.

Dollarama inc.
Tableau consolidé des flux de trésorerie pour les exercices clos
(en milliers de dollars canadiens)

	Note	1er février 2015 $	2 février 2014 $
Augmentation (diminution) de la trésorerie et des équivalents de trésorerie		(31 267)	18 904
Trésorerie et équivalents de trésorerie au début de l'exercice		71 470	52 566
Trésorerie et équivalents de trésorerie à la fin de l'exercice		40 203	71 470

Dollarama inc.
État consolidé de la situation financière
(en milliers de dollars canadiens)

	Note	1er février 2015 $	2 février 2014 $
Actif			
Actifs courants			
Trésorerie et équivalents de trésorerie		40 203	71 470

Entre ces deux sections, la liste de toutes les transactions réalisées par l'entreprise au cours de la période comptable, exprimées en termes d'entrées et de sorties d'encaisse.

1.8.1 Le tableau des flux de trésorerie, un état stratégique

Le *Multi dictionnaire de la langue française* définit la stratégie comme étant l'art de planifier et de coordonner un ensemble d'opérations en vue d'atteindre un objectif.[58] La définition spécifie également que la tactique concerne la mise en œuvre, l'exécution de la stratégie. Les grands créneaux d'activité des entreprises sont les suivants :

- l'exploitation courante;
- les investissements stratégiques et de longue durée;
- le financement.

[58] De Villers, M.-É. *Multidictionnaire de la langue française*, Éditions Québec Amérique.

Parallèlement, les grandes sections du tableau des flux de trésorerie sont les suivantes :

- l'encaisse générée ou utilisée par les activités d'exploitation;
- l'encaisse générée ou utilisée par les activités d'investissement;
- l'encaisse générée ou utilisée par les activités de financement.

Et nous pouvons représenter ainsi les relations entre les états financiers et les grandes sections du tableau des flux de trésorerie.

Figure 1.3 Tableau des flux de trésorerie

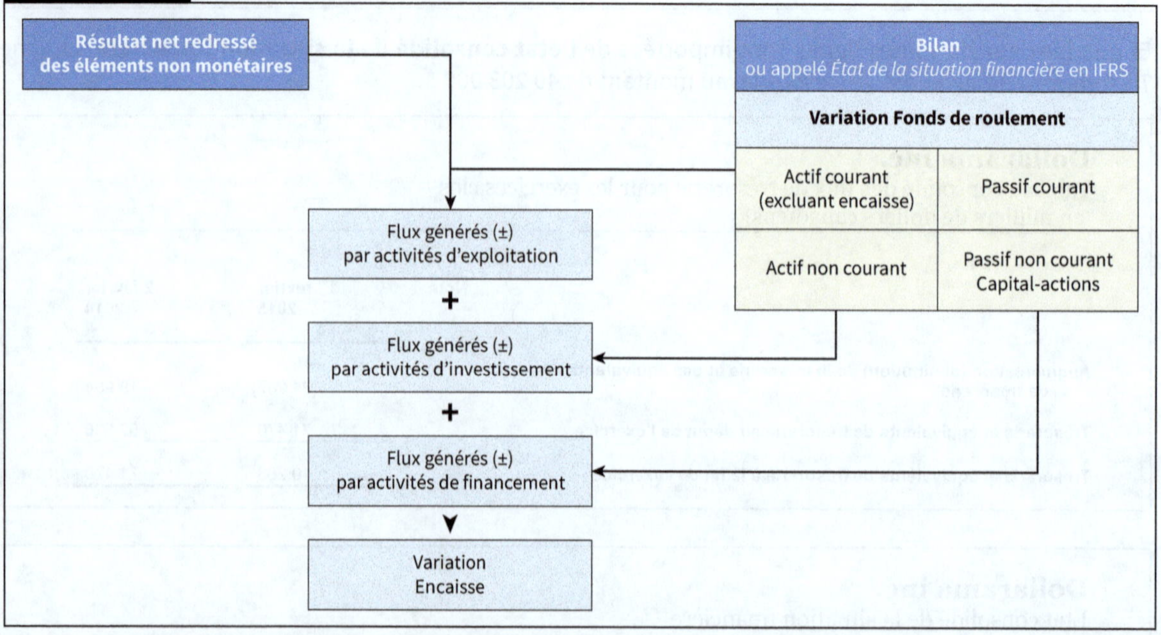

1.8.2 Monétaire – Non monétaire

Une nouvelle expression est présentée dans ce tableau, soit l'expression « non monétaire ». Cette expression signifie sans impact sur l'encaisse. Par exemple, la réception d'un compte-client est une transaction qui a un impact sur l'encaisse (+ 40 $, par exemple). La réception d'un compte-client est une transaction monétaire. La constatation en perte de stocks endommagés n'a aucun impact sur l'encaisse. Il y a diminution du compte *Stocks* dans l'état de la situation financière et augmentation d'une charge dans l'état des résultats. La constatation d'une perte de valeur d'un actif est une transaction non monétaire.

L'identification et la sortie (appelés « ajustements » dans la partie supérieure du tableau) des transactions non monétaires est très importante dans la préparation du tableau des flux de trésorerie puisque, rappelons-le, l'objectif de l'entreprise est de « traduire », en termes de variation de l'encaisse, les transactions réalisées au cours de la période et de connaître la marge de manœuvre monétaire pour bâtir le succès des prochaines années.

1.8.3 Sources et utilisations d'encaisse

Activités d'exploitation

Dans une entreprise, l'encaisse est générée par ses activités d'exploitation courante, à chaque fois que la direction affiche « ouvert » à la porte de l'établissement. Les clients se présentent, achètent (au comptant ou à crédit), paient.

D'un autre côté, les activités mentionnées ci-dessus entraînent des utilisations d'encaisse. À chaque fois que la direction affiche « ouvert » à la porte de l'établissement, les employés servent les clients, les fournisseurs présentent leurs factures, l'entreprise paie. Et la roue tourne.

La ligne « Flux de trésorerie liés aux activités d'exploitation » indique si la réalisation des activités d'exploitation a généré ou a utilisé (en d'autres mots, a placé le compte de banque en déficit) de l'encaisse. Dans le cas de Dollarama, nous constatons qu'à la fin de la période, la suite des jours où on a affiché « ouvert » a généré beaucoup d'encaisse, pour un montant de 355 872 000 $. Si nous comparons ce total avec le total du résultat net présenté à la première ligne du tableau des flux de trésorerie, ce montant est supérieur, parce que dans le cas de Dollarama, les transactions non monétaires qui avaient affecté de façon négative le résultat net sont plus importantes que les transactions non monétaires qui l'avaient affecté de façon positive.

Ici, un arrêt s'impose, car cela devient complexe et dépasse la portée de ce volume. Quelques explications seulement seront fournies, l'important pour un utilisateur non comptable étant de comprendre que le résultat net n'est pas égal à l'encaisse générée par les activités d'exploitation.

Le résultat net mesure la performance de l'entreprise, la différence entre les revenus (encaissés ou non) et les charges (déboursées ou non), alors que les flux de trésorerie liés aux activités d'exploitation mesurent l'encaisse disponible (différence entre les encaissements et les déboursés) pour les activités d'investissement ou de remboursement de la dette.

Il est également important de préciser ici, que le solde de 355 872 000 $ ne correspond pas à ce que Dollarama détient dans son compte de banque à la fin de la période; l'encaisse, tel que mentionné, ayant été utilisé à d'autres fins durant la période. Lesquelles? Nous le verrons dans l'examen des autres sections de l'état financier. Le solde « Trésorerie et équivalents de trésorerie à la fin de l'exercice » présenté à la dernière ligne de l'état financier, soit 40 203 000 $, est le solde du compte de banque de Dollarama, au 1er février 2015.

Activités d'investissement

L'encaisse peut également être générée par les activités d'investissement de l'entreprise, lorsqu'il y a cession d'immobilisations, de filiales, et autres actifs non courants. Naturellement, cette source d'encaisse est de nature ponctuelle, car il n'est pas de la mission de l'entreprise de vendre ses actifs non courants (également appelés « stratégiques »). Lorsqu'une entreprise génère beaucoup d'encaisse par la vente de ses actifs non courants, cela peut indiquer qu'elle est en difficulté financière et vend des actifs stratégiques pour assumer le paiement des activités d'exploitation, qu'elle est à se repositionner, se concentrer sur un créneau d'activité ou qu'elle impartit à l'extérieur du groupe une partie ou la totalité de ses opérations plus lourdes comme les activités manufacturières. D'où l'importance de bien connaître l'entreprise avant de « se lancer » dans toutes sortes d'interprétation. Dans un cas de détresse financière, il y aura cessation des activités si la situation financière ne se renverse pas. Il y a en effet une limite au nombre d'actifs qu'une entreprise peut liquider.

Par exemple, face à d'importantes difficultés financières, la société Sears Canada a dû procéder à la cession de baux prestigieux pour assurer le paiement de ses employés, de ses loyers et de ses fournisseurs. Voici le tableau consolidé des flux de trésorerie de Sears Canada pour les périodes terminées le 31 janvier 2015 et le 1er février 2014. Nous attirons particulièrement votre attention sur la période 2014 où on voit clairement qu'afficher la pancarte « ouvert » a beaucoup plus utilisé que généré d'encaisse, (-25 800 000 $) et que la situation s'est aggravée l'année suivante avec un total de (-264 600 000 $). Autrement dit, la traduction en terme d'encaisse de l'exploitation des magasins a été un manque d'encaisse auquel Sears a pallié en vendant des actifs non courants incluant le prestigieux bail du Centre Eaton à Toronto et des participations dans des partenariats immobiliers pour un total de 905 900 000 $ (590 500 000 $ + 315 400 000 $). Voir *Annexe 1.2*, page 72.

Voici le tableau consolidé des flux de trésorerie de Sears Canada au 31 janvier 2015.

TABLEAUX CONSOLIDÉS DES FLUX DE TRÉSORERIE
Pour les périodes de 52 semaines closes le 31 janvier 2015 et le 1er février 2014

(en millions de dollars canadiens)	Notes	2014	2013
Flux de trésorerie affectés aux activités d'exploitation			
(Perte nette) bénéfice net		**(338,8) $**	446,5 $
Ajustements pour tenir compte de ce qui suit :			
Dotation aux amortissements	9, 10.2	**89,3**	111,4
Rémunération fondée sur des actions	24	**0,4**	—
(Profit) perte à la cession d'immobilisations corporelles		**(0,6)**	1,2
Pertes de valeur	9, 10, 11, 29	**162,0**	33,8
Profit à la vente d'une participation dans des partenariats	11	**(35,1)**	(66,3)
Profit à la résiliation et à la modification de baux	28	**—**	(577,2)
Charges financières	17	**1,0**	10,8
Produits d'intérêts	5	**(2,6)**	(2,6)
Charge au titre des régimes de retraite	20.6	**19,0**	32,0
Profit lié au règlement et à la modification des prestations de retraite	20	**(10,6)**	(42,5)
Charge au titre des prestations d'invalidité de courte durée		**5,7**	8,0
(Économie) charge d'impôt sur le résultat	22	**(21,2)**	43,5
Intérêts reçus	5	**2,5**	2,5
Intérêts payés	17	**(3,3)**	(6,2)
Cotisations aux régimes de retraite	20	**(24,2)**	(53,5)
Paiements d'impôt sur le résultat, montant net	22	**(60,7)**	(14,0)
Autres dépôts aux fins de l'impôt sur le résultat	22	**(10,3)**	(18,9)
Variations des soldes hors trésorerie du fonds de roulement	33	**(67,3)**	73,3
Variations de l'actif et du passif à long terme hors trésorerie	34	**30,2**	(7,6)
		(264,6)	(25,8)
Flux de trésorerie provenant des activités d'investissement			
Acquisitions d'immobilisations corporelles et incorporelles	9, 10.2	**(54,0)**	(70,8)
Produit de la vente d'immobilisations corporelles		**1,2**	1,9
Produit de la résiliation et de la modification de baux	28	**—**	590,5
Produit de la vente d'une participation dans des partenariats	11	**71,7**	315,4
		18,9	837,0
Flux de trésorerie affectés aux activités de financement			
Intérêts payés sur les obligations en vertu des contrats de location-financement	17, 19	**(2,2)**	(2,5)
Remboursement d'obligations à long terme		**(11,2)**	(30,1)
Produit d'obligations à long terme		**3,4**	4,5
Versements de dividendes	24	**—**	(509,4)
Coûts de transaction liés à la facilité de crédit modifiée	17	**(1,0)**	—
		(11,0)	(537,5)
Incidence du taux de change sur la trésorerie et les équivalents de trésorerie à la fin de la période		**1,9**	1,6
(Diminution) augmentation de la trésorerie et des équivalents de trésorerie		**(254,8)**	275,3
Trésorerie et équivalents de trésorerie au début de la période		**513,8 $**	238,5 $
Trésorerie et équivalents de trésorerie à la fin de la période	5	**259,0 $**	513,8 $

Sears Canada, *Rapport annuel 2014* (date de fin de période 31 janvier 2015), page 65.

La consultation du tableau consolidé des flux de trésorerie de Sears Canada nous permet également de comprendre pourquoi le tableau est dit « stratégique ». Face à un déficit d'encaisse, une entreprise ne peut rester « neutre », car elle se dirige rapidement vers la fermeture. Lorsqu'il n'y a plus d'encaisse dans le compte de banque pour payer les employés ou les fournisseurs, la fin des activités est proche. Que faire? Il faut examiner les possibilités offertes par la section des investissements dans l'état de la situation financière :

- Y a-t-il des actifs non courants qui pourraient être vendus?

Ou examiner la section des passifs et des capitaux propres dans l'état de la situation financière :

- La situation d'endettement de l'entreprise permet-elle le recours à des emprunts supplémentaires?
- Les actionnaires sont-ils prêts à investir davantage sous forme d'achat d'actions?

Il n'y a pas de réponse universelle; encore une fois, c'est du cas par cas[59].

Dans les autres cas où l'entreprise souhaite redéployer l'organisation de ses affaires, les cessions d'actifs font partie de la stratégie de l'entreprise, et il faut évaluer comment le redéploiement des activités contribuera au succès futur de l'entreprise. Encore une fois, l'estimation du succès, ou non, se fait au cas par cas.

Habituellement, la section des flux de trésorerie liés aux activités d'investissement montre une utilisation d'encaisse, car une entreprise qui se prépare pour l'avenir est beaucoup plus acquéreuse d'actifs non courants que vendeuse. Si nous revenons au tableau consolidé des flux de trésorerie de Dollarama, nous constatons effectivement que Dollarama a utilisé de l'encaisse pour ajouter à son parc immobilier, corporel et incorporel, pour un montant de (-84 939 000 $), alors que la vente d'immobilisations, probablement devenues inutiles, a généré de l'encaisse pour un montant de 695 000 $.

Notons que les informations fournies par la section « investissement » des entreprises qui ont atteint une certaine « vitesse de croisière » (croissance contrôlée ou stade de maturité), nous donnent une bonne idée du budget d'investissement annuel requis pour maintenir le niveau d'activité de l'entreprise. Par exemple, une entreprise présentant à chaque période comptable un montant de 80 000 $ dans la section « ajouts d'immobilisations corporelles » nous indique que bon an, mal an, ce niveau de budget est requis.

Activités de financement

L'examen de cette section du tableau des flux de trésorerie doit se faire de façon minutieuse, car nous retrouvons ici deux types d'investisseurs : les prêteurs et les actionnaires. Chaque type d'investisseurs possède ses exigences de matérialisation du rendement et pose un défi particulier à l'entreprise.

Les prêteurs

L'encaisse reçue des prêteurs crée immédiatement une pression sur la rentabilité (charges d'intérêts) et sur la solvabilité (paiement des intérêts et remboursement du capital) de l'entreprise. De plus, l'ajout de prêteurs entraîne une hausse du coût de financement, le risque étant plus élevé pour le dixième prêteur que pour le premier, et une hausse du risque financier. Quels que soient les résultats nets de l'entreprise, il faut enregistrer les charges fixes des intérêts, quelle que soit la situation d'encaisse de l'entreprise, il faut payer les intérêts et rembourser le capital. Voir *Annexe 1.3*, page 73.

Les actionnaires

À prime abord, l'encaisse reçue des actionnaires a un aspect plus rassurant, car il s'agit de capital dit « permanent »[60]. Ce qui veut dire que lorsqu'un actionnaire investit dans une entreprise, il ne désire pas un remboursement périodique, mais une valorisation qu'il matérialisera plus tard par le rachat des actions par l'entreprise ou par la vente à un autre actionnaire (marché secondaire). Il faut donc que l'entreprise réussisse et satisfasse aux critères de rendement des actionnaires, sinon il sera inutile de penser à procéder à des émissions subséquentes d'actions.

Un bel exemple est la société Fennec Pharmaceuticals Inc. où le tableau consolidé des flux de trésorerie présente depuis plusieurs années un déficit d'encaisse généré par les activités d'exploitation (« net cash used in operating activities » = -1 699 000 $ en 2014 et -2 210 000 $ en 2013), mais continue à assumer

[59] Le lecteur aura remarqué une importante utilisation de fonds dans la section « Financement sous forme d'un versement de dividendes » (- 509 400 000 $).

[60] Il s'agit ici d'une émission d'actions votantes, sans privilège particulier. Ces actions sont communément appelées « actions ordinaires ».

ses obligations financières courantes grâce aux investissements continus des actionnaires que l'on peut constater dans la section « financing activities » de l'état financier (« net cash provided by financing activities » = 2 343 000 $ en 2014 et 1 570 000 $ en 2013).

La société Fennec Pharmaceuticals Inc. (autrefois connue sous le nom de Adherex Technologies Inc.) est une entreprise biopharmaceutique qui développe actuellement un portefeuille de traitements qui pourrait être utilisés dans le traitement du cancer, et les investissements continus des actionnaires nous porte à croire que le degré d'avancement des travaux de recherche et de développement et le potentiel estimé de rendement futur continue de satisfaire aux critères de rendement des actionnaires.

Fennec Pharmaceuticals Inc.
Consolidated Statements of Cash Flows
(U.S. Dollars and shares in thousands, except per share amounts)

	Year Ended December 31, 2014	Year Ended December 31, 2013
Cash flows (used in) provided by:		
Operating activities:		
Net income/(loss)	$ (2,176)	$ 1,845
Adjustments to reconcile net income/ (loss) to net cash used in operating activities:		
Unrealized gain on derivatives	(355)	(3,777)
Gain on derivative settlement	(349)	-
Stock-based compensation - consultants	434	25
Stock-based compensation - employees	627	62
Changes in operating assets and liabilities	120	(365)
Net cash used in operating activities	(1,699)	(2,210)
Investing activities:		
Net cash used in investing activities	-	-
Financing activities:		
Issuance of units, net of issue costs	2,182	1,570
Issuance of units, options exercise	140	-
Issuance of units, warrants exercise	21	-
Net cash provided by financing activities	2,343	1,570
Effect of exchange rate on cash and cash equivalents	-	-
(Decrease) increase in cash and cash equivalents	644	(640)
Cash and cash equivalents - Beginning of period	1,663	2,303
Cash and cash equivalents - End of period	$ 2,307	$ 1,663

SEC filings, 2014, états financiers, page F-5.

Effet de clientèle

Il faut également penser à ce qu'on appelle « l'effet de clientèle » des actionnaires, à savoir le besoin pour les actionnaires de recevoir de façon régulière des dividendes, ce qui est souvent une source importante de revenus pour les investisseurs retraités. Si c'est le cas, il faudra prévoir une sortie d'encaisse à chaque année pour satisfaire cette catégorie d'actionnaires (dividendes déclarés et versés).

Une entreprise ne garde pas de l'encaisse pour garder de l'encaisse

Chez Dollarama, dans la section financement, nous constatons que des sorties importantes d'encaisse (277 438 000 $ en 2014 et 425 355 000 $ en 2015) ont été faites pour racheter et annuler des actions qui avaient été émises aux actionnaires. Ce qui envoie le message que le montant d'encaisse généré par les activités d'exploitation de l'entreprise est tel qu'il couvre suffisamment le budget d'investissement et de remboursement de dettes non courantes des prochaines années.

Ce rachat d'actions peut sembler étrange, mais la mission d'une entreprise n'est pas de thésauriser[61] de l'encaisse. Lorsque l'entreprise n'a pas de projets nécessitant un excédent d'encaisse dans un prochain ou plus lointain horizon, elle le remettra aux actionnaires sous forme de dividendes ou sous forme de rachat d'actions, ce qui est le cas ici.

[61] Thésauriser : Mettre de l'argent de côté sans le dépenser ou le faire fructifier. Le petit Larousse illustré.

Ici, il faut faire attention à l'interprétation de ces propos. Ce qui est dit n'est pas que Dollarama n'a pas de projets pour les prochaines années; au contraire, Dollarama a l'intention de continuer à ouvrir de nouveaux magasins. Ce qui est dit est que les flux financiers prévisionnels générés par les activités annuelles d'exploitation sont amplement suffisants pour couvrir les déboursés requis par les budgets annuels d'investissements.

Voici un exemple d'une entreprise très connue dans l'industrie de la vente de meubles et d'électroménagers, Meubles Léon.

Vous trouverez ci-dessous les états consolidés de la situation financière de Meubles Léon pour les états financiers terminés le 31 décembre 2009, 2010, 2011, 2012, 2013 et 2014[62]. Portez attention aux postes comptables suivants : *cash and cash equivalents, rectricted marketable securities and available-for-sale financial assets*. Ces trois postes comptables constituent le montant des liquidités, « de l'encaisse et quasi encaisse » détenu par l'entreprise. En augmentation en 2009, 2010, 2011 et 2012, le total de ces trois postes diminue de façon radicale en 2013. Pourquoi? Meubles Léon accumulait de l'encaisse pour se prévaloir d'opportunités d'acquisition d'autres entreprises en Amérique du Nord. Ce qui s'est produit en 2013, alors que Meubles Léon a fait l'acquisition des magasins Brick[63].

Vous remarquerez également que les liquidités détenues par l'entreprise sont présentées en totalité dans la section **actifs courants** de l'état de la situation financière de Meubles Léon, ce qui indique au lecteur que les liquidités ne sont pas détenues à des fins d'utilisation à long terme (planification stratégique) mais qu'elles seront utilisées dès l'identification d'une cible d'acquisition intéressante[64].

Leon's Furniture Limited/Meubles Leon Ltée

Incorporated under the laws of Ontario

CONSOLIDATED BALANCE SHEETS

[in thousands]

As at December 31

	2010	**2009**
	$	$
ASSETS		
Current		
Cash and cash equivalents	**71,589**	58,301
Marketable securities *[note 3]*	**120,726**	94,337
Restricted marketable securities *[note 3 and 9[d]]*	**19,498**	18,088
Accounts receivable	**28,569**	31,501
Inventory *[note 5]*	**85,423**	83,957
Future tax assets *[note 8]*	**1,251**	1,133

Leon's Furniture Limited, *Annual Report*, 2009 & 2010.

[62] Leon's Furniture Limited, *Annual Report*, 2009, 2010, 2011, 2012, 2013, 2014.

[63] La Presse canadienne. (2012, 12 novembre). Meubles Léon Limitée veut acheter Brick pour 700 M$. *les affaires*. http://www.lesaffaires.com/secteurs-d-activite/commerce-de-detail/meubles-leon-veut-acheter-brick-pour-700-m/551107. Consulté en février 2016.

[64] Voici un bel exemple de l'efficacité du modèle comptable. Selon la section de l'actif, courant ou non courant, l'investisseur obtient de l'information sur l'horizon des prochaines actions de l'entreprise concernant le poste comptable.

CONSOLIDATED statements of financial position

As at December 31

($ in thousands)	**2012**	**2011**
ASSETS		
Current		
Cash and cash equivalents [notes 5 and 7]	$74,949	$72,505
Available-for-sale financial assets [notes 5 and 18[e]]	146,735	149,318
Trade receivables [note 5]	30,245	28,937
Income taxes recoverable	3,644	5,182
Inventories [note 4]	86,057	87,830
Deferred financing costs [note 21]	1,317	–

CONSOLIDATED statements of financial position
Restated [note 4]

As at December 31, ($ in thousands)	**2014**	**2013**
ASSETS		
Current		
Cash and cash equivalents [notes 5 and 22]	$17,941	$5,832
Restricted marketable securities [note 22]	18,310	20,104
Available-for-sale financial assets [note 22]	22,358	17,336
Trade receivables [note 22]	112,171	104,275
Inventories [note 6]	266,628	277,656
Deferred acquisition costs [note 7]	4,957	1,659
Deferred financing costs	923	903

Tableau historique des grands événements marquants de Meubles Léon tels que publiés dans le *Rapport annuel 2014*, page 9.

2009	**2011**	**2012**	**2013**	**2014**
The first urban concept store is opened at the Roundhouse in downtown Toronto, Ontario, part of a multi-million dollar investment to restore this historic steam locomotive repair shop.	Leon's opens four new corporate stores, and two new franchise locations, including our first franchise store in Québec.	Leon's secures sites for four new corporate stores, three of which opened in 2013.	Leon's acquires The Brick creating Canada's largest home furnishing, appliance and electronics retailer, with a network of over 300 stores from coast to coast.	Leon's acquires minority interest in online commerce provider, Blueport Investors LLC, with exclusive rights to the tradename and URL furniture.com in Canada.

Total liquidités (excluant liquidités sous restriction)

2009	**2011**	**2012**	**2013**	**2014**
152 638 M $	221 823 M $	221 684 M $	5 832 M $	17 941 M $

1.9 État du résultat global

Pour terminer ce chapitre, nous dirons quelques mots sur la seconde section de l'état du résultat, appelée « État du résultat global ». Comme seules les entreprises présentant leurs états financiers en conformité avec les IFRS présentent cette section, et que pour beaucoup d'entre elles, peu d'éléments s'y retrouvent, le lecteur pourra trouver plus d'information dans des volumes de comptabilité avancée.

Mais comme « une illustration vaut mille mots », voici l'état du résultat global de Dollarama pour la période comptable terminée le 1er février 2015.

Dollarama inc.
État consolidé du résultat net et du résultat global pour les exercices clos
(en milliers de dollars canadiens, sauf le nombre d'actions et les montants par action)

	Note	1er février 2015	2 février 2014
Ventes		2 330 805	2 064 676
Coût des produits vendus	17	1 471 257	1 299 092
Profit brut		859 548	765 584
Frais généraux, frais d'administration et charges d'exploitation des magasins		398 678	363 182
Dotation aux amortissements	17	38 309	47 898
Résultat d'exploitation		422 561	354 504
Coûts de financement nets		19 956	11 673
Résultat avant impôt		402 605	342 831
Charge d'impôt sur le résultat	13	107 195	92 737
Résultat net de l'exercice		295 410	250 094
Autres éléments du résultat global			
Éléments à reclasser ultérieurement en résultat net			
Profit latent sur instruments financiers dérivés, déduction faite des ajustements de reclassement		72 460	14 249
Impôt sur le résultat lié aux autres éléments du résultat global		(19 366)	(3 808)
Total des autres éléments du résultat global, déduction faite de l'impôt		53 094	10 441
Résultat global de l'exercice		348 504	260 535

Dollarama Inc., Rapport annuel 2015.

Le lecteur reconnaîtra la première partie de l'état du résultat net et du résultat global que nous avons déjà présentée dans ce chapitre (Résultat net de l'exercice = 295 410 $) présentant la mesure de la performance de Dollarama. La seconde partie de l'état financier intitulée « Autres éléments du résultat global » inclut des éléments non monétaires dont l'impact monétaire se matérialisera plus tard. Par exemple, dans l'exemple ci-haut, Dollarama ne présente qu'un seul item comptable intitulé « Profit latent sur des instruments financiers dérivés », latent voulant dire « en attente », Dollarama n'ayant pas encore transigé les instruments financiers ou ceux-ci n'ayant pas encore atteint la date d'échéance. Le total de la seconde partie de l'état du résultat net et du résultat global est reporté directement dans le compte *Cumul* des autres éléments du résultat global, de la section des capitaux propres de l'état de la situation financière de l'entreprise. Donc, en résumé, le total de la première partie du rapport financier, « Résultat net de l'exercice », est reporté dans le compte *Résultats non distribués* de la section des capitaux propres de l'état de la situation financière de l'entreprise, alors que le total de la seconde partie du rapport financier, total des autres éléments du résultat global, déduction faite de l'impôt, est reporté dans le compte *Cumul* des autres éléments du résultat global, de la section des capitaux propres de l'état de la situation financière de l'entreprise.

1.9.1 Les régimes de retraite

Le seul poste comptable pour lequel nous voudrions fournir un peu plus d'explication est celui des régimes de retraite à prestations déterminées. Il existe dans les entreprises deux types de régimes de retraite : les régimes de retraite à cotisation déterminée, où l'obligation financière de l'entreprise se limite au paiement des cotisations prévues pour la période comptable, et les régimes de retraite à prestation déterminées (ou définies) où l'obligation financière de l'entreprise est beaucoup plus étendue, puisqu'elle s'engage à assurer à l'employé le paiement d'une rente déterminée sur un grand nombre d'années, pouvant aller jusqu'au décès, après son départ de l'entreprise. À chaque année, l'estimation de cette obligation future est estimée, et une comparaison est faite avec la juste valeur des actifs détenus par le fonds de retraite pour honorer ladite obligation. C'est ce qu'on appelle le surplus ou le déficit actuariel du fonds de retraite. Si la juste valeur des actifs est insuffisante (déficit), l'entreprise doit assumer la différence. Il y aura enregistrement d'un passif et enregistrement d'une « charge » qui sera comptabilisée directement dans la section des autres éléments du résultat global de l'entreprise. Il est alors possible pour le lecteur des états financiers de connaître l'état du fonds de retraite à la seule observation de cette section de l'état du résultat net et du résultat global de l'entreprise. Voici, à titre d'illustration, l'information divulguée à ce sujet par Metro.

metro

États consolidés du résultat global
Exercices clos les 27 septembre 2014 et 28 septembre 2013
(en millions de dollars)

	2014	2013 *(Retraité - note 3)*
Bénéfice net	**456,2**	703,9
Autres éléments du résultat global		
Éléments qui ne seront pas reclassés dans le bénéfice net		
Variations au titre des régimes à prestations définies		
Gains (pertes) actuariels	**(35,0)**	117,0
Effet de la limite sur l'actif	**4,7**	(6,5)
Exigence de financement minimal	**8,0**	(2,1)
Impôts correspondants	**5,8**	(28,9)
	(16,5)	79,5
Éléments qui peuvent être reclassés ultérieurement dans le bénéfice net		
Quote-part dans les autres éléments du résultat global d'une entreprise associée	**0,1**	—
	(16,4)	79,5
Résultat global	**439,8**	783,4

Metro, États financiers pour la période comptable terminée le 27 septembre 2014, extrait des États consolidés du résultat global.

metro

États consolidés de la situation financière
Aux 27 septembre 2014, 28 septembre 2013 et 29 septembre 2012
(en millions de dollars)

	2014	2013 *(Retraité - note 3)*	2012 *(Retraité - note 3)*
Passifs au titre des prestations définies *(note 25)*	**101,8**	80,1	173,7

Metro, États financiers pour la période comptable terminée le 27 septembre 2014, extrait des États consolidés de la situation financière.

Annexe 1.1

Extraits du *Rapport du quatrième trimestre et rapport annuel aux actionnaires*, périodes de 13 et 52 semaines terminées le 27 mai 2006.

PROFIL DE L'ENTREPRISE

Nous exerçons nos activités au sein de l'industrie nord-américaine de la pharmacie de détail principalement dans deux régions, soit l'est du Canada et l'est des Etats-Unis, par l'entremise d'établissements corporatifs et franchisés sous les bannières Brooks, Eckerd, PJC Jean Coutu, PJC Santé Beauté et PJC Clinique.

Au 27 mai 2006, notre réseau d'établissements franchisés canadien PJC Jean Coutu (« PJC ») et notre réseau d'établissements corporatifs américains Brooks Eckerd se répartissait ainsi, par pays et par catégorie d'établissements :

	Canada	États-Unis	Total 2006	Total 2005
Nombre total d'établissements	327	1 858	2 185	2 243
Établissements ou immeubles indépendants	80	986	1 066	1 087
Établissements ouverts jour et nuit	-	34	34	34
Pharmacies avec service au volant	25	876	901	891

LE GROUPE JEAN COUTU (PJC) INC.

Bilans consolidés	**Au 27 mai 2006**	Au 28 mai 2005
(en millions de dollars américains)	**$**	$

Rapport des comptables agréés inscrits indépendants

Aux actionnaires de
Le Groupe Jean Coutu (PJC) inc.

Nous avons vérifié les bilans consolidés de Le Groupe Jean Coutu (PJC) inc. au 27 mai 2006 et au 28 mai 2005 et les états consolidés des résultats, des bénéfices non répartis et des flux de trésorerie des exercices terminés à ces dates. La responsabilité de ces états financiers incombe à la direction de la Compagnie. Notre responsabilité consiste à exprimer une opinion sur ces états financiers en nous fondant sur nos vérifications.

Nos vérifications ont été effectuées conformément aux normes de vérification généralement reconnues du Canada. Ces normes exigent que la vérification soit planifiée et exécutée de manière à fournir l'assurance raisonnable que les états financiers sont exempts d'inexactitudes importantes. La vérification comprend le contrôle par sondages des éléments probants à l'appui des montants et des autres éléments d'information fournis dans les états financiers. Elle comprend également l'évaluation des principes comptables suivis et des estimations importantes faites par la direction, ainsi qu'une appréciation de la présentation d'ensemble des états financiers.

À notre avis, ces états financiers consolidés donnent, à tous les égards importants, une image fidèle de la situation financière de la Compagnie au 27 mai 2006 et au 28 mai 2005 ainsi que des résultats de son exploitation et de ses flux de trésorerie pour les exercices terminés à ces dates selon les principes comptables généralement reconnus du Canada.

La Compagnie n'est pas tenue de faire une vérification de son contrôle interne à l'égard de l'information financière et nous n'avons pas reçu la mission d'effectuer une telle vérification. Nos vérifications ont tenu compte du contrôle interne à l'égard de l'information financière dans le but de concevoir des procédés de vérification appropriés dans les circonstances. Elles n'avaient pas pour objet la formulation d'une opinion en ce qui a trait à l'efficacité du contrôle interne de la Compagnie à l'égard de l'information financière. Par conséquent, nous ne formulons pas une telle opinion.

Deloitte & Touche s.r.l.

Comptables agréés inscrits indépendants

Le 3 août 2006

Annexe 1.2

Sears Canada fermera cinq magasins et vend les baux pour 400 millions $
PC | Par David Friend et Romina Maurino, La Presse Canadienne
Publication : 29/10/2013 6 h 11 EDT Mis à jour : 29/12/2013 5 h 12 EST

LA PRESSE CANADIENNE

TORONTO – Sears Canada (TSX : SCC) va fermer son principal magasin, au Centre Eaton de Toronto, en plus de quatre autres établissements au pays, dans le cadre d'une mesure qui affectera près de 1000 employés et qui soulève des questions quant au redressement tenté par le détaillant.

La chaîne a annoncé mardi qu'elle résilierait les baux de ces cinq magasins pour une contrepartie de 400 millions $. L'entente représente sa plus importante vente de baux depuis qu'elle a commencé à se départir d'actifs et à réduire ses effectifs afin de relancer ses activités, en difficulté.

La vente est particulièrement remarquable parce que le magasin du Centre Eaton représente la plus importante vitrine de Sears au pays, étant situé dans un secteur touristique.

Quelque 965 employés seront affectés par cette mesure, même si Sears a expliqué que les travailleurs des magasins fermés mis à pied auraient la possibilité de poser leur candidature aux postes qui seront à combler ailleurs dans la société.

Quatre des cinq magasins sont la propriété de Cadillac Fairview et sont situés en Ontario, soit les magasins des centres commerciaux Centre Eaton et Sherway Gardens, à Toronto, Markville, à Markham, et Masonville Place, à London. Le cinquième se trouve au Richmond Centre, à Richmond, en Colombie-Britannique, et il appartient à Ivanhoé Cambridge et Cadillac Fairview. Leurs baux seront revendus aux propriétaires.

Certains des locaux dont s'est précédemment départi le détaillant ont déjà été récupérés par la chaîne américaine Nordstrom, qui en a fait ses premiers magasins au Canada. Cela a donné lieu à des spéculations selon lesquelles Nordstrom pourrait aussi s'intéresser aux locaux des centres Eaton et Sherway Gardens, perçus comme des sites de premier choix dans le secteur du commerce de détail.

La mesure annoncée mardi a aussi soulevé des questions quant aux chances de réussite de l'opération de redressement engagée par Sears, en particulier à la suite de la démission soudaine, le mois dernier, de l'ancien chef de la direction de la chaîne, Calvin McDonald, parti chez le géant américain des produits de beauté Sephora.

M. McDonald, qui avait entrepris la cession de baux, a été remplacé par Doug Campbell, qui était chef de l'exploitation de l'entreprise depuis novembre l'an dernier.

Sears doit libérer les magasins du Centre Eaton, de Sherway Gardens et de Masonville Place d'ici le 28 février 2014, puis ceux de Markville et du Richmond Centre, d'ici le 28 février 2015. La société conservera cependant les quatre étages supérieurs des locaux du Centre Eaton pour les activités de son siège social.

Une fois cette transaction complétée, Sears comptera 111 magasins à travers le pays.

Les actions de Sears Canada ont terminé la séance de mardi à 14,35 $ à la Bourse de Toronto, en hausse de 81 cents, soit près de six pour cent par rapport à leur précédent cours de clôture.

Annexe 1.3

Enregistrement comptable des transactions d'emprunt

Quand on emprunte à la banque, les étapes des enregistrements comptables sont les suivantes :

Supposons un emprunt de 50 $, remboursable à raison de 10 $ par mois, avec charge d'intérêt de 1 $ par mois.

1er juin 20XX	Dépôt du montant emprunté dans le compte bancaire de l'entreprise.		
	Encaisse (augmentation de l'actif)	50	
	Dette bancaire (augmentation du passif)		50
30 juin 20XX	Remboursement du capital et paiement des intérêts		
	Dette bancaire (diminution du passif)	10	
	Intérêts (charge, diminution du résultat net)	1	
	Encaisse (diminution de l'actif)		11

Cette écriture comptable (30 juin 20XX) sera répétée à chaque mois, à cinq reprises, jusqu'à remboursement complet de l'emprunt.

Chapitre 2
Comptabilité – Les postes comptables

Comme il a été mentionné dans le chapitre précédent, les états financiers sont présentés en conformité avec les normes comptables adoptées par CPA Canada. Ces normes se retrouvent dans le *Manuel de CPA Canada* qui inclut plusieurs parties dont les deux suivantes seront abordées dans ce chapitre :

1. Partie I : Normes internationales d'information financière (IFRS)
2. Partie II : Normes comptables pour les entreprises à capital fermé (NCECF)

Notre cadre conceptuel de référence sera le cadre des normes internationales d'information financière (IFRS) mais nous ferons, lorsqu'il y aura lieu, les correspondances avec les normes comptables pour les entreprises à capital fermé (NCECF), ce qui correspondra aux besoins de la majorité des propriétaires d'entreprises et investisseurs et aux objectifs de ce volume, qui sont de permettre à un utilisateur non comptable de :

- Comprendre les principes qui régissent la préparation et la présentation des états financiers d'une entreprise;
- Préparer l'information requise et participer à la construction des estimations et des hypothèses utilisées dans l'application de plusieurs normes comptables;
- Lire, interpréter et discuter de l'information présentée par une entreprise avec l'équipe comptable interne ou externe, les actionnaires, les prêteurs, les syndicats et autres utilisateurs.

2.1 Normes internationales d'information financière (IFRS)

2.1.1 Code et dénomination

Avant l'année 2001, l'International Accounting Standard Board (IASB) était plutôt un comité appelé International Accounting Standard Commitee (IASC) constitué des membres provenant des organismes de normalisation comptable de plusieurs pays, incluant l'organisme de normalisation comptable canadien appelé Institut Canadien des Comptables Agréés (ICCA). Ce comité, à l'instar des autres comités internationaux comme l'International Organization of Securities Commissions (IOSCO) qui s'intéresse à la règlementation internationale des marchés financiers, s'inscrivait dans la tendance de la globalisation des marchés financiers et avait commencé à publier des normes comptables, celles-ci pouvant servir de textes de référence aux organismes de normalisation comptable situés partout à travers le monde. L'IASC est né en 1973.

En 2001, dans la foulée de l'adoption par la Communauté européenne du règlement CE no 1606/2002[1] imposant aux sociétés européennes cotées de publier leurs comptes consolidés en normes comptables IFRS pour les exercices ouverts à partir du 1er janvier 2005, l'International Accounting Standard Committee (ASC) est devenu l'International Accounting Standard Board (IASB), se dotant d'une direction et d'une organisation permettant la proposition et l'adoption de normes comptables en bonne et due forme.

[1] Le règlement CE no 1606/2002 a été adopté par la Communauté européenne le 12 septembre 2002.

Un des impacts tangibles de cette transition a été le changement qui a marqué la dénomination numérique des normes comptables internationales. En effet, les normes publiées jusqu'au 1er avril 2001 portent la dénomination « IAS » (*International Accounting Standards*), alors que les normes émises à partir du 1er avril 2001 portent la dénomination « IFRS » (*International Financial Reporting Standards*). Autrement dit, il n'y a pas de différence d'application entre une norme IAS et une norme IFRS. La seule différence est la date de publication, avant (IAS) ou après (IFRS) le 1er *avril* 2001. C'est tout.

Au besoin, toutes les normes comptables peuvent être révisées par l'IASB, et selon l'importance des changements, une norme IAS peut être retirée et être remplacée par une nouvelle norme IFRS. Par exemple, la norme IAS 14 *Information sectorielle* a été remplacée en 2009 par la norme IFRS 8 *Secteurs opérationnels*. En revanche, la norme IAS 1 *Présentation des états financiers a été révisée en 2003, 2007 et 2011 et est toujours présente dans la liste des normes en vigueur.*

2.2 Normes comptables pour les entreprises à capital fermé (NCECF)

À l'instar du *Manuel de l'ICCA*, la « bible » comptable qui prévalait avant l'entrée en vigueur, en 2011, du nouveau système canadien de normalisation comptable, le *Manuel de CPA Canada – Comptabilité, Partie II*, couvre l'ensemble des normes comptables s'adressant aux sociétés canadiennes à capital fermé qui souhaitent les utiliser. Soulignons que l'influence du *Manuel de l'ICCA* sur le *Manuel de CPA Canada, Partie II*, en termes de structure et de terminologie est très importante; un utilisateur n'y voit pas de différence à sa première lecture[2]. Ainsi, on parle toujours de bilan, d'actif ou de passif à court terme, à long terme, d'état des résultats et autres expressions connues.

2.2.1 Code et dénomination

Les normes comptables sont dénommées par chapitre, allant des chapitres 1000 à 1800 (comptabilité générale), aux chapitres 3000 à 3870 (postes particuliers).

Dans ce chapitre, nous présenterons les normes comptables les plus souvent utilisées par les entreprises à capital ouvert ou à capital fermé. Nous présenterons également les normes relatives aux entreprises commerciales, manufacturières et de services. Les normes comptables s'adressant spécifiquement aux entreprises spécialisées dans les services d'assurance, les services financiers et les sociétés d'investissement ne seront pas étudiées dans ce volume.

Plusieurs options s'offraient pour structurer la présentation de la constatation et de la mesure des principaux postes comptables aux états financiers, tel que prévu par la normalisation comptable, mais rappelons que ce volume se veut un outil de référence rapide et facile d'accès pour un large spectre de lecteurs non comptables. Nous pensons ici aux entrepreneurs, aux actionnaires, aux gestionnaires d'entreprises, aux directeurs de crédit bancaire, aux investisseurs, aux actionnaires et aux autres lecteurs intéressés par l'apprentissage du langage comptable. En fait, à tous les utilisateurs non comptables qui désirent « décoder » et comprendre le vrai message livré par les chiffres. Voir, lire le message transmis par les chiffres, comprendre et décider.

Nous avons choisi de placer le lecteur au centre de ce chapitre et de poser à sa place les questions qui le préoccupent, cela pour chacun des postes comptables qui sont le plus souvent présentés dans les états financiers d'une entreprise. Plusieurs extraits d'états financiers de sociétés connues permettront de rendre concrets des concepts autrement abstraits.

Nous avons également choisi de présenter les postes comptables selon leur ordre de présentation dans l'état de la situation financière et dans l'état du résultat net et du résultat global, plutôt que par ordre numérique dans le système IFRS ou dans le système NCECF. Les numéros de norme ou de chapitre sont fournis à titre informatif seulement.

[2] Soulignons que ce commentaire réfère à la dénomination des chapitres, au style de rédaction et à la terminologie, seulement.

2.3 Encaisse et placements
IFRS 9, chapitre 3856

Aeterna Zentaris Inc.
États consolidés de la situation financière
(en milliers de dollars US)

	31 décembre 2014	31 décembre 2013
	$	$
ACTIF		
Actif courant		
Trésorerie et équivalents de trésorerie (note 7)	**34 931**	43 202
Clients et autres débiteurs (note 8)	**867**	1 953
Charges payées d'avance et autres actifs	**419**	500
	36 217	45 655
Équivalents de trésorerie soumis à restrictions (note 9)	**760**	865
Immobilisations corporelles (note 10)	**797**	1 351
Autres actifs non courants	**622**	725
Immobilisations incorporelles identifiables (note 11)	**352**	708
Goodwill (note 12)	**8 687**	9 892
	47 435	59 196

Question 1 : Qu'entend-on par encaisse en comptabilité?

Plusieurs termes sont utilisés pour désigner l'encaisse, les liquidités, les disponibilités, la trésorerie et leurs équivalents. On entend par encaisse, ou d'autres termes substituts, l'argent qui est disponible immédiatement ou quasi immédiatement, sans pénalité, et sans perte de valeur si l'entreprise en a besoin. On retrouve habituellement dans ce poste comptable l'argent détenu dans les comptes de banque et les placements de courte échéance qui peuvent être liquidés sans pénalité et sans perte de valeur significatives. On pense à des certificats bancaires de placement garanti ou des bons du trésor, par exemple. Ce n'est pas la mission d'une entreprise de conserver des surplus d'encaisse, car cela rapporte peu.[3] La mission d'une entreprise est d'investir l'encaisse dans des activités (stocks, immobilisations, développement de nouveaux marchés) qui devraient procurer aux actionnaires le rendement espéré en fonction de l'estimation du risque[4]. Sauf aux étapes de l'idéation, de la recherche et du développement des entreprises fondées sur le savoir, comme nous le verrons dans la prochaine section de ce chapitre.

Question 2 : À quelle valeur est présentée l'encaisse?

L'encaisse est présentée à la juste valeur à la date des états financiers, la juste valeur étant définie comme étant le montant qui se retrouverait dans les coffres de l'entreprise, à la date de présentation des états financiers, si l'entreprise rapatriait et convertissait dans un seul compte en $ CA[5] les comptes bancaires de toutes devises ($ US, $ CA, Euro, Peso, Livre sterling), et les placements de courte échéance. Ce qui représente pour Aeterna Zentaris Inc. un montant de 34 931 000 $ US[6].

[3] Nous excluons ici les institutions financières et les sociétés d'investissement.
[4] L'équation de base en finance se pose ainsi : le taux de rendement espéré est fonction du niveau de risque estimé.
[5] Ou dans la monnaie de fonction de l'entreprise, le $ US dans le cas de Aeterna Zentaris Inc.
[6] Id. note précédente.

Question 3 : Pourquoi Aeterna Zentaris Inc. possède-t-elle autant d'encaisse?

Il a été mentionné plus haut que ce n'est pas la mission d'une entreprise de détenir des surplus d'encaisse. Alors pourquoi Aeterna Zentaris Inc. détient-elle autant d'encaisse? Parce qu'il s'agit d'une société biopharmaceutique engagée dans le développement et la commercialisation de traitements novateurs en oncologie, en endocrinologie et en santé de la femme. N'ayant pas encore atteint le stade de la commercialisation et, par conséquent, ne générant pas ou peu de revenus, les entrées d'argent sont assurées par la réalisation de rondes de financement qui permettent de continuer les travaux de recherche et de développement. Les rondes de financement sont réalisées à des intervalles de deux à trois ans, ce qui fait que selon les fins de période comptable, Aeterna Zentaris Inc. a plus ou moins d'argent dans ses coffres. Notons que la totalité de l'encaisse est présentée dans la section « Actif courant », car il s'agit d'un portefeuille destiné à l'exploitation courante (payer les fournisseurs et les services publics, les employés et autres), non d'un portefeuille stratégique, destiné à des projets plus ou moins lointains. Sauf un montant de 760 000 $ US, soumis à une restriction, qui est présenté dans la section non courante, ce qui signifie que cette somme ne peut être utilisée sans l'autorisation d'une tierce partie. Il faut donc l'exclure de l'encaisse disponible pour l'exploitation courante.

Question 4 : L'encaisse détenue par une entreprise peut-elle être investie dans des placements à haut niveau de risque?

La crainte des actionnaires de Aeterna Zentaris pourrait être qu'avec autant d'encaisse, un gestionnaire de l'entreprise se lance dans des activités de placement à risque, se croyant soudainement le « génie de la bourse », alors que cet argent est destiné à assurer la continuité des activités de recherche et de développement pour les prochaines années. La norme comptable sur les instruments financiers[7] prévoit que l'entreprise doit fournir, dans les notes complémentaires, l'information sur les types de placement détenus par l'entreprise. Voici l'information divulguée dans la note 7 des états financiers de la société où nous constatons que l'argent est détenu dans des comptes bancaires et dans des dépôts de très courte échéance, générant des revenus d'intérêts.

7 Trésorerie et équivalents de trésorerie

	Aux 31 décembre	
	2014	**2013**
	$	**$**
Encaisse et soldes bancaires	**10 803**	27 877
Dépôts de trois mois ou moins portant intérêt	**24 128**	15 325
	34 931	43 202

Question 5 : L'encaisse est-elle toujours présentée dans la section « Actifs à court terme »?

Un simple regard sur l'état consolidé de la situation financière de Aeterna Zentaris répond à la question. Et la réponse est **non.**

Voici un bel exemple pour souligner que la préparation des états financiers n'est pas une affaire d'application technique d'un manuel d'instruction comptable, mais une préoccupation de « traduire » et de présenter adéquatement le montant et la disponibilité effective de cette somme d'argent.

[7] Norme IAS 39 en phase de remplacement par la norme IFRS 9.

La section « Actifs non courants » de l'état consolidé de la situation financière montre un poste comptable intitulé Équivalents de trésorerie soumis à restrictions[8], ce qui indique au lecteur que des sommes d'argent détenues par l'entreprise ne sont pas disponibles pour assumer les charges courantes d'exploitation, à l'instar du poste comptable *Trésorerie et équivalents de trésorerie* présenté dans la section « Actifs courants ». Voici le libellé de la note 9 de Aeterna Zentaris qui nous explique pourquoi un de ses comptes bancaires est présenté dans la section « Actifs non courants ».

Note 9 - Équivalents de trésorerie soumis à restrictions

Afin d'assumer son obligation découlant d'un contrat à long terme de location simple en Allemagne, et en remplacement d'une garantie bancaire connexe, la Société a transféré un montant d'environ 760 000 $ (865 000 $ en 2013) dans un compte avec restrictions. Le montant fixe ainsi que les intérêts créditeurs s'y rapportant sont réservés à cet usage tant que ledit contrat de location simple (note 25 – Engagements et éventualités) n'aura pas pris fin; ils ne peuvent donc servir à assumer les dépenses courantes de la Société au 31 décembre 2014 (page 25).

2.4 Stocks

IAS 2, chapitre 3031

Dollarama inc.
État consolidé de la situation financière
(en milliers de dollars canadiens)

	Note	1er février 2015 $	2 février 2014 $
Actif			
Actifs courants			
Trésorerie et équivalents de trésorerie		40 203	71 470
Créances		10 004	5 963
Acomptes et charges payées d'avance		5 213	5 382
Stocks de marchandises		408 919	364 680
Instruments financiers dérivés	14	84 009	11 455
		548 348	458 950

Question 1 : Qu'est-ce que l'actif stocks?

Pour une entreprise commerciale ou une entreprise manufacturière

Pour qu'un item soit constaté comme un « stock »[9], il faut qu'il corresponde à la définition de la norme comptable IAS 2, paragraphe 6, qui est d'être détenu en vue de la vente dans le cours normal de l'activité, en cours de production pour une telle vente ou sous forme de matières premières ou de fournitures devant être consommés dans le processus de production ou de prestation de services. Ce qui couvre les stocks détenus dans les entreprises commerciales (stocks « prêts à vendre »), manufacturières (matières premières, stocks en cours de fabrication et stocks de produits « prêts à vendre ») et de services (coûts de livraison des services, non encore facturés).

[8] La note 9 mentionne qu'afin d'assumer son obligation découlant d'un contrat à long terme de location simple en Allemagne et en remplacement d'une garantie bancaire connexe, la Société a transféré un montant d'environ 760 000 $ (865 000 $ en 2013) dans un compte avec restrictions. Le montant fixe ainsi que les intérêts créditeurs s'y rapportant sont réservés à cet usage tant que ledit contrat de location simple (note 25 – Engagements et éventualités) n'aura pas pris fin; ils ne peuvent donc servir à assumer les dépenses courantes de la Société au 31 décembre 2014.
[9] Idem Chapitre 3031.

Voici, par exemple, le détail du poste comptable *stocks* présenté par Héroux-Devtek au 31 mars 2015 qui fabrique, entre autres, des trains d'atterrissage d'avions. Vous remarquerez encore une fois la particularité des normes comptables à traduire adéquatement ce que fait l'entreprise. On ne fabrique pas et on ne vend pas des trains d'atterrissage d'avions comme on fabrique et vend des boîtes de tomates. Aussi, la consultation de la note permet à tout investisseur de « voir » l'usine, c'est-à-dire des soldes importants de matières premières, de produits en cours de transformation et un solde minime de produits finis, Héroux-Devtek fabriquant sur commande et livrant à ses clients les trains d'atterrissage dès qu'ils sont terminés.

Note 12. Stocks

	31 mars 2015	31 mars 2014
Matières premières	**62 193 $**	62 934 $
Produits en cours	**66 923**	69 431
Produits finis	**1 838**	1 683
	130 954 $	134 048 $

Le montant des stocks comptabilisés à titre de coût des ventes pour l'exercice clos le 31 mars 2015 s'est élevé à 249 757 $ (194 739 $ en 2014).

Les pertes de valeur liées aux stocks pour les exercices clos les 31 mars se présentent comme suit :

	2015	2014
Pertes de valeur constatées à titre de coût des ventes	**7 758 $**	5 874 $
Reprises de pertes de valeur comptabilisées au cours d'exercices antérieurs à titre de réduction du coût des ventes	**5 964 $**	4 702 $

Pour l'exercice clos le 31 mars 2015, les reprises de pertes de valeur comptabilisées au cours d'exercices antérieurs comprennent les montants imputés à la provision pour stocks de 1 153 $ (2 103 $ en 2014) relativement à des produits livrés ou ayant fait l'objet d'une radiation au cours de l'exercice, à l'égard desquels une provision pour perte de valeur a été requise et comptabilisée au cours d'exercices antérieurs pour les ramener à leur valeur nette de réalisation. Elles comprennent aussi le résultat de la réévaluation, à chaque date de clôture, de la valeur nette de réalisation des stocks en fonction des contrats de vente et des coûts de fabrication connexes. La réévaluation tient compte des variations du prix de vente et du nombre d'unités à livrer en vertu des nouveaux contrats conclus, de même que de la baisse des coûts de production résultant de l'amélioration des processus de fabrication.

Par comparaison, examinons la note aux états financiers nous fournissant l'information sur le poste comptable *stocks* de la société Industries Lassonde inc. qui fabrique et commercialise principalement des jus et des boissons de fruits et de légumes. Voici la note 14 extraite des états financiers présentés pour la période se terminant le 31 décembre 2014.

Note 14. Stocks

	Au 31 déc. 2014 $	Au 31 déc. 2013 $
Matières premières et fournitures	**112 436**	83 760
Produits finis	**82 195**	62 578
	194 631	146 338

États financiers pour la période terminée le 31 décembre 2014, page 39.

Ici, vous constaterez que nous sommes dans un modèle de fabrication et de commercialisation complètement différent de celui de la société Héroux-Devtek, puisqu'il n'y a même pas de produits en cours de fabrication (processus de transformation très court), la matière première (112 436 $) étant rapidement transformée en produits disponibles à la vente (82 195 $), dans le cas de Lassonde, en produits prêts à boire. Naturellement, Lassonde ne fabrique pas les jus sur commande; elle les fabrique de façon continue et les entrepose[10] jusqu'au moment où les commandes de ses clients se matérialisent.

[10] Il ne faudrait pas interpréter ce commentaire avec l'idée que Lassonde fabrique des jus sans se soucier de son carnet de commande et de ses prévisions de ventes.

Examinons maintenant une troisième note aux états financiers, la note 10 de la société Produits forestiers Résolu Inc., qui fabrique et offre des produits forestiers comme le papier journal et autres papiers spécialisés. Résolu présente une autre diversification des catégories de stocks incluant les stocks liés au produits forestiers comme tels, soit matières premières, travaux en cours et produits finis, et ajoute une nouvelle catégorie de stocks liées aux fournitures d'usine, tels petits outils et autres, dont le rythme de renouvellement et la durée de consommation sont inférieurs à un an.

Note 10. Stocks, montant net

Aux 31 décembre 2014 et 2013, le montant net des stocks se ventilait comme suit :

(en millions)	**2014**	2013
Matières premières et travaux en cours	**160 $**	153 $
Produits finis	**192**	195
Stocks d'usines et autres fournitures	**190**	181
	542 $	529 $

États financiers pour la période terminée le 31 décembre 2014, page 95.

Pour une entreprise agricole ou d'élevage

Nous profiterons de cette opportunité pour discuter d'un cas particulier de « stocks » contrôlés par certaines entreprises actives dans le secteur de la forêt, de l'agriculture et de l'élevage. Les stocks « vivants » ou actifs biologiques. Pour ce faire, nous demeurerons dans l'environnement des entreprises actives dans le secteur de la forêt et examinerons le poste comptable *Actifs biologiques* de la société Tembec Inc.

La société Tembec Inc. est une entreprise intégrée de produits forestiers qui comprend un secteur d'activités forestières et de scieries, un secteur de fabrication et de commercialisation de pâtes cellulose, un secteur de fabrication et de commercialisation de pâtes à haut rendement et un secteur de production et de vente de cartons et de papier journal (note 1, page 7). Voici la note 5 présentant les différentes catégories de stocks, ce qui est représentatif du descriptif des activités de l'entreprise.

5. Stocks

	2015	2014
Produits finis	140 $	117 $
Billes et copeaux	67	66
Matières premières et fournitures	80	75
	287 $	258 $
Stocks comptabilisés à la valeur nette de réalisation	42 $	26 $

États financiers pour la période se terminant le 26 septembre 2015, page 17.

Tembec contrôle également une autre catégorie de « stocks » bien particulier parce que ces stocks sont « vivants », qu'il y a pousse et récolte, dans le cas de produits agricoles, ou élevage et vente, dans le cas des produits animaliers. En conformité avec la normalisation comptable internationale, ces stocks « vivants » sont couverts par une norme comptable spécifique, la norme IAS 41 *Actifs biologiques*[11]. Voici deux notes afférentes aux états financiers de Tembec qui décrivent et présentent la comptabilité des actifs biologiques de Tembec.

[11] Il n'y a pas de norme comptable spécifique pour la mesure et la constatation des actifs biologiques dans les NCECF.

Tout d'abord, un extrait de la note 3 – Principales méthodes comptables.

Actifs biologiques

Le bois sur pied situé sur des terrains forestiers privés et géré aux fins de la production de bois d'œuvre se qualifie comme actif biologique. Par conséquent, à chaque date de bilan, les actifs biologiques sont évalués à leur juste valeur moins les coûts de la vente, et tout changement, en raison des variations découlant de la pousse et de la récolte du bois ainsi que des changements aux hypothèses de valeur, est comptabilisé dans le bénéfice net (la perte nette) de la période. Le bois sur pied est transféré aux stocks à sa juste valeur moins les coûts de la vente à la date où les billes sont extraites de la forêt. Le terrain sur lequel pousse le bois sur pied est évalué au coût et est compris dans les immobilisations corporelles.

États financiers pour la période se terminant le 26 septembre 2015, page 11.

Ensuite, un extrait de la note 7 – Actifs biologiques.

7. Actifs biologiques

Les terres forestières privées de la Compagnie sont classées comme des forêts en croissance, et le bois sur pied est défini comme un actif biologique et comptabilisé à la date de chaque rapport à la juste valeur marchande moins le coût des ventes, tandis que les terrains sur lesquels pousse le bois sur pied sont considérés comme un élément des immobilisations corporelles et sont comptabilisés au coût.

	2015	2014
Solde au début de l'exercice	2 $	5 $
Dispositions	-	(3)
Solde à la fin de l'exercice	2 $	2 $

États financiers pour la période se terminant le 26 septembre 2015, page 20.

Pour une entreprise de construction

Voici la note 8 des états financiers de la société Groupe Canam Inc. qui se spécialise dans la conception de solutions de construction et la fabrication de produits sur mesure dans le secteur des bâtiments, des charpentes métalliques et des ponts (note 1, page 39)[12]. Le Groupe œuvre sur le plan international et cela intéressera les amateurs de football d'apprendre qu'ils ont récemment construit le stade des Falcons d'Atlanta[13].

Extrait du bilan consolidé de Groupe Canam Inc. au 31 décembre 2014.

Bilans consolidés

(en milliers de dollars canadiens)	Notes	Au 31 décembre 2014	Au 31 décembre 2013
Actif			
Actifs courants			
Trésorerie et équivalents de trésorerie	6	8 261 $	4 690 $
Débiteurs	7	276 691	217 004
Excédent des coûts et profits estimatifs sur la facturation	8	126 590	82 977
Stocks		156 990	110 993
Actifs d'impôts à recouvrer		1 346	264
Frais payés d'avance et autres actifs		5 619	3 762
		575 497	419 690

[12] Site Internet de la société : http://www.groupecanam.com/

[13] Leduc, G. (2014, 12 novembre). Le Groupe Canam construira un stade à Atlanta. *Le Soleil*. http://www.lapresse.ca/le-soleil/affaires/les-regions/201411/12/01-4818346-le-groupe-canam-construira-un-stade-a-atlanta.php. Consulté en février 2016.

8. Contrats de construction

	Au 31 décembre 2014	Au 31 décembre 2013
Coûts de construction engagés, plus les profits estimatifs et moins les pertes comptabilisées	1 256 249 $	976 116 $
Moins : facturations intermédiaires	(1 204 025)	(933 008)
	52 224 $	43 108 $
Éléments comptabilisés et inclus dans les états financiers à titre de :		
Excédent des coûts et profits estimatifs sur la facturation	126 590 $	82 977 $
Excédent de la facturation sur les coûts et profits estimatifs	(74 366)	(39 869)
	52 224 $	43 108 $

Les avances reçues de clients à l'égard des contrats de construction sont de 3 877 $ au 31 décembre 2014 (422 $ au 31 décembre 2013). Les retenues contractuelles à l'égard des contrats de construction sont de 60 579 $ au 31 décembre 2014 (43 969 $ au 31 décembre 2013).

Dans une entreprise de construction, s'ajoute au poste comptable *Stocks* le poste comptable *Excédent des coûts et profits estimatifs sur la facturation*, qui est la somme des coûts engagés dans l'avancement des travaux, augmentés de la marge bénéficiaire, diminués des montants facturés.

Question 2 : Pourquoi porter autant d'attention au poste comptable *Stocks*?

Pour une entreprise commerciale et manufacturière, les stocks représentent souvent le poste comptable le plus important et le plus névralgique (voir les extraits d'états financiers présentés ci-dessus). Car il s'agit de la mission de l'entreprise : « vendre les bons produits, au bon prix, à une clientèle récurrente ». Et ils influencent autant l'état de la situation financière que l'état des résultats, parce qu'ils se retrouvent soit dans l'actif courant, lorsque non vendus, soit dans l'état des résultats, lorsque vendus ou ayant perdu, en partie ou en totalité, leur valeur marchande. Des problèmes de calculs de coûts, d'évaluation, de logistique et de pertes de valeur des produits affecteront les deux rapports comptables et mèneront à des décisions erronées car, de mauvaises données de calcul mènent à de mauvaises décisions d'affaires.

Le prochain schéma montre la circulation des différentes catégories de stocks pour une entreprise manufacturière.

Figure 2.1 **Cycle d'exploitation d'une société manufacturière**

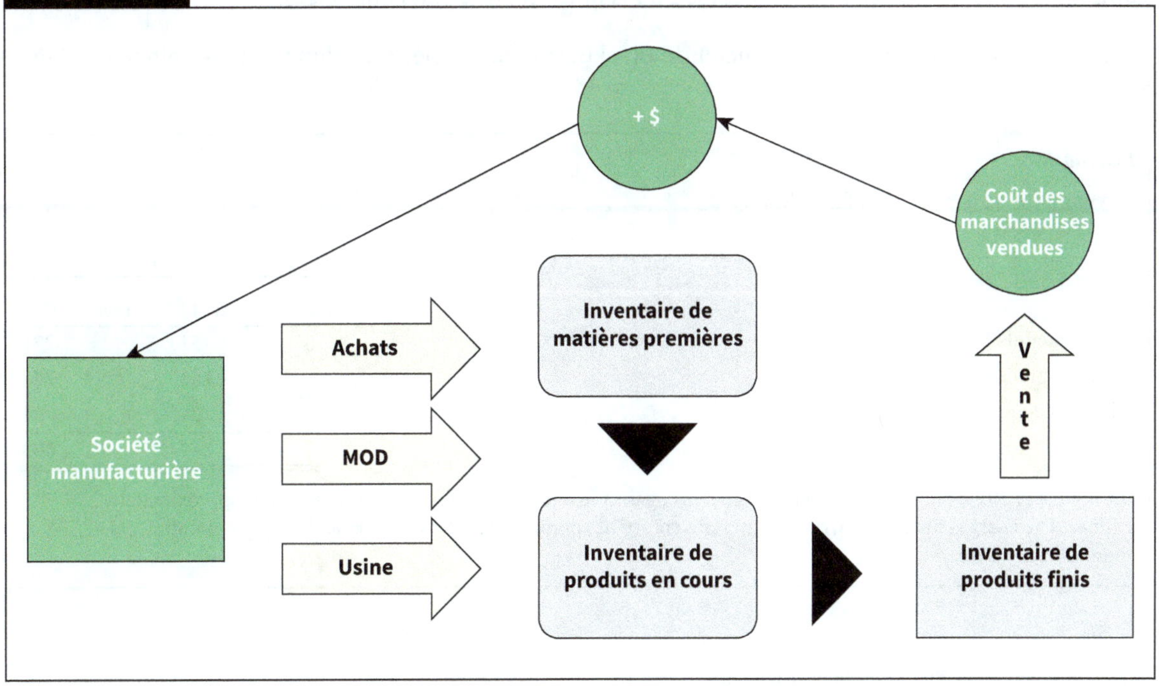

Question 3 : Est-il obligatoire de détenir le titre de propriété sur les stocks pour qu'ils soient constatés et présentés dans les états financiers?

Non. Rappelons que la constatation d'un actif dépend du contrôle de l'actif, non du titre de propriété[14]. Quoiqu'il arrive souvent que titre de propriété et contrôle coïncident, ce n'est pas toujours le cas, particulièrement dans les transactions où la fabrication se fait à l'extérieur du pays. Par exemple, il est possible que pour des raisons de règlementation nationale, une entreprise canadienne doive transférer au sous-traitant étranger le titre de propriété de la matière première qu'elle lui achemine. Par contrat, le sous-traitant ne peut utiliser à sa guise la matière première ou ne peut la vendre. Il ne peut que l'utiliser pour la fabrication du produit de l'entreprise canadienne cliente. À ce moment, bien que l'entreprise canadienne ait transféré le titre de propriété sur la matière première, elle en contrôle toujours l'utilisation. En termes comptables, c'est l'entreprise canadienne qui bénéficie des avantages et assume les risques. L'entreprise canadienne doit donc constater et présenter la matière première dans le poste comptable *Stocks* de ses états financiers.

Question 4 : À quelle valeur comptable les stocks sont-ils présentés?

Les stocks sont présentés au plus petit du coût et de la valeur de la réalisation nette. C'est ce qu'on appelle la valeur comptable. Ce qui signifie que lorsqu'une entreprise réalise qu'elle ne pourra pas obtenir un prix de vente net (diminué des coûts pour la vente) supérieur au coût initialement enregistré dans les registres comptables, elle doit comptabiliser une perte de valeur. Autrement dit, l'entreprise informe immédiatement les investisseurs qu'elle perdra de l'argent sur la vente d'items identifiés.

Question 5 : Que se passe-t-il si le prix de vente devient inférieur au coût?

Un exemple spectaculaire est certes l'enregistrement des pertes de valeur sur stocks présentées par la société BlackBerry (anciennement connue sous le nom de Research In Motion) sur les téléphones et sur les tablettes électroniques fabriquées, prêtes à vendre, mais sans réponse encourageante du marché. Soulignons que toutes les entreprises qui sont actives dans des secteurs d'activité affectés par les tendances, telles les technologies, l'informatique, la mode et autres sont susceptibles d'enregistrer, à certains moments de leur évolution, des pertes de valeur; la connaissance de ce montant est un indicateur sérieux de la gestion de ce risque d'affaires par la direction. Le montant de la perte de valeur sur les stocks comptabilisé durant la période est divulgué dans une note aux états financiers.

Voici la note 5, extraite de l'état financier de BlackBerry pour la période comptable terminée le 1er mars 2014.

Inventories

Inventories were comprised of the following:

	As at	
	March 1, 2014	March 2, 2013
Raw materials	$ 51	$ 271
Work in process	156	278
Finished goods	37	54
	$ 244	$ 603

During fiscal 2014, the Company recorded charges against inventory and supply commitments of approximately $2.4 billion. The charges included a write-down of inventory of approximately $1.6 billion and supply commitments of approximately $782 million.

[14] Référence définition d'un actif, chapitre précédent.

Il est connu que le vol de marchandises par les employés (vol interne) et les clients (vol externe) est un des fléaux du commerce de gros (*B to B*)[15] et du commerce de détail (*B to C*)[16, 17, 18]. Une autre raison de l'enregistrement d'une perte de valeur est « la disparition » des marchandises en magasin. Vous avez probablement remarqué en magasin les mentions à l'effet que l'entreprise procède au décompte de son inventaire. C'est ce qu'on appelle le décompte physique. Il n'y a pas de mystère. Les stocks achetés se retrouvent dans les stocks en entrepôt ou en magasin, dans le coût des marchandises vendues ou se sont « envolés ». Les stocks qui se sont « envolés » font partie de la perte de valeur enregistrée.

Question 6 : Que se passe-t-il si le prix de vente augmente à la suite de l'enregistrement d'une réduction de valeur?

Mentionnons d'abord qu'il ne s'agit pas, ici, de jouer au yo-yo avec cet item. Mais il est possible, en effet, que certaines catégories de stocks se retrouvent dans des marchés où on observe des fluctuations de valeur. C'est le cas des stocks qui se transigent sur des marchés organisés, tels le marché des ressources naturelles (or, cuivre, bois, pétrole et autres) ou des commodités (café, cacao, céréales et autres). Dans ce cas, **jusqu'à concurrence du coût initialement enregistré**, il est possible de comptabiliser une **reprise de valeur**.

ATTENTION, nous ne mentionnons pas que les stocks sont comptabilisés à la juste valeur, mais qu'il est possible de comptabiliser une reprise de valeur dans ces conditions :

1. Une perte de valeur a été comptabilisée sur les stocks lors d'une période comptable (trimestre, semestre ou année) antérieure.
2. Les stocks sont toujours détenus par l'entreprise (ils n'ont pas été vendus et sont toujours en bon état de vente)

Il est donc possible de comptabiliser une reprise de valeur, jusqu'à concurrence du coût initialement enregistré, ce qui concorde avec le principe de base de la mesure de la norme comptable sur les stocks, les stocks sont présentés au plus petit du coût et de la valeur de réalisation nette.

Le lecteur comprendra que les reprises de valeur sur des stocks peuvent être constatées sur des produits qui peuvent être entreposés longtemps sans se détériorer ou sans devenir obsolète. BlackBerry pourrait difficilement comptabiliser une reprise de valeur pour des téléphones dévalués l'année précédente, la technologie les rendant à jamais désuets. Mais nous pourrions observer une reprise de valeur pour des entreprises actives dans le secteur minier.

Question 7 : Comment calcule-t-on la valeur de réalisation nette?

La valeur de réalisation nette est une valeur qui reflète les paramètres de marché. Dans le cas de Dollarama, à la note 3 présentée ci-après, l'entreprise nous informe qu'elle a calculé la valeur de réalisation nette ainsi : prix de vente estimé dans le cours normal des activités (paramètres de marché), diminué des coûts estimés nécessaires pour réaliser la vente.

Les coûts estimés pour réaliser la vente peuvent inclure des coûts de finition ou d'ajustement dans le cas de produits où des ajustements clients sont requis avant la conclusion de la transaction de vente. Une boutique pourrait inclure dans le prix de vente l'ajustement à la taille du client et la finition du bord du vêtement.

---

[15] Business to Business.

[16] Business to Consumers.

[17] Vols et fraudes dans les commerces de détail au Québec. (2009, 2 décembre). *L'Express*. http://www.journalexpress.ca/Chroniques/Info-Commerce/2009-12-02/article-1273022/Vols-et-fraudes-dans-les-commerces-de-detail-au-Quebec/1. Consulté en février 2016.

[18] Gouvernement du Canada, Réseau Entreprises Canada, Protégez votre entreprise contre le vol. http://www.entreprisescanada.ca/fra/page/2647/. Consulté en février 2016.

Question 8 : Qu'est-ce qui fait partie du coût des stocks?

Entreprise commerciale

Tous les coûts directement engagés pour l'acquisition et le transport des stocks jusqu'au lieu désigné pour la vente font partie du coût des stocks. Moins les rabais ou les réductions de prix accordés par les fournisseurs, incluant les rabais pour les volumes d'achat.

À la note 3 intitulée *Résumé des principales méthodes comptables du poste comptable Stocks de marchandises*, Dollarama nous fournit l'information sur ce qui fait partie du coût des stocks. Nous reproduisons ici l'extrait de la note. La note est également intéressante à consulter, puisqu'elle nous fournit de l'information sur la logistique de transport et d'acheminement des stocks jusqu'au lieu final désigné pour la vente que sont les magasins.

Stocks de marchandises

Les stocks de marchandises du centre de distribution, des entrepôts et des magasins sont inscrits au coût ou à la valeur de réalisation nette, selon le moins élevé des deux montants. Le coût des stocks est établi selon la méthode du coût moyen pondéré et il est attribué aux marchandises en magasin selon la méthode du prix de détail. Le coût des stocks tient compte des sommes versées aux fournisseurs, des taxes et des frais de transport jusqu'aux entrepôts ainsi que des coûts directs d'entreposage et de distribution.

Dollarama, note 3, États financiers pour la période terminée le 19 février 2015, page 11.

Les notes 3 d) et e), *Résumé des principales méthodes comptables du poste comptable Stocks de marchandises*, de Rona, nous fournissent l'information sur ce qui fait partie du coût des stocks incluant, cette fois, l'impact des rabais accordés par les fournisseurs pour les volumes d'achat.

D) STOCKS

Les stocks sont évalués au plus faible du coût et de la valeur nette de réalisation. Le coût est déterminé selon la méthode du coût moyen pondéré.

Le coût des stocks comprend les coûts d'acquisition, les autres frais engagés pour amener les stocks à l'endroit et dans l'état où ils se trouvent ainsi que les profits ou pertes réalisés sur les couvertures qualifiées de flux de trésorerie d'achats des stocks en monnaies étrangères. Les stocks sont majoritairement composés de produits finis.

La valeur nette de réalisation est le prix de vente estimé dans le cours normal des activités, diminué des coûts estimés nécessaires pour réaliser la vente.

Un degré important de jugement est appliqué lors de l'estimation de l'effet de certains facteurs sur la valeur nette de réalisation des stocks, telles que la désuétude et les pertes de stocks. La quantité, l'âge et la condition des stocks sont mesurés et évalués régulièrement au cours de l'année.

E) REMISES DE FOURNISSEURS

La Société comptabilise les contreparties en espèces reçues de fournisseurs en réduction du prix des biens des fournisseurs et réduit le coût des marchandises vendues et les stocks connexes figurant dans l'état consolidé du résultat net et dans l'état consolidé de la situation financière. Certaines exceptions s'appliquent quand la contrepartie en espèces reçue constitue soit un remboursement des frais de vente supplémentaires engagés par le revendeur, soit un paiement à l'égard de biens ou de services procurés au fournisseur, auquel cas la remise est constatée à titre de réduction des charges d'exploitation.

La Société constate ces remises lorsque l'encaissement est considéré comme probable et pouvant faire l'objet d'une estimation raisonnable.

La Société se base sur les achats réels durant l'exercice et l'atteinte des prévisions d'achats de marchandises ainsi que sur les conditions contractuelles pour déterminer la probabilité et l'estimation de l'encaissement. Les hypothèses sont réévaluées à chaque exercice.

Rapport de gestion et États financiers consolidés pour la période terminée le 28 décembre 2014, page 36.

Exercice[19]

Dans la liste suivante, quels items font partie du coût des stocks d'une entreprise qui importe de plusieurs pays et commercialise en magasin du mobilier de bureau?

a) Coût des achats (factures des fournisseurs);

b) Rabais sur achats;

c) Frais de douanes;

d) Transport et assurances sur les achats;

e) Frais de manutention reliés à l'importation des stocks;

f) Salaires du département de comptabilité;

g) Commission des courtiers chargés de l'organisation des activités d'importation;

h) Commission des vendeurs;

i) Frais de service après-vente.

Entreprise manufacturière

Tous les coûts directement engagés pour l'acquisition, **la transformation** et le transport des stocks jusqu'au lieu désigné pour la vente font partie du coût des stocks. Moins les rabais, les réductions de prix accordés par les fournisseurs, incluant les rabais pour les volumes d'achat.

La constatation et la mesure du coût de production des stocks de matières premières, des stocks de produits en cours, des stocks de produits finis et des stocks qui ont été vendus durant la période comptable peut rapidement devenir complexe (voir la figure sur le cycle d'exploitation d'une entreprise manufacturière à la page 88). Il existe d'ailleurs une spécialité en comptabilité, la comptabilité de gestion, qui s'intéresse à cette problématique.

Pour illustrer notre propos, voici la note 2.10 extraite des états financiers d'Industries Lassonde inc. pour la période terminée le 31 décembre 2014, page 15.

> **2.10 Stocks**
>
> Les stocks sont évalués au moindre du coût et de la valeur nette de réalisation. Le coût des stocks est déterminé selon la méthode du premier entré, premier sorti. Il comprend les coûts d'acquisition nets des rabais, les coûts de transformation et les autres coûts engagés pour amener les stocks à l'endroit et dans l'état où ils se trouvent. Le coût des produits finis comprend une quote-part des frais généraux de production basée sur la capacité de production normale. Il peut également comprendre, provenant de la réserve de couverture en capitaux propres, le reclassement des gains et pertes de change sur les contrats de change à terme visant la couverture des fluctuations des taux de change relatifs aux achats de stocks libellés en monnaies étrangères et le reclassement des gains et pertes de tout autre instrument dérivé visant la couverture des fluctuations de prix relatifs aux achats de matières premières.

Nous trouvons ici deux nouveaux éléments du coût des stocks : quand elle réfère aux stocks de produits finis, Lassonde mentionne que le coût des produits finis comprend une quote-part des frais généraux de production basée sur la capacité de production normale ainsi que des gains ou pertes de change sur des instruments financiers (contrats de change) visant à la protéger contre les fluctuations des taux de change.

D'abord, donnons quelques explications sur le premier élément, qui est l'attribution d'une quote-part des frais généraux de production dans le total du coût des produits qui ont été fabriqués durant la période comptable. Encore une fois, si nous nous référons au tableau du cycle d'exploitation d'une

[19] Réponses à la page 148

société manufacturière, nous constatons qu'il est possible de calculer et d'imputer directement les coûts de matière première directe et de main-d'œuvre directe au produit fabriqué. Mais qu'en est-il de tous les autres coûts de l'usine, tels le salaire du contremaître, appelée main-d'œuvre indirecte, l'électricité, l'amortissement du bâtiment, des équipements, et autres charges.

Figure 2.2 Cycle d'exploitation d'une société manufacturière

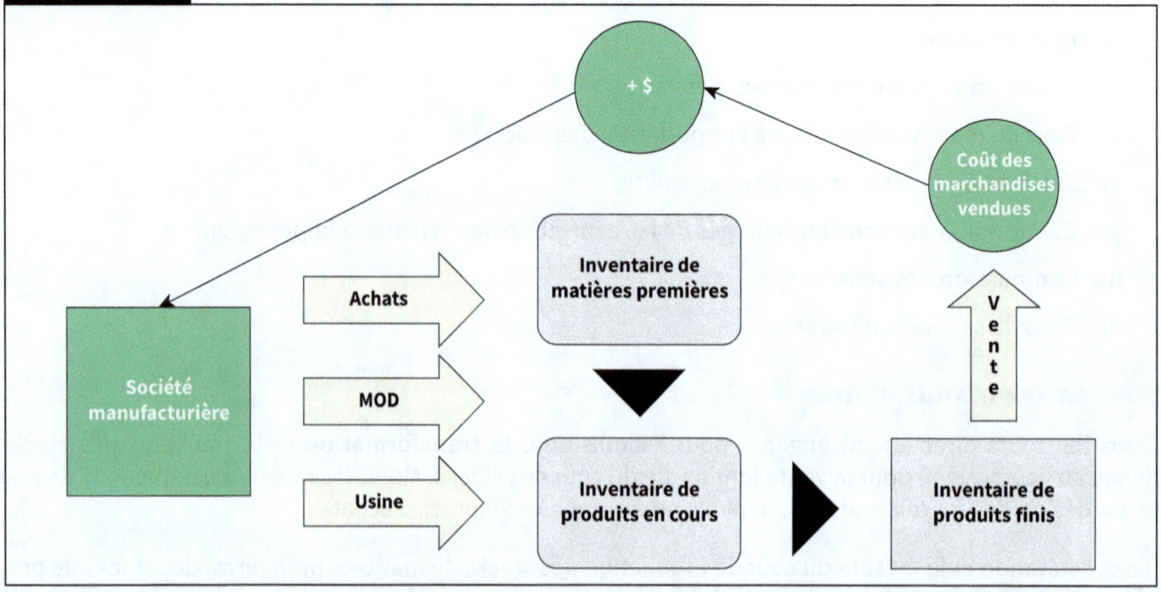

En quelques mots[20], on fait le total de tous ces coûts et on estime la capacité normale de l'usine. La capacité normale étant, comme le mot le dit, le nombre d'unités que l'usine devrait produire compte tenu des heures normales travaillées, des temps d'arrêt pour la maintenance et autres raisons d'interruption de la production. Munis de ces informations, nous pouvons calculer le coût de fabrication d'une unité qui serait le suivant :

Matière première directe :	5 $	
Main-d'œuvre directe :	6 $	
Frais généraux de fabrication :	1 $	*Note 1*
Total :	12 $	

Note 1

Total des coûts de l'usine :	10 $
Capacité normale de production de l'usine :	10 unités
Quote-part des frais généraux par unité :	10 $/10 unités : 1 $

Le second nouvel élément du coût des stocks présenté par Industries Lassonde est les coûts liés à la couverture des taux de change de son approvisionnement en devises. En effet, lorsqu'une entreprise conclut à la fois un contrat d'approvisionnement et un contrat de couverture (dans ce cas contrats de change), fixant ainsi en devises canadiennes son coût d'achat, les coûts de la stratégie de couverture sont additionnés au coût des stocks. Alors que dans le cas de l'établissement d'une stratégie de couverture globale, sans identification spécifique de la facture d'achat ou de vente, les coûts sont additionnés aux charges financières.

[20] Attention, nous résumons en quelques lignes, et de façon schématique, toute une section sur les coûts standards de fabrication, qui sont présentés plus loin dans ce volume. Le lecteur est donc avisé de considérer cette courte présentation comme une invitation à consulter la section sur les coûts standards de fabrication.

Nous terminerons la réponse à la question 8 en présentant la note 3C, Stocks, de Héroux-Devtek, page 48 du rapport annuel 2015-2015.

C. Stocks

Les stocks comprennent les matières premières, la main-d'œuvre directe et les coûts indirects de fabrication connexes. Le cas échéant, ils comprennent le montant de l'amortissement des coûts de développement capitalisés des contrats de vente connexes.

Les stocks comprennent les matières premières, les produits en cours de fabrication et les produits finis, lesquels sont évalués au moindre du coût (méthode du coût unitaire, à l'exception de certaines matières premières évaluées selon la méthode du coût moyen pondéré) et de la valeur nette de réalisation.

La méthode du coût unitaire est la méthode de coût selon laquelle les coûts de production réels sont imputés à chaque unité produite et comptabilisés dans les états des résultats consolidés à mesure que les unités sont livrées. Les estimations de la valeur nette de réalisation sont fondées sur les données les plus fiables disponibles quant au montant des stocks que la Société prévoit réaliser. Ces estimations tiennent compte des fluctuations de prix ou de coût liées directement à des événements survenant après la date de clôture dans la mesure où de tels événements confirment des conditions existantes à la date de clôture.

Question 9 : Quelle est la différence, en terme financier entre ces deux types de fromage? Un fromage cheddar vieilli et un fromage frais du jour? Ou des frais financiers peuvent-ils s'ajouter au coût des stocks?

Figure 2.3 **Deux types de fromage cheddar**

Fromage cheddar vieilli

Fromage cheddar frais du jour

Source des images : www.goldenagecheese.com

En terme de processus de fabrication, celui du fromage cheddar est de longue durée (plus de un an), alors que le processus de fabrication du fromage frais du jour est très court. En terme financier, le coût du fromage cheddar[21] inclut des frais financiers, alors que le coût du fromage frais du jour n'en inclut pas.

[21] Hypothèse posée sur la base du nombre d'années de vieillissement du fromage. Dans les faits, d'autres variables comme le besoin de « prendre soin » du produit peuvent affecter la qualification de l'actif tel que prévu à la norme IAS 23 *Coûts de financement*.

À preuve, la note 3, *Principales méthodes comptables, Stocks*, de Saputo.

> **Stocks**
>
> Les stocks de produits finis, de matières premières et de produits en cours sont évalués au moindre du coût et de la valeur nette de réalisation, le coût étant déterminé selon la méthode du premier entré, premier sorti. Les coûts d'emprunt sont alloués à certains types d'inventaires pour lesquels une période de temps substantielle est requise pour atteindre le statut de produits finis.

Saputo, Rapport annuel 2015, page 41.

Question 10 : Comment fait-on l'association entre les stocks vendus et les factures payées aux fournisseurs pour comptabiliser le coût des marchandises vendues?

Si nous nous référons à la note sur les stocks de Dollarama (note 3), il nous est dit que le coût des stocks est établi selon la méthode du coût moyen pondéré. Imaginons un instant le parallèle des opérations de Dollarama entre ce qui se passe au service de la comptabilité et dans les magasins. Un client se présente et achète une tasse. L'enregistrement de la vente est fait, mais il faut y associer le coût de la marchandise vendue. Dollarama achète de façon régulière ce produit, et il y a cumul des factures reçues des fournisseurs. Comment associe-t-on le coût de la tasse à la vente? Trois méthodes sont prévues dans la normalisation comptable, la méthode premier entré, premier sorti (PEPS), le coût moyen pondéré et le coût spécifique.

Méthode « premier entré, premier sorti » (PEPS)

La mécanique de cette méthode est la suivante : on utilise toujours le coût le plus « ancien » des factures actives (qui n'ont pas encore été intégrées dans le coût des marchandises vendues).

Cette méthode a l'avantage de présenter dans l'état de la situation financière un montant du poste comptable *Stocks* près de la réalité (les dernières factures reçues sont de facto les plus récentes), mais le désavantage de présenter dans l'état des résultats un coût des marchandises vendues sous ou sur évalués selon les tendances du marché (les factures les moins récentes ne présentant pas le coût actuel d'achat de nouveaux stocks).

Méthode du coût moyen pondéré (CMP)

La mécanique de cette méthode veut le plus justement possible refléter les valeurs actuelles d'achat et de mesure dans l'état de la situation financière et dans l'état des résultats. Pour ce faire, on calcule la moyenne pondérée du coût à chaque fois qu'une nouvelle facture s'ajoute. On se retrouve ainsi avec une « moyenne de coûts » dans le poste comptable *Stocks* et une « moyenne de coûts » dans le poste comptable *Coût des marchandises vendues*.

Méthode du coût spécifique

La mécanique de cette méthode est la plus juste. À chaque fois qu'un bien est vendu, on associe son coût réel dans le coût des marchandises vendues. Ce qui est faisable dans le cas où les produits vendus sont facilement identifiables. Pensons aux concessionnaires automobiles où chaque véhicule est identifié par un numéro de série. Il est à ce moment facile de retracer le coût spécifique de l'automobile et de l'enregistrer. Il faut dire que la technologie permet de plus en plus d'associer le produit vendu, même de valeur infime, à la facture. Ce qui s'avère un outil de gestion précieux dans les périodes économiques marquées par des fluctuations rapides et importantes des coûts d'approvisionnement.[22]

[22] Une fluctuation importante du taux de change lorsqu'une entreprise s'approvisionne et paie en devises étrangères a un impact important sur le coût actuel et prévu des stocks et du coût des marchandises vendues.

Mécanique de l'établissement du coût des stocks

Supposons les trois factures suivantes pour Dollarama :

1er septembre 2015 :	10 tasses × 0,25 $ = 2,50 $
1er octobre 2015 :	25 tasses × 0,30 $ = 7,50 $
1er décembre 2015 :	50 tasses × 0,40 $ = 20,00 $

Et supposons la vente d'une tasse. Quel sera le coût qui sera transféré du poste comptable *Stocks* au poste comptable *Coût des marchandises vendues*?

Méthode « premier entré, premier sorti » (PEPS)

1er septembre 2015 :	10 tasses × 0,25 $ = 2,50 $	−1 tasse, il reste 9 tasses
1er octobre 2015 :	25 tasses × 0,30 $ = 7,50 $	
1er décembre 2015 :	50 tasses × 0,40 $ = 20,00 $	

Un montant de 0,25 $ sera transféré du compte *Stocks* au compte *Coût des marchandises vendues*.

Méthode du coût moyen pondéré (CMP)

			Calcul CMP
1er septembre 2015 :	10 tasses × 0,25 $: 2,50 $	0,25 $	
1er octobre 2015 :	25 tasses × 0,30 $: 7,50 $	0,29 $	(7,50 + 2,50)/35
1er décembre 2015 :	50 tasses × 0,40 $: 20,00 $	0,35 $	(7,50 + 2,50 + 20,00)/85

Un montant de 0,35 $ sera transféré du compte *Stocks* au compte *Coût des marchandises vendues*.

Soulignons que la méthode du coût moyen pondéré est une méthode dynamique, la moyenne pondérée étant mobile et sujette à modification dès la sortie ou l'entrée de stocks.

Méthode du coût spécifique

Ici, il s'agit d'identifier la facture spécifique de la tasse vendue. Supposons qu'il s'agisse de la facture du 1er octobre 2015. Un montant de 0,30 $ sera transféré du compte *Stocks* au compte *Coût des marchandises vendues*.

2.5 Les comptes-clients *IFRS 9, chapitre 3856*

Les comptes-clients sont maintenant considérés et inclus dans la norme comptable sur les instruments financiers. Ce qui est tout à fait logique. Lorsqu'une banque prête de l'argent à une entreprise, elle lui « livre » de l'argent, par dépôt dans le compte bancaire, que l'entreprise remboursera plus tard.

Dans le cas d'une vente à crédit, l'entreprise livre de la marchandise à une autre entreprise qui remboursera plus tard par transfert bancaire ou par chèque. Dans le premier, cas il s'agit d'une transaction n'impliquant que des actifs monétaires, alors que dans le second cas, il s'agit d'une transaction hybride comportant une première partie non monétaire et une seconde partie monétaire.

Les comptes-clients sont souvent présentés dans un ensemble appelé « Débiteurs » qui inclut des comptes commerciaux (générés par les transactions de ventes commerciales) et autres sommes à recevoir. Voici la note 13 d'Industries Lassonde inc. qui fournit le détail du poste comptable *Débiteurs* présenté dans l'état de la situation financière incluant les comptes-clients, les rabais à recevoir (probablement de fournisseurs), des indemnités d'assurance et autres. Cette information est particulièrement utile pour le calcul du ratio de perception des comptes-clients qui met en relation les comptes-clients commerciaux et les ventes commerciales.

Industries Lassonde inc.

Notes afférentes aux états financiers consolidés

(les montants des tableaux sont en milliers de dollars canadiens, sauf indication)
(audités)

Note 13. Débiteurs

	Au 31 déc. 2014	Au 31 déc. 2013
	$	$
Clients	**111 498**	89 157
Rabais à recevoir	**7 198**	5 846
Indemnité d'assurance à recevoir	**-**	107
Autres débiteurs	**2 919**	2 193
	121 615	97 303

États financiers pour la période terminée le 31 décembre 2014, page 39.

Question 1 : Pourquoi est-il aussi important de gérer le risque de crédit des comptes-clients?

La gestion du risque de crédit des comptes-clients est cruciale, puisque l'encaissement des comptes-clients constitue le canal d'approvisionnement en argent pour payer les fournisseurs, les employés, les services d'utilité publique et autres obligations financières. La gestion du risque de crédit des comptes-clients est également synonyme de bonne gestion, où l'objectif est de minimiser les mauvaises créances dues à l'insolvabilité des clients ou à des litiges empêchant la conclusion de la transaction et le refus de payer du client.

Car, il faut le dire, un compte-client impayé n'est pas nécessairement causé par l'insolvabilité du client, mais peut être causé par des problèmes de contrôle de qualité des produits livrés ou des services rendus ainsi que par des erreurs de facturation. Autrement dit, pas par la faute du client, mais par celle de l'entreprise elle-même.

Il faut faire attention, ici, à ne pas confondre gestion du risque de crédit et paiement rapide des clients. Chaque entreprise fixe sa politique de crédit, et une bonne gestion du risque de crédit vise la correspondance entre la période de perception des comptes-clients et la période de crédit accordée.

Question 2 : Quels sont les principaux risques associés à l'accord de crédit aux clients?

Le risque de crédit dépend principalement des éléments suivants que nous illustrerons en présentant des extraits de la note 25.1 intitulée *Risque de crédit afférent aux états financiers* présentée par Industries Lassonde inc.[23]

Révision et suivi de la politique de crédit

Il ne sert à rien pour une entreprise de se doter d'une belle politique de gestion du risque de crédit si elle n'est pas divulguée et si aucun suivi n'est effectué. Ainsi, dans sa note aux états financiers, Industries Lassonde nous fournit l'information générale sur l'organisation et le suivi de sa politique de crédit.

[23] États financiers d'Industries Lassonde inc. présentés pour la période se terminant le 31 décembre 2014, page 60.

> La Société analyse et révise de façon continue la situation financière de sa clientèle actuelle et applique des procédures rigoureuses pour tout nouveau client. Une limite de crédit spécifique par client est établie et révisée régulièrement par la Société. La Société gère son risque de crédit comme suit :
>
> - Les limites de crédit sont établies et analysées par des spécialistes internes du crédit, en fonction de sources pertinentes et de l'expérience de la Société auprès de ses clients;
> - Les filiales canadiennes de la Société contractent une assurance-crédit pour la majorité de leurs ventes effectuées hors Canada de même qu'une filiale américaine de la Société pour la majorité de ses ventes effectuées hors États-Unis; et
> - Les termes de crédit peuvent varier en fonction du risque de crédit du client.

D'autres entreprises préféreront ne pas assumer ce risque et le transféreront à des sociétés spécialisées. C'est le cas de la société l'Oréal qui a comme politique de recommander une couverture d'assurance lorsque c'est possible.

NOTE 19 Créances clients

En millions d'euros	**31.12.2014**	31.12.2013	31.12.2012
Valeur brute	3 334,7	3 063,1	3 094,1
Provisions pour dépréciation	36,9	40,3	42,4
Valeur nette	3 297,8	3 022,8	3 051,7

Les créances clients ont une échéance inférieure à un an. La politique du Groupe est de recommander une couverture d'assurance client dans la mesure où les conditions locales le permettent.

En conséquence, le risque de non-recouvrement des créances clients est minimisé d'autant, ce que traduit le niveau de provisionnement qui reste inférieur à 2 % des créances brutes à fin 2014.

L'Oréal, *Rapport financier annuel 2014*, note 19, page 152.

Dépendance économique

Plus petit est le nombre de clients qui doivent de l'argent à l'entreprise, plus grand est le risque d'insolvabilité de l'entreprise advenant les difficultés de remboursement de l'un deux. Une société active dans le domaine de la câblodistribution, où la liste des comptes-clients est composée d'un grand nombre de clients, dont la facture moyenne constitue un petit montant, ne verra pas sa trésorerie bousculée advenant le refus de payer d'un client. Ce qui n'est pas le cas lorsque le total des créances d'un client représente un fort pourcentage du total des factures émises. C'est d'ailleurs un des problèmes des entreprises de sous-traitance qui ne travaillent que pour quelques clients. Il est possible que la valeur de garantie en support d'un prêt d'exploitation bancaire soit réduite en fonction de ce risque appelé « dépendance économique ». Voici un extrait de la note 25.1 intitulée « Risque de crédit » présentée par Industries Lassonde pour la période comptable terminée le 31 décembre 2014, page 59.

Les trois clients les plus importants représentent 31,7 % du solde des débiteurs-clients au 31 décembre 2014 (41,8 % au 31 décembre 2013) et 27,8 % des ventes de la Société de l'exercice terminé le 31 décembre 2014 (29,1 % des ventes de l'exercice terminé le 31 décembre 2013).

En 2014 et 2013, un seul de ces clients a atteint plus de 10 % des ventes de la Société. Le tableau suivant présente les ventes et les secteurs concernés par ce client :

	Exercices terminés les	
	31 déc. 2014	**31 déc. 2013**
Ventes	**138 718**	136 169
Proportion (en %)	**11,8**	13,1
Secteurs	**Canada**	Canada

Si l'acquisition de A&E avait été effectuée le 1er janvier 2014, l'effet de dilution de la dépendance économique envers un nombre limité de clients aurait été plus important. Sur la base des ventes consolidées pro forma mentionnées à la note 5, un seul client aurait représenté plus de 10 % des ventes consolidées.

Suivi des délais de perception des comptes-clients

L'examen de l'âge des comptes-clients d'une entreprise est certes un bon indicateur de la qualité de la gestion du risque de crédit des comptes commerciaux incluant la qualification et l'attribution de la cote de crédit des clients ainsi que le suivi de la perception des comptes-clients. Ainsi, Industries Lassonde nous fournit, toujours à la note 25.1, page 59, le détail de la chronologie de ses comptes-clients à la fin de la période comptable présentée. Industries Lassonde mentionne également que le total de ses mauvaises créances (perte de valeur) est minime.

Aux 31 décembre 2014 et 2013, environ 94 % des comptes débiteurs-clients étaient âgés de moins de 61 jours. Les tableaux suivant présentent l'âge des débiteurs-clients, déduction faite de la provision pour créances douteuses :

	Au 31 décembre 2014				
	0 à 30 jours	**31 à 60 jours**	**61 à 90 jours**	**Plus de 90 jours**	**Total**
	$	**$**	**$**	**$**	**$**
Débiteurs-clients					
Dans les termes	**94 970**	**9 360**	**-**	**-**	**104 330**
En souffrance	**-**	**759**	**1 763**	**4 646**	**7 168**
	94 970	**10 119**	**1 763**	**4 646**	**111 498**

	Au 31 décembre 2013				
	0 à 30 jours	**31 à 60 jours**	**61 à 90 jours**	**Plus de 90 jours**	**Total**
	$	$	$	$	$
Débiteurs-clients					
Dans les termes	77 520	5 643	-	-	83 163
En souffrance	-	1 326	1 571	3 097	5 994
	77 520	6 969	1 571	3 097	89 157

Question 3 : À quelle valeur comptable les comptes-clients sont-ils présentés?

Les comptes-clients sont habituellement des actifs dont la durée de transformation en encaisse est de courte durée. La valeur comptable des comptes-clients présentés dans l'état de la situation de la situation financière est moindre que le total des factures toujours actives dans le système informatique de l'entreprise. Pourquoi? Parce que la valeur comptable correspond au montant qui est à haute probabilité de recouvrement, ce qui réduit d'autant le montant présenté. La réduction du total des comptes-clients est appelée « perte de valeur des comptes-clients ». Afin d'illustrer ce concept, nous présentons la note 33, intitulée « Risques financiers », afférente aux états financiers de Héroux-Devtek.

Les comptes clients de la Société se présentent comme suit :

	2015	2014
Non en souffrance	**64 188 $**	52 761 $
En souffrance – moins de 90 jours	**7 076**	12 894
En souffrance – plus de 90 jours	**247**	387
Ayant subi une dépréciation	**228**	436
	71 739	66 478
Provision pour créances douteuses	**(228)**	(436)
Solde à la fin de l'exercice	**71 511 $**	66 042 $

États financiers pour la période terminée le 31 mars 2015, page 79.

Bien entendu, étant donné que le total du montant de la perte de valeur constatée durant une période comptable est affaire d'estimation, il est possible que des comptes considérés « perdus » durant une période comptable soient finalement encaissés durant la période comptable suivante. À ce moment, on comptabilisera une reprise de valeur à hauteur du paiement reçu. Afin d'éviter qu'une certaine « nonchalance » s'installe dans l'estimation périodique des pertes sur créances, la norme comptable sur les instruments financiers prévoit que l'entreprise présente de façon séparée les pertes de valeur et les reprises de valeur. La suite de la note 33 de Héroux-Devtek illustre notre propos.

Les variations de la provision pour créances douteuses s'établissaient comme suit pour l'exercice clos le 31 mars 2015 :

	2015
Solde au début de l'exercice	436 $
Reprises	(218)
Incidence des variations des taux de change	10
Solde à la fin de l'exercice	228 $

États financiers pour la période terminée le 31 mars 2015, page 79.

Question 4 : Comment estime-t-on le total des pertes sur comptes-clients?

Plusieurs méthodes sont utilisées par les entreprises selon le nombre et le total moyen de chaque facture. Ainsi, dans le cas de l'entreprise de câblodistribution dont nous avons parlé dans la section sur la dépendance économique (page 93), la mesure de la perte de la période pourrait se faire sur la base des données historiques, ajustées en fonction de la réalité économique présente, et exprimée en terme de % du total des factures. Par exemple, 2 % du total des factures.

D'autres entreprises préféreront travailler sur la base de l'examen de l'âge des comptes-clients en posant l'hypothèse que plus le délai de perception d'un compte-client est long et inexpliqué, plus la probabilité de perte est élevée et devrait être constatée comme perte de valeur (souvent appelée « provision mauvaises créances »). Un compte-client ayant atteint un délai de 120 jours et plus, dans le cadre d'une politique de crédit de 30 jours, sans justification sérieuse du délai de paiement, sera probablement passé en perte.

Pour les entreprises qui comptent peu de clients et/ou qui réalisent des contrats de montant élevé, le dossier de chaque client sera examiné sérieusement, en portant attention aux factures dont les délais s'allongent, à la correspondance faisant état de litiges et aux autres signes de contestation du paiement des factures. Soulignons que dans la relation entre une entreprise et ses clients, la contestation d'une facture n'est pas nécessairement le signe que les relations se détériorent ou qu'il y a risque d'insolvabilité. Il peut simplement s'agir d'un désaccord sur une transaction ciblée.

Finalement, selon la composition et la ventilation du portefeuille de clients, une entreprise pourra avoir recours à un mélange des méthodes ci-dessus présentées.

2.6 Les immobilisations corporelles
IAS 16, chapitre 3061

Le terme comptable « Immobilisations corporelles » désigne les actifs utilisés dans la production ou la fourniture de biens ou de services, destinés à être loués ou utilisés à des fins administratives. Cela sur plus d'une période comptable[24] ou, autrement dit, sur plus d'un an. On peut penser à des actifs comme un terrain, un bâtiment, des équipements, des automobiles et des camions ou autres. Les immobilisations

[24] *Manuel de CPA Canada*, IAS 16, paragraphes 6 (a) et (b).

corporelles sont des actifs qui sont présentés dans la section « non courant » de l'état de la situation financière, tel qu'illustré par cet extrait de l'état de la situation financière, ou bilan, de Héroux-Devtek au 31 mars 2015.

BILANS CONSOLIDÉS
Aux 31 mars 2015 et 2014
(en milliers de dollars canadiens)

	Notes	31 mars 2015	31 mars 2014
Immobilisations corporelles, montant net	**6, 15**	**142 112**	92 305
Actifs incorporels à durée d'utilité déterminée, montant net	**6, 9, 16**	**50 557**	59 139
Dépôts – machinerie et équipement	**27**	**23 306**	12 868
Instruments financiers dérivés	**13**	**4**	276
Actifs d'impôt différé	**25**	**10 004**	2 720
Goodwill	**17**	**93 527**	84 378
Total de l'actif		**575 453 $**	513 967 $

La note 15, *Immobilisations corporelles*, présentée ci-après, fournit le détail du poste comptable *Immobilisations corporelles*, montant net, présenté dans l'état de la situation financière par Héroux-Devtek à même date.

Note 15. Immobilisations corporelles

	Terrains	Bâtiments et améliorations locatives	Machinerie, équipement et outillage	Autres	Construction en cours	Total
Coût :						
Au 31 mars 2014	2 953 $	43 786 $	154 956 $	8 909 $	1 278 $	211 882 $
Acquisitions	3 331	2 732	24 155	1 639	29 325	61 182
Aide gouvernementale (note 6)	—	(213)	(1 248)	(33)	—	(1 494)
Construction en cours	—	92	977	209	(1 278)	—
Mises hors service et cessions	—	(91)	(373)	(203)	—	(667)
Incidence des variations des taux de change	213	1 413	3 540	171	1 502	6 839
Au 31 mars 2015	6 497 $	47 719 $	182 007 $	10 692 $	30 827 $	277 742 $
Amortissement cumulé :						
Au 31 mars 2014	— $	18 600 $	96 375 $	4 602 $	— $	119 577 $
Charge d'amortissement	—	2 335	11 571	1 003	—	14 909
Perte de valeur (note 9)	—	—	32	—	—	32
Mises hors service et cessions	—	(76)	(20)	(196)	—	(292)
Incidence des variations des taux de change	—	269	1 055	80	—	1 404
Au 31 mars 2015	— $	21 128 $	109 013 $	5 489 $	— $	135 630 $
Valeur comptable nette au 31 mars 2015	**6 497 $**	**26 591 $**	**72 994 $**	**5 203 $**	**30 827 $**	**142 112 $**

Qui dit « immobilisations corporelles » dit automatiquement « amortissement », puisque c'est un compte de contrepartie, ce qui veut dire que le compte amortissement, seul, n'existe pas. Nous pourrions dire que le terme amortissement signifie « charge périodique due à la consommation d'une immobilisation corporelle ». Le cumul des charges périodiques d'amortissement est constaté dans un compte de contrepartie de l'actif, appelé « amortissement cumulé ». Ainsi, on conserve dans un compte distinct le total des coûts, et on lui soustrait le compte de contrepartie (compte de signe contraire) appelé « amortissement cumulé ». Le solde est appelé « immobilisations corporelles, montant net », tel que présenté ci-dessus dans l'état de la situation financière de Héroux-Devtek.

Les immobilisations sont initialement constatées et évaluées au coût. Par la suite, il existe deux modèles d'évaluation des immobilisations corporelles, au choix de l'entreprise. Le modèle du coût et le modèle de la réévaluation. Le second modèle étant pour ainsi dire inutilisé par les entreprises, notre présentation se concentrera sur le modèle du coût, qui est le plus connu.

Ce poste comptable inclut beaucoup d'estimations, et il est essentiel que le propriétaire ou la direction de l'entreprise possède une bonne connaissance de la norme pour collaborer et répondre adéquatement aux questions de l'équipe comptable. Quelles sont-elles? Les voici.

- Quand l'immobilisation corporelle sera-t-elle en état de bon fonctionnement?
- Quelle est la période d'exploitation prévue?
- Quelle est la valeur résiduelle que l'entreprise prévoit recevoir à la fin de la période d'exploitation prévue?
- Quel sera le rythme de consommation de l'actif tout au long de la durée de son exploitation?

La réponse à ces questions est très importante, car elle aura un impact sur la mesure et sur la détermination du prix de revient des produits ou des services vendus par l'entreprise.

Question 1 : Qu'est-ce qui fait partie du coût des immobilisations corporelles?

Le lecteur reconnaîtra la constance dans la façon d'appliquer les principes ou les assises du cadre conceptuel comptable dans la réponse à cette question.

Tous les coûts directement[25] liés à l'acquisition ou à la construction d'une immobilisation corporelle jusqu'au lieu d'exploitation et de sa mise en état pour permettre son exploitation de la manière prévue par la direction[26] totalisent le coût de l'immobilisation corporelle[27]. La frontière déterminant l'arrêt de l'accumulation des coûts dans le compte *Immobilisation corporelle* est donc définie en terme « d'exploitation de la manière prévue par la direction[28] », ce qui se rapproche de la qualité et du bon fonctionnement de l'actif, non de l'atteinte de la capacité normale d'exploitation. Sitôt la frontière atteinte, les coûts subséquents sont constatés en charges dans l'état des résultats, et la constatation de la consommation de l'actif, appelée « amortissement », débute. Notons que certains revenus, la vente de produits tests par exemple, peuvent également faire partie du coût (en réduction) lorsqu'ils sont générés avant l'atteinte de la frontière.

Les frais d'ouverture des nouvelles installations, les pertes initiales d'exploitation et autres dépenses subséquentes ne font naturellement pas partie des coûts d'acquisition des immobilisations.

Un exemple : les coûts de démarrage (*start-up costs*)

Cet exemple va permettre de comprendre ce que signifie le concept « d'exploitation de la manière prévue par la direction » et comment l'interpréter en pratique. Une entreprise avait construit un parc d'attraction et avait décidé de mettre en place une période de rodage des installations avant l'ouverture officielle. Elle avait mis en vente des billets à 50 % du prix régulier et fixé à 80 % de la capacité d'exploitation le niveau de clientèle. Nous posons maintenant la question. D'après vous, dans cet exemple, où se situe la frontière de cumul des coûts (ou capitalisation) du parc d'attraction. Au moment ou après la période de rodage?

La seule façon de répondre à cette question est de retourner au texte de la norme comptable IAS 16[a] et de l'interpréter spécifiquement en fonction du cas de ce parc d'attraction. Ce que nous ferons en répondant à la question suivante : à quel moment le parc était-il en état d'exploitation de la manière prévue par la direction? Au moment de la période de rodage, puisque la direction de l'entreprise n'aurait jamais permis une exploitation dans des conditions où la qualité et la sécurité des équipements avaient été déficientes. Par choix, la direction a décidé de débuter progressivement ses activités, mais le parc était prêt au moment où les premiers clients se sont présentés. Par conséquent, le cumul des coûts du parc d'attraction s'arrête au moment où l'exploitation est possible, effective ou non[b].

[a] Idem chapitre 3061.
[b] PricewaterhouseCoopers, Manuel of accounting, IFRS 2011, page 16014, 2010 PricewaterhouseCoopers LLP. ISBN 978-1-84798-343-5.

---

[25] Référence à l'information sur le total du coût des stocks.
[26] *Manuel de CPA Canada*, IAS 16 *Immobilisations corporelles*, paragraphes 15 à 22.
[27] Les immobilisations corporelles contrôlées en vertu de contrat de location-financement sont considérées comme des acquisitions d'actifs assortis d'une source de financement. Une section sur les contrats de location est présentée dans ce chapitre.
[28] L'expression « exploitation de la manière prévue par la direction » est la traduction de l'expression « *ready to use* » trouvée dans le texte publié par l'IASB (IAS 2).

Cet exemple nous permet également de faire comprendre au lecteur que l'application et l'interprétation des normes comptables doit se faire sur la base des textes publiés par CPA Canada, par l'IASB ou par les firmes comptables qui ont examiné et validé auprès des organismes de règlementation leur interprétation, non sur la base de l'interprétation personnelle. Comment définir l'état d'exploitation de la manière prévue par la direction? L'implication du propriétaire ou de la direction de l'entreprise est essentielle à la définition finale qui sera retenue par l'équipe comptable.

Question 2 : Les frais financiers peuvent-ils faire partie du coût des immobilisations?

Oui, comme c'était le cas pour la fabrication de durée substantielle des stocks, les frais financiers peuvent s'ajouter lorsque l'entreprise construit une immobilisation corporelle et que la période de construction excède une période comptable (IAS 23, chapitres 3061, 3850).

o) Coûts d'emprunt

Les coûts d'emprunt directement attribuables à l'acquisition, à la construction ou à la production d'actifs qualifiés, c'est-à-dire des actifs qui nécessitent une période de temps importante avant de pouvoir être utilisés, sont incorporés au coût de ces actifs jusqu'à ce que ces actifs soient dans l'état nécessaire pour être utilisé de la manière prévue.

Dans le cas où la Société n'a pas d'emprunt directement attribuable à l'acquisition d'actifs qualifiés, le taux de capitalisation correspond à la moyenne pondérée des coûts d'emprunt.

Groupe Sportscene Inc., note 30, *Principales méthodes comptables*, États financiers pour la période terminée le 30 août 2015.

Question 3 : D'autres coûts liés à l'acquisition d'une immobilisation corporelle peuvent-ils faire partie du coût?

Oui. Lorsqu'une entreprise achète un nouvel équipement, elle devra la plupart du temps acheter des pièces de remplacement pour se prémunir contre un arrêt des activités advenant un bris d'équipement. Le total de la facture, pourrions-nous dire, est donc plus élevé que la seule acquisition de l'équipement et doit s'ajouter au coût initial et subséquent (on aura décomptabilisé la pièce endommagée) lorsqu'il y a utilisation de la pièce et remplacement de la pièce dans l'ensemble de sécurité. De même, pour des entreprises possédant des équipements très sophistiqués, il faudra ajouter le coût de la prochaine grande inspection, celle-ci étant due, à ce moment, à la consommation passée, et non future de l'actif.

Pourquoi se soucie-t-on de ce qui peut sembler être des détails? Parce que pour certaines entreprises, selon la localisation géographique ou la complexité technologique des équipements, ces coûts supplémentaires ne sont pas des détails, et de ne pas les constater immédiatement et correctement provoque des erreurs dans le calcul de la rentabilité de l'exploitation de l'entreprise et dans l'estimation des besoins de fonds (trésorerie) requis dans l'établissement du budget prévisionnel des investissements.

Voici la note de Héroux-Devtek illustrant l'ajout au coût des équipements des coûts des pièces de remplacement.

Actifs acquis

Les immobilisations corporelles sont comptabilisées au coût moins l'amortissement et les pertes de valeur cumulés, le cas échéant (voir le point H). Ces coûts peuvent comprendre le coût de remplacement d'une partie importante d'une immobilisation corporelle et, dans cette situation, la valeur comptable de la partie remplacée est décomptabilisée. Les coûts comprennent également des coûts d'emprunt directement imputables à l'acquisition, à la construction ou à la production d'un actif admissible (voir le point F).

Héroux-Devtek Inc., note 3D, *Résumé des principales méthodes comptables*, États financiers pour la période terminée le 31 mars 2015, page 47.

Question 4 : L'aide publique de toute forme fait-elle partie du coût des immobilisations?

Mentionnons d'abord qu'une entreprise ne peut comptabiliser en charges, via l'amortissement, des coûts pour lesquels elle aurait reçu une aide gouvernementale (IAS 20, chapitre 3800, *Aide gouvernementale*). La constatation et l'intégration de cette aide se fait par la création d'un compte de contrepartie appelé « aide gouvernementale ». Un compte de contrepartie diminue le coût du compte d'attache, dans ce cas le compte *Immobilisations corporelles*, et est amorti (sens contraire) au même rythme que le calcul de l'amortissement. Voir l'extrait de la note 15 afférente aux états financiers de Héroux-Devtek présentée à la page 63.

Les acquisitions d'immobilisations corporelles présentées ci-dessus peuvent être rapprochées comme suit :

	31 mars 2015	**31 mars 2014**
Acquisitions brutes	**61 182 $**	12 622 $
Aide gouvernementale (note 6)	**(1 494)**	(1 771)
Acquisitions d'immobilisations corporelles	**59 688**	10 851

Supposons, par exemple, que le coût d'une immobilisation est de 100 $, durée d'exploitation de 10 ans, sans valeur résiduelle. La charge d'amortissement est de 10 $ (100 $/10 ans). Supposons maintenant que l'entreprise a reçu une subvention de 10 $. À ce moment, la charge d'amortissement net est de 9 $. ((100 $/10 ans) – (10 $/10 ans)).

La note aux états financiers de Aeterna Zentaris illustre la diminution du montant de l'aide gouvernementale reçue dans le calcul de l'amortissement de la période.

Immobilisations corporelles et amortissement

Les immobilisations corporelles sont comptabilisées au coût, déduction faite des subventions gouvernementales connexes et de l'amortissement cumulé ainsi que des charges de dépréciation. L'amortissement est calculé selon les méthodes, la période et les taux annuels suivants :

	Méthodes	**Taux annuels et période**
Équipement	Solde dégressif et amortissement linéaire	20 %
Mobilier et agencements	Solde dégressif et amortissement linéaire	10 % et 20 %
Matériel informatique	Amortissement linéaire	25 % et 33$^{1}/_{3}$ %
Améliorations locatives	Amortissement linéaire	Durée restante du bail

Aeterna Zentaris Inc., note 2. *Résumé des principales conventions comptables*. États financiers pour la période comptable terminée le 31 décembre 2014, page 12.

La note aux états financiers de Bombardier, en plus d'illustrer l'impact de l'aide gouvernementale sur la réduction des immobilisations corporelles, illustre l'impact sur la diminution du coût des stocks et sur la diminution de charges pour lesquelles l'entreprise a reçu de l'aide gouvernementale, une subvention pour la formation de la main-d'œuvre, par exemple.

Aide et avances gouvernementales remboursables

L'aide gouvernementale, y compris les crédits d'impôt à l'investissement, est comptabilisée lorsqu'il existe une assurance raisonnable que la Société recevra une aide et qu'elle respectera toutes les conditions pertinentes.

L'aide gouvernementale liée à l'acquisition de stocks et d'immobilisations corporelles et incorporelles est portée en réduction du coût de l'actif connexe.

L'aide gouvernementale liée aux dépenses courantes est portée en réduction des dépenses connexes.

Bombardier Inc., note 2. *Sommaire des principales méthodes comptables, aide gouvernementale*, Rapport financier exercice clos le 31 décembre 2015, page 173.

Question 5 : Comment calcule-t-on la charge liée à la consommation d'une immobilisation corporelle?

En calculant l'amortissement, qui est le terme utilisé pour désigner la charge de consommation de l'actif immobilisé.

Note importante

Exceptions :

1. Le terrain est le seul actif, prêt à l'exploitation, faisant partie du poste comptable *Immobilisations corporelles*, qui n'est pas amorti. Des aménagements sur un terrain de stationnement sont des actifs immobilisés amortissables, mais pas le terrain.

2. Des immeubles, des équipements dont la construction est en cours ne sont pas amortis, parce qu'ils ne sont pas encore prêts à l'exploitation.

Le calcul de l'amortissement de la période comptable nécessite l'utilisation de trois comptes. Les voici.

État de la situation financière

- Le compte *Immobilisations corporelles* (par catégorie d'actifs);
- Le compte *Amortissement cumulé* (un compte de contrepartie par catégorie d'immobilisations).

État des résultats

- Le compte *Amortissement* (charge périodique).

Lorsqu'une entreprise fait l'acquisition d'une immobilisation corporelle, elle doit estimer la durée de vie d'utilité, pour l'entreprise, de l'actif. Cette estimation est particulière à l'entreprise, chacune fixant sa politique de remplacement des immobilisations, selon son modèle d'affaires. Des variables comme l'usure fonctionnelle (c'est le cas des ordinateurs qui fonctionnent toujours lorsqu'on appuie sur le bouton « marche », mais qui dans les faits ne peuvent plus être utilisés, car de capacité insuffisante pour loger les nouveaux logiciels), la tendance (une firme de publicité renouvellera le mobilier de sa réception à une fréquence plus élevée que celui d'un garagiste, par exemple, parce que c'est son image, ce qu'elle vend aux clients), l'usure (un taxi aura un rythme de consommation plus rapide qu'une voiture utilisée par le personnel de direction d'une entreprise), la productivité (rythme de remplacement des équipements pour intégrer les technologies les plus récentes), la concurrence (un café situé dans un quadrilatère où cohabitent plusieurs concurrents devra renouveler son aménagement plus souvent qu'un café isolé à la montagne où les clients se rendent pour retrouver à chaque fois leurs souvenirs intacts)[29].

Vous aurez compris que la détermination de la durée de vie utile de l'actif immobilisé est l'affaire de l'entreprise, pas l'affaire des comptables, en ce sens que ce n'est pas le comptable qui est le spécialiste en ingénierie ou en marketing. Par contre, c'est le comptable qui est le spécialiste pour calculer et traduire, dans un langage compris par tous, le coût de cette estimation, son impact sur la rentabilité et sur la préparation des budgets de caisse prévisionnels.

Un simple exemple permet de comprendre rapidement l'importance de procéder à des estimations solides, sous peine de défaillance financière potentielle, des durées d'utilisation des actifs immobilisés.

Supposons que vous achetez un bistrot et projetez d'en renouveler l'aménagement au coût de 50 000 $ à tous les 10 ans.[30] Sur la base d'un amortissement linéaire, la charge d'amortissement est de 5 000 $ (50 000 $/10 ans) et réduira tout autant le bénéfice net.

[29] Ce phénomène se retrouve également dans des cafés urbains où l'aménagement qui date de 40 ou 50 ans est devenu la marque de commerce de l'établissement. Tous les guides de voyage proposent dans la section « Restaurants » des *classiques* à visiter.
[30] Valeur résiduelle de l'aménagement à la fin de sa période d'utilisation = 0

Un concurrent, renommé pour la dynamique de son changement d'image s'amène, modifiant les comportements et les attentes des consommateurs. Fini les changements de concepts à tous les 10 ans, votre entreprise ne survivra pas. Il faut maintenant estimer la durée d'utilité, exprimée en terme de tendance, à 5 ans, faisant passer la charge d'amortissement annuelle de 5 000 $ à 10 000 $ (50 000 $/5 ans), réduisant tout autant le bénéfice net.

Nous ne sommes plus dans une affaire « de comptables », mais dans une affaire « de gestion », la capacité de la direction de s'adapter et d'intégrer dans le coût des produits vendus, ou de transférer aux clients l'augmentation des coûts, étant une affaire de gestion et de pérennité de l'entreprise, tributaire de la bonne utilisation de l'information décisionnelle fournie par les chiffres.

Voici, en supplément d'information à la note 15 de Héroux-Devtek présentée à la page 47, les catégories d'immobilisations corporelles et les méthodes d'amortissement retenues pour chacune d'elles.

Amortissement

L'amortissement est calculé selon la méthode linéaire sur la durée d'utilité de l'actif comme suit :

- Bâtiments et améliorations locatives – 5 à 50 ans;
- Machinerie et équipement – 3 à 15 ans;
- Outillage utilisé pour des contrats précis – selon les quantités préétablies dans le contrat, sans toutefois dépasser la moindre des deux valeurs suivantes : dix ans ou la durée d'utilité. Les quantités prévues au contrat sont évaluées au début du stade de production, en tenant compte notamment des commandes fermes et des options. La direction de la Société mène des examens trimestriels et annuels des quantités déterminées par le contrat;
- Pièces d'outillage standard et générales – 5 ans;
- Matériel roulant – 3 à 10 ans;
- Matériel informatique et de bureau – 3 à 5 ans.

Héroux-Devtek, note 3D, États financiers pour la période terminée le 31 mars 2015, page 47.

Ajoutons que lorsqu'une immobilisation corporelle inclut des composantes importantes dont le rythme de consommation et de renouvellement est différent de l'ensemble, on estime de façon spécifique la durée d'utilisation de chacune des composantes. Le toit d'un immeuble, par exemple, devra être renouvelé plus souvent que l'ensemble d'un bâtiment. L'aménagement intérieur d'un avion devra être renouvelé plusieurs fois au cours de la durée d'utilisation de la carlingue de l'avion. Idem pour les moteurs, qui ont des durées de vie plus courtes que celle de la carlingue d'un avion.

Nous pourrions dire que tous ces calculs sont fastidieux, mais de solides estimations permettent d'avoir accès à de l'information exacte pour la prise de décision. C'est d'ailleurs ce que fait le Groupe Sportscene[31], tel que divulgué dans une note aux états financiers.

n) Immobilisations corporelles

Les immobilisations corporelles sont évaluées au coût diminué du cumul des amortissements et du cumul des pertes de valeur. Lorsqu'une immobilisation corporelle est constituée de composantes présentant des durées de vie différentes, le coût est réparti entre les différentes composantes qui sont amorties distinctivement.

Les projets en cours, dont le coût inclut les coûts d'emprunt, ne sont pas amortis tant que les actifs ne sont pas mis en service. Les terrains ne sont pas amortis.

Groupe Sportscene Inc., note 3n, États financiers pour la période terminée le 30 août 2015, page 18.

[31] Mieux connu sous l'appellation de ses restaurants, La Cage aux sports, maintenant renommés La Cage – Brasserie sportive.

Autre exemple, Alimentation Couche-Tard, qui fournit de façon encore plus précise l'information sur l'identification des composantes des immobilisations corporelles.

Immobilisations corporelles, amortissements et perte de valeur

Les immobilisations sont comptabilisées au coût, déduction faite de l'amortissement cumulé et sont amorties sur leur durée de vie utile estimative selon la méthode de l'amortissement linéaire, selon les périodes suivantes :

Immeubles et composantes de bâtiment	3 à 40 ans
Équipements	3 à 40 ans
Immeubles loués en vertu de contrats de location-financement	Durée du bail
Équipements loués en vertu de contrats de location-financement	Durée du bail

Les composantes de bâtiment comprennent les systèmes de climatisation et de chauffage, la plomberie et les installations électriques. Les équipements comprennent l'affichage, les équipements pétroliers et les équipements en magasins.

Les améliorations locatives et les immobilisations corporelles sur des propriétés louées sont amorties selon le moindre de la durée de vie utile estimative du bien et la durée du contrat de location.

Alimentation Couche-Tard, note 16, *Immobilisations corporelles*, États financiers pour la période terminée le 26 avril 2015, page 60.

Question 6 : Faut-il tenir compte des coûts environnementaux dans le calcul du coût total des immobilisations corporelles?

Oui. C'est ce qu'on appelle le calcul des coûts liés au démantèlement, à l'enlèvement de l'actif et à la remise en état du site. Ces coûts peuvent être d'ordre contractuel (obligation, à la fin du bail, de remettre à l'état initial un local loué) ou réglementaire (la loi sur l'environnement du Québec, la loi sur les mines, la loi sur le pétrole canadien). Dans le cas de Alimentation Couche-Tard, par exemple, à chaque fois que l'entreprise enfouit un réservoir de carburant, la loi canadienne sur le pétrole les oblige à prévoir les coûts futurs estimatifs pour les remplacer de façon périodique. Ces coûts estimatifs sont ajoutés au coût des immobilisations corporelles et amortis au même rythme que la durée d'utilisation des réservoirs de carburant attenants. La contrepartie de la transaction comptable est la constatation d'un passif, appelé « provisions », le décaissement de l'obligation de remplacement et de décontamination survenant dans quelques années.

Obligations liées à la mise hors service d'immobilisations

Les obligations liées à la mise hors service d'immobilisations se rapportent principalement aux coûts futurs estimatifs d'enlèvement des réservoirs de carburants et sont fondées sur l'expérience antérieure de la société dans ce domaine, la durée de vie utile estimative du réservoir, le terme des baux pour les réservoirs installés sur des propriétés louées, les estimations externes et les exigences réglementaires des gouvernements. Lorsqu'un réservoir de carburant est installé, un passif actualisé est comptabilisé pour la valeur actuelle de l'obligation liée à la mise hors service de l'immobilisation et la valeur de l'immobilisation correspondante est augmentée du même montant. [...]

Alimentation Couche-Tard, note 3, *Conventions comptables, immobilisations corporelles, amortissements et perte de valeur*, États financiers pour la période terminée le 26 avril 2015, page 62.

Question 7 : Des immobilisations corporelles peuvent-elles subir des pertes de valeur?

Oui. Toujours dans le cas de Alimentation Couche-Tard, la société nous informe qu'elle a constaté une perte de valeur pour des installations situées en Pologne, tel que présenté dans la note 16 de ses états financiers. La norme comptable (IAS 36 *Perte de valeur*, chapitre 3063, *Dépréciation d'actifs à long terme*) fournissant les principes de la constatation et de la mesure des pertes de valeur sera présentée dans une prochaine section de ce chapitre.

Notes complémentaires

Pour les exercices terminés les 26 avril 2015 et 27 avril 2014
(en millions de dollars américains à l'exception des montants par action et des options d'achat d'actions)

16. IMMOBILISATIONS CORPORELLES

	Terrains	Immeubles et composantes de bâtiment	Équipements	Améliorations locatives	Total
	$	$	$	$	$
Exercice terminé le 26 avril 2015					
Coût non amorti au début	1 447,1	1 763,0	1 735,6	185,3	5 131,0
Additions	50,3	111,5	421,6	33,8	617,2
Acquisitions d'entreprises (note 4)	183,1	262,1	300,7	58,0	803,9
Dispositions	(44,4)	(38,8)	(52,7)	(2,3)	(138,2)
Charge d'amortissement	(0,7)	(129,8)	(265,1)	(42,1)	(437,7)
Perte de valeur	-	(2,1)	(0,8)	-	(2,9)
Reclassements	5,8	(5,5)	0,2	(0,5)	-
Effet des fluctuations du taux de change	(143,9)	(292,8)	(202,8)	(5,3)	(644,8)
Coût non amorti à la fin[(a)]	1 497,3	1 667,6	1 936,7	226,9	5 328,5
Au 26 avril 2015					
Coût	1 502,9	2 178,9	3 351,3	545,9	7 579,0
Amortissement et perte de valeur cumulés	(5,6)	(511,3)	(1 414,6)	(319,0)	(2 250,5)
Coût non amorti[(a)]	1 497,3	1 667,6	1 936,7	226,9	5 328,5
Portion relative aux contrats de location-financement	23,3	155,9	38,9	-	218,1
Exercice terminé le 27 avril 2014					
Coût non amorti au début	1 379,4	1 805,9	1 692,1	202,5	5 079,9
Additions	26,4	66,0	344,3	31,5	468,2
Acquisitions d'entreprises (note 4)	99,0	30,8	32,5	-	162,3
Dispositions	(17,5)	(13,9)	(49,6)	(2,3)	(83,3)
Charge d'amortissement	(0,3)	(116,5)	(298,8)	(41,9)	(457,5)
Perte de valeur	(7,8)	(1,0)	(2,9)	-	(11,7)
Reclassements	(23,3)	(9,2)	32,2	0,3	-
Effet des fluctuations du taux de change	(8,8)	0,9	(14,2)	(4,8)	(26,9)
Coût non amorti à la fin[(a)]	1 447,1	1 763,0	1 735,6	185,3	5 131,0
Au 27 avril 2014					
Coût	1 456,5	2 219,1	3 073,4	484,3	7 233,3
Amortissement et perte de valeur cumulés	(9,4)	(456,1)	(1 337,8)	(299,0)	(2 102,3)
Coût non amorti[(a)]	1 447,1	1 763,0	1 735,6	185,3	5 131,0
Portion relative aux contrats de location-financement	34,0	31,6	43,4	-	109,0

(a) Le coût non amorti au 26 avril 2015 inclut 317,7 $ relatif aux constructions en cours (246,3 $ au 27 avril 2014).

Au cours de l'exercice terminé le 27 avril 2014, la société a enregistré une perte de valeur de 6,8 $ sur une usine de production de lubrifiant non opérationnelle située à Ostroweic, en Pologne, en raison de conditions de marché difficiles pour ce type d'actifs. L'évaluation de la juste valeur de cet actif est classée au niveau 3, car elle est basée sur des offres d'achat reçues par la société. La juste valeur diminuée des coûts de vente de cet actif a été établie à 4,5 $.

Alimentation Couche-Tard, note 16, *Immobilisations corporelles, amortissements et perte de valeur*, États financiers pour la période terminée le 26 avril 2015, page 72.

Question 8 : Les actifs immobilisés acquis en vertu de contrats de location-financement font-ils partie du poste comptable *Immobilisations corporelles*?

Oui. En fait, un contrat de location est un contrat impliquant deux parties : un locateur et un locataire. En théorie, le locateur contrôle une ressource et la met à la disposition d'un locataire, pour une période de temps déterminée. Lorsque vous louez une automobile pour un week-end, par exemple, les avantages économiques (exploitation de l'actif) ainsi que les risques (réparation de bris mécanique) sont liés à la société de location. Le locataire ne détient donc à aucun moment le contrôle de l'automobile; il ne détient qu'un droit temporaire d'utilisation. C'est ce qu'on appelle « la location d'exploitation[32] ». Avec le temps, se sont développées d'autres formes de contrats de location, certaines ressemblant beaucoup plus à des contrats de financement « bancaires » à long terme, qu'à de la location-exploitation de courte durée. Ces contrats sont d'ailleurs nommés « contrats de location-financement ». La segmentation des deux types de contrat a un impact sur la constatation et la mesure des actifs présentés dans les états financiers. Les contrats de location-exploitation[33] étant présentés comme des charges mensuelles, ou autres périodicités, dans l'état des résultats. Les contrats de location-financement étant constatés, mesurés et présentés

[32] Ne pas confondre avec les risques (accidents, dommages à la carrosserie, etc.) dus à la conduite de l'auto.

[33] Également appelé « location simple ».

comme des transferts de contrôle de ressources (actifs) assortis d'une obligation financière à long terme (passifs). Cela, même si le titre de propriété est transféré du locateur au locataire à la fin du contrat si celui-ci se prévaut de cette prérogative contractuelle.

Par exemple, si nous présentons de nouveau l'état de la situation financière de Dollarama, nous observons que l'entreprise a recours à ce mode d'acquisition pour certaines de ses immobilisations corporelles. À prime abord, à la consultation de la note 6, *Immobilisations corporelles*, cela pourrait être pour « l'acquisition » de matériel informatique ou de véhicules. Comment le savons-nous? Parce que Dollarama présente des obligations au titre des contrats de location-financement dans la section des passifs non courants.

Dollarama inc.
État consolidé de la situation financière
(en milliers de dollars canadiens)

	Note	1er février 2015 $	2 février 2014 $
Actif			
Actifs courants			
Trésorerie et équivalents de trésorerie		40 203	71 470
Créances		10 004	5 963
Acomptes et charges payées d'avance		5 213	5 382
Stocks de marchandises		408 919	364 680
Instruments financiers dérivés	14	84 009	11 455
		548 348	458 950
Actifs non courants			
Immobilisations corporelles	6	290 632	250 612
Immobilisations incorporelles	7	134 076	129 436
Goodwill	7	727 782	727 782
Total de l'actif		1 700 838	1 566 780
Passif et capitaux propres			
Passifs courants			
Dettes d'exploitation et charges à payer	8	175 739	128 857
Dividendes à verser		10 480	9 823
Impôt sur le résultat à payer		25 427	22 102
Partie courante de la dette à long terme	9	3 846	3 017
		215 492	163 799
Passifs non courants			
Dette à long terme	9	560 641	395 446
Obligations au titre des contrats de location-financement		1 566	2 506
Loyer et incitatifs à la location différés	11	60 475	51 592
Impôt différé	13	122 184	89 271
Total du passif		960 358	702 614
Engagements	10		
Capitaux propres			
Capital-actions	12	462 734	493 602
Surplus d'apport		15 338	10 884
Résultats non distribués		196 112	346 478
Cumul des autres éléments du résultat global	12	66 296	13 202
Total des capitaux propres		740 480	864 166
Total du passif et des capitaux propres		1 700 838	1 566 780

Approuvé par le conseil d'administration,

(signé) « *Stephen Gunn* »	(signé) « *John J. Swidler* »
Stephen Gunn, administrateur	John J. Swidler, administrateur

Au moment de la signature du contrat, notons que l'inscription dans le compte d'actifs immobilisés et l'inscription dans le compte « obligations au titre des contrats de location-financement » sont liées. La mesure de la valeur comptable initiale inscrite étant la valeur actuelle du total des paiements inclus dans le contrat[34]. Comme cela se passe dans n'importe quel emprunt à la banque. Si vous empruntez aujourd'hui 5 000 $ à la banque, pour un an, à un taux d'intérêt de 10 %, le remboursement sera plus élevé que 5 000 $, soit 5 500 $. Pourquoi? Parce qu'au remboursement de capital, il faudra ajouter le paiement des intérêts; 5 000 $ constitue donc la valeur actuelle de la transaction. À l'inverse, lorsqu'on signe un bail, le total des paiements est déjà connu. Comme dans le cas d'un prêt automobile. Ou comme dans le cas d'un prêt hypothécaire. Le total des paiements excède le montant du prêt, car il inclut la valeur actuelle du prêt (capital) + le coût du financement (les intérêts).

Après l'enregistrement initial, les deux comptes fonctionneront de façon indépendante. L'actif « loué » sera intégré dans sa catégorie pertinente et fera partie du total des immobilisations corporelles. Il sera amorti de façon périodique sur la base de son rythme de consommation. L'obligation au titre des contrats de location-financement diminuera au fil des remboursements de capital effectués par l'entreprise. De plus, à chaque période, une charge d'intérêts sera enregistrée dans l'état des résultats.

Notons que la norme IAS 17 *Contrats de location* vient d'être révisée et remplacée par une nouvelle norme IFRS 16[35]. Avec cette nouvelle norme, la segmentation entre les contrats de location exploitation et les contrats de location-financement disparaît. TOUS LES CONTRATS DE LOCATION (BAUX) DE PLUS D'UN AN devront être constatés, mesurés (inscription initiale, actifs et passifs, à la valeur actuelle du bail) et présentés aux états financiers. Pourquoi? Parce que lorsqu'un locataire signe un bail pour l'utilisation d'un local pour les cinq prochaines années, actuellement considéré comme un contrat de location-exploitation, il acquiert le contrôle d'un actif (droit d'utilisation d'un local) et encourt une obligation financière (paiement du capital + paiement des intérêts dus à l'obligation financière) qui sera présentée dans les sections des passifs et des charges.

Le prochain tableau permettra de mieux comprendre les impacts de l'application de la norme IFRS 16 sur les états financiers d'une entreprise.

1. En ce qui concerne les contrats de location financement, il n'y aura aucun impact.
2. En ce qui concerne les contrats de location-exploitation (ou contrats de location simple), actuellement présentés comme charges d'exploitation (loyers) dans l'état des résultats, cet enregistrement comptable ne sera plus possible. Tous ces contrats seront comptabilisés comme le sont actuellement les contrats de location-financement.
3. Les enregistrements comptables.

   Entrée de la signature du contrat de location dans les registres comptables :

   a) Constatation d'une immobilisation incorporelle (droit d'utilisation) mesurée à la valeur actuelle du contrat de location – bail (actif);

   b) Constatation d'une obligation financière de même montant (passif).

   Enregistrement périodique de la consommation du contrat de location :

   c) Amortissement périodique de l'immobilisation incorporelle (actif)[36];

   d) Enregistrement du remboursement de l'obligation financière;

   e) Diminution de l'obligation financière (passif);

   f) Enregistrement des frais financiers (état des résultats).

[34] Nous posons comme hypothèse qu'il s'agit d'un contrat des plus simples, incluant un calendrier de paiements et une somme de 1 $ à la fin du contrat pour le transfert du titre de propriété.

[35] Au moment de rédiger cet ouvrage, nous ne savons pas si CPA Canada modifiera la norme correspondante dans la section des normes comptables pour les entreprises à capital fermé (NCECF).

[36] Voir section sur les immobilisations corporelles à la page 95.

Ancienne norme/Nouvelle norme

	IAS 17		IFRS 16
	Location-financement	**Location-exploitation**	**Tous les baux**
Revenu	✓	✓	✓
Charges d'exploitation *(excluant l'amortissement et les pertes de valeur)*	…	Charge loyer	…
BAIIA			
Amortissement et pertes de valeur (contrats déficitaires)	Amortissement et pertes de valeur	…	Amortissement et pertes de valeur
Bénéfice d'exploitation			
Charges financières	Intérêts	…	Intérêts
Bénéfice avant impôts			

Y a-t-il des impacts sur la trésorerie de l'entreprise?

Non, peu importe la publication de la nouvelle norme comptable, cela ne change pas le montant du transfert d'encaisse qui est fait du locataire au locateur.

Il y a cependant un impact important dans le calcul des flux financiers présentés dans le tableau des flux de trésorerie de l'entreprise. Selon la norme actuelle, le total du loyer fait partie des sorties d'encaisse, section exploitation. Avec la nouvelle norme, le remboursement du passif ainsi que le paiement des intérêts (choix de l'entreprise) sont présentés dans la section financement.

International Accounting Standard Board (IASB), IFRS 16 *Leases, Project Summary and Feedback Statement*, janvier 2016.

Remarque : ne pas confondre les actifs « acquis » en vertu de contrats de location et les améliorations locatives. Ces dernières sont les aménagements intérieurs, comme les fixtures, la peinture ou la décoration personnalisée, faits par le locataire dans un local loué. Les améliorations locatives sont habituellement amorties sur la durée du bail, moins si le rythme de renouvellement est plus rapide. Ce compte est présenté dans la note afférente aux états financiers de Alimentation Couche-Tard, section des immobilisations corporelles, où nous pouvons concevoir sans peine que la signature d'un bail pour un dépanneur entraîne des charges d'aménagement du local. **Attention :** les présentoirs, les tablettes, les comptoirs réfrigérés sont considérés comme des équipements (immobilisations corporelles), pas comme des améliorations locatives. Voir page 103.

2.7 Immeubles de placement
IAS 40

Cette norme est unique au référentiel comptable international, mais comme il a déjà été mentionné, toute entreprise, de toute taille et de tout secteur, peut choisir d'adopter les normes internationales d'information financière (IFRS). C'est pourquoi nous la présentons, car il est possible que compte tenu du choix de modèle comptable proposé, certaines entreprises immobilières à capital fermé prennent la décision de faire le passage aux IFRS.

La normalisation comptable internationale voit les immeubles de placement, ou immeubles à revenus, comme des investissements dans des titres financiers plutôt que comme des actifs d'exploitation de longue durée (immobilisations). Et quand on y pense, il est vrai que de prendre la décision d'investir dans un immeuble à revenus est plus près d'une décision de placement financier que d'une décision d'exploitation, de consommation d'un actif.

Question 1 : Qu'est-ce qu'un immeuble de placement?

Un immeuble de placement est un immeuble dont les revenus sont composés de loyers et de valorisation de l'actif. Comme un titre financier où les revenus sont composés d'intérêts, de dividendes et de valorisation de l'actif.

Question 2 : Quelles sont les méthodes comptables proposées par la norme IAS 40?

La norme IAS 40 *Immeubles de placement*, propose deux méthodes, dont l'une est connue puisque c'est la méthode comptable que nous avons présentée dans la section « Immobilisations corporelles », soit la méthode du coût. Lorsqu'une entreprise choisit cette méthode pour comptabiliser ses immeubles à revenus, elle doit, en plus, fournir de l'information sur la juste valeur des immeubles. Plusieurs méthodes d'évaluation sont possibles, incluant la valeur actuelle des baux ou la méthode des comparables sur un marché actif. Il n'est pas nécessaire de faire faire l'évaluation par un évaluateur agréé.

La seconde méthode proposée est la méthode de la juste valeur. Lorsqu'une entreprise choisit cette méthode pour comptabiliser ses immeubles de placement, elle présente à chaque année les immeubles à leur juste valeur, les fluctuations de valeur étant présentées en gain ou en perte de valeur dans l'état des résultats. Aussi, et c'est là un impact important du choix de cette méthode, **aucun amortissement n'est comptabilisé**. Comme c'est le cas pour la comptabilisation d'une action, on constate la fluctuation de la juste valeur, mais on n'amortit pas une action. Tout comme dans la méthode du coût, il n'est pas nécessaire de faire faire l'évaluation par un évaluateur agréé, mais il faut indiquer sur quelle base l'entreprise a procédé à l'évaluation de ses immeubles.

Ainsi, Canadian Tire détient des immeubles de placement qui sont pour la plupart des magasins qu'elle loue à des franchisés.[37] Voici la note aux états financiers qui présente cette activité.

15. Immeubles de placement

Le tableau suivant présente les variations du coût, ainsi que de l'amortissement et de la perte de valeur cumulés des immeubles de placement de la Société.

(en millions de dollars canadiens)	**2014**	2013
Coût		
Solde au début	**123,9 $**	126,0 $
Entrées	**32,9**	3,9
Sorties/mises hors service	**(3,7)**	–
Reclassement vers/depuis la catégorie « détenu en vue de la vente »	**(3,3)**	(6,6)
Autres fluctuations et transferts	**29,0**	0,6
Solde à la fin	**178,8 $**	123,9 $
Amortissement et perte de valeur cumulés		
Solde au début	**(30,4)$**	(30,9)$
Amortissement au cours de l'exercice	**(3,5)**	(2,7)
Perte de valeur	**(1,6)**	(1,4)
Reprise de perte de valeur	**–**	0,2
Sorties/mises hors service	**2,3**	–
Reclassement vers/depuis la catégorie « détenu en vue de la vente »	**5,1**	4,3
Autres fluctuations et transferts	**(2,1)**	0,1
Solde à la fin	**(30,2)$**	(30,4)$
Valeur comptable nette à la fin	**148,6 $**	93,5 $

[37] La location d'immeubles est un secteur opérationnel de Canadian Tire. Plus d'information sera présenté à ce sujet dans la section « Secteurs opérationnels » de ce chapitre, à la page 130.

Les immeubles de placement ont généré des produits locatifs de 16,9 millions de dollars (10,7 millions en 2013).

Les charges d'exploitation directes (y compris les réparations et l'entretien) découlant des immeubles de placement, qui sont comptabilisées en résultat net, se sont chiffrées à 8,8 millions de dollars (5,4 millions en 2013).

La juste valeur estimée des immeubles de placement s'est chiffrée à 230,7 millions de dollars (173 millions en 2013). Cette évaluation à la juste valeur récurrente est classée dans le niveau 3 de la hiérarchie des justes valeurs (se reporter à la note 35.4 pour la définition des niveaux). La Société détermine la juste valeur des immeubles de placement en appliquant un taux de capitalisation avant impôt aux produits locatifs annuels tirés des contrats de location en vigueur. Le taux de capitalisation variait de 5,8 pour cent à 11 pour cent (5,8 pour cent à 11 pour cent en 2013). Les flux de trésorerie sont d'une durée de cinq ans et comprennent une valeur finale. La Société possède une expertise en gestion immobilière qui est mise à profit pour l'évaluation des immeubles de placement. C'est pour cette raison que l'évaluation n'a pas été effectuée par un évaluateur indépendant.

Perte de valeur d'immeubles de placement et reprise subséquente
Toute perte de valeur ou reprise de perte de valeur subséquente sont présentées dans les autres (charges) produits des comptes consolidés de résultat.

Canadian Tire, note 15, *Immeubles de placement*, États financiers pour la période comptable terminée le 3 janvier 2015, page 103.

Une entreprise a le choix entre la méthode du coût ou la méthode de la juste valeur pour présenter ses immeubles de placement. Ici, la présence de la ligne amortissement nous indique que Canadian Tire a choisi de présenter ses immeubles selon la méthode du coût amorti. Toutefois, on remarque que Canadian Tire fournit également de l'information sur la juste valeur des immeubles (l'entreprise a l'obligation de le faire), sur la méthode d'évaluation utilisée ainsi que la raison pour laquelle elle n'a pas fait appel à un évaluateur indépendant.

Le choix de la méthode du coût est souvent fait par des entreprises dont l'activité immobilière n'est pas leur mission principale. Canadian Tire ne se définit pas comme une société immobilière, mais comme une société commerciale intégrant dans son modèle d'affaires la location de magasins à ses marchands franchisés.

Question 3 : Y a-t-il des complexités à l'application de cette norme comptable?

Sans aucun doute, oui. Il y a d'abord les immeubles à vocation mixte, dont une partie est occupée par l'entreprise et une autre partie louée pour toujours (placement) ou temporairement en prévision d'utilisation dans les prochaines années (exploitation). Il y a ensuite les hôtels et les résidences pour personnes retraitées où les propriétaires sont parfois locateurs, parfois locateurs et gestionnaires. Dans ce cas, les contrats doivent être examinés sérieusement avant de définir s'il s'agit d'un contexte d'exploitation (IAS 16) ou d'un contexte de placement (IAS 40).

2.8 Immobilisations incorporelles *IAS 38, chapitre 3064*

Le terme « immobilisations corporelles » désigne tous les actifs contrôlés par l'entreprise qui n'ont pas d'existence physique proprement dite. On désigne aussi cette catégorie d'actifs comme « immobilisations intangibles » ou « immobilisations immatérielles », tous ces termes faisant référence, encore une fois, à l'absence d'existence physique. En voici quelques-uns :

- Brevets;
- Frais de développement;
- Marque de commerce;
- Liste clients;
- Droits d'auteur.

Nous ajouterons également dans cette section le « goodwill » ou « écart d'acquisition » que l'on retrouve de plus en plus, en termes d'actif et d'importance relative, dans l'état de la situation financière.

Dans cette section, des principes comptables de base influencent la constatation et la mesure de plusieurs immobilisations corporelles très importantes pour la pérennité de l'entreprise. Nous allons en discuter.

Mais tout d'abord, présentons l'état de la situation financière d'une société internationale très bien connue, la société Danone, que nous pourrions imaginer, de prime abord, comme étant une entreprise de « brique et de mortier ».[38]

ÉTATS FINANCIERS

COMPTES CONSOLIDÉS ET ANNEXES AUX COMPTES CONSOLIDÉS

Bilan consolidé

(en millions d'euros)	Notes	Au 31 décembre 2013	2014
Actif			
Goodwill		11 474	11 582
Marques		4 501	4 337
Autres immobilisations incorporelles		333	315
Immobilisations incorporelles	9.1 à 9.3	16 308	16 234
Immobilisations corporelles	5.5	4 334	4 582
Titres mis en équivalence	4.1 à 4.8	1 033	2 146
Autres titres non consolidés	11.1 à 11.2	313	92
Autres immobilisations financières et prêts à plus d'un an	11.1 à 11.2	251	228
Autres actifs financiers		564	320
Instruments dérivés – actifs [a]	12.4	130	181
Impôts différés	8.2	709	836
Actifs non courants		**23 078**	**24 299**
Stocks	5.4	1 252	1 340
Clients et comptes rattachés	5.4	1 809	1 900
Autres comptes débiteurs	5.4	916	974
Prêts à moins d'un an		23	30
Placements à court terme	10.4	2 862	2 317
Disponibilités		969	880
Actifs détenus en vue de leur cession		19	8
Actifs courants		**7 850**	**7 448**
Total de l'actif		**30 928**	**31 747**

(a) Instruments dérivés en gestion de la dette nette.

Danone, Rapport financier annuel 2014, page 76.

En additionnant tous les actifs incorporels, incluant le goodwill, force est de constater que 53 % des actifs (16 308 $/30 928 $) présentés par Danone sont des actifs incorporels, ce qui fait de Danone une grande entreprise manufacturière, certes, mais également une grande entreprise de marketing. Ce qui va influencer l'analyse financière, comme nous le verrons dans un chapitre subséquent.

[38] Expression pour désigner les entreprises dont l'exploitation repose sur l'utilisation d'immobilisations corporelles.

Une entreprise peut générer à l'interne (auto-construction) des acquis incorporels ou elle peut les acheter. Mais elle ne peut les présenter, tous, à l'état de la situation financière. Ainsi, tous les acquis incorporels développés à l'interne, liés à la clientèle, tels le développement et le maintien d'une marque de commerce, la construction d'une liste clients, le développement de territoire, ne peuvent être constatés comme actifs. Peu importe le montant, les circonstances et les signes tangibles de la force des acquis liés à la clientèle (augmentation du chiffre d'affaires, augmentation des marges bénéficiaires), tous les coûts encourus dans l'objectif d'attirer et de retenir la clientèle sont constatés en charges. Ce qui est paradoxal, puisque plus l'image de l'entreprise est valorisée, plus le bénéfice net se creuse, les coûts de valorisation étant constatés et présentés dans l'état des résultats.

Alors? Danone aurait-elle fait une grave erreur dans la présentation de ses états financiers, puisqu'elle présente des marques de commerce dans l'état de la situation financière? Rassurons-nous, les informations fournies par Danone sont conformes aux normes comptables.

Nous allons présenter les conditions de constatation des immobilisations incorporelles dans l'état de la situation financière de toute entreprise.

2.8.1 Les actifs acquis

Tous les actifs acquis et payés (paiement en argent ou paiement en actions), incluant les actifs liés aux clients, qui généreront des avantages économiques dans le futur, sont constatés dans l'état de la situation financière. Ainsi, une marque de commerce **acquise** et une liste client **acquise** seront constatées comme actifs incorporels à l'état de la situation financière, comme c'est le cas pour tout autre actif incorporel acquis et payé (brevet, droits d'auteur et autres).

2.8.2 Les actifs incorporels générés à l'interne

Tous les coûts des projets de développement à l'interne (à l'exception des frais de recherche, qui sont toujours considérés comme des charges de la période, et à l'exception des actifs liés à la clientèle), peuvent être constatés en actifs en autant que l'entreprise démontre qu'ils généreront des avantages économiques futurs (« *mix* » marché et exploitation rentable), que l'entreprise possède les ressources financières et quelle a l'intention de mener le projet de développement à terme, sont constatés comme des immobilisations incorporelles.

La condition financière est intéressante, puisqu'elle peut entraîner qu'un projet de développement d'un nouveau médicament soit constaté comme actif incorporel immobilisé dans une grande entreprise aux assises financières solides, mais constaté en charges dans le cas d'une entreprise à la situation financière précaire.

Note importante

Les entreprises qui présentent leurs états financiers en conformité avec les NCECF peuvent faire le choix comptable de tout constater et inclure dans le compte charges, partie de l'état des résultats.

La société l'Oréal est présente dans l'industrie des cosmétiques où il se fait beaucoup de recherche et de développement pour offrir de nouveaux produits aux clients. Voici la note 1.6 afférente à ses états financiers, intitulée « Frais de recherche et de développement », fort instructive sur les conditions de capitalisation[39] des frais de développement. Ces conditions s'appliquent pour toute entreprise, quel que soit son secteur industriel d'appartenance, de la métallurgie aux cosmétiques.

[39] Capitaliser signifie « constater comme actif ».

1.6 Frais de recherche et développement

Les dépenses engagées pendant la phase de recherche sont comptabilisées en charges de la période au cours de laquelle elles sont encourues.

Les dépenses engagées pendant la phase de développement sont activées en *Immobilisations incorporelles* uniquement si elles satisfont l'ensemble des critères suivants conformément à la norme IAS 38 :

- le projet est clairement identifié et les coûts qui s'y rapportent sont individualisés et suivis de façon fiable;
- la faisabilité technique du projet est démontrée;
- l'intention et la capacité de terminer le projet et d'utiliser ou vendre les produits issus de ce projet, sont démontrées;
- les ressources nécessaires pour mener le projet à son terme et pour l'utiliser ou le vendre sont disponibles;
- le Groupe peut démontrer que le projet générera des avantages économiques futurs probables, comme l'existence d'un marché potentiel pour la production issue de ce projet ou son utilité en interne est démontrée.

Compte tenu du nombre très important de projets de développement et des aléas liés à la décision du lancement des produits concernés par ces projets, L'Oréal considère que certains critères d'activation ne sont dès lors pas remplis.

L'Oréal, note 1.6, Principes comptables, frais de recherche et de développement, Document de référence 2014, page 125.

Autre exemple, la société Aeterna Zentaris, qui se spécialise dans la recherche et le développement de traitements contre le cancer, nous fournit les critères comptables de constatation qui l'ont guidée à inscrire ou non, en actif, les coûts de ses projets de développement.

Immobilisations incorporelles identifiables

Les immobilisations incorporelles à durée d'utilité déterminée se composent de travaux de R-D en cours acquis dans le cadre de regroupements d'entreprises, de brevets et marques de commerce de même que de technologies et d'autres actifs. Les travaux de R-D en cours acquis dans le cadre de regroupements d'entreprises sont évalués à la juste valeur à la date d'acquisition. Les brevets et les marques de commerce représentent les coûts, y compris les honoraires professionnels, engagés pour le dépôt de brevets et l'obtention de marques de commerce aux fins de commercialisation et de fabrication de produits, déduction faite des subventions gouvernementales afférentes, des pertes de valeur, le cas échéant, et de l'amortissement cumulé Les immobilisations incorporelles à durée d'utilité déterminée sont amorties dès qu'elles sont prêtes à être mises en service, selon la méthode de l'amortissement linéaire sur leur durée d'utilité estimative, qui est de huit à quinze ans pour les travaux de R-D en cours et les brevets et de dix ans pour les marques de commerce. La charge d'amortissement qui est inscrite à l'état consolidé du résultat global, est imputée aux catégories de dépenses fonctionnelles appropriées auxquelles se rapportent chacune des immobilisations incorporelles sous-jacentes.

Aeterna Zentaris Inc., note 2, *Résumé des principales conventions comptables*, États financiers pour la période comptable terminée le 31 décembre 2014, page 12.

Question 1 : À quelle valeur sont présentées les immobilisations incorporelles?

Au coût. Lorsqu'elles sont acquises dans le cadre d'une transaction où plusieurs actifs sont acquis, le « coût » de chaque immobilisation incorporelle est calculé sur la base de la répartition du prix d'acquisition en fonction des justes valeurs attribuées à chacun des actifs inclus dans la transaction d'acquisition. Le coût calculé devient le coût d'entrée dans l'état de la situation financière[40].

[40] Nous traitons des acquisitions d'entreprises dans la section 3.3, *Les regroupements d'entreprises*, présentée à la page à la page 154).

Par exemple, posons l'hypothèse qu'une entreprise fait l'acquisition d'un brevet à un coût de 100 $ (sans autres coûts d'acquisition directement liés). Le coût constaté et présenté du brevet sera de 100 $. Posons maintenant l'hypothèse qu'une entreprise fait l'acquisition d'un brevet, d'un équipement de laboratoire et d'une chaise. Prix de la transaction : 200 $. Le prix de la transaction sera réparti entre les trois actifs en fonction de l'évaluation de la juste valeur de chacun d'eux. Supposons que les justes valeurs estimées sont les suivantes si les actifs avaient été acquis séparément : chaise : 5 $, équipement de laboratoire : 150 $ et brevet : 70 $ pour un total de 225 $. Le coût d'entrée dans les registres comptables des actifs corporels et incorporels sera le suivant. Brevet : 62,22 $ ((70/225) × 200), équipement de laboratoire : 133,33 $ et chaise : 4,45 $.

Question 2 : Durée d'utilité déterminée ou indéterminée?

Par la suite, le traitement comptable varie selon la capacité de définir la durée d'utilité de l'actif incorporel. Ce qui est facile dans le cas de l'acquisition d'un droit de franchise auprès d'un franchiseur, mais complexe dans le cas de l'acquisition d'une marque de commerce. En effet, qui peut dire pendant combien de temps la marque de commerce Dollarama permettra à l'entreprise de générer des avantages économiques futurs?

C'est pourquoi la norme comptable traitant des actifs incorporels (IAS 38) segmente les immobilisations incorporelles en deux catégories : les actifs à durée d'utilité déterminée et les actifs à durée d'utilité indéterminée. Les actifs à durée d'utilité déterminée sont amortis (même technique que présentée dans la section des immobilisations corporelles) sur la durée d'utilité déterminée, alors que les actifs incorporels à durée d'utilité indéterminée ne seront pas amortis, mais soumis à un test de perte de valeur (IAS 36) à chaque année ou plus au besoin[41]. Si les résultats du test montrent que la valeur comptable est inférieure aux avantages économiques futurs calculés, le chiffre présenté demeure tel quel. Sinon, il y a réduction de l'actif qui s'inscrit comme une charge dans l'état des résultats. Notons que la constatation d'une perte de valeur est une transaction non monétaire; elle n'implique aucun déboursé. Voici, par exemple, la constatation d'une perte de valeur sur des actifs non financiers, principalement liés à la fermeture de magasins, présentée par la société Rona dans ses états financiers pour la période terminée le 29 décembre 2013.

5.4 Charge de restructuration, dépréciation d'actifs non financiers et autres coûts

Cette note reflète les impacts financiers d'une série d'initiatives qui ont été approuvées par le conseil d'administration de la société pour améliorer la performance financière et accélérer la création de valeur pour les parties prenantes. I) Au cours du quatrième trimestre de 2011, une initiative visant principalement la restructuration d'une partie du réseau de magasins de détail a été lancée. II) En février 2013, un plan de transformation a été mis en place avec des initiatives qui seront déployées sur une période de 12 mois dont tous les avantages devraient se matérialiser dans un délai de 18 mois. III) Enfin, en juin 2013, des initiatives de transformation supplémentaires, visant à accélérer l'optimisation du réseau de détail et améliorer la productivité et la rentabilité, ont également été approuvées.

Les montants totaux de la charge de restructuration, de la dépréciation d'actifs non financiers et des autres coûts constatés se détaillent comme suit :

	2013	2012
Éléments liés au coût des marchandises vendues		
(Reprises) charges afférentes à la liquidation des stocks	(1 352) $	7 507 $
Éléments liés aux frais de vente, généraux et d'administration		
Prestations de cessation d'emploi (note 5.3)	20 389	3 516
Contrats déficitaires	61 235	24 336
Renversements de la provision des baux linéaires	(3 468)	(1 329)
Autres charges	6 075	3 231
Total des éléments liés aux frais de vente, généraux et d'administration	84 231	29 754
Charge de restructuration et autres charges	82 879	37 261
Dépréciation d'actifs non financiers (note 5.2)	22 998	6 254
Charge de désactualisation sur contrats déficitaires (note 26)	1 913	753
Charges de restructuration, dépréciation d'actifs non financiers et autres charges	107 790 $	44 268 $

Rona, note 5.4, *Charge de restructuration, dépréciation d'actifs non financiers et autres coûts*, États financiers pour la période terminée le 29 décembre 2013, page 41.

Le lecteur remarquera également à la note 5.4 la présentation d'autres types de pertes, constatées à la fin de cette période comptable où Rona se trouvait en pleine zone de turbulence, comme les pertes anticipées sur des contrats immobiliers (baux) liés à des magasins fermés ou à des magasins non rentables.

[41] Pour les entreprises qui présentent leurs états financiers en conformité avec les NCECF, les tests de perte de valeur ne seront réalisés que lorsque la fluctuation de variables internes et externes à l'entreprise porte à croire que les actifs contrôlés pourraient avoir subi une perte de valeur.

2.9 Pertes de valeur
IAS 36, chapitre 3063

Question 1 : Qu'est-ce qu'un test de perte de valeur?

Mentionnons d'abord qu'une entreprise ne peut jamais présenter dans l'état de la situation financière des ressources, des actifs, à une valeur comptable plus élevée que la valeur d'utilité ou la valeur marchande. Nous avons vu, par exemple, pour le poste comptable *Stocks* que les stocks sont présentés au plus petit du coût ou de valeur de réalisation nette (qui représente la valeur d'utilité). Le principe est le même pour les actifs non courants en ce qu'un actif ou un groupe d'actifs (ce qui est plus souvent le cas) ne peuvent être présentés à une valeur comptable (coût ou coût amorti selon le cas) plus élevée que la valeur recouvrable constituée de la valeur d'utilité (valeur actuelle des flux financiers futurs[42]) ou de la valeur marchande. Dans le contexte du test de perte de valeur, l'actif ou le groupe d'actifs sont appelés UGT (unité génératrice de trésorerie). Nous pouvons résumer ainsi l'objectif d'un test de perte de valeur : s'assurer que les valeurs comptables présentées à l'état de la situation financière soient inférieures à la valeur recouvrable, qui est la valeur que l'entreprise estime recouvrer par l'exploitation (valeur d'utilité) ou par la vente (valeur marchande) de ou des actifs dans le futur.

Test de perte de valeur

Valeur comptable
Actif ou Groupe d'actifs
(UGT)

<

Valeur recouvrable
Plus petite valeur entre

Valeur d'utilité
(Budgets × Taux d'actualisation)

Valeur marchande
(Marché)

Afin de mieux comprendre les bases de calcul d'un test de perte de valeur et les conséquences sur les états financiers de l'entreprise, nous présentons la note 14 des états financiers de Rona ou l'entreprise fournit les explications sur la définition des groupes d'actifs, appelés UGT, utilisés pour la réalisation des tests de perte de valeur ainsi que sur les calculs et sur les importantes pertes de valeur qui ont été constatées et comptabilisées dans ses états financiers présentés pour la période terminée le 25 décembre 2011.

Information sur les calculs du test de perte de valeur de l'actif Goodwill par Rona

14. Goodwill

Au 25 décembre 2011, la société a procédé à son test annuel de dépréciation du goodwill. La valeur recouvrable des groupes d'UGT a été déterminée à l'aide de la valeur d'utilité. Pour évaluer la valeur d'utilité, la société a établi des projections des flux de trésorerie pour les premiers cinq ans sur la base des budgets et du plan stratégique approuvés par le conseil d'administration. Les projections de flux de trésorerie au-delà de la période couverte par les budgets et le plan stratégique ont été établies en leur appliquant un taux de croissance stable pour les années futures; ce taux n'excédant pas le taux de croissance moyen à long terme pour les secteurs d'activités de la société. Ces prévisions ont été préparées en se basant autant sur des données historiques que sur les tendances futures anticipées par la société.

Lors du test de dépréciation effectué en date du 25 décembre 2011, les hypothèses clés de la direction étaient l'augmentation annuelle moyenne des ventes des magasins comparables de 2,25 % (moyenne de 3,0 % au 26 décembre 2010) pour les cinq premières années et par la suite (2,5 % au 26 décembre 2010).

[42] Le budget de trésorerie ou de caisse est l'outil d'estimation des flux de trésorerie futurs de l'entreprise.

Le modèle d'évaluation utilisé par la société tient également compte des mouvements de fonds de roulement et des investissements en immobilisations nécessaires pour maintenir en état les actifs de chacun des groupes d'UGT.

Des taux avant impôt variant de 11,8 % à 11,9 % (11,9 % à 13,0 % au 26 décembre 2010) ont été utilisés pour l'actualisation des flux de trésorerie prévus. Ces taux reflètent l'appréciation courante du marché de la valeur temps de l'argent et des risques spécifiques à l'actif.

Compte tenu de l'évolution de son plan stratégique, la société revoit régulièrement l'allocation entre les groupes d'UGT des actifs nets et des actifs de support. La société a modifié en 2011 le classement d'une partie du goodwill et de certains actifs de support. Les informations comparables reflètent ce reclassement.

Suite à son test de dépréciation, la juste valeur du groupe d'UGT des magasins corporatifs et franchisés était inférieure à sa valeur comptable. Dans ce contexte, et considérant les conditions de marché difficiles, la société a enregistré une charge de dépréciation du goodwill d'un montant de 117 000 $ relié à ce groupe d'UGT.

En plus des divers programmes déjà mis en place afin de rehausser les ventes du secteur des magasins corporatifs et franchisés, la société a élaboré, à l'intérieur de son plan d'affaires 2012, une nouvelle stratégie misant sur l'amélioration de l'efficacité, l'optimisation de la structure de capital ainsi que l'augmentation du rendement sur capital. Ce secteur d'activités est crucial pour la société et des efforts soutenus ont été et seront déployés en 2012 afin d'améliorer la rentabilité de ce secteur.

La juste valeur des autres groupes d'UGT est supérieure à la valeur comptable, donc aucune dépréciation n'a été prise. Selon l'analyse de sensibilité, aucun changement raisonnablement possible des hypothèses n'aurait causé un dépassement de la valeur comptable de chaque groupe d'UGT par rapport à leurs valeurs recouvrables.

Rona, note 14, *Goodwill*, États financiers pour la période comptable terminée le 25 décembre 2011, page 34.

Plus récemment, la société Sobeys (bannière IGA) enregistrait une perte d'opération *compte tenu d'une réduction de la valeur des actifs de la chaîne Safeway, acquise en 2013 et de problèmes d'intégration de ces épiceries*[43].

Dans cet exemple, la valeur d'utilité (valeur actuelle des budgets autorisés par le conseil d'administration) a été utilisée comme indicateur de la valeur recouvrable et une perte de valeur, ou dépréciation, de l'actif goodwill a été comptabilisée au montant de 117 000 M$ en 2011.

14. Goodwill

	2011 au 25 décembre
Solde au début	**529 094 $**
Acquisitions lors d'un regroupement d'entreprises (note 9)	**16 777**
Dépréciation	**(117 000)**
Ajustement de la répartition du prix d'achat d'une acquisition effectuée en 2010 (note 9)	**(1 903)**
Solde à la fin	**426 968 $**

Rona, note 14, *Goodwill*, États financiers pour la période comptable terminée le 25 décembre 2011, page 33.

La réalisation d'un test de perte de valeur est un travail complexe, nécessitant de multiples estimations incluant les données budgétaires futures et le taux d'actualisation. Et tant les actifs corporels que les actifs incorporels sont sujets à dépréciation, comme le montre la note 12 présentant les actifs corporels

[43] Fournier, M.-È. (2016, 15 mars). IGA abandonne son cadeau de la semaine, *La Presse+*, http://plus.lapresse.ca/screens/137caa67-8891-4477-bf23-7e85b75ea224%7C_0.html. Consulté en mars 2016.

de Rona pour la période terminée le 30 décembre 2012, où on constate que des bâtiments, des améliorations locatives, du mobilier et de l'équipement ont été dépréciés probablement dû à la fermeture de magasins.

12. Immobilisations corporelles

	Terrains et stationnements	Bâtiments	Améliorations locatives	Mobilier et équipement	Équipement informatique	Projets en cours (a)	Terrains pour développement futur	Biens loués en vertu de contrats de location-financement : Mobilier et équipement	Biens loués en vertu de contrats de location-financement : Équipement informatique	Total
Coût	313 063 $	362 280 $	245 235 $	424 364 $	112 082 $	6 127 $	39 445 $	7 096 $	1 150 $	1 510 842 $
Amortissement cumulé	30 682	90 823	149 222	269 526	89 162	–	–	6 038	1 143	636 596
Solde au 25 décembre 2011	282 381	271 457	96 013	154 838	22 920	6 127	39 445	1 058	7	874 246
Amortissement de l'exercice	(2 645)	(13 171)	(11 901)	(32 469)	(9 385)	–	–	(561)	(4)	(70 136)
Acquisitions par voie de regroupement d'entreprises	3 734	5 510	–	752	11	–	–	–	–	10 007
Autres acquisitions	884	1 512	5 580	16 588	7 436	5 948	23	–	–	37 971
Cessions d'immobilisations	(31)	(77)	(15)	(552)	(15)	–	–	–	–	(690)
Transferts entre les catégories d'immobilisations corporelles	–	1 403	27	3 243	142	(4 625)	–	(187)	(3)	–
Transferts entre les immobilisations corporelles et les actifs non courants détenus en vue de la vente	(14 551)	(9 577)	(149)	–	–	–	–	–	–	(24 277)
Dépréciation (note 5.2)	(901)	(4 785)	(6 016)	(1 222)	(151)	–	–	(4)	–	(13 079)
Autres changements	(82)	(106)	(120)	179	451	(456)	–	(7)	–	(141)
Total des changements	(13 592)	(19 291)	(12 594)	(13 481)	(1 511)	867	23	(759)	(7)	(60 345)
Solde au 30 décembre 2012	268 789	252 166	83 419	141 357	21 409	6 994	39 468	299	–	813 901
Coût	300 276	353 314	247 269	448 498	118 938	6 994	39 468	4 352	961	1 520 070
Amortissement cumulé	31 487	101 148	163 850	307 141	97 529	–	–	4 053	961	706 169
Solde au 30 décembre 2012	268 789 $	252 166 $	83 419 $	141 357 $	21 409 $	6 994 $	39 468 $	299 $	– $	813 901 $

Rona, note 12, *Immobilisations corporelles*, États financiers pour la période comptable terminée le 31 décembre 2012, page 39.

Question 2 : Qu'est-ce qu'une unité génératrice de trésorerie (UGT)?

Une unité génératrice est un groupe d'actifs indépendants et interdépendants qui, exploités ensemble, procurent une valeur d'utilité à l'entreprise. Supposons l'ouverture d'un magasin qui vend des machines à café sophistiquées n'acceptant que les capsules de café de même marque. Le magasin est situé au centre-ville, mais pour mieux servir les clients et favoriser les ventes de machines, les actionnaires ouvrent également deux magasins satellites, un en banlieue sud et un en banlieue nord, n'offrant que les capsules. Sur une stricte base de magasins, il existe trois lieux indépendants où les intrants (actifs) et les extrants (rubans caisse) sont clairement identifiés. Cependant, sur la base affaires, force est de constater que les trois lieux sont interdépendants, puisque les ventes de capsules sont fortement liées aux ventes de machines au centre-ville, et les ventes de machines sont fortement liées à la possibilité d'approvisionnement de capsules en banlieue. Dans le cas de Rona, les unités génératrices de trésorerie sont les magasins corporatifs et franchisés, les magasins commerciaux et professionnels et le réseau de distribution.

Identification des unités génératrices de trésorerie par Rona

Pour les besoins du test de dépréciation annuel, le goodwill a été affecté aux groupes d'UGT suivants, soit les groupes d'UGT qui devraient bénéficier des synergies du regroupement d'entreprises :

	2011 au 25 décembre	2010 au 26 décembre	2009 au 28 décembre
Magasins corporatifs et franchisés	**187 056** $	299 993 $	254 856 $
Magasins commerciaux et professionnels	**130 416**	126 726	116 167
Distribution	**109 496**	102 375	84 549
Affectation du goodwill	**426 968** $	529 094 $	455 572 $

Rona, note 14, *Goodwill*, États financiers pour la période comptable terminée le 25 décembre 2011, page 33.

Question 3 : Est-il possible de constater et de présenter une reprise de valeur?

Oui, pour tous les actifs dépréciés **sauf l'actif goodwill**. La dépréciation de l'actif goodwill est donc une transaction irréversible. En ce qui concerne les autres actifs, la reprise de valeur est comptabilisée jusqu'à hauteur de la valeur comptable qui avait cours avant la perte de valeur (c'est pourquoi le terme « reprise de valeur » est utilisé) et qui n'aurait pas été diminuée autrement. L'enregistrement annuel de l'amortissement, par exemple.

Le prochain schéma montre que dans le cas d'un actif immobilisé totalisant 100 $ et amorti de façon linéaire sur une période de cinq ans, le maximum de la reprise de valeur diminue d'année en année. Supposons que cet actif avait subi une perte de valeur de 80 $ (valeur compte nette de 20 $ de l'actif immobilisé) durant la première année d'exploitation, un renversement inattendu de la situation, à la fin de la troisième année d'exploitation, aurait eu comme impact la constatation d'une reprise de valeur pour ramener l'actif immobilisé à une valeur comptable nette de 40 $, soit la valeur comptable nette qui aurait été présentée si une perte de valeur n'avait pas été constatée auparavant.

Figure 2.4 **Valeur comptable descendante de l'actif immobilisé**

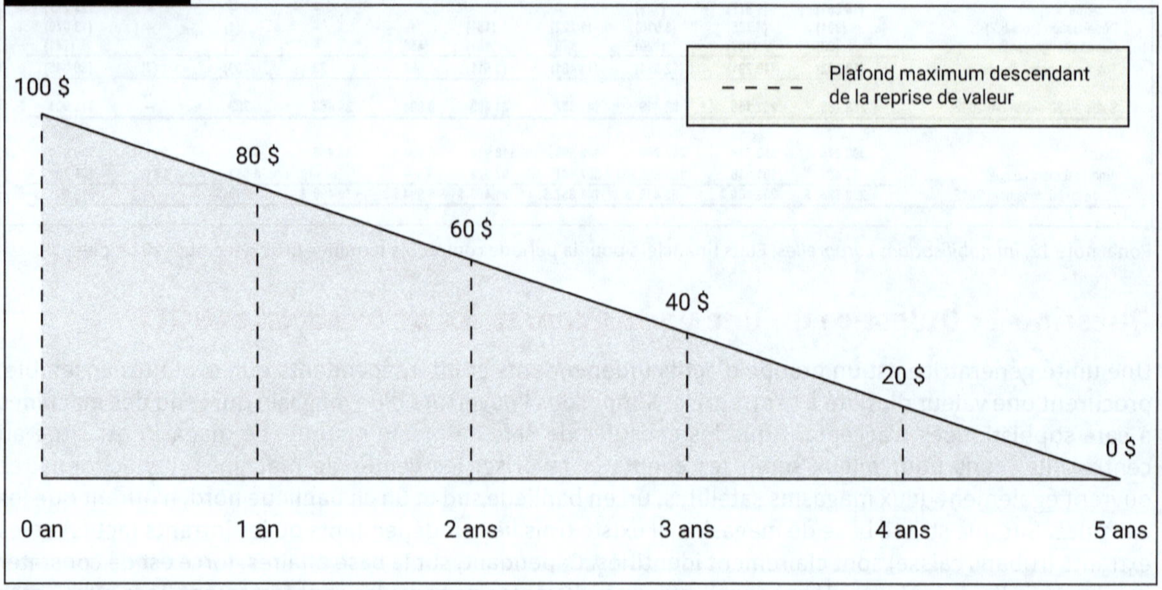

Il ne faut pas voir ici une transaction de type yo-yo, c'est-à-dire que, normalement, on comptabilise une perte de valeur lorsque la perte de valeur est perçue comme permanente, non due à un soubresaut négatif et momentané des variables de marché et des variables financières. Mais, en affaires, il ne faut pas se surprendre, et une révision des budgets suivant la fluctuation inattendue et inespérée d'une variable pourrait survenir. Il existe quelques exemples célèbres dans l'industrie de la chaussure.

Prenons par exemple les chaussures Puma, qui avaient perdu leur notoriété dans les années 1990, mais qui sont maintenant revenues en force. La même chose avec les chaussures Hush Puppies[44] qui sont revenues à la mode grâce à un engouement des jeunes gens d'affaires de Wall Street, New York. Lorsqu'une reprise de valeur est constatée, il n'y a pas de retours dans les registres comptables des années antérieures. La reprise de valeur est comptabilisée et constatée année courante. La valeur comptable de l'actif déprécié est augmentée et un gain est enregistré dans l'état des résultats.

[44] Theguardian.com. (2000, 22 avril). How to start an epidemic? Where does a craze come from? Why does one idea succeed and another flop? Malcom Gladwell pinpoints the little things that spark cataclysmic changes. http://www.theguardian.com/books/2000/apr/22/extract. Consulté en février 2016.

Note importante

Les tests de pertes de valeur, une affaire de comptables ou une affaire de gestion?

Une affaire de gestion, assurément. Ici, il est important que l'entrepreneur, l'investisseur, le gestionnaire d'entreprise comprennent que le sujet des tests de perte de valeur est beaucoup plus qu'un exercice de calcul fastidieux, une affaire de « comptables ». Un test de perte de valeur est une affaire de rendement, une affaire de « choix difficiles ». Nous savons que les modèles d'affaires, les arguments concurrentiels, connaissent des fenêtres d'exploitation de plus en plus courtes. Un équipement « à la fine pointe de la technologie » sera soudainement supplanté par un autre encore plus sophistiqué ou par une autre façon de produire. Nous n'avons qu'à penser à l'industrie des communications qui connaît des bouleversements majeurs suivant la facilité et les coûts réduits de leurs clients d'entrer en communication avec les consommateurs en mode continu et dynamique. Même phénomène dans l'industrie de la musique où le dernier grand studio de son a fermé ses portes à Montréal à l'automne 2015. Il est maintenant possible de créer un studio de son dans « son sous-sol » avec quelques équipements non coûteux[a]. Même phénomène dans le secteur des institutions financières, qui doivent remodeler leur offre de produits et de services en prenant à grande vitesse et à grands frais le virage numérique[b].

La réalisation d'un test de perte de valeur est un moment privilégié pour faire le point sur une stratégie passée, les investissements qui ont été requis (valeur comptable du groupe d'actifs [appelée unité génératrice de trésorerie] présentés dans l'état de la situation financière) et le potentiel de rentabilité future (valeur actuelle des flux financiers prévisionnels). Il y aura des constats de réussite (on renforce les vecteurs de succès[c]) et il y aura des constats d'échec. Dans le cas de constats d'échecs potentiels, il est préférable d'agir rapidement plutôt que de se diriger vers un long déclin. Et de faire les choix difficiles, comme vendre ou fermer l'activité, ou encore **mettre toute l'équipe à contribution** pour voir comment faire autrement. Direction nouveau marché, ajout à l'offre de service, alliance avec une autre entreprise pour créer rapidement une nouvelle offre de produits et services complémentaires ou intégrés. Tout est possible, encore faut-il identifier les signaux précurseurs et se placer en mode action plutôt que d'attendre et de déplorer l'échec. C'est ce que permet de faire le test de perte de valeur.

[a] Décarie, J.-P. (2016, 21 janvier). Les défis de la quatrième révolution industrielle, La *Presse.*

[b] Proulx, D. (2016, 8 février). Desjardins investira 1 milliard $ dans son virage numérique. Le *Journal de Montréal.*

[c] Laperrière, É. (2016, 12 février). Questions pour un patron, Keurig veut moderniser l'image de Van Houtte, La Presse+, section *Affaires.*

2.10 Provisions
IAS 37, chapitre 1508

Une provision est un passif estimé à un montant estimé. La comptabilisation d'une provision pour garantie d'un manufacturier, par exemple. Dans les états financiers, on retrouve des provisions courantes et des provisions non courantes tout dépendant de l'horizon attendu de paiement ou de renversement du compte. En nous référant toujours à la provision pour garantie d'un manufacturier, supposons que la garantie est de trois ans, une partie de la provision sera présentée dans la section courante, et le solde, dans la section non courante des passifs. Et pourquoi « estimatif »? Parce que le manufacturier ne connaît pas le moment exact où se présentera chaque client demandant de réparer ou de remplacer le produit défectueux. L'expérience d'affaires montre que malgré toute la bonne volonté de l'entreprise, un certain nombre de produits échapperont au contrôle de la qualité, et c'est pourquoi celle-ci peut mettre en place une politique de garantie.

Question 1 : Quel est l'impact de la construction d'une provision sur les états financiers?

La provision a comme impact de constater en charges, année courante, des coûts qui seront encourus lors des périodes comptables subséquentes. Dans l'exemple mentionné ci-dessus, supposons que le produit est vendu le 1er décembre 19X1, les coûts encourus pour honorer, au besoin, la garantie, le seront durant l'année 19X2 et suivantes.[45] La provision affecte donc les résultats de la période comptable courante, alors que les déboursés se matérialiseront plus tard.

En pratique, au moment de son estimation, la direction sera appelée à répondre aux questions suivantes[46] :

1. Est-il plus probable qu'improbable[47] suivant un événement (événement déclencheur) qui s'est passé au cours de la période comptable qui se termine que l'entreprise ait à débourser des sommes[48] dans le futur.

On ne peut provisionner durant la période courante (à l'avance) les impacts d'événements qui prendront place dans le futur. La constatation anticipée de pertes d'exploitation futures, par exemple.

2. Existe-t-il une obligation légale ou implicite (us et coutumes ou dires de l'entreprise qui ont généré des attentes valables auxquelles elle aurait de la difficulté à se soustraire sans impacts négatifs auprès de sa clientèle ou de ses partenaires d'affaires)?

3. Est-il possible d'estimer les déboursés futurs de façon fiable?

Si la réponse à ces trois questions est oui, il faut alors comptabiliser une provision.

Quel est l'impact de la mise en place d'une provision sur la trésorerie?

Aucun au moment de l'enregistrement comptable. La mise en place d'une provision n'implique aucune sortie d'encaisse au moment de son estimation et de son enregistrement comptable. Les sorties d'encaisse surviendront au moment où l'entreprise paiera les coûts (salaires des employés, pièces de remplacement, emballage de retour et autres) provisionnés. Même chose lorsque l'annonce d'une restructuration d'entreprise est faite avant la période comptable où se matérialiseront les impacts de la restructuration sous forme de sorties d'encaisse; le paiement des primes de départ, par exemple. Les écritures comptables suivantes vous aideront à comprendre la désynchronisation entre le moment de la constatation de la charge et le moment du déboursé.

Écritures comptables

Année 1

Construction de la provision pour des frais de restructuration qui seront encourus à la prochaine période comptable.

	Débit	Crédit
Frais de restructuration (charges, état des résultats)	100 $	
Provision (passif)		100 $

[45] Nous expliquons de façon plus précise la comptabilisation des provisions dans la section « Contrats-clients » de ce chapitre.
[46] *Manuel de CPA Canada*, IAS 37, paragraphe 14.
[47] Traduit en terme de probabilité, on peut poser que plus probable qu'improbable = + que 50 %. Lorsque l'estimation de la probabilité est entre 20 à 50 %, l'entreprise informera dans une note appelée « passifs éventuels » ou « éventualités » qu'un événement survenu au cours de la période comptable entraîne des déboursés futurs. Mais attention, les intervalles probabilistes sont mentionnés à titre indicatif seulement. Des circonstances particulières pourraient faire en sorte que nonobstant les intervalles estimés, des provisions soient comptabilisées.
[48] La norme IAS 37 réfère à la sortie future de ressources économiques.

Année 2

Les frais de restructuration sont déboursés.

Provision (passif)	100 $	
Encaisse (actif)		100 $

Le lecteur aura remarqué la désynchronisation entre la constatation de la charge au moment où elle est provisionnée (année 1) et la constatation du déboursé, au moment où les sorties de caisse ont lieu (année 2).

Note importante

Attention

Contrairement à la croyance populaire, l'enregistrement comptable d'une provision dans l'état de la situation financière ne signifie pas que l'entreprise dispose de la somme équivalente dans son compte de banque. Autrement dit, la présentation d'une provision de 100 $ ne signifie pas que l'entreprise a « mis de côté » 100 $ pour honorer son obligation financière.

Cela signifie simplement que l'entreprise reconnaît et constate une obligation financière dont elle devra tenir compte dans ses prévisions de trésorerie pour les prochaines périodes comptables. Pour l'utilisateur des états financiers, c'est en quelque sorte un « acte de foi » en la capacité financière future de l'entreprise.

Il existe pour certaines transactions financières la constitution de fonds, souvent appelés « fonds d'amortissement », pour s'assurer que l'entreprise a le niveau d'encaisse requis pour rembourser ses obligations financières au moment requis.

Par exemple, un prêteur peut exiger que la société emprunteuse « mette de côté » à chaque année un montant de 100 $ pour être en mesure de rembourser le prêt à sa date d'échéance. À ce moment le lecteur des états financiers observera, dans la section « Actifs » de l'état de la situation financière, l'augmentation du solde d'un compte d'encaisse ou de placements portant le libellé « sous restriction ».

Question 2 : Quelles sont les provisions les plus fréquentes?

Parmi les provisions souvent retrouvées dans les états financiers des sociétés dont l'information est publique, mentionnons les provisions pour garantie[49], les provisions pour la restauration de sites contaminés, les provisions pour les contrats déficitaires, les provisions pour les frais de restructuration et les provisions pour litiges et autres.

[49] Au Québec, en plus de la garantie offerte volontairement par le fabricant (1 an de garantie, par exemple), la Loi sur la protection du consommateur (LPC) et la notion de vice caché « prévoit qu'un bien doit pouvoir servir à l'usage auquel il est normalement destiné (article 37 LPC) pendant une durée raisonnable, qui peut varier selon le prix payé, les dispositions du contrat et les conditions d'utilisation (article 38 LPC). Si le bien ne permet pas l'usage auquel le consommateur peut raisonnablement s'attendre, il y a alors présomption que le défaut est antérieur à la vente. De plus ni le commerçant ni le fabricant ne peuvent opposer au consommateur le fait qu'ils ignoraient ce vice ou ce défaut (article 53 LPC) ». Brixi, M., Thibaudeau, L., (2016, 5 février). La garantie d'usage en droit de la consommation : la Cour d'appel se prononce. *Le Droit de savoir.* http://www.lavery.ca/publications.html. Consulté en février 2016.

Voici les provisions qui avaient été comptabilisées par la société Rona pour la période comptable terminée le 28 décembre 2014.

21. PROVISIONS ET PASSIFS ÉVENTUELS

				Restructuration [a]		
	Litiges	Contrats déficitaires	Garanties sur produits	Prestations de cessation d'emploi	Contrats déficitaires	Total
Solde au 29 décembre 2013	4 967 $	567 $	1 846 $	4 351 $	70 960 $	82 691 $
Provisions constituées	2 291	432	407	70	–	3 200
Provisions utilisées	(482)	(865)	–	(3 891)	(32 478)	(37 716)
Provisions reprises	(829)	–	(880)	(248)	–	(1 957)
Changement dans les estimations	237	(7)	200	239	22 520	23 189
Charge de désactualisation	–	–	–	–	2 330	2 330
Solde au 28 décembre 2014	6 184 $	127 $	1 573 $	521 $	63 332 $	71 737 $
Courants	6 184 $	103 $	1 573 $	521 $	38 215 $	46 596 $
Non courants	–	24	–	–	25 117	25 141
Solde au 28 décembre 2014	6 184 $	127 $	1 573 $	521 $	63 332 $	71 737 $

[a] Se reporter à la note 5.4 pour plus d'informations.

Rona, note 21, *Provisions et passifs éventuels*, États financiers présentés pour la période comptable terminée le 28 décembre 2014.

La provision pour litiges est relative à l'estimation des sommes, incluant frais légaux et dommages, que Rona prévoit débourser au cours de la prochaine année. Pourquoi pouvons-nous affirmer « prochaine année »? À cause de la présentation de la totalité du montant (6 184 M $) dans la section courante du tableau.

La provision pour contrats déficitaires est relative à l'estimation des pertes que Rona encourra à la suite de la signature de contrats, dans ce cas-ci de baux, pour des places commerciales. Notons que Rona présente deux colonnes nommées « Contrats déficitaires », la première faisant référence à la situation d'affaires courante de l'entreprise, la seconde faisant référence à une situation conscrite de restructuration que nous présentons ci-après.

Question 3 : Qu'est-ce qu'une provision pour restructuration?

La provision pour restructuration est une provision relative à une modification importante du modèle d'affaires d'une entreprise. Comme la fermeture d'une division, l'achat et l'intégration d'une entreprise, le passage d'un modèle d'affaires de brique et de mortier à un modèle d'affaires virtuel, et autres. Reprenons le cas de Rona et de la fermeture de plusieurs magasins situés dans l'ouest du pays. Ces fermetures ont entraîné de nombreux coûts, tels des primes de départ, des frais de formation si le plan de fermeture le prévoyait, des pénalités de bris de baux ou le paiement des loyers commerciaux durant le délai de remplacement par un autre locataire, des frais de déplacement d'équipements, d'inventaires et autres. Pour que l'enregistrement présent, en charges, de déboursés futurs liés à des frais de restructuration se qualifie, il faut que ladite restructuration et les frais attenants satisfassent aux conditions suivantes :

1. Changement significatif du modèle d'affaires de l'entreprise (vente ou achat, autrement dit plus qu'une permutation des plaques d'identification des vice-présidences);
2. Les coûts à encourir n'ont pas de valeur économique future pour l'entreprise (des frais de formation pour des employés relocalisés dans une autre usine du groupe ne sont pas admissibles en provision). Ils seront constatés et présentés au cours de la période comptable où ils seront encourus. Des frais de formation pour des employés qui ne seront plus à l'emploi de l'entreprise et autres entreprises liées (le groupe), sont admissibles en provision);
3. Le plan de restructuration a été approuvé par la haute direction de l'entreprise et il a été communiqué aux employés.

Question 4 : Comment évalue-t-on les coûts d'une provision?

C'est une grande question, qui mérite d'être révisée, car il existe une certaine diversité dans la façon d'établir le coût total d'une provision. Un exposé-sondage a d'ailleurs été publié dans l'objectif d'uniformiser les pratiques en janvier 2010 par l'ICCA[50]. Mais sans conclure à cette date à la révision ou à la publication d'une nouvelle norme. La lecture de la note aux états financiers est donc fortement recommandée.

[50] Exposé-sondage ES/2010/1, Évaluation des passifs dans IAS 37, deuxième exposé-sondage, limité, sur un projet de modification d'IAS 37, Institut Canadien des Comptables Agréés (ICCA), Janvier 2010.

Sur la base des paragraphes 36 à 39 de la norme IAS 37, « *la meilleure estimation de la dépense imposée par l'extinction de l'obligation actuelle est le montant que l'entité devrait raisonnablement payer pour éteindre son obligation à la date de clôture ou pour la transférer à un tiers à cette même date. L'estimation est faite sur la base du jugement de la direction, de l'expérience de transactions similaires et, au besoin, de rapports d'experts indépendants.* »

Question 5 : Qu'arrive-t-il lorsque les coûts réels sont plus élevés ou moins élevés que les coûts provisionnés?

Ce qui est certain dans l'estimation du montant d'une provision, c'est qu'il y aura à coup sûr des différences entre le montant prévu et le montant réel. Dans le cas des provisions courantes, l'écart sera rapidement constaté, alors que dans le cas des provisions de longue durée, les hypothèses ayant servi à estimer les provisions seront révisées et ajustées, au besoin. Afin d'éviter une certaine « gestion des résultats », le détail de l'évolution de la provision, pour chaque item, doit être présenté en détail, incluant, de façon séparée, les additions et les soustractions dans le compte. Par exemple, si nous référons à la note 21, *Provisions et passifs éventuels* de Rona, pour l'item « Litiges », la société présente en détail la conciliation du compte du début à la fin de la période comptable incluant les sommes utilisées, les reprises et les changements dans les estimations. Des écarts importants et fréquents seraient certainement la source de nombreuses questions de la part des actionnaires et des investisseurs, car ils pourraient être interprétés comme de la mauvaise gestion.

Lorsque les coûts réels sont plus élevés que les coûts provisionnés, l'excédent est passé en charges de la période comptable. Lorsque les coûts réels sont moins élevés que les coûts provisionnés, on comptabilise l'extinction de l'obligation et la contrepartie est constatée en gain « charge négative » dans le compte de l'état des résultats. C'est ce qu'on appelle une « reprise de provision ». Toujours pour l'item « Litiges », nous observons une reprise de provision au montant de 829 M $. Nous pouvons poser l'hypothèse qu'une provision estimée pour un litige au cours d'une période comptable précédente s'est conclue de façon plus avantageuse que prévu au cours de la période comptable terminée le 28 décembre 2014.

2.11 Activités abandonnées – destinées à la vente *IFRS 5, chapitre 3475*

Il y a une relation à faire entre cette norme comptable, les acquisitions et les restructurations d'entreprises. En effet, lorsqu'une entreprise en achète une autre il arrive souvent que son intérêt se porte sur une partie des activités de l'entreprise acquise seulement et qu'elle décide de se départir de ce qu'elle ne souhaite pas conserver. Le même phénomène se produit lorsqu'une entreprise décide de mettre en vente ou de fermer une partie de ses activités dans le cadre d'une restructuration, ce qui est inhérent à la définition comptable qui pose qu'une restructuration constitue une modification importante au modèle d'affaires. Le principe sous-jacent à la comptabilité des actifs et des passifs liés aux activités qui seront abandonnées, est qu'à partir de la mise en vente, les flux générés par l'actif ou le groupe d'actifs proviendront d'une transaction de vente plutôt que par leur utilisation continue dans la production. On isole à ce moment, en fin de présentation des actifs et des passifs, les actifs et les passifs liés (passifs qui seront remboursés à même le produit de la vente ou, si le solde des prêts excède le produit de la vente des actifs, des ressources supplémentaires qui devront y être consacrées; le remboursement d'un prêt hypothécaire qui excèderait le produit de la vente de l'immeuble remis en garantie, par exemple.

Les actifs destinés à la vente sont présentés au plus petit de la valeur comptable ou de la juste valeur moins les coûts de vente. La différence, s'il y a lieu, est passée en charge à titre de perte de valeur d'actifs. Il est à noter que pour certains actifs, les coûts de vente peuvent être relativement élevés, sans oublier les déboursés requis pour assumer les obligations provisionnées pour frais de démantèlement.

À partir du moment de la décision de vente, on cesse tout amortissement, puisque l'utilisation des immobilisations est provisoire, la transaction de vente devant se faire au cours de la période ou dans les prochains mois. Cette dernière phrase montre que pour l'adoption de ce traitement comptable, la transaction de vente doit être hautement probable, ce qu'on validera par l'observation d'un prix de vente raisonnable, d'une mise en vente active des actifs et d'un court horizon de travail. La présentation, dans la partie courante ou dans la partie non courante de l'état de la situation financière, des actifs et passifs destinés à la vente nous fournit une bonne indication de l'estimation de la période comptable où se conclura la transaction de vente.

Les passifs qui seront remboursés à même le produit de la vente des activités abandonnées, ou qui devront être remboursés compte tenu de la vente des actifs liés, sont également présentés à la juste valeur égale au montant qui devra être déboursé pour clore l'obligation financière. Il est intéressant de remarquer que du côté des passifs, il peut arriver que la juste valeur du prêt à rembourser soit plus élevée que la valeur comptable inscrite à l'état de la situation financière, compte tenu des pénalités de remboursement anticipé qui peuvent être imposées par le prêteur.

En attendant le moment de la vente, les revenus et les charges liés à l'exploitation des ressources destinées à la vente sont présentées dans une section distincte de l'état des résultats, afin que l'actionnaire puisse concentrer son analyse et ses prévisions sur les résultats des activités conservées uniquement.

2.12 Revenus, Produits ou contrats-clients *IFRS 15, Chapitre 3400*

La comptabilité des revenus d'une entreprise est un sujet important et qui peut rapidement devenir complexe suivant l'offre commerciale proposée aux clients. Il s'agit de la première ligne de l'état des résultats, et elle influence naturellement tout le calcul de la rentabilité et des ratios attenants. Il faut dire également que les offres commerciales se multiplient et proposent des formules de type forfaits, abonnements, retours sur des périodes étendues; nous sommes à l'ère de la multiplication et des promotions « *pop up* ». Aussi accorderons-nous une attention particulière à la présentation et à l'explication de cette norme comptable.

Nous avons vu dans le chapitre précédent qu'il ne fallait pas confondre encaissement, facturation et revenu. Les trois événements peuvent se produire en même temps ou peuvent être fortement dissociées. Prenons par exemple la vente d'un crayon, au comptant, sans droit de retour ou de remboursement. Le marchand facturera, encaissera et comptabilisera le montant complet de la vente, car les trois événements se sont produits simultanément. C'est la même situation lorsque le marchand indique sur la facture « vente finale ». Si nous modifions une variable des conditions de vente pour permettre un droit de retour et de remboursement pour une période de 30 jours, le marchand facturera toujours le prix de vente du crayon, encaissera au même moment le produit de la vente, comptabilisera un revenu… et comptabilisera également une diminution de la vente (dans un compte de contrepartie intitulé « retour »)[51]. On parlera à ce moment de vente nette et c'est ce montant qui sera présenté à la première ligne de l'état des résultats.

Comme en musique, faisons une autre variation sur un même thème. Cette fois, supposons que le crayon désiré par le client est un crayon très spécialisé et que le marchand doit le commander, ce qu'il fera à condition que le client paie immédiatement. Comme nous l'avons déjà vu, le marchand facturera le prix de vente, encaissera le montant, mais ne pourra constater le revenu étant donné qu'il n'a pas encore respecté une partie du contrat-client qui est de lui livrer le crayon désiré. À ce moment, il y aura une dissociation des moments de constatation des événements, la constatation de la réception de l'encaisse

[51]Voir la section de ce chapitre consacré au poste comptable *Provisions*, à la page 117.

et de la facturation ayant lieu immédiatement, mais la constatation du revenu ayant lieu plus tard. En attendant, le revenu sera placé dans un compte de passif intitulé « revenu non gagné » et le solde de la transaction sera transféré de « revenu non gagné » à « revenu gagné » le jour de la livraison du crayon au client. Ce qui est logique si nous faisons l'analyse de la transaction. Dans cette variation commerciale, la transaction a causé la création d'une obligation du marchand envers le client tant que l'exécution du contrat n'est pas close.

Une nouvelle norme comptable portant sur les revenus vient d'être publiée et elle s'intitule *Produit des activités ordinaires tirés de contrats conclus avec des clients* (IFRS 15). Pourquoi contrats-clients? Parce que l'application de la norme repose sur la constatation et la réalisation des obligations contractuelles (droits et obligations exécutoires) encourues par chacune des parties prenantes à un contrat de vente de produits et de services : l'entreprise et le client.

La norme IFRS 15 remplace la norme IAS 18 (produits) et la norme IAS 11 (contrats conclus avec des clients) à compter du 1er janvier 2018. Son application anticipée étant autorisée, nous avons choisi de la présenter immédiatement. Ajoutons que la publication de plusieurs documents d'interprétation durant la période de révision dont les documents IFRIC[52] 13, IFRIC 15 et IFRIC 18 ont eu comme impact de rapprocher les pratiques comptables des pratiques publiées dans la norme IFRS 15.

2.12.1 Un seul modèle de constatation des revenus

La norme IFRS 15 propose un seul modèle de constatation des revenus générés par la vente de produits et de services. Un revenu ne peut être constaté qu'au moment où il y a « transfert du contrôle » au client. Dans le cas de la vente de biens de consommation, il peut être plus simple de déterminer le moment du transfert du contrôle[53] au client, mais attention, une offre commerciale attrayante pour le client (marketing) peut compliquer la comptabilité des revenus. Il est donc nécessaire, dans l'élaboration d'offres-clients d'allier marketing, comptabilité et trésorerie. Quelques exemples seront fournis pour illustrer ce concept. Mais d'abord, posons le modèle d'analyse de transaction proposé par la norme comptable.

Figure 2.5 Modèle d'analyse de transaction proposé par la norme comptable IFRS 15

Étape 1	Étape 2	Étape 3	Étape 4	Étape 5
Identifier le(s) contrat(s) conclu(s) avec le client.	Identifier les obligations de prestation prévues au contrat.	Déterminer le prix de transaction.	Répartir le prix de la transaction entre les obligations de prestation prévues au contrat.	Comptabiliser des produits des activités ordinaires lorsque l'entité a rempli (ou à mesure qu'elle remplit) une obligation de prestation.

CPA Canada, Deloitte, IFRS 15 Produits des activités ordinaires tirés de contrats conclus avec des clients, réponses à vos questions, mars 2015, page 7.

Le même document définit ainsi le transfert du contrôle :

- Capacité de décider de l'utilisation d'un actif et d'en tirer la quasi-totalité des avantages restants;
- Capacité d'empêcher d'autres entités de décider de l'utilisation de l'actif et d'obtenir les avantages y afférents.

[52] IFRIC = International Financial Reporting Interpretation Committee.

[53] Nous rappelons qu'en comptabilité, « transfert de contrôle » ne signifie pas « transfert du titre de propriété ».

Il faut également tenir compte du moment de constatation des revenus suivant le calendrier de réalisation des travaux. Le revenu est-il gagné à un moment précis ou de façon progressive (les contrats de longue durée, par exemple)? Le document publié par CPA Canada, Deloitte propose le modèle décisionnel suivant :

Figure 2.6 Modèle décisionnel proposé par CPA Canada et Deloitte

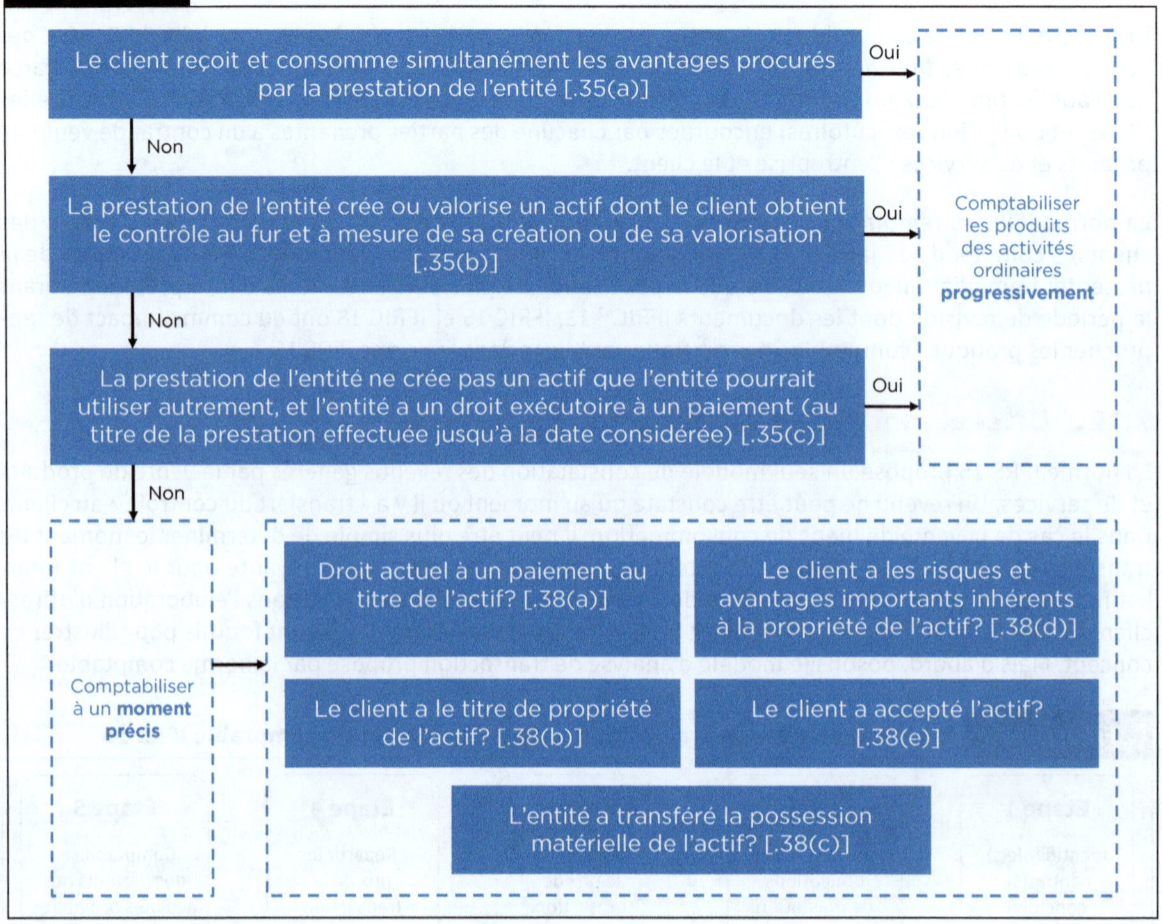

CPA Canada, Deloitte, IFRS 15 Produits des activités ordinaires tirés de contrats conclus avec des clients, réponses à vos questions, mars 2015, page31.

Comment cela se traduit-il en pratique? Voici quelques exemples.

1er exemple :

La vente d'appartements en copropriété. Un promoteur-constructeur vend un appartement en copropriété à un client pour la somme de 500 000 $. Un montant de 100 000 $ est payable à la signature du contrat, le solde sera payé au moment de la remise des clés, à la fin du projet.

1er volet de cette transaction : l'augmentation de la trésorerie et la constatation des revenus ne se font pas en même temps. L'augmentation de la trésorerie est enregistrée dans le compte encaisse[54] au moment du dépôt du chèque (ou du transfert bancaire), alors que les revenus seront constatés de façon progressive tout au cours de la construction de l'immeuble et de l'appartement. Le transfert entre les sommes reçues et la constatation des revenus se fera par l'ouverture d'un compte de passif provisoire intitulé « revenu non gagnés ». Dans ce cas, pourquoi peut-on enregistrer de façon progressive la constatation des revenus? Parce que le transfert de contrôle a eu lieu au moment de la signature du contrat de vente, puisqu'à

[54] Idéalement dans un compte de banque en fiducie.

partir de ce moment, c'est l'acheteur qui contrôle et obtient les avantages de l'actif. Advenant une hausse du prix des appartements durant la phase de construction, l'acheteur peut revendre son contrat d'achat à un autre acheteur et empocher la plus-value. Mais le promoteur-constructeur ne peut revendre le logis à un second acheteur et aviser le premier qu'il lui a réservé une « superbe unité au sous-sol avec vue sur le garage... »

2e exemple :

La vente de maisons standardisées dans un projet domiciliaire. Un promoteur-constructeur a acquis un terrain et a débuté la construction de maisons qui seront prêtes à vendre, dans quelques mois, au moment où les acheteurs se présenteront. Dans ce cas, le promoteur-constructeur ne peut constater de revenus sur des travaux en cours où aucun transfert de contrôle n'a encore été fait. Si le prix des maisons augmente en cours de réalisation du projet, il aura le loisir d'augmenter le prix de vente avant que les clients se présentent.

Revenons maintenant aux étapes du modèle de constatation des revenus.

Étape 1 – Identification du contrat (ou des contrats)

Étape 1	**Étape 2**	**Étape 3**	**Étape 4**	**Étape 5**
Identifier le(s) contrat(s) conclu(s) avec le client.	Identifier les obligations de prestation prévues au contrat.	Déterminer le prix de transaction.	Répartir le prix de la transaction entre les obligations de prestation prévues au contrat.	Comptabiliser des produits des activités ordinaires lorsque l'entité a rempli (ou à mesure qu'elle remplit) une obligation de prestation.

Attention, en comptabilité, on fait référence à la notion de « contrat économique », un ensemble d'obligations de prestation pour définir le cadre de travail pour la constatation et la mesure des revenus. Un bon exemple est une société informatique qui offrirait un service de consultation à 1,50 $ par mois, pour une durée de 12 mois, à condition de signer un contrat d'achat d'un ordinateur à 1 000 $. En fait, même si le client signe deux contrats (un pour l'achat de l'ordinateur et un pour un service de consultation de 12 mois), en terme d'affaires il s'agit d'un seul contrat dont le prix total repose sur la connaissance des coûts à encourir pour le paiement de l'ordinateur au manufacturier, le paiement du salaire des employés pour le service de consultation + le paiement d'une quote-part des frais de vente et d'administration de la transaction. Nous avons ici un bel exemple de l'intégration de la comptabilité de gestion (prix de revient du total du bien et des services vendus) à la comptabilité financière (marge bénéficiaire désirée, prix de vente au client et mesure de la rentabilité). Donc, un « contrat économique » peut être constitué de un ou de plusieurs contrats légaux qui créent des droits et des obligations exécutoires. La norme IFRS 15 définit ainsi ce que nous venons d'expliquer :

> Un contrat peut être individuel ou constitué d'un regroupement de contrats si des contrats sont négociés en bloc et visent un objectif commercial unique, si le montant de la contrepartie à payer en vertu d'un contrat dépend du prix ou de l'exécution de l'autre contrat ou si les biens ou services promis par contrat constituent une seule obligation de prestation selon les critères inclus dans le modèle de constatation des revenus.

Manuel de CPA Canada, Norme IFRS 15, paragraphe 17.

Étape 2 – Identification des obligations de prestation distinctes

Étape 1	Étape 2	Étape 3	Étape 4	Étape 5
Identifier le(s) contrat(s) conclu(s) avec le client.	Identifier les obligations de prestation prévues au contrat.	Déterminer le prix de transaction.	Répartir le prix de la transaction entre les obligations de prestation prévues au contrat.	Comptabiliser des produits des activités ordinaires lorsque l'entité a rempli (ou à mesure qu'elle remplit) une obligation de prestation.

Un contrat implique la promesse de fournir des biens et/ou des services à un client. Ces promesses sont appelées « obligations de prestation », et une entité comptabilisera séparément les obligations de prestation qui sont distinctes. Des biens ou des services sont considérés comme distincts lorsque l'entité vend séparément de façon courante les biens ou les services, ou lorsque le client peut isolément en tirer avantage (*Manuel de CPA Canada*, IFRS 15, paragraphes 27 a) et b). À l'inverse, des biens ou des services ne sont pas considérés distincts lorsque les biens ou services sont très liés entre eux et nécessitent un important travail d'intégration pour satisfaire à l'objet du contrat ou lorsqu'ils sont considérablement modifiés ou adaptés au client (*Manuel de CPA Canada*, IFRS 15, paragraphes 29 a) et b).

Prenons, par exemple, le cas d'une société qui offre des services en technologies de l'information. Dans le cadre d'un contrat de construction d'un nouveau système d'information, elle pourrait avoir à choisir et à livrer au client des ordinateurs. Supposons, comme premier exemple, que les ordinateurs livrés peuvent être immédiatement utilisés par les employés de l'entreprise, nonobstant la complétion des travaux. Ce que nous avons défini comme « le client peut isolément en tirer avantage » dans le paragraphe ci-dessus. Ceux-ci peuvent à ce moment être immédiatement constatés en revenus.

Supposons maintenant, comme second exemple, que l'utilisation des ordinateurs ne sera possible qu'à la complétion des travaux; ceux-ci font à ce moment partie du total de l'obligation de prestation dont les revenus sont à constater progressivement selon la mesure préétablie de la progression des travaux. Voici quelques exemples : le degré d'avancement des travaux estimé par un expert, le nombre d'heures travaillées/le nombre d'heures prévues dans le contrat, le coût des matériaux installés et autres choix de mesure.

Étape 3 – Détermination du prix de la transaction

Étape 1	Étape 2	Étape 3	Étape 4	Étape 5
Identifier le(s) contrat(s) conclu(s) avec le client.	Identifier les obligations de prestation prévues au contrat.	Déterminer le prix de transaction.	Répartir le prix de la transaction entre les obligations de prestation prévues au contrat.	Comptabiliser des produits des activités ordinaires lorsque l'entité a rempli (ou à mesure qu'elle remplit) une obligation de prestation.

Le prix de la transaction est le montant que l'entité s'attend de recevoir en échange de la fourniture des biens et/ou services promis aux clients. Ce montant peut être fixe ou inclure des clauses variables d'ajustement. Une prime à la performance pour la rapidité de complétion d'un contrat, par exemple. Dans ce cas, l'entité peut l'estimer à l'aide de la méthode de la valeur attendue (paragraphe 53 a)) ou de la méthode du montant le plus probable (p. 53 b)). Comme il a été mentionné au début de cette section, la comptabilité des revenus peut rapidement devenir complexe. Nous tenterons donc d'expliquer en quelques mots les techniques de travail auxquelles nous venons de faire référence.

Montant fixe et variable

La méthode de la valeur attendue

Cette méthode fait appel aux estimations et au jugement des dirigeants de l'entreprise volet comptable, aux mathématiques financières, volet calculs. Il s'agit d'établir les différents scénarios de la fin des travaux pondérés par leur probabilité respective. Le calcul final, appelé « espérance mathématique » est la valeur attendue de la contrepartie variable.

Supposons, par exemple, qu'une entreprise signe un contrat de 100 000 $ majoré d'une prime de 10 000 $ si le travail est complété dans les 90 jours, et de 5 000 $ si le travail est complété dans les 150 jours. L'entreprise prépare ses états financiers sur une base mensuelle. Selon son expérience, l'entreprise prépare les trois scénarios suivants :

Hypothèse fin des travaux	Probabilité	Valeur attendue
90 jours	20 %	20 % × 10 000 = 2 000 $
150 jours	50 %	50 % × 5 000 = 2 500 $
180 jours (contrat)	30 %	30 % × 0 = 0 $
	Espérance mathématique	**2 000 + 2 500 = 4 500 $**

Le prix du contrat estimé pour la comptabilité progressive des revenus, à chaque mois, sera de 104 500 $.

La méthode du montant le plus probable

Cette méthode consiste à déterminer le scénario qui est le plus plausible, d'où l'appellation « le plus probable ». Dans notre exemple, le prix estimé du contrat serait de 105 000 $.

Remarques

1. Une clause d'ajustement peut être à la hausse (prime) comme à la baisse (pénalité).
2. Notons que l'entité n'est pas tenue d'ajuster le montant de contrepartie promis pour tenir compte de la valeur temps de l'argent pour les contrats dont le délai entre la fourniture des biens et des services et le paiement final ou quasi-final est inférieur à un an.

Cet exemple illustre fort bien le besoin pour les dirigeants de l'entreprise de comprendre les besoins d'information de l'équipe comptable et de travailler conjointement avec eux pour établir les hypothèses, les estimations qui seront nécessaires à la bonne évaluation du prix de la transaction et à l'identification des moments de constatation des revenus. Les principes, les techniques de travail sont disponibles dans les livres. Mais pas l'information sur la transaction, sur l'entreprise, sur les us et coutumes de l'industrie dont l'entrée dans le modèle comptable résulte en la production d'une information de qualité.

Aussi, et nous reproduisons de façon intégrale le texte du paragraphe 56 traitant de l'ajout de clauses variables d'ajustement dans la détermination du prix de la transaction, tout ce travail doit être fait sans intention de provoquer volontairement des fluctuations et des ajustements subséquents dudit prix de la transaction.

> *L'entité doit inclure dans le prix de transaction tout ou partie du montant de contrepartie variable estimé conformément au paragraphe 53 dans la seule mesure* ***où il est hautement probable que le dénouement ultérieur de l'incertitude relative à la contrepartie variable ne donnera pas lieu à un ajustement à la baisse*** *important du montant cumulatif des produits des activités ordinaires comptabilisé.*
>
> *Manuel de CPA Canada, Norme IFRS 15 Produits des activités ordinaires tirés de contrats conclus avec des clients, paragraphe 56.*

Paiement non monétaire

Dans les cas où une partie du paiement par le client est non monétaire, celle-ci doit être évaluée à la juste valeur de ce qui est reçu.

Étape 4 – Répartition du prix de la transaction entre les différentes obligations de prestation ou promesses

Étape 1	Étape 2	Étape 3	Étape 4	Étape 5
Identifier le(s) contrat(s) conclu(s) avec le client.	Identifier les obligations de prestation prévues au contrat.	Déterminer le prix de transaction.	Répartir le prix de la transaction entre les obligations de prestation prévues au contrat.	Comptabiliser des produits des activités ordinaires lorsque l'entité a rempli (ou à mesure qu'elle remplit) une obligation de prestation.

L'entité répartit le prix de la transaction entre les obligations de prestation distinctes identifiées à l'étape 2 sur la base du prix de vente habituel du bien et/ou du service isolé. Si le prix de vente d'une obligation de prestation n'est pas disponible, une entité peut l'estimer en utilisant, entre autres, la méthode de l'évaluation du marché avec ajustements, au besoin.

Si nous reprenons l'exemple utilisé à l'étape 2 de la vente d'ordinateurs, immédiatement utilisables, il serait possible de déterminer le prix du marché en utilisant le prix observé sur le marché pour des ordinateurs identiques ou comparables. Et de le placer en perspective avec le prix total du contrat incluant la vente d'ordinateurs et une prestation de service. Si nous réfléchissons ici en terme de gestion, il est raisonnable de penser que les dirigeants de l'entreprise ont calculé le prix de vente des ordinateurs et le total facturable des honoraires de consultation pour fixer le total du contrat. La remise d'un escompte fera en sorte que le prix total du contrat sera réparti en fonction des prix de vente et/ou honoraires facturables identifiés.

Supposons que pour préparer la soumission sur ce contrat, la société a calculé que le prix de vente des ordinateurs était de 500 $ et que le total des heures travaillées, converties au taux de facturation, était de 1 500 $, pour un total de 2 000 $. Total de la soumission déposée : 1 800 $ (escompte pour l'ensemble du projet). Le revenu constaté par l'entreprise au moment de la livraison des ordinateurs sera de 450 $ (500 $/2000 $) × 1 800 $ = 450 $.

Étape 5 – Constatation du revenu au moment où l'obligation de prestation est remplie

Étape 1	Étape 2	Étape 3	Étape 4	Étape 5
Identifier le(s) contrat(s) conclu(s) avec le client.	Identifier les obligations de prestation prévues au contrat.	Déterminer le prix de transaction.	Répartir le prix de la transaction entre les obligations de prestation prévues au contrat.	Comptabiliser des produits des activités ordinaires lorsque l'entité a rempli (ou à mesure qu'elle remplit) une obligation de prestation.

L'entité constate ses revenus ou produits au moment où elle remplit son ou ses obligation(s) de prestations distinctes en fournissant les biens et/ou services promis au client au moment où le client obtient le contrôle des bien et/ou des services. Comme il a déjà été mentionné, une obligation de prestation est remplie à un moment précis ou progressivement.

Dans ce cas, l'entité établit une mesure adéquate du progrès dans la réalisation de la prestation et du transfert du contrôle du bien et/ou du service au client et comptabilise ses produits en les limitant au montant cumulatif qu'elle s'attend recevoir à date. Le transfert du contrôle est constaté lorsqu'une des deux conditions suivantes est rencontrée :

1. L'entité crée ou valorise un actif dont le client obtient le contrôle au fur et à mesure.
2. L'actif en cours de création ne peut être utilisé autrement par l'entité compte tenu du contrat (vente interdite à un autre client) ou compte tenu du façonnement spécifique au client (coûts importants de refaçonnement pour vente à un autre client), plus la rencontre d'un de ces critères :
   a) le client obtient et consomme les avantages au fur et à mesure la prestation;
   b) une entité qui prendrait la relève n'aurait pas à refaire le travail déjà fait pour compléter le contrat;
   c) l'entité a droit au paiement des obligations de prestation complétées, dans un contexte où le contrat sera complété, comme prévu.

Manuel de CPA Canada, IFRS 15, paragraphe 35.

La comptabilité des revenus est un sujet de première importance, puisque les revenus constituent la pierre d'assise de la rentabilité, du cadre d'opération (total des charges) et de la survie de l'entreprise. Nous ne présentons dans ce volume que le modèle général de constatation et de mesure des contrats clients, mais nous sommes conscients que de nombreuses variantes sont possibles. Comment constate-t-on les coûts initiaux d'obtention de contrat? comment constate-t-on les revenus d'un contrat lorsque le client remet des actifs en début de contrat? et bien d'autres questions se posent.

La meilleure suggestion que nous pouvons faire à cette étape est, encore une fois, le travail conjoint entre l'entrepreneur, le gestionnaire d'entreprise et l'équipe comptable interne ou externe. À l'entrepreneur et au gestionnaire de définir de façon précise les paramètres et le plan de la transaction. À l'équipe comptable de construire le prototype traduit en termes d'encaisse et de rentabilité de la transaction. Nous ajoutons aussi, aux conseillers légaux de transposer correctement la transaction souhaitée dans un contrat bien écrit et facile à interpréter.

2.13 Autres normes comptables

Il existe d'autres normes comptables qui ne sont pas relatives à la constatation et à la mesure de postes comptables comme tels, mais qui ont plutôt trait à la présentation de l'information financière dans les notes aux états financiers. Nous présentons celles qui nous semblent les plus pertinentes, sur la base de la connaissance, de l'analyse et de la prise de décision. Il ne sert à rien de « faire des chiffres pour faire des chiffres ». La connaissance du langage comptable sert à mieux comprendre la réalité économique de l'organisation et à prendre les meilleures décisions pour assurer sa croissance et sa pérennité.

2.13.1 Secteurs opérationnels

IFRS 8 [55]

La norme comptable sur l'information sectorielle est une norme qui est présente dans le référentiel comptable IFRS, mais pas dans le référentiel comptable NCECF. Cependant, son application nous apparaît de première importance, qu'elle soit obligatoire ou non en normalisation comptable, dans la gestion d'une entreprise qui commercialise divers produits et services ou qui œuvre dans plusieurs créneaux. Autrement dit, nous demandons au lecteur de lire les prochaines lignes et d'y porter attention en terme de gestion courante des opérations pas en terme comptable.

La norme sur les secteurs opérationnels a été révisée en 2009 et son application repose essentiellement sur la gestion interne de l'entreprise. Il y a donc, ici, une forte intégration entre la comptabilité de gestion et la comptabilité financière.

Avant de répondre aux questions sur le contenu et les impacts de la norme comptable sur les secteurs opérationnels, examinons l'information sur les secteurs opérationnels présentée par la société Canadien Tire.

Regardons d'abord l'état des résultats de Canadian Tire pour la période comptable terminée le 3 janvier 2015 où nous constatons que l'entreprise a été rentable, avec un bénéfice net de 639,3 millions de dollars.

Comptes consolidés de résultat

Pour les exercices clos (en millions de dollars canadiens, sauf les montants par action)	le 3 janvier 2015	le 28 décembre 2013
Produits (note 30)	12 462,9 $	11 785,6 $
Coûts des activités génératrices de produits (note 31)	(8 416,9)	(8 063,3)
Marge brute	4 046,0	3 722,3
Autres produits (charges)	11,0	(3,0)
Frais de vente, généraux et administratifs (note 32)	(3 052,9)	(2 828,9)
Charges financières nettes (note 33)	(108,9)	(105,8)
Variation de la juste valeur de l'instrument financier rachetable (note 35)	(17,0)	–
Bénéfice avant impôt	878,2	784,6
Impôt sur le résultat (note 18)	(238,9)	(220,2)
Bénéfice net	639,3 $	564,4 $
Bénéfice net attribuable aux :		
Propriétaires de la Société Canadian Tire	604,0 $	561,2 $
Détenteurs de participations ne donnant pas le contrôle (note 17)	35,3	3,2
	639,3 $	564,4 $
Bénéfice par action de base attribuable aux propriétaires de la Société Canadian Tire	7,65 $	6,96 $
Bénéfice par action dilué attribuable aux propriétaires de la Société Canadian Tire	7,59 $	6,91 $
Nombre moyen pondéré d'actions ordinaires et d'actions de catégorie A sans droit de vote en circulation :		
De base	78 960 025	80 652 472
Dilué	79 612 957	81 180 863

Canadian Tire, État des résultats pour la période terminée le 3 janvier 2015, page 73.

[55] Le concept de secteurs opérationnels n'existe pas dans le *Manuel de CPA Canada*, NCECF.

Si nous visualisons pendant quelques instants notre arrivée dans un magasin Canadian Tire, nous voyons des étalages de marchandises, mais aussi un kiosque où un employé nous propose la carte de crédit Canadian Tire[56,57]. Est-ce une perte d'argent pour Canadian Tire de consacrer des ressources à la promotion d'une carte de crédit? L'état des résultats ne nous permet pas de répondre précisément à cette question, puisque l'ensemble des activités de Canadian Tire sont présentées « en bloc ».

Dans les faits, le groupe Canadian Tire n'est pas constitué d'un bloc, mais de plusieurs blocs qui interagissent ensemble et génèrent le bénéfice net présenté. Les voici.

Figure 2.7 **Organigramme des secteurs opérationnels de Canadian Tire**

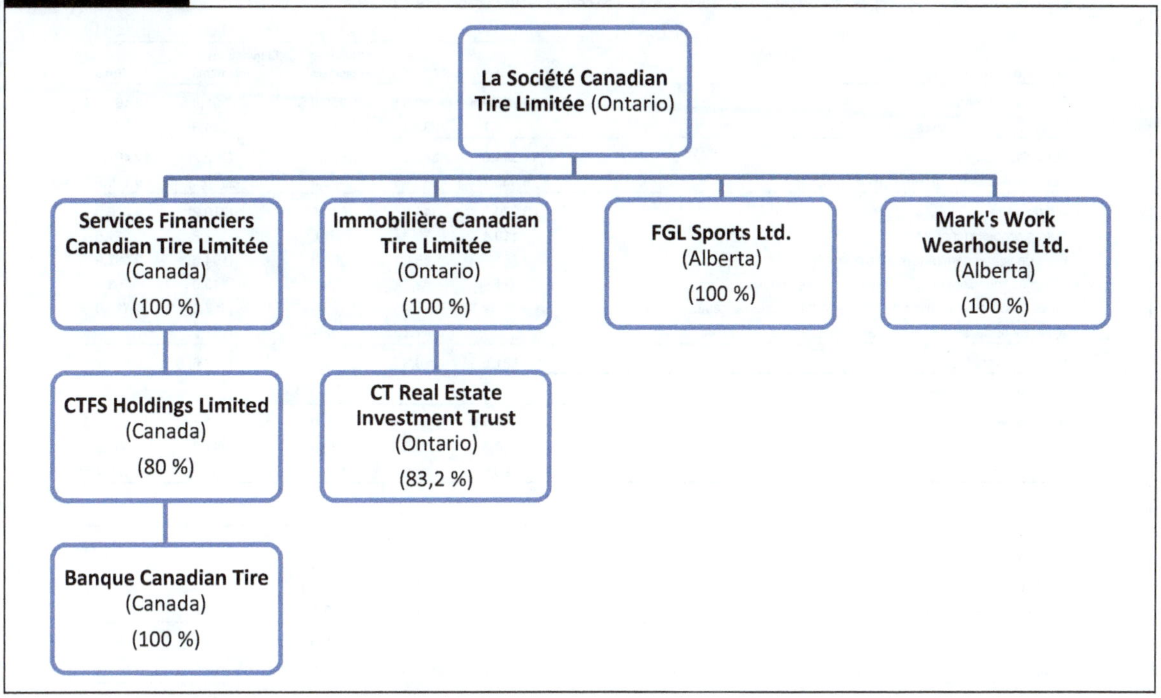

Canadian Tire, notice annuelle 2014, page 2.

Par la suite, à la note 1 afférente aux états financiers, Canadian Tire regroupe tous ces blocs en trois principaux secteurs d'activité qui sont le secteur commercial (vente au détail), le secteur financier (dont une banque), et le secteur immobilier (appelé CT REIT à la note 6).

1. La Société et ses activités

La Société Canadian Tire Limitée est une société ouverte canadienne principalement présente au Canada. Son siège social est situé au 2180 Yonge Street, Toronto (Ontario) M4P 2V8, Canada. Les actions de la Société sont inscrites à la Bourse de Toronto (TSX : CTC, CTC.A). Dans les présents états financiers consolidés, La Société Canadian Tire Limitée et les entités qu'elle contrôle sont collectivement appelées la « Société ». Veuillez vous reporter à la note 17 pour obtenir de l'information sur les principales filiales de la Société.

La Société est constituée de trois principaux secteurs d'activités commerciales, qui offrent un éventail de produits et de services de détail, y compris des articles d'usage courant, des vêtements, des articles de sport, de l'essence, des services financiers, dont une banque, et des activités immobilières. La note 6 donne le détail des trois secteurs opérationnels à présenter.

Canadian Tire, note 1, États financiers pour la période comptable terminée le 3 janvier 2015, page 77.

[56] https://customer.ctfs.com/lang/fr/Products/CreditCards/

[57] Extrait de la notice annuelle 2014, page 15.

La note 1 nous informe également que le détail de la performance financière de chaque secteur est présenté dans une autre note aux états financiers, la note 6 présentée ci-après. Sa consultation est extrêmement instructive, puisqu'elle nous permet maintenant de répondre à la question sur la pertinence de consacrer des ressources à la promotion de la carte de crédit Canadian Tire. Sur la base de l'information présentée, un calcul « à vue » des marges bénéficiaires nettes avant impôts nous indique que le secteur détail a généré un ratio de bénéfice avant impôt de 5 % (531/11 298) alors que le secteur financier a généré un ratio de 33 % (345/1 059). Ce qui est étonnant si l'attention n'est portée que sur la première ligne du tableau présentant le total des produits avec des totaux respectifs de 11 298 M $ pour le secteur détail et 1 059 M $ pour le secteur financier.

Les tableaux suivants détaillent les informations concernant les résultats de chaque secteur opérationnel à présenter.

(en millions de dollars canadiens)	Détail	CT REIT	Services Financiers	Éliminations et ajustements	Total 2014
Produits externes	11 298,9 $	12,6 $	1 059,6 $	91,8 $	12 462,9 $
Produits interentreprises	5,7	332,2	16,1	(354,0)	–
Total des produits	11 304,6	344,8	1 075,7	(262,2)	12 462,9
Coûts des activités génératrices de produits	8 033,7	–	435,2	(52,0)	8 416,9
Marge brute	3 270,9	344,8	640,5	(210,2)	4 046,0
Autres produits (charges)	110,4	–	(1,6)	(97,8)	11,0
Frais de vente, généraux et administratifs	2 861,7	85,0	300,8	(194,6)	3 052,9
(Produits financiers nets) charges financières nettes	(11,9)	82,7	(6,9)	45,0	108,9
Variation de la juste valeur de l'instrument financier rachetable	–	–	–	(17,0)	(17,0)
Ajustement de la juste valeur des immeubles de placement	–	141,2	–	(141,2)	–
Bénéfice avant impôt	531,5 $	318,3 $	345,0 $	(316,6) $	878,2 $
Éléments inclus ci-dessus :					
Amortissements	304,4 $	– $	8,8 $	59,1 $	372,3 $
Produits d'intérêts	116,9	0,3	783,6	(97,3)	803,5
Charges d'intérêts	90,6	83,0	109,8	(98,0)	185,4

(en millions de dollars canadiens)	Détail	CT REIT	Services Financiers	Éliminations et ajustements	Total 2013
Produits externes	10 690,2 $	1,7 $	1 010,4 $	83,3 $	11 785,6 $
Produits interentreprises	1,4	61,3	15,5	(78,2)	–
Total des produits	10 691,6	63,0	1 025,9	5,1	11 785,6
Coûts des activités génératrices de produits	7 679,7	–	430,5	(46,9)	8 063,3
Marge brute	3 011,9	63,0	595,4	52,0	3 722,3
Autres produits (charges)	15,2	–	0,4	(18,6)	(3,0)
Frais de vente, généraux et administratifs	2 509,4	16,1	278,5	24,9	2 828,9
Charges financières nettes (produits financiers nets)	54,1	15,4	(2,7)	39,0	105,8
Ajustement de la juste valeur des immeubles de placement	–	(0,5)	–	0,5	–
Bénéfice avant impôt	463,6 $	31,0 $	320,0 $	(30,0) $	784,6 $
Éléments inclus ci-dessus :					
Amortissements	323,5 $	– $	10,3 $	11,5 $	345,3 $
Produits d'intérêts	53,2	0,1	740,1	(19,2)	774,2
Charges d'intérêts	82,4	15,5	112,4	(19,2)	191,1

Canadian Tire, note 1, États financiers pour la période comptable terminée le 3 janvier 2015, page 95.

En tant que propriétaire d'entreprise ou dirigeant d'entreprise, voilà un exemple remarquable de gestion intégrée entre différents secteurs d'activité. Ou comment une augmentation du chiffre d'affaires dans un secteur d'activité peut contribuer à augmenter le chiffre d'affaires dans un autre secteur à marge bénéficiaire plus élevée. L'un ne peut être examiné sans l'autre.

L'évaluation de la performance est présentée ici sur la base des secteurs d'activité, mais toute entreprise qui vend plusieurs produits et services peut et devrait faire l'exercice afin de connaître précisément la contribution aux bénéfices de chaque produit ou service et de définir sa stratégie en activant les bons mécanismes conjoints de rentabilité[58].

[58] L'exercice pourrait amener une entreprise à abandonner l'offre d'un produit ou d'un service qui apparaissait à première vue attrayante. Il ne sert à rien de conserver des parts de marché vides (chiffre d'affaires n'apportant aucune contribution bénéficiaire, en soi ou croisée avec d'autres secteurs).

Il existe une expression bien connue qui est le « free cookie » ou « biscuit gratuit » qui désigne un produit à contribution bénéficiaire nulle, même déficitaire, qui emmène à la consommation d'un autre produit ou service à forte contribution bénéficiaire; un café gratuit à la vente d'un sandwich, par exemple. Ou le modèle d'affaires de Costco[59] où de la marchandise vendue à faible contribution bénéficiaire incite le client à payer une carte d'adhésion en début d'année. Ou le menu d'un restaurant où le dessert est offert quasi au même prix que celui du plat principal. Encore faut-il que le restaurant séduise le client pour qu'il accepte, avec enthousiasme, de débourser un peu plus pour la promesse d'un bon dessert. Encore une fois, l'un ne va pas sans l'autre.

Question 1 : Comment définit-on un secteur?

Un secteur est défini sur la base de la comptabilité de gestion. Sur la base de quelle information la haute direction prend-elle ses décisions? comment procède-t-elle à l'allocation des fonds (stratégie et budgets)? Comment évalue-t-elle les différents créneaux porteurs de rentabilité de l'entreprise?

L'objectif de la norme étant de placer l'actionnaire ou l'investisseur en comité exécutif de gestion pour l'emmener à voir l'entreprise comme les dirigeants la voient quand ils prennent les grandes décisions corporatives. Avec la même perspective. De façon imagée, nous pourrions dire que l'objectif de la norme est d'offrir la chaise de la haute direction au lecteur d'états financiers.

Le texte de la norme IFRS 8, paragraphe 5, définit un secteur opérationnel ainsi :

> Un secteur opérationnel est une composante d'une entité :
>
> a) qui se livre à des activités ordinaires dont elle peut tirer des produits et pour lesquelles elle peut engager des charges (y compris des produits et des charges relatifs à des transactions avec d'autres composantes de la même entité);
>
> b) dont les résultats d'exploitation sont régulièrement examinés par le principal décideur opérationnel de l'entité en vue de prendre des décisions sur les ressources à affecter au secteur et d'évaluer la performance de celui-ci; et
>
> c) pour laquelle des informations financières distinctes sont disponibles.
>
> Un secteur opérationnel peut se livrer à des activités dont il ne tire pas encore de produits; par exemple, une activité en phase de démarrage peut être un secteur opérationnel avant de commencer à tirer des produits d'activités ordinaires.

Manuel de CPA Canada, IFRS 8, paragraphe 5.

Deux paragraphes attirent notre attention et demandent plus d'explication. Tout d'abord comment définit-on le principal décideur opérationnel; ce que nous avons appelé précédemment la haute direction.

Question 2 : Qu'entend-on par principal décideur opérationnel?

De prime abord, on pourrait penser que le principal décideur opérationnel est le conseil d'administration, ce qui n'est pas nécessairement le cas. Par exemple, la note 5.2 de Danone nous informe que les principaux décideurs opérationnels du groupe sont le directeur général et le directeur général finances.

---

[59] Le modèle d'affaires de Costco inclut également une activité financière très importante, puisque les clients paient au comptant et que Costco fait fructifier l'encaisse durant le délai de paiement aux fournisseurs.

Note 5.2. Secteurs opérationnels

Principes généraux

Les indicateurs clés revus et utilisés en interne par les principaux décideurs opérationnels (le Directeur Général, Monsieur Emmanuel FABER, et le Directeur Général Finances, Monsieur Pierre-André TERISSE) pour évaluer la performance des secteurs opérationnels sont :

- le Chiffre d'affaires net;
- le Résultat opérationnel courant;
- la Marge opérationnelle courante, qui correspond au ratio Résultat opérationnel courant sur Chiffre d'affaires net;
- le *Free cash-flow*, qui représente le solde de la trésorerie provenant de l'exploitation après prise en compte des investissements industriels nets de cession et, dans le cadre de la norme IFRS 3 Révisée, avant prise en compte (i) des frais d'acquisitions des sociétés dont le Groupe prend le contrôle et (ii) des flux de trésorerie liés aux compléments de prix relatifs à des prises de contrôle;
- le *Free cash-flow* hors éléments exceptionnels, indicateur publie par le Groupe depuis le premier semestre 2013, dans le cadre de son plan d'économies et d'adaptation de ses organisations en Europe correspondant au *free cash-flow* excluant les flux de trésorerie relatifs aux initiatives qu'il pourrait mettre en œuvre dans le cadre de ce plan;
- la Dette financière nette qui représente la part de dette nette portant intérêt. Elle est calculée sur la base des Dettes financières courantes et non courantes, après exclusion des Dettes liées aux options accordées aux détenteurs d'intérêts ne conférant pas le contrôle, et nette des Placements à court terme, Disponibilités et des Instruments dérivés – actifs.

Parmi les indicateurs clés revus et utilisés en interne par les principaux décideurs opérationnels, seuls le Chiffre d'affaires net, le Résultat opérationnel courant et la Marge opérationnelle courante font l'objet d'un suivi par Pôle d'activité, les autres indicateurs faisant l'objet d'un suivi au niveau du Groupe. Les principaux décideurs opérationnels suivent les quatre Pôles d'activité listées ci-après, étant précisé que le Groupe n'a procédé à aucun regroupement de secteurs opérationnels.

Danone, note 5.2, *Secteurs opérationnels*, États financiers pour la période terminée le 31 décembre 2014, page 98.

Et le paragraphe 7 de la norme comptable sur les secteurs opérationnels abonde dans ce sens en nous fournissant la définition suivante :

> *7. L'expression « principal décideur opérationnel » identifie une fonction, et non pas un dirigeant ayant ce titre particulier. Cette fonction consiste à affecter des ressources aux secteurs opérationnels d'une entité et à évaluer la performance de ces secteurs. Le principal décideur opérationnel d'une entité est souvent le président-directeur général ou le directeur général, mais il peut aussi s'agir, par exemple, d'un groupe de directeurs généraux ou d'autres personnes.*
>
> *Manuel de CPA Canada, IFRS 8, paragraphe 7.*

Question 3 : Un secteur d'activité en développement peut-il être présenté séparément?

La segmentation des activités d'une entreprise par secteur opérationnel est utile à la prise de décision « pour le futur ». Et lorsqu'une entreprise investit des ressources pour développer un nouveau secteur d'activité, il est normal qu'il n'y ait pas encore de chiffre d'affaires, mais qu'à l'interne la direction en ait déjà fait un poste budgétaire important et que des montants importants aient été investis. Dans cette perspective, il est donc normal que même si le nouveau secteur ne réponde pas encore à tous les critères quantitatifs de la définition d'un secteur, les critères de gestion sont présents et motivent une présentation spécifique. Par exemple, une entreprise qui inclurait dans son plan stratégique la création d'une filiale spécialisée dans le commerce électronique, ou l'ouverture d'une banque, pourrait en faire dès le départ des secteurs opérationnels, car appelés à connaître un haut taux de croissance. Et c'est ce qui est à retenir de la pertinence et de l'utilité de cette norme comptable. Son application relève premièrement de la gestion, ensuite des chiffres.

Pour illustrer ce concept, nous présentons ci-dessous un extrait de la note sur l'information sectorielle présentée par Loblaw, au 2 janvier 2015, où la majeure partie du chiffre d'affaires provient de la vente au détail.

La volonté d'entrer de plus en plus dans le secteur des services financiers avec la création de la banque Le Président, ainsi que le rythme et le succès de la progression de ce nouveau vecteur stratégique, nous sont fournis en examinant les données comparatives d'une année à l'autre. Et qui sait, un jour recevrons-nous un texto nous disant de passer à l'épicerie et de rapporter un pain, un litre de lait… et un prêt personnel.

					2015
(en millions de dollars canadiens)	Vente au détail	Services financiers4)	Propriétés de Choix4)	Consolidation et éliminationsi)	Total
Produitsii)	**44 469 $**	**849 $**	**743 $**	**(667) $**	**45 394 $**
BAIIAiii)	**2 996 $**	**173 $**	**602 $**	**(578) $**	**3 193 $**
Éléments d'ajustementiii)	**356**	**—**	**—**	**—**	**356**
Montant ajusté du BAIIAiii)	**3 352 $**	**173 $**	**602 $**	**(578) $**	**3 549 $**
Amortissements des immobilisations corporelles et incorporellesiv)	**1 031**	**10**	**1**	**14**	**1 056**
Montant ajusté du résultat d'exploitationiii)	**2 321 $**	**163 $**	**601 $**	**(592) $**	**2 493 $**
Charges d'intérêts nettes et autres charges financières	**367 $**	**57 $**	**756 $**	**(536) $**	**644 $**

Loblaw, note 36, *Information sectorielle*, États financiers consolidés pour la période comptable terminée le 2 janvier 2015.

Question 4 : Combien de tableaux sectoriels l'entreprise doit-elle présenter?

Deux tableaux. Un premier tableau présenté sur la base des produits et des services. Un second tableau présenté sur la base géographique. L'ordre de présentation indique l'ordre hiérarchique de l'examen de l'information pour la prise de décision.

Note 1. Lorsque l'entreprise est active dans un seul secteur opérationnel, il n'y a évidemment pas de présentation de tableaux sectoriels.

Note 2. La ventilation des secteurs opérationnels sur la base géographique est obligatoire, qu'elle se situe au premier rang ou au second rang dans la prise de décision.

Voici les deux tableaux présentés par Danone, toujours pour la période comptable terminée le 31 décembre 2014, qui nous indiquent que Danone gère d'abord l'entreprise sur la base de l'offre de produits et services, ensuite sur la base géographique.

Informations par Pôle d'activité

Exercice clos le 31 décembre

(en millions d'euros, sauf pourcentage)	Chiffre d'affaires net [a]		Résultat opérationnel courant		Marge opérationnelle courante	
	2013	2014	2013	2014	2013	2014
Produits Laitiers Frais	11 790	11 129	1 219	1 033	10,3%	9,3%
Eaux	3 903	4 186	509	539	13,0%	12,9%
Nutrition Infantile	4 263	4 397	837	828	19,6%	18,8%
Nutrition Médicale	1 342	1 432	244	262	18,2%	18,3%
Total Groupe	**21 298**	**21 144**	**2 809**	**2 662**	**13,2%**	**12,6%**

(a) Chiffre d'affaires net hors Groupe.

Informations par zone géographique

Chiffre d'affaires net, Résultat opérationnel courant, Marge opérationnelle courante

Exercice clos le 31 décembre

(en millions d'euros, sauf pourcentage)	Chiffre d'affaires net [a]		Résultat opérationnel courant		Marge opérationnelle courante	
	2013	2014	2013	2014	2013	2014
Europe hors CEI [b]	8 197	8 522	1 182	1 336	14,4%	15,7%
CEI & Amérique du Nord [c]	4 713	4 525	450	387	9,6%	8,6%
ALMA [d]	8 388	8 097	1 177	939	14,0%	11,6%
Total Groupe	**21 298**	**21 144**	**2 809**	**2 662**	**13,2%**	**12,6%**

(a) Chiffre d'affaires net hors Groupe.
(b) Dont 2 210 millions d'euros réalisés en France en 2014 (2 045 millions d'euros en 2013).
(c) Amérique du Nord = États-Unis et Canada.
(d) *Asia-Pacific/Latin America/Middle-East/Africa* (Asie-Pacifique/Amérique Latine/Moyen-Orient/Afrique).

Danone, note 5.2, *Secteurs opérationnels*, États financiers pour la période comptable terminée le 31 décembre 2014, page 99.

Question 5 : Quelle est l'utilité de l'information fournie sur les secteurs opérationnels?

En plus des éléments de bonne information mentionnés ci-dessus, il est intéressant d'examiner l'évolution, année après année, du déplacement commercial et du déplacement géographique de l'activité et de la rentabilité de l'entreprise. De nouveaux secteurs émergent, alors que d'autres s'éteignent progressivement. Par exemple, Saputo nous informe qu'en 2014, elle a réaligné sa définition de secteurs opérationnels en fonction de trois secteurs géographiques.

Information sectorielle

En date du 1er avril 2013, la Société a réaligné sa structure de présentation de l'information financière en fonction de sa structure d'exploitation et présente maintenant l'information selon **trois secteurs géographiques**. Le Secteur Canada comprend la Division Produits laitiers (Canada) et la Division Boulangerie. Le Secteur USA comprend la Division Fromages (USA) et la Division Aliments laitiers (USA). Finalement, le Secteur International comprend la Division Produits laitiers (Argentine), la Division Ingrédients laitiers et la Division Produits laitiers (Australie); veuillez-vous reporter à la note 16 pour plus de détails. La Division Ingrédients laitiers comprend les ventes nationales et d'exportation d'ingrédients des divisions nord-américaines, ainsi que l'exportation de fromages de ces divisions.

Saputo, note 23, *Information sectorielle*, États financiers pour la période comptable terminée le 31 mars 2014.

Voici maintenant quelle était la définition des secteurs opérationnels de Saputo pour les périodes comptables précédentes. Il est intéressant de remarquer l'inversion de la vision de l'avenir de l'entreprise qui s'est effectuée en 2014. Jusqu'en 2013, Saputo présente une vision de gestion par produits, ensuite géographique, alors qu'en 2014, Saputo prend le virage géographique, en définissant ses secteurs par secteurs géographiques, ensuite par produits, ce qui est en accord avec la stratégie d'expansion internationale de ses activités.

Information sectorielle

La Société exerce ses activités dans deux secteurs : **le Secteur Produits laitiers et le Secteur Produits d'épicerie.** Le Secteur Produits laitiers comprend principalement la fabrication et la distribution de fromage, de lait nature et d'ingrédients laitiers. Les activités de ce secteur sont exercées au Canada, en Europe, en Argentine (CEA) et aux États-Unis (USA). Le Secteur Produits d'épicerie représente les activités de fabrication et de distribution, principalement de petits gâteaux. Ces Secteurs sont gérés distinctement puisque chaque secteur d'activité représente une unité d'affaires stratégique qui offre différents produits et qui dessert différents marchés. La Société évalue la performance en fonction du bénéfice d'exploitation géographique et du bénéfice d'exploitation des secteurs d'activité pris isolément. Ces Secteurs sont gérés distinctement puisque chaque secteur d'activité représente une unité d'affaires stratégique qui offre différents produits et qui dessert différents marchés. La Société évalue la performance en fonction du bénéfice d'exploitation géographique et du bénéfice d'exploitation des secteurs d'activité pris isolément.

Saputo, note 23, *Information sectorielle*, États financiers pour la période comptable terminée le 31 mars 2013.

La présentation de l'information sur l'évolution des secteurs nous donne également une bonne idée du dynamisme de la direction de l'entreprise, de la gestion active en fonction des marchés et de la capacité à faire des choix difficiles dans le cas d'abandon de secteurs non rentables ou dans le cas d'abandon de secteurs rentables, mais ayant atteint leur potentiel maximum, au profit de l'avenir.

Autre exemple, la chocolaterie Laura Secord, entreprise à capital fermé québécoise, qui œuvre dans six secteurs d'activité (ou lignes d'affaires) différents, question de diversifier ses opérations et de ne pas dépendre uniquement de la vente de chocolats en magasin. Les voici : affaires web, ligne FDM (pharmacies, supermarchés), chocolat industriel, *copacking* avec d'autres chocolatiers, produits sous licence et commerce de détail[60]. Fait intéressant, la ligne d'affaires la plus connue du grand public, le commerce de détail, n'est pas la plus importante. C'est la ligne d'affaires du chocolat industriel qui l'est, selon le président, monsieur Jean Leclerc.

Question 6 : Deux entreprises actives dans la même industrie peuvent-ils présenter des tableaux sectoriels différents?

Bien sûr, et c'est là l'intérêt de la norme sur les secteurs opérationnels. Deux entreprises concurrentes dans la commercialisation des vêtements de sport pourraient « voir » la construction de l'avenir de façon différente. Une entreprise pourrait miser sur la mode, les tendances pour attirer l'attention des consommateurs alors que l'autre entreprise pourrait miser sur les activités sportives comme telles.

Question 7 : Une norme pour les autres ou pour l'entreprise?

Il faut comprendre que la norme comptable sur la présentation des secteurs opérationnels, dont l'utilité pourrait paraître de prime abord pour les autres, pour les grandes entreprises, l'est d'abord pour les propriétaires, les dirigeants de toutes les entreprises, quelle que soit leur taille ou leur niveau de développement. La définition d'un secteur opérationnel est avant tout une question de choix budgétaires, dans un contexte de ressources limitées et d'espérance de rentabilité. Où va-t-on orienter les ressources de l'entreprise dans les prochaines années? serait-il préférable de modifier le modèle d'affaires? De quitter des créneaux autrefois porteurs? d'entrer dans de nouveaux créneaux? Bien des questions auxquelles les dirigeants doivent répondre en ayant en main l'information pertinente où ce que l'on pense n'est pas nécessairement ce qui est.

[60] Laperrière, É. (2016, 25 mars). Refaire ses classes chez Laura Secord, *lapresse.ca*, section affaires. http://plus.lapresse.ca/screens/5261d3df-eea0-4cda-9cda-afebfbc491ef%7C_0.html. Consulté en mars 2016.

La segmentation de l'information financière en fonction des différents secteurs opérationnels permet de « voir » l'entreprise par « secteurs différenciés », ce que ne permet pas la présentation globale où les performances différenciées demeurent inconnues. Il s'agit donc, d'abord, d'une affaire de comptabilité de gestion interne à l'entreprise que les investisseurs externes voulaient connaître, d'où la publication de la norme en comptabilité financière.

Un mot sur la dépendance économique

Lorsqu'une entreprise réalise une importante proportion de son chiffre d'affaires avec un ou quelques clients, elle encourt un risque lié à sa capacité de négocier les termes d'affaires et de crédit ainsi qu'un autre risque lié à sa pérennité en situation de perte du client. Qu'entend-on par « important »? Le texte de la norme fixe la frontière à 10 % ou plus du produit des activités ordinaires.[61]

2.13.2 Opérations entre parties liées (ou apparentées) *IAS 10, chapitre 3840*

Il est normal qu'une entreprise effectue des transactions avec des entités du même groupe ou avec des membres de la famille. À ce moment se pose la question pour les actionnaires de la présence de possibles transferts de ressources, défavorables pour les actionnaires mais favorables pour les parties liées, familiales ou corporatives. Il est donc requis de présenter le détail de ces transactions.

Question 1 : Comment la norme comptable sur les parties liées définit-elle une « partie liée »?

Il existe deux catégories de « parties liées » : les personnes et les entreprises. Étant donné que la norme comptable sur les parties liées est une norme d'information, et étant donné la complexité de la définition des liens inter familles et entreprises, nous reproduisons ci-dessous les textes exacts des définitions.

Les personnes

Une personne ou un membre de la famille proche de cette personne est lié à l'entité présentant l'information financière dans l'un ou l'autre des cas suivants :

- i) la personne a le contrôle ou participe au contrôle conjoint de l'entité présentant l'information financière;
- ii) la personne exerce une influence notable sur l'entité présentant l'information financière;
- iii) la personne est l'un des principaux dirigeants de l'entité présentant l'information financière ou d'une société mère de celle-ci.

Les membres de la famille proche d'une personne sont les membres de la famille dont on peut s'attendre à ce qu'ils influencent cette personne, ou soient influencés par elle, dans leurs relations avec l'entité. Ils comprennent :

- a) les enfants et le conjoint ou partenaire familial de la personne;
- b) les enfants du conjoint ou partenaire familial de la personne;
- c) les personnes à la charge de la personne ou du conjoint ou partenaire familial de celle-ci.

Les entreprises

Une entité est liée à l'entité présentant l'information financière si l'une ou l'autre des conditions suivantes s'applique :

- i) l'entité et l'entité présentant l'information financière sont membres du même groupe (ce qui signifie que chaque société mère, filiale et filiale apparentée est liée aux autres);

[61] *Manuel de CPA Canada*, IFRS 8, chapitre 34.

ii) (ii) l'une des entités est une entreprise associée ou une coentreprise de l'autre entité (ou encore une entreprise associée ou une coentreprise d'un membre du groupe dont l'autre entité est membre);

iii) les deux entités sont des coentreprises d'une même tierce partie;

iv) l'une des deux entités est une coentreprise d'une troisième entité et l'autre est une entreprise associée de cette troisième entité;

v) l'entité est un régime d'avantages postérieurs à l'emploi au profit des membres du personnel de l'entité présentant l'information financière ou d'une entité qui lui est liée. Dans le cas où l'entité présentant l'information financière consiste elle-même en un tel régime, les employeurs promoteurs du régime lui sont liés;

vi) l'une des personnes visées en (a) a le contrôle de l'entité ou participe au contrôle conjoint de celle-ci;

vii) l'une des personnes visées en (a)(i) exerce une influence notable sur l'entité ou est l'un des principaux dirigeants de l'entité ou d'une société mère de l'entité ;

viii) l'entité, ou un membre du groupe auquel elle appartient, fournit à l'entité présentant l'information financière ou à sa société mère les services de personnes agissant à titre de principaux dirigeants.

Manuel de CPA Canada, IAS 24 *Information relative aux parties liées*, paragraphe 9.

Il est à noter que la norme comptable sur la présentation des opérations entre parties liées est une norme d'information sur les transactions effectuées durant la période comptable présentée.

Tous les types de transactions impliquant des transferts de ressources, monétaires et non monétaires, de l'entreprise à des parties liées, doivent être divulgués, tels la rémunération et les avantages donnés sous forme d'argent, d'avantages, de services ou d'actions (sans limitation).

Voici, par exemple, la note afférente aux états financiers de Dollarama concernant la divulgation des transactions entre parties liées. Notons que Dollarama indique à quelle valeur les transactions inter-entreprises ont été effectuées.

15 Transactions entre parties liées

Les frais facturés par des entités sous le contrôle d'un administrateur, principalement des loyers, ont totalisé 16 917 $ pour l'exercice clos le 1er février 2015 (16 346 $ au 2 février 2014).

Ces transactions ont été évaluées au coût, qui correspond à la juste valeur, soit le montant de la contrepartie établie aux conditions du marché.

Rémunération des principaux dirigeants et des administrateurs

Les principaux dirigeants comprennent les membres du conseil d'administration, le chef de la direction, le chef de la direction financière et secrétaire, le chef de l'exploitation, le chef de la mise en marché, le premier vice-président, division des importations et le vice-président, approvisionnement mondial. La rémunération des administrateurs et autres membres du personnel de direction clé au cours de l'exercice s'établit comme suit :

	1er février 2015 $	**2 février 2014 $**
Avantages à court terme	6 882	6 933
Régime à cotisations définies	16	16
Paiements fondés sur des actions	3 700	2 251
	10 598	9 200

Dollarama, note 15, *Transactions entre parties liées*, États financiers pour la période comptable terminée le 1er février 2015, page 38.

2.13.3 Engagements contractuels

Les entreprises doivent divulguer, dans une note spécifique aux états financiers, les engagements ou contrats signés qui créent des obligations financières, comme le serait la signature d'un contrat de dette.

Voici, par exemple, la note aux états financiers de la société LVMH[62] qui présente les engagements d'achat du groupe auprès de leurs fournisseurs pour les prochaines périodes comptables.

30. ENGAGEMENTS HORS BILAN

30.1. Engagements d'achat

(en millions d'euros)	2015	2014	2013
Raisins, vins et eaux-de-vie	2 043	1 706	994
Autres engagements d'achat de matières premières	94	69	110
Immobilisations industrielles ou commerciales	808	458	379
Titres de participation et investissements financiers	132	99	98

Dans l'activité Vins et Spiritueux, une partie des approvisionnements futurs en raisins, vins clairs et eaux-de-vie résulte d'engagements d'achat auprès de producteurs locaux diversifiés. Ces engagements sont évalués, selon la nature des approvisionnements, sur la base des termes contractuels, ou sur la base des prix connus à la date de la clôture et de rendements de production estimés.

Au 31 décembre 2015, l'échéancier des engagements d'achat est le suivant :

(en millions d'euros)	À moins d'un an	De un à cinq ans	Au-delà de cinq ans	Total
Raisins, vins et eaux de vie	746	1 219	78	2 043
Autres engagements d'achat de matières premières	69	21	4	94
Immobilisations industrielles ou commerciales	706	98	4	808
Titres de participation et investissements financiers	66	52	14	132

Au 31 décembre 2015, l'échéancier des engagements d'achat est le suivant :

(en millions d'euros)	À moins d'un an	De un à cinq ans	Au-delà de cinq ans	Total
Raisins, vins et eaux de vie	746	1 219	78	2 043
Autres engagements d'achat de matières premières	69	21	4	94
Immobilisations industrielles ou commerciales	706	98	4	808
Titres de participation et investissements financiers	66	52	14	132

LVMH, note 30.1, *Engagements d'achat*, États financiers pour la période terminée le 31 décembre 2015, page 179.

Un autre type d'engagement contractuel hors bilan est les contrats de location simple pour des équipements ou pour le siège social. Par exemple, lorsqu'une entreprise signe un contrat de location pour un local, pour les cinq prochaines années, à un prix de 1 000 $ par année, elle contracte une obligation financière qui obligera une sortie de ressources, au montant de 1 000 $ par année, durant les cinq prochaines années. Ce qui correspond à la définition d'un passif.

Alors, pourquoi ces engagements ne sont-ils pas constatés dans l'état de la situation financière, dans la section passif, comme il est fait pour un contrat de dette bancaire? Il est difficile de répondre à cette question, sauf pour dire que les normes comptables, à l'instar de ce qui se passe dans le monde des affaires, avec les nouveaux modèles d'affaires, les nouvelles transactions, les nouveaux montages financiers, sont en examen continu avec comme impacts la révision ou l'adoption de nouvelles normes.

[62] Les lettres signifient : LV (Louis Vutton), M (Moët et Chandon), H (Hermès). LVMH est une société française qui se spécialise dans les produits de luxe.

Voici la note aux états financiers de Dollarama; cette note est très importante à prendre en considération lorsqu'on analyse les besoins de fonds de l'entreprise pour les prochaines années, puisque la majeure partie de ses activités commerciales sont réalisées dans des locaux loués et que ces obligations financières sont présentées, pour le moment, hors bilan.

10 Contrats de location et engagements

a) Contrats de location simple

Les loyers de base et les loyers conditionnels liés aux contrats de location simple visant les magasins, les entrepôts, le centre de distribution et le siège social pris en compte à l'état consolidé du résultat net et du résultat global s'établissent comme suit :

	1er février 2015 $	2 février 2014 $
Loyers de base	135 309	122 133
Loyers conditionnels	4 908	4 116
	140 217	126 249

b) Engagements

Au 1er février 2015, les obligations contractuelles liées à des contrats de location simple s'élevaient à 926 618 $ (854 097 $ au 2 février 2014). Les contrats de location s'échelonnent, selon les options de reconduction, sur différentes périodes allant jusqu'à 2040.

Les loyers à payer aux termes des contrats de location simple non résiliables s'établissent comme suit :

	1er février 2015 $	2 février 2014 $
Moins de 1 an	139 177	125 602
Entre 1 an et 5 ans	458 765	416 960
Plus de cinq ans	328 676	311 535
Total	926 618	854 097

Dollarama, note 10, *Contrats de location et engagements*, États financiers pour la période comptable terminée le 1er février 2015, pages 23 et 24.

La révision récente de la norme comptable sur les contrats-clients (IFRS 15), ainsi que de la norme sur les contrats de location (IFRS 16), sont de bons exemples de la prise en considération des besoins d'information des utilisateurs d'états financiers, de l'impact de l'évolution des pratiques commerciales sur la préparation et la présentation de l'information financière, et, par conséquent, du besoin continu de réviser et d'actualiser les normes comptables. Il faut donc être attentif à la date de publication de tout volume de comptabilité avant de le consulter afin de s'assurer que le contenu inclut les normes comptables, autant IFRS que NCECF, qui sont en vigueur au moment de la consultation. Pour revenir à la récente révision du chapitre sur les contrats de location, où la norme IFRS 16 remplace la norme IAS 17, cette révision fait justement suite à l'augmentation croissante des contrats de location simple (ou exploitation) dans les montages immobiliers et financiers des entreprises. Autrement dit, à la tendance observée de « louer » plutôt que d'acheter des locaux et des équipements, question de réserver la capacité de financement de l'entreprise à des fins de développement technologique et d'exploitation[63].

Si je loue une automobile pour un week-end, ce n'est pas une transaction qui sera répétée à tous les week-ends, car j'ai besoin d'une auto pour quelques jours seulement. Au pis aller, si ma situation financière devient plus précaire, je ne louerai pas l'automobile. Il ne s'agit donc pas d'une obligation financière à assumer à tout prix. Et si jamais j'ai réservé à l'avance, sans annulation, l'engagement financier est de courte durée. Quel que soit l'angle sous lequel on examine cette transaction, il n'y a pas création d'une obligation financière essentielle à la continuité de mes occupations.

[63] L'IASB ainsi que le FASB (la norme IFRS 16 est un projet conjoint IASB et FASB) estiment à 3 milliards $ US (ou 300 millions $ US) le montant des engagements locatifs hors bilan présentés par un échantillon de 1 022 entreprises cotées en bourse, publiant en IFRS ou en US GAAP. IASB, IFRS 16 *Leases, Project Summary and Feedback Statement*, janvier 2016.

Lorsqu'une entreprise loue un emplacement commercial pour un magasin, un emplacement d'affaires pour son siège social, il ne s'agit pas, dans les faits, d'un engagement discrétionnaire, de courte durée, comme actuellement considéré par la normalisation comptable, mais de la signature d'un contrat créant une obligation financière de quelques années, qui sera répétée à cet endroit ou ailleurs, car l'entreprise a besoin d'un local commercial, d'un siège social, pour opérer. On voit ici la similarité de l'obligation financière continue du contrat de location avec l'obligation financière d'une entreprise qui déciderait d'acheter un local, un immeuble et de contracter un financement bancaire. Similarité qui se résume ainsi : l'entreprise a besoin d'un local commercial, quelle le loue ou qu'elle l'achète[64], il y aura toujours une obligation financière liée au coût d'occupation. D'où l'abolition de la différence entre les deux types de contrat, et l'amélioration de la comparaison des coûts d'occupation des entreprises, nonobstant les formules légales et financières choisies.

2.14 Les risques et incertitudes

Nous présentons cette section en dernier lieu, mais elle est en fait la définition de ce qu'est une entreprise, un ensemble de risques et d'incertitudes à gérer et à neutraliser pour favoriser la valorisation d'une entité, de ses parties prenantes et de sa communauté. Les entreprises doivent présenter dans le rapport de gestion ainsi que dans les états financiers les principaux risques ainsi que leur stratégie de gestion, de diminution, de neutralisation ou de transfert du risque à d'autres d'entités.

Notons que bien que présentée en dernière section, la connaissance des risques et des incertitudes auxquelles fait face une entreprise ainsi que les stratégies de gestion de ces risques fait partie de la première étape du regard interne ou externe sur une entreprise. Et, fait surprenant, sur la base de ce sondage[65] réalisé conjointement par CPA Canada et FEI Canada, nous constatons que les risques liés à la stratégie et aux opérations, qui sont des risques internes à l'entreprise, sont les risques qui ont été identifiés comme étant les plus importants par les répondants.

Figure 2.8 L'importance de différents types de risques pour les organisations aujourd'hui

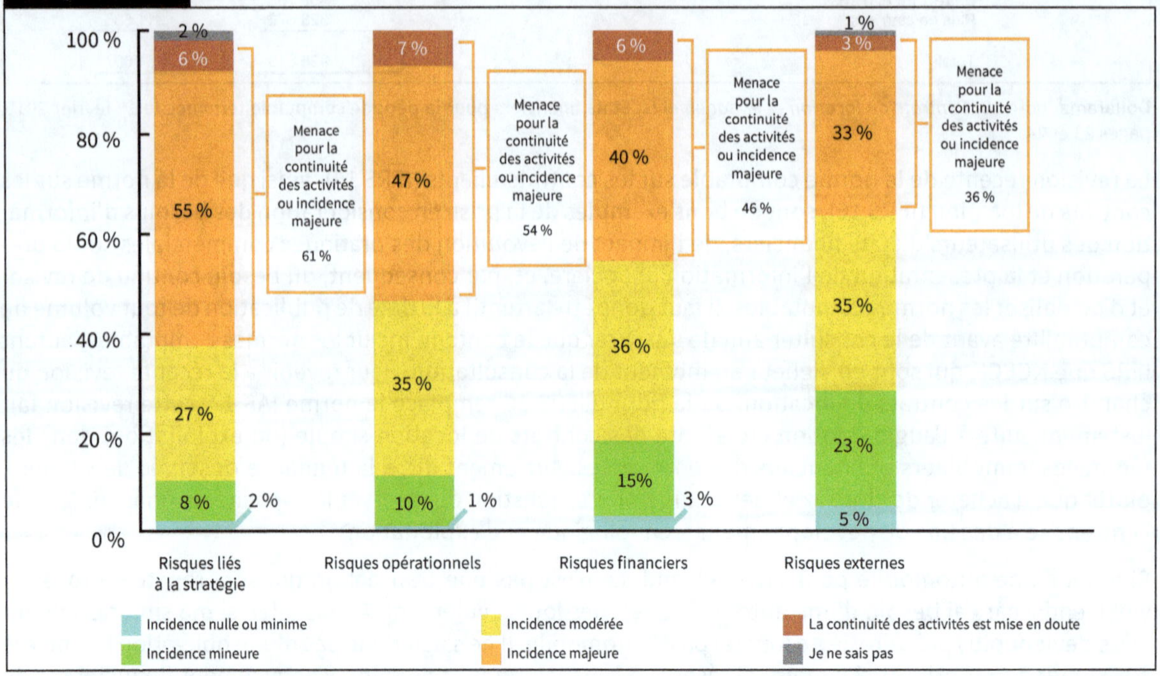

Comptables professionnels agréés du Canada et Fondation de recherche des dirigeants financiers du Canada (FRDFC), L'état actuel de la gestion des risques d'entreprises au Canada, page 20, 2016. https://www.cpacanada.ca/fr/ressources-en-comptabilite-et-en-affaires/strategie-risque-et-gouvernance/gestion-du-risque-dentreprise/publications/letat-de-la-gestion-du-risque-dentreprise-au-canada. Consulté le 4 août 2016.

[64] L'achat pourrait également être fait en signant un contrat de location-financement qui est un contrat de location de longue durée.
[65] Les répondants sont des contrôleurs et des directeurs financiers travaillant majoritairement dans des entreprises à capital fermé.

Parmi les sources de risque les plus souvent divulguées par les entreprises, mentionnons celles-ci :

Risque de crédit

Gestion du risque : l'Oréal assure la quasi-totalité de ses comptes-clients.

Risque de fluctuation des devises

Gestion du risque : Dollarama contracte des contrats à terme sur devises pour fixer son coût d'approvisionnement.

Risque de liquidité

Gestion du risque : Alimentation Couche-Tard dispose de marges de crédit disponibles pour ses activités d'exploitation et pour les acquisitions d'entreprises potentielles.

Risques et incertitudes

Un exemple

L'entreprise Héroux-Devtek divulgue dans son rapport annuel une excellente description des risques et incertitudes auxquelles elle fait face dans le cours de ses opérations. Nous la reproduisons en intégralité, car sa lecture permet de mieux comprendre ce qu'est et ce que fait l'entreprise, même si, au départ, le lecteur n'est pas familier avec l'industrie aérospatiale de façon générale, et avec l'entreprise Héroux-Devtek de façon spécifique. Voir Annexe 2.1.

Annexe 2.1

Extrait du rapport annuel 2014-2015 de Héroux-Devtek, pages 32 à 36.

RISQUES ET INCERTITUDES

Héroux-Devtek évolue dans des secteurs industriels soumis à divers facteurs de risque et incertitudes susceptibles d'avoir une incidence défavorable importante sur ses affaires, sa situation financière et ses résultats opérationnels. Ces risques et incertitudes comprennent, sans toutefois s'y limiter, ceux faisant l'objet d'une description ci-après.

Dépendance envers des clients importants

La Société s'expose à un risque du fait de l'importance de certains contrats ou clients. Les six plus importants clients de la Société représentent environ 60 % de ses ventes. La perte d'une commande quelconque ou encore un délai imposé par l'un de ces clients pourrait avoir des répercussions négatives importantes sur les résultats de la Société. Lorsque cela est possible, la Société réduit la portée de ce risque en concluant davantage de contrats de vente à long terme avec ses principaux clients.

Disponibilité et prix des matières premières

Les principales matières premières achetées par la Société sont l'acier, l'aluminium et le titane. La Société n'a pratiquement aucun contrôle sur la disponibilité et le prix de ces diverses matières premières. La difficulté à obtenir des matières premières en quantité suffisante et en temps opportun, au même titre d'ailleurs que l'augmentation de leurs prix, pourrait avoir une incidence négative importante sur les activités de la Société et sa situation financière.

La Société atténue ces risques en incluant diverses clauses dans ses contrats de vente importants à long terme, lesquelles dispositions prévoient le partage, avec ses clients, des risques liés à la disponibilité et au prix des matières premières. Par ailleurs, la Société négocie également des ententes d'approvisionnement à long terme avec ses fournisseurs de matières premières et surveille sa chaîne d'approvisionnement pour s'assurer de recevoir ses produits de base en temps opportun.

Risques opérationnels

Les activités poursuivies par la Société sont soumises à des risques opérationnels, notamment la concurrence d'autres entreprises, le rendement des fournisseurs clés, les garanties relatives au rendement des produits, particulièrement pour les produits exclusifs et les contrats de vente d'envergure, les risques liés à la réglementation, l'intégration fructueuse des nouvelles acquisitions, la dépendance envers le personnel clé et les systèmes d'information, lesquels représentent tous des facteurs susceptibles d'entraver de manière importante la capacité de la Société à respecter ses obligations.

À la lumière des risques opérationnels susmentionnés, la Société a instauré diverses stratégies et mesures de contrôle visant à réduire leur incidence sur son exploitation. Celles-ci comprennent :

- Des processus visant à garantir le déroulement approprié des approbations de soumissions, de la planification et de la réalisation de projets, et l'application de normes de qualité à toutes les étapes de la conception d'un nouveau produit, des réalisations d'après dessin et des travaux d'assemblage, de réparation et d'entretien. Ceci inclut l'évaluation de la capacité de la Société à atteindre ses objectifs en matière de ventes (contrats à prix fermes, clauses d'indexation, etc.) et de coût des produits de même qu'à conclure des ententes à long terme avec ses principaux fournisseurs et à instaurer des processus de soumissions concurrentielles.
- Des mesures appropriées de gestion des flux de trésorerie en ayant recours aux avances de clients et aux facturations progressives, dans certains cas, et aux opérations de couverture de change.

Bien que le carnet de commandes de la Société demeure bien rempli, le report ou l'annulation de commandes d'achat pourraient avoir une incidence défavorable sur les résultats à venir. La Société cherche à maintenir un bon équilibre dans son portefeuille entre les ventes aux secteurs commercial et militaire, de même qu'entre la fabrication de nouveaux composants et la fourniture de produits et services sur le marché secondaire. Cet équilibre devrait contribuer à atténuer les risques associés à un éventuel ralentissement dans l'un ou l'autre de ces marchés.

Répercussions des activités terroristes et de l'instabilité politique

L'incertitude persiste quant à l'impact qu'auront dans le futur la menace d'activités terroristes et les conflits en cours, notamment au Moyen-Orient et en Ukraine, sur le secteur de l'aérospatiale commerciale. Ces enjeux ont habituellement une incidence négative sur le trafic aérien commercial et un impact positif sur les dépenses militaires.

RISQUES ET INCERTITUDES

Héroux-Devtek évolue dans des secteurs industriels soumis à divers facteurs de risque et incertitudes susceptibles d'avoir une incidence défavorable importante sur ses affaires, sa situation financière et ses résultats opérationnels. Ces risques et incertitudes comprennent, sans toutefois s'y limiter, ceux faisant l'objet d'une description ci-après.

Dépendance envers des clients importants

La Société s'expose à un risque du fait de l'importance de certains contrats ou clients. Les six plus importants clients de la Société représentent environ 60 % de ses ventes. La perte d'une commande quelconque ou encore un délai imposé par l'un de ces clients pourrait avoir des répercussions négatives importantes sur les résultats de la Société. Lorsque cela est possible, la Société réduit la portée de ce risque en concluant davantage de contrats de vente à long terme avec ses principaux clients.

Disponibilité et prix des matières premières

Les principales matières premières achetées par la Société sont l'acier, l'aluminium et le titane. La Société n'a pratiquement aucun contrôle sur la disponibilité et le prix de ces diverses matières premières. La difficulté à obtenir des matières premières en quantité suffisante et en temps opportun, au même titre d'ailleurs que l'augmentation de leurs prix, pourrait avoir une incidence négative importante sur les activités de la Société et sa situation financière.

La Société atténue ces risques en incluant diverses clauses dans ses contrats de vente importants à long terme, lesquelles dispositions prévoient le partage, avec ses clients, des risques liés à la disponibilité et au prix des matières premières. Par ailleurs, la Société négocie également des ententes d'approvisionnement à long terme avec ses fournisseurs de matières premières et surveille sa chaîne d'approvisionnement pour s'assurer de recevoir ses produits de base en temps opportun.

Risques opérationnels

Les activités poursuivies par la Société sont soumises à des risques opérationnels, notamment la concurrence d'autres entreprises, le rendement des fournisseurs clés, les garanties relatives au rendement des produits, particulièrement pour les produits exclusifs et les contrats de vente d'envergure, les risques liés à la réglementation, l'intégration fructueuse des nouvelles acquisitions, la dépendance envers le personnel clé et les systèmes d'information, lesquels représentent tous des facteurs susceptibles d'entraver de manière importante la capacité de la Société à respecter ses obligations.

À la lumière des risques opérationnels susmentionnés, la Société a instauré diverses stratégies et mesures de contrôle visant à réduire leur incidence sur son exploitation. Celles-ci comprennent :

- Des processus visant à garantir le déroulement approprié des approbations de soumissions, de la planification et de la réalisation de projets, et l'application de normes de qualité à toutes les étapes de la conception d'un nouveau produit, des réalisations d'après dessin et des travaux d'assemblage, de réparation et d'entretien. Ceci inclut l'évaluation de la capacité de la Société à atteindre ses objectifs en matière de ventes (contrats à prix fermes, clauses d'indexation, etc.) et de coût des produits de même qu'à conclure des ententes à long terme avec ses principaux fournisseurs et à instaurer des processus de soumissions concurrentielles.

- Des mesures appropriées de gestion des flux de trésorerie en ayant recours aux avances de clients et aux facturations progressives, dans certains cas, et aux opérations de couverture de change.

Bien que le carnet de commandes de la Société demeure bien rempli, le report ou l'annulation de commandes d'achat pourraient avoir une incidence défavorable sur les résultats à venir. La Société cherche à maintenir un bon équilibre dans son portefeuille entre les ventes aux secteurs commercial et militaire, de même qu'entre la fabrication de nouveaux composants et la fourniture de produits et services sur le marché secondaire. Cet équilibre devrait contribuer à atténuer les risques associés à un éventuel ralentissement dans l'un ou l'autre de ces marchés.

Répercussions des activités terroristes et de l'instabilité politique

L'incertitude persiste quant à l'impact qu'auront dans le futur la menace d'activités terroristes et les conflits en cours, notamment au Moyen-Orient et en Ukraine, sur le secteur de l'aérospatiale commerciale. Ces enjeux ont habituellement une incidence négative sur le trafic aérien commercial et un impact positif sur les dépenses militaires.

Conjoncture économique

Une conjoncture économique défavorable est susceptible d'avoir des répercussions négatives sur les activités de la Société. À titre d'exemple, l'industrie de l'aérospatiale civile des gros porteurs a été confrontée dans les années passées à de nombreuses incertitudes, plus particulièrement du côté du marché des avions de 100 places et plus. Par ailleurs, le marché des jets d'affaires est étroitement lié à la conjoncture économique. L'évolution de ces secteurs pourrait avoir une incidence négative sur la situation financière et les résultats opérationnels de la Société. Bien que l'on assiste à un retour progressif de la croissance à long terme, ces secteurs conserveront leur caractère cyclique. De plus, le ralentissement des activités de fabrication causé par une conjoncture économique défavorable pourrait se traduire en des coûts importants pour la Société au chapitre des mises à pied temporaires ou des cessations d'emploi des membres du personnel.

Dépenses d'ordre militaire

L'incertitude persiste dans le marché de l'aérospatiale militaire, alors que les gouvernements tentent de résorber leurs déficits. Les dépenses militaires sont approuvées par les instances gouvernementales sur une base annuelle et sont tributaires du climat politique et de l'évolution des priorités. En dépit de son portefeuille bien diversifié dans le secteur militaire, et de l'équilibre qu'elle maintient entre la fabrication de nouveaux composants et la fourniture de produits et services sur le marché secondaire, la Société est touchée par les mesures d'austérité, en particulier dans le marché militaire aux États-Unis. Cependant, la diversité de ses produits et services devrait atténuer cet impact.

Fluctuations des devises

La Société s'expose à des risques liés aux fluctuations des devises du fait qu'elle poursuit certaines de ses activités au Canada en devises étrangères en plus de réaliser des affaires aux États-Unis et au Royaume-Uni. Les fluctuations rapides de la valeur du dollar canadien, par rapport au dollar américain ou à la livre sterling anglaise, pourraient accroître la volatilité des résultats de la Société. Dans le but d'atténuer ces risques de change et de se protéger, la Société a recours à des instruments financiers dérivés.

La politique de couverture du risque de change de la Société exige d'elle qu'elle réduise son exposition aux devises étrangères, essentiellement le dollar américain, résultant de ses activités canadiennes.

La politique de couverture exige la couverture de 50 à 75 %, en moyenne, de l'exposition aux devises étrangères identifiée, essentiellement pour les deux exercices financiers à venir, des entrées de fonds anticipées découlant de ventes libellées en devise américaine, réalisées par ses établissements canadiens et en lien avec des contrats de vente à long terme, déduction faite des sorties de fonds anticipées, en dollars US, liées principalement à l'achat de matières premières et certains autres coûts de matériaux. Cette politique de couverture vise également, pour une période additionnelle variant entre un et trois exercices financiers sur une base très réduite, les entrées/déboursés nets de fonds anticipés, d'une nature similaire à ceux susmentionnés, en lien avec certains contrats de vente spécifiques à long terme (se reporter à la note 33 des états financiers consolidés).

Situation de trésorerie et accès à des sources de financement

La Société a continuellement recours aux marchés financiers pour financer ses activités. Pour subvenir à ses besoins financiers, la Société fait usage de titres de créance à long terme et à court terme et puise à même les flux de trésorerie provenant des activités d'exploitation. Tout facteur susceptible d'entraver la capacité de la Société d'accéder aux marchés financiers, notamment les fluctuations importantes des taux d'intérêt sur le marché, les changements de la conjoncture économique ou encore la perception qu'entretiennent les investisseurs à l'égard de la situation financière ou des perspectives de croissance de la Société, pourrait porter préjudice à la situation financière et aux résultats opérationnels de la Société.

Clauses restrictives

Les actes de fiducie régissant certaines créances de la Société, et plus particulièrement sa facilité de crédit, renferment des clauses restrictives qui, entre autres, limitent la capacité qu'a celle-ci de :

- vendre la totalité ou la quasi-totalité de ses éléments d'actif;
- contracter des titres de dette assortis d'une garantie ou certains autres titres de dette;
- s'engager dans des transactions de fusion ou de consolidation;
- s'engager dans des transactions avec des sociétés apparentées.

La Société est assujettie à diverses clauses restrictives financières en vertu de sa facilité de crédit, lesquelles doivent être respectées tous les trimestres. Ceci inclut des clauses restrictives financières exigeant un ratio minimum du BAIIA sur le service de la dette et un ratio maximum de la dette nette sur le BAIIA, tous calculés sur une base consolidée. Ces expressions et ratios sont définis dans la facilité de crédit et ne correspondent pas nécessairement aux indicateurs financiers de la Société ni aux expressions utilisées dans le présent rapport de gestion.

En outre, la Société est assujettie à diverses clauses restrictives financières en vertu de certains contrats de location-financement et de prêts des autorités gouvernementales. Ceux-ci comportent des clauses restrictives financières exigeant un ratio minimum du fonds de roulement et un ratio maximum de la dette à long terme sur les capitaux propres sur la base du bilan consolidé de la Société, de même que des niveaux minimums de capitaux propres pour certaines filiales de la Société.

Ces restrictions pourraient entraver la capacité qu'a la Société de financer ses activités futures ou ses besoins en capitaux, ou de s'engager dans d'autres activités commerciales potentiellement avantageuses pour elle.

Fluctuation des taux d'intérêt

La rentabilité de la Société pourrait subir les contrecoups du niveau et des fluctuations des taux d'intérêt. Dans le cadre de son programme de gestion de l'actif et du passif, la Société a recours aux produits dérivés, lorsqu'approprié, pour atténuer ou réduire globalement ses risques financiers.

Afin d'atténuer ces fluctuations, la Société a mis en place une politique de placement à court terme qui dicte le niveau et le type de placements qu'elle devrait chercher à effectuer. La Société maintient également un bon équilibre entre les taux fixes et variables dans son portefeuille de financement (se reporter à la note 33 des états financiers consolidés).

Pertes découlant de réclamations de dommages sous garantie

Complexes et perfectionnés, les produits fabriqués par la Société pourraient présenter des défectuosités difficiles à détecter et à corriger. Des imperfections pourraient être constatées dans les produits de la Société après leur livraison aux clients. Le cas échéant, la Société pourrait ne pas être en mesure de corriger ces irrégularités. L'apparition d'erreurs et de défauts dans les produits de la Société pourrait donner lieu à des réclamations au titre de la garantie ou encore mener à la perte de clients. Les réclamations, les erreurs ou les défectuosités sont susceptibles d'avoir un effet préjudiciable sur les résultats opérationnels et les activités de la Société ainsi que sur sa situation financière. En outre, en raison de la nature des activités de la Société, celle-ci pourrait être visée par des réclamations en responsabilité à l'égard de produits de sa propre fabrication ou encore de produits à l'égard desquels elle fournit des services. La Société ne peut obtenir la certitude que sa couverture d'assurance suffira à couvrir une ou plusieurs réclamations d'importance. Qui plus est, nul ne peut garantir que la Société sera en mesure d'obtenir une couverture d'assurance d'une teneur et d'un prix satisfaisants dans le futur. Se référer à la rubrique intitulée « Risques opérationnels » apparaissant plus haut.

Questions d'ordre environnemental

Les activités de la Société sont assujetties aux lois et à la réglementation environnementale relatives aux risques pour la santé humaine et l'environnement. Ces lois et règlements, ainsi que les charges connexes, sont susceptibles d'avoir un effet préjudiciable important sur les activités et la situation financière de la Société. Cette dernière surveille ces risques au moyen de politiques et de systèmes de gestion de l'environnement.

Conventions collectives

La Société est partie à certaines conventions collectives échéant à divers moments dans le futur. Dans la mesure où la Société ne parvenait pas à reconduire ces conventions ou tout autre accord lorsqu'il y aurait lieu de le faire, il pourrait en résulter des arrêts et des interruptions de travail susceptibles d'avoir une incidence défavorable importante sur les activités de la Société.

En avril 2014 et en décembre 2013, la Société a renouvelé, respectivement, ses conventions collectives avec les employés de son usine de trains d'atterrissage de Longueuil pour une période de trois ans jusqu'en mai 2017 et avec ceux de son usine de trains d'atterrissage de Laval pour une période de cinq ans jusqu'en décembre 2018.

Main-d'œuvre qualifiée

La capacité de Héroux-Devtek d'atteindre ses objectifs dans l'avenir dépend, en partie, de son habileté à attirer et à retenir à son service les travailleurs qualifiés nécessaires à la poursuite de ses activités. Il est anticipé que le marché des travailleurs spécialisés de l'industrie de l'aérospatiale demeurera fortement concurrentiel dans le futur. L'incapacité de la Société à attirer et à retenir à son service des travailleurs qualifiés, plus particulièrement des ingénieurs, des machinistes et des programmeurs, pourrait avoir une incidence négative sur ses résultats opérationnels et sa situation financière.

La réponse de la Société face à ce risque consiste à développer à l'interne les compétences de ses ressources humaines, à retenir les employés qualifiés qu'elle compte déjà dans ses rangs et à attirer les meilleurs talents qui soient en entretenant une culture organisationnelle forte.

Obligations au titre des régimes de retraite

Les cycles économiques ont des répercussions négatives sur le financement des régimes de retraite à prestations définies de la Société et des coûts connexes. Rien ne garantit que les coûts et les contributions nécessaires au financement de ces régimes de retraite n'augmenteront pas dans l'avenir et, par conséquent, qu'elles n'auront pas de répercussions négatives sur les résultats opérationnels et la situation financière de la Société. Les risques associés au financement des régimes à prestations définies pourraient se matérialiser dans l'éventualité où les obligations totales aux termes d'un régime de retraite surpasseraient la valeur totale de ses fonds en fiducie. Des rendements moins élevés que prévus sur les placements, des changements au taux d'actualisation utilisé pour évaluer les obligations au titre des régimes de retraite ou encore des pertes actuarielles peuvent engendrer des manques à gagner. Ce risque est atténué par les politiques et procédures instituées par la Société et son comité des régimes de retraite pour surveiller les risques liés aux placements et le financement des régimes de retraite.

Risques associés à d'éventuelles acquisitions ainsi qu'à leur intégration

La Société entend continuer à réaliser des acquisitions sur une base ponctuelle dans le cadre de sa stratégie de développement de ses activités. Si elles se matérialisent, les acquisitions augmenteront l'ampleur des activités de la Société, mais pourraient aussi accroître le niveau d'endettement de la Société. Ces acquisitions pourraient modifier l'envergure des activités commerciales de la Société et l'exposer à de nouveaux risques d'ordre géographique, politique, opérationnel et financier. Rien ne garantit que la Société réussira à identifier des cibles d'acquisition valables et, si elle y parvient, à acquérir ces activités à des conditions satisfaisantes. De plus, le succès de l'intégration et de la gestion des entreprises acquises comportent de nombreux risques susceptibles d'engendrer des répercussions négatives sur la croissance et la rentabilité de la Société, dont le risque que la Société ne parvienne à gérer avec succès les activités acquises et que l'intégration soit très contraignante pour les dirigeants de la Société et détourne leur attention des activités courantes.

Risques de litiges

La Société est exposée aux risques de litiges dans le cours normal de ses activités de la part d'employés, de clients, de fournisseurs, de concurrents, d'actionnaires, d'organismes gouvernementaux ou d'autres parties qui peuvent prendre la forme d'actions privées, de recours collectifs, de procédures administratives, de mesures réglementaires ou d'autres procédures. Il est difficile d'anticiper ou de quantifier l'issue d'un litige. Les demandeurs dans ces types de poursuites ou de réclamations peuvent chercher à obtenir des montants très importants ou indéterminés, et l'ampleur de la perte éventuelle dans le cadre de ces poursuites ou réclamations peut demeurer inconnue pendant de longues périodes de temps. Peu importe le résultat, un litige peut entraîner des coûts importants pour la Société. En outre, un litige pourrait détourner l'attention et les ressources de la direction des activités quotidiennes de la Société.

Sécurité et efficacité des technologies de l'information

La Société compte sur des systèmes de technologie de l'information qui sont essentiels à ses activités quotidiennes. Ces systèmes d'information pourraient être vulnérables à une cyberattaque, du cyberespionnage, des virus informatiques, une panne d'alimentation, une panne de système, une erreur humaine, une catastrophe naturelle, un acte de guerre ou de terrorisme, ou d'autres situations similaires. La continuité des activités de la Société serait directement touchée en cas de non-disponibilité de ces systèmes de technologie de l'information. En outre, un accès non autorisé à des renseignements confidentiels aurait une incidence négative sur la réputation, les activités commerciales, les perspectives, les résultats opérationnels et la situation financière de la Société. Afin d'atténuer les risques liés à la technologie, des mesures de contrôle comme un plan de reprise des activités en cas de sinistre et des procédures de contrôles des accès non autorisés ont été mis en place.

Réponses à l'exercice de la page 87

Réponses : a) b) c) d) e) g)

Chapitre 3
Les partenariats

La quatrième révolution industrielle[1] constitue un environnement d'affaires où les entreprises échangent, collaborent, travaillent ensemble dans des formats qui diffèrent en fonction des zones géographiques et des projets à réaliser[2]. Souplesse, spécialisation des compétences, rigueur de l'exécution, diversité et taille des mandats sont tous des critères qui pourraient emmener une équipe entrepreneuriale à « être les meilleurs » dans un créneau de spécialisation et à allier cette expertise à une diversité d'autres expertises pour créer de nouveaux produits et services ou pour soumissionner sur des contrats d'importance. Ainsi, on a vu des manufacturiers automobiles (Toyota et Chrysler) travailler ensemble sur le développement d'une plateforme commune pour offrir, avec une formule commerciale différente, les automobiles Matrix (Toyota) et Vibe (Chrysler).[3] Plus près de nous, on dit souvent que « Le Plateau Mont-Royal », à Montréal, est le territoire privilégié des travailleurs autonomes qui, en demeurant dans leur champ d'expertise et en contrôle de leur entreprise, interagissent sur différents projets. Même phénomène dans le quartier Mile End, toujours à Montréal, où des petites équipes de différentes spécialités en multimédia et en technologies interagissent ensemble et s'activent à proximité de sociétés connues, comme Ubisoft et Moment Factory, pour créer et réaliser ensemble des projets qui n'auraient pas été possibles autrement.

Une des caractéristiques de la quatrième révolution industrielle est qu'avec Internet et la facilité des communications la taille d'une entreprise ne se définit plus en fonction du nombre de pieds carrés occupés dans un édifice, mais en fonction de sa capacité, seule et avec d'autres, de réaliser des projets de grande envergure.

Lorsque l'on parle de partenariats, on pense immédiatement à la « fusion pure et simple[4] » d'opérations, alors qu'il existe plusieurs façons de travailler ensemble, certaines limitées dans l'espace temps et projet, d'autres ouvertes à une évolution de l'intensité de la collaboration.

C'est ce que nous verrons dans ce chapitre, examiné sous l'angle de l'impact des différentes formes d'interrelation sur les états financiers des entreprises. Nous commencerons par examiner la forme la plus simple d'interrelation qui est d'acheter quelques actions d'une autre entreprise (IFRS 9)[5] pour augmenter le nombre d'actions détenues jusqu'à l'obtention de l'influence notable (IAS 28), pour augmenter le

[1] « Maîtriser la quatrième révolution industrielle » était le thème principal de la 46e réunion annuelle du Forum économique mondial de Davos (janvier 2016).

[2] « Previous industrial revolutions liberated humankind from animal power, made mass production possible and brought digital capabilities to billions of people. This Fourth Industrial Revolution is, however, fundamentally different. It is characterized by a range of new technologies that are fusing the physical, digital and biological worlds, impacting all disciplines, economies and industries, and even challenging ideas about what it means to be human. » https://www.weforum.org/pages/the-fourth-industrial-revolution-by-klaus-schwab. Consulté en mai 2016.

[3] Toyota Matrix 2009, 10 juin 2008, http://www.autonet.ca/fr/2008/04/23/toyota-matrix-2009-fr. Février 2016.

[4] Le concept de « fusion d'entreprises » n'existe plus dans la normalisation comptable canadienne, IFRS et NCECF.

[5] Les placements sont actuellement couverts par la norme comptable IAS 39 qui sera remplacée par la norme IFRS 9. Nos explications seront donc relatives à la mise en application de la norme IFRS 9.

nombre d'actions détenues jusqu'à obtention du contrôle de l'autre société (IFRS 10). Nous examinerons ensuite d'autres formes de collaboration reposant cette fois sur la limitation temps et projets que sont les coentités ou coentreprises (IAS 31)[6].

L'objectif de ce volume étant, rappelons-le, de montrer au lecteur que stratégie, actions et chiffres sont des éléments concomitants dans une prise de décision, non des éléments séquentiels.

3.1 Les placements (instruments financiers) *IFRS 9, chapitre 3856*

Une entreprise peut acheter, à des fins de placements, des actions d'une autre entreprise, que celle-ci soit une société par actions à capital fermé ou une société par actions à capital ouvert, dont les actions sont cotées en bourse. L'objectif de cette transaction peut être de nature purement financière, c'est-à-dire de faire fructifier des surplus de caisse dont l'entreprise n'aura pas besoin au cours des prochaines années[7]. Ce poste comptable peut se retrouver assez fréquemment chez les entreprises à capital fermé détenues par un seul actionnaire, les états financiers présentant à la fois les activités d'exploitation et les activités financières personnelles de l'actionnaire.[8]

Lorsqu'une entreprise détient quelques actions d'une autre entreprise, elle n'a évidemment aucune autre influence que celle dévolue par le droit de vote attaché aux quelques actions détenues. Exprimé en termes d'affaires, on peut dire qu'elle ne peut influencer conjointement la rentabilité économique des deux entreprises par l'expression de son droit de vote. À ce moment, la constatation et l'enregistrement comptable des transactions subséquentes se fait ainsi.

Toutes les entrées et les présentations subséquentes de la valeur du placement se font à la juste valeur. Dans le cas d'actions cotées en bourse, la cote publiée à la fermeture des marchés sera l'indicateur utilisé pour déterminer la juste valeur. Dans le cas d'actions non cotées, comme c'est le cas pour toutes les entreprises à capital fermé, la valeur comptable sera maintenue s'il n'y a pas d'indications solides de la détérioration de la situation financière de l'entreprise.[9] À ce moment, une perte de valeur sera constatée et présentée dans l'état des résultats.

3.1.1 Modèle comptable

Nous allons illustrer les impacts comptables de l'acquisition de quelques actions d'une autre entreprise.

Année 1

Achat de 10 actions à 10 $ pour un montant total de 100 $[10]
(enregistrement dans les registres comptables à la **juste valeur** que nous supposons ici = prix payé)

	Débit	Crédit
Placement (bilan)	100 $	
Encaisse (bilan)		100 $

[6] Lorsque le contrat de coentités prévoit la fin et la liquidation du projet commun, comme le serait la liquidation de toute société par actions, certains paragraphes de la norme IAS 28 s'appliquent.

[7] Rien n'interdit à une entreprise d'investir en bourse lorsqu'elle dispose pour une courte période de temps des surplus d'encaisse. Ce qui n'est pas cependant une bonne idée, la mission d'une entreprise n'étant pas de spéculer à court terme sur des fluctuations de titres financiers. C'est pourquoi une entreprise doit fournir en note aux états financiers, lorsqu'elle dispose de surplus d'encaisse, les types d'investissement détenus. Cet énoncé est d'autant plus valable dans le cas d'achat d'actions de sociétés à capital fermé où il n'existe aucun marché organisé et actif de revente des actions.

[8] Si c'est le cas, l'étude de la pertinence de constituer une société de gestion et d'y transférer toutes les activités financières de l'actionnaire devrait être faite.

[9] Il existe des modèles d'évaluation des actions des entreprises à capital fermé utilisés par les sociétés d'investissement privées ou publiques et les régimes de retraite. Compte tenu du nombre grandissant des investissements dans les entreprises à capital fermé, l'Ordre des CPA du Québec a publié un article à ce sujet annonçant la mise en place d'un comité de travail – régimes de retraite s'intéressant à ce sujet. CPA Québec, bulletin publié le 16 février 2016. http://cpaquebec.ca/fr/public-et-medias/salle-de-presse/nouvelles-et-publications/les-placements-prives-pour-les-regimes-de-retraite-un-defi-pour-levaluation-de-la-juste-valeur/ Consulté en février 2016.

[10] Les frais du courtier, s'il y a lieu, seront constatés en charges de la période comptable courante.

Déclaration et versement d'un dividende de 1 $ par la société émettrice

Encaisse (bilan)	10 $	
Revenus – Dividendes (état des résultats)		10 $

Année 2

Les actions acquises ont maintenant une juste valeur de 12 $, le placement vaut, à la date de fin de période comptable, 120 $. La hausse de valeur sera immédiatement constatée et présentée dans les états financiers de l'entreprise. C'est ce qu'on appelle la méthode de la juste valeur.

Placement (bilan)	20 $	
Gain sur placement (état des résultats)		20 $

Et il en sera ainsi tout au long de la période de détention des actions. À la revente, le dernier gain (ou perte) sera enregistré par rapport à la dernière évaluation faite lors de la dernière présentation des états financiers.

3.2 Les investissements dans des entreprises associées[11] *IAS 28, chapitre 3051*

Une entreprise peut augmenter le nombre d'actions détenues dans le capital-actions d'une autre entreprise pour exercer une influence notable. En conformité avec la norme comptable, la présomption d'influence notable existe lorsque le nombre d'actions détenues atteint 20 % des droits de vote[12]. Il s'agit ici d'un barème de base, car il est possible pour une entreprise d'exercer une influence notable sur une autre entreprise avec moins de 20 % des actions. Comment se fait-il?

Tentons tout d'abord de définir ce qu'est l'influence notable en nous référant au texte de la norme comptable qui définit ainsi les circonstances où la présomption d'influence notable devient source de question.

> L'exercice d'une influence notable par un investisseur est habituellement attesté par une ou plusieurs des situations suivantes :
>
> a) représentation au sein du Conseil d'administration ou de l'organe de direction équivalent de l'entité émettrice;
>
> b) participation au processus d'élaboration des politiques, et notamment participation aux décisions relatives aux dividendes et autres distributions;
>
> c) transactions significatives entre l'investisseur et l'entité émettrice;
>
> d) échange de personnel de direction;
>
> e) fourniture d'informations techniques essentielles.

Manuel de CPA Canada, IAS 28, paragraphe 6.

Note importante

Le paragraphe 9 de la norme ci-dessus mentionnée apporte un éclairage supplémentaire en faisant référence aux décisions relatives aux politiques financières et opérationnelles de l'autre entité.

[11] Pour les lecteurs ayant étudié la comptabilité voilà quelques années, les entreprises associées étaient appelées « entreprises satellites ».

[12] Dans ce chapitre, nous posons l'hypothèse qu'une action ordinaire = un droit de vote.

La lecture de ces circonstances est intéressante, puisqu'elle nous indique que la présomption d'influence notable peut être due à des transactions sur actions (20 % des actions ou 20 % des droits de vote permet de nommer un ou des membres du conseil d'administration) mais également à des transactions d'exploitation où une entreprise est en mesure d'influencer les rentabilités conjointes (mise à la disponibilité et partage de coûts d'un réseau de distribution, par exemple) des deux entreprises. Attention, ici, nous ne parlons pas de contrôle, mais d'influence notable seulement.

Habituellement vues comme des transactions accessoires, les participations dans des entreprises associées peuvent devenir la principale source de rentabilité d'une entreprise, tel que constaté dans les états financiers de la société française Renault[13] qui détient une participation qualifiée « d'influence notable » dans la société japonaise Nissan.

4.2.1 Compte de résultat consolidé

(En millions d'euros)	Notes	2014	2013
Chiffre d'affaires	4	**41 055**	**40 932**
Coûts des biens et services vendus		(33 310)	(33 611)
Frais de recherche et développement	10-A	(1 721)	(1 812)
Frais généraux et commerciaux		(4 415)	(4 267)
Marge opérationnelle	5	**1 609**	**1 242**
Autres produits et charges d'exploitation	6	(504)	(1 276)
Autres produits d'exploitation	6	*102*	*222*
Autres charges d'exploitation	6	*(606)*	*(1 498)*
Résultat d'exploitation		**1 105**	**(34)**
Produits (charges) d'intérêts nets		(282)	(267)
Produits d'intérêts		*216*	*183*
Charges d'intérêts		*(498)*	*(450)*
Autres produits et charges financiers	7	(51)	(15)
Résultat financier		**(333)**	**(282)**
Part dans le résultat des entreprises associées et des coentreprises		**1 362**	**1 444**
Nissan	12	*1 559*	*1 498*
Autres entreprises associées et coentreprises	13	*(197)*	*(54)*
Résultat avant impôts		**2 134**	**1 128**
Impôts courants et différés	8	(136)	(433)
Résultat net		**1 998**	**695**
Résultat net – part des participations ne donnant pas le contrôle		108	109
Résultat net – part des actionnaires de la société mère		1 890	586
Résultat net de base par action (1) en euros	9	6,92	2,15
Résultat net dilué par action (1) en euros	9	6,89	2,14
Nombre d'actions retenu (en milliers)	**9**		
Pour le résultat net de base par action		*273 049*	*272 290*
Pour le résultat net dilué par action		*274 101*	*274 096*

(1) Résultat net – part des actionnaires de la société mère rapporté au nombre d'actions indiqué.

Renault, Comptes consolidés 2014, page 3.

[13] Aucun lien de parenté avec l'auteure.

3.2.1 Modèle comptable – méthode de mise en équivalence

L'enregistrement comptable d'une participation dans une entreprise associée diffère de celui que nous avons présenté pour les « simples » placements en actions. Cependant, l'objectif de faire connaître le succès ou l'insuccès de l'investissement est maintenu, mais de façon différente. Dans le cas des placements, le succès provenait de la rentabilité exprimée sous forme de plus (ou moins) value des actions et des dividendes.

Dans le cas d'un placement dans une entreprise associée, le succès ou l'insuccès seront divulgués en constatant et en intégrant immédiatement, dans les états financiers de l'entreprise influente, l'enrichissement ou l'appauvrissement mesuré en termes de quote-part des profits ou des pertes de l'entreprise associée.

Nous allons illustrer les impacts comptables de l'exercice de l'influence notable sur les états financiers de l'entreprise influente en présentant la méthode comptable de la mise en équivalence. [14]

Année 1

Achat de 10 actions à 10 $ pour un montant total de 100 $. L'achat de 10 actions représente 20 % du total des actions émises par l'entreprise maintenant qualifiée d'entreprise associée.

Entrée dans les registres comptables de l'entreprise influente au coût

	Débit	Crédit
Placement dans une entreprise associée (bilan)	100 $	
Encaisse (bilan)		100 $

Fin de la période comptable, préparation des états financiers

Captation de l'enrichissement ou de l'appauvrissement dans l'entreprise associée. L'entreprise associée a présenté un résultat net de 4 000 $ pour une appropriation de 20 % = 800 $.

	Débit	Crédit
Placement dans une entreprise associée (bilan)	800 $	
Revenus – Entreprise associée (état des résultats, ligne distincte)		800 $

Note 1

Ici, le coût du placement est augmenté de la quote-part du résultat de la société associée. Le lecteur des états financiers, à la simple consultation de l'état de la situation financière est en mesure de connaître l'évolution du succès du placement. À l'inverse, supposons qu'au lieu d'un résultat net, la société associée avait présenté une perte nette de 4 000 $; le coût du placement aurait été diminué de 800 $, et une perte liée à un investissement dans une entreprise associée aurait diminué le résultat net de l'entreprise influente. Ainsi :

	Débit	Crédit
Perte – Entreprise associée (état des résultats, ligne distincte)	800 $	
Placement dans une entreprise associée (bilan)		800 $

C'est un pensez-y bien avant de procéder à une telle forme de partenariat, à savoir qu'à partir du moment où une entreprise exerce une influence notable sur une autre société, par l'achat d'actions ou par l'implication dans les décisions financières et d'exploitation, les résultats de l'entreprise associée sont automatiquement intégrés dans ses états financiers. Ce qui mérite une réflexion sur la stratégie.

[14] Cette méthode était auparavant appelée « méthode à la valeur de consolidation ».

Note 2

Ici, il y a un excellent exemple de la dissociation entre la trésorerie et la comptabilité d'exercice. Le lecteur aura remarqué qu'à nul endroit, dans les écritures comptables précédentes, le compte *Encaisse* a été affecté. Avec raison, puisqu'il s'agit ici d'une appropriation « sur papier ». L'entreprise associée n'a pas reçu d'argent, et elle ne peut prétendre à aucune réception d'argent tant et aussi longtemps que l'entreprise associée ne déclarera et ne versera un dividende. Examinons maintenant les écritures comptables qui traduiront les impacts de la déclaration d'un dividende par l'entreprise associée.

Déclaration et versement d'un dividende de 1 $ par action par l'entreprise associée. 10 actions × 1 $ = 10 $.

Encaisse (bilan)	10 $	
Placement dans une entreprise associée (bilan)		10 $

Pourquoi la réception d'un dividende constitue-t-elle la diminution d'un actif plutôt que l'augmentation d'un revenu? Tout simplement parce que les revenus provenant de la performance financière de l'entreprise associée ont déjà été enregistrés par la captation périodique des résultats, ou pertes nettes de l'entreprise associée. Au moment où l'entreprise associée verse un dividende de 10 $, elle diminue sa valeur et c'est ce que cette écriture traduit.

Note 3

La comptabilité des placements dans des entreprises associées ne tient pas compte des fluctuations de la juste valeur des actions, comme c'était le cas des placements en actions. Cependant, advenant la détérioration sérieuse et perçue comme permanente de la situation financière de l'entreprise associée, une perte de valeur, allant jusqu'à la radiation complète (valeur comptable = 0), pourrait être comptabilisée. Cela a été le cas pour le Groupe Jean Coutu, voilà quelques années, à la suite de l'acquisition de plus de 20 % des actions de la société américaine Rite-Aid la qualifiant, en conformité avec la normalisation comptable, d'entreprise influente. [15]

3.3 Les regroupements d'entreprises *IFRS 3, chapitre 1582*

Presque à chaque jour, dans l'actualité financière, il est question de regroupement et d'achats d'entreprises. Autrefois considéré comme exceptionnel, l'achat d'une entreprise par une autre entreprise est devenu une stratégie de développement aussi valable et faisable que la croissance organique. Comme il a été mentionné, la réduction des fenêtres d'exploitation des entreprises fait qu'il est plus rapide et efficace d'acheter une entreprise qui possède les ressources, le savoir convoité, plutôt que de prendre le temps de le développer à l'interne. C'est même une stratégie de « recrutement » des entreprises comme Google, qui sont constamment à la recherche d'entreprises Internet en démarrage (*start-up*) dont ils convoitent le savoir et le génie créatif des propriétaires. D'ailleurs, un des ratios utilisés par les analystes financiers est le taux de rétention des propriétaires de ces jeunes entreprises après leur acquisition.

Acheter une entreprise peut également être une stratégie pour diversifier rapidement les activités (achat de Pharmaprix par Loblaw), augmenter le nombre d'établissements localement ou à l'international (achat de chaînes de dépanneurs avec ou sans vente d'essence par Alimentation Couche-Tard), accroître ses sources d'approvisionnement (achat de laiteries et fromageries à l'international par Saputo), intégrer dans le modèle d'affaires une variété attrayante de bannières à succès (achat des épiceries Adonis et des

[15] Lavallée, M. (2011, 5 juillet). Rite-Aid : Jean Coutu veut vendre 10 % de ses actions, *les affaires.com*. http://www.lesaffaires.com/secteurs-d-activite/commerce-de-detail/rite-aid--jean-coutu-veut-vendre-10--de-ses-parts/532591. Consulté en février 2016.

boulangeries Première Moisson par Metro) ou accompagner ses clients à l'international. Nous nommons ici des grandes sociétés, mais il se fait actuellement beaucoup d'achats d'entreprises chez les PME de toute taille, car le nombre de transferts « obligés » d'entreprises, compte tenu de l'âge moyen de nombreux propriétaires-fondateurs, entraîne une vague de consolidation (même secteur d'activité) ou d'opportunités intéressantes pour des entreprises à la recherche de croissance. Il n'y a qu'à consulter les sites Internet des institutions financières, des bureaux d'avocats et de notaires, et des bureaux comptables pour constater l'offre de services (financement et expertise) pour l'acquisition d'entreprises.

3.3.1 Le contrôle
IFRS 10, chapitres 1591 et 1601

Le concept de regroupement et d'acquisition en comptabilité réfère au concept de contrôle et à celui de groupe. Une « **entreprise** » en comptabilité est un « **groupe** » d'entreprises contrôlées par la même entité. Ce qui signifie que la définition comptable de l'entreprise repose sur la base économique plutôt que sur la base légale.

Une entreprise peut en acquérir une autre en achetant ses actions ou ses actifs nets. Réglons d'abord la dernière forme d'acquisition mentionnée, qui est la plus simple à comprendre.

Achat des actifs (nets)

Vu sous l'angle des actifs, une entreprise peut acheter un ou des actifs, ce qui constitue une transaction dont l'enregistrement comptable est très simple.

Actifs	XXX	
Encaisse		XXX

L'entreprise peut également acheter une « entreprise », c'est-à-dire un groupe d'actifs dont l'ensemble permet l'exploitation et l'enrichissement. On parle d'intrants, de production et d'extrants (biens et services produits [externe] ou économie de coûts et gains d'efficacité [interne]). L'achat d'une « entreprise » pourrait être l'achat d'une division d'une autre entreprise, d'un groupe de magasins, et autres[16].

La récente acquisition de 279 commerces Esso par Alimentation Couche-Tard en est un bon exemple. Alimentation Couche-Tard a extrait un groupe d'actifs du bilan d'Esso qui, mis ensemble, répondent à la définition comptable d'« entreprise ».[17] L'importance de définir exactement ce qui a été acheté, des actifs ou une entreprise, est cruciale, puisque dans le second cas, l'enregistrement comptable est plus complexe, en conformité avec la norme comptable IFRS 3.[18] Nous verrons dans quelques lignes ce qu'il en est.

Achat des actions

Il n'est pas nécessaire d'acheter 100 % des actions d'une autre entreprise pour l'« acheter » ou la contrôler en terme de gestion. Lorsqu'une entreprise souhaite contrôler une autre entreprise, présider à la prise de décision opérationnelle, stratégique (investissements) et financière[19] et l'intégrer dans son groupe, l'achat d'une partie des actions est suffisant. À ce moment, l'opération de financement est moindre, car il est en effet moins coûteux d'acheter 30 ou 40 % des actions plutôt que d'en acheter 100 %.

---

[16] Il y a une exception à cet énoncé : les entreprises en phase de développement ou de prédémarrage qui ne produisent encore ni biens ni services.

[17] Vallières, M. (2016, 8 mars). Couche-Tard : 1,68 milliard pour 279 commerces Esso au Canada, *La Presse+, Affaires*. http://affaires.lapresse.ca/economie/commerce-de-detail/201603/08/01-4958553-couche-tard-168-milliard-pour-279-commerces-esso-au-canada.php. Consulté en février 2016.

[18] La comptabilité est la même pour les entreprises à capital fermé.

[19] Le lecteur aura reconnu les trois sections du tableau des flux de trésorerie de la page 60.

Question 1 : Quel pourcentage d'actions[20] faut-il acquérir pour obtenir le contrôle?

On peut imaginer que 51 % est le « chiffre magique » qui vient immédiatement à l'esprit du lecteur. Cinquante et un pourcent provenant de la base légale, la majorité des droits de vote. Dans les faits, une entreprise peut obtenir le contrôle, le pouvoir, sur une autre entreprise avec moins de 50 % des actions, selon la dissémination et le désintéressement de la gestion des autres actionnaires, appelés « actionnaires sans contrôle » ou « actionnaires minoritaires ». Le désintéressement signifie que certains actionnaires ne désirent pas être actifs dans la gestion de l'entreprise. Ils ne désirent que le rendement souhaité en fonction de leur évaluation du niveau de risque de l'entreprise. Ils font confiance au groupe de contrôle. En finance, on parle de la théorie des organisations. Il est possible de connaître les pourcentages des participations de la société mère détenues dans chacune des entités du groupe dans la notice annuelle (document préparé par la direction accompagnant les états financiers) ou dans une note aux états financiers.

Question 2 : Est-il possible d'obtenir le contrôle d'une entreprise en détenant 0 (zéro) action?

Oui. En fait, le concept de contrôle, en comptabilité, ne se définit pas en termes d'actions, mais en termes de droits, de pouvoir et de risque (variabilité des rendements) obtenus par l'acquisition d'actions ou par accords contractuels. Il s'agit d'une affaire de jugement professionnel, d'un modèle de décision qualitatif plutôt que quantitatif. Tout repose sur la notion de regroupement économique plutôt que de regroupement légal, d'où l'importance de porter attention à la véritable définition du contrôle avant la signature de contrats qui incluent une grande intégration d'activités. C'est le cas dans l'industrie de la construction où il est parfois difficile de faire la différence entre l'indépendance ou le contrôle des activités exercé par une entreprise, par contrat, sur un sous-traitant. Voici d'autres exemples où une entreprise peut obtenir le contrôle sur une autre entreprise par accord contractuel. Par exemple, le cautionnement d'un financement accompagné d'un transfert contractuel du contrôle des activités importantes de l'entreprise endettée à l'entreprise qui s'est portée caution auprès du créancier. Le contrôle de l'utilisation d'une technologie, de l'approvisionnement, sont d'autres exemples qui procurent des avantages économiques à l'entreprise « qui contrôle », qui « détient le pouvoir ».

Question 3 : Comment calcule-t-on le coût d'une acquisition d'entreprise?

À la juste valeur de la monnaie d'échange pour le paiement **calculée le jour de la prise de contrôle**. Si c'est de l'argent, à la juste valeur de la monnaie de fonction de l'entreprise (actualisation des paiements s'ils sont faits sur plus d'une période comptable), si ce sont des actions, à la juste valeur des actions. Voici l'écriture :

Écriture no 1 (comptabilisation du placement)

Placement	XX	
Encaisse		XX

Plus

Estimation immédiate de la juste valeur des paiements futurs qui seront effectués suivant la réalisation de clauses conditionnelles prévues au contrat d'acquisition. Un paiement conditionnel à la réalisation de profits supérieurs à 100 000 $ au cours de la prochaine période comptable, par exemple. Ici, la contrepartie de l'écriture comptable n'est pas une sortie immédiate d'encaisse, mais la constitution d'une provision (passif) qui sera renversée le jour du paiement de la contrepartie conditionnelle.

Écriture no 2 (ajout au coût du placement)

Placement	XX	
Provision (contrepartie conditionnelle)		XX

[20] Toujours sur la base une action = un droit de vote.

Le total des montants imputés dans le compte *Placement* devient le coût initial d'entrée du placement.

Les frais de transaction, très coûteux dans certains cas, sont comptabilisés en charges (état des résultats) au fur et à mesure qu'ils sont encourus.

Note importante

Attention à la rédaction des textes et à la tentation d'ajouter de nombreuses clauses conditionnelles dans les contrats de vente car l'interprétation devient rapidement plus problématique, coûteuse en frais comptables et légaux qu'aidante.

3.3.2 Modèle comptable – États financiers consolidés

Commençons par examiner la transaction d'acquisition des épiceries Adonis par Metro, telle que présentée dans leurs états financiers pour la période comptable terminée le 28 septembre 2013. La première observation est que Metro contrôle maintenant les épiceries Adonis avec 55 % des droits de vote. Le coût d'acquisition a été payé en $, au montant de 161,4 millions de dollars.

Un autre impact de la transaction est que les actionnaires « vendeurs » d'Adonis ont conservé 45 % des droits de vote et qu'ils sont maintenant considérés comme des actionnaires sans contrôle du groupe Metro. Ils font donc maintenant partie du regroupement économique Metro, mais sont actionnaires de la filiale Adonis, pas de l'entièreté du groupe Metro tel que présenté dans la note 27 des états financiers intitulée « Transactions entre parties liées ».

La Société détient des participations importantes dans les filiales, l'entité contrôlée conjointement et l'entreprise associée suivantes :

Noms	Pays de constitution	Pourcentage d'intérêt dans le capital	Pourcentage de droits de vote
Filiales			
Metro Richelieu Inc.	Canada	100,0	100,0
McMahon Distributeur pharmaceutique Inc.	Canada	100,0	100,0
Metro Ontario Inc.	Canada	100,0	100,0
Groupe Adonis Inc.	Canada	55,0	55,0
Groupe Phoenicia Inc.	Canada	55,0	55,0
Entité contrôlée conjointement			
Dunnhumby Canada Limitée	Canada	50,0	50,0
Entreprise associée			
Alimentation Couche-Tard Inc.	Canada	5,7	17,0

Metro, note 27, États financiers présentés pour la période terminée le 28 septembre 2013, page 80.

Le lecteur remarquera que le pourcentage d'actions détenues dans le capital-actions d'une autre entreprise ne correspond pas nécessairement au pourcentage de droits de vote détenus tel que montré dans le cas de Alimentation Couche-Tard Inc. (pourcentage d'intérêt dans le capital = 5,7 %, pourcentage de droits de vote = 17 %).

Examinons maintenant le détail de la transaction, tel que présenté dans la note 5, à la page 60 des états financiers publiés à cette date.

metro

Notes afférentes aux états financiers consolidés
28 septembre 2013 et 29 septembre 2012
(en millions de dollars, sauf indication contraire)

5. ACQUISITION D'ENTREPRISES

Le 23 octobre 2011, la Société a acquis 55 % des actifs nets d'Adonis, un détaillant dans la région montréalaise ayant quatre magasins et un cinquième en construction qui a ouvert en décembre 2011, ainsi que Phoenicia, un importateur et un grossiste exploitant un centre de distribution à Montréal et un deuxième en banlieue de Toronto. Ces entreprises se spécialisent dans les produits alimentaires ethniques et périssables. Le prix d'achat final de la participation de 55 % de la Société a été de 161,4 $, dont le solde à payer de 11,6 $ au 29 septembre 2012 a été déboursé au cours du premier trimestre de 2013. L'acquisition a été comptabilisée selon la méthode de l'acquisition. La Société détient le contrôle sur les entreprises acquises et leurs résultats ont été consolidés à compter de la date d'acquisition. La répartition finale du prix d'achat total se résumait comme suit :

Actifs nets acquis à leur juste valeur	
Trésorerie	3,0
Débiteurs	10,6
Stocks	24,3
Charges payées d'avance	0,5
Immobilisations corporelles	11,9
Immobilisations incorporelles	
Durée d'utilité déterminée	10,7
Durée d'utilité indéterminée	63,4
Goodwill	206,8
Emprunts bancaires	(15,5)
Créditeurs	(5,4)
Dette	(10,4)
Passifs d'impôts différés	(6,4)
	293,5
Contrepartie en espèces de la participation de la Société (55 %)	161,4
Participation ne donnant pas le contrôle (45 %) *(note 29)*	132,1
	293,5

La participation ne donnant pas le contrôle a été évaluée à 45 % de la juste valeur des actifs nets des entreprises acquises.

- À la première étape de la transaction, Metro a procédé à l'évaluation de l'entreprise, ce qui relevait de l'inconnu, aucune cotation des actions n'étant disponible, puisque la société Adonis est une entreprise à capital fermé (voir l'analyse des états financiers des entreprises à capital fermé, chapitre 5). Passons donc à l'étape suivante, qui est l'identification et la ventilation entre les justes valeurs des actifs et les autres éléments porteurs de valeur économique future acquis.
- Les actifs les plus faciles à identifier sont ceux qui sont présentés, à la valeur comptable, dans l'état de la situation financière d'Adonis. Il est à noter que la juste valeur attribuée par Metro à ces actifs sera probablement différente de la valeur comptable présentée par Adonis dans ses états financiers.
- Vient ensuite l'identification de ce qu'on appelle les nouveaux actifs, à savoir les ressources qu'Adonis a bâti au fil du temps et qu'elle n'a pu constater dans son état de la situation financière compte tenu des normes comptables (actifs liés à la clientèle générés à l'interne) ou de la passation en charges d'efforts de production et de commercialisation, comme un procédé technologique tenant plus des efforts continus d'amélioration et d'innovation des employés que de la mise en place d'un projet formel de développement.

On retrouve habituellement les nouveaux actifs dans la section des immobilisations incorporelles. Par exemple, on retrouve à la note 16 des états financiers de Metro, *Immobilisations incorporelles, durée d'utilité déterminée*, un item intitulé « Améliorations et fidélisation des réseaux de détail ». Et on retrouve à la note 17, *Immobilisations incorporelles, durée d'utilité indéterminée*, un item intitulé « Bannières (marques de commerce) ».

- Aux nouveaux actifs identifiables s'ajoute la plus-value générée par des ressources qu'on ne peut isoler, mais qui sont là et qui motivent une augmentation du prix d'acquisition tels une solide équipe d'employés, des sites commerciaux remarquables, la possibilité de vendre des produits Adonis dans des épiceries Metro situées en région et autres. C'est ce qu'on appelle le goodwill ou écart d'acquisition. D'ailleurs, dans plusieurs transactions d'acquisitions d'entreprises ces « nouveaux actifs » et le « goodwill » représentent la raison principales de l'acquisition et deviennent la majeure partie de la ventilation du prix d'acquisition.

Dans le cas de Metro, par exemple, les immobilisations incorporelles de durée déterminée (10,7) + les immobilisations incorporelles de durée indéterminée (63,4) + le goodwill (206,8) représentent 85 % de l'actif total (331,2) acquis.

Note importante

Dans une transaction d'acquisition d'entreprises, les nouveaux actifs identifiables et le goodwill constituent souvent la principale motivation d'acquisition et la principale motivation de paiement de prime (goodwill) à l'acquisition.

- À la dernière étape, Metro a évalué les passifs qu'elle acceptait d'assumer pour calculer la juste valeur des actifs nets, ce pourquoi elle payait. Ce qui est devenu « le coût du placement » dans ses états financiers. Avec, en contrepartie, la constatation de l'arrivée d'un nouveau groupe d'actionnaires sans contrôle dans la section du capital-actions de l'état de la situation financière.

Écriture comptable

Actifs (bilan)	331,2 $	
Passifs (bilan)		37,7 $
Encaisse (bilan)		161,4 $
Actionnaires sans contrôle (bilan)		132,1 $

Chez Metro, la réalisation de ces étapes de travail nous donne le tableau présenté ci-dessus.

3.3.3 Les impacts comptables sur les états financiers – La consolidation

Tous les états financiers que nous avons présentés jusqu'ici incluent le mot « consolidé » dans l'entête. État de la situation financière consolidé, état des résultats consolidé et autres. Le mot « consolidé » veut dire que les états financiers présentés sont ceux du Groupe Metro, incluant la société-mère et ses filiales. Cela, nonobstant le statut légal de chacune. C'est la substance économique qui prévaut. Le compte *Stocks*, par exemple, est le total de tous les comptes *Stocks* de la société-mère et de ses filiales. Le compte *Prêt d'exploitation* est le total de tous les prêts d'exploitation contractés par la société-mère et ses filiales. Autrement dit, les états financiers du groupe présentent l'ensemble, 100 % des ressources, des obligations, des revenus et des charges de toutes les entités contrôlées par le groupe.

Il faut cependant noter qu'avant de présenter la version finale des rapports comptables, l'équipe comptable aura éliminé toutes les transactions intercompagnies; cela, afin d'éviter l'inflation de chiffres qui pourrait survenir à l'interne de cette façon. Toutes les transactions présentées sont des transactions réalisées entre une entité du groupe et une entité externe au groupe. L'exemple qui suit permettra de mieux comprendre ce qu'il en est. Metro (la compagnie) vend à Adonis une boîte de tomates. Prix de vente 2,00 \$. Coût 1,00 \$. Il y a donc création d'un profit entre deux entités du groupe, ce qui est correct pour la gestion interne de l'organisation. Posons l'hypothèse qu'après cette transaction, Metro présente ses états financiers consolidés. La transaction intercompagnie sera éliminée, annulant la valorisation interne de 0,50 \$ de la boîte de tomates.

Registres comptables de Metro

	Débit	Crédit
Encaisse	2,00 \$	
Vente		2,00 \$
Coût des ventes	1,00 \$	
Stocks		1,00 \$

Registres comptables d'Adonis

	Débit	Crédit
Stocks	2,00 \$	
Encaisse		2,00 \$

Le profit de cette transaction intercompagnie est éliminé lors de la consolidation des états financiers, puisque de façon économique, pour le groupe, aucune valorisation extérieure ne s'est matérialisée. On a tout simplement déplacé des stocks de Metro à Adonis.

Continuons notre exemple. Cette fois, Adonis vend à un client la boîte de tomates à un prix de 2,50 \$. Si nous examinons l'impact sur les états financiers consolidés de Metro, le profit de 1,50 \$ (prix de vente 2,50 \$ – coût de Metro 1,00 \$), peut maintenant être conservé, car la transaction a été réalisée avec une entité extérieure au groupe.

Registres comptables de Adonis

	Débit	Crédit
Encaisse	2,50 \$	
Vente		2,50 \$
Coût des ventes	2,00 \$	
Stocks		2,00 \$

Le profit de la transaction peut maintenant être comptabilisé, totalisant la différence entre le coût de la boîte de tomates à l'entrée du groupe (1,00 \$) et le prix de vente à la sortie du groupe (2,50 \$).

3.3.4 Et les actionnaires sans contrôle?

Il y a lieu de s'en préoccuper, puisque jusqu'à maintenant, la société-mère agit comme si elle était réellement l'unique actionnaire de l'ensemble du groupe, ce qui n'est pas le cas de Metro (voir la section « Filiales » de la note 27 présentée à la page 157). L'entrée dans le groupe d'actionnaires minoritaires se fait en incluant la valeur comptable dans la section « avoir des actionnaires » ou « capitaux propres » de l'état de la situation financière sur une ligne distincte. La constatation de leur enrichissement (ou appauvrissement) périodique se fait dans une section de l'état des résultats, sur une ligne distincte. Voici comment sont présentés ces deux postes comptables :

a) **Dans l'état consolidé de la situation financière**, à la dernière ligne intitulée *Participations ne donnant pas le contrôle*.

Le pourcentage de la juste valeur calculée au moment de l'acquisition de l'entreprise est la valeur d'entrée, ou valeur comptable, de la participation des actionnaires sans contrôle tel que présenté à la note 5, *Acquisition d'entreprises*, de Metro. Par la suite, la valeur comptable de la participation varie en relation avec la performance financière périodique de l'entreprise (uniquement de cette entreprise, pas du groupe) où les actionnaires sont présents.

metro

États consolidés de la situation financière

Aux 27 septembre 2014, 28 septembre 2013 et 29 septembre 2012

(en millions de dollars)

	2014	2013 *(Retraité - note 3)*	2012 *(Retraité - note 3)*
ACTIFS			
Actifs courants			
Trésorerie et équivalents de trésorerie	**36,0**	80,8	73,3
Débiteurs *(notes 13 et 28)*	**310,1**	300,2	329,1
Stocks *(note 10)*	**820,7**	781,3	784,4
Charges payées d'avance	**15,8**	15,3	6,6
Impôts exigibles	**8,5**	10,9	13,9
	1 191,1	1 188,5	1 207,3
Actifs destinés à la vente *(note 11)*	**5,2**	0,9	0,6
	1 196,3	1 189,4	1 207,9
Actifs non courants			
Participation dans une entreprise associée *(note 12)*	**251,4**	206,4	324,5
Autres actifs financiers *(note 13)*	**29,5**	27,5	25,8
Immobilisations corporelles *(note 14)*	**1 405,8**	1 328,4	1 280,3
Immeubles de placement *(note 15)*	**27,0**	20,7	22,1
Immobilisations incorporelles *(note 16)*	**346,2**	365,1	373,1
Goodwill *(note 17)*	**1 946,6**	1 855,6	1 859,5
Impôts différés *(note 7)*	**58,1**	56,6	60,3
Actifs au titre des prestations définies *(note 25)*	**18,6**	14,5	1,4
	5 279,5	5 064,2	5 154,9
PASSIFS ET CAPITAUX PROPRES			
Passifs courants			
Emprunts bancaires *(note 18)*	**1,5**	2,0	0,3
Créditeurs *(notes 19 et 28)*	**982,7**	1 004,9	1 086,9
Impôts exigibles	**66,6**	147,3	60,5
Provisions *(note 20)*	**13,7**	39,7	11,2
Partie courante de la dette *(note 21)*	**12,4**	12,4	12,1
	1 076,9	1 206,3	1 171,0
Passifs non courants			
Dette *(note 21)*	**1 044,7**	650,0	973,9
Passifs au titre des prestations définies *(note 25)*	**101,8**	80,1	173,7
Provisions *(note 20)*	**7,0**	4,5	3,1
Impôts différés *(note 7)*	**162,2**	148,9	147,3
Autres éléments de passif *(note 22)*	**10,6**	14,1	13,9
Participations ne donnant pas le contrôle *(note 30)*	**192,2**	160,5	139,3
	2 595,4	2 264,4	2 622,2
Capitaux propres			
Capital-actions *(note 23)*	**599,2**	640,4	666,3
Actions propres *(note 23)*	**(15,2)**	(14,4)	(12,2)
Surplus d'apport	**15,8**	14,6	16,2
Résultats non distribués	**2 068,6**	2 157,8	1 861,5
Cumul des autres éléments du résultat global	**0,2**	0,1	0,1
Capitaux propres attribuables aux actionnaires ordinaires de la société mère	**2 668,6**	2 798,5	2 531,9
Participations ne donnant pas le contrôle	**15,5**	1,3	0,8
	2 684,1	2 799,8	2 532,7
	5 279,5	5 064,2	5 154,9

Engagements et éventualités *(notes 26 et 27)*
Événement postérieur à la date de clôture *(note 31)*

Voir les notes afférentes

Au nom du conseil d'administration,

ERIC R. LA FLÈCHE
Administrateur

MICHEL LABONTÉ
Administrateur

Metro, États consolidés de la situation financière, États financiers 2014, page 43.

b) **Dans l'état des résultats** à la ligne libellée « Bénéfice net – Participations ne donnant pas le contrôle ».

Ce total périodique se cumule dans le poste comptable *Participations ne donnant pas le contrôle* (capitaux propres).

metro

Comptes de résultat consolidés
Exercices clos les 27 septembre 2014 et 28 septembre 2013
(en millions de dollars, sauf le bénéfice net par action)

	2014	2013 *(Retraité - note 3)*
Activités poursuivies		
Chiffre d'affaires *(notes 6 et 28)*	**11 590,4**	11 399,9
Coût des marchandises vendues et charges d'exploitation *(notes 6 et 28)*	**(10 802,5)**	(10 594,6)
Frais de fermeture et de restructuration *(note 6)*	**(6,4)**	(40,0)
Bénéfice opérationnel avant amortissement et résultats liés à une entreprise associée	**781,5**	765,3
Amortissement *(note 6)*	**(175,8)**	(179,6)
Frais financiers, nets *(note 6)*	**(49,1)**	(49,4)
Quote-part dans les résultats d'une entreprise associée *(notes 6 et 12)*	**49,8**	50,8
Gain sur la disposition d'une partie de la participation dans une entreprise associée *(notes 6 et 12)*	**—**	307,8
Bénéfice avant impôts sur les bénéfices des activités poursuivies	**606,4**	894,9
Impôts sur les bénéfices *(note 7)*	**(150,2)**	(197,2)
Bénéfice net des activités poursuivies	**456,2**	697,7
Activité abandonnée		
Bénéfice net de l'activité abandonnée *(note 8)*	**—**	6,2
Bénéfice net	**456,2**	703,9
Attribuable aux :		
Actionnaires ordinaires de la société mère	**447,1**	695,2
Participations ne donnant pas le contrôle	**9,1**	8,7
	456,2	703,9

Metro, États consolidés de la situation financière, États financiers 2014, page 41.

3.3.5 Les partenariats, plus que des chiffres?

« Pourtant, tout allait si bien sur Excel ». Que de fois ai-je entendu cette phrase de la part d'équipes comptables, légales et bancaires, qui avaient passé des journées, voire des semaines à préparer une acquisition d'entreprise pour la voir se transformer en déception quelques mois plus tard.

Une acquisition d'entreprise ce ne sont pas seulement des chiffres, ce sont des personnes, ce sont des employés qui se retrouvent membres du même groupe corporatif le jour de la prise de contrôle. Ce sont des employés qui, autrefois concurrents, deviennent apparentés aujourd'hui.

Nous avons traité dans cette section des regroupements d'entreprise en nous concentrant sur les aspects quantitatifs et comptables, mais nous n'oublions pas que ce qui fait le succès d'un regroupement ce sont d'abord les personnes, car ce sont elles qui sont au cœur de la dynamique de la phase de connaissance et d'intégration des entités.

Le groupe SGM, une entreprise à capital fermé de Valleyfield (Québec) a procédé en 2015 au regroupement de cinq entreprises en un an, trois déjà détenues et deux détenues par un concurrent. Un des objectifs du regroupement était d'atteindre une capacité de production permettant de soumissionner sur des contrats d'envergure. Voici les conseils que donne le président du groupe, monsieur Guy Niquette pour réussir une telle opération.[21]

« 1. *Définir les objectifs d'affaires du nouveau groupe.*

2. *Informer les employés. Communiquer, communiquer, communiquer. Transmettre l'information détenue par la haute direction aux employés. Penser que les changements, déjà assimilés par la haute direction, ne le sont pas encore par les employés.*

3. *Réviser la stratégie du groupe, qui est probablement différente des stratégies historiques de chacune des entités.*

4. *S'ajuster à la stratégie. Synergie ou indépendance entre les entités du groupe.*

5. *Profiter du regroupement pour communiquer avec les clients, les fournisseurs et autres parties prenantes.* »

3.4 Les entreprises communes et coentreprises *IFRS 11, IAS 28, chapitre 3056*

Ce qui est appelé coentreprises en normalisation comptable est souvent appelé « *joint venture* » dans le langage populaire. Dans ce texte, nous utiliserons les termes « entreprises communes » ou « coentreprises », en conformité avec la norme comptable IFRS 11, paragraphes 15 et 16.

La formation d'entreprises communes ou de coentreprises est de plus en plus utilisée par des entreprises de toute taille pour réaliser une diversité de projets en mettant en commun les ressources et les capacités de chacune. Autrement dit, cela permet à une entreprise d'offrir rapidement de nouveaux produits et services ou de devenir une « grande entreprise » capable de réaliser et de partager les risques dans des projets d'envergure ou internationaux[22]. Cela, dans des structures ponctuelles, momentanées. À l'image d'un jeu de blocs où on crée une nouvelle image à chaque fois qu'on les permute et qu'on les déplace.

L'une des caractéristiques de ce type d'entreprises est d'être créées à des fins précises, pour une durée de temps précise, calculée en termes de temps ou de fin de projet. C'est une structure que l'on voyait surtout dans l'industrie de la construction, mais que l'on voit de plus en plus de façon générale, car les exigences d'acquisition et de maintien des compétences sont telles, peu importe la taille des entreprises, qu'il est préférable de se spécialiser dans un créneau d'expertise et de multiplier les offres de produits et de services en créant et en collaborant avec les autres. Cette structure correspond également à la philosophie des jeunes entrepreneurs qui privilégient les communautés plutôt que l'isolement.

Si ce modèle d'affaires est attrayant, il présente également des risques, car la qualité de l'exécution, la juste rémunération pour les efforts, les argents investis et le rendement exigé de l'opération sont tributaires de la connaissance et de la fiabilité des autres partenaires, de la compréhension mutuelle, de la bonne entente, et avant tout, de la rédaction en bonne et due forme d'accords contractuels. Ceux-ci incluant le contrôle conjoint, les investissements respectifs faits toutes formes (ressources matérielles et financières, travail de gestion), les attentes, les modes de rémunération, les mécanismes de médiation ou d'arbitrage en situation de désaccord, la plus-value générée par la réalisation de l'activité (relation-client, exploitation du savoir, propriété intellectuelle) et autres. Chaque contrat en est un de gré à gré, unique. Aussi faut-il se faire accompagner par un conseiller comptable et un conseiller légal d'expérience tout au long de la préparation et de la rédaction du contrat.

---

[21] Primeau, M. (2016, 29 mars). Retour sur une fusion de cinq entreprises, la presse.ca, section affaires. http://plus.lapresse.ca/screens/75e3e76d-dcbf-42a6-86aa-0e4dfff98dde%7C_0.html. Consulté en mars 2016.

[22] Investir de nouveaux marchés. (2016, 15 mars). LaPresse+, section Affaires. http://plus.lapresse.ca/screens/6d1c2a49-0a6e-472a-8850-e8a5ca4beacf%7C_0.html. Consulté en mars 2016.

Il serait facile ici d'imputer la grande responsabilité de la bonne réalisation d'un accord d'entreprise commune ou de coentreprise aux conseillers légaux ou aux conseillers comptables. Les maîtres d'œuvre des partenariats sont les actionnaires ou les dirigeants de l'entreprise; ce sont les personnes qui savent ce qu'elles attendent de l'accord contractuel. À l'instar du démarrage d'une entreprise où la plus-value économique provient de l'idée et de sa réalisation originale et rentable, un plan d'affaires devrait être préparé pour comprendre et poser de façon concrète les investissements, les retombées attendues, la mesure des contributions et des retours ainsi que le rendement souhaité.

Voici un petit aide-mémoire de variables qui devraient faire partie de la réflexion, de la mesure et de la rédaction de l'accord contractuel d'une activité ou entreprise à contrôle conjoint. La liste est loin d'être exhaustive, mais le lecteur la trouvera utile.

Attentes	**Chiffres**
Profit	Marges bénéficiaires attendues ainsi que taux de réinvestissement des bénéfices dans le projet.
Croissance	Calendrier du taux de croissance attendu des ventes.
Attentes	**Savoir et documentation**
Valorisation du savoir	Partage des connaissances acquises sur les marchés et sur les produits.
Confiance	Construction d'une relation d'affaires de longue durée.
Facilité	Mécanismes de fonctionnement sans problèmes.
Motivation	**Les voici**
Information	Accès à de l'information privilégiée.
Habiletés	Accès à des compétences et habiletés difficiles à trouver.
Technologies	Accès à des technologies de pointe, en renouvellement continu.
Réseaux	Accès immédiat à des réseaux de contacts opérationnels.
Distribution	Accès à de coûteux réseaux de distribution.
Rapidité de la logistique de livraison	Diminution du délai de livraison des produits et des services.
Augmentation de la qualité	Quantification des standards de qualité.
Améliorer le rapport qualité-prix	Maintenir ou augmenter la qualité tout en conservant le prix de vente souhaité.

Une des particularités des entreprises communes et des coentreprises est que la constatation comptable repose sur la base légale, nommément **le contrôle conjoint**. Peu importe la répartition des actions (lorsque la coentreprise est la création d'une nouvelle société par actions) pour qu'une coentreprise soit reconnue et traitée en conformité avec la norme IFRS 11 ou la norme 3056 *Partenariats*, il faut que l'accord contractuel établissant le mode de gestion inclue **le contrôle conjoint**. Autrement dit, aucun des partenaires de l'entreprise commune ou de la coentreprise ne peut prendre de décision, seul. Et attention, car si cela s'avère le cas dans la réalité, l'entité preneuse de décision se verra qualifier d'entité de contrôle, et les mécanismes de regroupement et de consolidation des états financiers s'enclencheront.

3.4.1 Modèles comptables

Il existe deux modèles de constatation et d'enregistrement comptable pour les entreprises communes et les coentreprises.

1. Le premier modèle est une simple mise en commun de ressources pour la réalisation d'un ou de plusieurs opérations conjointes, celles-ci pouvant prendre la forme de la réalisation d'un projet conjoint, de l'achat et assumation conjoints d'actifs et de passifs, ou de la fondation et gestion conjointe d'une société par actions où l'identification des reliquats qui seront versés aux coentrepreneurs, à la liquidation de la société par actions sont déjà prévus. À ce moment, l'accord contractuel fait foi de tout. Les droits aux actifs, les obligations liées aux passifs, l'attribution et le partage du résultat net. Une coentreprise est un accord de gré à gré; c'est aux partenaires à prévoir et à inclure dans l'accord contractuel ce qu'ils souhaitent obtenir comme rémunération et comme rendement. Ainsi, certains prévoiront la constatation de frais de gestion avant le calcul du résultat net à partager. D'autres, des « frais d'intérêts » sur le capital investi. D'autres, des frais d'utilisation de leurs immobilisations. Tout est possible, compte tenu des implications et des exigences des coentrepreneurs. Il faut donc examiner judicieusement tout ce qui est investi comme effort, comme capital et comme ressources avant la signature de l'accord contractuel pour obtenir les compensations et le rendement souhaité de l'entente, après il est trop tard.

Dans ce modèle on parle « d'entreprise commune » et de « coparticipants »[23]. Et le traitement comptable reposera essentiellement sur ce qui a été prévu dans le contrat[24].

2. Le second modèle est la création et gestion conjointe d'une société par actions dont la liquidation se fera comme prévu par la loi (droit à l'actif net) pour la liquidation de toute autre société par actions. Autrement dit, aucune des parties au contrat ne possède de droits sur des actifs précis.

Dans ce modèle, on parle « de coentreprise » et de « coentrepreneurs »[25]. Et le traitement comptable sera de considérer la coentreprise comme une entreprise associée dont le traitement comptable est prévu dans la norme IAS 28 *Entreprises associées et Partenariats*[26].

Ce schéma permet de comprendre et de faire la différence entre les deux modèles de constatation et de traitement comptable des partenariats.

Figure 3.1 **IFRS 11 – Modèles de types de partenariats**

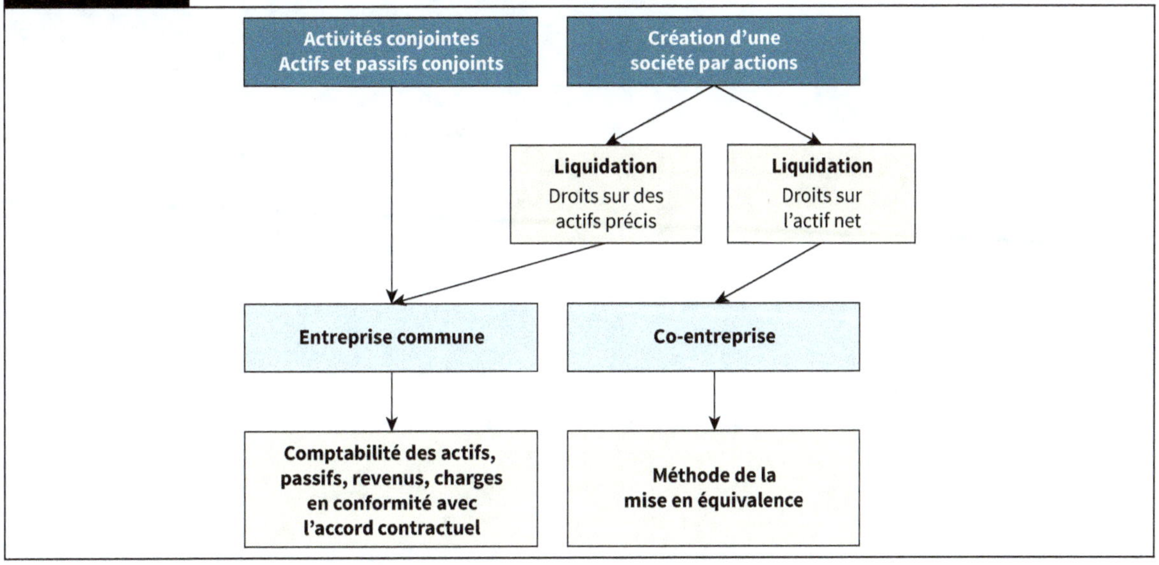

[23] *Manuel de CPA Canada*, Partenariats, IFRS 11, paragraphe 15.
[24] En l'absence de contrat, le partage est fait à part égale.
[25] *Manuel de CPA Canada*, Partenariats, IFRS 11, paragraphe 16.
[26] La comptabilité des entreprises associées est présentée dans ce chapitre.

Les partenariats – construction et évaluation des prototypes

Le lecteur aura constaté dans ce chapitre que l'organisation et la mise en place d'un partenariat avec une autre entreprise peut avoir des impacts imprévus sur les états financiers de l'entreprise. Il est donc important de préparer des états financier pro forma, ce que nous appelons des prototypes, selon les différentes façons de concevoir et de structurer la transaction. Ainsi, l'acquisition d'une entreprise dans un pays où il est difficile de s'assurer de la continuité du respect des systèmes de contrôle interne pourra avoir un impact sur la qualification du rapport des auditeurs indépendants. Vaut-il mieux, à ce moment, commencer le partenariat par la création d'une coentreprise, pour ensuite regrouper l'ensemble des entreprises? Vaut-il mieux s'en tenir à des relations d'impartition? La seule réponse commune à ces questions est celle-ci : il faut examiner l'impact d'une transaction de partenariat sur les états financiers de l'entreprise AVANT la signature du contrat. Après, il est trop tard.

Chapitre 4
L'analyse des états financiers

On associe trop souvent l'analyse financière à une technique de travail qui consiste à calculer et interpréter de façon mécanique une série de ratios financiers, construits à l'aide des états financiers publiés par une entreprise. Dans ce contexte, le travail de l'analyste est vu comme un alignement de fractions, ce que sont en réalité les ratios financiers, mettant en relation différents postes comptables de l'état de la situation financière et de l'état des résultats. Il construira son tableau de fractions et comparera les fractions de l'année courante avec celles de l'année précédente et fera de même avec les fractions d'une entreprise concurrente ou celles représentant des moyennes de secteur. Vu ainsi, le travail d'analyse devient un simple exercice d'entrée de données et de production de rapports mathématiques. Ce que plusieurs logiciels disponibles sur le marché font très bien, par ailleurs.

S'il en était ainsi, comment pourrions-nous expliquer la pertinence de la profession d'analyste financier et l'importance des rapports des analystes financiers au moment de leur publication. C'est que l'analyse des états financiers constitue beaucoup plus qu'un exercice de calculatrice; ce qui est perçu comme étant la fin du travail, le tableau des ratios, n'est en fait que l'amorce, le premier regard sur ce que l'entreprise nous communique en utilisant le langage comptable.

Nous avons vu, dans les chapitres précédents, les normes comptables également appelées « standards comptables », qui régissent la préparation et la présentation des états financiers. Nous avons également vu que c'est le cadre de référence comptable choisi par les préparateurs, IFRS ou autre cadre de référence comptable, qui nous permet de comprendre de quelle façon on a capté, constaté et mesuré les transactions faites par l'entreprise au cours de la période comptable. Autrement dit, le choix du cadre de référence comptable détermine le cadre de travail de la captation et la compréhension de la communication.

Par exemple, les états financiers d'une entreprise seront différents s'ils sont présentés sur la base des normes internationales d'information financière (IFRS) ou s'ils sont présentés sur la base des normes comptables pour les entreprises à capital fermé (NCECF)[1]. Comme ils seront différents si l'entreprise est la filiale d'une entreprise de contrôle qui publie ses états financiers dans un autre cadre de référence comptable. Ce serait le cas pour la filiale canadienne d'une entreprise de contrôle américaine qui voudrait consolider l'ensemble des états financiers du groupe en vertu des « general accepted accounting standards » (GAAP), par exemple. L'entreprise canadienne préparerait donc ses états financiers en normes canadiennes (NCECF ou IFRS) et en normes américaines (GAAP).

[1] Suivant les choix comptables faits par l'entreprise qui présente ses états financiers en conformité avec les NCECF les états financiers seront près des états financiers présentés en conformité avec les IFRS ou seront près de la comptabilité de caisse.

Il ne faut surtout pas confondre, ici, disparité et fiabilité. La disparité des états financiers est causée par la différence du cadre de référence comptable choisi. Ce qui signifie que l'information est de bonne qualité, mais qu'elle doit être lue et interprétée en toute connaissance des normes comptables sous-jacentes au cadre de référence. Alors que la fiabilité réfère à la qualité et à l'intégrité de l'information divulguée.

Pour faire une analogie avec la langue française, il existe de multiples anecdotes sur la différence d'interprétation des mêmes mots s'ils sont utilisés en France ou au Canada. Cela fait d'ailleurs le sujet de savoureuses anecdotes de voyage à raconter de retour au pays. Ainsi, en français « canadien », un classeur signifie en premier usage un « meuble où l'on classe des dossiers »[2], alors qu'en français « européen », un classeur signifie en premier usage « un article de maroquinerie, sellerie ou gainerie, destiné à classer des papiers ou des documents »[3], ce que nous appelons plus communément un « cartable »[4] tel que présenté sur le site internet de la Coop ESG UQAM, section « Papeterie ». Même langue, autre cadre de référence, autre interprétation. Et rien n'est faux ou fallacieux. C'est tout simplement le changement de cadre de référence qui crée l'interprétation.

Nous avons vu qu'avec l'internationalisation des marchés s'est développé le besoin de mettre en place un cadre de référence comptable commun pour l'ensemble des pays. C'est ainsi que les normes internationales d'information financière ont été graduellement adoptées par plusieurs pays, ce qui permet maintenant à l'analyste financier de travailler et de comparer les états financiers d'une entreprise canadienne avec ceux d'une entreprise italienne, par exemple, puisque toutes les deux utilisent le même cadre de référence pour communiquer leur information à leurs lecteurs.

Au Canada, l'analyste financier doit être familier avec deux cadres conceptuels de normalisation comptable, soit celui des normes internationales d'information financière (IFRS) et celui des normes comptables pour les entreprises à capital fermé (NCECF), puisque les entreprises canadiennes, à l'exception des entreprises qui ont une obligation d'information du public, comme celles dont les actions sont cotées en bourse, par exemple, ont le choix. Nous prions le lecteur de se référer au chapitre sur la présentation des normes comptables à la page 20, où les motivations du choix du cadre conceptuel comptable par une entreprise sont expliquées.

ABC

Entreprise ayant une obligation d'information du public

Entité autre qu'un organisme sans but lucratif, qui :

1. soit a émis, ou est sur le point d'émettre, des instruments de créance ou de capitaux propres qui sont, ou seront, en circulation et négociés sur un marché public (une bourse des valeurs nationale ou étrangère ou encore un marché de gré à gré, y compris un marché local ou régional);
2. soit détient des actifs en qualité de fiduciaire pour un vaste groupe de tiers, laquelle activité constitue l'une de ses activités principales. Les banques, les coopératives d'épargne et de crédit, les compagnies d'assurance, les maisons de courtage de valeurs et les organismes de placement collectif satisfont habituellement au deuxième critère ci-dessus. D'autres entités peuvent aussi détenir des actifs en qualité de fiduciaire pour un vaste groupe de tiers du fait qu'elles détiennent et gèrent des ressources financières que leur confient des clients ou des membres qui ne participent pas à la gestion des entités en question. Toutefois, les entités qui le font pour des raisons qui sont accessoires à leurs activités principales (ce qui peut être le cas, par exemple, d'agents de voyage ou d'agents immobiliers, de coopératives qui exigent le dépôt d'une somme symbolique aux fins de l'adhésion, ou de vendeurs tels que les sociétés de services publics, qui sont payés d'avance pour des biens ou des services qu'ils n'ont pas encore livrés) n'ont pas pour autant une obligation d'information du public.

Définition publiée dans la préface du *Manuel de CPA Canada – Comptabilité.*

[2] De Villers Marie-Èva, Multi dictionnaire de la langue française, Québec Amérique, 2015.
[3] http://www.larousse.fr/dictionnaires/francais/pochette-classeur/61908?q=classeur#61209
[4] https://www.coopuqam.com/4-resultat-recherche.html?MotCle=cartable&mode=1&page=1

4.1 L'entreprise vue comme un projet commun

Connaître, comprendre une entreprise, est une source d'intérêt pour plusieurs groupes de personnes. Et dans les prochaines lignes, nous considérerons l'entreprise comme un projet commun qui rassemble ces différents groupes de personnes ou corporatifs.

Ce qui les **rassemble** est le succès du projet commun.

Ce qui les **différencie** est leur objectif d'entrée dans le projet commun et les critères de maintien de leur confiance.

Sinon, ils modifieront leurs conditions de maintien ou ils quitteront le projet. Les prêteurs augmenteront leur taux d'intérêt pour refléter l'augmentation du risque ou exigeront le remboursement de leurs prêts, les actionnaires vendront en partie ou en totalité leurs actions provoquant une baisse du cours de l'action, les fournisseurs diminueront les délais de paiement, à la limite ne livreront que sur la base de paiement immédiat. Et les employés démissionneront pour se diriger vers une entreprise plus solide financièrement, car il est connu qu'un grand nombre de démissions peut être un signe de la détresse financière d'une entreprise.

Tous ces groupes d'intérêt ont besoin d'avoir une information fiable pour faire le suivi de l'évolution de l'entreprise et pour répondre à leurs questions, telles :

- L'entreprise est-elle gouvernée de façon intègre et éthique?
- L'entreprise prend-elle les bonnes décisions pour l'avenir?
- L'entreprise sera-t-elle capable d'honorer ses engagements d'affaires dans les prochains mois, les prochaines années?
- L'entreprise permet-elle de conjuguer objectif commun et objectifs spécifiques?

Comme ils ont besoin d'une information fiable et de grande qualité quand des questions aussi cruciales que celles-ci se posent :

- Maintien de la confiance?
- Rester ou quitter le projet?

4.2 L'analyse financière – plus que des chiffres

Le travail d'analyse financière prend tout son sens dans la compréhension des relations existant entre l'entité et son environnement. Qui peut être fort complexe. Autrement dit, le message livré par les états financiers d'une entreprise ne peut être lu et compris que si l'analyste maîtrise tous les éléments qui font partie des atouts, des contraintes, des habiletés et de la documentation fournie par l'entreprise. Le prochain schéma résume bien l'environnement de travail de l'analyste et tout ce qu'il doit comprendre avant de procéder à la lecture et aux calculs menant à l'interprétation et aux conclusions de l'analyste. Une brève introduction sera faite sur les différents éléments du schéma; nous y reviendrons plus en détail dans les sections pertinentes de l'analyse financière qui seront présentées tout au long de ce chapitre.

Note importante

Dans ce volume, il est entendu que le terme « analyste financier » est utilisé de façon uniforme dans le texte pour désigner la personne qui fait le travail d'analyse, mais cette fonction est aussi celle de l'entrepreneur, du dirigeant, du gestionnaire qui planifie et organise le succès d'une division ou d'une entreprise. Les résultats du travail d'analyse, l'interprétation et le suivi n'appartiennent pas « aux autres », ils appartiennent à l'entreprise.

Figure 4.1 Plus que des chiffres

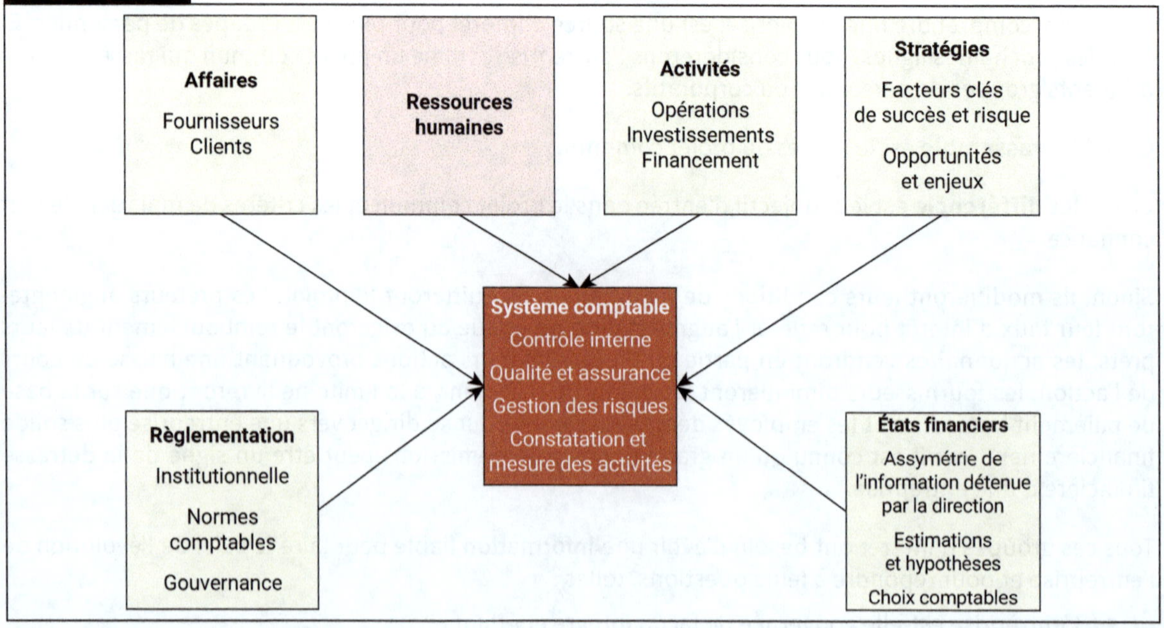

Source : Palepu, Krishna, G., Healy, Paul M., Peek, Erik, Business Analysis and Valuation, IFRS edition, South-Western Cengage Learning, Second edition, 2010, page 6. Modifié par Micheline Renault, août 2016.

L'environnement de l'entreprise se divise en plusieurs composantes qui, ensemble, façonnent l'entreprise.

4.2.1 Affaires

La première composante présentée est la composante « Affaires », et elle regroupe les fournisseurs et les clients. Il est à noter que dans le schéma original de Palepu et al, les RH (ressources humaines) font partie de la composante « Affaires ». Nous avons plutôt choisi d'en faire une composante principale distincte.

4.2.2 Ressources humaines

À l'ère de l'économie du savoir, de l'internationalisation des relations commerciales et des réseaux sociaux, le contrôle d'une capacité de production par une entreprise n'est plus suffisant. Celle-ci s'active en autant qu'une équipe de dirigeants et d'employés[5] créent et innovent dans l'offre de produits et de services, qu'il y ait interaction avec le marché, bref, que se constitue une interface intelligente entre les ressources et une synergie rentable de ces ressources[6].

Voici d'ailleurs quelques slogans corporatifs qui illustrent bien ce propos.

« Nos employés : notre force motrice » (Desjardins)[a]
« Nos employés sont notre force » (Cossette)[b]
« Notre équipe : notre force » (Plastique Micron)[c]

[a] https://www.desjardins.com/fr/a_propos/responsabilite/rapport-2012/engage-envers-nos-employes.jsp. Consulté en juin 2015.
[b] http://plus.lapresse.ca/screens/28eaea4c-d7f2-4ea4-ad30-ba18f631e744%7C_0.html. Consulté en juin 2015.
[c] http://plastiquemicron.com/fr/ressources-humaines. Consulté en juin 2015.

[5] Plusieurs entreprises délaissent la structure organisationnelle « topdown » caractérisée par une approche pyramidale, où des titres désignent les personnes, pour adopter une structure organisationnelle holacratique où chaque personne occupe un rôle dans une équipe. Niosi, L. (2015, 22 juin). Holacratie : pas de boss, pas de problème? La Presse. http://affaires.lapresse.ca/cv/vie-au-travail/201506/22/01-4880040-holacratie-pas-de-boss-pas-de-probleme-.php. Consulté en juin 2015.

[6] Le lecteur notera que la rentabilité peut être monétaire ou sociale pour une entreprise de l'économie sociale ou un organisme à but non lucratif (OBNL).

Dans certaines entreprises, l'avenir corporatif est totalement tributaire de l'équipe de personnes en place. Il n'y a qu'à penser aux entreprises actives dans les activités de recherche et de développement, dans les activités de création et à tout ce qui appartient à l'industrie des services, à l'exploitation du savoir.

Pour illustrer ce point, il suffit d'imaginer un instant les bureaux d'une firme comptable, d'une agence de publicité ou d'une firme d'architectes après les heures d'affaires. Que reste-t-il? Un hall d'entrée, des bureaux, des ordinateurs, etc.

Tout semble en arrêt. Ce qui n'est pas le cas, puisqu'au moment où on admire la beauté statique de ce lieu, un employé transmet de son domicile une proposition à un client, un autre fait de même, en transit dans un aéroport quelque part dans le monde et un autre profite de son trajet en taxi pour consulter ses courriels.

Ce qui modifie de façon importante les méthodes plus classiques d'analyse financière qui sont présentées dans plusieurs volumes. Une valorisation d'entreprise fondée sur le contrôle de ressources était possible à l'ère des grandes sociétés industrielles où l'on pouvait calculer le nombre d'unités produites et estimer le périmètre géographique d'opération. Le meilleur exemple est l'époque où les grands constructeurs automobiles américains se partageaient, sans concurrence extérieure, le marché nord-américain. C'est d'ailleurs à cette époque (1968) qu'a été mis en place le premier cadre conceptuel comptable canadien (*Manuel de l'ICCA*) maintenant remplacé par les normes internationales d'information financière et les normes comptables pour les entreprises à capital fermé incluses dans le *Manuel CPA Canada* (2011).

Les entreprises dont la valeur repose essentiellement sur l'exploitation de ressources intangibles sont de plus en plus nombreuses, et l'analyste doit répondre à des questions dont la réponse se trouve à l'extérieur des documents habituellement consultés. Aussi, l'analyse financière de ces entreprises fait l'objet d'un chapitre qui leur est consacré. Ce chapitre pourra également être utilisé pour faire l'analyse financière d'une entreprise en démarrage, puisque plusieurs similitudes s'y retrouvent.

4.2.3 Règlements et lois

Bien que les expressions « globalisation » et « internationalisation » des marchés soient maintenant courantes, sur le plan de la règlementation rien n'est plus loin. Chaque pays, chaque province possède son cadre légal de travail et d'intervention dans certains créneaux industriels et impose des règles tarifaires et techniques d'accès au marché local. Au Canada, on pense à Santé Canada qui réglemente les aliments et les produits de santé[7]; au Québec, on pense à la Loi sur les mines[8]. Une entreprise n'entre donc pas dans un autre marché sans se préoccuper des différences de règlementation entre les pays, voire entre certains territoires situés à l'intérieur d'un même pays. C'est ce qui explique, entre autres, la volonté des autorités gouvernementales à conclure des accords économiques et de commerce global afin de faciliter le commerce et la libre circulation de marchandises dans des espaces commerciaux élargis[9]. L'accord économique et commercial global à être ratifié entre le Canada et l'Union européenne en est un bel exemple[10].

[7] Gouvernement du Canada, Santé Canada. http://www.hc-sc.gc.ca/ahc-asc/activit/strateg/mod/index-fra.php. Consulté en juin 2015.

[8] Gouvernement du Québec, Loi sur les mines, http://www2.publicationsduquebec.gouv.qc.ca/dynamicSearch/telecharge.php?type=2&file=/M_13_1/M13_1.html. Consulté en juin 2015.

[9] Un accord de libre-échange (ALE) vous permet de mener des activités commerciales sur un pied d'égalité avec les entreprises du pays partenaire, dans le marché de ce pays. Les ALE prévoient notamment la réduction ou la suppression des obstacles tarifaires au commerce ou des obstacles non tarifaires, comme les contingents ou les obstacles techniques, pour toute une gamme de produits et de services canadiens. Il est important de souligner que, selon le pays partenaire visé, les ALE couvrent différents secteurs de l'industrie et renferment différentes dispositions. Par exemple, certains ALE récents du Canada comportent des dispositions sur des sujets qui dépassent les obstacles au commerce « traditionnels », comme la mobilité de la main-d'œuvre, la propriété intellectuelle et l'investissement. http://www.international.gc.ca/trade-agreements-accords-commerciaux/agr-acc/fta-ale.aspx?lang=fra. Consulté en juin 2015.

[10] Gouvernement du Canada, Accord commercial Canada-Union Européenne – sommaire des retombées, http://www.pm.gc.ca/fra/nouvelles/2014/09/26/accord-commercial-canada-union-europeenne-sommaire-des-retombees. Consulté en juin 2015.

La lecture de cet exemple pourrait porter à penser que les questions de règlements ne concernent que les très grandes entreprises, et rien ne serait plus faux. Il existe plusieurs niveaux de règlementation, fédéral, provincial et municipal. Et toute entreprise, quelle que soit sa taille, doit les connaître et les respecter. Sinon, le prix à payer peut être lourd. L'anecdote suivante en est un bon exemple. L'année précédant la fusion montréalaise, un entrepreneur a décidé d'ouvrir un restaurant-traiteur. La capacité de la cuisine lui permettait de préparer en grande quantité des mets qui seraient servis au restaurant, mais surtout vendus dans des marchés d'alimentation. En fait, le restaurant était comme la « pointe de l'iceberg » faisant office de vitrine des produits commercialisés par l'entreprise. Le modèle était prometteur, puisque de l'autre côté de la rue, une entreprise faisait de même avec succès depuis des années. Quelques jours avant l'ouverture, l'entrepreneur a reçu un avis de sa municipalité lui ordonnant d'arrêter les opérations manufacturières, que seules les activités de restauration étaient autorisées dans son secteur. On aurait pu croire à une erreur administrative, puisque tel que mentionné, une entreprise semblable était en opération de l'autre côté de la rue. Mais l'erreur était toute autre, puisque lorsqu'on traversait la rue, on se retrouvait dans une autre municipalité, avec ses propres règlements. Autrement dit, les activités manufacturières étaient autorisées d'un côté de la rue seulement et l'entrepreneur avait malencontreusement pris pour acquis que ce qui était permis d'un côté devait l'être de l'autre côté également. Cette erreur a été fatale, et le restaurant a fermé ses portes quelques semaines après son ouverture.

Un autre cas connu est celui de l'ex Hôtel Godin, situé au centre-ville de Montréal, auquel la Régie des alcools, des courses et des jeux du Québec a refusé d'accorder un permis d'alcool durant ses 18 premiers mois d'activité à cause de problèmes avec un des partenaires du projet, qui en était également le gestionnaire[11]. Ce qui montre, encore une fois, que quelle que soit la taille de l'entreprise, qu'il s'agisse d'un restaurant de quartier ou d'un projet de 30 millions de dollars, la question de la règlementation (autorisations, conditions, temps d'octroi, coûts) doit être vérifiée par un expert légal, car dans le « feu de l'action » il est facile de commettre des erreurs fatales.

4.2.4 La règlementation comptable

Entreprise à capital ouvert ou entreprise à capital fermé et choix du cadre conceptuel comptable

Comme nous venons de le mentionner, une entreprise dont les actions sont cotées en bourse, aussi appelée « entreprise à capital ouvert », doit communiquer son information financière en normes internationales d'information financière (IFRS). Utilisons à des fins d'illustration, Dollarama Inc. et la Société Canadian Tire Limitée, deux entreprises canadiennes dont les actions sont cotées à la bourse de Toronto et qui répondent à la définition d'entreprises ayant une obligation d'information du public. Elles publient donc leurs états financiers en normes internationales d'information financière, et nous nous référerons à la Partie I du *Manuel de CPA Canada – Comptabilité* pour comprendre ce qui a mené à la constatation et à la mesure des différents postes comptables et des notes aux états financiers faisant état de l'évolution de la situation financière de ces deux entreprises au cours des périodes comptables examinées.

Si Dollarama Inc. ou la Société Canadian Tire Limitée étaient des entreprises à capital fermé, nous devrions consulter le rapport de l'auditeur indépendant pour connaître le cadre conceptuel comptable qu'il a utilisé pour faire son travail et exprimer son opinion. Par exemple, dans celui du groupe Dollarama Inc., on lit :

> *« À notre avis, les états financiers consolidés donnent, dans tous leurs aspects significatifs, une image fidèle de la situation financière de Dollarama inc. et de ses filiales au 1er février 2015 et au 2 février 2014, ainsi que de sa performance financière et de ses flux de trésorerie pour les exercices clos à ces dates, conformément aux Normes internationales d'information financière ».*

[11] Ici Radio-Canada.ca. (2006, 19 octobre). http://ici.radio-canada.ca/regions/Montreal/2006/10/19/006-Godin-Hotel-Vendre.shtml. Consulté en juin 2015.

S'il s'agissait d'états financiers d'entreprises accompagnés d'un rapport de mission d'examen ou d'un avis au lecteur, le cadre conceptuel comptable serait fort probablement celui des normes comptables pour les entreprises à capital fermé, mais le lecteur portera attention au fait que présumer d'une information pourrait l'entraîner sur une mauvaise piste de travail, il faut toujours vérifier et lire l'information qui nous est communiquée.

4.3 L'entreprise

4.3.1 L'entreprise vue comme un groupe et organigramme du groupe

Il serait illusoire de procéder à l'analyse des états financiers d'une entreprise sans connaître les différentes entités qui en font partie et sans être capable d'illustrer les transactions entre les apparentés divulguées dans la note pertinente aux états financiers.

Nous présentons ici deux cas d'entreprises à capital ouvert, mais dont les organigrammes présentent deux modèles corporatifs fort différents. Examinons d'abord l'organigramme de Canadian Tire, qui est à l'image de ce qu'on peut s'attendre d'une grande entreprise. La Société Canadian Tire Limitée (Ontario) est l'entité légale qui détient **le contrôle** sur sept (7) autres entités légales spécialisées dans les services financiers, les activités immobilières et le commerce de détail.[12] Ce qui fait que les états financiers de la Société Canadian Tire Limitée sont en fait les états financiers consolidés d'un groupe de huit entités présentées dans l'organigramme. Quelle est l'importance relative des activités d'un secteur à l'autre? Cette information est fournie dans la note aux états financiers, information sectorielle.

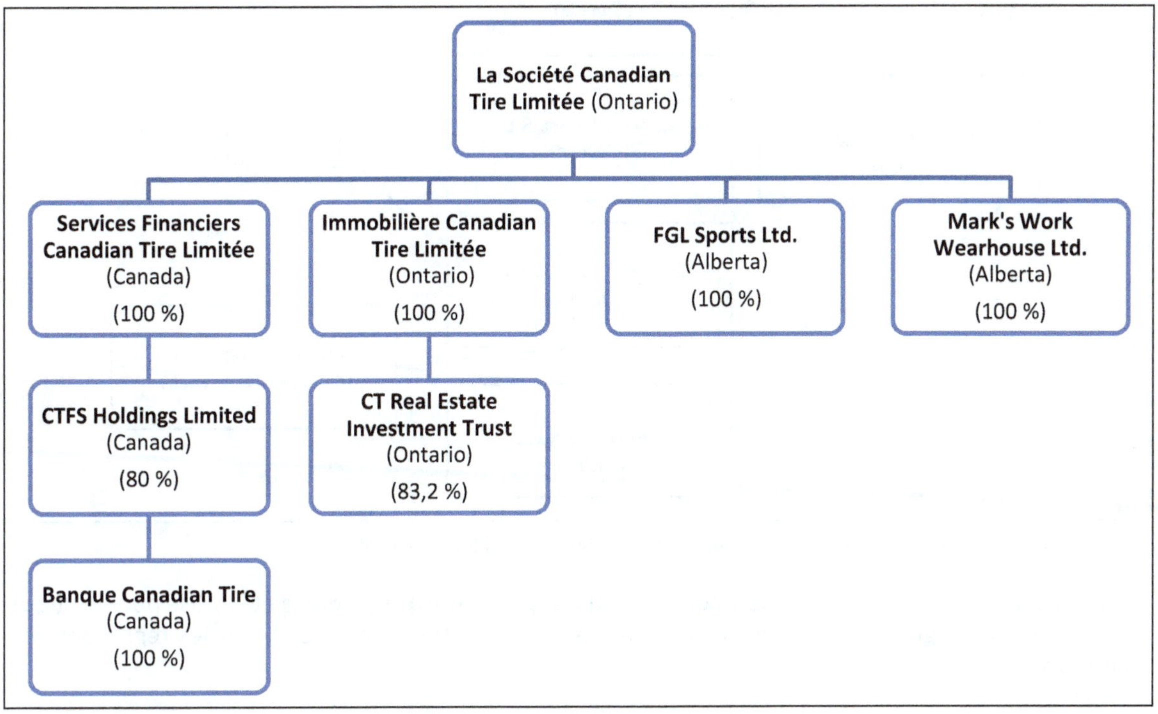

La Société Canadian Tire Limitée, Notice annuelle, page 6, 26 février 2015.

Il est important de noter qu'il n'y a pas de relation obligée entre la taille d'un groupe et la complexité de l'organigramme. Certaines PME, pour des raisons qui leur sont propres présentent des organigrammes dignes des plus grandes organisations. La complexité d'un organigramme peut d'ailleurs présenter un risque de gestion de comptes pour des prêteurs ou des investisseurs institutionnels qui refuseront tout

[12] Pour information, FGL Sports Ltd. exploite les bannières Sports Experts et Atmosphère.

simplement de faire affaires dans ce contexte de risque organisationnel, soit à cause de l'augmentation des coûts de surveillance, soit à cause du niveau de risque excédant la politique d'acceptation des dossiers.

Examinons maintenant l'organigramme de Dollarama Inc., qui présente une toute autre image. Cette fois beaucoup plus près de ce qui est habituellement vu dans l'environnement des sociétés à capital fermé, voire des sociétés familiales. Il ne faut surtout pas croire qu'il s'agit ici d'un cas unique, puisqu'un peu partout dans le monde, en Amérique, en Europe, en Asie, de grandes sociétés dont les actions sont inscrites à la bourse sont souvent contrôlées depuis des générations par des familles. L'analyse financière des entreprises familiales fait d'ailleurs l'objet d'un chapitre complet, à la page 259 de ce volume. L'entité consolidante est Dollarama Inc. (Canada) et regroupe cinq entités légales, détenues à 100 %. Encore une fois, la note sur l'information sectorielle nous permettrait de connaître l'importance relative des activités de ces entités dans les chiffres publiés par Dollarama Inc.

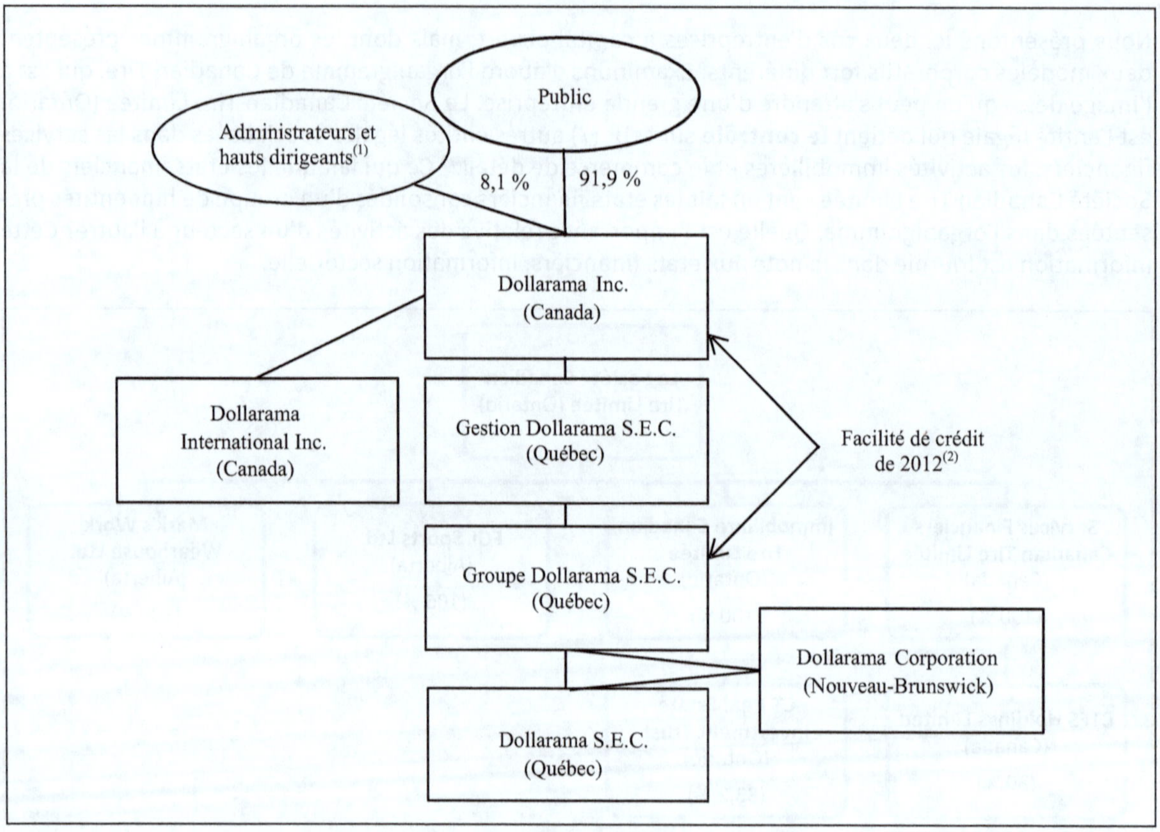

Dollarama Inc., Notice annuelle pour l'exercice terminé le 3 février 2013, page 3, 26 avril 2013.

Attention : le lecteur remarquera que le terme **contrôle**, plutôt que **propriété**, a été utilisé pour expliquer la construction du groupe, ce qui est conforme à la normalisation comptable pour les regroupements d'entreprises[13].

4.3.2 La gouvernance ou actionnaires, partenaires financiers et dirigeants

La section précédente montrait que l'entreprise, en terme comptable, est constituée d'un ensemble d'entités légales corporatives, appelées filiales, qui sont contrôlées par une même entité de contrôle, appelée maison-mère. Chacune de ces entités, individuellement, peut avoir son conseil d'administration, son équipe de direction, ses investisseurs de type prêteurs ou actionnaires et sa mission originale

[13] Voir le chapitre sur les partenariats à la page 149.

d'affaires. Mais le lecteur ne le verra pas individuellement, car toutes ces informations sont regroupées dans un même état financier. Cependant, si la réalisation d'une activité originale constitue un secteur tel que défini par la normalisation comptable (IFRS 8), plusieurs informations seront présentées par voie de notes aux états financiers. Ainsi, l'entreprise de cosmétiques l'Oréal présente dans une note aux états financiers, des informations sur sa filiale à tendance plus écologique, The Body Shop.

Nous avons vu dans un chapitre précédent comment examiner ce qui avait trait à la gouvernance d'une entreprise et comment se partageaient les rôles et les responsabilités entre le conseil d'administration et la direction. Nous avons également vu que ces aspects étaient réglementés dans le cas des sociétés à capital ouvert. Mais même à cela, il est fort pertinent d'examiner le formel et l'informel dans toute entreprise, quelle que soit sa taille. Le cas de Dollarama est intéressant, puisque le nom de famille du fondateur de l'entreprise, et d'autres membres de la famille Rossy, sont très présents dans la présentation du fonctionnement de l'entreprise[14,15]. D'ailleurs, le nom Rossy fait partie du paysage commercial montréalais depuis plusieurs générations. On mentionne, par exemple, que l'entreprise ne conclut pas de contrats d'achat à long terme ni de garantie d'approvisionnement ou de coût, et que la solidité et la durée des relations de l'entreprise avec ses fournisseurs contribuent à la position concurrentielle en matière de coûts et de capacité d'offrir une grande sélection de produits à des bas prix fixes et intéressants[16]. Autrement dit, la position concurrentielle de l'entreprise repose sur des arguments intangibles, informels. Naturellement, l'analyste aura le réflexe de consulter la liste des administrateurs et la liste des dirigeants où il constatera la présence de dirigeants de provenance et d'expérience riches et diversifiées[17].

Ce qui est totalement différent du mode de fonctionnement de Canadian Tire qui opère de façon plus formelle, pourrions-nous dire, avec des bureaux de représentation en Chine qui lui permettent d'obtenir marchandise et support pour la logistique en matière d'importation.

D'autres partenaires investisseurs ont un impact sur la gouvernance de l'entreprise. Ce peut être le cas des sociétés d'investissement à capital fermé ou à capital ouvert (dites sociétés de capital risque), qui ont chacune leur créneau d'investissement et leur personnalité. Cela peut paraître étrange de faire référence à la « personnalité » d'une société de capital risque, mais il en a été beaucoup question lors de la transaction d'acquisition de Tim Hortons par Burger King, où on a beaucoup parlé du style de gestion et de discipline financière d'un des principaux groupes d'actionnaires, 3G Capital, une société d'investissement brésilienne.[18] Habituellement, lorsqu'une société d'investissement détient un bloc d'actions, elle aura la capacité de faire élire des administrateurs, et même d'exercer le contrôle sur l'entreprise dont elle est actionnaire. Dans le cas d'une entreprise à capital fermé, il est habituel de retrouver dans la convention d'investissement une clause nommant un ou deux représentants de la société d'investissement comme membre du conseil d'administration. À ce moment, il est possible qu'en plus d'exercer un suivi sur les grandes décisions de l'entreprise, les représentants désirent transposer leur style de gestion.

Les prêteurs ont également leur personnalité. On parle parfois de « patience » ou « d'impatience » des prêteurs, et une grande erreur serait de faire un portrait-type par institution.

En résumé, on peut dire que tous les actionnaires et tous les dirigeants d'une entreprise font partie d'un projet commun. Ce qui les rassemble est le succès du projet commun, ce qui les distingue est l'objectif d'entrée et les critères de maintien de leur confiance dans le projet commun. Car s'il y a perte de confiance, les prêteurs exigeront le remboursement de leurs prêts et les actionnaires se départiront de leurs actions faisant baisser leur valeur, pour se réduire à néant.

---

[14] Notice annuelle 2014, pages 8 à 10.

[15] Dollarama Inc., Notice annuelle pour l'exercice clos le 1er février 2015, pages 8 à 10.

[16] Dollarama Inc., Notice annuelle pour l'exercice clos le 1er février 2015, pages 12.

[17] Dollarama Inc., Notice annuelle pour l'exercice clos le 1er février 2015, pages 38 et 39.

[18] Mooney, B. (2015, 31 mars). Et si le gouvernement gérait comme le fait 3G Capital, *Le Devoir*. https://www.lesaffaires.com/blogues/bernard-mooney/et-si-le-gouvernement-gerait-comme-le-fait-3g-capital/577475. Consulté en juin 2015.

Le lecteur aura compris que lorsqu'on parle de gouvernance d'une entreprise, le sujet est beaucoup plus vaste que l'examen technique du conseil d'administration, et inclut l'identification et la connaissance des personnalités, des curriculum des membres du conseil d'administration, leur influence, la motivation de leur présence. Sans oublier les parties prenantes, qui exercent une influence sur les grandes décisions d'une entreprise par le biais de conventions de prêts, d'investissements privés, sans aucune représentation sur le conseil d'administration. Le respect des clauses restrictives des contrats de prêt, par exemple.

4.3.3 Modèles de gestion stratégique

Le modèle de Porter

Le modèle de Porter[19] fait maintenant partie des classiques de la littérature publiée sur l'analyse stratégique et l'identification de la relation entre l'opérationnalisation par une direction d'entreprise et la création de valeur. Soulignons que dans la littérature scientifique et professionnelle, l'expression « création de valeur » est souvent utilisée pour désigner l'augmentation de la richesse, qui sera qualifiée de monétaire et/ou non monétaire (bien-être et responsabilité sociale), de capitaliste et/ou sociale en accord avec la mission et les objectifs visés par l'entreprise. Une entreprise peut se situer à une des limites du vecteur, ou choisir un modèle d'affaires hybride, comme c'est le cas des entreprises d'économie sociale.

Une telle entreprise qui offre, par exemple, un service de traiteur, aura à la fois un objectif de rentabilité – la vente à profit de repas préparés et livrés au domicile du client – et un objectif social, qui pourrait être l'apprentissage d'un métier à des personnes voulant réintégrer le marché du travail. Ce qui se traduira par un coût de production plus élevé et un bénéfice plus faible que celui attendu d'entreprises concurrentes qui se situent plus près de la limite à mission lucrative.

Figure 4.2 Positionnement de la mission de l'entreprise

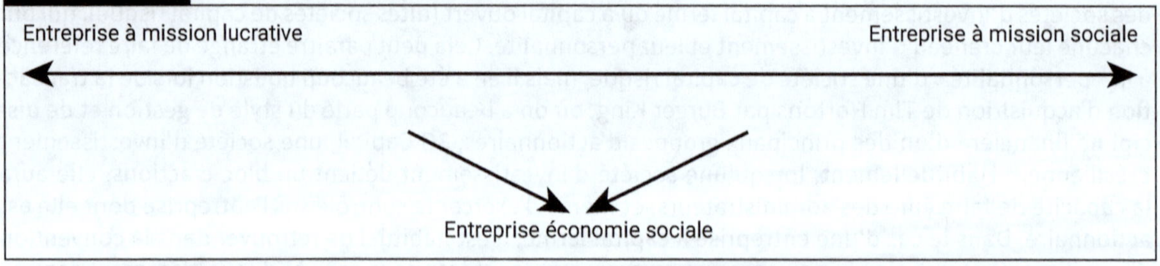

Porter a défini cinq forces ou menaces qui influencent la capacité de l'entreprise à créer de la valeur ou, pour traduire en langage comptable, qui influencent la rentabilité de l'entreprise. Ce sont[20] :

1. La rivalité entre les concurrents du secteur;
2. Le pouvoir de négociation;
3. Le pouvoir de négociation des fournisseurs;
4. La menace des entrants potentiels;
5. La menace des produits ou des services de substitution.

Certains auteurs ajoutent au modèle de Porter une sixième force (l'État) qui transforme le contenu du modèle en 5(+1) forces.[21] L'intervention de l'État peut se faire sous la forme de la création de barrières à l'entrée, de la règlementation de tarifs et de la fiscalité. Il n'est pas dans l'intention de cet ouvrage de discuter de la pertinence ou non de la modification du modèle initial de Porter, mais il faut bien reconnaître

[19] Porter, M., Competitive Strategy: Techniques for analyzing industries and competitors, The Free Press, A Division of Simon & Schuster Inc., Copyright 12980, New Introduction copyright 1998, 400 pages.
[20] Demil, B., Lecock, X., Warnier, V. (2013). Stratégie et Business Models, Pearson Education France, Paris.
[21] Id. note précédente.

que l'État, par la fiscalité, les programmes d'encouragement à l'investissement, les crédits d'impôts[22] et autres formes d'accompagnement, est une partie prenante du modèle. Il est ajouté au schéma présenté ci-dessous.

Figure 4.3 Le modèle des cinq forces de Porter et les facteurs déterminants

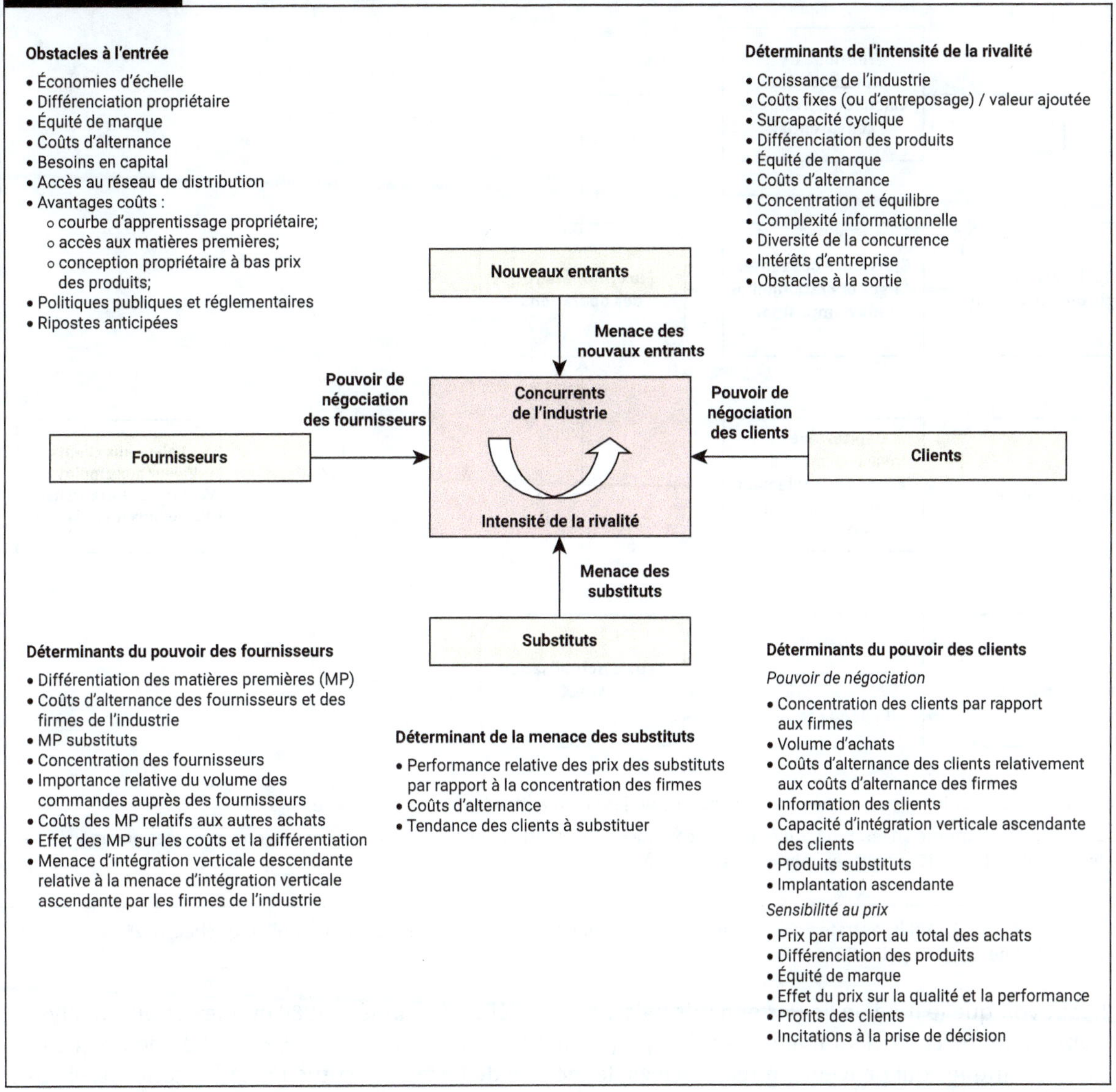

Tiré de SENI, Dan A. (2013). Analyse stratégique et avantage concurrentiel, Québec, Presses de l'Université du Québec, p. 25, adapté de PORTER, M. (1985). Competitive Advantage, Creating and Sustaining Superior Performance, New York, The Free Press.

Voici le même schéma, exprimé en terme de leviers (ou décisions) de gestion, stratégiques, économiques et financiers menant à la création de valeur. C'est ce à quoi on réfère en analyse financière lorsqu'on divise le risque global d'une entreprise en deux segments : le risque d'affaires, ou la capacité d'exploiter une entreprise de façon rentable (revenus et charges) et le risque financier, ou la capacité de financer une entreprise de façon rentable (rendement sur actifs coût du capital).

[22] Les crédits d'impôts constituent une source importante de financement pour les entreprises actives dans la recherche et le développement, tel que définis par les lois fiscales. http://www.cra-arc.gc.ca/txcrdt/sred-rsde/clmng/srdnvstmnttxcrdt-fra.html. Consulté en juillet 2015.

Figure 4.4 Les liens entre la stratégie, les décisions de gestion et la création de valeur

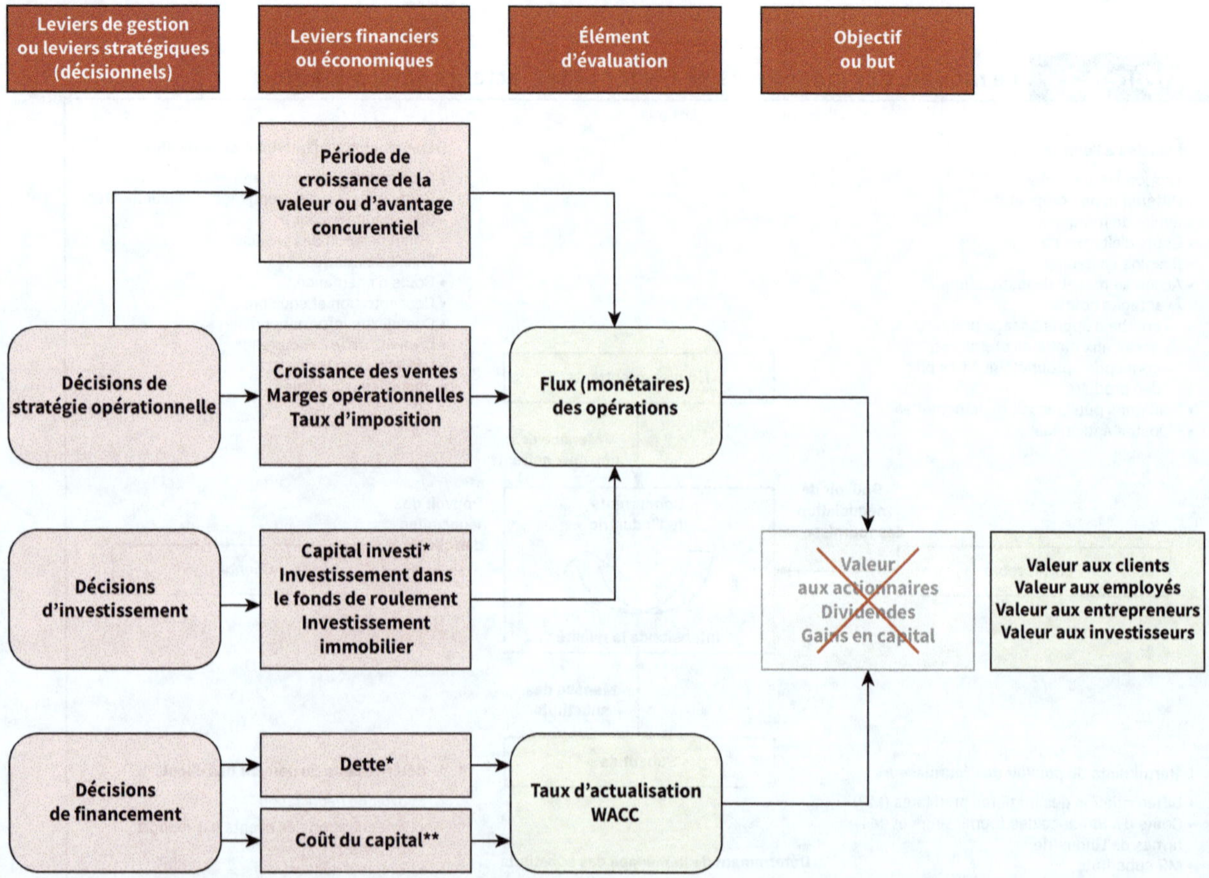

* Le capital est investi par les entrepreneus, les investisseurs ou les clients selon le mode d'appel à l'épargne

** Le coût du capital s'exprime en retombées monétaires comme le % de rendement sur l'investissement ou en retombées non monétaires comme le produit ou le service promis au moment de l'appel à l'épargne

Tiré de SENI, Dan A. (2013). Analyse stratégique et avantage concurrentiel, Québec, Presses de l'Université du Québec, p. 25. Modifié par Micheline Renault, juillet 2016.

Il faut voir que le modèle de Porter a pris naissance au début des années 1980 et que certains analystes, dont l'auteure, l'associent maintenant à l'époque de l'économie industrielle[23]. Mais il demeure que malgré les critiques qui peuvent y être associées, le modèle de Porter constitue un cadre conceptuel structuré d'acquisition de connaissances et de compréhension sur ce qui fait que l'entreprise se démarque et continuera à se démarquer de l'ensemble. À chacune d'elle la liberté de le modifier pour tenir compte des caractéristiques et des environnements spécifiques de ses activités.

L'analogie et la complémentarité du cadre conceptuel comptable est intéressante à faire ici. Pour connaître, comprendre l'environnement concurrentiel d'une entreprise, ses enjeux, ses risques, ses opportunités et comment elle se démarque pour créer de la valeur, Porter offre un cadre conceptuel dans lequel toutes les parties intéressées « parlent le même langage » et concrétisent, en termes de forces, de risques et d'opportunités, ce qu'est l'entreprise, soit une entité et les interfaces avec son environnement local et international.

[23] Le lecteur remarquera que nous avons situé à la même époque la présentation de l'ancien cadre conceptuel comptable ICCA.

Le modèle « Ressources et Compétences »

Plus récemment, avec l'émergence d'entreprises de plus en plus fondées sur l'exploitation du savoir, d'autres modèles de gestion stratégique ont été développés, basés sur les compétences des équipes, dont un modèle appelé « approche ressources et compétences »[24].

> *Dans ce modèle, la croissance de la firme est à la fois encouragée et limitée par le processus véritablement dynamique et interactif qui apparaît lorsque la direction recherche le meilleur usage possible des ressources disponibles. L'environnement est considéré comme une représentation dans l'esprit de l'entrepreneur des potentiels et des limites auxquels il est confronté et la demande perçue par la firme est ainsi largement conditionnée par les services productifs mis à sa disposition.*
>
> *Tywoniak, Stephane A., Le modèle des ressources et des compétences : un nouveau paradigme pour le management stratégique?* http://www.strategie-aims.com/events/conferences/17-vieme-conference-de-l-aims/communications/1097-le-modele-des-ressources-et-des-competences-un-nouveau-paradigme-pour-le-management-strategique/download. *Consulté en juin 2016.*

Tywoniak, dans son article, examine ce style de management sous les angles du rapport de la firme et de son environnement, de l'analyse des ressources de la firme, de l'influence de la prise en compte des ressources pour les choix stratégiques et des implications de l'adoption de ce modèle sur les politiques structurelles et fonctionnelles. Et il est certain que la gestion des risques et l'analyse financière d'une entreprise dont l'avenir repose sur l'adhésion et la loyauté de ressources volatiles que sont les ressources humaines, doit porter un regard sérieux sur la capacité de l'entreprise à attirer et à retenir les meilleurs éléments. C'est ce que fait Google, par exemple, en offrant à ses employés, qui sont pour beaucoup des propriétaires d'entreprise en démarrage dont Google a fait l'acquisition, un environnement de travail qui correspond à ce qui est désiré spécifiquement. Nous en reparlerons dans le chapitre portant sur l'analyse financière des entreprises intangibles à la page 269.

Autre exemple, autres risques, autres façons de faire. Lors d'une conférence MBA qui a eu lieu à l'ESG UQAM, le président fondateur de Moment Factory[25] mentionnait qu'il devait travailler avec un taux de roulement du personnel de 30 % par année. Pour contrer les impacts négatifs de cet état de fait dans cette industrie, il a mis en place un modèle uniforme de conception et de réalisation de tous les projets. C'est une discipline à laquelle nul ne peut déroger. Un employé peut partir et un autre prendra la relève et continuera le travail en intégrant la « chaîne » de production, si nous pouvons nous exprimer ainsi.

Ce qui assure la continuité de la ligne de pensée pour le travail, le respect des échéances, minimise les coûts de relève et, surtout, permet d'offrir, en toute constance, un produit signé « Moment Factory ». Et il est tentant de poser l'hypothèse que cette liberté de mouvement favorise la créativité et les retours des employés en format emploi ou en format partenariat.

Une autre entreprise québécoise, la société LG2, une agence de communication, de marketing et de publicité a mis en place un plan d'actionnariat et de relève où les employés sont impliqués, font partie de l'équipe de direction, bref, sont « dans leur entreprise ». Nous invitons d'ailleurs le lecteur à lire le petit texte sur la philosophie de l'entreprise présentée en page d'accueil de leur site Web[26] qui résume fort bien ce qu'est une entreprise : la capacité de générer des idées qui se concrétisent en retombées économiques positives sur le terrain.

---

[24] Demil, B., Lecocq, X., Warnier, V. (2013). Stratégie et Business Models, Pearson Education France, Paris.

[25] Série Web, Conférence MBA, ESG UQAM, avril 2016.

[26] « Penser comme une marque, c'est occuper l'esprit du consommateur avec son équité, son essence, sa promesse. C'est créer une préférence nette, distinctive et pertinente, une valeur ajoutée durable pour la marque. Agir comme un détaillant, c'est occuper le terrain pour défendre et faire croître la position de la marque, produit par produit, marché par marché, pied carré par pied carré, et ce, jour après jour. http://lg2.com/fr/a-propos. Consulté en juin 2016.

Le modèle opportuniste

Une entreprise qui opère en mode opportuniste est une entreprise qui travaille en format longue durée avec un ou quelques clients de plus grande envergure qui ont le « vent dans les voiles ». En fait, l'entreprise se « greffe » à des clients prestigieux et les accompagne dans le développement de nouveaux projets profitant de leur succès pour bâtir son propre succès, à moindre risque. Par exemple, une entreprise montréalaise mentionnait dans l'actualité qu'elle ouvrait dans quelques mois son premier bureau parisien, mais que le risque d'affaires et le risque financier étaient minimes compte tenu que son principal client y était déjà installé et qu'elle ne faisait que « suivre » sa trajectoire. L'analyse financière d'une entreprise opportuniste est donc indissociable de l'analyse financière de ses entreprises clientes.

4.4 Stratégie, mouvement et évolution

De façon pratique, l'identification et l'adhésion à un modèle de gestion stratégique permet à tout entrepreneur, gestionnaire et analyste financier de bien comprendre la dynamique d'affaires d'une entreprise, ses leviers opérationnels ainsi que ses zones de vulnérabilité, dans une perspective actuelle et future, une entreprise étant une entité en mouvance continue. Dans certains cas, des entreprises se transformeront complètement au fil des années, en ne conservant que le nom d'origine, et encore. Le cas de BlackBerry (anciennement Research In Motion) en est un bon exemple. Commerçante de téléphones cellulaires et forte d'un avantage concurrentiel – les technologies de sécurité des données – BlackBerry pourrait concentrer ses activités durant les prochaines années sur le développement de logiciels et cesser la commercialisation de téléphones cellulaires[27].

Et ceci n'est pas un cas unique. Examinons par exemple l'évolution du modèle d'affaires de l'entreprise DeSerres, présente depuis trois générations sur le territoire québécois. Un client qui serait entré dans un magasin DeSerres en 1908, se serait retrouvé dans une… quincaillerie. Quelques années plus tard, un entrepreneur en construction aurait pu s'y procurer des articles de plomberie et de chauffage. En 1950, on aurait vu des clients se procurer des équipements de sport, et des étudiants de l'École des Arts acheter du matériel d'artiste et d'art graphique. Alors qu'en 1975, les entreprises spécialisées comme les agences de publicité et les entreprises en art graphique seraient devenues le créneau principal de clientèle desservi par l'entreprise. Avant que celle-ci prenne le virage grand public, en 1992[28].

Un autre exemple est l'entreprise Portes et Fenêtres Verdun. Au moment de sa fondation, en 1967[29], l'entreprise était bel et bien située dans la ville de Verdun sur l'Île de Montréal. Aujourd'hui, un client montréalais se rendra dans l'arrondissement Notre-Dame-de-Grâces, dans celui de Pointe-aux-Trembles ou dans celui de Rosemont-La Petite Patrie, pas à Verdun. Le nom de la ville[30] de Verdun est devenu la marque de commerce de l'entreprise, qui se décline en plusieurs secteurs d'activité, tels Portes et Fenêtres Verdun et Cuisines Verdun.

Le cas de l'entreprise Loblaw[31] est tout aussi intéressant. Quelle est l'activité principale de Loblaw? La mission de l'entreprise est présentée sur la page d'accueil de son site Internet :

> *« Notre objectif est d'être le meilleur détaillant de produits alimentaires, de santé ainsi que d'articles pour la maison au Canada en dépassant les attentes de la clientèle grâce à une offre de produits novateurs à très bons prix. »*
>
> *http://www.loblaw.ca/French/accueil/default.aspx. Consulté en juin 2015.*

---

[27] La Presse Canadienne. (2015, 27 mars). Blackberry cherche à acquérir une entreprise spécialisée en sécurité. http://affaires.lapresse.ca/economie/technologie/201503/27/01-4855942-blackberry-cherche-a-acquerir-une-entreprise-specialisee-en-securite.php. Consulté en juin 2015.

[28] Information publiée sur le site Internet de DeSerres. http://www.deserres.ca/fr-ca/qui-sommes-nous/

[29] Information publiée sur le site Internet de Portes et Fenêtres Verdun. http://www.portesetfenetresverdun.com/Historique.html

[30] La ville de Verdun est devenue l'arrondissement de Verdun à la suite de la fusion des municipalités situées sur l'île de Montréal.

[31] Les compagnies Loblaw Limitée, ci-après appelées Loblaw.

Mais Loblaw c'est aussi une entreprise qui offre des services financiers - la Banque PC - et qui entend développer ce secteur d'activité au cours des prochaines années, tel que mentionné dans la notice annuelle de 2014.

> *Le secteur Services financiers de la société vise à offrir des solutions bancaires moins onéreuses que les solutions traditionnelles. Il offre des cartes de crédit ainsi que des produits d'assurance, de téléphonie mobile et des cartes-cadeaux. Pendant les trois dernières années, le secteur Services financiers a eu comme objectif d'élargir son offre, y compris de produits de téléphonie mobile, tout en renforçant la fidélisation de la clientèle à l'échelle de toutes les activités de la société, en particulier au moyen de la croissance du portefeuille de la carte MasterCard Services financiers le Choix du Président de la société.*
>
> *Notice annuelle 2014, page 13*

Cette activité n'est certes pas son activité principale pour le moment, mais pourrait s'avérer un moyen stratégique pour modifier, dans l'avenir, les lieux de génération des marges bénéficiaires entre les différents secteurs d'activité, incluant l'activité principale. Autrement dit, à l'image de la stratégie de « produit vendu à perte[32] » où une épicerie vend une boîte de sauce tomate à perte pour vendre à meilleure marge un produit complémentaire comme une boîte de pâtes alimentaires, l'entreprise Loblaw pourrait diminuer la marge bénéficiaire sur les produits d'alimentation pour attirer les clients en magasin et leur offrir des produits bancaires à plus forte marge bénéficiaire. Et, en croisement de stratégie, plus de clients pourraient se rendre chez Loblaw et obtenir des réductions de frais financiers en se procurant des produits d'épicerie et de soins de santé.

Naturellement, il ne s'agit ici que d'une hypothèse pour montrer qu'en adoptant une nouvelle stratégie une entreprise modifie ce qu'elle est, son modèle d'affaires, les moteurs de performance[33] et sa gestion de risque. Un entrepreneur, un gestionnaire, confronté à la nécessité de se renouveler aura immédiatement le réflexe d'examiner la situation présente de l'entreprise telle que montrée dans les récents états financiers, d'identifier les acquis, d'estimer les ressources requises et le financement attenant, d'évaluer l'impact sur la gestion de risque et, finalement, de projeter les résultats attendus. Parce que plusieurs chemins sont possibles avec pour chacun ses avantages, ses risques et ses coûts. Par exemple, offrir une carte de crédit à des clients est en fait « vendre de l'argent » à une entité qui remboursera plus tard. Mais pour cela, il faut que l'entreprise ait immédiatement accès à des ressources financières à un coût moindre que le coût facturé au client.

À l'image de l'activité d'épicerie, pour vendre une boîte de tomates, il faut que l'entreprise ait conclu une entente avec un fournisseur et ait en tablette le produit. Pour être actif dans le secteur des services financiers, il faut que l'entreprise ait conclu des ententes avec des investisseurs ou d'autres entreprises déjà présentes dans le secteur. Par exemple, certaines entreprises procèderont directement à l'émission de titres sur les marchés financiers, alors que d'autres concluront des ententes de gré à gré pour assurer leur approvisionnement en fonds (création de filiales ou de coentités avec des institutions financières connues, garanties émises par des institutions financières et autres). C'est sur l'habileté de l'entrepreneur ou des dirigeants à agir dans le secteur des services financiers, en terme de gestion de trésorerie, d'ingénierie financière et de marketing que sera mesuré le succès ou l'échec. Le langage financier traduira le succès ou l'échec par la présentation de mesures comptables de solvabilité et de rentabilité de l'entreprise ainsi que par la valorisation des participations des investisseurs.

On voit bien, ici, qu'il y a éloignement de la mécanique de travail souvent associée à l'analyse financière. Et qu'un analyste financier qui examinerait les états financiers de Loblaw en ne se concentrant que sur le passé et en ne se souciant pas des modifications apportées au modèle d'affaires ferait fausse route dans l'énoncé de son opinion sur l'avenir de l'entreprise.

---

[32] Traduction libre de la stratégie « loss leader ».

[33] Le terme « moteurs de performance » a été inspiré du titre du volume de Allaire et Firsirotu, Stratégies et mœurs de perfomance, Chenelière, McGraw Hill, 2004, 566 pages.

Sur cette réflexion, il serait intéressant d'examiner les états financiers d'une entreprise qui aurait choisi ce modèle d'affaires misant à la fois sur une activité de détail et sur une activité financière depuis quelques années. Et c'est justement le cas de l'une des deux entreprises qui est analysée dans ce chapitre, Canadian Tire, qui présente à la note 6 *Secteurs opérationnels* les résultats segmentés des deux secteurs d'activité.

Les tableaux suivants détaillent les informations concernant les résultats de chaque secteur opérationnel à présenter.

					2014
(en millions de dollars canadiens)	Détail	CT REIT	Services Financiers	Éliminations et ajustements	Total
Produits externes	11 298,9 $	12,6 $	1 059,6 $	91,8 $	12 462,9 $
Produits interentreprises	5,7	332,2	16,1	(354,0)	–
Total des produits	11 304,6	344,8	1 075,7	(262,2)	12 462,9
Coûts des activités génératrices de produits	8 033,7	–	435,2	(52,0)	8 416,9
Marge brute	3 270,9	344,8	640,5	(210,2)	4 046,0
Autres produits (charges)	110,4	–	(1,6)	(97,8)	11,0
Frais de vente, généraux et administratifs	2 861,7	85,0	300,8	(194,6)	3 052,9
(Produits financiers nets) charges financières nettes	(11,9)	82,7	(6,9)	45,0	108,9
Variation de la juste valeur de l'instrument financier rachetable	–	–	–	(17,0)	(17,0)
Ajustement de la juste valeur des immeubles de placement	–	141,2	–	(141,2)	–
Bénéfice avant impôt	531,5 $	318,3 $	345,0 $	(316,6) $	878,2 $
Éléments inclus ci-dessus :					
Amortissements	304,4 $	– $	8,8 $	59,1 $	372,3 $
Produits d'intérêts	116,9	0,3	783,6	(97,3)	803,5
Charges d'intérêts	90,6	83,0	109,8	(98,0)	185,4

La Société Canadian Tire Limitée, *Rapport annuel 2014*, page 95.

La seule consultation de la ligne des produits externes peut porter à confusion, car elle indique que le secteur des services financiers compte pour environ 8,5 % du total (1 059 $/12 357 $), mais compte pour 39,3 % (345 $/876 $) du bénéfice avant impôt. Ce tableau attire également notre attention sur une autre donnée fort intéressante. Toujours à l'examen de la ligne *Bénéfice avant impôt*, nous constatons que la vente au détail compte pour 60 % (531 $/878 $) du bénéfice avant impôt, et que son activité dans les services financiers compte pour 40 % (345 $/878 $) du bénéfice avant impôt. Il y a fort à parier que votre prochaine visite chez Canadian Tire ne se fera plus avec le même regard et que vous comprendrez rapidement pourquoi à l'entrée du magasin un représentant de l'entreprise demande à chaque client : « Bonjour, avez-vous la carte de crédit Canadian Tire »? Nous reviendrons plus loin dans ce chapitre sur cette discussion.

Et qu'en est-il pour la seconde entreprise sous examen. Un client qui entre aujourd'hui chez Dollarama ne sera pas trop dépaysé, puisqu'il se retrouvera dans un lieu qui correspond à peu de choses près à ce qui est annoncé, mais sursautera en voyant des prix affichés supérieurs à 1 $. Il faut savoir qu'à son ouverture, le modèle d'entreprise[34] de Dollarama était d'offrir à ses clients un concept du magasin à un dollar à prix fixe. D'où le nom Dollarama. En 2012, la direction modifiait le concept de l'entreprise et substituait au prix unique un éventail de sept prix fixes, variant de 1 à 3 $[35]. Pour ajouter des intervalles supplémentaires de 0,25 $ par la suite et pour passer vraisemblablement par-dessus la barre de 3 $ en 2015, compte tenu que la faiblesse de la devise canadienne perdure[36]. Pourquoi Dollarama a-t-elle changé un concept « gagnant »? Tout simplement parce qu'après plusieurs années d'une relative stabilité du taux de change entre la devise canadienne et la devise américaine, l'entreprise a dû faire face à la dévaluation rapide de la devise canadienne, monnaie de paiement de ses clients. Par conséquent, le modèle qui avait inspiré la création de l'entreprise n'était plus viable.

[34] Le modèle d'affaires est aussi appelé « modèle d'entreprise ».

[35] Dollarama Inc., Notice annuelle pour l'exercice clos le 1er février 2015, 24 avril 2015.

[36] Arsenault J. (2015, 25 mars). La facture des clients de Dollarama devrait grimper. La Presse Canadienne. http://affaires.lapresse.ca/resultats-financiers/201503/25/01-4855297-la-facture-des-clients-de-dollarama-devrait-grimper.php

4.5 Le modèle d'affaires

Les expressions « modèle d'affaires » et « modèle d'entreprise » ont été utilisées jusqu'ici pour expliquer comment une entreprise intègre les éléments suivants pour gagner de l'argent, exprimé en terme de trésorerie et de rentabilité

1. Diversité des secteurs d'activité;
2. Mixité et synergie intersectorielle du modèle de consommation – clients;
3. Gestion croisée des marges bénéficiaires sectorielles;
4. Proposition de forfaits à valeur globale attrayante pour le client.

L'entreprise aura beau avoir le plus bel aménagement ou la plus grande efficacité, si la proposition-client ne plaît pas, il n'y a pas d'entreprise.

Certains auteurs spécialisés en stratégie utiliseront également l'expression « modèle de création de valeur »[37].

Le dictionnaire de Trader-Finance.fr fournit une définition qui rassemble tous les éléments qui constituent en quelque sorte la « recette secrète » de l'entreprise ou « comment elle fait de l'argent », selon l'expression populaire.[38]

> *L'expression « Business Model39 » est née au début des années 2000 avec l'explosion des nombreuses créations de starts up sur Internet. Cette expression s'emploie désormais pour tout type de projet d'entreprise. Le terme business model est utilisé de différentes manières mais généralement il décrit les principaux aspects d'une activité.*
>
> *Le Business Model intègre tous les paramètres relatifs à l'entreprise ses objectifs, sa stratégie, sa gamme de produits, son organisation, ses pratiques de diffusion et de distribution et enfin ses processus et ses règles de fonctionnement.*
>
> *Le Business Model doit permettre de comprendre comment l'entreprise gagne de l'argent et comment elle se situe sur son ou ses marchés.*

Et les bonnes recettes ne demeurent pas longtemps secrètes, puisque des entreprises se spécialisent dans l'identification et la commercialisation des modèles d'affaires des entreprises connues et admirées.[40] Autrement dit, le modèle d'affaires de ces entreprises est de commercialiser celui d'autres entreprises. En finance, c'est ce qu'on appelle un produit dérivé, c'est-à-dire un produit qui n'existe que parce qu'un autre produit sous-jacent existe. Mais attention, la duplication de recettes connues ne peut être un gage de succès. Toutes les entreprises dont on cherche la recette secrète ont innové et créé un modèle d'affaires qui leur a permis de se démarquer à un moment donné de leur histoire. Cela, à l'aide d'une équipe formidable de dirigeants capables de créer et de maintenir la dynamique de la rentabilité.

Mais les temps changent, les consommateurs changent et les fenêtres d'exploitation des modèles d'affaires se rétrécissent. Les entreprises doivent aussi changer. À preuve, l'entreprise Apple, qui s'est toujours démarquée en offrant des produits originaux, souvent révolutionnaires – on a qu'à penser à la façon dont le iPad a changé « le monde des produits électroniques » – et qui a toujours été une entreprise qu'on regarde et copie, change sa façon de faire et copie pour la première fois ses concurrents en offrant elle aussi un service de musique en ligne[41] en juin 2016.[42] Apple copie ses concurrents? La modification du modèle d'affaires d'Apple a été plus remarquée que le lancement de son service de musique, parce qu'elle marque un tournant important dans les us et coutumes d'Apple. Et, par conséquent, modifie le regard

[37] Allaire et Firsirotu, Stratégies et moteurs de performance, les défis et les rouages du leadership stratégique, Chenelière McGraw-Hill, Chenelière éducation, 2004.

[38] http://www.trader-finance.fr/lexique-finance/definition-lettre-B/Business-Model.html. Consulté en juin 2015.

[39] Le lecteur aura compris qu'il s'agit de l'équivalent anglais de « modèle d'affaires ».

[40] L'entreprise Business Model Gallery commercialise les modèles d'affaires de grandes entreprises connues, dont on admire le succès. http://businessmodelgallery.com/models/anticafe/. Consulté en juin 2015.

[41] Aussi appelé « streaming »

[42] Codère J.-F. (2015, 8 juin). La Presse, Apple Music, le nouveau rival de Spotify. http://techno.lapresse.ca/nouvelles/internet/201506/08/01-4876319-apple-music-le-nouveau-rival-de-spotify.php. Consulté en juin 2015.

à porter sur son évolution. Quel sera le prochain produit ou le prochain service lancé par l'entreprise?[43] Avant, tout reposait sur la spéculation des résultats de l'activité de recherche et de développement de l'entreprise. Maintenant, les résultats de cette activité sont toujours à surveiller, mais il faut également se préoccuper des produits et des services existants dont l'ajout pourrait valoriser le portefeuille de produits et de services sous exploitation. Comment offrir rapidement des produits et des services dont les clients d'Apple sont déjà friands? Apple peut les développer et les commercialiser ou Apple peut les acheter, ce qui explique que les acquisitions d'entreprises sont une stratégie souvent utilisée par les entreprises technologiques où la nouveauté ne conserve cette appellation que l'espace de quelques mois.

Et que penser du changement de modèle d'affaires actuellement en cours chez plusieurs restaurants McDonald's. Exit les chaises de plastique de couleur jaune éclatant, place à des fauteuils confortables et à un aménagement où les clients auront envie de passer du temps. Exit le « *fast food* », place au « *cozy food* ».

Le modèle d'affaires peut également être lié à la structure d'exploitation de l'entreprise, réparti entre l'exploitation directe et diverses formes d'impartition. Chez Dollarama, l'exploitation est réalisée entièrement à l'interne, c'est-à-dire que tous les magasins sont des magasins corporatifs qui appartiennent à Dollarama. Chez Canadian Tire, on est en présence d'un modèle mixte, selon l'enseigne.

La prochaine fois que vous entrerez dans un magasin Canadian Tire, portez attention : l'exploitant du magasin est ce qu'on appelle un « marchand associé » qui est une entité légale tout à fait différente de la Société Canadian Tire Limitée. Si vous demandez à rencontrer le propriétaire, vous aurez raison d'utiliser cette appellation. Le marchand associé est propriétaire des accessoires fixes, du matériel, des stocks du magasin et est responsable du financement. Par contre, l'immeuble est la propriété ou en première location par Canadian Tire, ce qui explique l'activité immobilière très importante présentée par l'entreprise.[44]

L'acquisition de FGL Sports Ltd. a modifié le modèle d'affaires traditionnel, puisque FGL Sports est un franchiseur, en plus de posséder des magasins corporatifs. Canadian Tire a donc dû se familiariser avec une nouvelle activité, l'exploitation d'un réseau de franchises. Et encore une fois, ce que l'on voit ne correspond pas à la réalité de gestion. Car l'exploitation d'un réseau de franchises demande des compétences bien différentes de ce qui est requis pour l'exploitation de magasins corporatifs. Dans le premier cas, le premier client est le franchisé. Dans le second cas, le premier client est le consommateur. Si on pense au maintien de la discipline, cette caractéristique fait partie des habiletés de gestion du franchiseur pour maintenir la qualité et la valorisation du réseau, alors que la discipline serait peu appréciée dans la relation commerçant-client. C'est ce qui a d'ailleurs fait le succès des premiers grands magasins français et britanniques où on permettait aux clients, pour la première fois, d'examiner, de toucher la marchandise sans obligation d'achat. « L'expérience client », comme on le dirait si bien actuellement.

Chaque modèle d'affaires présente ses avantages, ses enjeux et ses facteurs de risque. Il n'y a pas une formule meilleure que l'autre. C'est du cas par cas. Et aucun modèle d'affaires est immuable dans le temps. Aucune entreprise ne peut prétendre à l'ancienneté de la formule d'affaires pour justifier sa pertinence. Être en affaires c'est regarder, écouter, anticiper, évoluer et s'ajuster, ce, en mode continu. C'est ce qu'on appelle le risque d'affaires. Pour avoir souvent discuté du risque d'affaires avec des entrepreneurs, tous disent qu'à chaque fois qu'ils ont le sentiment que tout est parfait, qu'ils sont entrés dans une zone de confort, c'est qu'ils sont en danger. L'absence de «bruit» des discussions avec les clients signifiant que ceux-ci se dirigent ailleurs.

4.5.1 Le déploiement du modèle d'affaires

Une entreprise peut déployer ses opérations en offrant une diversité de produits et de services, en étant active dans plusieurs secteurs d'activité et en élargissant géographiquement son espace commercial.

---

[43] Voici un élément de réponse. Girault, J. (2016, 14 mai). Apple investit un milliard de dollars dans Didi, le rival chinois de Uber. *Le Devoir.com*. http://www.ledevoir.com/economie/actualites-economiques/470893/apple-investit-un-milliard-de-dollars-dans-didi-le-rival-chinois-d-uber. Consulté en mai 2016.

[44] Notice annuelle 2014, page 4

La note aux états financiers sur l'information sectorielle s'avère fort utile pour saisir rapidement l'ampleur de la diversité industrielle et de la diversité géographique des opérations d'une entreprise. Tout comme elle permet d'évaluer les secteurs porteurs de rentabilité actuels et ceux porteurs de rentabilité espérée sur lesquels misent les dirigeants pour construire le futur de l'entreprise. Par exemple, le nouveau directeur général de la chaîne de restauration rapide McDonald's, entré en poste pour mettre fin à la baisse des ventes enregistrée par l'entreprise, faisait part aux investisseurs que sa stratégie de retour à la croissance reposait sur une segmentation géographique de marché. Les États-Unis, le pays fondateur constituant un secteur, l'Australie, le Canada, la France, l'Allemagne et le Royaume-Uni regroupés sous « Marchés internationaux leaders », la Chine, l'Italie, la Pologne, la Russie, la Corée du Sud, l'Espagne, la Suisse et les Pays-Bas regroupés sous « Marchés à forte croissance » et les autres pays regroupés sous « reste du monde ».[45]

Et c'est cette note qui nous permet de savoir que Canadian Tire est active dans les secteurs du détail, des services financiers et de l'immobilier, en territoire canadien seulement. Et que Dollarama n'exploite qu'un seul secteur d'activité, celui du détail.

Il est certain que plus une entreprise est diversifiée, tant au plan de ses activités qu'au plan géographique, plus le travail d'analyse se complique. Car ce qui apparaissait comme étant une seule entreprise devient une pluralité d'entreprises, chaque secteur d'activité, chaque lieu d'opération présentant ses enjeux et ses défis d'exploitation particuliers. Même des mises en marché différentes. Avon, par exemple, une entreprise bien connue dans l'industrie des cosmétiques, opère de façon différente en Chine et en Amérique du Nord. En Chine (Avon Products [China] Co.), on peut acheter des cosmétiques Avon dans les grands magasins où Avon se positionne dans la gamme des marques connues comme l'Oréal ou Elizabeth Arden. Là-bas, Avon est un manufacturier détaillant, alors qu'en Amérique du Nord, la marque est perçue comme étant une marque populaire qu'on ne peut se procurer qu'en contactant un(e) représentant(e) qui est en fait un(e) travailleur(se) autonome qui opère sa petite entreprise à partir de son domicile. En Amérique du nord, Avon est un manufacturier distributeur.

4.5.2 Le positionnement dans l'industrie

Dans leur notice annuelle, Canadian Tire et Dollarama nous informent qu'ils sont, et de loin, les leaders de leur secteur respectif. Mesuré en terme de nombre de magasins, Dollarama possède 955 magasins corporatifs. En comparaison, le plus proche concurrent, Dollar Tree Canada en possède 210. Chez Canadian Tire, on mentionne que la proposition client est unique, qu'il s'agit de l'un des détaillants les plus importants au pays.

Ces deux entreprises possèdent donc un pouvoir d'achat certain auprès de leurs fournisseurs, mais présentent un risque de vulnérabilité par rapport à la fidélité de la clientèle, ce qui est la dure réalité du commerce de détail. Le président d'un important détaillant canadien dans le domaine du vêtement mentionnait à juste titre que dans le commerce de détail rien n'est jamais gagné. Si le client ne trouve pas la marchandise désirée, au prix désiré, il va se retourner et se diriger vers un autre détaillant qui le lui offre. Et c'est pourquoi on utilise de plus en plus l'expression « expérience client » dans le commerce de détail. Offrir plus qu'un produit, plus qu'un prix, mais une expérience de magasinage qui contribue à la fidélisation du client. En terme financier, expérience client signifie des investissements en capital tangible et beaucoup en capital humain, car l'expérience client repose avant tout sur l'imagination, l'innovation, la recherche et le développement ou, comme dans le cas de Dollarama, les bonnes relations entre la haute direction et les fournisseurs ainsi que l'ingénierie financière pour maintenir les bas prix. Et cela ne peut provenir que du capital humain.

Le cas de l'intégration des réseaux sociaux aux entreprises éphémères (ou « *pop up* » boutiques) est un bel exemple de la fidélisation de la clientèle, même si ce que l'on voit est un lieu, une offre de marchandise en continuelle mouvance. L'entrepreneur, le dirigeant ou l'analyste devra être sensibles à cette dimension, car les investissements en capital intellectuel, en capital humain, s'analysent de façon fort différente des

[45] Olinga, L. (2015, mai). McDonald's se réorganise en profondeur. Agence France-Presse, New York. http://affaires.lapresse.ca/economie/agroalimentaire/201505/04/01-4866690-mcdonalds-se-reorganise-en-profondeur.php. Consulté en mai 2015.

investissements en capital tangible et modifient l'ingénierie financière. Comment? Un équipement, doté d'un numéro de série, peut être utilisé comme garantie corporative auprès d'une institution financière qui fait du prêt institutionnel ou du prêt sur actif. C'est ce qu'on appelle dans le langage financier, « actif détenant une capacité de financement ». Alors que le prêt sur actif ne sera pas possible si on substitue un numéro d'assurance sociale au numéro de série.

Il y a donc une relation très importante entre le modèle d'affaires, ses principaux éléments, l'activation solvable et rentable, l'état de la situation financière, la structure financière et le positionnement dans l'industrie.

4.6 Connaître et comprendre l'industrie

4.6.1 Connaître et comprendre l'entreprise

Tout décideur doit détenir une connaissance approfondie de ou des industries où l'entreprise est active et de l'argument concurrentiel remarquable de l'entreprise. Autrement dit, comprendre pourquoi dans l'industrie de la restauration rapide qui traverse actuellement une zone de turbulence, une entreprise comme Shake Shack a réussi avec succès une première émission d'actions à la bourse de New York, en février 2015 et entend se déployer à l'international[46, 47]. Pendant ce temps, McDonald's voit le cours de ses actions baisser et se place en mode restructuration.

Quel est l'objectif de l'analyse des états financiers, quelle est la décision à prendre?

- La découverte et l'évaluation d'une entreprise?[48]
- Une demande de financement?
- Un appel à l'investissement par capital-action?
- L'achat d'une entreprise?

Dans tous ces cas, le travail de l'analyste est de supporter une prise de décision tournée vers le futur. On ne peut refaire le passé, on ne peut invoquer le fait que le bateau est arrivé à bon port à plusieurs reprises pour garantir l'immunisation contre les prochaines tempêtes, et il n'y a pas de certitude pour demain. Alors pourquoi faire tout ce travail? Pour apprendre à mieux connaître l'entreprise, son équipe, sa capacité à innover, à faire face à la prochaine tempête (il y en aura une et probablement d'autres encore), sa résilience, sa capacité à répondre aux exigences du décideur, sa valeur dans le cas d'une acquisition d'entreprise. En fait, l'utilité du travail est tributaire des préoccupations de l'entreprise et des analystes, de la volatilité attendue des performances de l'entreprise ainsi que des enjeux et des risques de l'objectif de la prise de décision.

Prenons un exemple très simple. Un chef d'entreprise se présente à la banque pour obtenir un prêt à terme pour le financement d'un nouvel équipement de production qui sera utilisé sur une durée de deux ans. Précisons ici que les préoccupations du chef d'entreprise sont les mêmes que celles de la banque, à savoir :

1. Est-ce que l'entreprise a la capacité de respecter le calendrier établi de remboursement du capital et des intérêts?
2. À quelle hauteur devrait-on fixer les indicateurs contractuels qui seront utilisés dans la convention de prêt pour assurer le suivi de l'évolution de la situation financière de l'entreprise et cadrer le droit d'intervention de la banque[49]?

---

[46] Lutz, A. (2015). Why a burger chain with only 68 restaurants is worth almost as much as Wendy's. Business insider. http://www.businessinsider.com/why-shake-shack-is-worth-so-much-2015-5. Consulté en juin 2015.

[47] Morel, A.-S. (2015, 20 mars). Les chaînes de restauration rapide veulent s'installer en France, Agence France-Presse. http://www.lapresse.ca/vivre/restaurants/201503/20/01-4853938-les-chaines-de-restauration-rapide-veulent-sinstaller-en-france.php. Consulté en juin 2015.

[48] Pour les fins de ce volume, nous excluons les évaluations d'entreprise faites dans des contextes légaux, suivant des contestations et réclamations fiscales, des différents entre actionnaires ou des divorces.

[49] Nous faisons ici référence aux clauses restrictives des conventions de prêt du type « le ratio de fonds de roulement ne devra pas être en-dessous de 1,25 : 1 » ou « le ratio d'endettement ne devra pas excéder 2 : 1 ».

La meilleure façon de répondre à ces questions est de travailler en utilisant un outil commun de connaissance et de discussion que sont les états financiers historiques de l'entreprise. Ils seront utilisés à la fois comme éléments de validation de la résilience de l'entreprise et comme éléments de base pour la construction de prototypes, en intégrant les hypothèses sur les variables qui auront un impact sur le futur de l'entreprise et en utilisant des techniques de travail qui intégreront le risque et la volatilité des données de calcul. Jusqu'à quel point la construction du ou des prototypes sera-t-elle peaufinée? Et quel sera l'horizon de travail? Voici comment y répondre.

1. Quelle est la préoccupation commune du chef d'entreprise et de la banque?

   Évaluer la capacité de l'entreprise à respecter la convention de prêt.

2. Quelle est la volatilité attendue de l'industrie, de l'entreprise? Sur deux ans?

   Connaissance de l'industrie et de l'entreprise.

3. Est-ce que le risque estimé de la transaction excède le niveau de risque accepté par la banque?

   Chaque institution financière travaille avec les paramètres de gestion de son portefeuille de prêts.

4. Est-ce que le risque estimé place l'entreprise en situation de vulnérabilité par rapport au respect des clauses restrictives?

   Il est important de comprendre que c'est l'entreprise qui assume le leadership de la transaction et des bons calculs, car à la fin, c'est l'entreprise qui continue ou cesse ses opérations.

Bien sûr, les chiffres ne dictent pas tout dans la prise de décision, mais ils fournissent un sommaire universel qui matérialise ou concrétise l'idée, le projet. Le prêteur propose de fixer le ratio de fonds de roulement minimum à 1,25 : 1 dans la convention de prêt. Est-ce possible? Si l'examen des états financiers historiques montre que le ratio de fonds de roulement n'a jamais dépassé 1,15, le doute s'installe. C'est une perte de temps et d'argent pour le prêteur de conclure une transaction avec des paramètres irréalisables. Du côté de l'emprunteur, il est dangereux de conclure une transaction où le risque de dérogation à la convention de prêt est tel qu'il risque de placer l'entreprise en situation immédiate de remboursement de la totalité des sommes dues.

Avec des mots, on pourrait expliquer ce qu'on a fait dans le passé, ce qu'on veut faire dans un an, deux ans, etc. Difficile de s'y retrouver. On a besoin d'un référentiel commun, d'un langage commun, pour s'exprimer et se faire comprendre. C'est ce que fait la comptabilité. Ce n'est donc pas la « comptabilité des comptables », la « comptabilité des autres », mais « le message de l'entreprise » exprimé dans un langage dont toute personne active en affaires saisi suffisamment les rudiments pour s'exprimer, comprendre et se faire comprendre.

Prenons un autre exemple. Cette fois, un chef d'entreprise veut commercialiser un nouveau produit sur les marchés européens. Les étapes de l'idée d'affaires, de la recherche et du développement du prototype, ont été franchies avec succès; il est maintenant temps de passer à l'étape de la commercialisation. Et pour cela, l'intervention d'une société de capital de risque est requise. Supposons que l'horizon de travail de ladite société est d'environ sept ans et que la matérialisation du rendement au taux espéré compte tenu du risque se fera par la réalisation d'un premier appel public à l'épargne (PAPE)[50]. On constate immédiatement que les préoccupations de l'entreprise et des analystes sont fort différentes de l'exemple précédent. Et que les questions mentionnées ci-dessus ne sont plus pertinentes.

Dans l'exemple précédent, le cadre de travail était relativement limité sur une période de deux ans. L'essentiel était de valider la plausibilité du calendrier de remboursement du prêt et de placer des barrières (les clauses restrictives) pour suivre l'évolution financière de l'entreprise et déterminer le droit d'intervention du prêteur.

[50] Il est fréquent d'utiliser l'acronyme anglais « IPO » pour Initial Public Offering.

Dans le second exemple, l'entreprise et la société de capital de risque sont partenaires dans un projet à haut niveau de risque, aux multiples inconnues. L'analyse portera donc sur l'environnement total de l'entreprise, allant des actionnaires, des gestionnaires clés, des fournisseurs, des clients, aux employés, aux prêteurs qui seront probablement appelés à augmenter leur support, bref, à la totalité du schéma présenté à la page 178.

Préoccupations différentes, certes, mais même perspective de travail : **L'AVENIR**.

En résumé

En résumé, voici l'objectif de travail ainsi qu'une liste non exhaustive de documents qui sont nécessaires pour mieux connaître et mieux comprendre une entreprise dans ce qu'elle est, hors formule commerciale.

Figure 4.5 Vue d'ensemble

L'analyse des états financiers vise **l'avenir**

Un investisseur « achète » **l'avenir**

L'information financière historique = prise de décision pour **l'avenir**

Les documents

Les états financiers
État de la situation financière (bilan)
État des résultats
État de la variation des capitaux propres
État des flux de trésorerie
Notes aux états financiers

Les autres documents
Le rapport de mission du comptable
Le rapport de gestion
L'analyse des résultats par la direction
Le rapport de la responsabilité sociale
Les données budgétaires

Analyse financière
=
Interrelation entre tous les éléments de tous les documents

Chapitre 5

Ratios financiers et inducteurs de valeur

Il est quasi impossible de dissocier l'exercice de l'analyse des états financiers de la méthode d'analyse à l'aide des ratios financiers. En effet, plusieurs ouvrages publiés sur ce sujet proposent des listes de ratios financiers que les utilisateurs calculent et appliquent sans trop comprendre le questionnement et l'interprétation. Autrement dit, on confond trop souvent le travail d'analyse financière avec la technique de travail probablement la plus connue pour ce faire, la méthode des ratios financiers.

Par exemple, les sites Internet publiés par des firmes de courtage de valeurs mobilières proposent plusieurs ratios axés sur les comparaisons entre des données comptables et des données boursières. Le ratio cours boursier/résultat net en est un exemple. D'autres sites Internet publiés par des institutions financières proposeront certains ratios spécifiques fondés sur la valeur tangible, qui exclut les actifs intangibles ou incorporels des calculs de la valeur nette comptable d'une entreprise. Et il y a bien entendu tous les ouvrages de spécialisation comptable ou financière qui incluent des listes exhaustives de ratios financiers.

La première observation d'un utilisateur sera l'hétérogénéité des noms des ratios. Les noms des ratios ne sont pas normalisés et chaque site Internet ou chaque publication fournira au lecteur les formules de calcul afin de préciser l'information recherchée et les données financières ou d'affaires incluses. La seconde observation de l'utilisateur sera l'hétérogénéité des calculs de certains ratios. Prenons par exemple le calcul du ratio d'endettement qui peut se calculer ainsi :

Formule 1

$$\frac{\text{Passif courant + Passif non courant}}{\text{Total Actif}}$$

Formule 2

$$\frac{\text{Passif courant + Passif non courant}}{\text{Total Avoir des propriétaires}}$$

Quel est le bon ratio? Quelle est la « bonne réponse »?

Faisons les calculs à l'aide de cette équation comptable.

Actif	=	Passif courant	+	Passif non courant	+	Avoir des propriétaires
100	=	20	+	30	+	50

Ratio d'endettement

Objectif du calcul : connaître le niveau d'endettement total de l'entreprise.

Formule 1

$$\frac{\text{Passif courant} + \text{Passif non courant}}{\text{Total Actif}}$$

$$\frac{20 + 30}{100} = 50\ \%$$

Formule 2

$$\frac{\text{Passif courant} + \text{Passif non courant}}{\text{Total Avoir des propriétaires}}$$

$$\frac{20 + 30}{50} = 1$$ [1]

Quel est le bon ratio? Quelle est la « bonne réponse »?

Les deux formules de calcul du ratio d'endettement, dont l'objectif est de connaître le niveau d'endettement total de l'entreprise donne la même réponse, exprimée de façon différente, car on a répondu à la question de façon différente. Dans les deux cas, nous savons que la structure de capital de l'entreprise est constituée à moitié d'endettement, à moitié d'avoir des propriétaires.

Et si l'intérêt de l'actionnaire avait été d'évaluer les proportions relatives de l'endettement non courant et de l'avoir des propriétaires, à ce moment on n'aurait considéré que le Passif non courant dans les calculs.

En résumé, qu'est-ce qu'un ratio financier?

- Un simple calcul mathématique;
- La mise en relation de deux postes[2] comptables ou autres que comptables exprimée en terme de fraction;
- Un calcul fait à l'aide de données historiques ou de données prévisionnelles.

Qui prend tout son sens dans le choix des données
Qui prend tout son sens dans l'interprétation
Pour se projeter dans l'avenir
ET DÉCIDER.

Il existe plusieurs termes pour désigner ce qu'est un ratio financier, certains mettant en évidence que l'information nécessaire à sa construction peut dépasser l'information fournie dans les états financiers de l'entreprise.

On peut parler d'indicateurs de performance ou d'indicateurs de valeur, ce dernier terme étant surtout utilisé dans le contexte des entreprises dont l'exploitation est tributaire de la performance d'actifs incorporels.[3]

[1] Dans le langage populaire, on dira que la structure de capital est de « 1 pour 1 ».
[2] Un ratio financier peut inclure plusieurs postes comptables ou autres que comptables.
[3] Marr, B. (2014). *Inducteurs de valeur future, Guide d'orientation*, CPA Canada.

Par exemple, Metro, une société bien connue dans le domaine des marchés d'alimentation, présente dans son rapport de gestion ses principaux indicateurs de performance qui intègrent de l'information financière et de l'information autre que financière telle le taux de satisfaction des clients, la croissance du chiffre d'affaires des magasins comparables, le chiffre d'affaires hebdomadaire moyen par pied carré et autres. C'est donc dire qu'un ratio financier, ou autre désignation semblable (indicateur de performance, indicateur de valeur), est avant tout le résultat d'un outil, construit sur mesure, permettant à une entreprise, un actionnaire, un investisseur de mesurer et d'évaluer les résultats des décisions historiques d'une équipe de direction et, surtout, de prendre des décisions pour le futur.

metro

PRINCIPAUX INDICATEURS DE PERFORMANCE

Nous évaluons la performance globale de la Société à l'aide des principaux indicateurs suivants :

- chiffre d'affaires :
  - croissance du chiffre d'affaires des magasins comparables;
  - valeur monétaire du panier moyen (transaction moyenne par client) et nombre de transactions;
  - chiffre d'affaires hebdomadaire moyen;
  - chiffre d'affaires hebdomadaire moyen par pied carré;
  - pourcentage du chiffre d'affaires réalisé avec les clients membres des programmes de fidélisation;
  - part de marché;
  - satisfaction de la clientèle;
- pourcentage de marge brute;
- chiffre d'affaires par heure travaillée par magasin pour évaluer la productivité;
- pourcentage du bénéfice opérationnel avant amortissement et résultats liés à une entreprise associée(1) par rapport au chiffre d'affaires;
- pourcentage du bénéfice net par rapport au chiffre d'affaires;
- croissance du bénéfice net par action;
- rendement des capitaux propres;
- investissements dans le réseau de détail :
  - valeur monétaire et nature des investissements dans les magasins;
  - nombre de magasins;
  - superficie moyenne par magasin;
  - superficie totale des magasins.

Metro, Rapport de gestion et états financiers consolidés 2015, page 10.

Il n'est pas l'intention de ce chapitre de présenter une liste exhaustive de ratios financiers menant le lecteur vers un univers sans fin de chiffres et de fractions. Nous voulons surtout inviter le lecteur à prendre conscience que :

1. L'objectif d'un ratio financier est de répondre à une question.
   a) Quelle est cette question?
2. La construction d'un ratio financier demande d'identifier correctement les données qui y seront intégrées.
   b) Quelle est la question?
   b) Quelle est l'information disponible pour établir les relations apprenantes?
3. L'interprétation d'un ratio financier s'inscrit dans la connaissance de l'entreprise, son fonctionnement, ses actions passées ou prévues.
4. Les ratios financiers font partie de l'ensemble des informations recherchées et utilisées dans la prise de décision

Pour illustrer notre propos, nous utiliserons les états financiers pour la période comptable terminée le 26 septembre 2015 de Metro, une société qui a toujours fait preuve d'une performance remarquable dans une industrie difficile et compétitive.

5.1 Analyse des états financiers

5.1.1 Méthode des ratios financiers

Responsabilité de la direction

Comme nous l'avons déjà mentionné, c'est la direction qui est responsable de la préparation des états financiers ainsi que du maintien des systèmes de comptabilité et de contrôle interne qui offrent une assurance raisonnable de la fiabilité de l'information financière. Voici la lettre de responsabilité dûment signée par le président et chef de la direction ainsi que par le vice-président principal, chef de la direction financière et trésorier.

metro

RESPONSABILITÉ DE LA DIRECTION RELATIVEMENT À L'INFORMATION FINANCIÈRE

La préparation et la présentation des états financiers consolidés de METRO INC. ainsi que les autres informations financières contenues dans le rapport annuel sont la responsabilité de la direction. Cette responsabilité comprend le choix judicieux de principes et méthodes comptables appropriés dont l'application nécessite de faire des estimations et de formuler des jugements éclairés. De plus, il lui incombe de s'assurer que l'information financière incluse dans le rapport annuel concorde avec celle des états financiers consolidés. Les états financiers consolidés ont été préparés conformément aux Normes internationales d'information financière et ont été approuvés par le conseil d'administration.

METRO INC. maintient des systèmes de comptabilité et des contrôles internes à l'égard du processus de présentation de l'information financière qui, de l'avis de la direction, offrent une assurance raisonnable quant à l'exactitude, la pertinence et la fiabilité de l'information financière, de même qu'à la conduite ordonnée et efficace des affaires de la Société.

Le conseil d'administration s'assure que la direction s'acquitte de ses responsabilités quant à la présentation de l'information financière et à l'examen des états financiers consolidés et du rapport annuel principalement par l'intermédiaire de son comité d'audit. Ce comité est formé uniquement d'administrateurs indépendants de la Société et est responsable de recommander la nomination des auditeurs externes. De plus, ce comité tient périodiquement des réunions avec les membres de la direction ainsi que les auditeurs internes et externes pour discuter des questions touchant le contrôle interne, l'audit et la communication de l'information financière. Les auditeurs internes et externes ont accès au comité sans la direction. Le comité d'audit a examiné les états financiers consolidés de METRO INC. et le rapport annuel et a recommandé leur approbation au conseil d'administration.

Les états financiers consolidés ci-joints ont été audités par le cabinet Ernst & Young s.r.l./S.E.N.C.R.L. et le rapport qu'ils ont préparé indique l'étendue de leur audit et leur opinion sur les états financiers consolidés.

Eric R. La Flèche
Président et chef de la direction

François Thibault
Vice-président principal,
chef de la direction financière et trésorier

Le 11 décembre 2015

Metro, Rapport de gestion et états financiers consolidés 2015, page 30.

Qualité de l'information financière

Les états financiers de Metro sont accompagnés du rapport des auditeurs indépendants qui ont émis une opinion favorable sur l'image fidèle de la situation financière présentée par la direction de l'entreprise. Le paragraphe de l'opinion nous informe également que les états financiers ont été préparés conformément aux normes internationales d'information financière (IFRS). Voici le rapport des auditeurs indépendants de Metro.

metro

RAPPORT DES AUDITEURS INDÉPENDANTS

Aux actionnaires de **METRO INC.**

Nous avons effectué l'audit des états financiers consolidés ci-joints de METRO INC., qui comprennent les états consolidés de la situation financière aux 26 septembre 2015 et 27 septembre 2014, et les comptes de résultat consolidés, les états consolidés du résultat global, les états consolidés des variations des capitaux propres et les tableaux consolidés des flux de trésorerie pour les exercices clos à ces dates, ainsi qu'un résumé des principales méthodes comptables et d'autres informations explicatives.

Responsabilité de la direction pour les états financiers consolidés

La direction est responsable de la préparation et de la présentation fidèle de ces états financiers consolidés conformément aux Normes internationales d'information financière, ainsi que du contrôle interne qu'elle considère comme nécessaire pour permettre la préparation d'états financiers consolidés exempts d'anomalies significatives, que celles-ci résultent de fraudes ou d'erreurs.

Responsabilité des auditeurs

Notre responsabilité consiste à exprimer une opinion sur les états financiers consolidés, sur la base de nos audits. Nous avons effectué nos audits selon les normes d'audit généralement reconnues du Canada. Ces normes requièrent que nous nous conformions aux règles de déontologie et que nous planifiions et réalisions l'audit de façon à obtenir l'assurance raisonnable que les états financiers consolidés ne comportent pas d'anomalies significatives.

Un audit implique la mise en œuvre de procédures en vue de recueillir des éléments probants concernant les montants et les informations fournis dans les états financiers consolidés. Le choix des procédures relève du jugement des auditeurs, et notamment de leur évaluation des risques que les états financiers consolidés comportent des anomalies significatives, que celles-ci résultent de fraudes ou d'erreurs. Dans l'évaluation de ces risques, les auditeurs prennent en considération le contrôle interne de l'entité portant sur la préparation et la présentation fidèle des états financiers consolidés afin de concevoir des procédures d'audit appropriées aux circonstances, et non dans le but d'exprimer une opinion sur l'efficacité du contrôle interne de l'entité. Un audit comporte également l'appréciation du caractère approprié des méthodes comptables retenues et du caractère raisonnable des estimations comptables faites par la direction, de même que l'appréciation de la présentation d'ensemble des états financiers consolidés.

Nous estimons que les éléments probants que nous avons obtenus dans le cadre de nos audits sont suffisants et appropriés pour fonder notre opinion d'audit.

Opinion

À notre avis, les états financiers consolidés donnent, dans tous leurs aspects significatifs, une image fidèle de la situation financière de **METRO INC.** aux 26 septembre 2015 et 27 septembre 2014 ainsi que de sa performance financière et de ses flux de trésorerie pour les exercices clos à ces dates conformément aux Normes internationales d'information financière.

Ernst & Young s.r.l./S.E.N.C.R.L.[1]

Montréal, Canada
Le 17 novembre 2015

[1] CPA auditeur, CA, permis de comptabilité publique n° A120803

Metro, Rapport de gestion et états financiers consolidés 2015, page 31.

Les grandes questions

Qu'est-ce qui préoccupe les dirigeants de l'entreprise, les propriétaires, les investisseurs? Nous regrouperons les grandes questions en quatre secteurs :

- La solvabilité courante;
- L'endettement;
- La gestion des ressources;
- La rentabilité;
- Le rendement.

Bien entendu, une variable en influençant une autre, il y aura plusieurs croisements entre les ratios utilisés et les secteurs des questions. Il ne faut donc pas y voir, ici, un carcan méthodologique, mais plutôt un angle d'examen des données financières.

Voici l'état consolidé de la situation financière, ou bilan consolidé, du groupe[4] Metro au 26 septembre 2015.

metro

États consolidés de la situation financière
Aux 26 septembre 2015 et 27 septembre 2014
(en millions de dollars)

	2015	2014
ACTIFS		
Actifs courants		
Trésorerie et équivalents de trésorerie	**21,5**	36,0
Débiteurs *(notes 12 et 27)*	**290,6**	310,1
Stocks *(note 9)*	**824,2**	820,7
Charges payées d'avance	**18,9**	15,8
Impôts exigibles	**13,1**	8,5
	1 168,3	1 191,1
Actifs destinés à la vente *(note 10)*	**4,6**	5,2
	1 172,9	1 196,3
Actifs non courants		
Participation dans une entreprise associée *(note 11)*	**315,3**	251,4
Autres actifs financiers *(note 12)*	**32,7**	29,5
Immobilisations corporelles *(note 13)*	**1 473,2**	1 405,8
Immeubles de placement *(note 14)*	**25,7**	27,0
Immobilisations incorporelles *(note 15)*	**379,2**	346,2
Goodwill *(note 16)*	**1 931,5**	1 946,6
Impôts différés *(note 7)*	**30,7**	58,1
Actifs au titre des prestations définies *(note 24)*	**25,9**	18,6
	5 387,1	5 279,5
PASSIFS ET CAPITAUX PROPRES		
Passifs courants		
Emprunts bancaires *(note 17)*	**0,9**	1,5
Créditeurs *(notes 18 et 27)*	**999,4**	982,7
Impôts exigibles	**43,3**	66,6
Provisions *(note 19)*	**3,7**	13,7
Partie courante de la dette *(note 20)*	**16,5**	12,4
	1 063,8	1 076,9
Passifs non courants		
Dette *(note 20)*	**1 145,1**	1 044,7
Passifs au titre des prestations définies *(note 24)*	**97,9**	101,8
Provisions *(note 19)*	**4,3**	7,0
Impôts différés *(note 7)*	**187,4**	162,2
Autres éléments de passif *(note 21)*	**10,1**	10,6
Participations ne donnant pas le contrôle *(note 29)*	**221,3**	192,2
	2 729,9	2 595,4

[4] Le terme « consolidé » indique que les informations financières de plusieurs entités légales contrôlées par Metro sont totalisées dans les états financiers présentés.

Capitaux propres		
Capital-actions *(note 22)*	**579,0**	599,2
Actions propres *(note 22)*	**(18,5)**	(15,2)
Surplus d'apport	**18,0**	15,8
Résultats non distribués	**2 059,7**	2 068,6
Cumul des autres éléments du résultat global	**5,2**	0,2
Capitaux propres attribuables aux actionnaires ordinaires de la société mère	**2 643,4**	2 668,6
Participations ne donnant pas le contrôle	**13,8**	15,5
	2 657,2	2 684,1
	5 387,1	5 279,5

Engagements et éventualités *(notes 25 et 26)*

Voir les notes afférentes

Au nom du conseil d'administration,

ERIC R. LA FLÈCHE
Administrateur

MICHEL LABONTÉ
Administrateur

Metro, Rapport de gestion et états financiers consolidés 2015, page 37.

Participations ne donnant pas le contrôle				
Passif financier détenu à des fins de transaction	**221,3**	**221,3**	192,2	192,2

Metro, Rapport de gestion et états financiers consolidés 2015, extrait de la note 29, page 73.

L'exploitation courante

Cycle d'exploitation et solvabilité

Ce qui préoccupe tout dirigeant ou tout propriétaire d'entreprise est la réponse à la question suivante : « Y a-t-il suffisamment d'argent dans le compte de banque pour payer les factures? ». En effet, quels que soient les projets de l'entreprise, celle-ci cesse ses opérations si les fonds sont insuffisants pour payer les factures et pour payer les employés. On parle ici de solvabilité.

L'état de la situation financière nous permet de faire une estimation rapide de la capacité courante d'une entreprise à assumer ses obligations financières courantes en plaçant en relation les actifs courants (qui se transformeront en encaisse durant la prochaine période comptable) et les passifs courants (qui sont dus durant la prochaine période comptable). Le résultat de ce calcul est le plus souvent appelé « ratio de fonds de roulement ».

Voici les calculs.

Ratio de fonds de roulement (excluant Actifs destinés à la vente)

Actif courant/Passif courant

2015 1 168/1 063 = 1,10
2014 1 191/1 076 = 1,11

Une situation particulière : les actifs destinés à la vente. Devons-nous les inclure ou non dans les calculs? Dans ce cas, ils sont présentés avec les actifs courants, ce qui signifie que la transaction est à proprement dit conclue. Il y a également lieu d'examiner si Metro présente des passifs liés aux actifs destinés à la vente, ce qui voudrait dire que des liquidités seront générées par la vente des actifs mais immédiatement utilisées pour assumer des obligations financières liées. Le remboursement d'un prêt hypothécaire où un actif qui aurait été remis en garantie, par exemple. Ce qui n'est pas le cas, ici. Il est donc possible de calculer de nouveau le ratio de fonds de roulement, cette fois en incluant le poste comptable *Actifs destinés à la vente*.

Ratio de fonds de roulement (incluant Actifs destinés à la vente)

Actif courant/Passif courant

2015	1 172/1 063	=	1,10
2014	1 196/1 076	=	1,11

À deux décimales près, le résultat ne change pas, l'ajout étant peu significatif.

Est-ce un bon ratio?

Structure du ratio

Soulignons que le fonds de roulement de Metro est constitué en grande partie de stocks (824/1 172 = 70 %), ce qui indique qu'aucune interprétation ne peut être faite sans tenir compte de la performance de Metro à vendre ses stocks à un prix qui dépasse le coût présenté à l'état de la situation financière.

Nous devons donc répondre à cette question, ce que nous ferons dans la section *Gestion des ressources* de cette analyse financière. Nous répondrons également à la question sur la gestion des débiteurs, plus particulièrement des comptes-clients commerciaux, ce qui est moins problématique chez Metro que dans d'autres entreprises étant donné qu'une grande partie des ventes est faite « au comptant ».

Est-ce un bon ratio?

De façon traditionnelle, le réflexe était d'aller chercher des comparatifs chez d'autres entreprises semblables. Ce qui devient de plus en plus difficile étant donné les acquisitions, ventes, réorganisations effectuées de façon continue par les entreprises.

Une observation que nous pouvons faire est que les entreprises semblent de plus en plus se donner des ratios cibles qui fixent la discipline entrepreneuriale et managériale de leurs actions. L'analyse de la tendance du ratio de fonds de roulement d'une entreprise sur quelques années est donc à privilégier. Ainsi, le ratio de fonds de roulement de Metro était de 1,094 en 2010, de 0,867[5] en 2011, de 1,035 en 2012 pour revenir à 1,10 en 2014 et 2015, ce qui semble bien représenter leur discipline en termes d'activités courantes.

Disons également que le niveau de ratio de fonds de roulement est directement lié à la durée du cycle d'exploitation de l'entreprise. Une entreprise commerciale qui achète et vend des marchandises aura un fonds de roulement moindre qu'une entreprise manufacturière qui achète, transforme et vend de la marchandise.

Voici la dynamique du fonds de roulement et de l'encaisse d'une entreprise où il est facile de voir la différence entre le nombre d'étapes, de courte durée, d'une entreprise commerciale et le nombre d'étapes d'une entreprise manufacturière.

Figure 5.1 **Dynamique du fonds de roulement – opérations courantes**

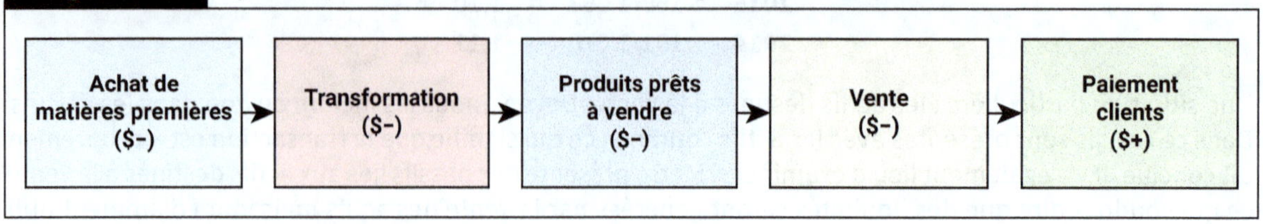

[5] Le classement d'une partie de la dette non courante avec la dette courante dû à une activité de restructuration explique la baisse momentanée du ratio.

Et par comparaison, la dynamique de l'encaisse, de plus longue durée, générée par la réalisation d'activités d'investissement.

Figure 5.2 Dynamiques du fonds de roulement – activités d'investissement

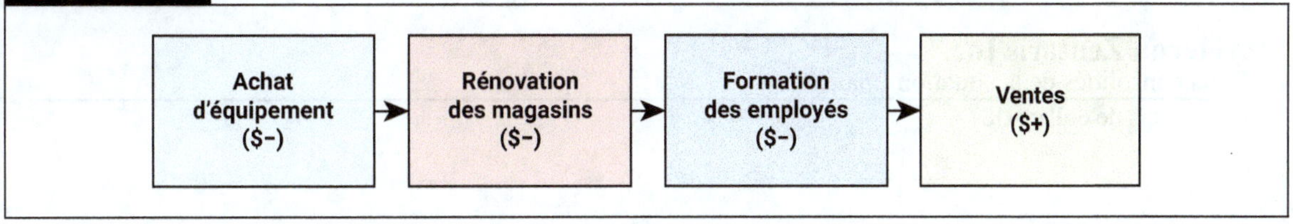

Remarque sur le niveau d'encaisse requis

L'encaisse est constituée de l'argent détenu dans les comptes de banque ainsi que des placements de courte durée (échéance de moins de trois mois). Combien une entreprise doit-elle conserver en encaisse, en trésorerie, étant donné que la mission d'une entreprise est d'exploiter, de produire, non de conserver de l'argent à faible ou absence de rendement. La réponse idéale à cette question est fournie par le budget de caisse (prévisions des entrées et des sorties d'argent), mais nous pouvons dire que l'organisation optimale de la trésorerie d'une entreprise est de combiner encaisse en banque et disponibilités sur marge de crédit, au besoin, de façon à réduire le niveau d'encaisse requis pour les activités courantes. Nous excluons ici les surplus temporaires d'encaisse dus aux activités cycliques d'opération.

On peut observer chez les grandes entreprises internationales une baisse du ratio de fonds de roulement, parfois inférieur à 1, qui ne traduit pas une situation d'insolvabilité potentielle. Elles appliquent simplement l'optimisation de leur encaisse tel que ci-dessus mentionné. Il est d'ailleurs à remarquer que la fonction trésorerie, compte tenu des avancées technologiques, des modes de paiements électroniques et de la disparition du « papier » est en voie de devenir une fonction en soi dans les entreprises.

Finalement, la consultation du tableau consolidé des flux de trésorerie de l'entreprise est le meilleur moyen de connaître, par segment d'activité, exploitation, investissement et financement, l'encaisse générée ou utilisée durant une période comptable, puisque son objectif est justement d'expliquer la variation de ce poste comptable durant la période présentée.

Entreprises de services et entreprises exploitant le savoir

La force d'exploitation de ces entreprises repose sur les personnes, sur les employés. Ce qui veut dire, en terme de trésorerie, une sortie d'encaisse à toutes les deux semaines, selon les us et coutumes canadiens. Si nous faisons maintenant un lien avec le financement, force est de constater qu'à l'encontre d'une force d'exploitation motrice (équipements), que l'on peut financer avec des modes de remboursement mensuel, une exploitation fondée sur le savoir et sur les compétences est extrêmement exigeante sur l'approvisionnement continu du compte de banque. Une entreprise de services a donc besoin d'un fonds de roulement, plus particulièrement d'un niveau d'encaisse élevé pour rencontrer des besoins de décaissement à un rythme rapide et régulier.

À la limite, chez les entreprises qui sont actives dans le secteur de la recherche et du développement, le niveau d'encaisse peut atteindre le total des fonds requis pour assumer les déboursés des prochaines années. Celles-ci n'étant pas encore en activité commerciale (aucune vente, aucune facturation-clients), l'approvisionnement du compte de banque ne se fera qu'à la suite de plusieurs rondes de financement[6] réalisées à plusieurs mois d'intervalle.

[6] Une ronde de financement est un appel privé ou public à l'épargne auprès des investisseurs. La préparation d'un appel à l'épargne est énergivore et coûteuse, ce qui explique qu'elle est réalisée de façon périodique, à intervalles.

À titre d'illustration, voici les postes comptables courants de l'état consolidé de la situation financière de Aeterna Zentaris Inc., une société biopharmaceutique active dans le développement de traitements novateurs en oncologie, en endocrinologie et en santé de la femme.

Aeterna Zentaris Inc.
États consolidés de la situation financière
(en milliers de dollars US)

	31 décembre 2014	31 décembre 2013
	$	$
ACTIF		
Actif courant		
Trésorerie et équivalents de trésorerie (note 7)	**34 931**	43 202
Clients et autres débiteurs (note 8)	**867**	1 953
Charges payées d'avance et autres actifs	**419**	500
	36 217	45 655
PASSIF		
Passif courant		
Fournisseurs et autres créditeurs (note 13)	**5 799**	7 242
Provision pour coûts de restructuration (note 14)	**1 505**	—
Produits différés (note 5)	**270**	—
	7 574	7 242

Aeterna Zentaris Inc., État consolidé de la situation financière au 31 décembre 2014.

Une interprétation mécanique du ratio de fonds de roulement d'Aeterna Zentaris Inc. pourrait mener à une conclusion hâtive et erronée d'un ratio de fonds de roulement exceptionnel alors qu'il ne s'interprète absolument pas de cette façon. La préoccupation de l'actionnaire d'Aeterna Zentaris quant au fonds de roulement de l'entreprise est : est-ce que l'entreprise a suffisamment d'encaisse pour réaliser ses activités jusqu'à la prochaine ronde de financement, ce qui inclut l'encaisse (trésorerie) et les placements de courte durée (équivalents de trésorerie) courants et les placements non courants pour ceux qui seront transformés en encaisse sur une durée de plus d'une période comptable? Pour répondre à cette question, il faut estimer le montant annuel des besoins de fonds de l'entreprise, qui ont totalisé 31 082 000 $ pour l'exercice clos le 31 décembre 2014, tel que présenté dans le tableau consolidé des flux de trésorerie pour la même période comptable.

Voilà un bel exemple du risque à travailler avec automatisme lorsqu'on utilise la méthode d'analyse des états financiers par ratios financiers.

Qualité de la gestion des postes comptables de l'exploitation courante

Quand on fait référence aux postes comptables de l'exploitation courante, ce qui vient immédiatement à l'esprit sont les comptes-clients, les stocks et les comptes-fournisseurs dont la fluctuation est directement tributaire du fonctionnement de l'entreprise.

Nous vous proposons ici une façon rapide d'estimer le maintien ou le dérapage du rythme de « circulation » de l'encaisse dans une entreprise, appelé « cycle d'exploitation ». Une entreprise achète d'abord des stocks auprès de ses fournisseurs qui lui accordent, ou non, du crédit. Elle les garde pendant une certaine période de temps, les vend à crédit, ou non, pour percevoir l'encaisse qui servira à payer les fournisseurs. Combien faut-il de temps entre le moment où les stocks sont reçus et le moment où ils sont transformés en encaisse? L'addition du résultat de deux ratios – le ratio de rotation des stocks et le ratio de délai de perception des comptes-clients – nous fournit la réponse. Cette addition est également appelée « durée du cycle d'exploitation ».

Pour faciliter le travail, nous proposons une méthode rapide du calcul de ces trois ratios en utilisant le même dénominateur, le chiffre d'affaires ou ventes quotidiennes.

Le travail sera également facilité en exprimant les totaux en millions de dollars, comme cela est fait dans les états financiers.

Voici, pour la société Metro, la durée du cycle d'exploitation.

Délai de perception des comptes-clients

Comptes-clients commerciaux[7]/ventes quotidiennes

2015 290/(12 223/365) = 8,79 jours
2014 310/(11 590/365) = 9,76 jours

Délai de garde des stocks (exprimé en terme de jours)

Stocks/ventes quotidiennes[8]

2015 824/(12 223/365) = 24,60 jours
2014 820/(11 590/365) = 25,83 jours

Durée du cycle d'exploitation de Metro

Délai de perception des comptes-clients + Délai de garde des stocks

2015 8,79 + 24,60 = 33,39 jours
2014 9,76 + 25,83 = 35,59 jours

Délai de paiement des fournisseurs

Comptes-fournisseurs/ventes quotidiennes[9]

2015 999/(12 223/365) = 30,27 jours
2014 982/(11 590/365) = 30,93 jours

Ce qui est remarquable dans la gestion du cycle d'exploitation par Metro, c'est que les fournisseurs accordent environ 31 jours pour payer les factures, ce qui correspond au temps requis pour vendre et encaisser l'argent des clients.

Utilisation des ratios pour évaluer le financement requis ou apporté par les changements des ratios-cibles de l'entreprise

Que se passerait-il, par exemple, si Metro décidait d'augmenter son niveau de stocks afin de profiter de plus importants escomptes de commande et de faire passer le ratio de délai de garde des stocks de 25 à 35 jours? La même question pourrait se poser pour un manufacturier qui verrait son niveau de stocks augmenter à la suite de la décision de s'approvisionner à l'extérieur du pays.

Pour répondre à cette question, comme à toute autre question, il faut commencer par poser les données connues, ce qu'on connaît. Dans ce cas, nous connaissons le chiffre d'affaires, le solde des comptes-fournisseurs et le nouveau délai de garde des stocks; il ne reste qu'à faire les calculs.

---

[7] Les comptes commerciaux font référence aux comptes générés par les ventes, autrement dit la facturation-client. Il arrive que le poste comptable *Débiteurs* inclut d'autres montants à recevoir d'entreprises liées, des propriétaires (en particulier dans les états financiers de sociétés à capital fermé), bref qui ne sont pas liés au chiffre d'affaires et à la facturation. Il faut donc les exclure du calcul du ratio.

[8] Pour un calcul plus précis, on substitue « coût des marchandises vendues » à « ventes quotidiennes ».

[9] Pour un calcul plus précis, on substitue « achats quotidiens » à « ventes quotidiennes ».

Délai de garde des stocks (exprimé en termes de jours)

Stocks/ventes quotidiennes[10]

Projet	?/(12 223/365)	=	35 jours
	?	=	1 172 M $

Toutes choses étant égales par ailleurs, il faut que l'équation comptable balance. Si j'augmente le côté gauche de l'équation de 348 M $ (1 172 – 824), il faut également que le financement augmente du même montant. Ce qui pourrait se faire par l'utilisation d'une marge de crédit ou en demandant aux fournisseurs d'accorder un plus long délai pour payer les factures. Supposons que les fournisseurs accordent un délai supplémentaire de cinq jours, faisant passer le délai de paiement des fournisseurs de 30 jours à 34 jours. Quelle sera l'augmentation du côté droit du bilan due à l'extension de la période de paiement?

Délai de paiement des fournisseurs

Comptes-fournisseurs/ventes quotidiennes[11]

Projet	?/(12 223/365)	=	34 jours
	?	=	1 139 M $

Pour une différence de 140 M$ (1 139 – 999).

Malgré la bonne collaboration des fournisseurs, l'entreprise devra obtenir du financement pour un montant de 208 M$, soit la différence entre l'augmentation des stocks (348 M$) et l'augmentation des comptes-fournisseurs (140 M$), si elle veut réaliser son projet.

Croissance et impact sur les postes comptables de l'exploitation

L'exemple précédent montre bien ce qui se produit dans une entreprise lorsqu'elle entre en phase de croissance. Il y a plus de commandes, il faut acheter plus de stocks, attendre le paiement d'un plus grand nombre de clients et payer les fournisseurs qui contribuent, mais à un niveau limité. Sans compter qu'il y a de multiples déboursés qui ne sont pas inclus dans les comptes-fournisseurs, comme les paiements des salaires. On constate donc que la différence entre l'augmentation des stocks, celle des comptes-clients et celle des comptes-fournisseurs s'accentue et qu'il n'est pas toujours possible d'obtenir du financement supplémentaire (stress maximum sur la structure du capital). À ce moment, il y a rupture de l'approvisionnement en encaisse et l'entreprise cesse ses opérations. Ce qui est dommage, car les clients sont là, mais la trésorerie est insuffisante pour couvrir la croissance des déboursés qui sont à faire avant la réception de l'encaisse par les clients.

Les problèmes de trésorerie sont encore plus dramatiques si, à l'augmentation des fonds requis pour supporter la croissance des activités d'exploitation, s'ajoute l'augmentation des fonds pour supporter les activités d'investissement supplémentaires (voir schéma dynamique du fonds de roulement = activités d'investissement) où le délai de conversion des déboursés en encaisse est beaucoup plus long, ce qui est normal parce qu'on parle ici d'usines, d'équipements, d'entrepôts, de camions de livraison, d'infrastructure de commerce électronique, d'acquisition d'entreprises, de campagnes de promotion, de développement de nouveaux territoires, et autres activités où les retombées attendues des déboursés se feront en terme de périodes comptables plutôt qu'en terme de jours.

Y a-t-il des façons de diminuer la durée du cycle d'exploitation et d'accélérer la conversion des activités d'affaires en encaisse? Oui, avec la réserve des us et coutumes de l'industrie et de ce qui est accepté par les clients. Par exemple, dans le chapitre sur les états financiers nous avons présenté l'exemple de

[10] Pour un calcul plus précis, on substitue « coût des marchandises vendues » à « ventes quotidiennes ».
[11] Pour un calcul plus précis, on substitue « achats quotidiens » à « ventes quotidiennes ».

Héroux-Devtek qui présente dans son bilan consolidé deux postes comptables où les clients ont fait parvenir de l'argent (avance de clients) et ont accepté un mode de facturation progressive sans que les revenus (transfert du contrôle aux clients) n'aient encore été gagnés.

BILANS CONSOLIDÉS
Aux 31 mars 2015 et 2014
(en milliers de dollars canadiens)

	Notes	31 mars 2015		31 mars 2014	
Passif et capitaux propres					
Passif à court terme					
Comptes fournisseurs et charges à payer	18	69 182	$	57 623	$
Comptes fournisseurs – autres et autres passifs	19	8 196		3 791	
Provisions	9, 20	26 241		14 990	
Avances de clients		18 326		9 409	
Facturations progressives		6 405		6 529	
Impôts à payer		220		690	
Instruments financiers dérivés	13	11 685		4 781	
Tranche à court terme de la dette à long terme	21	5 972		3 648	
		146 227		101 461	

Héroux-Devtek, Extrait « Passif à court terme », Bilans consolidés au 31 mars 2015, page 41.

Structure du capital

La structure du capital fait référence à l'équilibre passif courant, passif non courant et avoir des propriétaires (ou avoir des actionnaires). Avec un peu d'humour, nous dirons que nous résumons cette section du chapitre par l'expression « les prêteurs n'aiment pas la solitude ». Autrement dit, aucun prêteur ne veut se retrouver « seul propriétaire » d'une entreprise.

Un souci d'un propriétaire d'entreprise (préparateur des états financiers) ou d'un prêteur (utilisateur des états financiers) est de connaître de façon générale le ratio d'endettement de l'entreprise, dont nous avons discuté en début du chapitre. Et aussi de savoir, quel que soit le niveau de l'endettement, si l'entreprise « a les moyens » de s'endetter. Autrement dit, si elle a la capacité de respecter ses obligations financières.

Ratio d'endettement total

Passif courant + Passif non courant/Actif total

2015 1 063 + 2 729/5 387 = 70 %

2014 1 076 + 2 595/5 279 = 70 %

Capacité d'assumer les frais financiers

Ratio de couverture des frais financiers

Bénéfice avant impôts et frais financiers/frais financiers

2015 519 + 161 + 58 – 64[12]/58 = 11,62 fois

2014 456 + 150 + 49 – 49/49 = 12,37 fois

Capacité d'assumer les frais financiers et le remboursement de capital

Ici, nous allons déroger de la méthode des ratios pour consulter le tableau consolidé des flux de trésorerie, qui montre bien la relation entre l'encaisse générée par l'entreprise et les utilisations.

[12] La quote-part dans les résultats d'une entreprise associée a été enlevée des calculs, puisque ce poste comptable provient d'une appropriation non monétaire de résultats dans une entreprise où l'influence notable, seulement, est détenue.

metro

Tableaux consolidés des flux de trésorerie
Exercices clos les 26 septembre 2015 et 27 septembre 2014
(en millions de dollars)

	2015	2014
Activités opérationnelles		
Bénéfice avant impôts sur les bénéfices	**680,5**	606,4
Éléments sans effet sur la trésorerie		
Quote-part dans les résultats d'une entreprise associée	**(64,3)**	(49,8)
Frais de fermeture *(note 6)*	**—**	6,4
Amortissement	**177,0**	175,8
Perte sur cession et radiation d'immobilisations corporelles et incorporelles et d'immeubles de placement	**0,6**	0,1
Pertes de valeur sur des immobilisations corporelles et incorporelles et des actifs destinés à la vente	**10,5**	11,6
Reprises de pertes de valeur sur des immobilisations corporelles et incorporelles	**(4,4)**	(4,1)
Charge relative à la rémunération dont le paiement est fondé sur des actions	**7,8**	6,6
Écart entre les montants déboursés au titre des avantages du personnel et la charge de l'exercice	**(4,2)**	(8,6)
Frais pour remboursement anticipé *(note 20)*	**5,9**	—
Frais financiers, nets	**58,7**	49,1
	868,1	793,5
Variation nette des éléments hors caisse du fonds de roulement	**10,6**	(98,7)
Intérêts payés	**(58,1)**	(46,8)
Impôts payés	**(142,3)**	(214,9)
	678,3	433,1
Activités d'investissement		
Acquisition d'entreprises, nette de la trésorerie acquise de 1,3 $ en 2014 *(note 5)*		(100,3)
Rachat de succursales en partenariat	**(0,7)**	—
Variation nette des autres actifs financiers	**(3,2)**	(2,0)
Dividendes d'une entreprise associée	**6,4**	4,9
Acquisition d'immobilisations corporelles	**(220,0)**	(190,6)
Produit sur cession d'immobilisations corporelles, d'immeubles de placement et d'actifs destinés à la vente	**3,2**	5,0
Acquisition d'immobilisations incorporelles	**(38,8)**	(16,8)
	(253,1)	(299,8)
Activités de financement		
Variation nette des emprunts bancaires	**(0,6)**	(0,5)
Émission d'actions *(note 22)*	**8,1**	7,0
Rachat d'actions *(note 22)*	**(418,0)**	(459,7)
Acquisition d'actions propres *(note 22)*	**(7,0)**	(4,6)
Règlement en espèces d'unités d'actions au rendement	**(0,3)**	(0,3)
Augmentation de la dette	**701,8**	395,5
Remboursement de la dette	**(611,3)**	(11,4)
Variation nette des autres éléments de passif	**(0,5)**	(3,5)
Dividendes *(note 23)*	**(111,9)**	(100,6)
	(439,7)	(178,1)
Variation nette de la trésorerie et des équivalents de trésorerie	**(14,5)**	(44,8)
Trésorerie et équivalents de trésorerie au début de l'exercice	**36,0**	80,8
Trésorerie et équivalents de trésorerie à la fin de l'exercice	**21,5**	36,0

Voir les notes afférentes

Metro, Rapport de gestion et états financiers consolidés 2015, page 40.

Ce qui préoccupe l'analyste est de vérifier si l'encaisse générée par les opérations de l'entreprise (la mention « ouvert » est affichée à la porte) est à hauteur suffisante pour honorer le service de la dette, à court terme et à plus long terme. Chez Metro, les activités opérationnelles ont généré un montant d'encaisse de

678 M$ en 2015 (433 M$ en 2014), tel que présenté dans le tableau, alors que l'état de la situation financière présente une partie courante de la dette non courante de 16,5 M$ à rembourser au cours de la prochaine période comptable. Qui plus est, le niveau d'encaisse généré par les opérations de l'entreprise lui permet de continuer sa politique de rachat d'actions ainsi que sa politique de distribution de dividendes (voir la section « Activités de financement »)

5.2 Discussion sur le métier et la personnalité des prêteurs et des investisseurs

Les prêteurs ont chacun leur métier. Les banques, par exemple, vont habituellement être présentes pour les activités à niveau de risque modéré, étant redevables de l'utilisation des fonds déposés par les clients. Les marges de crédit, les prêts à terme sur des équipements ou des immeubles sont des types de financement où on les retrouve. Les conditions d'allocation et de suivi du prêt sont incluses dans une convention de prêt où on retrouve des clauses restrictives pour « cadrer » le niveau de risque accepté sous peine d'intervention et, à la limite, de rappel des prêts. Un exemple de clause restrictive pourrait être que « le ratio de fonds de roulement doit excéder 2 : 1 »[13].

Il existe sur les marchés financiers une grande diversité d'autres prêteurs, appelé « anges financiers », « sociétés d'investissement privé », « sociétés d'investissement public », « sociétés de capital-risque », bref, une diversité de prêteurs et/ou d'investisseurs travaillant chacun dans leur spécialité avec leurs exigences et leurs clauses restrictives[14]. Sur ce marché de transactions de gré à gré, les conventions d'investissement sont « sur mesure » et chacun des prêteurs travaille selon sa « personnalité ». Il est donc nécessaire de les connaître afin d'évaluer l'impact de leur présence (ils sont souvent membres du conseil d'administration), de leurs objectifs (certaines sociétés « entrent dans une entreprise pour la valoriser rapidement et la revendre ») et de la volonté de soutien, voire même de la capacité de réinvestissement en situation financière difficile. Ce qui fait que l'analyse de l'endettement doit aller au-delà des chiffres pour se situer au niveau des « personnalités » des prêteurs.

5.3 Discussion sur l'effet de levier financier

L'effet de levier financier consiste tout simplement à comparer le rendement (résultat net) obtenu par l'investissement dans des actifs de production (entreprise) et le coût de la dette. Le total des actifs « de production » inclut tous les actifs qui sont engagés dans l'exploitation de l'entreprise, en relation avec le chiffre d'affaires. Par exemple, un terrain détenu à des fins de spéculation ne serait pas inclus dans le total des actifs de production. Des placements de longue durée seraient également exclus du total de l'actif, de même que les intérêts et dividendes obtenus desdits placements seraient exclus de l'état des résultats. Car non reliés à l'exploitation de la production de l'entreprise.

Le taux de rendement des actifs de production se calcule ainsi : Résultat net/total actifs de production (quand le total des actifs a fortement fluctué d'une année à l'autre, on peut utiliser l'actif moyen ((actif an 1 + actif an 2)/2). Lorsque l'on souhaite obtenir des calculs plus précis, on peut enlever les intérêts payés, nets d'impôt, sur la dette dans l'état des résultats du calcul du revenu net. À ce moment, le numérateur du ratio de rendement des actifs de production devient Revenu net + intérêts (1 – taux impôt)/total des actifs de production.

Le coût (taux effectif) de l'endettement est fourni pour chaque segment de prêt dans une note aux états financiers. Lorsqu'il y a plusieurs segments de prêts et plusieurs taux effectifs, on calcule le taux moyen pondéré. Le lecteur aura compris que pour que l'effet de levier soit favorable, il faut que le taux de rendement des actifs de production soit supérieur au coût moyen pondéré de l'endettement.

---

[13] Un conseil pour les propriétaires d'entreprise : avant de signer une convention de prêt, faites examiner les clauses restrictives par un expert-comptable en lui expliquant vos projets. Il est possible que la réalisation de ceux-ci crée momentanément une dérogation plus facile à gérer en incluant d'avance dans la convention une période de dérogation que de se retrouver devant le fait accompli.

[14] Voir http://www.claridgeinc.com/fr/, https://angesquebec.com/fr/, https://www.bdc.ca/fr/pages/accueil.aspx.

5.4 Discussion sur le poste comptable *Impôts reportés*

Faut-il ajouter le total des impôts reportés au total du passif lorsqu'on calcule un ratio d'endettement? Cela dépend. Commençons par définir simplement ce que sont des impôts reportés. À chaque année, les entreprises remplissent leurs déclarations fiscales à l'aide des états financiers préparés en conformité avec la normalisation comptable, IFRS ou NCECF. Il existe cependant des différences entre les lois fiscales et les normes comptables qui font que l'état des résultats présenté en conformité avec la loi fiscale diffèrera de l'état des résultats présentés en conformité avec la normalisation comptable. La source d'écart la plus fréquente est l'amortissement « comptable », dont l'objectif est de présenter adéquatement la consommation d'une ressource, et l'amortissement « fiscal[15] », dont l'objectif est d'encourager à l'investissement en permettant une dépense d'amortissement plus grande au moment de l'acquisition pour diminuer par la suite. Illustrons le tout avec cet exemple.

Une entreprise achète un équipement, en début d'année, au coût de 15 000 $ pour une durée d'utilisation de 10 ans. Aucune valeur résiduelle.

Au point de vue fiscal, l'équipement fait partie de la catégorie 8 avec une déduction pour amortissement fixée à 20 % solde dégressif[16]. Voici le tableau de calcul de l'amortissement comptable et de l'amortissement fiscal (DPA) pour la durée de l'utilisation.

Années	Amortissement comptable	Amortissement fiscal	Différence entre DPA et amortissement comptable
1	1 500	15 000 × 20 % × ½[a] = 1 500	0
2	1 500	13 500 × 20 % = 2 700	1 200
3	1 500	10 800 × 20 % = 2 160	660
4	1 500	8 640 × 20 % = 1 728	228
5	1 500	6 912 × 20 % = 1 382	118
6	1 500	5 530 × 20 % = 1 106	(394)
7	1 500	4 424 × 20 % = 885	(615)
8	1 500	3 539 × 20 % = 707	(793)
9	1 500	2 832 × 20 % = 566	(934)
10	1 500	2 266 × 20 % = 453[b]	(1047)

[a] Règle de la moitié pour l'année d'acquisition et d'entrée dans la catérogie.

[b] Le calcul se continue jusqu'à l'infini… ∞.

Ce qui signifie que le bénéfice comptable sera plus élevé que le bénéfice fiscal, ou bénéfice imposable compte tenu d'une plus grande dépense d'amortissement (DPA plus élevée que l'amortissement comptable), mais que la situation se renversera à l'année 6 où le bénéfice fiscal deviendra plus élevé que le bénéfice comptable (amortissement comptable plus élevé que DPA).

Exprimées en terme de passif, les économies d'impôt réalisées durant les premières années devront être remboursées les années subséquentes si l'entreprise cesse d'investir et d'ajouter aux entrées dans la catégorie fiscale. Autrement dit, en autant que l'entreprise continue d'investir, d'acheter de nouvelles immobilisations, les économies d'impôt ne seront pas remboursées. Mais si une entreprise cesse d'investir, elle

[15] Allocation du coût en capital.

[16] http://www.cra-arc.gc.ca/tx/bsnss/tpcs/slprtnr/rprtng/cptl/dprcbl-fra.html#Cat8.

se retrouvera forcément en situation défavorable où elle devra rembourser les économies d'impôt dont elle a bénéficié les premières années. Ce qui ajoute au stress financier d'une entreprise qui, en plus d'être en difficulté financière, se retrouve avec une facture d'impôt inattendue.

Si nous posons de nouveau la question qui a été posée au début de cette section « Faut-il ajouter les impôts reportés au total du passif lorsqu'on calcule le total du passif dans les calculs de ratios? », cela dépend.

Si on pense que l'entreprise continuera d'investir et que la différence fiscale ne devrait pas se renverser, on peut ne pas en tenir compte. Si on pense que l'entreprise risque de se retrouver dans un horizon plus ou moins long dans une situation de renversement de différence, oui.

5.5 La rentabilité et le rendement des investissements

metro

Comptes de résultat consolidés
Exercices clos les 26 septembre 2015 et 27 septembre 2014
(en millions de dollars, sauf le bénéfice net par action)

	2015	2014
Chiffre d'affaires *(notes 6 et 27)*	**12 223,8**	11 590,4
Coût des marchandises vendues et charges d'exploitation *(notes 6 et 27)*	**(11 366,0)**	(10 802,5)
Frais de fermeture *(note 6)*	**—**	(6,4)
Bénéfice opérationnel avant amortissement et résultats liés à une entreprise associée	**857,8**	781,5
Amortissement *(note 6)*	**(177,0)**	(175,8)
Frais financiers, nets *(note 6)*	**(58,7)**	(49,1)
Frais pour remboursement anticipé *(notes 6 et 20)*	**(5,9)**	—
Quote-part dans les résultats d'une entreprise associée *(notes 6 et 11)*	**64,3**	49,8
Bénéfice avant impôts sur les bénéfices	**680,5**	606,4
Impôts sur les bénéfices *(note 7)*	**(161,2)**	(150,2)
Bénéfice net	**519,3**	456,2
Attribuable aux :		
Actionnaires ordinaires de la société mère	**506,1**	447,1
Participations ne donnant pas le contrôle	**13,2**	9,1
	519,3	456,2

Metro, Rapport de gestion et états financiers consolidés 2015, page 35.

Il faut voir le concept de rentabilité et de rendement chez une entreprise comme on le voit dans notre vie personnelle. En effet, une entreprise effectue le même geste, avec le même raisonnement, qu'une personne qui décide d'investir ses économies dans un placement bancaire, un placement obligataire ou un placement en actions. En fonction du risque estimé, le placement est effectué dans l'objectif d'obtenir un rendement qui sera à la hauteur du risque estimé. Le rendement étant calculé comme la différence entre la valeur de sortie (montant du capital reçu lors de la disposition du placement) et la valeur d'entrée (coût) + les intérêts et les dividendes reçus, s'il y a lieu. Pour un certificat de placement bancaire, le montant du capital demeurant le même à l'achat et à la disposition, le rendement est constitué des intérêts reçus. Pour une action, le prix de vente de l'action sera différent du coût de l'action, le cours boursier fluctuant, + les dividendes durant la période de détention. On comprendra ici que le rendement peut être négatif, le cours boursier pouvant être inférieur au coût d'acquisition au moment de la disposition.

C'est la même chose pour une entreprise. Une entreprise fait appel à l'épargne privée ou publique et investit l'argent recueilli dans des « placements » que sont les actifs et certaines charges que la normalisation ne reconnaît pas toujours comme actifs[17]; le développement à l'interne d'une marque de commerce, par exemple. Et le rendement est constitué de l'augmentation de la richesse obtenue qui se traduit par le résultat net[18].

Il existe principalement trois catégories de ratios financiers pour mesurer la rentabilité et le rendement sur actifs.

La première catégorie est la segmentation de la rentabilité entre segments d'affaires de l'entreprise. On parle ici des ratios de la marge brute, de la marge d'exploitation et de la marge nette. Bien entendu, d'autres déclinaisons sont possibles à l'intérieur de la classification proposée.

La seconde catégorie fait justement référence aux formes de déclinaison du calcul du ratio de rendement avant impôt, après impôt, incluant ou excluant les frais de restructuration, et autres spécifiques à la situation financière de chaque entreprise.

La troisième catégorie est communément appelée « ratios de rotation ». Rotation des actifs totaux, rotation des immobilisations rotation des stocks, bref, des ratios qui mettent en relation le résultat net de l'entreprise avec un groupe ou la totalité des actifs.

Les bases de calcul sont toujours les mêmes; ce qui change et qui donne tout son sens à l'analyse et à l'interprétation de l'information est la compréhension de ce que l'on cherche à savoir (la question), la compréhension de l'information comptable ainsi que la compréhension et l'identification des données qui répondront correctement à la question du propriétaire de l'entreprise, du prêteur ou de l'analyste.

5.5.1 Les ratios de rentabilité

La marge brute

Commençons par examiner les ratios de la première catégorie que nous segmenterons en trois catégories : la marge brute, la marge (ou bénéfice) d'exploitation et la marge nette (ou résultat, bénéfice). Pour ce faire, entrons dans l'épicerie. Ce que nous découvrons en premier est la marchandise à vendre, la première source de rentabilité de l'entreprise.

Ce que nous appellerons « le face à face » des factures, soit la facture reçue des fournisseurs et la facture émise au client. Ce face à face définit la stratégie ainsi que la capacité d'une entreprise à continuer ses activités dans l'industrie. Pour ce faire, nous avons besoin d'une information financière plus détaillée, ce que la note 6 afférente aux états financiers nous fournit.

Discussion sur le BAIIA (bénéfice avant impôts intérêts et amortissement)

On voit souvent dans les publications comptables et financières l'expression BAIIA qui signifie « bénéfices avant impôts, intérêts et amortissement ». Le BAIIA est souvent utilisé par les prêteurs et les investisseurs, pour estimer la capacité de l'entreprise à assumer ses obligations financières.

On veut, avec le BAIIA, se rapprocher de l'estimation des flux financiers générés par l'entreprise (encaisse), pour rembourser le capital et payer les frais financiers. C'est ce qui explique le retrait de l'amortissement, qui est une charge mais pas un déboursé; le déboursé étant l'acquisition de l'actif immobilisé.

[17] Voir le chapitre *Postes comptables*, section des actifs incorporels, à la page 75.

[18] Pour les fins de ce texte, nous appellerons résultat net l'ensemble des données présentées dans l'état du résultat net et du résultat global, ce qui correspond au rapport comptable prévu par les normes comptables pour les entreprises à capital fermé.

metro

Notes afférentes aux états financiers consolidés
26 septembre 2015 et 27 septembre 2014
(en millions de dollars, sauf indication contraire)

6. INFORMATIONS SUPPLÉMENTAIRES SUR LA NATURE DES COMPTES DE RÉSULTAT

	2015		2014	
Chiffre d'affaires	**12 223,8**		11 590,4	
Coût des marchandises vendues et charges d'exploitation				
Coût des marchandises vendues	**(9 813,5)**	80 %	(9 375,6)	81 %
Salaires et charges sociales	**(686,8)**	6 %	(645,6)	6 %
Charge au titre des avantages du personnel *(note 24)*	**(69,7)**	1 %	(63,7)	1 %
Loyers, taxes et frais communs	**(274,2)**	2 %	(265,6)	2 %
Électricité et gaz naturel	**(135,4)**	1 %	(124,6)	1 %
Pertes de valeur sur des immobilisations corporelles et incorporelles et des actifs destinés à la vente *(notes 10, 13 et 15)*	**(10,5)**		(11,6)	
Reprises de pertes de valeur sur des immobilisations corporelles et incorporelles *(notes 13 et 15)*	**4,4**		4,1	
Autres charges	**(380,3)**		(319,9)	
	(11 366,0)		(10 802,5)	
Frais de fermeture	**—**		(6,4)	
Bénéfice opérationnel avant amortissement et résultats liés à une entreprise associée	**857,8**	1.4 %	781,5	1.5 %
Amortissement				
Immobilisations corporelles *(note 13)*	**(150,1)**		(144,3)	
Immeubles de placement *(note 14)*	**(0,1)**		—	
Immobilisations incorporelles *(note 15)*	**(26,8)**		(31,5)	
	(177,0)		(175,8)	
Frais financiers, nets				
Intérêts courants	**(4,1)**		(4,1)	
Intérêts non courants	**(51,1)**		(41,9)	
Intérêts sur les obligations au titre des prestations définies nettes des actifs des régimes *(note 24)*	**(4,3)**		(3,9)	
Amortissement des frais de financement reportés	**(1,0)**		(0,8)	
Revenus d'intérêts	**2,2**		1,9	
Effet du passage du temps	**(0,4)**		(0,3)	
	(58,7)		(49,1)	
Frais pour remboursement anticipé *(note 20)*	**(5,9)**		—	
Quote-part dans les résultats d'une entreprise associée	**64,3**		49,8	
Bénéfice avant impôts sur les bénéfices	**680,5**	5,5 %	606,4	5 %

Les pertes de valeur et les reprises de pertes de valeur enregistrées l'ont été principalement sur les actifs des magasins d'alimentation dont les flux de trésorerie ont diminué ou augmenté à cause de la concurrence de proximité. Au 26 septembre 2015, la valeur recouvrable des magasins pour lesquels la Société a enregistré une perte de valeur ou une reprise de pertes de valeur était de 53,9 $ (34,9 $ en 2014).

Le 28 novembre 2013, la Société a annoncé la fermeture au printemps 2014 d'un centre de distribution de fruits et légumes. Au cours de l'exercice 2014, des frais de fermeture de 6,4 $ avant impôts ont été enregistrés pour des indemnités de départs, des radiations d'actifs et autres.

Metro, Rapport de gestion et états financiers consolidés 2015, page 51.

Le lecteur remarquera que nous avons calculé de façon verticale le % de chaque poste comptable par rapport au chiffre d'affaires (= 100 %), ce qui nous donne un portrait qui dit beaucoup sur l'évolution de l'entreprise d'une période comptable à l'autre. Le même exercice de transposition devrait être fait au niveau de l'état de la situation financière, le total des actifs = 100 %.

La transposition des chiffres en % dans l'état des résultats ainsi que dans l'état de la situation financière devrait d'ailleurs être l'étape de travail préparatoire au travail d'analyse financière, le portrait global fourni par la transposition des chiffres en % nous permettant de connaître rapidement l'évolution de l'entreprise dans le temps. Comme de connaître les ratios cibles, la discipline de l'entreprise. Il est effectivement étonnant de constater l'homogénéité (2014-2015) de la structure de coûts de Metro. Il est certain que les chiffres présentés ne sont pas le résultat d'une gestion tranquille ou indolente. Au contraire, il y a eu du mouvement pour réussir à conserver les ratios cibles, malgré les fluctuations du coût des denrées alimentaires, l'augmentation de la concurrence avec de nouveaux joueurs comme Walmart et les grandes pharmacies, qui s'accaparent année après année de plus grandes parts du marché de l'alimentation.

Calcul du ratio de la marge brute

Chiffres d'affaires – coût des marchandises vendues / chiffre d'affaires

2015	12 223 – 9 813/12 223	=	19,71 %
2014	11 590 – 9 375/11 590	=	19 %

Est-ce important pour une entreprise de se préoccuper de la marge brute? Oui, parce que la marge brute est la première source de rentabilité de l'entreprise et va définir la stratégie et le potentiel de survie.

Stratégie

Une entreprise dont la marge brute est élevée est probablement une entreprise qui est active dans un marché de niche, à plus faible volume de vente. Une entreprise dont la marge brute est faible doit nécessairement se situer dans un marché de volume, car seul un chiffre d'affaires élevé lui permettra d'atteindre une rentabilité suffisante pour assumer les frais de vente et d'administration. Pour illustrer ce concept on pourrait dire que c'est la différence entre un quincailler de quartier et un quincailler de type Rona L'Entrepôt ou Home Depot.

Viabilité

La marge brute est en quelque sorte la rencontre directe entre « deux factures ». La facture payée au fournisseur (coût des marchandises vendues) et la facture remise au client (chiffre d'affaires). Dès que la marge brute dérape, il y a raison de s'inquiéter pour la suite des activités. Les récentes hausses du coût de certaines denrées comme le cacao et le café ont fait, par exemple, que de grandes entreprises comme Ferrero, qui fabrique le Nutella, ont fait face à des choix comme modifier la recette ou transférer l'augmentation du coût en augmentant le prix de vente du célèbre produit. Dans le cas de cette société, il était possible d'assumer temporairement la hausse du coût des matières premières et de prendre la meilleure décision, mais les entreprises n'ont pas toutes cette latitude.

L'industrie de l'alimentation, où Metro œuvre, est très compétitive et chaque acteur mise sur sa stratégie d'approche et de fidélisation du client. En avril 2016, un des principaux acteurs de cette industrie, la société Sobeys (IGA), a décidé de miser sur une baisse générale des prix de la marchandise, cela en réorganisant la structure de sa marge brute.[19]

La marge d'exploitation

Continuons notre visite chez Metro. Un regard élargi sur l'ensemble des opérations nous emmène au bureau des ventes où sont mis en place l'aménagement des installations de vente et la stratégie commerciale. Un autre regard nous porte vers les bureaux administratifs et le siège social où loge l'administration de l'entreprise. Ce sont les frais de vente et d'administration, appelés charges d'exploitation chez Metro. Des questions se posent sur la pertinence d'inclure des postes exceptionnels ou non liés aux activités courantes de l'entreprise dans le calcul du ratio. Par exemple, faut-il inclure les pertes de valeur des magasins et les frais de

[19] Fournier M.-È. (2016, 6 avril). Réduction des prix chez IGA, une stratégie à coût nul. *La Presse.ca*.

fermeture d'un entrepôt? Nous avons choisi de le faire, posant l'hypothèse qu'en cette période de turbulence de l'industrie alimentaire il est de l'ordre des activités normales d'une grande chaîne de magasins comme Metro de fermer, de déplacer ou de construire des centres de distribution. Comme il est normal d'enregistrer des pertes de valeur ou des reprises de valeur sur les actifs de certains magasins[20].

Calcul de la marge d'exploitation

Chiffres d'affaires – coût des marchandises vendues – charges d'exploitation/chiffre d'affaires

2015	12 223 – 11 366 – 177 – 6/12 223	=	674/12 223	=	5,51 %
2014	11 590 – 10 802 – 175/11 590	=	613/11 590	=	5,28 %

La marge nette ou résultat net

Le résultat net est l'ultime calcul pour connaître la performance de l'entreprise. Et son calcul est fort simple.

Calcul de la marge nette

Résultat net/Chiffre d'affaires

2015	519/12 223	=	4,25 %
2014	456/11 590	=	3,93 %

Bénéfice avant impôts sur les bénéfices	**680,5**	606,4
Impôts sur les bénéfices *(note 7)*	**(161,2)**	(150,2)
Bénéfice net	**519,3**	456,2

Ici également, il serait possible d'exclure certaines données si nous voulions isoler les postes spécifiques aux activités des magasins. Nous pourrions exclure la quote-part dans les résultats d'une entreprise associée, les gains ou pertes réalisés sur la vente exceptionnelle d'immobilisations (ce poste n'est pas présent dans l'état des résultats de Metro) ou les revenus réalisés sur des activités de placement, par exemple. Comment se fait l'identification des postes que l'on conserve et des postes qu'on exclut? Tout simplement en se référant à notre question. Que voulons-nous savoir? La performance de l'entreprise en général ou uniquement la performance des activités commerciales de l'entreprise? L'objectif de la question identifie les postes pertinents pour les calculs.

5.5.2 Les ratios de rendement

Les ratios de rendement consistent à mettre en relation le résultat net et le total ou une partie de l'investissement. Le principe de calcul est toujours le même : on place au numérateur le résultat net et on place au dénominateur l'investissement sur lequel on pose la question.

Par exemple :

- Quel est le **rendement sur le capital investi** par les actionnaires?

2015	519/2 657[21]	=	19,53 %
2014	456/2 684	=	16,98 %

[20] Le lecteur peut être en désaccord avec l'hypothèse de travail posée par l'auteure. Il n'a qu'à retirer les données jugées non pertinentes du calcul du ratio.

[21] Total capitaux propres, état de la situation financière.

- Quel est le **rendement sur le total des investissements en actifs**?

2015 519/5 387 = 9,63 %

2014 456/5 279 = 8,63 %

- Quel est le **rendement sur le total des immobilisations**?

2015 519/1 473 + 25 + 379 + 1 931 = 13,62 %

2014 456/1 405 + 27 + 346 + 1 946 = 12,24 %

Nous avons ajouté le solde du compte *immeubles de placement* et le solde du compte *goodwill* aux immobilisations corporelles et incorporelles, car notre objectif est d'évaluer le rendement sur le capital de production de l'entreprise.

Comme les immeubles de placement sont utilisés par des tierces entités pour la distribution alimentaire, et comme le goodwill est dû à des investissements faits pour acquérir de plus petits marchés d'alimentation, nous pouvons les inclure dans le total des actifs de production, également appelés actifs stratégiques.

Une autre façon d'exprimer le rendement – les ratios de rotation de l'actif total

Calcul du ratio de rotation de l'actif total

Chiffre d'affaires/actif total

2015 12 223/5 387 = 2,27 fois

2014 11 590/5 279 = 2,20 fois

Encadré 5.1

Relation entre le rendement et la stratégie commerciale

Comme nous l'avons déjà mentionné, compte tenu des marges bénéficiaires dégagées par une entreprise, celle-ci doit choisir entre une stratégie de haute marge bénéficiaire – marché de niche où une stratégie de plus faible marge bénéficiaire – marché de volume. Cette relation s'inscrit ainsi, en termes de ratios financiers.

Rendement sur le total des actifs × Ratio de rotation du total des actifs = Marge bénéficiaire nette

$$\frac{\text{Résultat net}}{\cancel{\text{Total Actifs}}} \times \frac{\cancel{\text{Total Actifs}}}{\text{Chiffre d'affaires}} = \frac{\text{Résultat net}}{\text{Chiffre d'affaires}}$$

Calcul du ratio de rotation des actifs immobilisés

Chiffre d'affaires / actifs immobilisés totaux

2015 12 223/3 808 = 3,21

2014 11 590/3724 = 3,11

5.6 Discussion sur les chiffres

Attention aux chiffres, car l'interprétation des résultats des calculs est tributaire de la connaissance de l'historique des chiffres et de la normalisation comptable. Voici pourquoi.

5.6.1 Référentiel comptable et choix comptables

Dans le chapitre 1 présentant les deux référentiels comptables canadiens, nous mentionnions que les entreprises à capital fermé avaient le choix pour présenter leurs états financiers entre le référentiel comptable international et le référentiel comptable pour les entreprises à capital fermé. Bien que les deux référentiels aient des racines communes, il existe des différences dans la simplicité et dans la souplesse accordée aux entreprises à capital fermé. Ce qu'on appelle des choix comptables.

Par exemple, nous mentionnions qu'une entreprise appliquant le référentiel comptable pour les entreprises à capital fermé (NCECF) pouvait comptabiliser une acquisition d'entreprise en conformité avec les IFRS ou relativement près de la comptabilité de caisse, au coût, sans consolidation. Les deux choix sont conformes aux NCECF, mais encore faut-il que l'utilisateur des états financiers prenne connaissance des choix comptables de l'entreprise sous examen et en évalue l'impact sur l'évaluation et la prise de décision.

L'analyse des états financiers des entreprises à capital fermé est souvent vue comme étant moins complexe que l'analyse des états financiers des entreprises à capital ouvert. Ce qui n'est pas nécessairement le cas. Premièrement, les entreprises à capital fermé peuvent se prévaloir de choix comptables qu'il faut connaître avant de commencer le travail d'analyse et d'interprétation de l'information. Ensuite, il est possible que des actifs hors bilan, des épargnes des propriétaires-actionnaires, par exemple, supportent des ratios d'endettement trop élevés si vus comme tel. D'où l'importance de bien lire les notes aux états financiers avant de commencer le travail d'analyse.

Nous référons le lecteur au chapitre portant sur l'analyse financière des entreprises à capital fermé, à la page 239.

5.6.2 « Âge des chiffres »

Une entreprise qui cesse de renouveler ses équipements se retrouvera momentanément avec des ratios de rendement aux allures favorables à cause du faible montant lié aux immobilisations. Ce qui se traduira par la diminution du dénominateur du ratio (total des actifs de production) et une surévaluation du numérateur (un plus petit amortissement aura comme impact d'augmenter le bénéfice net). Or, l'avenir s'annonce plus sombre compte tenu de la future désuétude fonctionnelle de vieux équipements.

À l'inverse, une entreprise ayant récemment investi des sommes importantes dans le renouvellement de ses installations de production ou dans le développement de nouveaux produits se retrouvera avec des ratios diminués, le total des actifs de production étant élevé et les amortissements liés étant également de montant élevé.

5.6.3 « Normes comptables »

Nous savons que les efforts de commercialisation d'une entreprise, tels le développement de la marque de commerce et de nouveaux marchés, sont enregistrés en charges et que les efforts de développement de nouveaux produits sont très souvent, également, passés en charges. Les conséquences de ces énoncés font en sorte qu'un calcul de rendement sur les actifs de production devient relativement utopique, les résultats obtenus ne pouvant être utilisés qu'à titre comparatif, dans le temps.

Dans le cas de Metro, une grande partie des investissements faits dans le développement de nouveaux marchés ou de nouveaux produits s'inscrit dans le bilan, puisqu'elle les a obtenus via l'acquisition d'entreprises dont les données font partie des états financiers consolidés. Ici encore, l'historique des données a un impact sur l'interprétation. Des acquisitions récentes (estimation récente de la juste valeur des actifs et passifs acquis) fournissent des chiffres qui permettent une appréciation plus exacte que des acquisitions qui ont été faites depuis plusieurs années (estimation historique de la juste valeur des actifs et passifs acquis). Dans le cas de Metro, plusieurs acquisitions de contrôle d'entreprises sont relativement récentes avec la prise de contrôle d'Adonis en 2013 et de Première Moisson en 2014.

5.7 Les inducteurs de valeur future[22]

Une des grandes difficultés contemporaines de l'analyse financière est que les principaux actifs de production sont hors bilan, c'est-à-dire qu'ils ne sont pas présentés dans les états financiers, ce qui constitue une limite sérieuse aux liens de cause à effet qu'un propriétaire d'entreprise, un gestionnaire ou un actionnaire cherche à connaître[23].

Quelles sont les actions qui favorisent l'enrichissement intellectuel (organisation apprenante) et monétaire d'une entreprise? Quelles sont les actions qui favorisent la création d'une communauté où les valeurs de l'entreprise, des employés, des clients et des fournisseurs se rejoignent pour la plus grande valorisation de l'entreprise?

Il existe des organismes qui font figures de proue dans le développement de documents de divulgation d'information sociale et dans le développement d'indicateurs intégrant « chiffres et lettres », comme le Global Reporting Initiative Group (GRI)[24] dont la mission est de faire la promotion et de développer des indicateurs permettant de mesurer, de comprendre et de communiquer les impacts économiques, sociaux et communautaires des activités d'une entreprise. Voici, tel que présenté sur la page d'accueil de son site Internet, la raison d'être de ce groupe.

> *A sustainability report is a report published by a company or organization about the economic, environmental and social impacts caused by its everyday activities. A sustainability report also presents the organization's values and governance model, and demonstrates the link between its strategy and its commitment to a sustainable global economy.*
>
> *Sustainability reporting can help organizations to measure, understand and communicate their economic, environmental, social and governance performance, and then set goals, and manage change more effectively. A sustainability report is the key platform for communicating sustainability performance and impacts – whether positive or negative.*
>
> *Sustainability reporting can be considered as synonymous with other terms for non-financial reporting; triple bottom line reporting, corporate social responsibility (CSR) reporting, and more. It is also an intrinsic element of integrated reporting; a more recent development that combines the analysis of financial and non-financial performance.*
>
> *https://www.globalreporting.org/information/sustainability-reporting/Pages/default.aspx*

Notons que plusieurs grandes entreprises connues publient déjà de l'information en conformité avec les standards de présentation développés par le GRI; nous invitons le lecteur à consulter, par exemple, le rapport de développement durable de la société Air France KLM pour l'année 2014.

[22] Marr, B. (2014). Inducteurs de valeur future, CPA Canada.

[23] Voir le chapitre sur les partenariats, section *Regroupements d'entreprises*, page 154, où nous expliquons pourquoi.

[24] Nous invitons le lecteur à consulter le site Internet du Global Reporting Initiative Group (GRI) qui inclut beaucoup d'information et des outils de formation (programmes *e-learning*) pour des entreprises qui s'intéressent aux indicateurs de mesure intégrant les volets économiques, sociaux et communautaires. https://www.globalreporting.org/Pages/default.aspx.

Voici, à titre indicatif, la table des matières du rapport de développement de développement durable de Air France KLM pour l'année 2014.

Rapport développement durable 2014

Sommaire

Source : Air France-KLM, Rapport développement durable 2014, http://www.airfranceklm.com/sites/default/files/publications/afklm_radd_2014_fr_dp.pdf

Ainsi que la liste et la méthodologie des indicateurs sociaux utilisés :

Les indicateurs sociaux ont été définis en 2005-06, sous l'égide du Comité des procédures d'informations financières (Disclosure Committee) d'Air France-KLM et validés par le collège des Commissaires aux comptes afin de répondre aux exigences de la loi française NRE (Nouvelles Régulations Économiques, du 15 Mai 2001) et du Prospectus Européen (CE 809/2004).
Un travail d'optimisation de ces indicateurs a été réalisé en 2011 afin d'aligner le reporting NRE social dès cette année sur les exigences de l'article 225 du décret d'application de la loi Grenelle II. Cette mise à jour des informations sociales a été soumise au Commissaire aux comptes, KPMG Audit, département de KPMG SA, pour revue avant le début de la campagne de reporting NRE social 2011.
Depuis l'exercice 2007-08, le groupe a choisi de faire vérifier par l'un des Commissaires aux comptes, KPMG Audit, département de KPMG SA, ses principaux indicateurs sociaux.
Depuis 2013, et en application des dispositions de l'art. L 225-102-1 du Code de commerce, les informations sociales, sociétales et environnementales publiées dans le Rapport de gestion d'Air France-KLM font l'objet d'une vérification par un Organisme Tiers Indépendant [1].

PÉRIMÈTRE

Le reporting des données NRE sociales du groupe Air France-KLM est réalisé sur la base des effectifs physiques (exprimé en « tête »), inscrits et payés en fin d'année civile.
Le périmètre de reporting NRE couvre en fin d'année civile 96% des effectifs moyens, exprimés en équivalent temps plein, du groupe Air France-KLM.
Sont intégrées au périmètre de reporting NRE social les filiales d'Air France et de KLM, contrôlées au minimum à 50%, acquises depuis au moins une année complète et disposant d'un effectif supérieur ou égal à 250 personnes.
Deux entités dépassant les seuils ci-dessus, NAS Airport limited et Bluelink International CZ, sont exclues du périmètre, en raison des difficultés actuelles à les intégrer au processus de reporting.
Les effectifs considérés pour Air France et KLM et ses filiales comprennent l'ensemble de leurs personnels, incluant les salariés employés à l'international :

- Les filiales d'Air France consolidées pour l'exercice 2014 sont : Aero Maintenance Group, Airlinair, Bluelink, Brit Air, CRMA, Regional, groupe Servair (ACNA, Orly Air Traiteur, PAC SA, Servair SA et Passerelle), Sodexi et Transavia France, représentant 75% des effectifs des filiales du groupe Air France ;
- Les filiales de KLM consolidées pour l'exercice 2014 sont : Cygnific, Cobalt Ground Solutions, KLM UK Engineering limited, KLM Cityhopper (UK et B.V.), Transavia, KLM Catering Services Schiphol B.V. et Martinair, représentant 94% des effectifs des filiales du groupe KLM.

En 2014, Airlinair a été intégré au périmètre reporting des filiales d'Air France. City Jet et VLM en sont sortis, en raison de la cession de ces filiales.
Le périmètre de reporting des filiales de KLM demeure inchangé.
L'effectif de référence pour le calcul du taux de couverture du reporting NRE social est l'effectif moyen en équivalent temps plein en 2014, issu de l'outil BFC de la Direction du Contrôle de Gestion.
La période de reporting des données sociales du groupe est fondée sur l'année calendaire pour assurer la cohérence avec le Bilan Social des sociétés françaises. Nous rappelons que depuis 2011 l'exercice financier est également basé sur l'année calendaire.

OUTILS DE REPORTING

Les indicateurs sont collectés et consolidés à partir d'un logiciel de reporting, Osyris (Operating System for Reporting on Sustainability). L'outil est déployé auprès des contributeurs d'Air France, de KLM et de leurs filiales sur l'ensemble du périmètre de reporting. Des définitions précises de chaque indicateur et une assistance à l'utilisation de l'outil ont été rédigées en français et en anglais et sont accessibles aux contributeurs dans Osyris.
Des tests de cohérence ont également été mis en place dans l'outil. Les données sont vérifiées et validées localement, au niveau de chaque filiale par un validateur local qui est responsable des données statistiques RH.
Ce dispositif est complété par une réunion de lancement du processus et par une procédure générale de reporting qui définit le processus de collecte, de calcul et de consolidation des indicateurs. Cette procédure s'appuie sur une « instruction mémo » émise par la Direction financière du groupe Air France-KLM.
La consolidation des données sociales du groupe Air France-KLM est effectuée par la Direction du Développement durable d'Air France.

PRÉCISIONS ET MÉTHODOLOGIE - COMMENTAIRES SUR L'ÉVOLUTION DES INDICATEURS

Tableau « Données consolidées sur les effectifs du groupe Air France-KLM »
Ce tableau présente les indicateurs relatifs aux effectifs, embauches, départs, à la part des femmes et au pourcentage des effectifs travaillant à temps partiel. Ces indicateurs sont consolidés au niveau groupe Air France-KLM.

Les notes ci-dessous renvoient aux références des tableaux aux pages 76 et 77.

Effectif

Note 1 : Il s'agit des effectifs du groupe (exprimés en « tête »), en contrat à durée indéterminée (CDI) et à durée déterminée (CDD), inscrits et payés au 31 décembre de l'année de référence.

Embauches en contrat à durée indéterminée

Note 2 : L'indicateur concerne les embauches en contrat à durée indéterminée (CDI).

Pour Air France, le calcul du nombre d'embauches en CDI intègre les embauches en contrat à durée déterminée (CDD) dont le contrat a été modifié en CDI au cours de l'année.
Pour KLM, le calcul est effectué uniquement sur la base des personnes embauchées directement en CDI.

Départs

Note 3 : Les causes de départs sont détaillées dans les annexes du rapport développement durable d'Air France-KLM 2014.
Seuls les licenciements d'employés en CDI sont pris en compte dans le nombre de licenciements (y compris économiques).

Part des femmes – Organisation du temps de travail

Note 4 : Ces indicateurs permettant d'évaluer la proportion des femmes par rapport à la main-d'œuvre et la part des employées à temps partiel intègrent tant les employés en CDI qu'en CDD au 31 décembre de l'année considérée.

Effectifs par zone géographique au 31/12

Note 5 : En 2014, les effectifs du groupe d'Air France de la zone France Outre-Mer (Dom), soit 700 effectifs physiques, sont comptabilisés dans la zone géographique Caraïbes et Océan Indien.

Tableaux « Autres données sociales »

Les indicateurs publiés dans les tableaux « autres données sociales » **ont des qualifications et des obligations d'enregistrement légales différentes entre la France et les Pays-Bas,** ce qui les rend non comparables et a conduit à les présenter séparément pour Air France et KLM. Les filiales concernées dans ces tables sont énumérées dans le paragraphe Périmètre ci-dessus.

Absentéisme – Santé et sécurité au travail

Une grande partie des accidents du travail déclarés par Air France sont dus à des otites barotraumatiques et troubles musculo-squelettiques (TMS) reconnues comme accidents du travail en France, alors qu'ils sont enregistrés comme absentéisme pour maladie par KLM conformément à la législation néerlandaise.
Le taux d'absentéisme n'est pas communiqué pour les filiales d'Air France et de KLM, les dispositifs de suivis sont en cours de fiabilisation au niveau de ces entités.

Air France
Note 1 : Les taux d'absentéisme sont calculés sur la base du ratio du nombre d'heures d'absence sur le nombre d'heures théoriques travaillées (les congés sont exclus). Pour le personnel naviguant d'Air France, l'absentéisme est décompté en jours puis converti en heures en multipliant par 5h.
Le taux d'absentéisme pour accident du travail prend également en compte les accidents de trajet.

KLM et KLM filiales
Note 1 : Depuis l'exercice 2014, les taux d'absentéisme pour cause de maladie et accident de travail sont dissociés. Un calcul a été effectué pour évaluer ces indicateurs sur l'exercice 2013.
Les taux d'absentéisme sont calculés comme le rapport des jours calendaires d'absence sur les jours calendaires théoriquement travaillés (365*ETP jours théoriquement travaillés). L'absentéisme est suivi sur une base déclarative par les entités de KLM aux Pays-Bas.

Hygiène et sécurité – Accidents de travail

Les critères de définition d'un accident du travail diffèrent de façon significative entre la France et les Pays-Bas (Voir également paragraphe absentéisme).

Air France et filiales Air France ainsi que KLM et filiales KLM
Note 2 : Les accidents de travail pris en compte sont les accidents de travail avec arrêt (arrêt supérieur ou égal à un jour). Les accidents de trajet ne sont pas pris en compte dans l'indicateur, mais font l'objet de suivi et d'actions spécifiques.

Taux de fréquence et taux de gravité

Air France
Note 3 : Les taux de fréquence et les taux de gravité sont calculés :
- pour le personnel au sol, sur la base d'heures travaillées réelles payées ;
- pour le personnel naviguant, sur la base des heures « d'engagement »

Le nombre de jours d'arrêts considéré pour l'exercice correspond uniquement aux accidents ayant eu lieu pendant le même exercice.

KLM et filiales KLM
Note 3 : Les taux de fréquence et les taux de gravité sont calculés pour l'ensemble du personnel sur la base d'heures travaillées théoriques.
Les jours perdus pour accident de travail sont suivis sur une base déclarative par les entités de KLM aux Pays-Bas.

Formation

Air France et filiales Air France
Note 4 : L'indicateur « Nombre d'heures de formation par salarié » est calculé sur la base de l'ensemble des sessions de formation, indépendamment de leur caractère imputable ou non au titre de la déclaration réglementaire 2483.
Les heures de formation des filiales du groupe Air France sont calculées sans les données de la filiale Transavia France.

KLM et filiales KLM
Note 4 : En ce qui concerne la formation, KLM ne dispose aujourd'hui d'une procédure de reporting centralisée que pour les coûts de formation de KLM et ses filiales. Nous rappelons que la législation néerlandaise ne requiert pas de publication du nombre d'heures de formation dispensées.

Note 4 : Les coûts de formation publiés prennent en compte les coûts extérieurs de formation facturés, les frais de personnel, les coûts de fonctionnement des services de formation ainsi que les coûts de productivité liés à la mobilisation des personnels formés. Ces derniers sont estimés en multipliant le nombre d'heures de formation déclaré par chaque salarié par le salaire moyen du service.

Nombre de salariés handicapés

Air France et filiales Air France
Note 5 : Pour Air France et Servair, les salariés déclarés handicapés sont ceux qui, basés en France métropolitaine et dans les DOM, ont été présents à l'effectif au moins un jour dans l'année et pour lesquels une notification valide, conforme à la réglementation française (article L. 5212-2 du Code du travail), est disponible.
À noter que les données des salariés à l'international sont reportées selon la législation locale.
Pour les autres filiales d'Air France, les salariés déclarés handicapés sont les salariés présents à l'effectif au 31/12/2014 et pour lesquels une notification valide, conforme à la réglementation nationale, est disponible.
Le nombre de salariés handicapés recrutés correspond au nombre de contrats de travail CDI et CDD signés au cours de l'année ; un salarié embauché en CDD puis en CDI au cours de l'année sera comptabilisé deux fois.
À noter que le taux d'emploi des salariés handicapés pour 2014 n'est pas encore connu à la date d'arrêt des chiffres dans le cadre du reporting NRE social pour le rapport de gestion et le document de référence.

KLM et filiales KLM
Note 5 : La définition d'une personne handicapée varie en fonction de la législation locale entre les entités aux Pays-Bas et les entités au Royaume Uni.
Pour KLM et les filiales néerlandaises de KLM, une personne est considérée comme handicapée si elle souffre de troubles ne lui permettant plus de réaliser son travail ni tout autre travail au niveau de revenu équivalent. Cela contraint l'employeur et l'employé à chercher un autre poste avec un niveau de salaire aussi proche que possible de son niveau de revenu précédent et donne droit à l'employé à recevoir des allocations gouvernementales pour compenser le différentiel éventuel.
Pour les filiales anglaises de KLM, les salariés déclarés handicapés sont les salariés présents à l'effectif au 31/12/2014 et pour lesquels une notification valide, conforme à la réglementation nationale, est disponible.

Air France
Note 6 : L'indicateur « chiffre d'affaires annuel généré avec le secteur adapté ». Il s'agit du chiffre d'affaires utile (c'est-à-dire lié au coût de la main-d'œuvre) exprimé en M€ généré avec les entreprises du secteur adapté. Il s'agit d'une estimation à date avant retour final des déclarations dans le cadre de la DOETH (Déclaration obligatoire d'emploi des travailleurs handicapés).

1. *Les travaux d'examen ont été menés conformément à la norme internationale d'audit ISAE 3000 (International Standard for Assurance Engagements), spécifique à la vérification des données extra-financières.*

Les indicateurs environnementaux du groupe ont été définis en 2005-06, sous l'égide du Comité des procédures d'informations financières (Disclosure Committee) d'Air France-KLM et ont été validés par le collège des Commissaires aux comptes afin de répondre aux exigences de la loi française NRE (Nouvelles Régulations Economiques, du 15 mai 2001) et du Prospectus Européen (CE 809/2004).

Depuis 2013, et en application des dispositions de l'art. L 225-102-1 du Code de commerce, les informations sociales, sociétales et environnementales publiées dans le Rapport de gestion d'Air France-KLM font l'objet d'une vérification par un Organisme Tiers Indépendant [1].

De plus, les données relatives aux indicateurs «Consommation de carburant» et «Émission de CO_2» liées aux Opérations Aériennes sont vérifiées avec le plus haut niveau d'assurance, assurance raisonnable (indiqué par le symbole √√) depuis 2007-08.

PÉRIMÈTRE COUVERT ET PÉRIMÈTRE N-1

Pour les activités aériennes, le périmètre de consolidation du reporting environnemental couvre :

- Tous les vols sous code commercial AF opérés par Air France et ses filiales HOP !, et Transavia. City Jet a été cédée en 2014 et ne fait plus partie du groupe.
- Tous les vols sous code commercial KLM opérés par KLM et ses filiales KLM Cityhopper (KLC), Martinair et Transavia.

Pour les activités au sol, le périmètre de consolidation du reporting environnemental identique à celui de l'an passé car City jet n'était pas incluse et couvre près de 100 % des sites en France et aux Pays-Bas (certaines très petites filiales étant exclues). Les escales situées à l'étranger ne sont pas prises en compte.

- Les filiales d'Air France consolidées sont HOP !, CRMA, Sodexi, BlueLink, Servair et ses filiales (uniquement pour les activités en France) et Transavia France.
- De plus, pour Air France, les indicateurs des escales françaises ne sont pas reportés lorsque les aéroports ne fournissent pas le détail des charges. La contribution des escales concernées est cependant marginale comparée aux données publiées.
- Les filiales de KLM consolidées sont KLC (KLM CityHopper), KES (KLM Equipment Services), KCS (KLM Catering Services), KHS (KLM Health Services) et Transavia,Martinair et EPCOR (pour une partie des indicateurs).

OUTILS DE REPORTING

Les indicateurs environnementaux sont collectés au niveau local via deux outils de reporting, Osyris (progiciel d'Enablon) pour Air France et CaeSaR pour KLM, respectivement disponibles dans chaque filiale d'Air France et de KLM. Pour fiabiliser le reporting, des définitions de chaque indicateur et une assistance à l'utilisation de l'outil ont été rédigées en français et en anglais et sont accessibles aux contributeurs. Des tests de cohérence ont également été mis en place.

La consolidation des données du groupe Air France-KLM est effectuée par le département environnement d'Air France.

PRÉCISIONS ET MÉTHODOLOGIE, COMMENTAIRES SUR LES ÉVOLUTIONS

Au niveau du groupe Air France-KLM, les exigences réglementaires, les principes de reporting et de consolidation sont décrits dans un document intitulé Instruction Memo Environment, mis à jour annuellement. Les modalités de collecte, les méthodologies de calcul et de consolidation des données sont définies dans des procédures spécifiques à Air France et à KLM, et harmonisées entre elles dans la mesure du possible.

Dans le cadre d'une démarche d'amélioration continue, des précisions méthodologiques sont apportées constamment sur certains indicateurs, notamment dans leurs définitions. Lorsque ces modifications ont un impact significatif sur les données, la comparaison entre les données des années précédentes et les données relatives à cet exercice n'est pas pertinente.

À défaut de données disponibles, la valeur reportée pour l'année N est estimée sur la base de la valeur reportée pour l'année précédente N-1.

La période de reporting des données environnementales du groupe est basée sur une année glissante du 1er octobre N-1 jusqu'au 30 septembre N.

OPÉRATIONS AÉRIENNES

Émissions de CO_2

Pour le groupe Air France, les émissions de CO_2 sont stables entre 2013 et 2014, comme l'activité du groupe.

Notons qu'il existe des différences entre le périmètre des émissions de CO_2 publiées et celles du système communautaire d'échange de quotas d'émissions de gaz à effet de serre (réglementation EU-ETS), qui ne permettent pas d'effectuer une comparaison.

Émissions de SO_2 globales et SO_2 basse altitude (LTO)

Remarque : Les dénominations « basse altitude » et « LTO » pour cycle Landing-TakeOff sont équivalentes

Le calcul des émissions de SO_2 des opérations aériennes est effectué en prenant en compte la composition moyenne en soufre du carburant disponible respectivement sur les plates-formes d'Amsterdam et de Paris, appliquée respectivement à l'intégralité du carburant consommé pendant l'année par KLM et ses filiales et par Air France et ses filiales.

Pour le groupe Air France, l'augmentation est due à la hausse à la hausse de la composition moyenne en soufre du carburant utilisé.

Pour le groupe Air France, l'augmentation indiquée de 20% est en fait inférieure. Les valeurs à trois décimales montrent des émissions à 0,560 kt en 2014 contre 0,544 kt en 2013 soit une hausse réelle de 3% environ. Les arrondis à une décimale génèrent mécaniquement un rapport plus important.

Pour le groupe KLM, la variation de 0% due aux arrondis est en réalité de 15% (passage de 276t à 325t) due à l'extension du périmètre de cet indicateur à Martinair et Transavia

Émissions de NO_x et de HC basse altitude (LTO)

La méthodologie utilisée pour le calcul des émissions basse altitude (c'est-à-dire en dessous de 3000 pieds) est commune à Air France et KLM. Elle se base sur le cycle LTO (Landing-TakeOff) et sur les données moteurs communiquées par l'OACI [2]. Le temps de roulage pris en compte est le temps de roulage réel, plus précis que les valeurs standards recommandées par l'OACI. Il est à noter que les temps de roulage réels n'étant pas disponibles pour Transavia France, les valeurs standards de l'OACI ont été utilisées pour cette filiale.

Pour Air France, les émissions de HC à basse altitude sont en fait en baisse de près de 5%, si on prend une valeur plus précise.

Délestages de carburant

Il s'agit d'opérations exceptionnelles (moins de 1 vol sur 10 000 en 2014) de délestage en vol d'une certaine quantité de carburant afin d'éviter un atterrissage en surcharge de l'avion, lorsqu'un demi-tour en vol s'impose. Chaque opération est effectuée en coordination étroite avec le contrôle aérien dans des conditions strictes de lieu géographique (évitant les zones urbanisées) et d'altitude (en général égale ou supérieure à 2 000 mètres).

Énergie bruit global

Cet indicateur a été mis en place par le groupe Air France-KLM pour contrôler l'évolution de l'empreinte sonore globale de son activité. L'indicateur Énergie bruit global est calculé selon la méthodologie définie par la DGAC [3]. Les vols concernés sont les vols sous code commercial AF ou KLM opérés, franchisés et affrétés, code share excepté.

Martinair et Transavia sont exclues pour l'indicateur d'Énergie de bruit global. L'évolution de l'énergie sonore et du trafic est déterminée en ramenant l'Énergie bruit global calculée pour l'année civile à la valeur de l'an 2000.

OPÉRATIONS AU SOL

Consommation d'eau

La consommation d'eau est prise en compte pour toutes les activités au sol. La consommation d'eau à bord des avions n'est pas incluse. La baisse de la consommation d'eau pour KLM s'explique par le déménagement de leur prestataire des activités de blanchisserie qui occupait leurs locaux, vers un autre bâtiment de l'aéroport. Ces consommations étaient reportées depuis 2012.

Consommation Autres Énergies

L'indicateur inclut les différentes sources d'énergies suivantes :

- Gaz naturel pour le chauffage des bâtiments, des ateliers de peinture avion à la Maintenance et la cuisine (en particulier l'activité catering). La conversion de la quantité de gaz consommée en énergie est effectuée en prenant en compte les caractéristiques du gaz spécifiques à la France et aux Pays-Bas.
- Eau surchauffée et eau glacée pour le confort climatique. Pour Air France, ces consommations sont fournies par ADP (Aéroports de Paris) pour les sites d'Orly et de Roissy. Les installations de KLM ne consomment pas ces types d'énergie.
- Kérosène (Jet fuel A1) pour le Banc d'Essais Réacteurs.
- Fioul domestique pour les groupes électrogènes.
- GNR (Gazole Non Routier) pour une partie des engins de piste d'Air France.
- Essence et gazole pour les véhicules d'Air France et de Servair et les engins de piste d'Air France et de KLM.

La diminution observée entre 2013 et 2014 pour le groupe Air France s'explique principalement par la réduction de la consommation de gaz et d'eau surchauffée pour le chauffage.

Pour KLM, il y a eu une baisse de la consommation de gaz naturel (hiver plus clément), et l'exclusion d'un bâtiment occupé par le prestataire des activités de blanchisserie. Depuis 2014, les bureaux de KLM Cargo, Transavia et Martinair sont inclus dans le reporting.

Émissions des opérations au sol (CO_2, SO_2 et NO_x)

Les émissions de CO_2, SO_2 et NO_x et leurs évolutions sont liées aux consommations d'énergies listées ci-dessus.

Pour Air France les émissions de NO_x pour le Banc d'Essais Réacteurs sont calculées selon une méthode similaire à celle utilisée pour les Opérations Aériennes et reflètent les conditions de tests réelles.

Les facteurs d'émissions utilisés pour l'exercice 2014 sont ceux du Guide Méthodologique de l'ADEME V6, excepté le kérosène dont les émissions sont calculées à partir de la base moteur de l'ICAO (International Civil Aviation Organisation).

Les émissions des activités sol pour le reporting 2015 seront basées sur les facteurs d'émissions de la Base Carbone de l'ADEME http://bilans-ges.ademe.fr/

La baisse des émissions de NO_x observée est due Principalement à la réduction de la consommation de GNR des engins de piste.

Pour KLM, les émissions de NO_x des véhicules et engins de piste sont déterminées soit par des mesures directes, des données constructeur ou des bases de données externes.

Émissions de COV (composés organiques volatils)

Les émissions de COV sont calculées sur la base des émissions directes des solvants contenus dans les produits utilisés ; les COV contenus dans les déchets évacués sont retranchés.

Pour le groupe Air France la baisse entre 2013 et 2014 est principalement due à la réduction des activités de chantier peinture des avions en 2014.

Émissions de HC

Les émissions hydrocarbonées (HC) incluent les émissions du Banc d'Essais Réacteurs, des véhicules et engins de piste et de l'avitaillement des avions.

La hausse entre 2013 et 2014 s'explique par l'extension du périmètre de reporting aux émissions provenant des camions de Servair.

Déchets industriels dangereux

Lorsque la quantité de déchets dangereux n'a pas été communiquée par les prestataires à la fin de la campagne de reporting, c'est la quantité mentionnée sur le bordereau en sortie de site qui est prise en compte. Cependant, cette quantité est estimée comme marginale.

Les filières de valorisation prises en compte sont celles de la réglementation européenne.

La baisse pour le groupe KLM s'explique par le fait qu'une partie des eaux usées de KLC n'est plus considéré comme un déchet dangereux par les autorités locales.

Effluents

Les législations française et néerlandaise imposent que les différents sites soient en conformité avec les exigences réglementaires en matière d'effluents. Chaque site concerné est soumis à des exigences des autorités et se voit fixer des limites de rejets aqueux à ne pas dépasser, ainsi que des fréquences de contrôle.

Les données reportées sont le nombre de dépassements des seuils réglementaires par rapport au nombre de mesures pour chaque type d'effluents.

Pour l'année 2014, le résultat du rapport entre le nombre de dépassements des seuils réglementaires et le nombre de mesures, est respectivement :

- pour Air France, 1/16 pour les composés azotés, 2/64 pour les composés phosphorés et 4/810 pour les métaux.
- pour KLM, aucun dépassement cette année (52 mesures pour les composés azotés et phosphorés et 280 pour les métaux).

Les métaux reportés sont Cr, Cd, Ni, Cu, Pb, Sn et Zn.

1. Les travaux d'examen ont été menés conformément à la norme internationale d'audit ISAE 3000 (International Standard for Assurance Engagements), spécifique à la vérification des données extra-financières.
2. Organisation Internationale de l'Aviation Civile.
3. Direction Générale de l'Aviation Civile.

5.7.1 Pour les PME – modèles adaptés et faciles à mettre en place

Un exemple : les ressources humaines

Il est compréhensible qu'un propriétaire ou un gestionnaire de petite et moyenne entreprise soit « sans mot » devant les extraits du rapport de développement durable de Air France KLM présentés ci-dessus. Effectivement, cela exige temps et ressources pour le faire.

Heureusement, plusieurs modèles de compréhension des organisations voient le jour de façon continue car l'objectif de travail, ici, n'est pas de « développer des modèles », mais de se doter de meilleurs outils d'identification, de compréhension et de mesure qui lient efforts et retombées positives pour l'ensemble des parties prenantes de l'entreprise.

Comment expliquer et soutenir le succès, comment éviter l'entrée dans la spirale de la détresse financière. Voilà la question, comme le disait Shakespeare[25].

Dans une économie fondée sur le savoir où l'avenir repose sur la capacité d'attirer et de garder à l'emploi les meilleures personnes, il est essentiel de comprendre comment fonctionne l'organisation, de façon spécifique[26], afin d'éviter les dérapages et les malheureuses fermetures d'entreprises.

Car, les ressources humaines sont des « ressources uniques » que l'on ne peut dupliquer d'une entreprise à l'autre. Aussi, dans les économies contemporaines, les ressources humaines sont passées de la notion de charges à sources de création de valeur, ou pour utiliser un autre langage, sont devenues les véritables moteurs de performance de l'entreprise.

Avant les chiffres, avant les structures corporatives et légales, il y a les ressources humaines. Nous avons choisi cet exemple pour discuter très brièvement de la nécessité, pour une entreprise, de se doter d'indicateurs internes qui expliquent la performance financière et la pérennité d'une organisation[27].

C'est pourquoi nous proposons à la fin de ce chapitre un modèle très simple de réflexion et d'identification des relations de cause à effet entre les sources de valeur, les mécanismes de conversion et le résultat économique ($) ou social.

La source de valeur est l'effort investi par l'entreprise, l'investissement. Le mécanisme de conversion est la matérialisation des résultats positifs des efforts investis. Par exemple, des employés mobilisés maintiendront des relations de qualité avec les clients, favorisant l'augmentation des ventes par client et la fidélisation des clients. Les résultats seront mesurés relativement facilement si on parle de résultats nets ou de reconnaissance de la marque, alors que les retombées sociales seront perceptibles même si difficilement mesurables.

1re étape

Actifs tangibles ou intangibles?

L'association entre les ressources humaines et la création de valeur dans une entreprise est liée à des relations causales intangibles entre la source de valeur, le mécanisme de conversion et le résultat (économique ($) ou social).

---

[25] « To be or not to be, that is the question », Hamlet, Shakespeare.

[26] Surtout, ne pas commettre l'erreur d'analyser les entreprises comme des duplications de modèles d'affaires. Le fondateur de Moment Factory expliquait, dans une conférence prononcée en mars 2016 à un diner du MBA Cadres de l'ESG UQAM, que le taux de rotation du personnel était de 30 % par année, et que c'est ainsi compte tenu du profil des jeunes employés qui y travaillent. Comment « faire avec »? En instaurant une uniformité et une discipline des processus de réalisation des contrats qui permettent des entrées et des sorties de personnel et qui contrent les risques de discontinuité RH.

[27] Les lois françaises obligent les entreprises à présenter un bilan social qui donne plusieurs indicateurs liés aux ressources humaines. La distribution de la masse salariale entre les différentes classes d'employés, la distribution du budget de formation, la ventilation en termes de jours des absences et autres informations. Nous invitons le lecteur à consulter le rapport social de Air France pour plus d'information. http://www.cgtairfrance.com/Doc/bilans/Bilan_Social_2012_Air_France.pdf

Figure 5.3 **Relations causales intangibles entre la source de valeur, le mécanisme de conversion et le résultat**

Source de valeur	Mécanisme de conversion	Résultats
Mobilisation Enthousiasme Culture Innovation	Ventes Production de qualité Implication sociale	Rentabilité Solvabilité Marque de commerce Plus value sociale

Exemple de matérialisation de la relation causale intangible dans le contexte du mécanisme de conversion

Première étape :

- Définir la chaîne menant à la plus-value désirée par l'entreprise.
    - Profits (état des résultats)
    - Renommée
    - Plus-value sociale
    - Etc.

Figure 5.4 **Exemple de matérialisation**

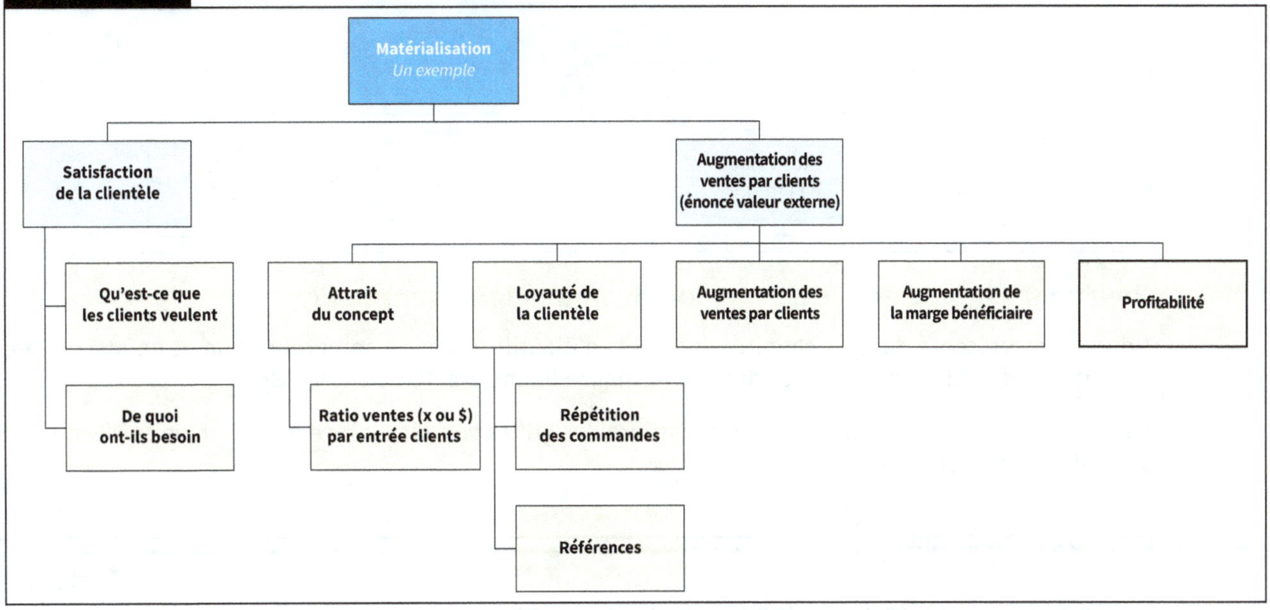

2e étape

Identification et évaluation des relations causales intangibles

Au départ, identification des valeurs et des besoins :

- Pour les employés :
    - Qu'est-ce que les employés veulent?
    - De quoi ont-ils besoin pour réaliser leurs aspirations?
- Pour l'entreprise :
    - Qu'est-ce que l'entreprise veut?
    - De quoi a-t-elle besoin pour réaliser ses aspirations?

3e étape

Figure 5.5 **Les calculs**

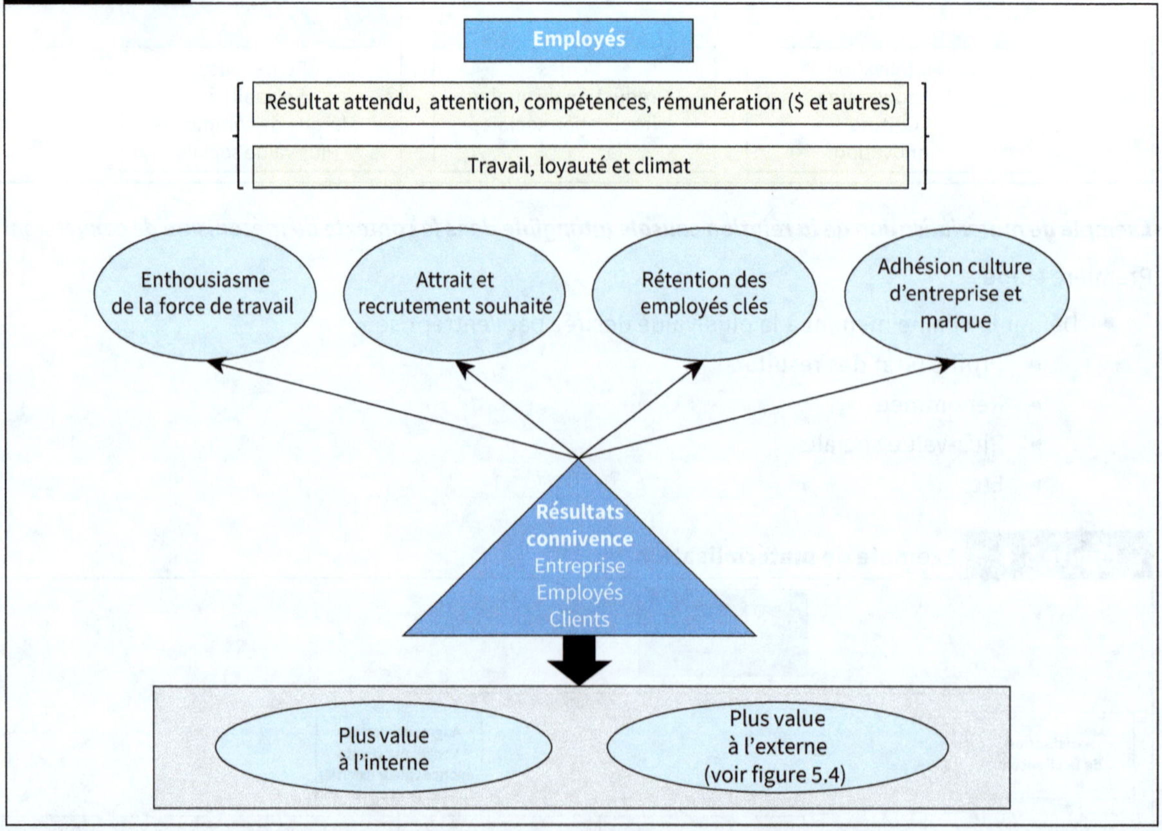

Pourquoi « faire compliqué » quand on peut « faire simple »?

Nous avons présenté dans ce chapitre des outils d'identification, de compréhension et de mesure des indicateurs, de ce qui crée et soutient la performance financière d'une entreprise.

Il est facile d'avoir des ambitions et de construire des grilles complexes à ce niveau, mais ce n'est pas et surtout pas l'objectif de ce chapitre.

Note importante

Apprendre à construire les indicateurs de l'entreprise

À chaque fois que je rencontre un entrepreneur, un gestionnaire d'entreprise, et que la conversation s'engage sur le sujet des indicateurs de l'entreprise, je pose les questions suivantes :

Si vous êtes absent de l'entreprise pendant une journée ou une semaine...

- qu'est-ce qui vous préoccupe le plus?
- quelles sont les sources de dérapage rapide?
- de quelle information avez-vous besoin pour estimer la performance de la journée, de la semaine?

Voilà vos principaux indicateurs.

Nous reviendrons sur ce sujet dans le chapitre intitulé *Comptabilité de gestion, information, chiffres et* décisions à la page 289.

Chapitre 6
Plus qu'un poste comptable, la gestion de la trésorerie

Une entreprise ne cesse pas ses opérations parce qu'elle n'est pas rentable,
une entreprise cesse ses opérations parce qu'elle n'est pas solvable.

La trésorerie d'une entreprise est constituée de l'argent qui est immédiatement disponible pour faire face aux obligations financières courantes. C'est pourquoi la trésorerie est également appelée « liquidités », « fonds » ou « encaisse » dans le langage courant.

Dans l'état de la situation financière de l'entreprise, la trésorerie inclut :

- Les $ (comptes de banque);
- Les placements qui sont immédiatement encaissables, sans pénalité;
- Les normes comptables font souvent référence aux placements dont la date d'échéance est de moins de trois mois, tels des placements bancaires ou des bons du trésor.

Et hors état de la situation financière :

- Les facilités de crédit qui sont immédiatement disponibles pour pallier aux besoins ponctuels d'encaisse.

Il ne sert effectivement à rien de conserver de l'encaisse, sans ou avec peu de rendement, alors qu'elle sera mieux utilisée une fois convertie en stocks et en comptes-clients. C'est pourquoi les entreprises à capital ouvert minimisent l'encaisse détenue dans les comptes de banque et publient une section sur les facilités de crédit autorisées par les institutions financières, mais non encore utilisées. Elles veulent ainsi informer le lecteur qu'advenant un besoin immédiat d'encaisse pour tirer parti d'une opportunité comme un achat à prix avantageux de matières premières ou, à plus grande échelle, pour acheter une entreprise, elles ont la possibilité de le faire sans autres formalités.

Voici deux exemples de facilités de crédit disponibles pour des opportunités (crédit d'exploitation) ou pour des acquisitions d'entreprises (crédit disponible pour acquisition d'entreprises) présentés par Alimentation Couche-Tard dans ses états financiers annuels, période comptable se terminant le 26 avril 2015.

Crédit d'exploitation renouvelable

Crédit d'exploitation E à terme renouvelable non garanti

Au 26 avril 2015, la société a une entente de crédit d'un montant initial maximal de 50 millions $ d'une durée initiale de 50 mois. La facilité de crédit est disponible sous la forme d'un crédit d'exploitation renouvelable non garanti, disponible en dollars américains. Les sommes empruntées portent intérêt à des taux variables fondés sur le taux de base bancaire américain ou le taux LIBOR plus une marge variable.

Des frais d'attente, variant selon un ratio de levier financier et selon le taux d'utilisation de la facilité de crédit, sont applicables sur la partie inutilisée de la facilité de crédit. La marge variable servant à déterminer le taux d'intérêt sur les sommes empruntées est calculée selon un ratio de levier financier de la société. En vertu de cette convention de crédit, la société doit maintenir certains ratios financiers et respecter certaines clauses restrictives.

Au 26 avril 2015 et au 27 avril 2014, le crédit d'exploitation E était inutilisé.

Crédit pour acquisition d'entreprises

Notes complémentaires

Pour les exercices terminés les 26 avril 2015 et 27 avril 2014
(en millions de dollars américains à l'exception des montants par action et des options d'achat d'actions)

4. ACQUISITIONS D'ENTREPRISES

La société a fait les acquisitions d'entreprises suivantes :

2015

Acquisition de The Pantry Inc. (« The Pantry »)

Le 16 mars 2015, la société a acquis 100 % des actions en circulation de The Pantry par une transaction au comptant évaluée à 36,75 $ par action. La société a financé cette transaction à même sa facilité de crédit existante, telle que modifiée le 16 mai 2014, le 1er décembre 2014 et le 16 mars 2015. The Pantry exploite plus de 1 500 magasins d'accommodation dans 13 états américains.

De plus, la majorité d'entre eux offrant du carburant pour le transport routier. La société est propriétaire du terrain et de la bâtisse pour 409 sites, loue le terrain et est propriétaire de la bâtisse pour 52 sites et loue ces mêmes actifs pour les autres sites.

L'objectif de la gestion de la trésorerie est de s'assurer que l'entreprise dispose toujours de l'encaisse au moment requis et au meilleur coût possible, en tenant compte de la fluctuation des devises et des fluctuations de taux d'intérêt.

La gestion de la trésorerie devient de plus en plus complexe parce qu'il y a de plus en plus d'options (appelées produits financiers » par les institutions financières) qui sont disponibles, qu'il faut s'y connaître et qu'il faut prendre le temps d'évaluer les besoins en termes de montant et en termes de calendrier d'entrées et de sorties d'encaisse. En fait, il faut voir le processus d'approvisionnement en encaisse comme on le voit pour l'approvisionnement en matières premières.

Quand on recherche des fournisseurs, on les rencontre, on compare les prix, la qualité du service, la volonté de créer une relation d'affaires à long terme plutôt que de demeurer en contexte d'achats-ventes ponctuels. Ajoutons tout de même une restriction à la comparaison de l'approvisionnement en encaisse avec celle en matières premières.

L'approvisionnement en encaisse s'inscrit dans une relation de financement où s'intègrent comptes bancaires, financements à court et à long terme ainsi qu'utilisations de différents produits bancaires tels le service de la paie, les contrats sur devises et autres.

La relation avec la banque intègre donc un niveau de risque que celle-ci doit évaluer et couvrir sur une longue durée. C'est ici que s'ajoutent les garanties personnelles et corporatives qui permettent l'opérationnalisation du plan de trésorerie et de financement.

Y mettre fin et changer d'institution financière implique du travail et des coûts importants, car il faut mettre en place un nouveau plan de trésorerie et de financement, intégrer les systèmes d'information pour la banque « sans papiers », préparer et signer les nouveaux documents légaux de garantie et bâtir les relations personnelles (connaître et se faire connaître) avec le personnel des différents départements de l'institution financière.

6.1 Activités de la trésorerie

Nous présentons dans le prochain schéma les principales activités de la fonction « trésorerie » qui gravitent autour du compte de banque, de l'encaisse.

Figure 6.1 La trésorerie

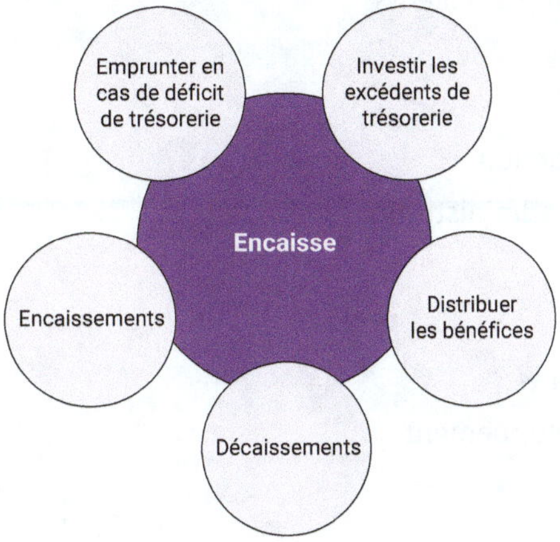

Source : Outils de gestion de trésorerie, ICCA, page 4.

La nécessité de comprendre pour quel type de transaction l'encaisse est requise, les lieux et les conditions « d'approvisionnement » ne sont pas les mêmes selon l'horizon de travail. Les besoins courants d'encaisse seront comblés par les opérations courantes, l'exploitation de l'entreprise et les financements de courte durée ou cycliques comme un prêt d'exploitation[1]. Alors que les besoins d'encaisse requis pour les activités stratégiques qui s'inscrivent dans la section « non courant » de l'état de la situation financière seront comblés par des financements de longue durée, auprès d'une diversité d'investisseurs comme les institutions financières, les sociétés d'investissement ou les marchés boursiers; financements qui seront remboursés graduellement par les opérations courantes, tel que présenté dans la section « partie court terme de la dette à long terme » de l'état de la situation financière. Il y a donc interdépendance entre les activités courantes et les activités non courantes de l'entreprise.

Figure 6.2 Comprendre la trésorerie

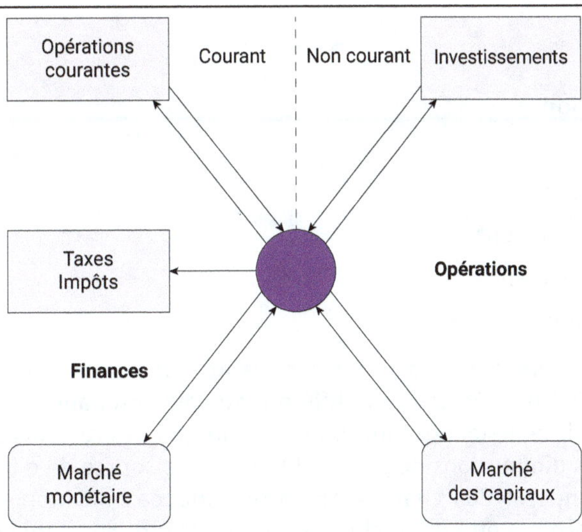

Source : Outils de gestion de trésorerie, ICCA, page 10.

[1] Aussi appelé « marge de crédit ».

6.1.1 Explications

Opérations courantes

- $ +
    - Ventes au comptant
    - Perception des comptes-clients
- $ –
    - Salaires
    - Chargees de production
    - Charges de vente, administration

Opérations non courantes

- $+
    - Achat d'équipements
    - Recherche et développement
- $–
    - Vente d'équipements

Finance, marché monétaire

- $+
    - Investissements à échéance
    - Intérêts revenus
    - Emprunts courants
- $–
    - Intérêts charges
    - Achat de placements
    - Emprunts, paiement

Finance, marché des capitaux

- $+
    - Emprunts
    - Émission actions
- $–
    - Intérêts charges
    - Dividendes, paiement
    - Emprunts, paiement
    - Rachat d'actions

L'examen des transactions présentées à la page suivante nous permet de comprendre pourquoi le résultat net présenté à l'état des résultats est différent du solde en banque. Entre autres parce que les encaissements et les décaissements des emprunts ne sont pas des revenus ou des charges, mais sont des augmentations ou des diminutions de passifs. Et une autre source de différence est que le moment de constatation des revenus et des charges ne correspond pas au moment d'encaissement ou de décaissement correspondants. Cette désynchronisation peut être constatée dans l'état de la situation financière par la présentation des postes comptables *Comptes-clients* (revenu non encore encaissé) et *Comptes-fournisseurs* (charges non encore décaissées). C'est ce qu'on appelle la désynchronisation entre la comptabilité financière, également appelée « comptabilité d'exercice », et la comptabilité de caisse.

6.2 Dynamique de l'actif de trésorerie – un exemple

Voici un petit exercice qui permet d'illustrer et de mieux comprendre le texte ci-dessus.

Exercice

Transaction	Caisse	Exercice
1. Une entreprise reçoit 5 000 $ d'un actionnaire pour l'émission d'actions.	5 000 +	+ capital action
2. Une entreprise fait une vente de 2 000 $, payable dans 60 jours.		+ produits
3. Une entreprise reçoit un chèque de 1 000 $ en paiement d'un compte-client.	1 000 +	– comptes-clients
4. Une entreprise rembourse un emprunt au montant de 10 000 $.	10 000 –	– emprunts
5. Une entreprise paie les intérêts sur son emprunt au montant de 500 $.	500 –	+ charges
6. Une entreprise achète un ordinateur et contracte un prêt auprès d'une institution financière, au montant de 3 000 $.	3 000 + 3 000 –	+ ordi + emprunt + paiements mensuels
7. Une entreprise achète un ordinateur via un contrat de location-financement de trois ans.		+ ordi + emprunt + paiements mensuels
8. Une entreprise signe un contrat de travail avec un nouvel employé.		salaire + charges sociales

À la suite de l'enregistrement de ces transactions dans les registres comptables, présentons l'état des résultats de l'entreprise.

Transaction	Produits	Charges
Vente	2 000	
Intérêts (charges)		500
Loyer ordinateur (contrat-location) Intérêts (charges)		50
Salaire employé + charges sociales		100
Résultat net		**1 350 $**

Toujours suite à l'enregistrement de ces transactions dans les registres comptables, présentons le budget de caisse.

Transaction	Recettes	Déboursés
Encaissement actions	5 000	
Encaissement comptes-clients	1 000	
Remboursement emprunt (capital)		10 000
Paiement intérêts		500
Paiement loyer ordinateur (loyer total = intérêts + remboursement emprunt)		75
Salaire employé (charges sociales payées le mois suivant)		80
Déficit de caisse		**(4 655 $)**

Que s'est-il passé? Comment expliquer la différence entre le résultat net et le solde déficitaire de la caisse? Allons voir.

- L'état des résultats présente un résultat net positif.
  - L'entreprise est rentable.
- Le budget de caisse présente un déficit de caisse.
  - L'entreprise n'est pas solvable.
- Les transactions.
  - Les opérations courantes et les opérations de financement (bel exemple de l'intégration des opérations non courantes et de la trésorerie) ont mené l'entreprise dans une situation d'insolvabilité.

Que faut-il faire?

- Opérations non courantes.
  - Vendre un actif non courant.
    - Possible si l'entreprise dispose d'actifs en excès, qui n'empêchent pas de continuer les opérations. C'est ce qu'a fait Sears Canada en maintenant le niveau de liquidités de l'entreprise en vendant les baux d'emplacements de prestige ou en vendant des placements dans des partenariats immobiliers.
- Financement.
  - Négocier un prêt d'exploitation si le déficit d'encaisse est temporaire.
  - Négocier un financement de longue durée si le déficit est récurrent.
  - Émettre du capital-actions.

6.2.1 Financement[2]

Le paiement des intérêts additionnels va-t-il aggraver la situation d'insolvabilité de l'entreprise, l'augmentation des charges et des déboursés fixes et périodiques que sont les intérêts (charges) et le remboursement du capital la rendant plus vulnérable? Poser la question, c'est y répondre. Et c'est pourquoi l'augmentation du financement, un nouveau prêt, n'est pas nécessairement la solution magique. Juste une solution temporaire qui peut replonger l'entreprise dans une situation financière aggravée[3].

Il existe un concept souvent galvaudé attaché à l'endettement appelé « le levier financier ». Qu'est-ce que le levier financier? Il sera facile de le comprendre avec cette simple illustration : vous allez à la banque et vous empruntez 5 000 $ à un taux d'intérêt annuel de 5 %. En même temps, vous investissez cet argent dans un placement sans risque dont le taux de rendement annuel est de 10 %. À la fin de l'année, vous êtes plus riche de 250 $, soit la différence entre le rendement obtenu, 500 $ (5 000 $ × 10 %) et les intérêts payés, 250 $ (5 000 $ × 5 %). Bien qu'attrayant, ce concept est intéressant tant et aussi longtemps que le modèle de calcul est statique et sans risque. Dans la réalité, le concept du levier financier est un concept dynamique susceptible d'entraîner une entreprise dans une spirale descendante de détresse financière. Pourquoi? Parce que plus l'entreprise s'endette, plus le risque financier augmente, et plus les taux d'intérêt augmentent en conformité avec l'équation « plus l'estimation du risque est élevé, plus le taux de

[2] Cette présentation ne couvre que les types de financement avec calendrier de paiement des intérêts et de remboursement du capital. Un prêt à terme accordé par une banque, par exemple.

[3] Note pour les entrepreneurs. Lorsqu'une entreprise devient en difficulté financière, il faut réfléchir sérieusement avant d'obtenir du financement supplémentaire supporté par le patrimoine personnel (garanties personnelles). Est-ce la meilleure solution ou risque-t-on de tout perdre? Cela fait partie des choix difficiles et, à ce stade, des choix familiaux lorsque des biens personnels sont nantis en faveur de l'entreprise.

rendement requis par les investisseurs est élevé ». C'est normal que le troisième prêteur exige un taux de rendement plus élevé que le premier prêteur. Ce qui se résume dans le prochain schéma qui montre bien la dynamique descendante d'un recours indu au financement dans des conditions économiques ou d'affaires qui se détérioreraient.

La trésorerie - rappel

Le levier financier

- Le coût du financement doit être inférieur au taux de rendement des investissements de l'entreprise.

La dynamique du coût

- Plus le taux d'endettement est élevé, plus le coût du financement est élevé.
- Plus le taux de rendement des investissements diminue, plus l'entreprise devient à risque d'insolvabilité, plus le coût du financement augmente.
- Plus le coût du financement augmente, plus l'entreprise devient à risque d'insolvabilité.

La recherche de financement devrait toujours être accompagnée de la forme et du calendrier des retombées attendues qui assureront le paiement du service de la dette. Ce qui place immédiatement la pertinence et la faisabilité de la demande déposée. Un financement demandé pour l'achat d'un équipement qui sera utilisé pendant deux ans devrait être accompagné des retombées économiques générées par l'équipement au cours des deux prochaines années (terme du projet). C'est ce qui permettra le remboursement et la présentation d'une nouvelle demande de financement pour un nouvel équipement, dans deux ans. Un financement demandé pour un projet de recherche dont les retombées sont des plus incertaines ne peut être supporté par les retombées du projet lui-même. Mais il pourrait l'être par les retombées des activités d'exploitation courantes de l'entreprise si elles sont suffisantes pour assurer le financement des activités courantes et le financement d'activités supplémentaires ponctuelles. Tout en gardant à l'esprit que ce plan de financement augmente le risque financier de l'entreprise, car advenant un resserrement de la situation financière, et l'échec du projet de recherche, l'entreprise devra tout de même continuer de consacrer une partie de la trésorerie au respect du service de la dette.

6.2.2 Émission d'actions

1 action = 1 droit de vote

L'émission d'actions à de nouveaux actionnaires[4] constitue une autre forme de financement de longue durée qui a l'avantage de ne pas placer l'entreprise dans une situation d'obligation de sorties d'encaisse pour payer les intérêts et rembourser le capital de la dette. Ce qui est un énorme avantage lorsque l'entreprise est justement... à la recherche de financement. Effectivement, c'est une solution qui paraît attrayante, mais elle comporte également son lot de mises en garde et d'inconvénients. D'abord, de nouveaux actionnaires signifient de nouvelles personnes qui investiront avec leur personnalité, leurs exigences, leur « soif » de matérialisation de rendement. Accepter de nouveaux actionnaires « à la table de l'entreprise », c'est comme accepter de nouveaux convives pour le dîner. Ils paient leur place, mais encore faut-il que la quantité de mets offerts aux convives augmente pour satisfaire l'ensemble. Autrement dit, encore faut-il que l'entreprise fasse fructifier adéquatement les sommes recueillies lors de l'émission d'actions, car il y a plus d'actionnaires pour le partage des résultats financiers.

> *« C'est ce qu'a accompli avec succès l'entreprise (société à capital ouvert) MTY ou le nombre d'actions de la société est passé de 15 200 à 19 100 (hausse de 25 %) alors que les revenus ont été multipliés par 7. »*
>
> *Leblanc, Philippe, MTY : la patience jumelée à l'opportunisme, Les Affaires, 27 mai 2016. http://www.lesaffaires.com/blogues/philippe-leblanc/mty-la-patience-jumelee-a-l-opportunisme/587802. Juin 2016.*

[4] Nous parlons ici d'investisseurs stratégiques, actifs, non d'investisseurs passifs.

Dans le cas de sociétés à capital fermé, où les nouveaux actionnaires investissent en blocs d'action suivant la signature de contrats d'investissements négociés de gré à gré, qui sont ces nouveaux convives? Serons-nous capables de travailleur avec eux? De partager l'information sur la réalité, sur les projets, sans réserves? De partager le contrôle et les pouvoirs décisionnels?

Pour alimenter la réflexion, nous invitons le lecteur à regarder des émissions de télévision comme « Dans l'œil du dragon »[5] ou « Dragon's Den »[6] où la négociation entre l'investissement et la place souhaitée par l'investisseur est très présente. Faites le test. Travailleriez-vous avec ce dragon (tout genre confondu)? Je pense que vous commencez à réaliser que de faire appel à de nouveaux actionnaires, c'est bien plus que de demander de l'argent.

Finalement, est-ce vraiment d'argent dont l'entreprise a besoin, mais d'argent « intelligent », ce qui signifie de l'argent qui est accompagné de conseils, de réseaux et d'aide à faire le passage à une étape supérieure de développement? Il est important d'investiguer toutes les formes d'aide et d'accompagnement avant de toujours penser à augmenter le financement. Penser à l'autofinancement, aux partenariats, plutôt que penser au financement externe pour développer, croître.

6.3 L'outil privilégié de gestion de la trésorerie

6.3.1 Le budget de caisse

Voici d'abord la traduction, en terme de comptabilité financière (états financiers prévisionnels) et en terme de comptabilité de caisse (budget de caisse), des transactions que prévoit réaliser une entreprise durant la prochaine période comptable. Cette entreprise est active dans une industrie aux activités cycliques.

Figure 6.3 Exemple de résultats vs flux de trésorerie prévisionnels

ABC & CO

ÉTAT PRÉVISIONNEL DES RÉSULTATS MENSUELS

Pour l' exercice financier terminé le
30 septembre 20XX
Non audité, voir Avis au lecteur

	oct	nov	déc	jan	fév	mar	avr	mai	jui	juil	août	sept	
CHIFFRE D'AFFAIRES	**59 850**	**374 490**	**1 519 200**	**435 300**	**202 968**	**176 100**	**305 850**	**354 270**	**428 250**	**286 050**	**164 520**	**300 150**	**4 606 998**
COÛT DES PRODUITS VENDUS	42 660	266 717	1 060 520	316 864	149 308	131 733	225 688	257 806	305 868	211 151	116 319	218 967	**3 303 602**
	29%	29%	30%	27%	26%	25%	26%	27%	29%	26%	29%	27%	28%
BÉNÉFICE BRUT	**17 190**	**107 773**	**458 680**	**118 436**	**53 660**	**44 367**	**80 162**	**96 464**	**122 382**	**74 899**	**48 201**	**81 183**	**1 303 396**
FRAIS D'EXPLOITATION													
Frais de vente et d'admin.	47 768	49 445	85 647	54 800	45 490	60 991	63 156	61 410	58 722	50 221	50 765	54 015	**682 431**
Frais de R&D	5 000	5 000	5 000	5 000	5 000	5 000	5 000	5 000	5 000	5 000	5 000	5 000	**60 000**
	52 768	**54 445**	**90 647**	**59 800**	**50 490**	**65 991**	**68 156**	**66 410**	**63 722**	**55 221**	**55 765**	**59 015**	**742 431**
BAIIA	**(35 578)**	**53 328**	**368 032**	**58 635**	**3 169**	**(21 624)**	**12 006**	**30 054**	**58 660**	**19 678**	**(7 564)**	**22 168**	**560 965**
Frais financier	3 113	4 612	6 524	4 310	2 805	2 473	2 286	2 988	2 085	2 036	2 131	2 057	**37 419**
BAIA	(38 691)	48 716	361 509	54 326	365	(24 097)	9 720	27 066	56 575	17 642	(9 694)	20 111	**523 546**
Amortissement	5 173	5 173	5 173	6 673	6 673	6 673	6 673	6 673	6 673	6 673	6 673	6 673	**75 573**
BÉNÉFICE AVANT IMPÔTS	**(43 864)**	**43 543**	**356 336**	**47 653**	**(6 308)**	**(30 770)**	**3 047**	**20 393**	**49 902**	**10 969**	**(16 367)**	**13 438**	**447 973**
Gain (perte) sur disposition	20 797												**20 797**
Impôts sur le revenu	(4 383)	8 273	67 704	9 054	(1 199)	(5 846)	579	3 875	9 481	2 084	(3 110)	2 553	**89 066**
BÉNÉFICE NET	**(18 684)**	**35 270**	**288 632**	**38 599**	**(5 110)**	**(24 923)**	**2 468**	**16 519**	**40 421**	**8 885**	**(13 257)**	**10 885**	**379 704**

[5] http://dragon.radio-canada.ca/
[6] http://www.cbc.ca/dragonsden/

Figure 6.4 **Exemple de résultats vs flux de trésorerie prévisionnels**

ABC & CO

ÉTAT PRÉVISIONNEL DES FLUX DE TRÉSORERIE

Pour la période du1er Oct 20XX au 30 septembre 20XX

Non vérifié, voir Avis au lecteur

	oct	nov	déc	jan	fév	mar	avr	mai	jui	juil	août	sept
ENCAISSE DÉBUT	**152 232**	**(251 151)**	**(859 359)**	**(1 057 395)**	**109 923**	**304 683**	**229 561**	**78 804**	**43 398**	**13 523**	**152 576**	**226 869**
ENCAISSEMENTS												
Comptes clients	(56 308)	104 311	587 129	1 550 547	435 300	202 968	176 100	305 850	354 270	428 250	286 050	164 520
Disposition d'immobilisation	68 000											
Nouvelle Dette				90 000								
Autres débiteurs												
	11 692	**104 311**	**587 129**	**1 640 547**	**435 300**	**202 968**	**176 100**	**305 850**	**354 270**	**428 250**	**286 050**	**164 520**
DÉCAISSEMENTS												
Comptes fournisseurs	235 968	531 492	416 922	191 323	85 395	68 968	128 827	151 126	186 976	127 970	67 367	134 614
Versement capital dette	12 305	12 313	12 321	12 329	20 918	13 610	13 626	13 642	13 658	13 674	13 690	13 706
Versement CLA	52 527	-	-	-	-	-	-	-	-	-	-	-
Frais de ventes et Admin	47 768	49 445	85 647	54 800	45 490	60 991	63 156	61 410	58 722	50 221	50 765	54 015
Frais de R&D	5 000	5 000	5 000	5 000	5 000	5 000	5 000	5 000	5 000	5 000	5 000	5 000
Frais financiers	2 544	2 162	2 280	1 947	2 805	2 473	2 286	2 988	2 085	2 036	2 131	2 057
Bonis à payer												
Impôt à payer						65 722						
Nouvel investissement				90 000								
FIF	58 962	112 107	262 995	117 829	80 932	61 326	113 962	107 091	117 705	90 296	72 805	92 805
	415 074	**712 520**	**785 165**	**473 229**	**240 540**	**278 091**	**326 857**	**341 256**	**384 145**	**289 196**	**211 757**	**302 197**
AUGMENTATION (DIMINUTION)	**(403 382)**	**(608 209)**	**(198 036)**	**1 167 318**	**194 760**	**(75 123)**	**(150 757)**	**(35 406)**	**(29 875)**	**139 054**	**74 293**	**(137 677)**
ENCAISSE FIN	**(251 151)**	**(859 359)**	**(1 057 395)**	**109 923**	**304 683**	**229 561**	**78 804**	**43 398**	**13 523**	**152 576**	**226 869**	**89 192**
COUVERTURE DE MARGE												
Couverture par CàR à 75 %	261 223	463 858	1 162 910	326 475	152 226	132 075	229 388	265 703	321 188	214 538	123 390	225 113
Couverture par stocks limitée à 250K	250 000	250 000	122 894	183 366	200 029	163 539	157 000	135 653	170 582	209 790	178 983	167 913
TOTAL COUVERTURE	**511 223**	**713 858**	**1 285 804**	**509 841**	**352 255**	**295 614**	**386 387**	**401 356**	**491 770**	**424 328**	**302 373**	**393 025**

L'outil privilégié de travail pour évaluer les besoins d'encaisse générés par l'opérationnalisation de la stratégie élaborée par l'entreprise est le budget de caisse; ce qui est fort simple, techniquement parlant. Il s'agit tout simplement de construire un tableau qui reproduira les impacts sur le compte de banque de l'entreprise des transactions projetées; $+ et $–, peu importe si la transaction sera présentée à l'état de la situation financière ou à l'état des résultats, comme nous avons fait la démonstration dans une section précédente de ce chapitre.

Mais attention, s'il est vrai que le tableau et les calculs sont simples, il en va tout autrement pour l'énoncé des hypothèses de travail[7]. Surtout dans le cas des entreprises en démarrage où aucun historique n'est disponible pour se projeter dans l'avenir.

Que doit-on inclure dans le budget de caisse? Les hypothèses de travail sur :

- Les encaissements provenant des :
  - Activités d'exploitation (ventes)[8];
  - Placements;
  - Emprunts;
  - Autres sources (vente d'un actif immobilisé, par exemple).
- Les déboursés découlant des :
  - Activités d'exploitation;
  - Activités de vente et d'administration;
  - Emprunts;
  - Autres activités.

[7] Le lecteur notera que la préparation de l'état des résultats prévisionnels et la préparation du budget de caisse reposent sur les mêmes hypothèses de travail. Ce qui diffère est la traduction en terme de comptabilité financière (normes comptables) et de comptabilité de caisse (banque).

[8] Point de départ de la préparation du budget de caisse.

- Les charges inhabituelles et non récurrentes.
- Les investissements stratégiques prévus dans le budget d'investissement.
- Un montant réservé pour les imprévus appelés « Black Swan »[9]

Sur quelle période doit-on préparer le budget de caisse? Il existe une expression qui dit qu'un budget se prépare sur 13 mois, c'est-à-dire que le 13e mois définit l'horizon de la période courante de travail. Mais, bien entendu, une entreprise préparera des prévisions sur une plus longue durée, avec un niveau d'incertitude plus élevé que pour l'année courante, l'avenir étant tellement incertain et rempli d'inconnus, surtout en cette ère technologique où de nouveaux produits et processus apparaissent à un rythme vertigineux[10].

Techniquement, l'étiquette argent *plus* et argent *moins* ne pose pas de difficultés pour transposer dans le budget de caisse l'impact monétaire de n'importe quelle transaction. Par exemple :

L'entreprise reçoit un chèque d'un client	$+
L'entreprise rembourse une partie du capital de la dette	$–
L'entreprise comptabilise l'amortissement annuel d'un équipement[11]	–

Dans les faits, surtout pour les entreprises qui transigent en devises autres que le $ canadien, le budget de caisse sert également à prévoir et à négocier la couverture du risque lié à la fluctuation des devises afin de s'assurer que l'équivalent canadien de ce qu'on prévoit recevoir ou débourser se confirme. Dans le cas des entreprises dont la monnaie de fonction est autre que le $ canadien, il y aura lieu de préparer un budget de caisse par devise, afin de gérer l'appariement des moments d'entrées et de sorties des devises et de prévoir les transferts et les conversions de devises qui seront nécessaires au niveau du groupe.

6.4 La marge sécuritaire du prêt d'exploitation

Le lecteur aura remarqué en bas de la figure 6.4 une section intitulée « Couverture de marge » également appelée « Marge sécuritaire ». La marge sécuritaire est un outil utilisé par une institution financière pour contrôler et faire le suivi du prêt d'exploitation afin de s'assurer que les avances sont effectivement utilisées pour le financement des stocks et des comptes-clients. Le calcul de la marge sécuritaire fait partie de toute convention de prêt et se fait ainsi. La banque autorisera un maximum pour le prêt d'exploitation et imposera un autre maximum calculé mensuellement sur la base des comptes-clients et des stocks du mois précédent. La clause contractuelle pourrait se lire « Le maximum du prêt d'exploitation ne pourra dépasser le plus petit de 100 000 $ ou le total de 75 % des bons comptes-clients et 30 % des stocks, excluant les stocks en cours de production ». Ce qui veut dire que si le total de 75 % des bons comptes-clients et de 30 % des stocks était inférieur à 100 000 $, 75 000 $ par exemple, un montant de 75 000 $ serait disponible à l'entreprise pour le mois suivant. Il est à noter que la situation inverse ne s'interprète pas de la même façon, le montant autorisé du prêt d'exploitation étant de 100 000 $ et ne peut excéder 100 000 $.

Autrement dit, le total des comptes-clients et des stocks admissibles calculé à la fin du mois d'octobre, par exemple, détermine le montant du financement qui sera disponible au mois de novembre. Ce qui suit la logique de la couverture du risque de crédit par l'institution financière qui appuie son

[9] Une expression utilisée par le professeur Nassim Nicholas Taleb dans un livre intitulé *The Black Swan : The Impact of the Highly Improbable* et désignant un événement aléatoire, improbable, impossible à prévoir. Et à quantifier. Aussi ajoute-t-on de façon générale un montant pour les imprévus, car il y en a toujours. « C'est la seule certitude de cette incertitude. »

[10] Le lecteur se souviendra que lorsque nous avons présenté le travail d'estimation des pertes de valeur (IAS 36), une des méthodes de travail était la préparation des budgets de caisse (flux financiers) pour les prochaines périodes comptables. En pratique, plusieurs entreprises préparent de façon plus précise les cinq prochaines périodes pour actualiser à l'infini les résultats obtenus à la 5e année.

[11] Aucun impact sur l'encaisse, le déboursé a eu lieu au moment de l'acquisition de l'équipement. Il s'agit ici d'une écriture de régularisation pour constater la « consommation annuelle » de l'équipement.

financement, mois courant, sur le total des comptes-clients facturés, des stocks détenus, garanties effectives, du mois précédent. D'où le regard diagonal entre le calcul de la marge sécuritaire et le total du prêt d'exploitation disponible à l'entreprise. Ce qui cause, évidemment des problèmes de financement, en particulier pour les entreprises dont les activités sont cycliques ou pour celles qui sont en croissance.

Si nous reprenons l'exemple du calcul de la marge sécuritaire de l'entreprise ABC & Co. pour le mois d'octobre, par exemple, le calcul de la marge qui totalise 511 223 $ indique le total du prêt d'exploitation qui sera disponible[12] à l'entreprise au cours du prochain mois, le mois de novembre. Ce qui est insuffisant, car le budget de caisse prévisionnel nous indique un besoin de fonds de 859 359 $ pour le mois de novembre.

Encore une fois, il est important de remarquer que le calcul du montant disponible du prêt d'exploitation est en décalage avec les besoins courants de l'entreprise, ce qui crée des problèmes de liquidités pour les entreprises dont les activités sont cycliques ou pour les entreprises en croissance.

6.5 Stratégie et trésorerie

Est-il possible pour un entrepreneur, un gestionnaire d'entreprise, d'évaluer rapidement l'impact de la croissance sur l'ensemble des postes comptables de l'état de la situation financière, de l'état des résultats et du poste comptable *Encaisse*? Par exemple, que se passe-t-il si le chiffre d'affaires augmente de 25 %? Fort de la connaissance des états financiers et à l'aide de quelques ratios financiers, nous allons voir comment estimer rapidement les impacts des énoncés stratégiques sur l'état de la situation financière, l'état des résultats et les besoins en financement de l'entreprise.

$ et stratégie

La planification

- La planification stratégique est préparée par la direction;
- Les objectifs déterminent de façon quantitative les cibles à atteindre;
- Traduction du discours en chiffres (le budget);
- Travail de la trésorerie : approvisionner l'entreprise en $, au moment où elle en aura besoin, au meilleur coût.

Mais

- L'un ne va pas sans l'autre; pas d'argent signifie retour à la table à dessin.

6.5.1 Quelle sera la stratégie privilégiée pour la croissance? Croissance organique ou acquisition d'entreprises?

La croissance organique impliquera :

- Des investissements progressifs
- Des charges supplémentaires non récurrentes
    - Études de marché (charge non récurrente[13])
    - Développement de nouveaux territoires

[12] Le montant disponible du prêt d'exploitation peut être réduit par des engagements de l'entreprise envers l'institution financière, comme un % sur des contrats en devises, un % sur l'émission de lettres de crédit et autres. Il faut donc être attentif au fait que le montant autorisé d'un prêt d'exploitation n'est pas nécessairement égal au montant disponible pour l'entreprise, compte tenu des informations fournies par le calcul de la marge sécuritaire.
[13] = charge non répétitive.

- Des changements organisationnels et des augmentations permanentes de certains postes budgétaires
  - Service de développement de nouveaux produits et services
  - Augmentation du personnel du service comptable
- Une ouverture progressive du nombre de points de service, de nombre de clients à servir.

Débalancement » du bilan

Actifs	Passifs
Comptes-clients +	Comptes-fournisseurs +
Stocks +	
Immobilisations +	
Développement +	
	Avoir des actionnaires –
	Résultat net négatif causé par les charges non récurrentes

Traduits en termes comptables, la réalisation de la stratégie de croissance organique générera des besoins supplémentaires de financement du fonds de roulement (actifs courants) et des besoins de financement pour l'augmentation des actifs stratégiques (actifs non courants), ce qui pourrait se traduire par une structure financière (passif vs avoir des actionnaires) qui se détériore.

Traduits en termes financiers, la réalisation de la stratégie de croissance organique et l'arrivée de nouveaux clients provoque une augmentation accélérée des stocks, des travaux en cours, des comptes-clients, causant un important manque d'appariement entre les sorties de caisse et les rentrées de caisse. De plus, compte tenu de la normalisation comptable, les efforts soutenus de marketing, de formation des ressources humaines et de développement de nouveaux territoires ne sont pas capitalisables et sont inscrits en charges, diminuant ainsi le résultat net.

Les besoins en financement s'intensifient et la hauteur du financement atteint le maximum acceptable par rapport à la hauteur relative de l'avoir des propriétaires (attention aux clauses restrictives imposées par les prêteurs).

Il faut penser qu'à la fois, les besoins en financement augmentent et l'avoir des propriétaires diminue compte tenu des charges non récurrentes supplémentaires qui diminuent le résultat net. Les fournisseurs? S'ils doivent fournir marchandises et financement, cela se traduira certainement par une facture plus élevée, il va sans dire.

Risque d'arrêt des opérations

Une stratégie impossible?

Non, une stratégie qui se prépare, en prenant en considération l'ensemble des impacts sur les ressources, le financement, la mesure, la rentabilité et la solvabilité des hypothèses de travail. À l'image du tableau suivant.

Figure 6.5 Intégration stratégie, budget d'exploitation, budget d'investissement, trésorerie (budget de caisse)

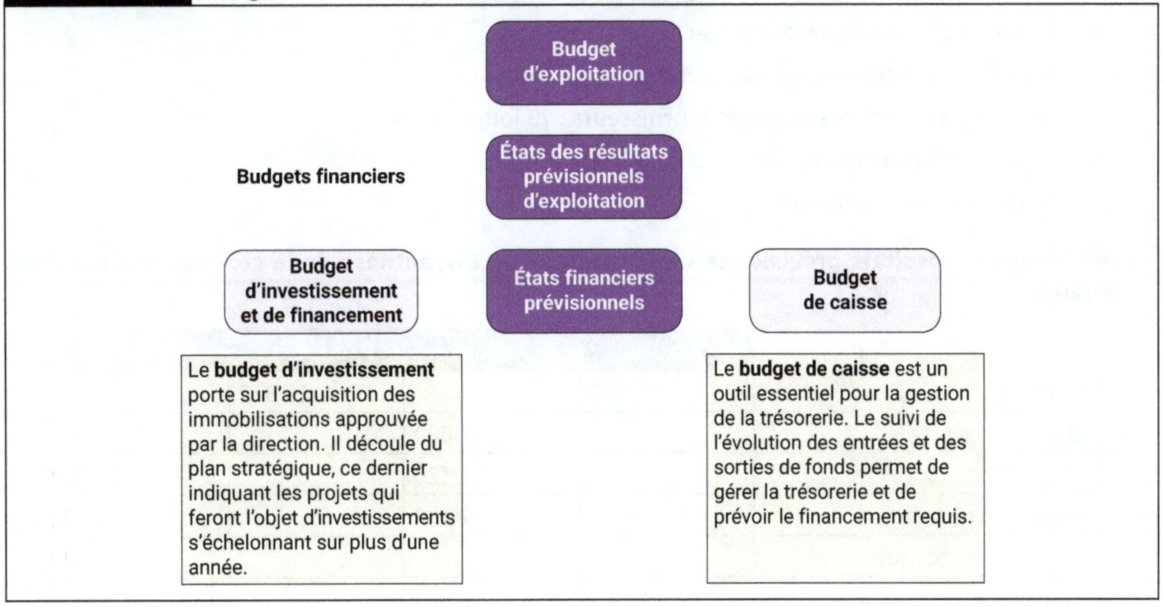

Il faut prendre en considération que les discussions, les négociations et la mise en place de certaines sources de financement prennent du temps. On ne conclut pas en quelques jours une convention de financement avec une banque, ne serait-ce que le temps de mettre en place les conditions du financement et l'enregistrement des garanties, s'il y a lieu. On ne conclut pas en quelques semaines une ronde de financement auprès de sociétés d'investissement. Et on ne conclut certainement pas en quelques mois une première émission publique d'actions en bourse.

Faisons un exemple pour illustrer notre propos.

Supposons qu'une entreprise veuille augmenter ses ventes de 25 %, tout en maintenant ses ratios de gestion au même niveau historique. Pour ce faire, elle a besoin d'acheter un nouvel équipement qui augmentera le total du poste comptable à 15 000 $.

Clauses restrictives : l'entreprise doit maintenir un ratio de fonds de roulement minimum de 1,25/1, et un ratio d'endettement maximum de 0,5 (dette)/1 (avoir des actionnaires).

Voici le bilan historique :

	Actuel	Actuel
Postes comptables	**Actifs**	**Passifs et avoir des actionnaires**
Caisse	60	
Comptes-clients	3 720	
Stocks	5 360	
Immobilisations	6 260	
Comptes-fournisseurs		2 500
Dettes non courantes		4 000
Équité		8 900
Total	15 400	15 400
Financement requis		

Calculons les ratios de la gestion des postes d'exploitation en utilisant le chiffre d'affaires comme numérateur commun :

- Délai de perception des comptes-clients : 108 jours
- Délai de garde des stocks : 157 jours
- Délai de paiement des comptes-fournisseurs : 73 jours
- Ratio du fonds de roulement : 3,65
- Ratio d'endettement : 42 %

Voici l'état des résultats prévisionnels compte tenu de l'hypothèse de la croissance du chiffre d'affaires :

	Actuel	Actuel	Pro forma	Pro forma
Ventes	12 500		15 625	
CMV		7 600		9 500
Frais vente		1 120		2 000
Frais administratifs		1 480		1 900
Frais supplémentaires				3 000
Résultat net		2 300		(775)

Et voici le bilan pro forma (pro forma = prévisionnel) :

	Actuel	Actuel	Pro forma	Pro forma
Postes comptables	**Actifs**	**Passifs et avoir des actionnaires**	**Actifs**	**Passifs et avoir des actionnaires**
Caisse	60		60	
Comptes-clients	3 720		4 667	
Stocks	5 360		6 594	
Immobilisations	6 260		15 000	
Comptes-fournisseurs		2 500		3 066
Autres dettes non courantes		4 000		4 000
Équité		8 900		8 125
Total	15 400	15 400	26 321	15 191
Financement requis				11 130

Nouveau calcul de ratios financiers :

- Délai de perception des comptes-clients : 108 jours
- Délai de garde des stocks : 157 jours
- Délai de paiement des comptes-fournisseurs : 73 jours
- Ratio du fonds de roulement : 3,69
- Ratio d'endettement : 69 %

La clause restrictive du maximum du ratio d'endettement de 0,5 ou 50 % est dépassée. Il faut donc trouver une autre solution. Posons de nouvelles hypothèses.

Figure 6.6 Nouvelles hypothèses de travail

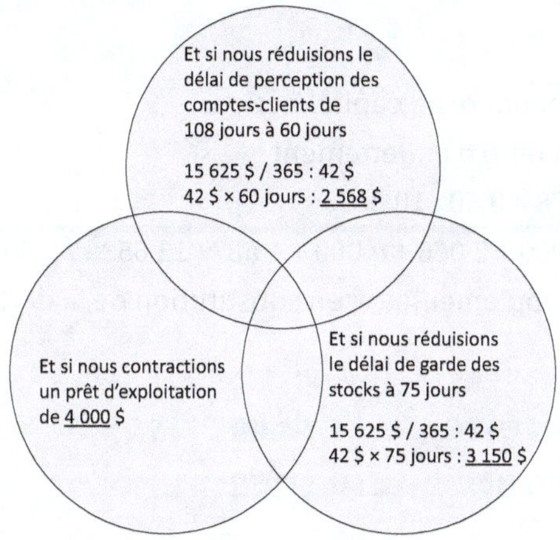

Voici le résultat des hypothèses précédentes (bilan pro forma).

	Actuel	Actuel	Pro forma	Pro forma
Postes comptables	**Actifs**	**Passif et avoir des actionnaires**	**Actifs**	**Passif et avoir des actionnaires**
Caisse	60		60	
Comptes-clients	3 720		2 568	
Stocks	5 360		3 150	
Immobilisations	6 260		15 000	
Prêt d'exploitation				4 000
Comptes-fournisseurs		2 500		3 066
Autres dettes non courantes		4 000		4 000
Équité		8 900		8 125
Total	15 400	15 400	20 778	19 191
Financement requis				1 587

Nouveau calcul de ratios financiers :

- Délai de perception des comptes-clients : 60 jours
- Délai de garde des stocks : 75 jours
- Délai de paiement des comptes-fournisseurs : 73 jours
- Ratio de fonds de roulement : 0,81
  - 1,25 minimum requis
- Ration d'endettement : 60 %
  - 50 % maximum requis

La clause restrictive du maximum du ratio d'endettement de 0,5 ou 50 % est dépassée. Nous sommes donc toujours à la recherche d'une solution. Cette fois, posons l'hypothèse d'un nouveau financement en actions. Combien faut-il émettre d'actions (en $) pour que l'entreprise puisse réaliser son plan de croissance tout en respectant les clauses restrictives imposées par ses prêteurs?

Une solution, S.V.P. :

- Investissement supplémentaire en capital-actions
- Combien, sur la base du ratio d'endettement :
    - Total actif = 20 778 × 0,50 : 10 389
    - Total passifs = 4 000 + 3 066 + 4 000 + 1 587 : 12 653
    - Investissement supplémentaire, en substitution de la dette, de 2 264 $

6.6 Optimiser la trésorerie de l'entreprise et diminuer le recours au financement

6.6.1 Comment?

La gestion de la trésorerie et la recherche de la « bonne » source de financement ne sont pas un travail facile et spontané, mais une préoccupation continue et de longue durée. Les meilleures sources d'information sont les gens d'affaires, les conseillers financiers et les banquiers. Il faut écouter, apprendre, comprendre et être capable d'expliquer le modèle d'affaires de l'entreprise au centre du plan de trésorerie et de financement. Ne pas répliquer ce que font les autres, car ce qui est bon pour eux n'est pas nécessairement bon pour mon entreprise[14].

Ces dernières années, avec l'avancée et la démocratisation des technologies bancaires, il est essentiel de viser l'optimisation de la trésorerie afin de réduire au maximum le besoin de financement externe. Car le financement coûte cher et place l'entreprise en position périlleuse en situation de dérogation aux clauses restrictives des prêteurs ou en situation de dérogations aux clauses des conventions de financement des sociétés d'investissement.

Cela est d'autant plus vrai pour les petites entreprises qui atteignent rapidement le maximum des crédits autorisés, qui possèdent peu de marge de manœuvre et qui se retrouvent souvent près du point de bascule entre le succès et l'arrêt des opérations.

Quand on parle de trésorerie dans une entreprise, on parle beaucoup plus que de circulation d'encaisse dans le compte de banque. On parle de :

- Efficacité
- Rentabilité
- Sécurité

6.6.2 Efficacité et rentabilité

Terminée, la célèbre excuse « le chèque a été posté »; terminé, le papier. On automatise le fonctionnement des opérations d'encaissement des clients et de paiement aux fournisseurs de façon à faciliter la préparation du budget de caisse et à synchroniser le mieux possible les encaissements et les paiements. Juste pour les paiements, un transfert d'argent programmé vers un fournisseur pour profiter de

[14] À ce sujet, nous nous permettons de souligner à quel point les montages financiers des PME sont à peu près semblables, alors qu'il existe une grande diversité de produits financiers que l'on peut adapter à la situation spécifique de trésorerie de l'entreprise. Une fonction trop rapidement « bâclée » parce que c'est ennuyeux de parler d'argent? Nous laissons la question ouverte.

l'escompte de paiement rapide assure la réception du paiement sans devoir écrire un chèque quelques jours à l'avance et créer un écart entre les registres comptables (solde du poste comptable diminué) et le compte de banque.

De plus, la compatibilité des systèmes d'information des banques avec les systèmes d'information des entreprises, incluant les PME, permet le transfert de données, ce qui réduit le travail d'enregistrement comptable et surtout, les erreurs. Faites les bons calculs avant de prendre une décision sur les modifications à apporter à la fonction trésorerie. C'est plus qu'un échange entre un chèque et un transfert électronique, mais un réaménagement complet de cette fonction cruciale pour la continuité et la pérennité de l'entreprise.

Voici quelques moyens techniques pour accélérer la perception des comptes-clients et diminuer les erreurs qui pourraient survenir lors de cette opération.

Figure 6.7 Comptes-clients

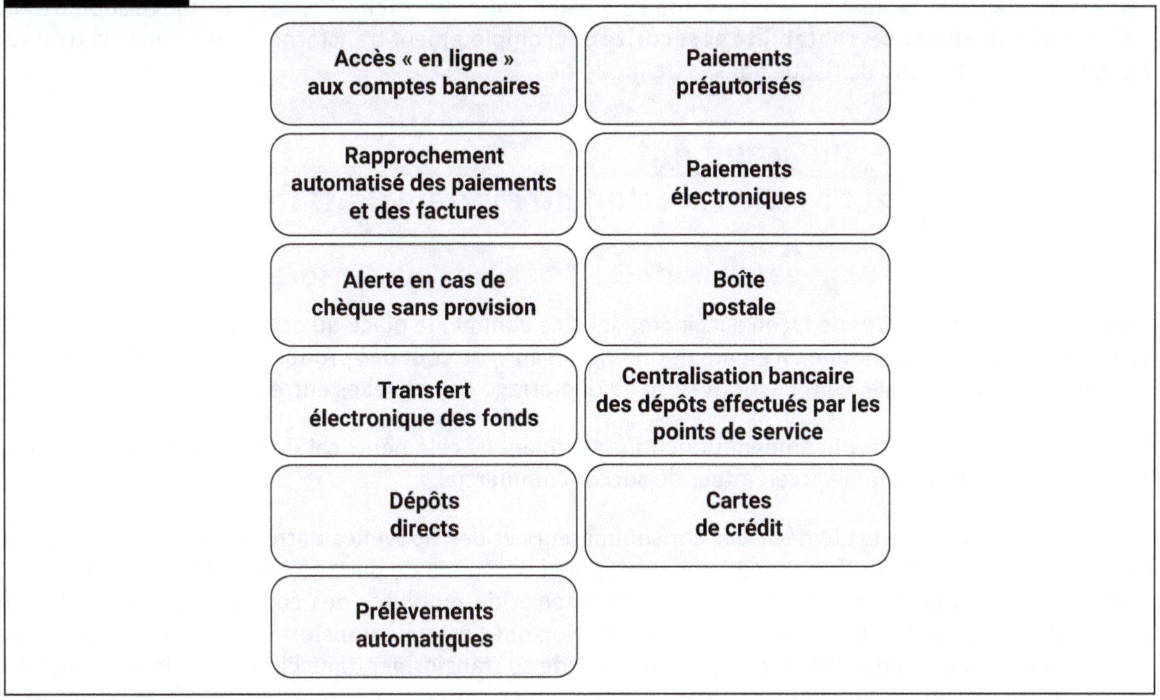

Et voici quelques moyens techniques pour synchroniser les paiements et les effectuer au moment requis :

- Automatisation des documents de commande, de réception, de paiement.
- Automatisation des rendus, des retours sur achats.
- Paiement au « jour limite ».
    - Prise d'escompte
- Validation continue avec l'encours du prêt d'exploitation.
    - Si encours = montant autorisé
        - STOP → Un chèque sans provision cause plus de dommages qu'un appel chez le fournisseur pour lui demander un délai.
- La technologie, S.V.P.
    - Ordres automatisés de paiement.
        - Chèque → NON
        - Transferts électroniques → OUI

Bref, nous ne saurions ici faire la liste des facilités d'encaissement ou de transferts d'argent qui sont disponibles à une entreprise étant donné que la liste se modifie de façon continue. Ce qui est remarquable, c'est que les facilités qui sont offertes par les services de gestion de la trésorerie des institutions financières se sont maintenant démocratisées et sont accessibles aux entreprises de toute taille. Autre que le compte de banque, on peut penser aux services de gestion et de perception des comptes-clients, aux services de financement novateurs où les clients ou les chaînes de fournisseurs (approvisionnement) sont mis à contribution, bref, s'il y a un domaine où les nouvelles technologies permettent de valoriser et d'augmenter l'offre de service, c'est bien le domaine des institutions financières ou nous incluons les banques, les entreprises spécialisées dans la gestion des paiements et les sociétés de financement privées.

Les avancées rapides de Google[15] et de Apple[16] dans les systèmes de paiement en font foi. Comme Samsung, d'ailleurs, qui nous informait dans la présentation de ses derniers états financiers qu'elle venait de faire l'acquisition d'une entreprise spécialisée dans les solutions de paiement.

Et, petite anecdote, nous avons vu récemment un restaurant qui fonctionne sans aucun papier. Le menu est disponible sur le cellulaire, la commande et le paiement s'effectuent directement sur ce support. Un bel exemple où **efficacité, rentabilité et sécurité** ont complètement transformé la gestion de la trésorerie, qui est à haut niveau de risque dans cette industrie.

6.7 La trésorerie, un argument concurrentiel dans la création du modèle d'affaires

6.7.1 Au cœur des nouveaux modèles d'affaires : la trésorerie

Nous ne ferons qu'aborder de façon succincte, dans ce volume, la place qu'occupera de plus en plus la gestion de la trésorerie comme un élément, un « morceau », du coût des produits et des services vendus. Ou, de façon plus radicale, comme motivation du démarrage de nouvelles entreprises.

Nous mentionnerons trois phénomènes qui nous semblent des éléments catalyseurs de l'évolution de la place de la trésorerie comme accélérateur de succès commercial.

Le premier phénomène est le désir des consommateurs et des nouvelles entreprises d'utiliser, de partager, plutôt que d'acheter[17, 18]. On parle beaucoup de l'économie de partage, du plaisir de l'expérience, bref, de profiter maintenant plutôt que d'économiser et de mobiliser des capitaux dans l'acquisition d'actifs de longue durée. Un modèle de consommation qui s'est déjà transformé avec les abonnements aux services de musique en ligne, et qui est en voie de se transformer dans l'industrie de l'automobile, qui voit les ventes diminuer chez les jeunes consommateurs. Les constructeurs automobiles perspicaces sont à se redéployer actuellement, souhaitant exploiter le potentiel de l'offre de services de transport sous forme d'abonnement ou d'utilisation partagée d'automobiles. Car les consommateurs désirent toujours se déplacer et voyager. Mais autrement.[19] D'autres bouleversements sont à prévoir dans l'industrie du vêtement où les services d'abonnement de vêtements haut de gamme sont de plus en plus populaires. Le principe est toujours le même. Une entreprise achète les vêtements (des collaborations avec des designers sont possibles) et fait parvenir à tous les mois à ses abonné(es) une « boîte de vêtements ». Que le consommateur réemballe à la fin du mois, sur réception d'une nouvelle boîte. « Ne portez jamais deux fois le même vêtement » est d'ailleurs le slogan publicitaire de l'entreprise Le Closet[20].

---

[15] https://support.google.com/payments/merchant/?hl=en#topic=4490611.

[16] http://techcrunch.com/2014/09/09/announces-mobile-payments-solution-called-apple-pay.

[17] Kindergan, Ashley, Partager plutôt qu'acheter, 24 novembre 2015, Crédit Suisse. https://www.credit-suisse.com/us/fr/articles/articles/news-and-expertise/2015/11/fr/sharing-is-the-new-buying.html. Mai 2016.

[18] Centre de Presse, Capital One, Propulsée par la génération Y, l'économie de partage change les habitudes de dépense et les comportements d'achat des Canadiens, 13 janvier 2016. http://fr.capitalone.ca/à-propos/nouvelles/2016-01-13/h8o6/. Mai 2016

[19] Toyota and Uber to Explore Ridesharing Collaboration, Toyota – USA Newsroom, 24 mai 2016. http://corporatenews.pressroom.toyota.com/releases/toyota-uber-ridesharing-collaboration-may-24.htm. Mai 2016.

[20] Le Closet service de location de vêtements par abonnement mensuel. https://www.lecloset.fr/pages/location_vetement. Mai 2016.

Examiné sur la base du modèle d'affaires, que se passe-t-il? D'une part, il y a une entreprise qui mobilise des capitaux pour « acheter » et « louer » par la suite. D'autre part, il y a des consommateurs qui sont prêts à transférer (paiements électroniques) de façon régulière de l'encaisse en échange de l'utilisation d'actifs et de ressources. Acheter un magnifique complet Tiger of Sweden n'est pas à la portée de toutes les bourses. Et le consommateur a-t-il envie de sacrifier toutes ses économies pour acheter un vêtement qui sera sa seule expérience de magasinage de l'année? Pas sûr. Mais recevoir dans une jolie boîte l'expérience de porter un complet Tiger of Sweden pendant un mois, qui sera suivie par une nouvelle expérience le mois prochain moyennant un abonnement mensuel, probablement.

Examiné sur la base de la trésorerie, il y a une entreprise qui investit dans l'acquisition d'actifs dont l'exploitation se transformera en entrées régulières d'encaisse provenant de consommateurs qui font maintenant l'équation entre un abonnement et le nombre et la qualité des produits et services procurés par l'abonnement.

Le second phénomène est la volonté des entreprises de se soustraire des grandes institutions financières pour les financements d'exploitation. La crise financière de 2008, où plusieurs entreprises ont vu leurs prêts d'exploitation diminués ou, pire, annulés, a modifié les relations clients-fournisseurs en intégrant l'encaisse (le financement) au même titre que les autres composantes des produits et services incluses dans les appels d'offre auprès des fournisseurs. À l'inverse, suivant les pouvoirs respectifs de négociation et d'intérêt pour le fournisseur, des clients accepteront de participer à l'approvisionnement en encaisse et de se substituer à l'institution financière pour permettre la réalisation du contrat (référence : Héroux-Devtek, page 201).

Le troisième phénomène est l'allongement des périodes de paiement imposées par les grandes entreprises qui sont à passer de 30 à 60 à 90 jours, souvent plus, pour le paiement de leurs fournisseurs. Ce qu'elles achètent, en fait, est un produit, un service, et une période de financement.

L'évolution de la place de la trésorerie dans la construction et l'évolution des modèles d'affaires des entreprises est telle qu'elle mériterait une publication en soi. Nous souhaitons y donner suite bientôt.

Chapitre 7
Analyse financière des entreprises à capital fermé

Dans ce chapitre, nous verrons que l'analyse financière d'une entreprise à capital fermé est un exercice difficile et complexe, qui demande de bien connaître l'entreprise, ses propriétaires et son environnement. Plusieurs raisons expliquent le niveau de difficulté du travail de l'analyste, dont l'interrelation des relations d'affaires et des relations personnelles dans l'organisation corporative, le nombre de contrats informels entre l'entreprise, ses clients et ses fournisseurs, et le nombre de transactions hors bilan qui bonifient ou alourdissent la trésorerie et la rentabilité de l'entreprise.

Il est courant, dans la pratique professionnelle, d'entendre des entrepreneurs dire que « la banque ne me comprend pas » à tort à ou raison, l'objectif de ce chapitre n'étant pas de trancher cette question, mais de montrer la complexité du travail de communication de l'information et de proposer quelques solutions pour le faciliter[1].

Peu d'ouvrages abordent l'analyse financière des entreprises à capital fermé pour une raison fort simple : les états financiers de ces entreprises sont du domaine privé. Ils ne sont donc pas publiés et ne sont pas disponibles au public. Difficile à ce moment d'obtenir des informations financières sur cette catégorie d'entreprises. De plus, même si nous avions accès aux états financiers, il serait difficile de les interpréter sans avoir accès à une quantité importante d'information sur les relations corporatives et personnelles de l'entreprise avec ses propriétaires et ses partenaires d'affaires.

Ce manque de disponibilité de littérature sur les entreprises à capital fermé porte à croire qu'elles constituent un faible pourcentage de la population des entreprises canadiennes, alors qu'en réalité, c'est l'inverse. En fait, ces entreprises constituent la majorité des entreprises canadiennes; et quand on s'y intéresse, on s'intéresse à la quasi-totalité des entreprises canadiennes.

Faites cet exercice. Rendez-vous sur le site Internet de la bourse de Toronto, section *Répertoire des sociétés inscrites*[2] et faites le compte des entreprises inscrites section *bourse* ou section *bourse de croissance*. Vous n'en trouverez que quelques centaines, alors qu'Industrie Canada recense, toute taille confondue, plus de 1 107 540 d'entreprises (avec employés)[3].

---

[1] L'auteure de ce volume a travaillé pendant quelques années en financement des entreprises pour une des grandes banques canadiennes, a fait de l'analyse financière des entreprises à capital fermé son sujet de thèse de doctorat et a continué à s'intéresser à ce sujet dans son travail de recherche et d'enseignement dans le programme EMBA à l'ESG UQAM local et international.

[2] http://www.tmxmoney.com/TMX/HttpController?GetPage=ListedCompanyDirectory&Market=T&Language=fr

[3] Industrie Canada, *Recherche et statistique sur la PME, Principales statistiques relatives aux petites entreprises – août 2013*, tableau 1. https://www.ic.gc.ca/eic/site/061.nsf/fra/02804.html. Consulté en juin 2015.

7.1 Définition

Une entreprise à capital fermé est une entreprise dont les titres financiers ne sont pas transigés sur les marchés financiers publics, et qui n'est pas considérée comme un émetteur assujetti en conformité avec la Loi sur les valeurs mobilières[4].

Il existe beaucoup de confusion sur ce que veut dire exactement « entreprise à capital fermé »; nous tenterons de mieux comprendre ce qu'on entend par cette désignation.

On dit souvent de façon familière qu'une entreprise à capital fermé est une entreprise dont les actions ne sont pas inscrites et cotées en bourse, ce qui est faux, puisque les titres financiers incluent d'autres formes d'investissement que les actions, telles les obligations, les parts sociales des entités constituées en personne morale et autres valeurs mobilières (AMF, Loi sur les valeurs mobilières, chapitre V-1.1, Titre 1 Dispositions générales, Chapitre 1 Champ d'application)[5].

On dit souvent aussi qu'une entreprise à capital fermé est une petite et moyenne entreprise (aussi appelée « PME »). Ce qui est également faux. Une entreprise à capital fermé, c'est le dépanneur situé au coin de la rue, une concession automobile, un restaurant, un atelier d'usinage, qui sont des PME, mais c'était aussi le Cirque du Soleil au moment où Guy Laliberté était l'actionnaire majoritaire.

Toutes ces entreprises ont en commun, quelle que soit leur taille, qu'elles n'ont pas émis de titres financiers sur les marchés financiers publics et qu'elles ne sont pas considérés des émetteurs assujettis par l'Autorité des marchés financiers (AMF).

---

[4] Tel que mentionné sur le Internet de l'Autorité des marchés financiers en date du 1er juillet 2015.

La présente loi s'applique aux formes d'investissement suivantes :

1. une valeur mobilière reconnue comme telle dans le commerce, notamment les actions, les obligations, les parts sociales des entités constituées en personne morale ainsi que les droits et les bons de souscription;
2. un titre, autre qu'une obligation, constatant un emprunt d'argent;
3. un dépôt d'argent constaté ou non par un certificat à l'exception de ceux reçus par les gouvernements du Québec et du Canada, leurs ministères et les organismes qui en sont mandataires;
4. *(paragraphe abrogé);*
5. *(paragraphe abrogé);*
6. une part d'un club d'investissement;
7. un contrat d'investissement;
8. *(paragraphe abrogé);*
   a. une option ou un autre instrument dérivé non négociable, dont la valeur est fonction de la valeur ou du cours d'un titre, accordé à titre de rémunération ou de paiement d'un bien ou d'un service;
9. toute autre forme d'investissement déterminée par règlement du gouvernement.

Contrat d'investissement.

Le contrat d'investissement est un contrat par lequel une personne s'engage, dans l'espérance du bénéfice qu'on lui a fait entrevoir, à participer aux risques d'une affaire par la voie d'un apport ou d'un prêt quelconque, sans posséder les connaissances requises pour la marche de l'affaire ou sans obtenir le droit de participer directement aux décisions concernant la marche de l'affaire.

1982, c. 48, a. 1; 1999, c. 40, a. 327; 2001, c. 38, a. 2; 2008, c. 24, a. 196.

http://www2.publicationsduquebec.gouv.qc.ca/dynamicSearch/telecharge.php?type=2&file=/V_1_1/V1_1.html.

[5] Id. note précédente.

L'habitude d'associer entreprise à capital fermé à PME peut se comprendre, puisqu'il est plutôt rare qu'une PME se retrouve sur les marchés financiers publics, ses investisseurs incluant habituellement quelques actionnaires, une banque et parfois une société d'investissement privé.

Mais il faut être prudent, car de petites sociétés font très tôt appel au financement public. La création de la bourse de croissance TSX[6], qui est un marché de capital de risque public pour les sociétés émergentes en technologie ou en recherche et en développement, entre autres, en témoigne.

Il faut également penser que la montée de la popularité du financement participatif[7], aussi connu sous le nom de « *crowdfunding* » crée, eu égard à la règlementation, de nouvelles sociétés régies par l'AMF[8, 9, 10]. Et que nous assisterons au cours des prochaines années à de nouvelles formes planétaires de financement nécessitant un regard continu de l'AMF pour assurer la transparence des opérations et la sécurité des investisseurs.

Finalement, l'habitude d'associer entreprise à capital fermé à PME s'explique par le fait que la plupart des entreprises canadiennes qui ont « pignon sur rue » sont des entreprises de petite taille. Ce qui, cette fois, est conforme à la réalité, puisque l'examen des données recueillies par Statistique Canada montre que 75 % des entreprises québécoises et canadiennes comptent moins de 10 employés.

7.1.2 Quelques statistiques

L'examen des données recensées par Statistique Canada est surprenant. Quel que soit la province ou le territoire présentés dans le prochain tableau, force est de constater que la majorité des entreprises canadiennes sont de petite taille.

---

[6] TMX, Toronto Stock Exchange, Guide à l'intention des sociétés de la TSX. http://www.tsx.com/listings/tsx-and-tsxv-issuer-resources. Consulté en juillet 2015.

[7] Le financement participatif est une nouvelle façon de financer un projet par la mise en commun de petites contributions individuelles. Pour mettre en relation les demandeurs de fonds et les fournisseurs de capital, le financement participatif recourt à Internet, et plus particulièrement, aux médias sociaux. Il existe essentiellement trois modèles principaux de financement participatif :

1. le modèle sous forme de dons – les donateurs financent le projet d'une entreprise, sans engagement en retour, à part la promesse de réaliser le projet;
2. le modèle sous forme de récompenses – les bailleurs de fonds financent un projet, parfois une entreprise, en échange d'avantages non pécuniaires, notamment le fait d'être identifié publiquement comme soutien ou la remise d'un t-shirt;
3. le modèle sous forme d'investissements ou de capital – les investisseurs fournissent de l'argent en échange d'une participation dans les bénéfices de l'entreprise ou d'une participation au capital-actions de l'entreprise qu'ils aident à financer (par exemple, le financement participatif en capital).

Source : Arnould, Marc, Richardson, Oliver Matthew, Falardeau, Guillaume. (2015, 28 mai). Le financement participatif occupe le devant de la scène dans les documents publiés récemment par les ACVM et l'ARC, Osler bulletin d'actualité. https://www.osler.com/fr/ressources/reglements/2015/le-financement-participatif-occupe-le-devant-de-la. Consulté en juin 2015.

[8] En 2014, les sites de sociofinancement ont permis de récolter 16 milliards de dollars, un bond de 167 % par rapport à l'année précédente, estime la firme de recherche Massolution qui a scruté quelque 1250 plateformes à travers le monde. Grammond, S. (2015, 2 juillet). Malgré les risques, la formule a le vent dans les voiles, La Presse+, Affaires.

[9] De nombreuses questions sur l'admissibilité à une dispense de prospectus sur l'opération de financement participatif et sur les exigences réglementaires applicables aux portails de financement participatif en ligne sont en cours de discussion au niveau des organismes de règlementation sur les valeurs mobilières. Projet de *Règlement 45-108 sur le financement participatif* et projet de décision générale sur la dispense de prospectus et d'inscription pour financement participatif pour les entreprises en démarrage.

Source : Arnould, Marc Richardson, Oliver Matthew, Falardeau, Guillaume, Le financement participatif occupe le devant de la scène dans les documents publiés récemment par les ACVM et l'ARC, Osler bulletin d'actualité, 28 mai 2015.

[10] Chapitre V-1.1, r. 21.02, Règlement 45-108 sur le financement participatif, en vigueur le 25 janvier 2016. https://www.lautorite.qc.ca/files/pdf/reglementation/valeurs-mobilieres/45-108/2016-01-25/2016janv25-45-108-vofficielle-fr.pdf. Consulté en juin 2016.

Tableau 1 : Nombre total d'entreprises avec employés selon la taille et nombre d'emplacements commerciaux de petites et moyennes entreprises par rapport à la population provinciale et produit intérieur brut, décembre 2012

	Entreprises avec employés			
Province ou territoire	**Total**	**Petites (1-99)**	**Moyennes (100-499)**	**Grandes (500+)**
Terre-Neuve-et-Labrador	17 335	17 090	233	12
Île-du-Prince-Édouard	5 615	5 547	64	4
Nouvelle-Écosse	29 686	29 179	468	39
Nouveau-Brunswick	24 992	24 582	386	24
Québec	236 688	232 531	3 830	327
Ontario	389 116	381 001	7 437	678
Manitoba	35 980	35 298	622	60
Saskatchewan	38 749	38 264	457	28
Alberta	154 495	151 866	2 397	232
Colombie-Britannique	171 557	169 178	2 218	161
Territoire du Yukon	1 568	1 549	18	1
Territoires du Nord-Ouest	1 294	1 263	29	2
Nunavut	465	455	10	0
Total – Canada	**1 107 540**	**1 087 803**	**18 169**	
Pourcentage	**100,00**	**98,22**	**1,64**	

Source : Statistique Canada, Registre des entreprises, décembre 2012; Comptes nationaux des revenus et dépenses, 2010; Enquête sur la population active (EPA), 2012.

Il serait encore plus précis de dire que les entreprises canadiennes sont de très petite taille, en d'autres mots, plus près du P que du M de PME, tel que le montre le prochain tableau où la strate des entreprises comptant de 1 à 99 employés a été découpée de façon plus fine.

Tableau 2 : Nombre d'entreprises avec employés selon le secteur et la taille de l'entreprise (nombre d'employés), décembre 2012

		Nombre d'emplacements commerciaux		
Nombre d'employés	**Pourcentage cumulatif des entreprises avec employés**	**Total**	**Secteur des biens[1]**	**Secteur des services[1]**
1-4	55,1	610 178	138 526	471 652
5-9	74,9	219 771	45 958	173 813
10-19	87,4	138 031	26 905	111 126
20-49	95,6	91 026	18 491	72 535
50-99	98,2	28 797	6 686	22 111
100-199	99,4	12 619	3 322	9 297
200-499	99,9	5 550	1 576	3 974
500+	100,0	1 568	437	1 131
Total		**1 107 540**	**241 901**	**865 639**

Source : Statistique Canada, *Registre des entreprises*, décembre 2012.

Note 1 : D'après la définition, le secteur des biens regroupe les secteurs suivants : fabrication; construction; foresterie, pêche, extraction minière, exploitation en carrière et extraction de pétrole et de gaz. Le secteur des services regroupe les secteurs suivants : commerce de gros et de détail; hébergement et services de restauration; services professionnels, scientifiques et techniques; finances, assurances, services immobiliers et services de location à bail; soins de santé et assistance sociale; services aux entreprises, services relatifs aux bâtiments et autres services de soutien; industrie de l'information et industrie culturelle et loisirs; transport et entreposage; et autres services.

Vous serez surpris d'apprendre que plus de 75 % des entreprises canadiennes comptent moins de 10 employés et que 95 % d'entre elles en comptent moins de 50.

Il est également intéressant de remarquer que les petites entreprises ont un ratio (production de services – production de biens) plus élevé (78 % services – 22 % biens) que celui observé chez les grandes entreprises (72 % services – 28 % biens).

Donc, il existe beaucoup d'entreprises de petite taille aux ressources d'exploitation intangibles. Ce qui explique la présentation d'un chapitre consacré à l'analyse de ces entreprises.

7.2 Particularités de l'analyse financière des entreprises à capital fermé

7.2.1 Symbiose de la personnalité de l'entrepreneur et de la personnalité de l'entreprise

L'équipe de gestion se résume le plus souvent à un actionnaire détenant la majorité ou la totalité des actions. D'où l'expression populaire « one man, one woman show ».

La première caractéristique de cette situation est qu'il n'y a aucune séparation entre la propriété et la gestion, et que le propriétaire (ci-après appelé « l'entrepreneur ») et l'entreprise ne font qu'un. Par conséquent, les qualités de l'entrepreneur deviennent les qualités de l'entreprise, et les défauts de l'entrepreneur deviennent les défauts de l'entreprise. Une étude bancaire portant sur les raisons de la défaillance de PME avait mis en évidence les risques de la forte empreinte de la personnalité de l'entrepreneur sur la pérennité de l'entreprise. Et, autre observation intéressante, que les qualités de l'entrepreneur qui avaient assuré le succès du démarrage de l'entreprise avaient par la suite provoqué son échec. Voici quelques exemples.

Une entreprise fondée par un entrepreneur possédant de fortes aptitudes pour la vente les mettra à profit pour augmenter rapidement le chiffre d'affaires, mais pas nécessairement le bénéfice… Un ingénieur soucieux de développer la technologie la plus performante, développera des produits, mais ne les jugera jamais assez « performants » pour les mettre sur le marché.

Soulignons que le phénomène du succès qui conduit à l'échec n'est pas uniquement associé aux PME, puisqu'on le retrouve chez nombre de grandes entreprises à capital ouvert, cotées en bourse, et a fait l'objet d'un volume intitulé *Le paradoxe d'Icare*[11]. Voici ce que son auteur, Danny Miller, entend par « le paradoxe d'Icare ».

> *Il semble que les facteurs mêmes qui sont à l'origine du succès – une stratégie bien pensée et éprouvée, une direction assurée ou une culture d'entreprise dynamique – ainsi que leurs effets combinés peuvent aussi mener à l'échec s'ils sont poussés à l'extrême. L'organisation perd la robustesse qui lui assurait sa supériorité et se transforme graduellement en pur-sang taré. Sa force de caractère se dissipe petit à petit jusqu'au moment où elle perd toute finesse et toutes subtilité et où elle n'est plus qu'une caricature d'elle-même.*
>
> *Miller, Danny, Le paradoxe d'Icare : comment les grandes entreprises se tuent à réussir, Les Presses de l'Université Laval, 1992, 475 pages.*

[11] Miller, Danny, The Icarus Paradox: How Exceptional Companies Bring About Their Own Downfall, Harper Collins Canada, 1990, 256 pages.

Dans son livre, Danny Miller identifie quatre trajectoires d'évolution de l'entreprise qui l'amènent à perdre ses avantages concurrentiels. Les voici :

1. La trajectoire ciblée, qui change l'entreprise artisane en bricoleuse tatillonne;
2. La trajectoire aventurière, qui transforme l'entreprise bâtisseuse en impérialiste;
3. La trajectoire inventive, qui fait de l'entreprise pionnière une rêveuse;
4. La trajectoire dissociative, qui convertit l'entreprise vendeuse en vagabonde.

Comme mentionné, les quatre trajectoires identifiées par l'auteur peuvent tout aussi bien être associées à des trajectoires de grandes corporations qu'à des trajectoires entrepreneuriales.

La troisième trajectoire identifiée, de l'entreprise pionnière à rêveuse, nous ramène à l'exemple de l'ingénieur qui se plonge tellement dans la recherche et le développement, à la recherche de la perfection, qu'il néglige tous les autres aspects de la gestion de son entreprise. Le produit peut-il être mis sur le marché maintenant? Pas encore. Le lecteur aura également reconnu dans la quatrième trajectoire de Miller, l'entrepreneur du premier exemple, « champion de la vente ». L'entrepreneur vend, sans se soucier du risque de crédit, sans se soucier de percevoir les comptes-clients, sans se soucier des coûts de production; son activité entrepreneuriale se résume à vendre. Les lecteurs ayant déjà travaillé comme comptables ou banquiers avec ce type d'entrepreneur reconnaîtront cet énoncé : « cette année, je double les ventes », ou dit autrement, cette année l'objectif est de doubler le chiffre d'affaires. Il se concentre sur la première ligne de l'état des résultats, sans se soucier des autres lignes ou de la trésorerie.

Les deux autres trajectoires sont également pertinentes. La seconde décrit fort bien le profil de l'entrepreneur qui est toujours à la recherche d'opportunités de croissance, de développement de nouveaux marchés et d'acquisition d'entreprises comme une fin en soi. Peu importe la capacité financière de l'entreprise, l'endettement, l'étroitesse de l'équipe de gestion, l'entrepreneur avance, agit, bâtit son empire. Et tombe.

La première trajectoire, quant à elle, réfère à l'entrepreneur qui construit son lien d'affaires avec son produit, son service, non le marché. « J'aime, donc les autres devraient aimer » au prix que je fixe, non au prix qui serait acceptable par le marché. Le qualificatif « dissociatif » prend ici toute sa signification, puisque l'entrepreneur en vient à évoluer dans son monde, en misant de façon périlleuse sur l'équation j'aime = le marché aime. Ce qui n'est pas toujours vrai.

Aujourd'hui, avec les possibilités à faible coût offertes par les réseaux sociaux, plusieurs entrepreneurs fonctionnent totalement à l'encontre de cette dernière trajectoire citée. Ils utilisent les plateformes en ligne pour questionner leurs clients sur ce qu'ils veulent, à quel prix, dans quel format. Ils utilisent également leur plateforme en ligne pour permettre à leurs clients de participer aux modifications de produits existants ou pour développer et lancer de nouveaux produits.[12] Avec le risque de s'éparpiller et de vouloir tout faire, tout de suite. Alors que d'autres entrepreneurs utilisent le financement participatif comme outil de marketing inversé pour développer et offrir les produits désirés aux clients.

D'autres temps, d'autres stratégies, d'autres risques

La personnalité du président-directeur général, son leadership, par définition[13], font qu'une personne a la capacité d'influencer toute une organisation et de mettre en place une culture d'affaires qui fait que les choses se passent comme elle le souhaite. Pensons à l'influence de Steve Jobs qui a fait d'Apple, deux fois

---

[12] Banque de développement du Canada, Planifier votre croissance, cinq tendances de consommation qui changent la donne, Étude BDC, Octobre 2013. https://www.bdc.ca/Resources%20Manager/study_2013/etude_BDC_tendances_consommation.pdf. Consulté en juillet 2015.

[13] Le leadership se définit par la capacité d'un individu à persuader, convaincre, influencer, inspirer, guider et conduire d'autres individus vers un but commun. Ce dernier mobilise et obtient l'adhésion et la détermination volontaires des membres de son groupe. Cette capacité de faire devient possible lorsque l'individu maîtrise certaines forces, traits dominants et qualités personnelles spécifiques. Certains de ceux-ci sont innés faisant en sorte qu'il peut être très difficile de devenir un leader si la chance ne nous en a pas fait cadeau. Coderre, Maxime, Management, KPMG, 29 septembre 2014. http://www.generationinc.com/management/leadership/les-qualites-essentielles-dun-grand-leader. Consulté en juillet 2015.

plutôt qu'une, un précurseur dans le développement de produits technologiques qui ont révolutionné notre quotidien. Qui ne connaît pas ce qu'est un iPhone, un iPad? Plus près de nous, au Québec, il y a des noms de gestionnaires qui sont reconnus comme étant des spécialistes dans leur domaine et qui sont capables de mener une organisation à des stades supérieurs de croissance et de rayonnement sur leur marché.[14] Il y a également des exemples plus malheureux où la personnalité du président qui avait assuré le succès dans une entreprise s'est avérée dommageable lors de son passage dans une autre entreprise. Avec les conséquences d'un départ suivant la présentation de résultats corporatifs décevants.

Quoiqu'il en soit, même si la symbiose des personnalités individuelles et corporatives se retrouve chez les entreprises de toute taille, il reste qu'elle est omniprésente chez les entreprises à capital fermé, encore plus chez les PME, et que l'impact sur le risque de continuité est fort différent dans une entreprise à capital fermé que dans une entreprise à capital ouvert. Dans le cas d'une entreprise à capital ouvert, si cela ne va pas, le conseil d'administration exigera la démission du président et le comité exécutif prendra la relève durant l'interim. Dans le cas d'une PME, le président EST le propriétaire, le principal actionnaire. S'il n'est pas à l'écoute de ses conseillers, de son banquier, qui n'ont qu'un rôle consultatif, l'entrepreneur a la capacité de réussir comme de mener à la perte son entreprise s'il ne travaille qu'à l'intérieur de ses œillères et si son projet d'affaires se transforme en idée fixe.

7.2.2 Point de bascule entre succès et échec

Quel est le point de bascule entre le succès et l'échec de l'exploitation d'une idée? Qui peut dire « *Stop*, arrêtons le projet, cessons les investissements en temps et en argent, cette idée ne mène nulle part ». Des années d'intervention auprès d'entreprises en démarrage m'ont appris qu'il n'y a pas de règles ou de formules, sinon elles seraient déjà vendues à prix d'or. Comme il n'y a pas de bonnes ou de mauvaises idées. Il y a un bon entrepreneur, une bonne idée, une bonne écoute, un bon entourage et ce que j'appelle « le génie entrepreneurial », c'est-à-dire la capacité de voir avant les autres la bonne affaire, de développer des plans alternatifs tout en gardant le point focal sur l'idée, car rien ne se passe comme prévu, et de décider. Décider, car c'est là où l'entrepreneur se démarque, décider. En ajoutant qu'il doit aussi cultiver la patience, ce qui n'est pas évident à concilier avec le souhait d'arriver rapidement au but.

Voici quelques exemples qui nous permettront de passer de la théorie à la pratique.

Scénario de base

Vous avez quelques économies et des entrepreneurs vous présentent leur projet d'entreprise pour investissement. Soyez attentif à votre réflexion tout au long de la lecture des idées d'entreprises qui vous seront soumises et écrivez votre première réaction à l'idée d'investir dans ces projets.

Exemple 1

« Bonjour. J'ouvre à Montréal un restaurant où je servirai des **déjeuners** de 6 h à 15 h. Dans 25 ans, plus de 130 restaurants porteront mon prénom à travers le Canada. »[15]

Exemple 2

« Bonjour. J'ouvre à Montréal, un magasin spécialisé dans la vente de **thé**. Dans une dizaine d'années, on retrouvera mes magasins de thé au Canada, aux États-Unis, sur le Web, et l'entreprise aura réalisé une première émission d'actions sur les marchés financiers new yorkais. »[16]

---

[14] Un exemple québécois, monsieur Sylvain Toutant, actuellement président et chef de la direction de DAVIDs TEA qui a mené celle-ci à sa première émission publique d'actions et qui a fait sa marque dans d'autres sociétés connues comme Réno-Dépôt et la société Van Houtte. http://www.newswire.ca/fr/story/1363575/sylvain-toutant-devient-pdg-de-davidstea. Consulté en juin 2015.
[15] Inspiré de Cora Déjeuners et dîners. http://www.chezcora.com/fr. Consulté en juin 2015.
[16] Inspiré de DAVIDs TEA. https://www.davidstea.com/Portal.aspx?CN=C2178380E18F. Consulté en juin 2015.

Exemple 3

« Bonjour. J'ouvre à New York un petit kiosque de vente de hot dogs et de hamburgers. Dans quinze ans mes hamburgers seront vendus à travers le pays et je serai multimillionnaire grâce à l'inscription à la bourse de New York des actions de mon entreprise. »[17]

Deux œufs-bacon, du thé, des hamburgers… Le choix de ces trois exemples n'est pas anodin, puisque les secteurs de la restauration et du commerce de détail sont considérés comme à très haut niveau de risque. Et plutôt saturés. En toute franchise, quelle a été votre première réaction à la lecture de chacun des exemples? Un doute? Un fort doute? Un oui enthousiaste?

En fait, ces trois exemples sont tout simplement fascinants. Qu'est-ce qui peut expliquer qu'une idée d'entreprise devient un produit que des consommateurs sont prêts à acheter pour en bénéficier? Qu'est-ce qui explique que dans un marché saturé, celui de la restauration par exemple, un entrepreneur innove dans le produit ou dans l'offre et crée une entreprise florissante? Qu'est-ce qui explique qu'un « clown sur des échasses » soit devenu le propriétaire d'une entreprise milliardaire qui a complètement transformé l'art du cirque[18]?

On se croirait à l'émission « Dans l'œil du dragon[19] où c'est exactement ce qui se passe. Des entrepreneurs, à différents stades d'avancement d'entreprise, présentent leur idée, leur concept, à la recherche de financement, de monitorat ou de coaching pour progresser.[20] Et comme le mentionne si bien Martin-Luc Archambault, un des dragons, sa philosophie d'investissement est de valoriser l'entrepreneur et la confiance qu'il lui porte[21]. Autrement dit, l'entreprise c'est d'abord la personne qui conçoit, active et mène à l'étape de la commercialisation rentable son idée.

Avec l'essor des entreprises technologiques, on constate que l'on parle de plus en plus d'équipes d'entrepreneurs, de propriétaires d'entreprises que d'entrepreneurs solo. En effet, une bonne équipe d'entrepreneurs sera constituée d'un « portefeuille de compétences » complémentaires à la réalisation du projet d'affaires et/ou mises au service d'une passion commune. Ainsi, un projet spécialisé en éducation pourra regrouper un ingénieur, un enseignant et un financier. Ou, comme c'est le cas de Frank + Oak, une entreprise à succès qui se définit comme la référence mode montréalaise[22] d'un portefeuille de compétences qui allie le génie[23] entrepreneurial et une passion, dans ce cas, la mode.

Vu sous l'angle du risque d'affaires, il apparaît préférable de travailler en équipe, car il est difficile pour une personne seule de tout savoir, de tout faire et, dirions-nous de façon amusante, de « *challenger* » ses idées. Les entrepreneurs dont on admire la réussite mentionnent souvent qu'une grande partie de leur succès réside en leur capacité de s'entourer de personnes compétentes. Même plus compétentes que soi.

Il est vrai que les investisseurs apprécient travailler avec des équipes[24], car tout « miser sur une seule tête » est un risque énorme, ne serait-ce qu'au plan des risques de maladie, de grande fatigue ou de découragement qui affecteront autant l'entreprise que l'entrepreneur. Car, il faut « être fait fort » pour être entrepreneur et quand la demande est là, il faut livrer. La présence d'équipes contribue également à diminuer le risque d'affaires lié à l'omniprésence d'une seule personne dans le façonnement de l'avenir

---

[17] Inspiré de Shake Shack https://www.shakeshack.com/. Consulté en juin 2015.

[18] Nous faisons ici référence à l'entreprise le Cirque du Soleil, autrefois propriété de Guy Laliberté, dont l'histoire est bien connue.

[19] Émission diffusée à Ici Radio-Canada Télé où des entrepreneurs présentent leur concept d'entreprise à quatre entrepreneurs à succès pour investissement.

[20] Dans cet article de La Presse+, Brian Chesky, fondateur de l'entreprise de location d'appartements appelée « Airbnb » livre un message très pertinent pour les entrepreneurs : « ne vous laissez pas abattre par les gens qui vous disent non ». Bérubé, N. (2015, 18 juillet). On a réponse à tout… Dire non à Airbnb, *La Presse+*, Actualités. http://plus.lapresse.ca/screens/428914e6-4fe0-4728-9772-9c80b52b1f5e%7C_0.html. Consulté en juillet 2015.

[21] http://dragon.radio-canada.ca/emission/les-dragons/Martin-Luc-Archambault. Consulté en juin 2015.

[22] https://ca.frankandoak.com/

[23] Ingéniosité et talent.

[24] Par équipe, nous entendons ici, un regroupement de personnes dédiées à l'entreprise. Cela peut être un actionnaire principal accompagné de fidèles collaborateurs salariés (salaire combinant $ et options d'achat d'actions), deux actionnaires ou plus avec une organisation légale consignée dans une convention d'actionnaires, ou toute autre forme de regroupement.

de l'entreprise qui peut la conduire dans la spirale de l'échec à l'instar d'Icare dont les ailes de cire ont fondu à l'approche du soleil. La capacité de l'entrepreneur à s'entourer d'une solide équipe de collaborateurs est donc une variable dont il faut se soucier dans l'évaluation du management et du succès de continuité d'une entreprise à capital fermé, quelle que soit l'étape de son développement. Certains croient que la croissance est un facteur d'aplanissement du chemin entrepreneurial, mais au contraire, la croissance provoque une augmentation des enjeux, des défis et des décisions à prendre.

Figure 7.1 **Le parcours entrepreneurial**

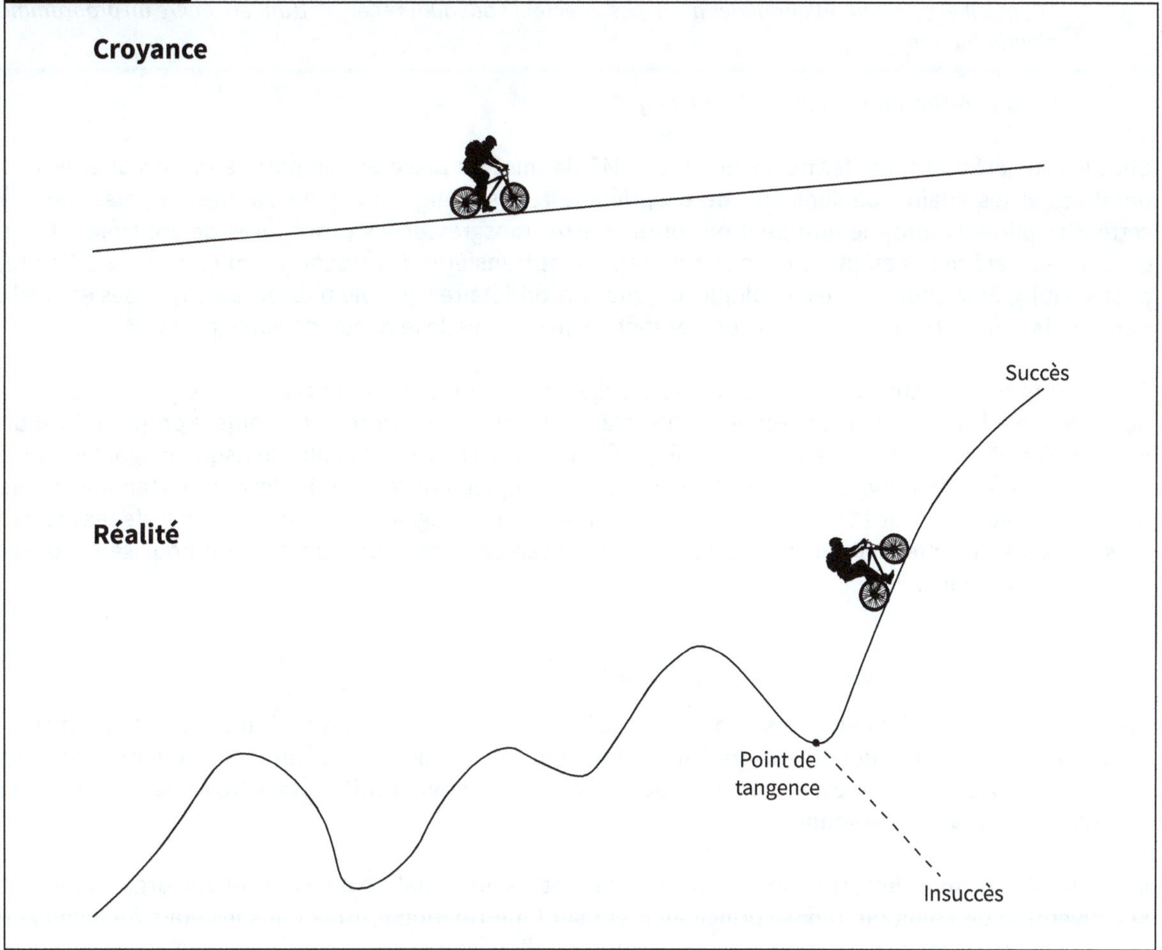

7.3 Absence de contrôle interne

Ménard définit ainsi ce qu'est un système de contrôle interne.

> *« Ensemble des moyens conçus et mis en œuvre par les responsables de la gouvernance, par la direction et par d'autres membres du personnel afin de procurer un certain niveau d'assurance quant à l'atteinte des objectifs de l'entité en matière de fiabilité de l'information financière, d'efficacité et d'efficience du fonctionnement et de conformité aux lois et aux règlements applicables. »*
>
> *Ménard, Louis et collaborateurs, Dictionnaire de la comptabilité et de la gestion financière, CA, 3e édition, page 762*

Les relations d'affaires sont avant tout fondées sur la confiance. Il y a la confiance implicite, qui supporte la tradition orale, et la confiance cadrée et réglementée qui organise de façon contractuelle cet état.

Un exemple fort approprié pour ce volume est le rapport de responsabilité de la direction qui accompagne la publication des états financiers audités de l'entreprise.

> *Pour s'acquitter de ses responsabilités en ce qui concerne la présentation de l'information financière et la protection des actifs, la direction s'appuie sur les systèmes de contrôles comptables internes mis en place par la Société. Ces systèmes sont conçus pour fournir l'assurance raisonnable que les registres financiers sont fiables et peuvent servir de base adéquate à la préparation d'états financiers avec exactitude et en temps opportun. La direction atteint ses objectifs en matière de contrôles comptables internes de manière rentable en veillant au choix judicieux du personnel et à la formation de celui-ci, en adoptant et en communiquant des principes directeurs adéquats et en mettant en œuvre un programme d'audit interne.*
>
> *Canadian Tire, Rapport annuel 2014, page 70*

Chez les sociétés à capital fermé, incluant les PME, la mise en place de remparts entre les affaires corporatives et les affaires personnelles du propriétaire repose uniquement sur l'adhésion personnelle à cette discipline. Le propriétaire peut en toute liberté transgresser les procédures de contrôle interne qui auraient été mises en place dans son entreprise et transférer des ressources d'une entité à l'autre, c'est « à lui ». Et la situation se complique lorsque le propriétaire contrôle plusieurs entreprises et que le nombre de transactions interreliées augmentent ce qu'on appelle le risque de gouvernance[25].

C'est pourquoi des institutions financières vont exiger du propriétaire la signature d'une garantie personnelle, même si le risque financier est quasi inexistant[26]. Il faut comprendre ici que plus le propriétaire d'un groupe crée d'intermédiaires entre l'activité génératrice de richesse et lui, plus le risque de gouvernance augmente. À tel point que des investisseurs vont tout simplement refuser de devenir partenaires d'une telle organisation. Et que la possibilité de se prémunir de façon légale contre les transferts de ressources ne sera pas suffisante, car aucun investisseur n'est intéressé à faire une transaction pour se retrouver devant les tribunaux.

7.4 Qualité de l'information financière

Sous-jacente à cette difficulté de se doter de systèmes de contrôles internes étanches, est la difficulté de produire une information financière fiable, suffisante pour supporter la confiance et le maintien des crédits des investisseurs. C'est ce que nous appellerons « **faire du crédit d'états financiers** » ou « **faire du crédit corporatif - personnel** ».

Le crédit d'états financiers, comme les mots l'indiquent, est une analyse de risque et une organisation de la convention de crédit qui repose principalement sur l'information fournie dans les états financiers de l'entreprise. Par exemple, le crédit d'exploitation sera alloué sur la seule base de la confiance accordée aux chiffres des comptes-clients et des stocks présentés dans l'état de la situation financière. Comme ce qui se fait dans les sociétés dont les actions sont inscrites en bourse. Alors que le « crédit corporatif - personnel » inclura une analyse de risque et une organisation de la convention de crédit reposant à la fois sur l'entreprise et sur son propriétaire[27]. Pour les plus petites entreprises dont le crédit autorisé est inférieur à 100 000 $[28], l'analyse de risque corporative sera quasi inexistante, le dossier de crédit étant dirigé vers

---

[25] La présentation d'un organigramme corporatif où s'entremêlent les transactions entre des entreprises contrôlées par le même groupe ou la même personne est un facteur de risque appelé « risque de gouvernance ». C'est ce qui explique que pour se prémunir contre ce risque, des institutions financières vont exiger de l'entité de contrôle la signature d'une garantie couvrant l'ensemble des facilités de crédit accordées à chaque entreprise du groupe.

[26] Il existe une grande diversité de produits financiers s'adressant à des groupes d'entreprises liées, de type « parapluie », afin de contrer le risque de gouvernance et de faciliter la gestion des crédits. Nous ne discuterons ici que de la forme la plus conventionnelle, soit l'octroi de prêts à différentes entités légales, liées, et une couverture de risque « parapluie » sous la forme d'un cautionnement signé par l'entité (personne ou société de gestion) de contrôle.

[27] C'est ce qui explique que les institutions financières ont des politiques de crédit où les demandes inférieures à ... $ (montant minimum fixé) sont traitées au service de crédit personnel.

[28] Le montant minimum de la demande de crédit peut varier selon l'institution financière.

le département du crédit personnel de l'institution financière. Ce qui engendre bien des frustrations chez les nouveaux entrepreneurs qui souhaiteraient discuter de leurs projets avec des directeurs expérimentés en affaires.

Ici, la comptabilité et la finance se rejoignent. Il est entendu que pour associer le plus haut niveau de crédibilité à l'information financière produite par une entreprise, la présentation d'états financiers audités par un auditeur indépendant est le meilleur gage de confiance. Mais le coût est élevé. Aussi, on voit de plus en plus des ententes entreprises – institutions financières inclure des façons originales d'atteindre le niveau de confiance requis par le prêteur dans son analyse de risque tout en limitant les coûts. Pour le crédit d'exploitation dont il était question dans le paragraphe précédent, une entreprise pourra proposer de remettre des états financiers accompagnés d'un rapport de mission d'examen ainsi qu'un rapport spécial d'audit sur les comptes-clients et les stocks, éléments de préoccupation du prêteur[29].

Cette proposition a l'avantage de procurer au prêteur l'information crédible dont il a besoin pour faire le suivi du dossier et de limiter les coûts d'audit. Voire permettre la transaction, car dans plusieurs cas, les faiblesses des systèmes de contrôles internes ne permettent tout simplement pas à un auditeur indépendant d'exprimer une opinion sans réserve.

Ce qu'il faut voir, ici, est l'interrelation entre la comptabilité, dont l'objectif est de fournir de l'information aux décideurs, et la finance, où la confiance et la bonne information régissent les accords et les conditions des transactions des investisseurs.

Finalement, le lecteur aura remarqué qu'à nul endroit dans cette section nous avons fait référence à la taille de l'entreprise. Parce qu'il n'y a pas de relation entre la taille, exprimée ici en terme de chiffre d'affaires, et la confiance accordée aux états financiers. De petites sociétés technologiques présentent des états financiers audités, alors que de grandes entreprises à capital fermé refusent de divulguer toute information sur leurs activités.

Mais là où il y a réellement une différence entre les entreprises à capital fermé et les entreprises à capital ouvert, c'est que jamais[30] on ne verra le président de Canadian Tire ou de Telus, ou de toute autre entreprise à capital ouvert, cautionner personnellement le prêt d'exploitation de l'entreprise. Alors que c'est souvent le cas pour le propriétaire-dirigeant d'une entreprise à capital fermé.

Voilà quelques années, nous avons réalisé une étude sur le risque de crédit bancaire et la détection des risques annonciateurs de la détresse financière des PME[31]; les résultats demeurent toujours pertinents. Un échantillon, ou groupe d'entreprises a été constitué en appariant, sur la base du secteur industriel et sur la base du chiffre d'affaires, 50 entreprises dont la cote de crédit était classée « préoccupant », avec 50 entreprises dont la cote de crédit était satisfaisante. Et effectivement, nous avons constaté que les problèmes de production et de qualité de l'information financière étaient beaucoup plus présents chez les entreprises dont le dossier de crédit était problématique que chez celles dont le dossier de crédit était satisfaisant.

Voici les principales observations que nous avons faites sur les problèmes de production et de qualité de l'information observés chez les entreprises étudiées.

---

[29] Norme canadienne d'audit NCA 805 – *Audit d'états financiers isolés et d'éléments, de comptes ou de postes spécifiques d'un état financier – considérations particulières*.

[30] Nous excluons de notre énoncé les petites sociétés à capital ouvert où les actionnaires majoritaires sont également les dirigeants de l'entreprise. Le Château, par exemple, où Herschel Segal, fondateur et ex-président et chef de la direction de l'entreprise, récemment remplacé à ces postes par sa conjointe, Jane Silverstone Segal, assume sous forme de prêts les besoins en liquidités causés par les mauvais résultats financiers et le plan de repositionnement de l'entreprise. http://affaires.lapresse.ca/economie/commerce-de-detail/201507/15/01-4885780-le-chateau-veut-changer-son-image-pour-seduire-une-clientele-plus-agee.php. Consulté en juillet 2015.

[31] Mester, Loretta J, Nakamura, Leonard I., Renault, Micheline, Tansaction Accounts and Loan Monitoring, Federal Reserve Bank of Philadelphia, Working Paper No 04-20, September 2004.

Tableau : États financiers accompagnés d'un rapport d'auditeur indépendant

Entreprise	Audités	Non audités	Total
Cote « satisfaisant »	49	1	50
Cote « préoccupant »	37	13	50

Tableau : États financiers audités accompagnés d'une opinion de l'auditeur avec réserve

Entreprise	Avec réserve	Sans réserve	Total
Cote « satisfaisant »	1	48	49
Cote « préoccupant »	8	29	37

Tableau : Changement d'auditeurs indépendants

Entreprise	Changement	Sans changement	Total
Cote « satisfaisant »	0	49	49
Cote « préoccupant »	5	32	37

Dans le tableau présenté ci-dessus, nous constatons que les entreprises cotées « satisfaisant » sont plus nombreuses à disposer d'états financiers audités (49 entreprises sur un total de 50). Mais même pour les entreprises qui disposent d'une telle qualité d'information, il semble y avoir de plus grands problèmes à produire l'information, puisque 22 % (huit entreprises sur un total de 37) des entreprises présentent une opinion avec réserve[32] et que dans 14 % des cas il y a un changement d'auditeurs. Ce qui est dommage pour la continuité du suivi et des discussions avec les auditeurs pour faire le point sur l'évolution de l'entreprise d'une période comptable à l'autre.

La présence d'une opinion avec réserve représente-t-elle automatiquement un signe défavorable? Cela dépend. Par exemple, certains entrepreneurs n'apprécient pas les règles de la comptabilité au coût pour les immeubles où l'amortissement diminue le montant présenté à l'état de l'évolution de la situation financière, et diminue le bénéfice net, alors que dans les faits, la valeur marchande augmente. Et c'est cette valeur qu'ils veulent présenter à leurs prêteurs. À vrai dire, cette réserve ne pose pas de problème pour la connaissance et l'interprétation de l'information financière, puisqu'il est possible de réajuster le bénéfice net à l'aide de l'information fournie par l'auditeur. Et qu'en plus, on bénéficie de l'information fournie sur la base de la valeur marchande, cette information étant fournie, si désiré, dans les notes aux états financiers. Doit-on y voir une divergence d'opinion profonde entre l'auditeur et le propriétaire de l'entreprise qui aurait un impact grave sur l'appréciation de l'information financière et la justesse de la prise de décision par les différents utilisateurs des états financiers? Dans ce cas, on pourrait très bien comprendre que les quelques utilisateurs, nommément les propriétaires et la banque, travaillent déjà sur cette base et acceptent un rapport d'audit avec une opinion modifiée. Ce qui ne serait pas le cas pour les états financiers d'une société à capital ouvert où les nombreux actionnaires et les analystes financiers qui commentent et publient leurs rapports d'analyse poseraient de nombreuses questions et pourraient soulever des doutes sur la motivation de la direction à déroger à une convention comptable. Par exemple, dans le cas de dirigeants d'entreprises bénéficiant de plans de rémunération liés au bénéfice net, y aurait-il avantage à utiliser une méthode comptable n'affectant pas le calcul du bénéfice net? La distance entre les actionnaires et la direction[33] permet toutes les questions. Ce qui est moins le cas pour les entreprises à capital fermé où bien souvent les propriétaires sont également les dirigeants.

[32] *Manuel de CPA Canada – Certification*, Normes canadiennes d'audit, NCA 705, A3 – *Expression d'une opinion modifiée dans le rapport de l'auditeur indépendant*.

[33] Cette distance est à l'origine de la théorie de l'agence qui s'intéresse aux impacts économiques de la dissociation entre les gestionnaires qui dirigent l'entreprise et sont rémunérés sous forme de « salaires » et les actionnaires qui sont les propriétaires et sont rémunérés sous la forme de rendement sur le capital investi. Jensen, M., Meckling, W., Theory of the firm: Managerial behavior, agency costs, and capital structure, *Journal of Financial Economics*, Vol 3, 1976, p. 305–360.

Mais attention, le mot « distance » n'a pas été utilisé impunément dans l'exemple précédent. Voici un autre exemple. Supposons qu'un des partenaires d'une entreprise à capital fermé est une société d'investissement privée, ou que l'un de ses actionnaires réside à l'extérieur déléguant la gestion à l'actionnaire en place, la dérogation à une convention comptable sera-t-elle toujours acceptée sans critique? La question se pose. En résumé, pour évaluer adéquatement la motivation et la portée d'un rapport d'audit avec expression d'une opinion modifiée, il faut connaître l'entreprise, ses actionnaires, ses partenaires d'affaires et les contextes d'utilisation de l'information financière.

7.5 Difficulté de procéder à une analyse horizontale des ratios financiers

Dans le chapitre précédent, nous avons expliqué ce qu'était la méthode d'analyse horizontale des ratios financiers. Évidemment, pour que cette méthode soit valable, il faut une certaine constance dans les standards de préparation et de présentation des états financiers de l'entreprise.

La consultation des trois prochains tableaux est éloquente sur la difficulté de procéder à l'exercice pour plusieurs entreprises à capital fermé.

Toutes modifications confondues, nous constatons que le nombre de changements de conventions comptables, de date de fin de période et de redressements affectés aux exercices antérieurs est beaucoup plus grand chez les entreprises dont la cote de crédit est « préoccupant ». Ces modifications ne sont pas l'apanage des entreprises à capital fermé, puisque depuis le passage aux normes comptables pour les entreprises à capital fermé (NCECF) et aux normes internationales d'information financière (IFRS), les états financiers de toutes les entreprises sont affectés par des changements de conventions comptables.

À cela, il faut ajouter les redressements affectés aux exercices antérieurs qui affectent la capitalisation de l'entreprise ainsi que les changements de date de fin de période qui, là, viennent vraiment compliquer les analyses comparatives en créant une inégalité dans les mois de calcul. Complication amplifiée dans le cas des entreprises saisonnières, c'est-à-dire dont le chiffre d'affaires fluctue beaucoup d'une saison à l'autre.

Tableau : Changement de conventions comptables

Entreprise	Changements	Sans changements	Total
Cote « satisfaisant »	0	50	50
Cote « préoccupant »	2	48	50

Tableau : Redressements affectés aux exercices antérieurs

Entreprise	Redressements	Sans redressements	Total
Cote « satisfaisant »	0	50	50
Cote « préoccupant »	3	47	50

Tableau : Changement de date de fin de période

Entreprise	Changements	Sans changements	Total
Cote « satisfaisant »	0	50	50
Cote « préoccupant »	5	45	50

7.6 Délai de présentation des états financiers

Examinons maintenant le tableau ci-dessous présentant des données statistiques sur les délais de publication et de présentation des états financiers

Tableau : Délai de présentation des états financiers

Entreprise	Moyenne (jours)	Écart-type	Total
Cote « satisfaisant »	52	23	50
Cote « préoccupant »	79	43	50

On constate que les délais de présentation des états financiers sont plus longs pour ce groupe d'entreprises, en termes de moyenne et en terme d'écart-type. Plus qu'un souci statistique, ces longs délais signifient que plusieurs des entreprises de ce groupe ne disposent d'aucune information fiable au moment de leur prise de décision. Il est évident qu'elles se prêtent à l'exercice par obligation, pour le ministère du revenu et pour la banque. Pour les autres. Mais quel que soit l'utilisateur, il est évident que l'analyse financière d'une petite et moyenne entreprise effectuée à l'aide de données âgées est plus ou moins pertinente, la période de passage de la bonne santé financière à la détresse financière pouvant se situer à l'intérieur de quelques mois. Comment expliquer ce court délai? Contrairement aux grandes entreprises qui possèdent des actifs excédentaires et qui peuvent faire appel à des prêteurs spécialisés dans les transactions à plus haut niveau de risque[34], les entreprises de plus petite taille ne disposent d'aucune marge de manœuvre et deviennent vulnérables aux malchances commerciales, aux désastres, tel un incendie[35], et aux catastrophes naturelles. La Banque de développement du Canada, dans un document intitulé *Les cinq facteurs clés et les cinq pièges à éviter pour réussir en affaires*[36], rejoint cette réflexion, puisque parmi les cinq pièges mentionnés, trois sont liés à l'insuffisance d'une bonne information de gestion et des délais d'intervention que cela entraîne. Les voici.

> *Piège n° 1 : Dépendre d'une clientèle trop peu diversifiée.*
>
> *Piège n° 2 : Sous-estimer l'importance d'une gestion des finances efficace.*
>
> *Piège n° 3 : Attendre qu'il soit trop tard avant de déposer un plan d'urgence.*
>
> *Piège n° 4 : Ignorer les tendances du marché.*
>
> *Piège n° 5 : Tarder à demander de l'aide.*
>
> *Banque de développement du Canada, Les cinq facteurs clés et les cinq pièges à éviter pour réussir en affaires, Semaine de la PME BDC, 2014, page 1.*

---

[34] Voici un exemple de fonctionnement d'une société d'investissement à capital fermé qui se spécialise dans le prêt à haut niveau de risque, appelé également « prêt alternatif », la société Sécur Finance, qui offre des prêts hypothécaires dits « alternatifs » à des projets immobiliers en manque de financement. Ces financements temporaires, connus comme des prêts de type B, sont accordés à des entrepreneurs qui ne respectent pas les critères des prêteurs traditionnels, comme les banques. En retour de ces prêts plus risqués, Sécur Finance réclame des taux d'intérêt plus élevés que la norme, typiquement de 12 à 15 %, en plus des frais de dossiers. L'argent qui est prêté vient d'une soixantaine d'hommes d'affaires, médecins et investisseurs fortunés québécois. L'organisation leur verse des rendements de 8 à 10 %. Autrement dit, Sécur Finance joue en quelque sorte le même rôle qu'une banque, faisant des profits sur l'écart entre les taux des emprunts et les prêts. Vaille, F., Dubuc, A. (2015, juillet 17). Sécur Finance : des prêts de plus de 100 millions en difficulté, La Presse, Affaires. http://affaires.lapresse.ca/economie/quebec/201507/17/01-4886174-secur-finance-des-prets-de-plus-de-100-millions-en-difficulte.php. Consulté en juillet 2015.

[35] Madame Lise Watier, une entrepreneure reconnue dans l'industrie des cosmétiques a dû repartir à zéro, en 1990, à la suite d'un incendie qui a détruit le siège social, le laboratoire, l'usine et l'entrepôt de son entreprise. Ne restaient que les recettes chimiques. Ordre National du Québec, Le Bulletin, Portrait d'une grande entrepreneuse, Janvier 2014, numéro 12. http://www.ordre-national.gouv.qc.ca/publications/bulletins/2013-12-bulletin-no-12.pdf. Consulté en juillet 2015.

[36] Banque de développement du Canada, Les cinq facteurs clés et les cinq pièges à éviter pour réussir en affaires, Semaine de la PME BDC, 2014. https://www.bdc.ca/FR/Documents/analyses_recherche/cinq-facteurs-cles-et-cinq-pieges-eviter.pdf. Consulté en juillet 2015.

Hambrick et d'Aveni ont présenté un modèle de détérioration de la situation financière des grandes entreprises dont la durée a été estimée à cinq ans[37], les grandes entreprises pouvant renflouer leur trésorerie en faisant appel à des prêteurs actifs dans le financement à haut niveau de risque[38] et/ou en vendant des actifs excédentaires, comme une filiale ou un immeuble où, de propriétaires, ils deviennent locataires. C'est pourquoi plusieurs grandes entreprises font faillite même si leur ratio de fonds de roulement est relativement acceptable, parce qu'elles arrivent à maintenir la trésorerie en réalisant des activités hors exploitation[39]. C'est le cas de Sears Canada qui connaît des problèmes de rentabilité depuis quelques années et qui est toujours en opération. Comment fait Sears pour payer ses employés et ses fournisseurs? En liquidant progressivement des actifs. Par exemple, en 2013, Sears a vendu les baux des locaux de cinq magasins, incluant le prestigieux site du Centre Eaton de Toronto, pour une contrepartie de 400 millions. Toujours en 2013, Sears a vendu sa participation dans une coentreprise avec un groupe immobilier pour une contrepartie de 315 millions[40].

On est loin de l'univers de la majorité des entreprises à capital fermé où les ressources sont rares et essentielles à la continuité des opérations, ce qui montre l'importance pour ces entreprises de se doter d'un système de production de l'information financière exact et rapide. L'étude réalisée montre que dans grand nombre de PME le passage de la cote satisfaisant à la cote préoccupant se fait en quelques mois.

7.6.1 L'information financière, d'abord et avant tout pour les propriétaires de l'entreprise

Les premiers utilisateurs des états financiers sont les propriétaires et les dirigeants de l'entreprise. Ce ne sont pas les auditeurs, ce ne sont pas les prêteurs, ce ne sont pas les analystes financiers. Des propriétaires et des dirigeants qui prennent des décisions sur la base de « mauvais chiffres » prennent des mauvaises décisions qui conduisent tôt ou tard leur entreprise dans la spirale de la détresse financière.

7.7 Commentaires sur la qualité de l'information financière dont disposent les entreprises à capital fermé

Les données fournies par les tableaux ci-dessus commentés sont assez explicites et révélatrices de ce qui existe en réalité. La qualité de l'information financière présentée par les entreprises à capital fermé est de qualité inégale et doit être analysée suivant une grande connaissance de l'entreprise, de ses propriétaires dirigeants, de ses partenaires d'affaires et de leurs objectifs d'utilisation. D'autant plus que de plus en plus d'entreprises à capital fermé, quelle que soit la taille, ne présentent plus d'états financiers audités[41]. Ce qui nous éloigne des données présentées dans le tableau intitulé *États financiers accompagnés d'un*

---

[37] Hambrick, D.C., D'Aveni, R.A. (1988). Large Corporate Failures as Downward Spirals, Administrative Science Quaterly, 33, p. 1-23.

[38] Voici un exemple de fonctionnement d'une société d'investissement à capital fermé qui se spécialise dans le prêt à haut niveau de risque, appelé également prêt alternatif, la société Sécur Finance, qui offre des prêts hypothécaires dits « alternatifs » à des projets immobiliers en manque de financement. Ces financements temporaires, connus comme des prêts de type B, sont accordés à des entrepreneurs qui ne respectent pas les critères des prêteurs traditionnels, comme les banques. En retour de ces prêts plus risqués, Sécur réclame des taux d'intérêt plus élevés que la norme, typiquement de 12 à 15 %, en plus des frais de dossiers. L'argent qui est prêté vient d'une soixantaine d'hommes d'affaires, médecins et investisseurs fortunés québécois. L'organisation leur verse des rendements de 8 à 10 %. Autrement dit, Sécur Finance joue en quelque sorte le même rôle qu'une banque, faisant des profits sur l'écart entre les taux des emprunts et les prêts. Vaille, F., Dubuc, A. (2015, 17 juillet). Sécur Finance : des prêts de plus de 100 millions en difficulté, *La Presse*, Affaires. http://affaires.lapresse.ca/economie/quebec/201507/17/01-4886174-secur-finance-des-prets-de-plus-de-100-millions-en-difficulte.php. Consulté en juillet 2015.

[39] Friend, D., Maurino, R. (2013, 29 octobre). Sears Canada fermera cinq magasins et vend les baux pour 400 millions $. *La Presse Canadienne*. http://quebec.huffingtonpost.ca/2013/10/29/sears-canada-fermeture-magasins-vente-baux_n_4172732.html. Consulté en juillet 2015. Sears Canada recueille 315 M$ de la vente d'actifs immobiliers. (2013, 11 novembre). *La Presse Canadienne*. http://www.lesaffaires.com/secteurs-d-activite/commerce-de-detail/sears-canada-recueille-315-m-de-la-vente-d-actifs-immobiliers/563543. Consulté en juillet 2015.

[40] Voir les états financiers de Sears Canada.

[41] Cette situation est discutée par Eric Turner, CPA, CA dans un billet intitulé *L'audit : dans une spirale fatale?* publié sur le site Internet de CPA Canada, le 24 juin 2015. https://www.cpacanada.ca/fr/ressources-en-comptabilite-et-en-affaires/audit-et-certification. Consulté en juillet 2015.

rapport d'auditeur indépendant, page 250. Comment expliquer ce changement de situation? Parce qu'au cours des dernières années, les utilisateurs d'états financiers, en particulier les banques, ont relevé le montant minimum de crédit où des états financiers audités sont exigés.

Mais ce qui est certain est que dès que l'on constate une pauvreté de l'information financière, en termes de connaissance et d'application des conventions comptables et en terme de délai de production de l'information, il y a place pour le doute et le questionnement sur la capacité de l'entreprise et de ses dirigeants à prendre les meilleures décisions pour assurer la pérennité de l'entreprise. Aussi, l'analyste doit-il poser beaucoup de questions sur le fonctionnement interne de l'entreprise, ses systèmes de contrôle interne, d'établissement de prix de revient, de surveillance et d'optimisation de la trésorerie et autres. Sinon, on risque de se retrouver tôt ou tard au bord de la spirale de la détresse financière.

Figure 7.2

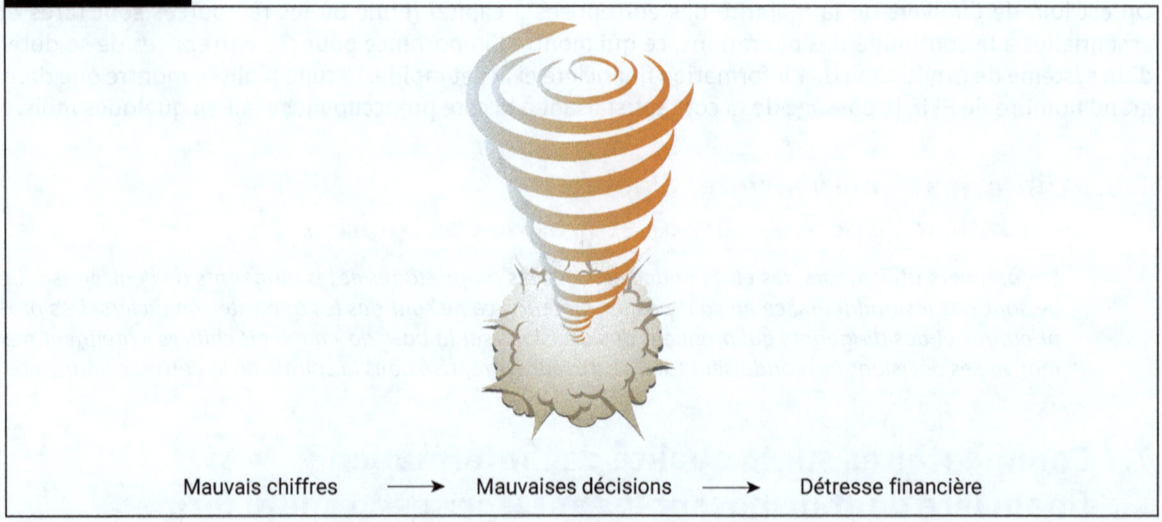

Comme il a déjà été mentionné, l'audit des états financiers d'une entreprise est un processus coûteux, ce qui s'explique compte tenu du travail minutieux requis pour que les auditeurs indépendants émettent une opinion sur la fiabilité de l'information financière. Mais une entreprise **peut et devrait** mettre en place les systèmes de contrôle interne, d'enregistrement comptable des transactions et de préparation des états financiers en conformité avec les bonnes pratiques de gestion financière, afin de s'assurer du meilleur système d'information pour l'évaluation de la performance de l'entreprise, la comparaison avec les budgets et la prise de décision.

Il y a ici un double gain. Le premier gain, au risque d'être répétitif, sera de nouveau mentionné :

> *Les premiers utilisateurs des états financiers sont les propriétaires et les dirigeants de l'entreprise. Ils sont les premiers « gagnants » de la mise en place d'un excellent système d'information financière.*

Figure 7.3

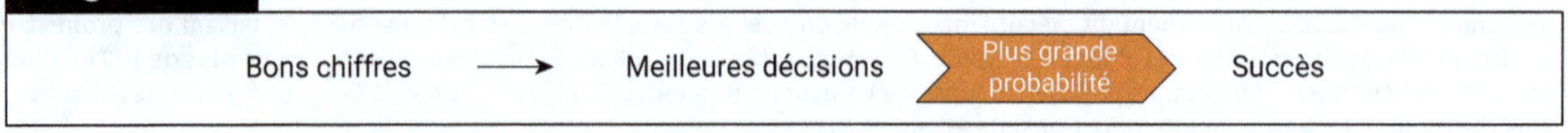

L'autre gain est que la démonstration d'une saine gestion financière est un gage de confiance envers les prêteurs et les autres investisseurs, ce qui se traduira par des avantages tangibles et quantifiables en argent. Le premier avantage est que la preuve que l'entreprise est dotée d'un excellent système d'information financière suscitera la confiance chez les investisseurs, faisant la différence entre « investir ou non ». Le second avantage repose sur une équation de base en finance qui fait qu'un investisseur, en contexte de haut niveau de risque, exigera une prime de risque plus élevée. À l'inverse, une situation de compréhension et de confiance en l'information publiée contribuera à diminuer ladite prime de risque.

Plusieurs spécialistes en crédit bancaire vous diront qu'ils accordent une grande confiance à des entreprises qui leur remettent des états financiers non audités, de haute qualité, parce qu'ils savent que la direction considère primordial d'avoir accès « aux bons chiffres ». Alors que pour d'autres entreprises, ils ne peuvent accorder aucune confiance aux chiffres présentés et ne peuvent appuyer leur décision de crédit et fixer les conditions de crédit que sur la situation financière personnelle des propriétaires-dirigeants. C'est ce que nous avons appelé, au début de ce chapitre, « le crédit corporatif-personnel » où s'entremêlent crédit personnel et crédit corporatif.

Finalement, un excellent système d'information financière permettra à l'entreprise, en particulier celles qui sont à forte croissance et en recherche continue de financement, de préparer rapidement et en toute crédibilité les informations requises par les banques, les investisseurs et les organismes gouvernementaux, et d'obtenir plus rapidement les crédits nécessaires.

Et si on y pense quelques instants, à quoi sert de noircir des pages et des pages d'une demande de financement pour dire que l'entreprise est une bonne entreprise, propriété de bons entrepreneurs et bien dirigée par eux, si les mots ne sont pas appuyés par une preuve tangible que sont les chiffres. Pas des chiffres pour des chiffres, mais la traduction quantitative, compréhensible par tous les utilisateurs, en commençant par les entrepreneurs eux-mêmes, de ce qu'est et de ce que sera l'entreprise.

Figure 7.4

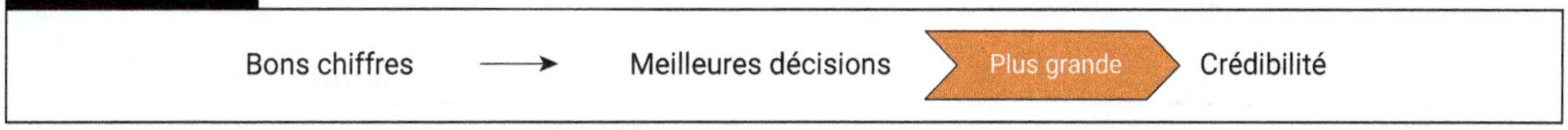

Ce qui nous emmène à la prochaine section où nous continuerons de discuter des particularités de la relation propriétaire-entreprise et de leur impact sur l'analyse des entreprises à capital fermé en abordant le sujet des montages financiers hybrides et de l'impact sur l'analyse de la trésorerie et de la structure financière de l'entreprise.

7.8 Montages financiers « hybrides »[42]

L'expression montages financiers « hybrides » désigne un montage financier original, intégrant ressources personnelles des propriétaires et ressources corporatives, librement et légalement mis en place pour l'organisation des affaires du groupe.

Rappelons encore une fois que le propriétaire d'une entreprise à capital fermé est libre d'organiser ses affaires comme il le veut, dans le respect de la loi, naturellement. Par exemple, le propriétaire peut investir dans son entreprise sous forme d'actions ou sous forme de prêts. Le choix de l'une ou l'autre forme d'investissement par le propriétaire s'explique souvent par la plus grande facilité pour l'entreprise de rembourser les prêts dus à ses propriétaires que de racheter les actions. Les créanciers vont se prémunir contre ce risque de sortie plus rapide d'encaisse en demandant au propriétaire prêteur de signer une subordination de créance en leur faveur. Une subordination de créances[43] signifie que le propriétaire ne pourra demander à l'entreprise de rembourser ses avances tant que le **créancier bénéficiaire** de la subordination ne donne son accord ou n'ait révoqué le document[44]. Soulignons que nous avons utilisé le terme **créancier bénéficiaire,** car la subordination de créances n'est valide que pour le créancier en faveur de qui la subordination de créances a été signée, pas pour les autres créanciers.

[42] Les montages financiers mis en place dans le cadre d'une planification fiscale successorale ne sont pas abordés dans ce volume.
[43] En pratique, les banques utilisent souvent un formulaire intitulé « cautionnement et subordination de créances » qui inclut les deux formes d'engagement d'un propriétaire envers l'institution financière. Soit le cautionnement, qui est l'engagement à rembourser la banque si l'entreprise ne respecte pas ses engagements, et la subordination de créance, qui est l'engagement de ne pas procéder à des remboursements de prêts dus aux propriétaires sans l'autorisation de la banque. Ce qui explique que les deux formes d'engagement sont souvent perçues comme un seul et même engagement, ce qui n'est pas le cas.
[44] Il est fortement conseillé de recourir à l'expertise d'un conseiller juridique pour tout ce qui a trait à la signature et à la gestion des documents légaux signés dans le cadre d'un accord de financement. L'habitude et l'expérience en financement d'entreprises ne sauraient se substituer à l'expertise légale.

Figure 7.5 Schéma investissement

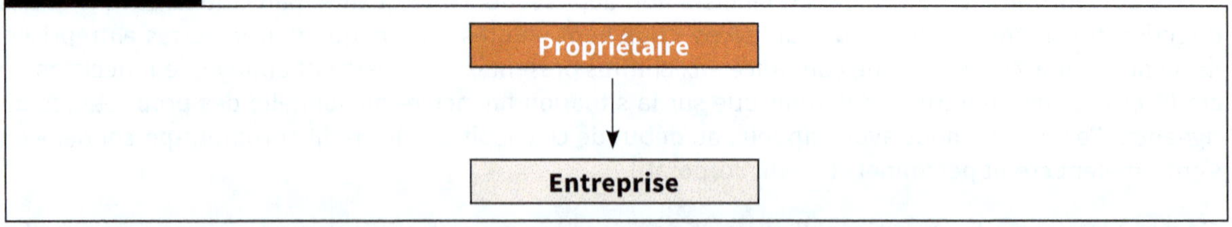

Il peut aussi investir directement dans son entreprise, sous forme d'actions ou sous forme de prêts, ou indirectement en cautionnant des tierces parties qui elles, investiront directement dans l'entreprise.

Figure 7.6 Schéma Investissement direct et indirect

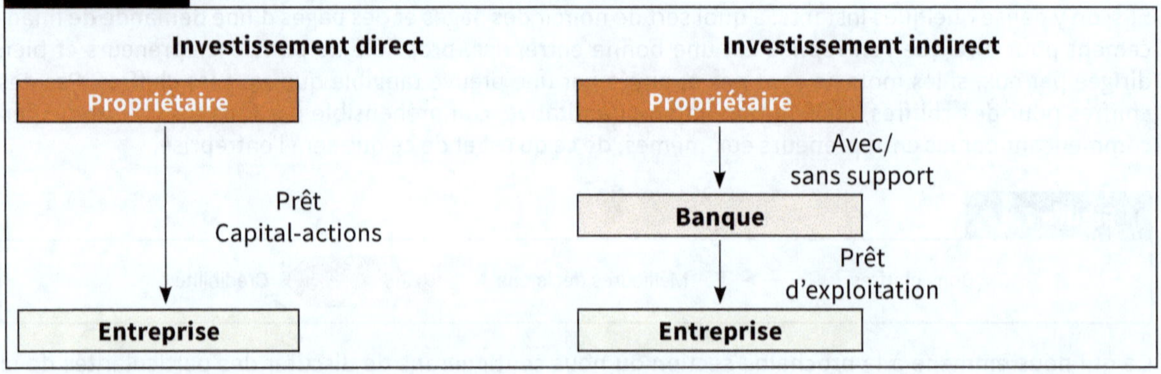

Dans la partie gauche du schéma, nous constatons le lien direct de l'investissement fait par le propriétaire dans son entreprise. Ce qui se traduira de façon comptable dans les états financiers, sous forme de prêt ou sous forme de capital-action. Supposons un investissement en capital-action de 10 000 $. L'écriture comptable est la suivante.

Encaisse	10 000 $	
Capital-action		10 000 $

À la fin de la période, le montant inscrit dans « Encaisse » aura été utilisé dans les opérations courantes, mais on retrouvera, dans la rubrique « Avoir des propriétaires », dans le poste comptable *Capital-action* le montant de 10 000 $, seul, ou en accumulation, si des investissements en capital-actions ont déjà été faits dans le passé.

Il en sera de même si l'investissement fait par l'entrepreneur-actionnaire a été fait sous forme de prêt.

Encaisse	10 000 $	
Dû à l'actionnaire		10 000 $

Cette fois, le montant de 10 000 $ sera présenté, seul ou en accumulation, si ce prêt s'ajoute à des prêts antérieurs fait par l'entrepreneur à son entreprise.

Nous constatons donc que lorsqu'un entrepreneur investit directement de l'argent dans son entreprise, quelle que soit la forme de l'investissement, la transaction est présentée aux états financiers et fait partie des données qui seront incluses dans la construction des ratios financiers.

L'autre schéma d'investissement présente la même intention d'assurer à l'entreprise le capital dont elle a besoin, mais cette fois l'entrepreneur recourt à une stratégie d'investissement différente. Au lieu de déposer directement l'argent dans le compte de banque de l'entreprise, il demande à la banque d'autoriser un prêt à son entreprise qu'il cautionne personnellement. Le plus souvent, dans ce type de transaction, la caution est supportée par une garantie tangible remise à la banque, tel un certificat de placement et il n'y a donc pas de transfert de risque à la banque, contrairement à ce qui est perçu au premier regard sur les chiffres.

L'enregistrement comptable de la transaction est le suivant :

Encaisse	10 000 $	
Dû à la banque		10 000 $

En effet, l'alourdissement apparent de la structure financière fausse l'interprétation et l'évaluation du risque dans une analyse financière qui serait faite de façon mécanique. Comment se prémunir contre ce problème potentiel de bonne connaissance? Tout d'abord, en consultant les notes aux états financiers où les garanties sont indiquées en bonne et due forme, ou, lorsque les états financiers ne sont pas audités, ce qui est souvent le cas pour les états financiers d'entreprises à capital fermé, en consultant les contrats de crédit.

Ajoutons qu'ici, la perspicacité et l'expertise de l'analyste pourraient être mises à profit. En effet, lorsque la structure financière d'une entreprise ne correspond à aucune logique rationnelle d'investissement, la probabilité qu'elle soit supportée par des ressources hors bilan est élevée. La connaissance des chiffres et des logiques d'investissement sont les meilleurs atouts pour identifier les questions auxquelles il faudra trouver réponse.

Par exemple, dans l'étude portant sur le risque de crédit bancaire et la détection des risques annonciateurs de la défaillance des PME, dont nous avons déjà présenté quelques données, plusieurs propriétaires d'entreprises avaient effectivement opté pour le dépôt de garanties tangibles pour appuyer une demande d'augmentation du crédit d'exploitation. Il ne s'agit donc pas d'une transaction inhabituelle ou fallacieuse.

7.9 L'analyse financière par la méthode des ratios financiers

Nous avons présenté, dans un chapitre précédent, la méthode la plus connue d'analyse des états financiers, appelée « méthode des ratios financiers ». Bien entendu, toutes les réserves qui ont été mentionnées sont toujours pertinentes dans ce chapitre, mais la justesse des données de calcul et de l'interprétation des résultats constitue une préoccupation supplémentaire. Des années de pratique professionnelle dans l'industrie du crédit bancaire et des centaines d'examen d'états financiers d'entreprises de toute taille ont motivé la réalisation de l'étude à laquelle nous avons fait référence dans ce chapitre, à savoir, est-ce que les états financiers des entreprises à capital fermé, de taille PME qui constituent la majorité des entreprises canadiennes, peuvent être analysés sur la seule base de l'information fournie. Notre réponse est NON.

Autres que les problèmes de qualité de l'information dont nous avons déjà discuté, et des limites des normes comptables à capter l'activité des entreprises fondées sur le savoir dont nous discuterons dans un prochain chapitre, s'ajoutent les problèmes de structures financières éclatées des entreprises à capital fermé, de la présence de ressources et de passifs hors bilan, ainsi que, pour les plus petites entreprises, de l'enchevêtrement des obligations personnelles et corporatives.

La référence au modèle probablement le plus connu de prévision de la faillite d'entreprises, le modèle de Altman (1968)[45], dont l'objectif était d'identifier les ratios financiers qui permettaient la meilleure discrimination entre les entreprises saines et celles en faillite, permettra de mieux comprendre les limites et la prudence à apporter aux conclusions tirées de l'analyse d'entreprises à capital fermé, plus particulièrement les entreprises de taille PME, avec la méthode des ratios financiers.

[45] Altman, E.I. (1968, septembre). Financial ratios, discriminant analysis and the prediction of corporate bankruptcy, The Journal of Finance, Vol XXIII, p. 589-609.

Voici les ratios financiers qui avaient été trouvés les plus discriminants dans le modèle de prévision de faillite d'Altman.

Information recherchée	Ratio financier – Formule de calcul
Latitude financière à court terme	Fonds de roulement/Actif
Réinvestissement de la richesse	Résultats non distribués/Actif
Rentabilité	Bénéfice avant intérêt et avant impôts (BAII)/Actifs
Latitude financière à long terme	Valeur au marché des fonds propres/Passifs
Efficacité de gestion	Ventes/stocks

Bien sûr, depuis 1968, les travaux d'Altman ont été repris par plusieurs chercheurs avec des variations[46] sur l'échantillon d'entreprises, sur le choix de la méthode d'analyse statistique et sur la période de collecte des données, mais avec une certaine constance sur les résultats obtenus. En effet, on constate une dégradation des ratios de rentabilité, de latitude financière à long terme et de latitude financière à court terme chez les entreprises entrées dans la spirale de la faillite.

Mais quand on analyse les états financiers des entreprises à capital fermé, on est dans un autre univers, la construction des ratios étant marquée par les multiples limitations présentées dans ce chapitre ainsi que par l'enchevêtrement de la situation financière des propriétaires et de celle de l'entreprise.

Autre élément important : l'identification de tendances fournies par l'analyse horizontale des états financiers est problématique compte tenu de la rapidité des modifications de trajectoires, autant en situation de croissance et de succès qu'en situation de détérioration financière. Ce qui provoque de l'instabilité dans les chiffres.

7.9.1 Des chiffres disponibles, maintenant

Les chiffres sont-ils inutiles pour autant? Bien sûr que non, car les mots ou expressions présentés dans ce chapitre, comme *instabilité*, *rapidité des changements*, *points de bascule*, *déséquilibre provoquée par la croissance*, appellent au besoin d'un système de pilotage « *on line* ». Actuellement, les systèmes d'information des entreprises à capital fermé, les PME plus précisément, produisent de l'information, mais avec des délais qui les rendent plus près du système d'archivage que du système de prise de décision. Autre problème : la qualité de l'information, car, rappelons-le, des mauvais chiffres = des mauvaises décisions.

Heureusement la démocratisation des nouvelles technologies et les services d'enregistrement des transactions et de paiement ($+ et $–) offerts aux entreprises de toute taille vont leur permettre de disposer de systèmes d'information exacts, sécuritaires et « *on line* ». Un autre aspect intéressant est que les experts-comptables travaillent maintenant en système intégré avec leurs clients, ce qui leur permet d'intervenir rapidement, à distance, dans le système comptable. Un nouveau métier est même à se développer dans le milieu de la comptabilité et de la finance, où des experts comptables vont prendre la responsabilité totale de ces fonctions comme s'ils étaient nommés à la direction financière de l'entreprise.

[46] En musique, on parlera de « variations sur un même thème ».

Chapitre 8

Analyse financière des entreprises familiales ou familles en affaires

L'entreprise au service de la famille

Peter Simons, chef de la direction des magasins Simons

Entrevue avec Louis Lacroix, 98,5FM, 17 juillet 2015, http://www.985fm.ca/lecteur/audio/peter-simons-chef-de-la-direction-des-magasins-si-279780.mp3

S'intéresser aux entreprises familiales dans un manuel qui s'intéresse aux entreprises va de soi étant donné qu'environ 80 % des entreprises québécoises, canadiennes ou mondiales sont des entreprises familiales[1]. Nous ne parlons donc pas ici d'une catégorie minoritaire d'entreprises mais de la grande majorité des entreprises. Il faut ajouter qu'on retrouve les entreprises familiales autant dans le groupe des entreprises à capital fermé que dans les entreprises à capital ouvert. Et ici comme ailleurs, en Europe, en Asie, en Afrique, plusieurs entreprises portent le nom de familles connues du grand public.

Au Canada, lorsque l'on parle des grandes entreprises familiales, les noms de quelques familles entrepreneuriales très connues nous viennent immédiatement à l'esprit. Mentionnons la famille Lemaire qui a fondé et contrôle la société Cascades[2], la famille Saputo qui a fondé et contrôle la société Saputo[3], la famille Péladeau qui a fondé et contrôle la société Québécor[4], et il y en a bien d'autres. Pour les entreprises à capital fermé, il suffit de consulter les publicités de plusieurs entreprises où on fait référence à la date de fondation et à la lignée qui s'est succédée à la direction, ou de lire les enseignes où le fameux suffixe « & Fils » ou « & Fille » est inclus dans la raison sociale. La famille DeSerres, dont nous avons parlé dans un chapitre précédent, est un bel exemple d'entreprise familiale à capital fermé (DeSerres[5]). Mentionnons également le nom de la famille Simons, synonyme de grands magasins à la mode (Simons[6]), et de la famille Germain, qui a innové dans l'industrie hôtelière en lançant le concept des hôtels-boutiques (Groupe Germain Hôtels[7]).

[1] Selon l'Association canadienne des entreprises familales (CAFE), 80 % des entreprises nord-américaines sont familiales. Ces entreprises produisent environ 50 % du PNB canadien, et 30 % d'entre elles figurent sur la liste des 500 plus grandes entreprises du *Financial Post*. Elles paient 50 % de l'ensemble des salaires au Canada et elles emploient 60 % de la main-d'œuvre au Québec. http://www.lafond.ca/articles/la-gestion-de-la-continuite-dans-les-pme-familiales.html. Consulté en juillet 2015.
[2] www.cascades.com
[3] www.saputo.com
[4] www.quebecor.com
[5] www.deserres.ca
[6] www.simons.ca/simons
[7] www.groupegermain.com

C'est au Japon que l'on retrouverait les plus âgées des entreprises familiales, certaines datant même de plusieurs siècles[8]. Il n'est pas rare également de voir, en Europe, des entreprises dont les membres de la famille se sont succédés à la direction depuis plusieurs générations.

Par exemple, Volkswagen est une société contrôlée par deux familles, les familles Porsche et Piëch qui détiennent 50,7 % des droits de vote. La société Volkswagen AG se classe même au premier rang du palmarès Ernst & Young des 10 plus grandes entreprises européennes familiales. Elle est suivie au deuxième rang par la société EXOR S.p.A. contrôlée par la famille Agnelli, au cinquième rang par la société ArcelorMittal, contrôlée par la famille Mittal, et au dixième rang par la société LVMH – Louis Vuitton Moët Hennessy SA, contrôlée par la famille Arnault. En Suède, la famille Kamprad a fondé et dirige toujours la société Ikea, une autre entreprise familiale[9].

8.1 Définition de « la famille »

Il est très difficile de définir ce qu'est une entreprise familiale, puisque deux univers évoluent à la fois en intégration et en parallèle. L'univers de la famille et celle de l'entreprise.

La définition de la famille rend encore plus difficile la définition de l'entreprise familiale, puisqu'elle est différente selon les us, les traditions et la culture des pays et qu'elle est en constante évolution. Ici comme ailleurs dans le monde.

Prenons le cas de la culture nord-américaine. Si ce volume avait été écrit dans les années 1950, le mariage aurait constitué la base de la définition de la famille. Le père, la mère et les enfants reprenant au fil des générations les rênes de la direction de l'entreprise. Alors que maintenant, en normalisation comptable canadienne pour les entreprises en capital fermé, la famille est plutôt définie comme un groupe de personnes qualifiées de proches parents et reliées entre elles par la notion de « conjoint ». La notion de conjoint se substitue donc au mariage pour l'identification de la famille.

> *Les proches parents comprennent le conjoint d'une personne et les personnes qui sont à la charge soit de la personne décrite, soit du conjoint de cette personne*
>
> *Manuel de CPA Canada, Comptabilité, Partie II, Normes comptables pour les entreprises à capital fermé, chapitre 3840, Opérations entre apparentés, paragraphe .04, g.*

La consultation de la norme internationale sur l'information relative aux parties liées, la norme IAS 24 ajoute la notion de partenaire familial à la notion de conjoint pour définir la famille et ses proches parents.

> *Les membres de la famille proche d'une personne sont les membres de la famille dont on peut s'attendre à ce qu'ils influencent cette personne, ou soient influencés par elle, dans leurs relations avec l'entité. Ils comprennent :*
>
> *a) les enfants et le conjoint ou partenaire familial de la personne;*
>
> *b) les enfants du conjoint ou partenaire familial de la personne; et*
>
> *c) les personnes à la charge de la personne ou du conjoint ou partenaire familial de celle-ci.*
>
> *Manuel de CPA Canada, Comptabilité, Partie I, Normes internationales d'information financière, chapitre IAS 24, Information relative aux parties liées, paragraphe 9, b) a.*

Ailleurs, dans la littérature, on fera référence à la notion de « toit économique » pour définir de façon comptable ou financière ce qu'on entend par famille ou par groupe familial.

[8] March, S., (2014, 2 novembre). L'auberge Hyshi Ryokan est considérée comme l'entreprise encore en activité la plus vieille du monde. Depuis sa fondation, 40 générations se seraient succédées aux commandes de l'entreprise familiale. *Les experts.* http://www.economiematin.fr/news-entreprises-familiales-anciennete-monde-record-france-italie-march

[9] Ernst & Young, *Family business yearbook 2014.*

Dans d'autres cultures, la définition de la famille peut être une notion très large, incluant les lointains parents, cousins, cousines, alors que les mariages, les alliances créent des fusions et des conglomérats familiaux[10].

> Nous n'associons pas dans ce texte la culture à un pays, mais à la tradition, ainsi qu'aux us et coutumes de l'héritage familial des propriétaires de l'entreprise. Ce qui signifie que peu importe le lieu où une entreprise familiale est située, compte tenu de l'immigration et des déplacements de personnes, la variable culturelle et son impact sur la gouvernance, la performance et la pérennité de l'entreprise doivent être pris en considération dans l'analyse financière et l'analyse de risque d'une entreprise familiale.

À l'instar de l'évolution de la définition de la famille, la définition et les caractéristiques intrinsèques du concept de l'entreprise familiale sont également en évolution. En effet, compte tenu de l'urbanisation[11], où les enfants quittent la campagne pour la ville, de l'augmentation de la complexité du monde des affaires, de l'éducation, de l'importance accordée par les parents au libre choix de carrière de leurs enfants, nous assistons, dans toutes les cultures et dans tous les pays, à une profonde mutation de la définition traditionnelle de l'entreprise familiale fondée sur la symbiose des univers familiaux et corporatifs. On parle de plus en plus de professionnalisation de l'entreprise familiale qui dissocie ce qui est bien pour l'entreprise et ce qui est bien pour la famille (peu importe la définition)[12].

La professionnalisation de l'entreprise familiale implique que l'on sépare la gestion de la famille de celle de l'entreprise, puisque les deux entités n'ont pas les mêmes objectifs. La famille est un lieu d'émotion, où l'objectif est de prendre soin des siens, alors que l'entreprise est un lieu d'affaires où l'objectif est d'assurer la valorisation de l'entreprise dans son ensemble. Là où se rejoignent famille et entreprise est que la valorisation du patrimoine corporatif devient la valorisation du patrimoine familial, puisque ce sont les membres de la famille qui sont les propriétaires, donc les bénéficiaires. La scission entre la propriété et la gestion de l'entreprise familiale est de plus en plus un fait accepté, et nous verrons émerger dans les prochaines années différents modèles d'affaires de gouvernance et d'exploitation où la famille ne sera plus au service de l'entreprise, mais où l'entreprise sera au service de la famille. D'où cette appellation de « familles en affaires ».

Cette évolution contribuera certainement à améliorer le taux de survie des entreprises familiales et à modifier les données statistiques observées jusqu'ici. Par exemple, les suivantes.

> *Bien que la majorité des propriétaires d'entreprises familiales souhaitent transmettre leur patrimoine à la génération suivante, on estime qu'à la deuxième génération, 70 % de ces entreprises ne survivront pas et que 90 % ne dureront pas jusqu'à la troisième génération.*
>
> *Family Firm Institute, www.ffi.org*

Présentement, lorsque l'on parle des entreprises familiales, le problème de la relève est probablement celui qui est le plus souvent mentionné dans la littérature professionnelle publiée à ce sujet. Mais la relève est souvent abordée dans le contexte de la symbiose de la propriété et de la gestion. C'est-à-dire que les héritiers[13] doivent succéder à leurs proches parents à la direction de l'entreprise. Ou vendre. Alors

---

[10] Boungou Bazika, Jean-Christophe, L'entreprise familiale : définition et fonctionnalité dans une perspective africaine, Université Marien Ngouabi, Faculté des sciences économiques, Centre d'études et de recherche sur les analyses et politiques économiques (CERAPE), NO 04-74.

[11] Le phénomène de l'urbanisation et son impact sur la définition et les responsabilités d'un membre de la famille par rapport à la famille peuvent être observés partout à travers le monde.

[12] PwC, Up close and professional: the family factor, Global Family Business Survey, 2014. www.pwc.com/familybusinesssurvey. Consulté en juillet 2015.

[13] Dans ce texte, nous utiliserons le mot « héritier » pour désigner tout membre de la famille impliqué dans la gestion et/ou les opérations de l'entreprise.

qu'il serait possible d'assurer la relève sous un angle de propriétaire et de contrôle, seulement, en mettant en place une équipe de professionnels dédiés à la gestion courante et aux opérations, chapeautés par un conseil d'administration constitué de membres de la famille, de membres de la direction et de spécialistes externes.[14]

Si nous pensons aux entreprises familiales situées en région, par exemple, il est fréquent que les héritiers déménagent dans les grandes villes universitaires pour poursuivre leurs études, se marient, ont des enfants et ne souhaitent pas tout chambarder dans leur vie familiale pour « reprendre l'entreprise » comme le dit l'expression populaire. Présider le conseil d'administration, décider des grandes stratégies de développement de l'entreprise solidement appuyés d'une équipe de professionnels, conserver le patrimoine familial et bénéficier de la valorisation de l'entreprise? C'est une option qui permettrait à la fois de faire ce qui est bien pour la famille et ce qui est bien pour l'entreprise. Mais, pour ce faire, la professionnalisation de l'entreprise familiale doit se faire maintenant en intéressant et en permettant à des professionnels chevronnés de traverser le plafond de verre[15] de la gouvernance familiale et d'accéder aux postes de haute direction.

Comme mentionné dans un paragraphe précédent, nous assistons actuellement à l'émergence de nouveaux modèles d'organisation des familles en affaires et chacun d'eux devra être examiné par rapport à son efficacité à protéger le patrimoine corporatif, le patrimoine familial et à minimiser le risque « famille » qui est perçu tellement dommageable par certaines sociétés d'investissement qu'elles refusent d'y investir.

8.2 Définition de l'entreprise familiale

Il existe plusieurs définitions de l'entreprise familiale, chacune s'appuyant sur des critères de propriété, de contrôle[16] et de gestion pour la définir. Tout comme nous avons montré l'évolution de la définition de la famille au cours des années, nous montrerons l'évolution de la définition de l'entreprise familiale au cours du temps.

En 1964, Donneley définissait ainsi l'entreprise familiale[17].

> *L'entreprise familiale est une entreprise qui a été étroitement identifiée à une famille pendant au moins deux générations et où ce lien a influencé à la fois les politiques de l'entreprise et les intérêts et objectifs de la famille et qui répond aux sept conditions suivantes :*
>
> 1. *un facteur du choix du successeur est le lien familial;*
> 2. *les épouses et les fils des dirigeants actuels ou passés siègent au conseil d'administration;*
> 3. *les valeurs institutionnelles de l'organisation sont fortement identifiées à une famille, soit de façon formelle dans les publications de l'entreprise, soit dans les traditions informelles de l'organisation;*
> 4. *la parenté impliquée dans l'entreprise se sent obligée de conserver les actions de l'entreprise, surtout durant les périodes difficiles, pour des raisons tout autres que financières;*
> 5. *le poste détenu dans l'entreprise familiale influence le statut au sein de la famille;*

[14] Les conseils d'administration des entreprises à capital ouvert doivent avoir des conseils d'administration composés majoritairement de membres indépendants. La même règlementation ne s'applique pas aux conseils d'administration des entreprises à capital fermé.

[15] L'expression « plafond de verre » est souvent utilisée dans la littérature publiée sur les difficultés des femmes professionnelles d'atteindre les postes de haute direction. Il nous apparaît intéressant de faire le parallèle avec les professionnels à l'emploi d'entreprises familiales.

[16] Tel que défini par la normalisation comptable, chapitres 1590, 1601, NCECF et norme IFRS 10, IFRS.

[17] Donnelley, R. G. "The Family Business." *Harvard Business* Review, 1964, 42, 9 3 - 1 0 5.

6. *chaque membre de la famille doit déterminer son lien avec l'entreprise quand il choisit sa carrière;*

7. *les membres de la famille agissent en fonction de la réputation de l'entreprise, qu'ils participent ou non au management.*

Donnelley, R. G. (1964). The Family Business. Harvard Business Review, 42, p. 9 3 - 1 0 5, publié en traduction française sur le site Internet de Familles en affaires. http://famillesenaffaires.fr/index.html. Consulté en juillet 2015.

« Autres temps, autres mœurs », comme le dit si bien l'expression, mais la lecture de cette définition, datant des années 1960, est particulièrement instructive sur ce qu'est une entreprise familiale reposant sur les responsabilités et les obligations de la famille envers l'entreprise.

À la limite, nous dirions qu'elle présente des aspects anecdotiques, quasi folkloriques, liant hérédité, appartenance au clan et compétences en affaires; plusieurs de ces conditions sont maintenant réfutées dans la gestion contemporaine des entreprises familiales, qui priorise la compétence plutôt que l'appartenance au clan familial.

Mais attention, nous ne voudrions pas développer une fausse perception de l'éviction souhaitable des membres de la famille de la direction de l'entreprise familiale. Au contraire. Si des membres du clan sont compétents et intéressés par la direction de l'entreprise, c'est tant mieux, car à ce moment, ces héritiers feront à la fois ce qui est bien pour l'entreprise et ce qui est bien pour la famille. De plus, il faut le dire, il y a toujours un sentiment de fierté, d'attachement et de personnalisation à lier le nom des dirigeants actuels, au nom du propriétaire fondateur et au nombre de générations de la lignée de succession.

Une autre définition de l'entreprise familiale, plus moderne, et que nous retiendrons pour les fins de ce chapitre est celle de la Commission européenne publiée en 2009.

Une entreprise, quelle que soit sa taille, est une entreprise familiale si :

1. *La majorité des droits de vote est détenue par la ou les personnes physiques qui ont créé l'entreprise, ou par la ou les personnes physiques qui ont acquis le capital de l'entreprise, ou bien par leurs conjoints, parents ou enfants ou par les héritiers directs de leurs enfants.*

2. *La majorité des droits de vote est indirecte ou directe.*

3. *Au moins un représentant de la famille ou de la parentèle participe formellement à la gouvernance de l'entreprise.*

4. *Les sociétés cotées en bourse entrent dans la définition de l'entreprise familiale si les personnes qui ont créé ou acquis l'entreprise (capital) ou bien leur famille ou leurs descendants détiennent 25 % des droits de vote issus de leur capital.*

Cette définition inclut les entreprises familiales qui n'ont pas encore effectué de transmission à la seconde génération.

Commission européenne, 2009, Cité dans PwC France, Étude Family Business France, mars 2011[18]

Cette définition nous apparaît pertinente, puisqu'elle place le pouvoir de la famille en fonction du nombre de droits de vote, non pas en fonction du nombre d'actions votantes. Ce qui nous emmène en plein débat canadien sur le nombre important d'entreprises cotées à la bourse de Toronto qui ont émis en faveur de groupes d'actionnaires des actions multivotantes, c'est-à-dire des actions où plus d'un droit de vote est attaché à l'action.

[18] http://www.pwc.com/gx/en/pwc-family-business-survey/assets/FBS_2010_11_FR.pdf

Pour illustrer ce que sont des actions multivotantes, supposons qu'une entreprise émet deux actions votantes, appartenant à deux catégories différentes. La première catégorie donne un droit de vote par action. Alors que la seconde donne 10 droits de vote par action. Y a-t-il une catégorie d'action qui prime sur l'autre en terme de pouvoir et de contrôle sur l'entreprise? La réponse est évidemment oui.

Voici quelques exemples de différences entre le nombre d'actions détenues et le nombre de droits de vote détenus pour certains groupes d'actionnaires d'entreprises canadiennes tel que publié dans La Presse.ca[19, 20]

Entreprise	Principal actionnaire	Part contrôlée des votes	Part contrôlée du capital-actions en circulation
Power Corporation	Famille Desmarais	59,2 %	20,9 %
Bombardier	Famille Bombardier-Beaudoin	52,4 %	13 %
Québecor	Pierre Karl Péladeau	73,8 %	28,7 %

8.3 Deux cas particuliers

8.3.1 Premier cas particulier : les conjoints en affaires

Nous avons mentionné que certaines institutions financières, certaines sociétés d'investissement hésitent ou refusent de devenir partenaires d'entreprises familiales. Principalement à cause du risque « famille » où la confusion entre l'entité « famille » et l'entité « entreprise » peut faire éclater rapidement l'entreprise.

Mais qu'en est-il lorsque les principaux actionnaires et dirigeants d'une entreprise sont des conjoints. Il nous apparaît donc impératif de discuter plus précisément du risque « conjoint » lorsqu'il est question d'entreprises familiales. En réalité, il y a toujours eu des conjoints en affaires, ce n'est donc pas une situation nouvelle. Ce qui est nouveau est l'évolution du risque « conjoint ». Revenons, par exemple, à la liste des critères de définition d'une entreprise familiale, où Donneley (1964) mentionnait en deuxième point « les épouses et les fils des dirigeants actuels ou passés siègent au conseil d'administration ». On remarque d'abord le genre utilisé (on parle d'épouses), et ensuite, une certaine connotation extérieure à l'effet que l'épouse est extérieure à la propriété et à la gestion courante. Alors que maintenant, les conjoints en affaires, tous genres confondus, sont parties prenantes autant dans la propriété que dans la gestion courante. D'où l'intérêt actuel pour le risque « conjoint ».

Avouons que c'est une situation délicate, et nous laissons le lecteur penser au risque que représente le mélange « amour et affaires » en situation de rupture amoureuse. Cette expression nous a été inspirée par le nom d'un colloque qui s'est tenu le 12 février 2010[21], organisé conjointement par la Chaire du notariat et la Chaire Jean-Louis Baudoin en droit civil, intitulé « L'amour et les affaires ». Le résumé de la

[19] Vallières, M. (2015, 21 juillet). Des poids lourds de Québec inc. contrôlés par des « multivotantes » http://affaires.lapresse.ca/bourse/201507/21/01-4887009-des-poids-lourds-de-quebec-inc-controles-par-des-multivotantes.php. Consulté en juillet 2015.

[20] La source des informations fournies dans l'article de Martin Vallières sont les circulaires de direction des entreprises, Bloomberg, Bourse de Toronto.

[21] Le 12 février 2010 étant un vendredi, nous pouvons penser que la tenue de l'événement à proximité de la fête populaire de la Saint-Valentin, le 14 février, était un clin d'œil amusant.

présentation de la conférencière Michelle Thériault présente bien les enjeux et le haut niveau de risque de la mauvaise organisation d'un tel partenariat. Et bien que la présentation cible les cabinets professionnels, les enjeux et les risque peuvent être reportés à toute entreprise.

> *« Associés en amour et en affaires : les défis à relever*
>
> *Des partenaires d'affaires, amoureux ou non, devraient toujours signer un contrat écrit, après avoir pris bien soin de discuter ensemble des principaux enjeux concernant le fonctionnement de l'entreprise. Et c'est encore plus important lorsqu'il s'agit d'un couple, agissant par exemple à titre d'associés d'une société de professionnels. Lors d'une rupture amoureuse, vu que s'ajoute l'aspect émotif, de mauvaises décisions pourraient même mettre en péril la survie du cabinet. »*
>
> *Extrait du programme du colloque intitulé « L'amour et les affaires » organisé par la Chaire du notariat et la Chaire Jean-Louis Baudoin en droit civil, tenu le 12 février 2010 à Montréal[22].*

L'entrée d'un conjoint dans l'actionnariat et dans la gestion courante d'une entreprise n'est pas un événement anodin et représente un facteur de risque pouvant mener rapidement une entreprise dont les conjoints sont en désaccord, en situation de détresse financière, comme le mentionne si bien la conférencière citée ci-dessus. Pensez aux investisseurs et aux employés qui se retrouvent coincés entre les deux partenaires d'affaires, ne sachant comment ramener sur un plan strictement affaires la vie quotidienne d'une entreprise où les propriétaires-dirigeants sont en instance de divorce... Ce n'est pas évident, et effectivement, si un plan intérimaire de gestion de crise n'est pas prévu durant la période de turbulence, ou si un plan de sortie n'est pas prévu en situation de séparation, l'avenir de l'entreprise devient tributaire de l'humeur des conjoints. Ce qui dépasse l'intérêt des investisseurs qui ne souhaitent pas faire face à ce type de risque, irrationnel, qui dépasse la théorie financière.

Ce risque est-il suffisamment pris en considération par les conjoints lorsqu'ils démarrent leur entreprise ou, plus tard, lorsqu'ils admettent comme nouvel actionnaire et nouveau gestionnaire le conjoint? La réponse est non. Trop souvent, on y pense au moment où survient la crise. Mais que fait-on pendant la période de turbulence, pendant la crise qui ne se terminera pas nécessairement par une séparation? C'est là où se situe l'analyse de risque et la nécessité de se doter d'un plan de gestion de crise.

De façon plus générale, il est entendu que la dynamique et que les bonnes relations entre les membres d'une famille qui sont propriétaires et/ou gestionnaires d'une entreprise familiale ont une incidence directe sur l'évolution et la performance de l'entreprise familiale. Nous avons fait ici référence aux conjoints en affaires; nous pourrions le faire avec les frères et sœurs en affaires ou les parents et enfants en affaires. Chaque cas est particulier et demande une identification des zones de turbulence ainsi que d'un plan spécifique de gestion de crise.

8.3.2 Deuxième cas particulier : il n'y a qu'un seul président

Il est entendu que l'entreprise ne peut satisfaire les rêves de tous les héritiers qui souhaitent accéder au poste de direction ultime, la présidence. Ce qui se résume assez bien par cet énoncé :

> *« Il n'y a qu'un seul président. »*

Et qui sera le prochain président? L'aîné de la famille? Le beau-frère ou la belle-sœur? Le cousin ou la cousine? Le vice-président finance « étranger » à la famille? Un gestionnaire chevronné recruté à l'extérieur de l'entreprise? Autrement dit, quel critère de sélection primera dans le choix du nouveau président :

> *L'appartenance familiale ou la compétence.*

---

[22] http://www.chairejlb.ca/pdf/programme_12fevrier.pdf. Consulté en juillet 2015.

Et cela se corse avec le temps, comme le montre le prochain schéma.

Figure 8.1 La confusion croît avec le temps

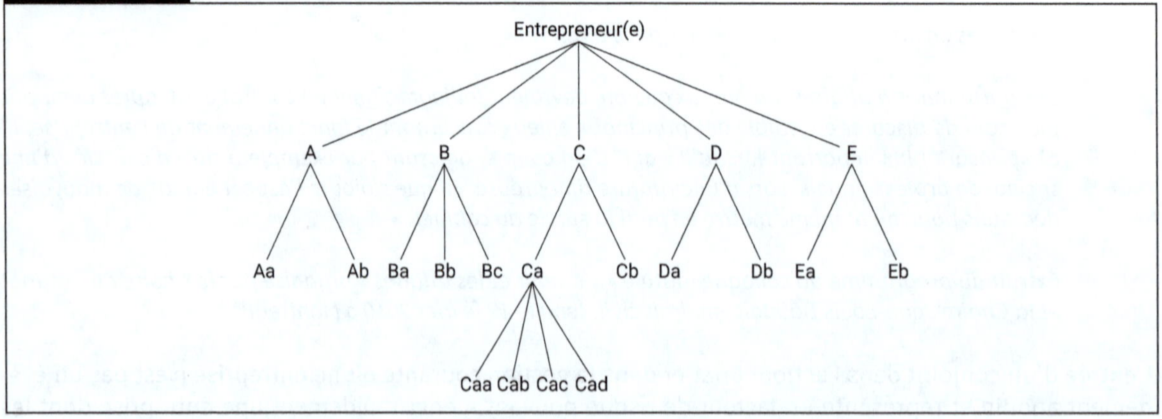

8.4 Professionnalisation de l'entreprise familiale

Il existe de nombreux ouvrages qui s'intéressent à la préparation de la relève dans les entreprises familiales ou à la protection de sa valeur[23]. Il n'en sera donc pas abondamment question dans ce volume, notre objectif étant plutôt de nous concentrer sur la gestion du risque « famille » comme tel. Et un élément de risque certain est présenté dans le schéma ci-dessus où on constate l'augmentation du nombre d'héritiers avec le temps et au fil des générations. Si ce schéma avait été présenté dans les années 1960, la majorité des héritiers occuperaient un poste dans les opérations ou à la direction de l'entreprise. Nous les appellerons « les héritiers actifs ». Aujourd'hui, il existe une plus grande mixité entre les héritiers actifs et les héritiers passifs; passifs mais propriétaires, ne l'oublions pas.

Ce qui est certain, c'est que l'entreprise n'arrivera jamais à satisfaire tous les objectifs personnels des héritiers, actifs et passifs. Par exemple, est-il préférable de verser un dividende ou de réinvestir dans l'entreprise? Et que toute prise de décision sera fortement teintée par l'émotion. Pour assurer la valorisation du patrimoine familial, il devient nécessaire que les héritiers développent une vision commune de leur investissement dans l'entreprise, prennent les décisions en fonction de ce qui est le mieux pour elle, fassent de la place (jusqu'à la présidence) à des « étrangers » compétents… ou vendent[24]. Sous peine de détérioration, voire de destruction de ce patrimoine familial qu'est l'entreprise[25].

Figure 8.2 Dualité des missions – le respect des missions distinctes de la famille et de l'entreprise

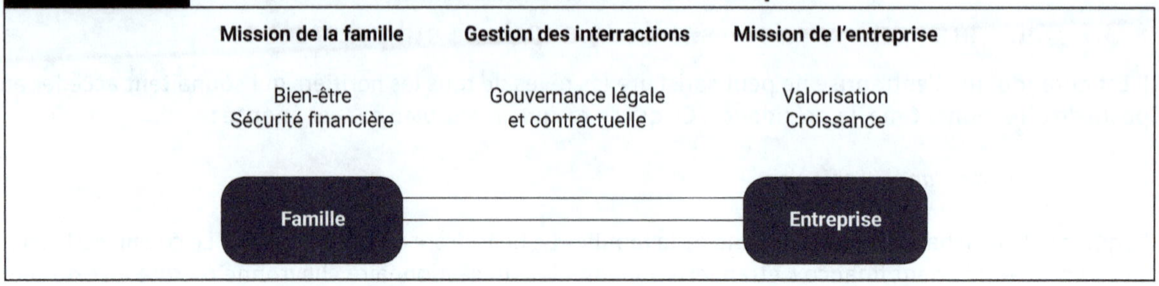

[23] McGowan, L., Weigl, C., Wilton, D. L., Aldridge, K. (2007). Outils de planification de la relève pour les propriétaires d'entreprise, Tirez pleinement parti de la valeur de votre entreprise. Institut Canadien des Comptables Agréés. 204 pages.

[24] C'est une situation qu'on retrouve dans les entreprises familiales agricoles où les enfants ne souhaitent pas continuer l'œuvre de leurs parents.

[25] La valeur d'une entreprise était une donnée fluctuante, certains propriétaires qui prennent leur retraite et passent le flambeau à la génération suivante vendent une partie des actions de l'entreprise tout en conservant le contrôle dans le giron familial. Cela permet de cristalliser immédiatement une partie de la valeur de l'entreprise tout en permettant une option sur le futur.

Faire ce qu'il y a de mieux pour la famille, faire ce qu'il y a de mieux pour l'entreprise.

Perreault, Yvon G., L'entreprise familiale, Les Éditions Transcontinentales, Fondation de l'Entrepreneurship, 2e édition, 1993. ISBN 2-921030-51-9.

Examinons ce schéma[26] qui traduit bien la dualité de la mission corporative et de la mission familiale des familles en affaires. Et qui motive l'adoption des règles suivantes pour assurer la saine cohabitation et la survie de l'entreprise familiale. Nous y adhérons et croyons que toute présentation d'une entreprise familiale faite à des investisseurs devrait inclure le mode de protection et de croissance de la valeur de l'entreprise (partie droite du schéma), reposant sur des variables financières et le mode de gestion du risque de la gouvernance de l'entreprise (partie centrale du schéma), où famille et actionnariat se confondent.

« Comment assurer la valorisation de l'entreprise familiale »

1. Se doter d'un mode de règlement des conflits.
2. Se doter d'un mode intérimaire de délégation des opérations courantes de l'entreprise en situation de crise (ajout de Micheline Renault).
3. Établir les différents centres de gouvernance.

   Conseils familiaux :

   a) Conseil de famille ***(relations familiales);***

   b) Conseil des membres actionnaires de la famille, énoncé de la vision commune de l'entreprise comme investissement, choix des héritiers[27] qui deviendront membres du conseil d'administration ***(relations d'investissement);***

   c) Conseil d'administration de l'entreprise, énoncé des grandes orientations stratégiques, conseil mixte, famille - étrangers ***(relations d'affaires);***

   d) Comité de direction de l'entreprise, gestion des opérations courantes **(relations d'affaires)**.
4. *Établir des règles de comportement et d'éthique des membres de la famille.*
5. *Interdire les disputes familiales devant les employés.*
6. *Ne pas utiliser l'appartenance à la famille comme symbole d'autorité.*
7. *Édicter et publiciser les règles d'emploi :*
8. *Formation académique, expérience de travail;*
9. *Primauté de la compétence sur l'appartenance familiale.*
10. *Édicter et publiciser les règles de congédiement.*
11. *Édicter et publiciser les mécanismes de communication et de traitement des insatisfactions à l'emploi et des insatisfactions dans la famille qui nuisent à l'entreprise familiale.*
12. *RESPECTER LES RÈGLES CONVENUES.*

Perreault, Yvon G., L'entreprise familiale, Les Éditions Transcontinentales, Fondation de l'Entrepreneurship, 2e édition, 1993. ISBN 2-921030-51-9.

---

[26] Ce schéma est adapté du schéma présenté dans les travaux du professeur Yvon Perreault, ESG UQAM.

[27] Les héritiers sont choisis en raison de leur compétence. Ils peuvent être actionnaires ou non. Les héritiers peuvent également choisir d'être représentés par une personne à l'extérieur de la famille pour une question de compétence et de confiance.

8.5 En conclusion

Les entreprises familiales sont d'abord des entreprises à capital ouvert ou à capital fermé, ce qui fait que ce qui a été développé dans les chapitres précédents est toujours pertinent; s'y ajoutent le risque « famille » et le risque « conjoint » qui augmentent de beaucoup la complexité de l'analyse de risque, de l'analyse financière et de la prise de décision.

Une solide compréhension de l'organigramme de la famille et de sa culture, l'identification des décideurs, de fait et légaux (actions avec droits de vote), l'identification des modes de passage entre l'entité familiale et l'entité corporative, l'acceptation et la cohabitation entre les membres de la famille et les gestionnaires étrangers ainsi que des plans de gestion de crise dans les zones de turbulence, permettront à l'entreprise de se déployer sans avoir à subir les impacts négatifs des soubresauts familiaux, et aux investisseurs d'acquérir la confiance dont ils ont besoin pour s'y intéresser et y investir.

Pour terminer :

Note 1. Les actions ne sont pas des cadeaux d'anniversaire ou des cadeaux de fêtes de fin d'année. Il existe plusieurs façons de veiller au bien-être financier de tous les membres de la famille sans qu'ils soient tous détenteurs d'actions votantes.

Note 2. Des sujets importants plus spécifiques aux entreprises à capital fermé, et encore plus spécifiques aux PME comme la gestion de risque en cas d'inaptitude momentanée ou permanente des propriétaires-dirigeants, la planification successorale de chacun des membres de la famille détenteurs d'actions votantes (qui héritera des actions votantes?) doivent être discutés et réglés dès le démarrage de l'entreprise ou dès maintenant.

Chapitre 9
Les entreprises immatérielles

Nous abordons ici la réalité contemporaine d'un grand nombre d'entreprises dont le succès repose sur l'exploitation du savoir, du capital intellectuel, du génie. On les appelle souvent « entreprises intangibles » ou « entreprises immatérielles ».

La difficulté de l'analyse financière et de la compréhension de ces entreprises est qu'une grande partie des actifs porteurs de valeur sont des actifs intangibles, qu'on ne voit pas, parce que compte tenu de la normalisation comptable, ils ne seront présentés dans l'état de l'évolution de la situation financière que s'ils sont acquis[1]. En effet, ce que le consommateur voit, perçoit, n'est pas nécessairement ce qui est. On sait par exemple que l'actif le plus précieux chez Walmart est la remarquable base de données qui leur permet de faire en temps réel la gestion stratégique des informations obtenues de leurs clients. En effet, la direction dispose d'un système de collecte et d'analyse de données lui permettant d'observer et d'analyser sur le champ les achats de ses clients, qui constituent dans les faits une partie importante de la population nord-américaine.

Walmart peut donc ajuster en temps réel son niveau d'inventaire en magasin et ses commandes aux fournisseurs suivant les achats ou non achats de ses clients. Voici un exemple. Supposons que le détaillant propose à sa clientèle un modèle de manteau offert en deux couleurs, noir ou vert, et qu'il constate dans les minutes suivant leur mise en vente que le manteau noir plaît à la clientèle alors qu'elle boude le vert. La gestion des inventaires en temps réel fera que l'on commandera immédiatement de nouveaux manteaux noirs et que l'on soldera les manteaux verts pour les écouler[2], en obtenir un maximum de contrepartie monétaire[3] et faire de la place à plus de manteaux noirs. En terme contemporain, on dirait que Walmart exploite la valeur commerciale d'un réseau, d'une communauté de clients.

Ce n'est donc pas Facebook et les autres entreprises de réseaux qui ont inventé la commercialisation de bases de données générées par la création de communautés, mais des entreprises « de brique et de mortier ». Le génie de Mark Zuckerberg, fondateur de Facebook, a été d'extraire l'actif intangible de son cadre d'exploitation tangible et d'en faire l'assise d'une exploitation commerciale.

---

[1] Voir le chapitre portant sur les postes comptables, section actifs intangibles, IAS 38.

[2] Traduit en langage de trésorerie, « écouler les manteaux verts » signifie transformer rapidement en encaisse des inventaires dont la valeur de revente ne fera que se détériorer avec le temps et utiliser rapidement cette encaisse dans des activités lucratives.

[3] Tous les modèles d'affaires sont possibles. Il existe un réseau de magasins « à rabais » dont l'inventaire provient d'achats de « balances de vente » auprès des grandes entreprises qui gèrent de façon active leurs inventaires et leur encaisse. Son slogan publicitaire mentionne souvent que tous les jours il y a de nouveaux arrivages et que le client sera ravi de ses trouvailles. Ce qui est vrai, et pour le client et pour le détaillant, qui ne peut dire à l'avance de quoi sera constitué ses prochains achats, puisqu'il dépend de ce qui sera offert sur ce marché similaire à un encan.

9.1 Des rapports financiers de plus en plus immatériels, même pour les entreprises de « brique et de mortier »

Les entreprises dont le succès repose presque essentiellement sur le contrôle et l'exploitation d'actifs « de brique et de mortier » sont de moins en moins nombreuses, exception faite de l'industrie immobilière. Et ce, quelle que soit la taille de l'entreprise. Voici quelques exemples qui permettront de mieux comprendre que même dans les industries perçues comme étant les plus tangibles, même chez les entreprises perçues comme étant les plus « brique et mortier », l'émergence de nombreux actifs intangibles qui deviennent les véritables moteurs de performance des entreprises, forcent les analystes à les voir autrement et à les évaluer avec des indicateurs originaux, hybrides, intégrant l'information financière et l'information de gestion utilisée à l'interne de l'entreprise. Les deux types d'information ne sont pas, d'ailleurs, incompatibles, puisqu'il existe des passages entre les deux types de comptabilité dans la construction de plusieurs normes comptables. La norme IFRS 8, par exemple, qui porte sur la présentation des secteurs opérationnels, pose comme critère de définition d'un secteur les créneaux spécifiques d'activité actuels et futurs de l'entreprise, tels que définis par les modes d'évaluation, d'investissement, et de performance fixés, à l'interne, par la direction[4]. Ce qui signifie que deux entreprises actives dans la même industrie ne présenteront pas nécessairement le même découpage sectoriel compte tenu de leur stratégie de développement et de leur identification dans le marché. Une entreprise active dans l'industrie des vêtements de sport, avec une identification « mode », ne déploiera pas ses efforts de la même façon qu'une entreprise concurrente qui vise un marché plus technique et spécialisé de clients. Les entreprises concurrentes ne seront pas les mêmes et les investissements dans le marketing, dans la recherche et le développement, ne seront pas les mêmes. On ne peut donc les analyser de la même façon, uniquement sur la base de quelques ratios. Et si on le fait, il faut être attentif à l'identification du véritable secteur d'appartenance de l'entreprise pour faire du bon travail.

Le premier cas que nous examinerons est l'entreprise Danone.

ÉTATS FINANCIERS

COMPTES CONSOLIDÉS ET ANNEXES AUX COMPTES CONSOLIDÉS

Bilan consolidé

		Au 31 décembre	
(en millions d'euros)	Notes	**2013**	**2014**
Actif			
Goodwill		11 474	11 582
Marques		4 501	4 337
Autres immobilisations incorporelles		333	315

[4] *Manuel de CPA Canada*, IFRS 8

Article 5

Un secteur opérationnel est une composante d'une entité :

a) qui se livre à des activités ordinaires dont elle peut tirer des produits et pour lesquelles elle peut engager des charges (y compris des produits et des charges relatifs à des transactions avec d'autres composantes de la même entité);

b) dont les résultats d'exploitation sont régulièrement examinés par le principal décideur opérationnel de l'entité en vue de prendre des décisions sur les ressources à affecter au secteur et d'évaluer la performance de celui-ci; et

c) pour laquelle des informations financières distinctes sont disponibles.

Un secteur opérationnel peut se livrer à des activités dont il ne tire pas encore de produits; par exemple, une activité en phase de démarrage peut être un secteur opérationnel avant de commencer à tirer des produits d'activités ordinaires. [...]

Article 7

L'expression « principal décideur opérationnel » identifie une fonction, et non pas un dirigeant ayant ce titre particulier. Cette fonction consiste à affecter des ressources aux secteurs opérationnels d'une entité et à évaluer la performance de ces secteurs. Le principal décideur opérationnel d'une entité est souvent le président-directeur général ou le directeur général, mais il peut aussi s'agir, par exemple, d'un groupe de directeurs généraux ou d'autres personnes.

Immobilisations incorporelles	9.1 à 9.3	16 308	16 234
Immobilisations corporelles	5.5	4 334	4 582
Titres mis en équivalence	4.1 à 4.8	1 033	2 146
Autres titres non consolidés	11.1 à 11.2	313	92
Autres immobilisations financières et prêts à plus d'un an	11.1 à 11.2	251	228
Autres actifs financiers		564	320
Instruments dérivés – actifs [a]	12.4	130	181
Impôts différés	8.2	709	836
Actifs non courants		**23 078**	**24 299**
Stocks	5.4	1 252	1 340
Clients et comptes rattachés	5.4	1 809	1 900
Autres comptes débiteurs	5.4	916	974
Prêts à moins d'un an		23	30
Placements à court terme	10.4	2 862	2 317
Disponibilités		969	880
Actifs détenus en vue de leur cession		19	8
Actifs courants		**7 850**	**7 448**
Total de l'actif		**30 928**	**31 747**

(a) Instruments dérivés en gestion de la dette nette.

Danone, Extrait du rapport financier annuel, Bilan consolidé, page 76, 2014.

Le nom Danone, bien connu à travers le monde, évoque l'activité industrielle et l'activité de distribution de pots de yogourt[5], de bouteilles d'eau, bref, « la brique et le mortier ». Pourtant, l'examen de l'état de l'évolution de la situation financière de l'entreprise nous emmène dans un autre univers, soit l'univers de l'immatériel. En effet, un calcul rapide nous indique que 67 % des actifs non courants présentés dans l'état de la situation financière[6] sont constitués d'immobilisations incorporelles, telles le goodwill, les marques de commerce et autres (16 234/24 299), et que seulement 19 % des actifs non courants sont constitués d'immobilisations corporelles, telles des immeubles en construction ou en exploitation, du mobilier et autres (4 582/24 299). Vous aurez remarqué l'importance du poste comptable *Goodwill* qui, à lui seul, constitue 47 % des actifs non courants (11 582/24 299). Ce qui indique une stratégie de croissance par acquisition d'entreprises plutôt que par croissance organique, le poste comptable *Goodwill* n'étant généré que par une transaction d'acquisition d'entreprise[7]. Si nous rappelons brièvement ce qu'est le goodwill, ou survaleur, il s'agit de l'excédent de la valeur globale d'une entité à une date donnée, sur la juste valeur attribuée aux éléments identifiables de son actif net à cette date[8]. Intégrée dans le contexte de l'application des normes comptables, autant IFRS que NCECF, la date devient la date de prise de contrôle de l'entreprise acquise, et les éléments identifiables incluent autant les éléments tangibles que les éléments intangibles. Par exemple, Metro nous informe, dans la note portant sur l'acquisition de l'entreprise Première Moisson ainsi que d'un magasin concurrent, que le goodwill de cette transaction d'acquisition correspondra à un élément de différenciation dans le marché ainsi qu'à une augmentation du chiffre d'affaires.

> *Lorsque les répartitions des prix d'achat seront finales, le goodwill résultant des acquisitions correspondra, d'une part, à la possibilité pour la Société de se différencier davantage en offrant à sa clientèle une gamme élargie de produits de boulangerie de très grande qualité fabriqués par Première Moisson et, d'autre part, à un accroissement de clients s'approvisionnant auprès des nouveaux magasins d'alimentation.*
>
> *Metro, États financiers présentés pour la période terminée le 28 septembre 2014, Acquisition d'entreprises, note 5*

[5] DeVilliers, M.-È. (2015). *Multidictionnaire de la langue française*. Éditions Québec-Amérique. Au Québec, on utilise le mot « yogourt », alors qu'en Europe, on utilise plutôt le mot « yaourt » pour désigner le même produit laitier.
[6] Les IFRS permettent l'utilisation du terme « bilan » pour désigner l'état de la situation financière.
[7] Voir le chapitre portant sur les normes comptables, section « actifs intangibles », à la page 108.
[8] Ménard, L., et collaborateurs. (2011). *Dictionnaire de la comptabilité et de la gestion financière*, 3e édition, Institut canadien des comptables agréés (CA). 1812 pages.

L'analyse financière de Danone ou de Metro consiste donc à identifier correctement, à une date donnée, ce qu'est l'entreprise, quel est son métier principal (nous nous permettons ici un clin d'œil à Metro dont le slogan publicitaire est « Profession : épicier »), quel est son modèle d'affaires, sa stratégie d'opération, et de choisir la méthode d'analyse et les indicateurs de performance appropriés.

Pour nous aider à mieux comprendre le métier de Danone, examinons l'état du résultat global de l'entreprise présenté pour la même période qui nous indique que les frais de vente (qui incluent les frais de marketing) équivalent presque à la moitié du coût des produits vendus (5 209/11 056). Il y a effectivement un produit de qualité dans un pot de yogourt Danone, mais il y a également beaucoup de marketing. Danone renouvelle constamment l'emballage, la couleur et la texture, en particulier des produits s'adressant aux enfants qui veulent « le nouveau tube », la « nouvelle saveur », et tant mieux si le produit est santé. Et il en est de même pour les adultes, qui seront à l'affût de nouveautés et de prix de promotion, ce marché étant extrêmement concurrentiel. Pour faire un parallèle rapide de la différenciation de stratégie et de marché cible dans le marché des yogourts, il existe certains produits artisanaux, axés sur les ingrédients, qui prospèrent dans des réseaux de distribution qui misent sur la communauté et la loyauté. Un tout autre univers commercial.

Illustrant le positionnement commercial de Danone, les deux prochains tableaux financiers nous indiquent que la capacité de Danone à évoluer de façon favorable dans un marché international dépend :

1. De son habileté à se démarquer de la concurrence et à vendre « le bon produit », « dans le bon marché », dans une diversité de zones géographiques.
2. De son expertise à réussir ses transactions d'acquisition (construction de l'empire).
3. De sa proactivité à se retirer rapidement de transactions d'acquisition décevantes.

ÉTATS FINANCIERS

COMPTES CONSOLIDÉS ET ANNEXES AUX COMPTES CONSOLIDÉS

4.1 COMPTES CONSOLIDÉS ET ANNEXES AUX COMPTES CONSOLIDÉS

Comptes consolidés

Résultat consolidé et résultat par action

		Exercice clos le 31 décembre	
(en millions d'euros sauf résultat par action en euros)	Notes	**2013**	**2014**
Chiffre d'affaires net	5.1 à 5.2	**21 298**	**21 144**
Coût des produits vendus		(10 977)	(11 056)
Frais sur vente		(5 425)	(5 209)
Frais généraux		(1 707)	(1 743)
Frais de recherche et de développement		(275)	(272)
Autres produits et charges	5.3	(105)	(202)
Résultat opérationnel courant		**2 809**	**2 662**
Autres produits et charges opérationnels	6.1	(681)	(511)
Résultat opérationnel		**2 128**	**2 151**
Produits de trésorerie et d'équivalents de trésorerie		76	94
Coût de l'endettement financier brut		(269)	(274)
Coût de l'endettement financier net	10.6	(193)	(179)
Autres produits financiers	11.3	52	5
Autres charges financières	11.3	(122)	(137)
Résultat avant impôts		**1 865**	**1 839**

Impôts sur les bénéfices	8.1	(604)	(599)
Résultat des sociétés intégrées		**1 261**	**1 239**
Résultats des sociétés mises en équivalence	4.7	289	14
Résultat net		**1 550**	**1 253**
Résultat net - Part du Groupe		**1 422**	**1 119**
Résultat net - Part des intérêts ne conférant pas le contrôle		128	134
Résultat net - Part du Groupe par action	13.4	**2,42**	**1,88**
Résultat net - Part du Groupe par action dilué	13.4	**2,42**	**1,88**

Danone, Extrait du rapport financier annuel, Résultat consolidé et résultat par action, page 74, 2014.

L'examen de l'état du résultat global d'une autre grande entreprise connue, la société l'Oréal, active dans l'industrie des cosmétiques, est encore plus surprenant. Voici ce que contient le « petit pot » vendu en tablette à la pharmacie ou dans les comptoirs des grands magasins : autant de frais publi-promotionnels, avec un total de (6 558 $) $, que de contenu et d'emballage, appelés « coût des ventes » (6 500 $).

Voici un exemple assez spectaculaire de la découverte du véritable métier de l'entreprise, la gestion de marques de cosmétiques, où le poste budgétaire publi-promotion est de même importance que le budget alloué à ce que l'on achète sur les tablettes des magasins ou au comptoir des cosmétiques.

COMPTES CONSOLIDÉS 2014*

COMPTES DE RÉSULTAT CONSOLIDÉ COMPARÉS

4.1. COMPTES DE RÉSULTAT CONSOLIDÉ COMPARÉS

En millions d'euros	Notes	2014	2013 (1)	2012 (1)
Chiffre d'affaires	4	22 532,0	22 124,2	21 638,4
Coût des ventes		- 6 500,7	- 6 379,4	- 6 388,3
Marge brute		16 031,3	15 744,8	15 250,1
Frais de recherche et développement		- 760,6	- 748,3	- 680,4
Frais publi-promotionnels		- 6 558,9	- 6 621,7	- 6 531,6
Frais commerciaux et administratifs		- 4 821,1	- 4 614,4	- 4 479,7
Résultat d'exploitation	4	3 890,7	3 760,4	3 558,4
Autres produits et charges	8	- 307,2	- 128,6	- 121,1
Résultat opérationnel		3 583,5	3 631,8	3 437,3
Coût de l'endettement financier brut		- 31,4	- 23,1	- 27,3
Produits de la trésorerie et équivalents de trésorerie		42,3	36,4	35,0
Coût de l'endettement financier net		11,0	13,3	7,7
Autres produits et charges financiers	9	- 35,1	- 44,7	- 6,0
Dividendes Sanofi		331,0	327,5	313,4
Résultat avant impôt et sociétés mises en équivalence		3 890,4	3 928,0	3 752,3
Impôts sur les résultats	10	- 1 111,0	- 1 043,6	- 985,4
Résultat net des sociétés mises en équivalence		- 13,5	- 3,0	- 4,6
Résultat net des activités poursuivies		2 765,9	2 881,4	2 762,3
Résultat net des activités abandonnées	3	2 142,7	80,0	108,1
Résultat net		4 908,6	2 961,4	2 870,4

L'Oréal, Extrait du Rapport financier annuel, Comptes de résultat consolidés comparés, page 119, 2014.

Ces deux entreprises construisent des empires commerciaux par acquisition d'autres entreprises (Danone) ou par acquisition de marques de commerce (L'Oréal), transformant au fil des périodes, des rapports financiers tangibles en rapports financiers de plus en plus intangibles. L'analyste doit obligatoirement modifier ses méthodes d'analyse et développer de nouveaux indicateurs de performance.

On aurait tort ici de penser que le phénomène de la croissance de l'immatérialité des rapports financiers n'affecte que les grandes entreprises. Même à plus petite échelle, que ce soit à celle d'une province ou d'une région, on assiste à une consolidation des entreprises compte tenu du départ à la retraite de nombreux propriétaires d'entreprises. Faute de relève, un problème dont nous avons traité dans le chapitre précédent, il faut vendre, et parmi les acheteurs intéressés et possédant la capacité financière de le faire, se trouvent au premier rang les concurrents. L'épicerie de Saint-XYZ achète celle du village voisin. Mais au fait, qu'est-ce qui motive cette transaction d'acquisition? Les inventaires? Les tablettes? Des clients fidèles? Une bonne équipe? Un nom reconnu à exploiter? Une synergie des opérations générant des économies d'échelle au niveau de l'approvisionnement et de l'administration? Une étude publiée par Ernst & Young, intitulée « *Acquisition accounting – What's next for you? A global survey or purchase price allocation practices* » permet de répondre à cette question. Et nous attirons votre attention sur cet autre paradoxe surprenant. À l'exclusion des entreprises actives dans le secteur immobilier, c'est dans le groupe des acquisitions d'entreprises de « brique et de mortier » que l'on retrouve le plus de goodwill dans la répartition du prix d'achat – vente alors que le goodwill alloué à la répartition du prix d'achat d'entreprises actives dans le secteur pharmaceutique est plus petit, l'identification des actifs intangibles acquis (brevets, connaissances, procédés) étant plus précise, tel que présenté dans le tableau suivant[9].

Figure 9.1 Exemple d'identification des actifs intangibles acquis

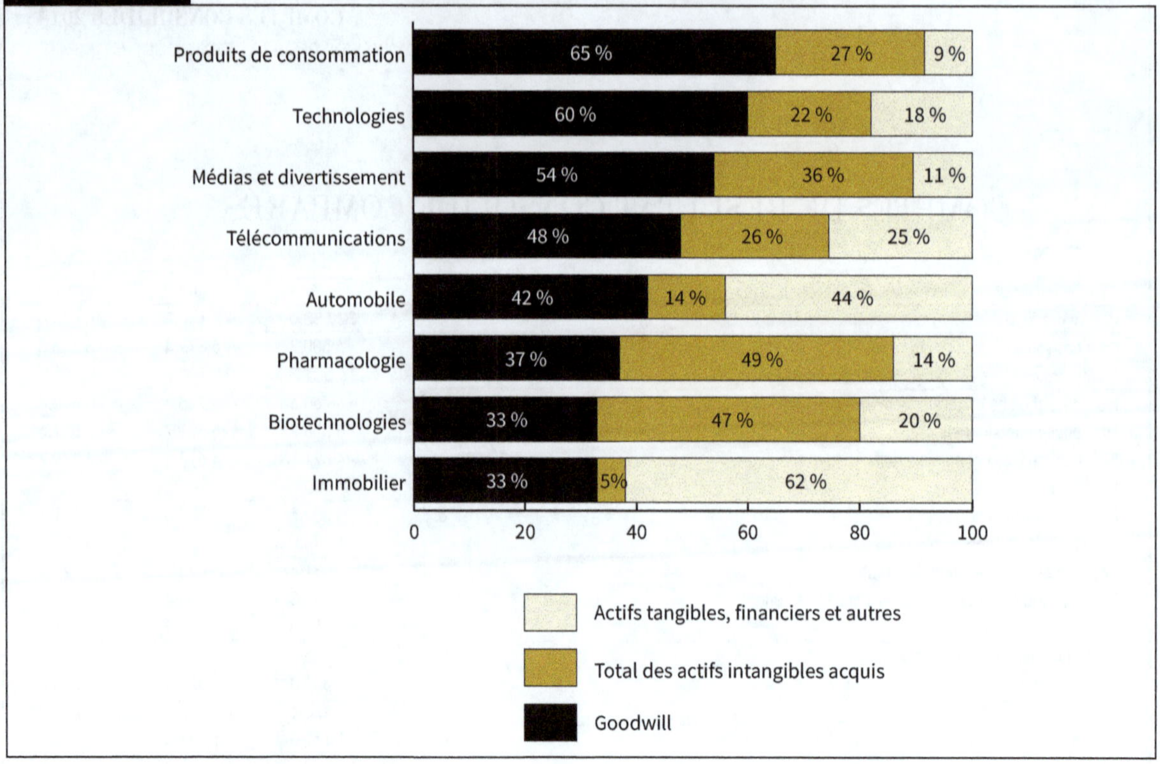

Ernst & Young, Acquisition accounting – What's next for you? A global survey of purchase price allocation practices, février 2009. http://www.ey.com/Publication/vwLUAssets/Allokering_av_merverdier_ved_oppkjøp./$FILE/TAS_Acquisition_accounting_Whats_next_for_you.pdf. Consulté juillet 2016.

[9] Bien qu'il ne soit pas de la portée de ce volume de traiter du financement des transactions d'acquisition, nous portons à l'attention du lecteur que le pourcentage important du goodwill et des autres actifs intangibles identifiés dans le total de l'évaluation de l'entreprise acquise rend difficile le financement de l'opération par des institutions financières plutôt actives dans des transactions à niveau de risque modéré.

Dans ce cas, comment comprendre ce que l'entreprise est à réaliser, quel est son potentiel de succès et d'espérance de rendement pour un investisseur? Comment effectuer le suivi de la transaction et apporter rapidement les correctifs nécessaires en situation de dérapage? Les indicateurs financiers, seuls, ne sont pas suffisants. Il faut comprendre comment fonctionne chaque industrie.

Voici quels sont les principaux « actifs » développés par une entreprise qu'un acheteur potentiel pourrait souhaiter acquérir.

Figure 9.2 Principaux « actifs » développés par l'entreprise

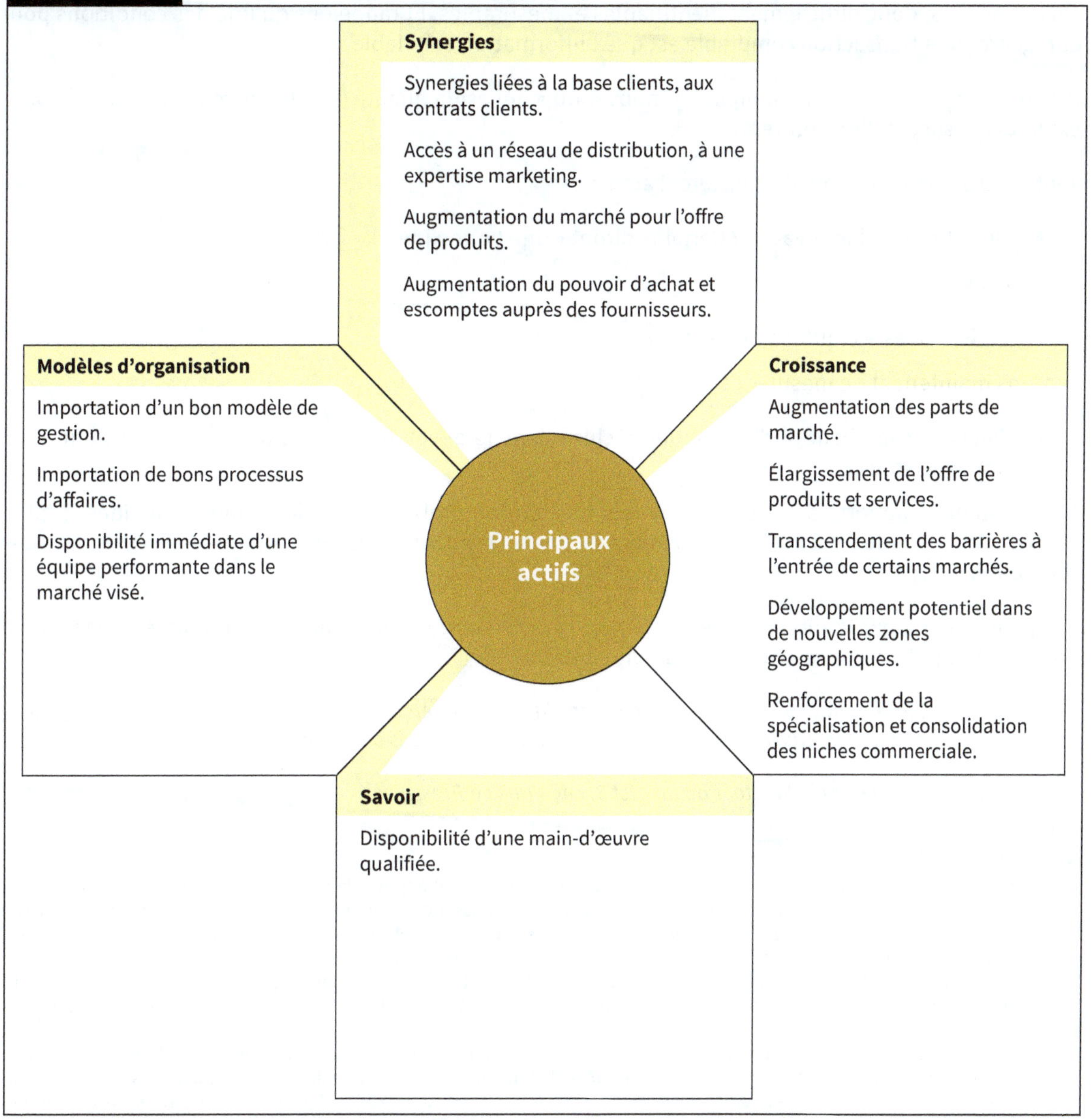

Ernst & Young, Acquisition accounting – What's next for you? A global survey of purchase price allocation practices, février 2009. http://www.ey.com/Publication/vwLUAssets/Allokering_av_merverdier_ved_oppkjøp./$FILE/TAS_Acquisition_accounting_Whats_next_for_you.pdf. Consulté juillet 2016.

Nous constatons ici que la connaissance et la compréhension de l'entreprise dépasse le seul examen des états financiers.

9.2 Innovation

9.2.1 Une bonne idée

Dans ces deux cas, l'utilisation de méthodes classiques d'analyse financière, comme celle des ratios financiers que nous avons vue dans les chapitres précédents, présente des lacunes importantes, puisque le cadre conceptuel comptable capte difficilement les données liées aux éléments intangibles qui constituent les moteurs de performance de ces entreprises. Mais il serait injuste d'attribuer à la normalisation comptable la difficulté de définir et de mesurer certains moteurs de performance, puisqu'ils sont en soi intangibles, donc difficilement identifiables et mesurables. Et rappelons qu'une des conditions pour enregistrer une transaction comptable est que l'information soit fiable.

Prenons par exemple l'actif intangible « innovation » qui est la qualité la plus souvent mentionnée pour expliquer le succès d'une entreprise[10, 11].

Tentons d'abord de définir, de constater l'actif.

- Qu'est-ce que l'innovation? Certains diront « une bonne idée ».

  Mais

  - Qu'est-ce qu'une bonne idée?

Tentons maintenant de mesurer l'actif.

- Quelle est la quantité d'innovation incluse dans le développement d'un nouveau produit, d'un nouveau service?

La comptabilité apporte des éléments de réponse. En comptabilité financière, une bonne idée, capitalisable, c'est une idée qui est techniquement et financièrement réalisable, commercialisable, de façon rentable[12].

Ce qui est repris par le directeur de District 3, un accélérateur d'innovation, qu'on appelle également « accélérateur d'entreprise » ou « incubateur d'entreprises »[13].

> *« Même les bonnes idées, si elles restent dans la tête de quelqu'un, ce n'est pas une innovation. L'ultime but, c'est de concrétiser les visions et les transformer en succès d'affaires. »*
>
> *Xavier-Henri Hervé, directeur de District 3, cité dans La Presse.ca*[14]

---

[10] « Cet investissement additionnel dans D-Box s›inscrit dans notre volonté d›appuyer la croissance des entreprises québécoises qui placent l›innovation au centre de leur développement et de leur croissance à l›international». Par ce commentaire, monsieur Christian Dubé, premier vice-président pour le Québec, de la Caisse de dépôt et placement du Québec, mentionnait que le critère principal de la décision d'investissement dans une entreprise était l'innovation. La Presse Canadienne. (2015, 5 août). La Caisse de dépôt investit 69,1 millions dans Logistec. *La Presse.ca.* http://affaires.lapresse.ca/economie/quebec/201508/05/01-4890632-la-caisse-de-depot-investit-691-millions-dans-logistec.php?utm_categorieinterne=trafficdrivers&utm_contenuinterne=envoyer_lpa. Consulté en août 2015.

[11] « À la base, nous étions une boîte de programmeurs. Nous avons ajouté la création et la stratégie avec le temps pour ne plus être identifiés uniquement au côté technique. Les gens d›Evenko ont aimé que nous puissions leur proposer des idées, pas juste exécuter les leurs. » Mentionné par Robert Gosselin, PDG de WE_ARE. Codère, J.-F. (2015, 27 juillet). Trois festivals, un seul fournisseur d'application. *La Presse.ca.* http://affaires.lapresse.ca/pme/201507/27/01-4888371-trois-festivals-un-seul-fournisseur-dapplications.php. Consulté en août 2015.

[12] Voir le chapitre 2, Postes comptables, norme IAS 38, pour la présentation complète des critères de constatation des frais de développement.

[13] Un accélérateur d'innovations, ou accélérateur d'entreprises ou incubateur d'entreprises, est un centre où on regroupe des entrepreneurs et où leur offre des services comme l'utilisation d'équipements, des rencontres avec des consultants, des mentors, pour leur permettre de passer rapidement de l'idée, au prototype, à l'exploitation commerciale. Le regroupement permet également aux entrepreneurs d'échanger et de découvrir, ensemble, de nouvelles opportunités d'affaires.

[14] Maisonneuve, V. (2015, 15 juillet). Là où naissent les entreprises de demain, La Presse.ca. http://ici.radio-canada.ca/regions/montreal/2015/07/15/002-district-3-accelerateur-innovation-entrepreneurs-start-up.shtml. Consulté en août 2015.

Quant à la mesure, on peut, certes, identifier et mesurer certains coûts liés à la mise en place d'un climat de travail favorisant l'innovation, tels le coût de locaux spacieux et lumineux, des équipements à la fine pointe de la technologie, des bonis récompensant les bonnes idées, mais tout cela est bien accessoire à la valorisation de l'actif « innovation » comme tel. Par exemple, GSoft, une PME québécoise, offre à ses employés de séjourner durant deux semaines par année à Barcelone. L'entreprise assume les frais de logement et de transport et s'attend à ce que de nouvelles idées et de nouveaux projets de développement jaillissent de ce passage dans cette « bulle de création ».

> *Au printemps, les associés de GSoft ont annoncé à leurs 115 développeurs et gestionnaires leur désir d'ouvrir un bureau temporaire loin de Montréal. C'était aux employés de choisir dans quelle ville ils se retrouveraient à tour de rôle pour penser à des projets d'innovation. Leur choix s'est arrêté sur Barcelone.*
>
> *Massé, I. (2015, 1er août). GSoft « L'auberge espagnole » de la techno. La Presse+, Affaires.*

Il est facile d'enregistrer le paiement du loyer, le transfert bancaire à la société aérienne, le transfert de poste budgétaire des salaires des employés, mais qu'en est-il de l'enregistrement de l'actif « innovation » qui ne se matérialisera que par la commercialisation rentable de ce qui a été produit dans la « bulle de création ».

Le président de GSoft mentionne également que cette initiative est coûteuse et que c'est la responsabilité des employés de faire en sorte que l'expérience continue. Ce qui veut dire que malgré le flou entourant le concept de l'innovation et du bouillonnement des idées, il existe des indicateurs de mesure de l'effort et de ses retombées. Cela peut être un ratio effort/augmentation du chiffre d'affaires, effort/taux de succès des présentations-clients, effort/réduction du temps moyen de réalisation des contrats, et autres. Leur particularité est que ce ne sont pas des ratios standards, mais des ratios construits sur mesure, en fonction d'objectifs précis. Dans les cas ci-dessus mentionnés, les objectifs se retrouvent au dénominateur des ratios. L'entreprise doit les ajouter aux rapports financiers standards et les partager avec les investisseurs, car si elle ne les communique pas, on demeure dans la spéculation.

9.2.2 Du génie

On peut également lier l'innovation, de façon plus large, à une personne ou un groupe de personnes qui « ont du génie » et qui ont la capacité d'insuffler à toute une entreprise une culture à leur image, résultant en la mise en marché continue de produits inédits et à succès. Autrement dit, qui ont beaucoup de bonnes idées. Steve Jobs est sans contredit le plus bel exemple de la capacité d'une personne et de son entreprise à innover et à révolutionner une industrie[15]. Mais comment enregistrer « le génie » dans les registres comptables, là est le problème.

Source : Wiki Commons, Matt Buchanan (2010).

[15] Isaacson, W. (2013, mai). *Steve Jobs – La vie d'un génie*. Édition : Le Livre de Poche.

Il est intéressant de répondre à la question suivante : en quelle année Steve Jobs a-t-il annoncé la sortie de la tablette électronique iPad? (La réponse est en bas de page[16]). Vous serez probablement surpris de la réponse, tellement on a l'impression que cela a toujours existé.

Comment avons-nous pu survivre sans iPhone ou sans iPad, des articles qui ont donné naissance à toute une industrie de produits électroniques, de développement d'applications et, surtout, à de nouvelles façons d'étudier, de lire ses magazines, de faire ses opérations bancaires, et autres.

Bien entendu, il s'agit d'un exemple spectaculaire, mais la problématique demeure la même lorsqu'on travaille à plus petite échelle, notamment dans les entreprises en démarrage. Il y a une équipe, une bonne idée, quelquefois un plan d'affaires... et le génie qui transformera une idée en un produit ou un service commercialisable.

Rappelez-vous le Cirque du Soleil – deux clowns sur des échasses, Apple – des étudiants dans un garage, Cora Déjeuners et dîner – une jeune femme et un « *snack bar* ». À tous les jours, sur les sites Internet de financement participatif, on retrouve d'autres clowns sur des échasses qui nous proposent d'investir dans leur projet, leur idée.

Peut-on associer linéairement l'innovation à une ou à des personnes « qui ont du génie »? Pas nécessairement. On voit cette erreur quand une entreprise va chercher, à fort prix, un haut dirigeant qui a une feuille de route à succès, mais qui n'arrive pas à répliquer ce succès dans son nouveau mandat.

À la limite, si nous reprenons le cas de Steve Jobs, supposons que les actionnaires d'Apple l'aient enfermé dans son bureau et lui aient ordonné de créer. Qu'en aurait-il résulté? L'exemple est amusant, mais c'est exactement la question que se posent les actionnaires quand une entreprise en achète une autre pour acquérir l'actif intangible « génie – innovation ».

Car l'actif intangible « génie – innovation » existe. Et des entreprises paient très cher pour en bénéficier. Étrangement, pour une même entreprise, cet actif ne sera pas présenté tant et aussi longtemps qu'il n'aura été acquis par une autre entreprise.

Pourquoi? Parce que des actions, parce qu'un chèque remis par une entreprise acquérante, concrétisent un jugement subjectif et confèrent à l'information un caractère fiable. Rappelons que la fiabilité de l'information est une condition *sine qua non* pour procéder à l'enregistrement d'une transaction dans les registres comptables.

Google, Amazon, Microsoft, Yahoo, Apple sont toutes des entreprises qui achètent « du génie, de l'innovation ». Par exemple, Google a acheté plus de 200 « *start-ups* » entre 2006 et 2014.

Pour quelle raison? Pour intégrer dans le groupe des entrepreneurs reconnus pour leur génie. Autrement dit, la politique RH[17] de recrutement de Google est de recruter ses « employés » chez les fondateurs de *start-ups*.

En langage comptable, le génie et l'innovation font partie du goodwill et sont présentés avec les actifs non courants dans l'état de l'évolution de la situation financière. À quel montant? À la différence entre le prix d'acquisition total et l'évaluation des actifs tangibles et intangibles identifiés.

Examinons l'état de l'évolution de la situation financière de Google Inc. au 31 décembre 2014, dont les données sont présentées dans la colonne de droite du tableau financier.

---

[16] Steve Jobs a annoncé la sortie de la tablette électronique iPad le 27 janvier 2010.

[17] RH pour « ressources humaines ».

Google Inc.
CONSOLIDATED BALANCE SHEETS
(In millions, except share and par value amounts which are reflected in thousands, and par value per share amounts)

	As of December 31, 2013	As of December 31, 2014
Assets		
Current assets:		
Cash and cash equivalents	$ 18,898	$ 18,347
Marketable securities	39,819	46,048
Total cash, cash equivalents, and marketable securities (including securities loaned of $5,059 and $4,058)	58,717	64,395
Accounts receivable, net of allowance of $631 and $225	8,882	9,383
Receivable under reverse repurchase agreements	100	875
Deferred income taxes, net	1,526	1,322
Income taxes receivable, net	408	1,298
Prepaid revenue share, expenses and other assets	3,253	3,412
Total current assets	72,886	80,685
Prepaid revenue share, expenses and other assets, non-current	1,976	3,280
Non-marketable equity investments	1,976	3,079
Property and equipment, net	16,524	23,883
Intangible assets, net	6,066	4,607
Goodwill	11,492	15,599
Total assets	$ 110,920	$ 131,133
Liabilities and Stockholders' Equity		
Current liabilities:		
Accounts payable	$ 2,453	$ 1,715
Short-term debt	3,009	2,009
Accrued compensation and benefits	2,502	3,069
Accrued expenses and other current liabilities	3,755	4,434
Accrued revenue share	1,729	1,952
Securities lending payable	1,374	2,778
Deferred revenue	1,062	752
Income taxes payable, net	24	96
Total current liabilities	15,908	16,805
Long-term debt	2,236	3,228
Deferred revenue, non-current	139	104
Income taxes payable, non-current	2,638	3,407
Deferred income taxes, net, non-current	1,947	1,971
Other long-term liabilities	743	1,118
Commitments and contingencies		
Stockholders' equity:		
Convertible preferred stock, $0.001 par value per share, 100,000 shares authorized; no shares issued and outstanding	0	0
Class A and Class B common stock, and Class C capital stock and additional paid-in capital, $0.001 par value per share: 15,000,000 shares authorized (Class A 9,000,000, Class B 3,000,000, Class C 3,000,000); 671,664 (Class A 279,325, Class B 56,507, Class C 335,832) and par value of $672 (Class A $279, Class B $57, Class C $336) and 680,172 (Class A 286,560, Class B 53,213, Class C 340,399) and par value of $680 (Class A $287, Class B $53, Class C $340) shares issued and outstanding	25,922	28,767
Accumulated other comprehensive income	125	27
Retained earnings	61,262	75,706
Total stockholders' equity	87,309	104,500
Total liabilities and stockholders' equity	$ 110,920	$ 131,133

Extrait de Google Inc., Form 10-K, Annual Report pursuant to section 13 or 15(d) of the Securities Exchange Act of 1934 page 44, for the fiscal year ended December 31, 2014.

Totalisant environ 12 % de l'actif total et 23 % de l'actif total hors liquidités (les liquidités comptent pour 49 % de l'actif total), le poste comptable *Goodwill* atteste l'importance de la stratégie d'acquisition de Google pour recruter les meilleurs talents de l'industrie des technologies. Mais encore faut-il les garder. Et vouloir les garder. Google utilise des outils contractuels comme la ventilation du prix d'achat entre un montant de base et un montant conditionnel à des indicateurs de performance, mais comme nous l'avons déjà mentionné, les cadres rigides, contractuels n'obligent pas la performance. Pour conserver intact ce qui a été acquis, Google offre ce qui était désiré par les entrepreneurs et leur équipe au moment de l'acceptation de l'offre d'achat. Certains veulent des moyens financiers pour réaliser leurs idées, d'autres veulent demeurer dans leur « petite entreprise » à l'intérieur de la grande entreprise, différents formats d'intégration sont possibles. Et quel est l'indicateur utilisé par Google et par le marché pour évaluer le succès des acquisitions? Le taux de rétention des entrepreneurs et de leur équipe.

> *But the return on investment on an acquisition isn't only measured monetarily. It's important to Google and other tech giants that the founders behind ideas worth paying for stick around as well. Harrison says founder retention is one of the significant factors Google measures as part of the "scorecarding" it does to evaluate its purchases. "We hold ourselves accountable to make sure that the founders are able to be successful within Google," Harrison says. "It's something that we're not only working on at the time we buy the company but we work on for years after as well."*
>
> Don Harrison, vice-président, développement corporatif, de Google, cité dans *How Google Perfected the Silicon Valley Acquisition.* http://time.com/3815612/silicon-valley-acquisition/. Consulté en août 2015.

Plus près de nous, dans un bureau comptable, dans une banque ou dans toute entreprise de services, le taux de rétention des employés cotés « à haut potentiel » pourrait être l'indicateur privilégié de la bonne santé financière de l'entreprise en posant comme hypothèse que ce sont ces employés que l'entreprise veut prioritairement garder à l'emploi.

9.3 Le paradoxe comptabilité – finance

Un autre problème qui se présente quand on examine les états financiers d'une entreprise est que même si l'enregistrement comptable de la transaction est simple, les conditions pour la capitalisation[18] de la transaction sont tellement complexes et difficiles à satisfaire que, bien souvent, elle sera enregistrée dans la section des charges, à l'état des résultats. Ce qui crée un paradoxe que doit résoudre l'analyste financier, à savoir qu'un déboursé, présenté dans les états financiers comme une charge, diminuant la rentabilité, est, en réalité, un investissement pour l'avenir. Voici pourquoi.

Dans le chapitre portant sur les normes comptables, lorsque nous avons présenté la norme comptable portant sur la comptabilisation des actifs intangibles (ou immatériels) des entreprises (page 108), nous avons vu la liste des conditions requises pour qu'une entreprise puisse capitaliser ses frais de développement. Rappelons que les frais de recherche sont toujours comptabilisés en charges, ils sont donc exclus de cette discussion. Nous avons également expliqué que lorsqu'ils sont effectués à l'interne, tous les frais de développement liés à la clientèle, comme les frais de développement de marché, les frais de fidélisation de la clientèle et, élément important, les frais de développement et de valorisation de la marque de commerce, sont passés en charges. Par conséquent, pour plusieurs entreprises, les actifs les plus stratégiques pour le futur ne sont pas présentés avec les actifs, dans l'état de la situation financière, mais avec les charges, dans l'état des résultats, diminuant ainsi le résultat net (état des résultats) et les résultats non distribués (état de la situation financière, section « avoir des actionnaires »). Nous pouvons imaginer l'impact dramatique de l'application de la normalisation comptable sur l'image financière d'une entreprise en démarrage ou d'une entreprise en forte croissance qui sont à innover et à développer leur marché.

Le prochain schéma montre la comptabilisation d'un effort de développement de marché sur les états financiers d'une entreprise. Supposons qu'une entreprise investisse à la première période 100 $ pour développer un nouveau marché. Un montant de 100 $ sera comptabilisé en charge, puisqu'il s'agit d'un déboursé relatif à la clientèle. À la seconde période, les efforts commencent à porter fruit. Des ventes de 50 $ sont effectuées, suivies de ventes de 100 $ et de 150 $ durant les deux périodes suivantes. On constate immédiatement le décalage qui affectera les états financiers[19], les deux premières périodes d'effort étant marquées par une perte nette alors que la rentabilité (résultat net de 100 $) arrive à la période 3.

---

[18] Constatation, mesure et présentation de l'actif à l'état de la situation financière.

[19] Perreault, Yvon G., L'entreprise familiale, Les Éditions Transcontinentales, Fondation de l'Entrepreneurship, 2e édition, 1993. ISBN 2-921030-51-9.

Schéma
Effort de développement de marché
Le paradoxe comptabilité - finance

	Période 1	Période 2	Période 3	Période 4
Revenus - Retombées de l'effort de développement de marché		10	100	300
Charges - Effort de développement de marché	100	20		
Résultat net	(100)	(10)	100	300
Résultats non distribués	(100)	(110)	(10)	290

Vu sous l'angle financier, une entreprise qui développe avec succès de nouveaux marchés est une entreprise dont la valorisation augmente, mais, vu sous l'angle comptable, cette entreprise en est une qui s'appauvrit momentanément, les retombées des efforts commerciaux (les revenus) se matérialisant en décalage avec le moment de l'effort.

Curieusement, on peut observer le phénomène inverse. Ainsi, en juillet 2015, on pouvait lire dans la presse financière que malgré le maintien de sa rentabilité et une augmentation de son chiffre d'affaires, l'action de l'entreprise Apple se transigeait à un moindre prix parce que les investisseurs auguraient de façon pessimiste les prévisions.

> *L'action d'Apple (Nasdaq, AAPL) perd 4,29 % à la fermeture. Faute d'obtenir un chiffre sur les ventes de la nouvelle montre connectée d'Apple, Wall Street a été déçue par celles de l'iPhone, restées en dessous des 50 millions d'appareils vendus. Apple a tout de même affiché un bénéfice net trimestriel atteignant 10,7 milliards de dollars américains, et un bond de 33 % du chiffre d'affaires*
>
> *Bourse : Apple fait trébucher les indices, Bombardier perd 5 %. (2015, 22 juillet). lesaffaires.com et AFP. http://www.lesaffaires.com/bourse/revue-des-marches/wall-street-ouvre-en-baisse-decue-par-apple/580402. Consulté en juillet 2015.*

La comptabilité financière, dite historique, montre l'effort actuel. C'est la responsabilité des entrepreneurs et des investisseurs d'évaluer le potentiel de succès des efforts actuels et de les traduire, en utilisant le langage comptable, en prévisions financières et en taux de rendement espéré. Le lecteur aura remarqué que nous avons pris la peine de mentionner les entrepreneurs avant de mentionner les investisseurs externes, car ce sont les premiers concernés. Les entrepreneurs investissent temps, argent et vie personnelle dans leur PME. Ce sont les entrepreneurs qui sont sur la ligne de front, ce sont les entrepreneurs qui ont à faire les choix difficiles.

Une entreprise connaissante et consciente du paradoxe comptabilité - finance, ainsi que de l'asymétrie d'information entre ce qu'elle détient et ce qu'elle partage avec les décideurs, prendra donc la peine de fournir aux investisseurs beaucoup d'information sur les efforts qui sont faits, sur les premiers signes tangibles de l'intérêt et de la bonne réception de l'offre commerciale par le marché visé, et sur le suivi du budget et de l'état d'avancement réel du plan de développement de marché.

Cette conclusion est d'autant plus pertinente pour les entreprises qui sont à l'étape du démarrage ou dont le potentiel de rendement repose uniquement sur l'immatériel. Pour illustrer notre propos, nous allons examiner les états financiers de Fennec Pharmaceuticals Inc. (autrefois connue sous le nom de Adherex Technologies Inc.), une entreprise sans revenus.

La présentation du paradoxe comptabilité – finance dans ce volume a pour objectif de mettre en lumière la différence entre le cadre conceptuel comptable qui régit la préparation des états financiers et l'utilité de sa connaissance pour les entrepreneurs, les investisseurs et les gestionnaires d'entreprises. Pour expliquer correctement d'une part, pour décoder et interpréter correctement d'autre part, les relations entre les efforts et les retombées espérées. Ici, nous nous permettrons de nous adresser, d'abord, aux entrepreneurs.

Un mot aux entrepreneurs

On entend très souvent les doléances suivantes : « Mon prêteur ne me comprend pas » ou « Le jury de la société d'investissement n'a rien compris à mon projet ». La responsabilité des entrepreneurs est justement de montrer comment, tout au long du parcours de la réalisation du projet, ils établissent et pilotent leurs indicateurs d'avancement du projet, conservent le cap ou font les choix difficiles sur la base d'un système d'information solide et aidant. Une entreprise, ce n'est pas un bébé[a]. C'est un projet d'affaires, c'est un projet social, c'est un projet qui vise une finalité spécifique pour chaque groupe d'entrepreneurs. Et si ceux-ci n'ont pas la capacité de documenter les liens entre les chiffres et les actions, les prêteurs ou les investisseurs le feront selon leur perception.

Maintenant, un mot aux investisseurs

La bonne idée, le bon entrepreneur, la bonne équipe

Paradoxalement, on entend la même doléance du côté des banquiers et des investisseurs : « Les entrepreneurs ne nous comprennent pas, ils ne facilitent pas la prise de décision d'investissement ». Là aussi, il faut faire ses devoirs en écoutant et en regardant le projet avec le regard de l'entrepreneur. Cela, en comprenant et en évaluant avec lui la pertinence et la qualité de ses indicateurs, incluant les indicateurs financiers. Si nous prenons un prisme de cristal, différents angles de vue produiront plusieurs images, il faut donc regarder ensemble les différentes images afin d'estimer le potentiel des retombées du projet ou découvrir, au gré des discussions, des utilisations et des potentiels inattendus. Aussi, accepter à prime abord « l'impossible (un autre restaurant spécialisé dans les hamburgers?), "le mystère" (vendre un concept canadien de thé en Chine?), "le jamais vu" (deux clowns sur des échasses) » pour découvrir le génie. Et ne pas franchir la ligne mince entre le conseil et le détournement de l'idée du projet. Ce n'est pas le projet des investisseurs, c'est le projet des entrepreneurs.

[a] Souvent entendu dans les milieux entrepreneuriaux.

9.4 Une entreprise sans revenus

S'il est une industrie où le paradoxe dont nous venons de discuter est remarquable c'est bien l'industrie de la recherche pharmaceutique, où les cycles de développement de nouveaux médicaments sont en moyenne de 10 ans, tel qu'illustré par ce schéma produit par le Leem (Les Entreprises du médicament) qui regroupe 270 entreprises du secteur de l'industrie pharmaceutique française[20].

Figure 9.3 Le cycle de vie du médicament

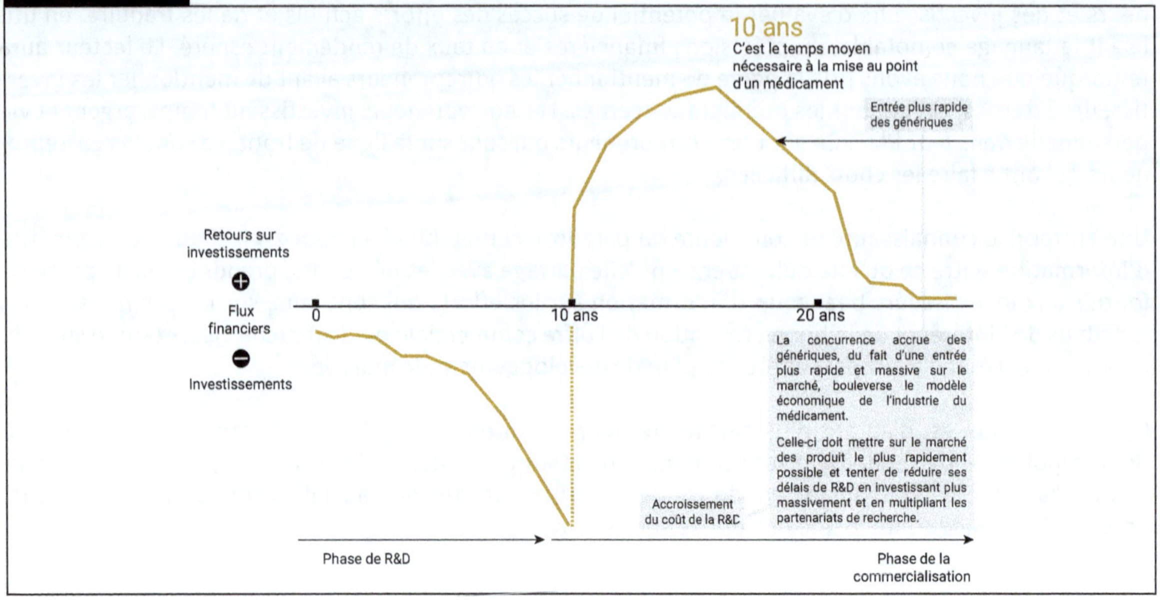

[20] http://www.leem.org/article/quel-est-cycle-de-vie-du-medicament. Consulté en juin 2016.

Ce schéma signifie que pendant 10 ans, l'entreprise n'enregistrera aucun revenus, et qu'une fois l'étape de commercialisation amorcée, la fenêtre d'exploitation sera relativement courte. Nous présentons l'état de la situation financière et l'état des résultats de Fennec Pharmaceuticals Inc.

Examinons d'abord l'état de la situation financière au 31 décembre 2014.

Fennec Pharmaceuticals Inc.
Consolidated Balance Sheets
(U.S. Dollars and shares in thousands, except per share amounts)

	December 31, 2014	December 31, 2013
Assets		
Current assets:		
Cash and cash equivalents	$ 2,307	$ 1,663
Prepaid expenses	48	81
Other current assets	17	8
Total assets	$ 2,372	$ 1,752
Liabilities and Stockholders' Equity (Deficiency)		
Current liabilities:		
Accounts payable	$ 308	$ 212
Accrued liabilities	132	132
Derivative instruments (Note 4)	1,319	2,863
Total current liabilities	1,759	3,207
Total liabilities	1,759	3,207
Commitments (see Note 7)		
Stockholders' equity (deficiency):		
Common stock, no par value; unlimited shares authorized; 10,593 shares issued and outstanding (2013-9,719)	68,656	66,790
Additional paid-in capital	41,588	39,210
Accumulated deficit	(110,874)	(108,698)
Accumulated other comprehensive income	1,243	1,243
Total stockholders' equity (deficiency)	613	(1,455)
Total liabilities and stockholders' equity (deficiency)	$ 2,372	$ 1,752

Note 1. Fennec Pharmaceuticals Inc. présente ses états financiers en conformité avec les normes américaines (GAAP).

Note 2. Les auditeurs externes de Fennec Pharmaceuticals Inc. ont exprimé un doute sur l'hypothèse de la continuité d'exploitation dans l'expression de leur opinion. Ils font part de leurs préoccupations dans le rapport d'audit et dans la note 1.

Note 3. Ne pas tenir compte du poste *Instruments financiers dérivés* qui dépasse le niveau d'apprentissage attendu de ce volume. Sommairement, ce poste est relié à la complexité de l'actionnariat qui caractérise souvent ce type d'entreprise. Les entreprises qui présentent leurs états financiers en conformité avec les IFRS présentent l'information sur les transactions liées à l'actionnariat dans un état financier intitulé État des capitaux propres (non présenté dans ce volume).

Quelques commentaires sur le tableau financier présenté ci-dessus. Quelle information obtenons-nous de la consultation de l'état de la situation financière? Que Fennec Pharmaceuticals Inc. détient de l'encaisse, que les investisseurs sont essentiellement des actionnaires (il n'y a pas de prêts accordés par une institution financière ou par une société d'investissement privée)[21] et qu'elle cumule les résultats financiers négatifs. Une autre information est que les sommes qui ont été investies par les actionnaires (68 656 + 41 588 = 110 244 $) totalisent environ le total du déficit accumulé. Ce qui veut dire que nous sommes en présence d'une entreprise dont les activités sont près de la comptabilité de caisse. $+ et $–, tel que présenté dans le tableau des flux de trésorerie et qu'une partie de la rémunération des employés et des honoraires des consultants est assumée par l'émission de produits d'actions (voir *stock-based compensation – employees, stock-based compensation – consultants*). Bien que nous ne puissions savoir

[21] Il y a également une source de financement « hors bilan » qui est l'allocation de crédits d'impôts accordés pour la réalisation d'activités de recherche et de développement. Dans le cas de Fennec Pharmaceuticals Inc., les crédits d'impôts sont présentés en réduction des charges de recherche et de développement dans l'état des résultats.

exactement ce que fait l'entreprise, il est évident qu'elle échappe complètement aux méthodes d'analyse financière connues. Sa pérennité reposant sur la décision des investisseurs à continuer à investir, maintenant, pour un rendement espéré, encore plus tard.

Fennec Pharmaceuticals Inc.
Consolidated Statements of Cash Flows
(U.S. Dollars and shares in thousands, except per share amounts)

	Year Ended December 31, 2014	Year Ended December 31, 2013
Cash flows (used in) provided by:		
Operating activities:		
Net income/(loss)	$ (2,176)	$ 1,845
Adjustments to reconcile net income/ (loss) to net cash used in operating activities:		
Unrealized gain on derivatives	(355)	(3,777)
Gain on derivative settlement	(349)	-
Stock-based compensation - consultants	434	25
Stock-based compensation - employees	627	62
Changes in operating assets and liabilities	120	(365)
Net cash used in operating activities	(1,699)	(2,210)
Investing activities:		
Net cash used in investing activities	-	-
Financing activities:		
Issuance of units, net of issue costs	2,182	1,570
Issuance of units, options exercise	140	-
Issuance of units, warrants exercise	21	-
Net cash provided by financing activities	2,343	1,570
Effect of exchange rate on cash and cash equivalents	-	-
(Decrease) increase in cash and cash equivalents	644	(640)
Cash and cash equivalents - Beginning of period	1,663	2,303
Cash and cash equivalents - End of period	$ 2,307	$ 1,663

Examinons maintenant l'état des résultats pour la période terminée le 31 décembre 2014.

Fennec Pharmaceuticals Inc.
Consolidated Statements of Operations
(U.S. dollars and shares in thousands, except per share information)

	Year Ended December 31, 2014	**Year Ended December 31, 2013**
Revenue	$ -	$ -
Operating expenses:		
Research and development	357	597
General and administrative	2,520	1,334
Loss from operations	(2,877)	(1,931)
Other (expense) income :		
Unrealized gain on derivatives	355	3,777
Foreign exchange gain/(loss)	(5)	(3)
Gain on derivative settlement	349	-
Interest (expense) income and other	2	2
Total other (expense) income, net	701	3,776
Net income/(loss) and total comprehensive income/(loss)	$ (2,176)	$ 1,845
Earnings/(loss) per share common stock, basic	$ (0.22)	$ 0.19
Earnings/(loss) per share common stock, diluted	$ (0.22)	$ 0.17
Weighted-average number of common shares outstanding, basic	9,871	9,719
Weighted-average number of common shares outstanding, diluted	9,871	10,571

Non, il n'y a pas d'erreur, il n'y a pas de ligne « Revenus ». Et les postes de dépense sont ventilés entre le laboratoire (recherche et développement) et les bureaux administratifs. Le lecteur aura remarqué une augmentation importante des charges administratives, que nous allons expliquer en présentant un sommaire des données financières depuis le début de ses opérations, en 1996. Ce qui va nous permettre d'apparier les tendances des postes comptables avec les phases de développement des entreprises actives dans l'industrie de la recherche pharmaceutique.

Adherex Technologies Inc.
(a development stage company)
Consolidated Statements of Operations
(U.S. dollars and shares in thousands, except per share information)

	Year Ended December 31, 2012	Year Ended December 31, 2011	Cumulative From September 3, 1996 to December 31, 2012
Revenue	$ -	$ -	$ -
Operating expenses:			
Research and development	2,075	1,494	69,168
Impairment of capital assets	-	-	386
Gain on deferred lease inducements	-	-	(497)
Acquired in-process research and development	-	-	13,094
General and administration	1,545	1,944	32,094
Loss from operations	(3,620)	(3,438)	(114,245)
Other income (expense):			
(Loss)/Gain on derivative warrants	(1,563)	8,071	3,257
Settlement of Cadherin Biomedical Inc. litigation	-	-	(1,283)
Interest expense	-	-	(19)
Other income/(expense)	(5)	9	259
Interest income	25	43	2,897
Total other (expense)/ income	(1,543)	8,123	5,111
Net (loss)/income and total comprehensive loss	$ (5,163)	$ 4,685	$ (109,134)

Mais avant, il est intéressant de remarquer que Fennec Pharmaceuticals Inc. (autrefois Adherex Technologies Inc.)[22] a réalisé des activités de recherche et de développement (R&D) dans ses laboratoires, mais qu'elle a également acquis des résultats externes de recherche et de développement pour un total de 13 094 millions $), tous comptabilisés en charges. Ici, la situation s'explique facilement, les normes comptables américaines (GAAP) n'autorisant aucune capitalisation de charges de R&D).

Si nous posons l'hypothèse que cette entreprise avait présenté son information financière en conformité avec les normes internationales d'information financière (IFRS), elle aurait pu capitaliser les frais de développement s'ils avaient satisfaits aux critères de la norme comptable IAS 38[23].

Mais il est certain que le critère de la capacité financière de mener le projet jusqu'à la fin aurait difficilement été satisfait étant donné qu'à chaque année, les auditeurs externes expriment un doute sur l'hypothèse de la continuité des opérations compte tenu de la précarité financière de cette entreprise sans revenus.

[22] Le changement de nom s'est fait le 3 septembre 2014.
[23] Voir le chapitre 2 portant sur les postes comptables.

Examinons maintenant le cycle de vie du médicament traduit en termes de flux de trésorerie.

Figure 9.4 Le cycle de vie du médicament – tableau des flux financiers

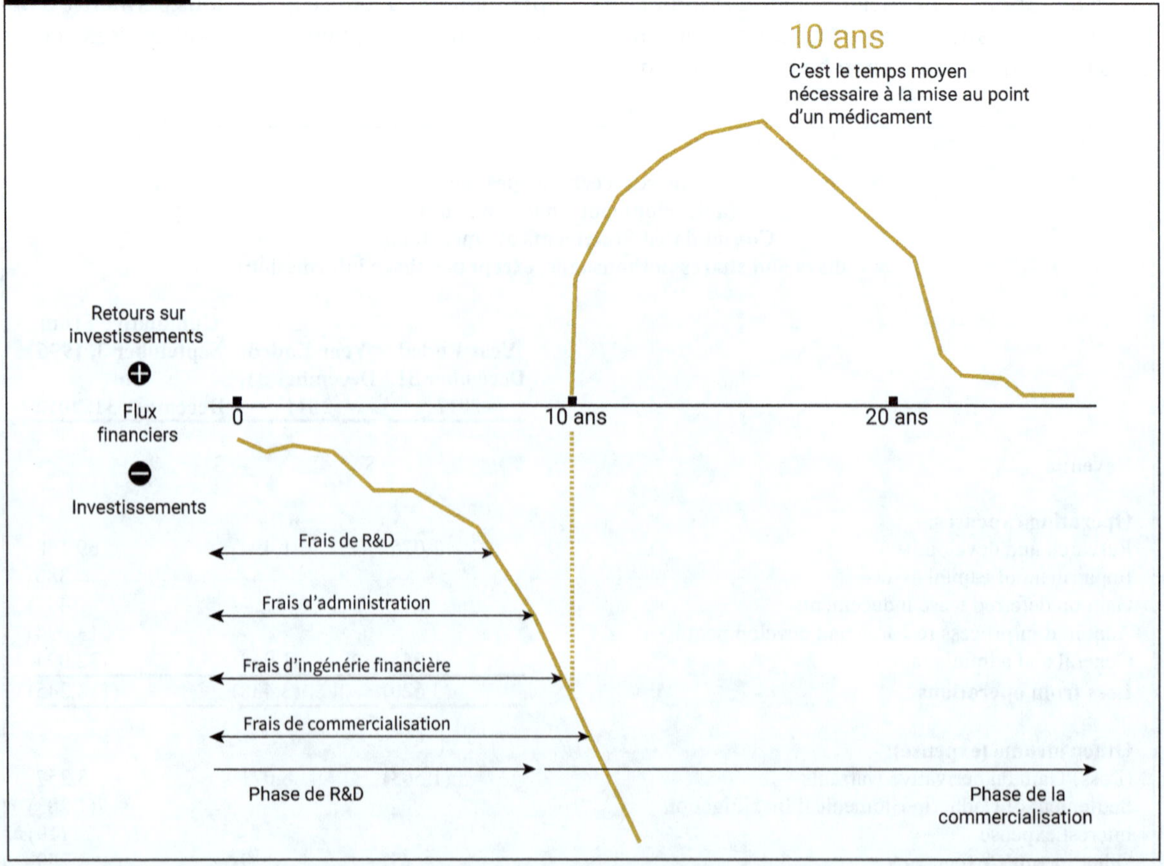

Quand on y pense, le cycle de vie du médicament, traduit en déboursés, suit le cours normal de l'activité. D'abord l'ouverture du laboratoire où les chercheurs s'activent. Ensuite, arrivent les gestionnaires, les conseillers comptables et légaux qui vont se préoccuper de la structure de l'entreprise, de la protection des résultats de la R&D, des procédures d'acceptation du médicament par les organismes réglementaires comme Santé Canada et la Food and Drug Administration, aux États-Unis et des premières rondes de financement. Se joint ensuite l'équipe financière chargée de l'ingénierie financière fort complexe et de la « vente » de l'entreprise aux investisseurs. Plus on se rapproche de la phase de la mise en marché, plus les besoins en encaisse sont élevés, car l'équipe marketing s'ajoute à l'équipe de laboratoire et à l'équipe administrative. Et les frais de marketing de ce type de produit totalisent au moins, sinon plus, que les investissements qui ont déjà été faits dans les étapes précédentes du cycle de vie du médicament[24]. Ce qui veut dire que si nous traduisons le schéma fourni par le Leem en termes de flux financiers, la courbe descendante des besoins en encaisse s'accentue à l'étape de la commercialisation compte tenu des frais de marketing et des frais des autres projets de R&D de développement qui sont dans le « pipeline[25] » de l'entreprise.

[24] Voici une estimation fournie par l'Institut Économique de Montréal. « Les coûts, ainsi que les risques liés à la découverte et au lancement d'un nouveau médicament, sont en nette croissance. Par exemple, après ajustement pour l'inflation, le coût moyen en R&D d'un nouveau médicament est passé de 318 à 802 millions $ US (en dollars 2000) entre 1991 et 2001. Ce chiffre inclut les coûts de découverte et de développements précliniques et cliniques jusqu'à l'approbation de la *Food and Drug Administration* autorisant la mise sur le marché. Tout ce processus de R&D s'étale sur une période de 10 à 15 ans; ainsi, logiquement, le chiffre inclut aussi le coût d'immobilisation du capital pendant cette période. En revanche, il n'inclut pas les coûts liés à l'approbation dans tous les pays où le médicament sera vendu, ni les dépenses de commercialisation et de marketing qui sont aussi de plusieurs centaines de millions ». Extrait d'une étude publiée par l'Institut Économique de Montréal intitulée *Le contrôle des prix des médicaments et l'innovation pharmaceutique*, collection Santé, avril 2004, page 3. http://www.iedm.org/files/pharma_fr.pdf. Consulté en juillet 2015.
[25] En affaires, pipeline désigne une suite de projets en développement.

Contrairement à une pensée populaire qui associe « ventes » à « augmentation du compte bancaire », la commercialisation des premiers produits génère une augmentation des besoins en encaisse, l'entreprise devant assumer tous les frais liés à la mise en marché du produit tout en assumant les frais de développement du prochain produit. Car, pour utiliser une expression courante, « ce n'est pas avec le premier produit "qu'on fait de l'argent", mais avec les suivants ».

Discuter de l'analyse financière et de l'évaluation des entreprises actives dans le secteur de la recherche pharmaceutique et des technologies nécessiterait la rédaction d'un ouvrage en soi. Il n'est donc pas de notre intention de poursuivre notre propos sur le fonctionnement de ces industries, mais de porter à l'attention du lecteur, qu'il soit entrepreneur, prêteur ou investisseur, que les chiffres et les textes présentés dans les états financiers constituent le début d'une passionnante discussion avec les entrepreneurs. Dans ce cas-ci, avec l'équipe de Fennec Pharmaceuticals Inc.[26]

Quels seraient les sujets de discussion avec l'entreprise? Commençons par ceux-ci.

Qui sont les membres de l'équipe de Fennec, quelles sont leurs compétences, leur expérience? L'équipe inclut les entrepreneurs, les personnes clés du laboratoire, du lieu de création, de la direction, du comité aviseur, du conseil d'administration (s'il y en a un).

L'entreprise est-elle « en ligne » avec le plan de développement présenté au moment de l'appel au financement?

Y a-t-il des entreprises qui seraient intéressées, maintenant, à se porter acquéreur de la recherche et du développement effectué par l'entreprise?

Quel est l'état d'avancement des dossiers auprès des organismes de règlementation canadiens, américains et européens?

9.5 Et autres questions

Lorsqu'on procède à l'analyse financière de ces entreprises, on parlera plutôt de constatation des ressources intellectuelles, d'identification des avenues d'exploitation de ressources intellectuelles et de mesure d'efficacité des avenues d'exploitation identifiées. Les états financiers permettent de contrôler l'utilisation des fonds recueillis par l'entreprise, l'état des résultats étant souvent un quasi état de caisse, mais la valorisation de ce qui s'accomplit en laboratoire demande des compétences spécialisées dans le domaine, les ressources générées se retrouvant hors bilan. C'est un exercice qui est possible, puisque de plus en plus, nous observons des transactions d'acquisition qui nous permettent de « voir » les actifs générés et acquis.

[26] Fennec Pharma, , Juin 2015, Fennec_Corporate_Presentation_June_2015-BIO-1.pdf.

Chapitre 10

La comptabilité de gestion : information, chiffres et décisions

10.1 Collecte et utilisation de l'information

Jusqu'à maintenant, nous avons discuté de l'utilisation du langage comptable dans un contexte global, établissant les relations entre la stratégie de l'entreprise, les actions, la mobilisation et l'exploitation des ressources. Nous avons également discuté des impacts sur la performance (rentabilité) et la caisse (solvabilité).

Dans cette section du volume, nous entrons pour ainsi dire dans l'usine, le magasin, le bureau. Bref, au cœur des opérations.

Être en affaires, c'est prendre des décisions, avec la meilleure information **disponible au moment où il faut agir**. Soyons honnête, aucun entrepreneur, aucun dirigeant, ne disposera jamais de toute l'information souhaitée pour prendre une décision. Soit le coût de collecte serait trop dispendieux, soit cela prendrait tellement de temps que le décideur ressemblerait au penseur de Rodin[1], en réflexion à l'infini.

On a pu observer au fil des années, parallèlement à l'avancement des innovations technologiques, plusieurs modèles de collecte et d'organisation des informations dont l'objectif était de permettre une meilleure évaluation de la performance de l'entreprise et de faciliter la prise de décision de ses dirigeants.

10.1.1 Tableaux de bord prospectif de Kaplan et Norton

Sans trop faire appel au passé, mentionnons en premier lieu la popularité du tableau de bord prospectif de Kaplan et Norton[2], où les auteurs reliaient la construction d'indicateurs de gestion, financiers et non financiers, à l'évaluation de la performance de l'entreprise.

Nous reconnaissons tous le célèbre schéma où la raison d'être de l'entreprise est au centre des grands axes de déploiement des activités de l'entreprise, incluant les clients, les processus internes, le mouvement continu ainsi que la finance.

[1] *Le penseur* de Rodin est une œuvre d'une grande beauté, œuvre du sculpteur français Auguste Rodin. La sculpture est exposée au Musée Rodin, Paris.
[2] Kaplan, R., Norton D. (1998). *Le tableau de bord prospectif.* Les Éditions d'Organisation.

Figure 10.1 **Le tableau de bord équilibré**

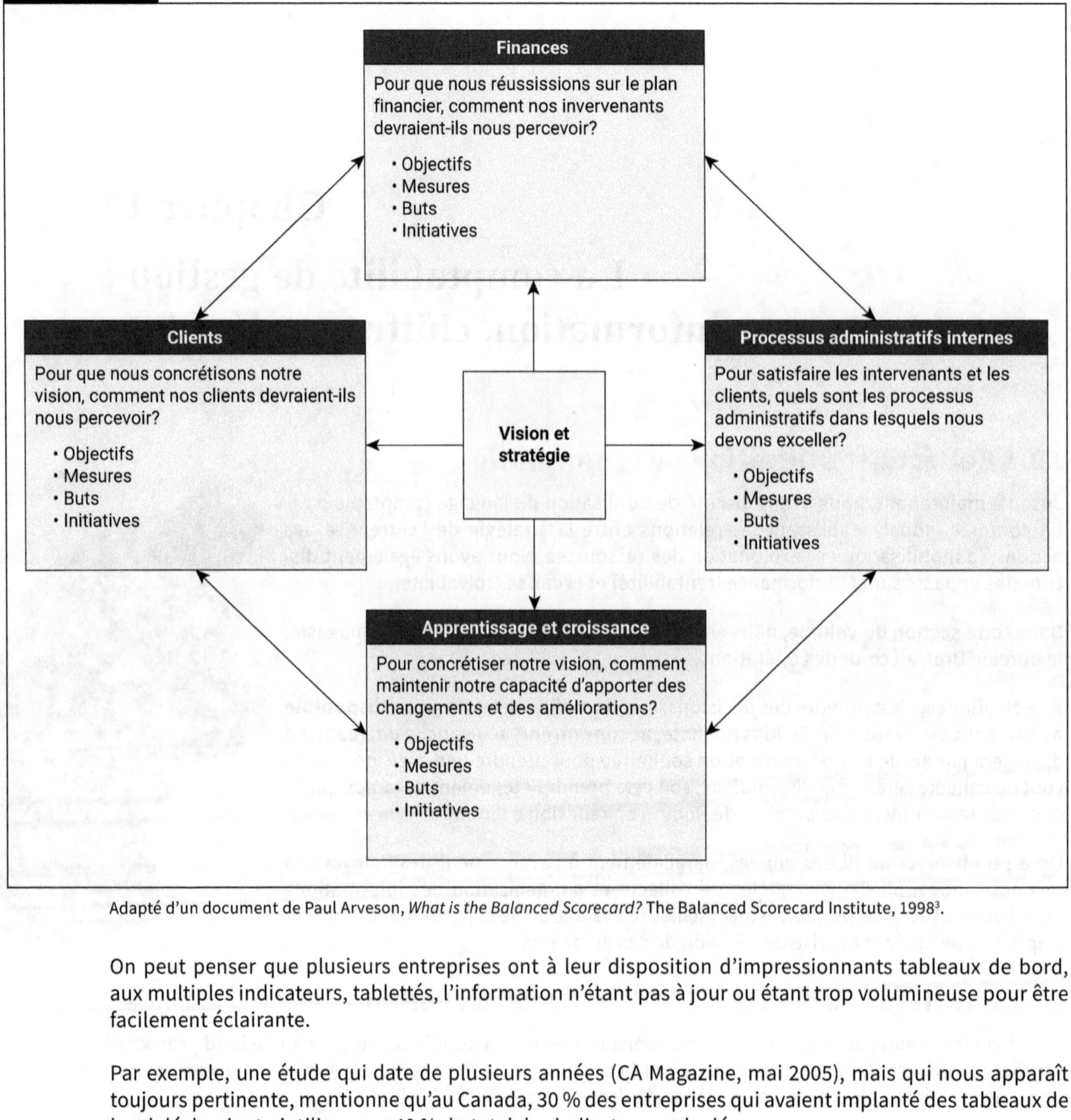

Adapté d'un document de Paul Arveson, *What is the Balanced Scorecard?* The Balanced Scorecard Institute, 1998[3].

On peut penser que plusieurs entreprises ont à leur disposition d'impressionnants tableaux de bord, aux multiples indicateurs, tablettés, l'information n'étant pas à jour ou étant trop volumineuse pour être facilement éclairante.

Par exemple, une étude qui date de plusieurs années (CA Magazine, mai 2005), mais qui nous apparaît toujours pertinente, mentionne qu'au Canada, 30 % des entreprises qui avaient implanté des tableaux de bord déclaraient n'utiliser que 40 % du total des indicateurs calculés.

Pourquoi? Un manque de compréhension de la base de calcul ou un manque de pertinence, car ils avaient été construits par le siège social ou par des conseillers externes à l'entreprise.

[3] Extrait de Renault, Micheline, Brésil, Maudeline, Comprendre et évaluer les impacts sociaux d'un organisme à but non lucratif à l'aide du tableau de bord de Kaplan et Norton, ARUC, Économie sociale, C-15-2006, http://www.aruc-es.uqam.ca/Portals/0/cahiers/C-15-2006.pdf. Consulté en février 2016.

10.1.2 Cartes stratégiques de Kaplan et Norton

Les auteurs ont ensuite repris leurs travaux dans le contexte des entreprises où le processus de création de valeur reposait sur des actifs intangibles, incluant ressources et initiatives, élargissant le cadre de travail aux entreprises fondées sur le savoir et aux organismes sans but lucratif, publics et privés[4].

En d'autres mots les auteurs ont proposé un modèle permettant d'identifier et de comprendre le processus de conversion entre des ressources et des initiatives, intangibles (intrants) et des impacts tangibles (extrants).

Intrants intangibles	–	Processus de conversion	–	Extrants tangibles Extrants intangibles

Une expérimentation de l'utilisation du tableau de bord et des cartes stratégiques en contexte d'entreprise sans but lucratif a d'ailleurs été faite par l'auteur (et coll.) avec des résultats concluants.[5]

Modernité et pertinence du tableau de bord et des cartes stratégiques de Kaplan et Norton adaptés aux entreprises à mission sociale ou à mission hybride (sociale – économique)[6]

La grande différence entre le modèle corporatif et le modèle présenté pour les organismes à mission sociale est le bouleversement des axes et le positionnement des parties prenantes dans l'écosystème de l'entreprise. Dans ce modèle, le « client » est maintenant présent dans plusieurs cases étant à la fois le bénévole gestionnaire et le bénéficiaire de l'organisation.

Si nous prenons l'exemple d'une coopérative d'habitation, le « client » est membre du conseil d'administration[7], membre d'un comité de gestion[8], employé[9] et décide des orientations financières en faisant l'équilibre entre la pérennité de la coop et le maintien d'un logement à prix abordable. Cela, dans une dynamique favorisée par le partage des valeurs sociales du client, de l'usager et de l'entreprise coopérative.

Voici, à titre illustratif, la carte stratégique qui a été développée avec la collaboration d'un organisme sans but lucratif montréalais, La Maison du Père[10], qui accueille et offre des services de soutien aux hommes itinérants.

[4] Kaplan, R. S., Norton, D. P., Strategy maps – Converting intangible assets into tangible outcomes, Boston, Harvard Business School Press, 2004.

[5] Renault, Micheline, Brésil, Maudeline, Comprendre et évaluer les impacts sociaux d'un organisme à but non lucratif à l'aide du tableau de bord de Kaplan et Norton, ARUC, Économie sociale, C-15-2006, http://www.aruc-es.uqam.ca/Portals/0/cahiers/C-15-2006.pdf. Consulté en février 2016.

[6] Les entreprises de l'économie sociale sont des entreprises dont la mission sociale est hybride incluant un objectif économique et un objectif social.

[7] Si le membre le souhaite.

[8] Id note 3.

[9] Le membre d'une coopérative d'habitation participe aux travaux et corvées d'entretien.

[10] www.maisondupere.org

Figure 10.2 **Tableau de bord prospectif des Œuvres de la Maison du Père**

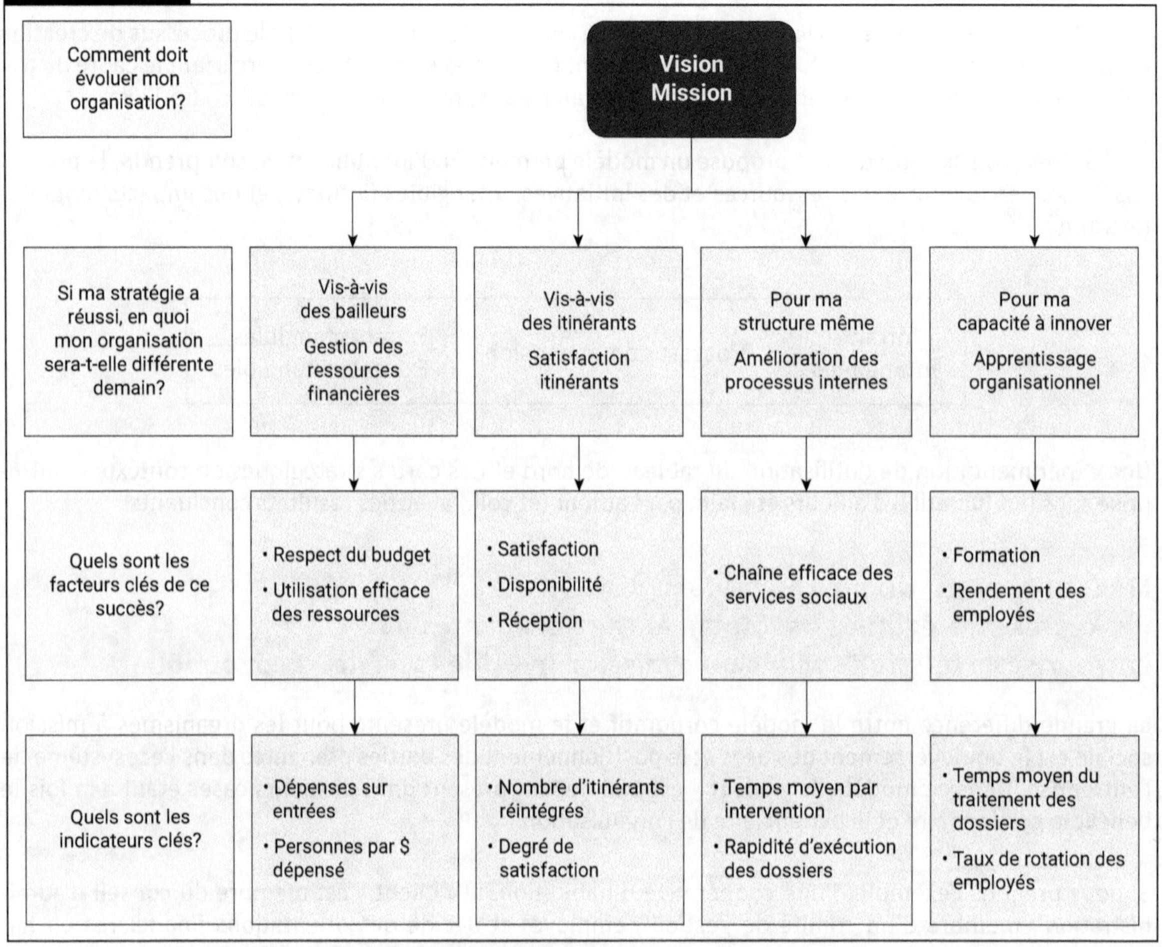

Rassembler les variables et permettre le pilotage de l'organisation des Œuvres de la Maison du Père dans la logique du tableau de bord prospectif suppose :

- Une compréhension commune de ce qu'implique l'enjeu de la coexistence des jeux logiques, à savoir, satisfaire à la fois la clientèle et les bailleurs de fonds;
- Une vision intégrée des multiples axes couverts par ce type de pilotage : un regard sur ce qui s'est passé et une vision de ce qui va se passer, performance à court terme inscrite dans une stratégie à long terme, axes à la fois internes et externes, objectifs à la fois financiers et non financiers;
- L'implication des différentes parties prenantes – acteurs, bailleurs de fonds, employés et itinérants – dans la définition de la stratégie.

Mentionnons que ce dernier tableau nous apparaît plus représentatif de la réalité entrepreneuriale et commerciale contemporaine, parce que :

- Une des variables favorisant le succès de longue durée auprès des employés et des clients est le partage de valeurs communes.

  « Je ne crois pas à la brique et au mortier. Je crois à un endroit où des gens de qualité partagent des valeurs communes »

  La Maison Simons : plus que de la brique et du mortier. (2016, 21 mars). Canoe.ca. http://fr.canoe.ca/argent/actualites/archives/2016/03/20160322-154059.html. Consulté en mars 2016.

- Les clients font « corps » avec l'entreprise, dans une relation commerciale inversée qui se traduit par l'implication directe des clients dans la proposition de nouveaux produits et de services (marketing coopératif) ainsi que dans la participation au financement (financement participatif et sociofinancement).
- À la limite, les « clients utilisateurs » deviennent la matière première vendue aux « clients payeurs », créant une dissociation entre client utilisateur et client payeur. Les entreprises qui connaissent du succès sur les réseaux sociaux achètent effectivement leurs clients en investissant des sommes importantes dans le développement de sites Internet, d'applications attrayantes et d'achat de « clics » pour créer le trafic qui sera vendu aux publicitaires.

Le phénomène des marques de commerce est un bel exemple de la relation inversée clients – entreprises au niveau du marketing et de la finance, puisque les clients sont prêts à payer une prime pour appartenir à une « gang » et devenir des panneaux publicitaires de l'entreprise. Vu sous un angle plus sympathique, les phénomènes actuels que sont le financement participatif et le marketing coopératif relèvent du même concept de base qui est d'intégrer le client, l'utilisateur dans les processus internes de l'entreprise. Si nous prenons comme exemple le financement participatif, les entreprises qui connaissent du succès sont des entreprises qui présentent des projets de développement de produits désirés par les clients. Et, entendu à la radio Ici Radio-Canada Première, le professeur Jacques Nantel[11] qui racontait l'expérience de ses étudiants qui avaient soumis une idée de base sur un site de financement participatif, un cahier à feuilles lavables, en demandant des idées pour améliorer le produit et du financement. Montant demandé : 4 000 $, montant obtenu : 400 000 $ + des idées de nouvelles déclinaisons du produit (ce qui vaut beaucoup d'argent)[12].

10.1.3 Collecte et forage de données

Nous pouvons maintenant constater l'engouement pour la collecte et l'extraction d'information permises par l'utilisation du web. On parle par exemple de collecte (« *big data* ») et de forage de données (« *data mining* ») où, par l'utilisation d'algorithmes complexes, l'entreprise obtient de l'information stratégique sur les clients, les risques et autres informations pour améliorer la prise de décision et la valeur de l'entreprise[13].

> *Le « phénomène Big Data » pour les entreprises recouvre ainsi deux réalités : d'une part cette explosion des données de façon continue, d'autre part la capacité technologique de traiter et d'analyser cette grande masse de données pour en tirer un profit. Grâce au Big data, les entreprises peuvent désormais gérer et traiter des données massives pour en extraire de la valeur, décider et agir en temps réel.*
>
> *Karoui, M., Davanchelle, G., Dudezert, A., Big Data : Mise en perspective et enjeux pour les entreprises, https://www.researchgate.net/profile/Aurelie_Dudezert/publication/276366379_Big_data._Mise_en_perspective_et_enjeux_pour_les_entreprises/links/555f290508ae6f4dcc904bdd.pdf. Consulté en mars 2016.*

Les grandes plateformes de réseaux sociaux que sont Facebook et autres sont d'excellents exemples de cet engouement et de l'inversion d'un modèle d'affaires où les « utilisateurs du service » sont en fait les intrants, la matière première de ces entreprises qui collectent, organisent transforment et vendent les extrants aux véritables clients, payants, que sont les utilisateurs de l'information. Un autre exemple est celui d'Amazon, qui utilise ses données pour vendre plus de produits à ses clients en leur proposant des livres, des objets que « des clients semblables » ont acheté. Dernièrement, je recevais un message m'informant qu'un client qui avait acheté le même livre que moi sur le capital de risque venait d'acheter un livre sur la cuisine vietnamienne… que j'aime effectivement beaucoup. Comment ont-ils fait? Je n'ai jamais consulté les livres de cuisine sur Amazon.

[11] http://www.hec.ca/profs/jacques.nantel.html.

[12] Les éclaireurs, Ici Radio-Canada Première, Marketing avec Jacques Nantel : la coproduction de produits et de services, 26 mars 2016, capsule 14 h 30.

[13] Nous faisons ici référence à l'augmentation de la valeur de l'entreprise qui se traduit par les indicateurs internes à l'entreprise (rentabilité) et/ou par les indicateurs externes à l'entreprise (valeur des actions sur les marchés financiers primaires et secondaires).

À plus petite échelle, les entreprises sont toutes à mettre en place des plateformes de collecte d'information sur leurs clients, investissent beaucoup à ce niveau, mais après…

La problématique que nous soulevons est LA problématique du moment dans les entreprises, car suivant l'étape de la frénésie de la collecte de données, on arrive maintenant à l'étape de l'exploitation et de la transposition des données en encaisse et en rentabilité. À quel point l'information amassée est-elle utilisée par les entrepreneurs, par les gestionnaires, dans leur prise de décision. Assistons-nous, à quelques décennies près, à une répétition de l'histoire si nous nous référons à la période ou prévalait l'engouement pour les tableaux de bord.

La firme comptable KPMG[14] s'intéresse actuellement à la question et a dégagé les quatre (4) points d'ancrage d'une analyse de données qui permet l'utilisation en toute confiance dans la prise de décision :

1. La qualité des données;
2. L'utilisation acceptable des données dans le contexte approprié;
3. L'exactitude des prévisions et des déductions tirées;
4. L'intégrité dans la façon de faire.

Ce qui se résume à UN facteur déterminant de la réussite dans la mesure, dans la fiabilité des données et dans leur conversion en valeur ajoutée pour l'entreprise : LA CONFIANCE.

Note importante

Autrement dit, l'intérêt commercial de la collecte de données réside dans l'opérationnalisation et l'exploitation rentable de données fiables, non dans la collecte et l'entreposage. Par conséquent, dans l'estimation du budget requis pour le virage technologique, une entreprise doit prévoir que « le gros » du budget doit se retrouver à ce niveau, sinon on construit des bibliothèques virtuelles décoratives..

Nous terminerons cette section par deux citations où la recherche scientifique et la pratique professionnelle se rejoignent, ce qui correspond à notre pensée sur ce sujet : une pratique professionnelle solide repose sur des acquis théoriques solides.

Première citation

> *Le Big Data conduit les entreprises à se confronter aux problèmes du traitement et de l'analyse de volumes de données de plus en plus abondants. Les dispositifs de gestion des données déployés aujourd'hui dans la majorité des entreprises sont dans l'incapacité de traiter l'ensemble de ces flux. L'infrastructure technologique doit être repensée pour s'y adapter. À cet enjeu technologique s'ajoute un enjeu organisationnel portant sur la nature des données à traiter pour les entreprises, la désignation d'une équipe qualifiée, le budget à allouer et l'accompagnement du changement à mettre en œuvre. Enfin l'enjeu est aussi économique. Il s'agit de définir comment créer de la valeur stratégique avec le corpus de données désormais accessible à chaque entreprise et ce sans heurter le client et sans susciter la peur.*
>
> *Karoui, M., Davanchelle, G., Dudezert, A., Big Data : Mise en perspective et enjeux pour les entreprises*
>
> *https://www.researchgate.net/profile/Aurelie_Dudezert/publication/276366379_Big_data._Mise_en_perspective_et_enjeux_pour_les_entreprises/links/555f290508ae6f4dcc904bdd.pdf. Consulté en mars 2016.*

[14] KPMG, Publication The power of trust in analytics, Global data & analytics, March 2016, Issue 1. http://www.kpmg.com/Ca/fr/IssuesAndInsights/ArticlesPublications/Pages/the-power-of-trust-in-analytics.aspx?utm_medium=Email&utm_source=ExactTarget&utm_campaign= Consulté en mai 2016.

Deuxième citation

« The "black box" of analytics is becoming bigger and blacker, the data that is going into the box is becoming more complex, and the decisions that are being made based on the box are becoming more impactful. Executives and consumers must be able to trust the black box. »

– Sanders Klous, Professor of Big Data Ecosystems, University of Amsterdam and KPMG Managing Director, Big Data Analytics, KPMG in the Netherlands

KPMG, Publication The power of trust in analytics, Global data & analytics, March 2016, Issue 1, page 2. http://www.kpmg.com/Ca/fr/IssuesAndInsights/ArticlesPublications/Pages/the-power-of-trust-in-analytics.aspx?utm_medium=Email&utm_source=ExactTarget&utm_campaign= Consulté en mai 2016.

En résumé :

- Collecter de l'information sans traitement et analyse résulte en l'expression connue « trop d'information, c'est comme pas assez d'information ».
- Produire une grande quantité de rapports, d'indicateurs, sans axe principal, n'est pas une fin en soi. « Measuring more is easy, measuring better is hard », comme le mentionne Charles Handy, professeur à la London School of Management.
- Les entreprises sont probablement à répéter les erreurs observées avec la construction des tableaux de bord avec un surinvestissement dans la quantité et la diversité des données collectées et un sous-investissement dans la compréhension et l'utilisation.

Ce qui nous ramène aux chiffres et au propos de ce chapitre centré sur l'utilisation des données quantitatives disponibles, les chiffres. Nous tenterons de répondre aux questions suivantes :

- Quels sont les coûts pertinents à la prise de décision?
- Combien coûte la fabrication d'un produit, d'un service?
- Quel devrait être le prix de vente d'un produit, d'un service?
- Comment optimiser l'information fournie par le système comptable?

Il ne faut surtout pas penser, ici, que nous nous adressons uniquement aux grandes entreprises. Le restaurateur de votre quartier est un spécialiste en cette matière, sinon il y a longtemps qu'il aurait fermé boutique tel que le mentionne avec justesse François Meunier, vice-président aux affaires publiques de l'Association des restaurateurs du Québec (ARQ), dans un article intitulé « Comment résister au passage du temps? Quelques restaurateurs dévoilent les raisons derrière la pérennité de leur établissement[15] ».

Nous nous adressons aussi aux responsables d'entreprises actives dans le secteur de l'économie sociale qui conjuguent, dans des proportions qui leur sont propres, des objectifs économiques et des objectifs sociaux ainsi qu'aux organismes sans but lucratif. Toutes ces entreprises, sans exception, souhaitent avoir du succès et continuer leurs opérations dans le respect de la mission qu'elles se sont données. Il n'y a rien de contradictoire à poursuivre une mission sociale et à connaître ses coûts d'opération. Au contraire. Une entreprise ayant comme mission de réintégrer des personnes absentes depuis plusieurs années du marché du travail sera en mesure d'évaluer les coûts supplémentaires générés par le travail de réintégration et de le valoriser dans le prix de vente et le transfert au client, assurant sa pérennité. Une entreprise ayant une mission essentiellement sociale montrera avec fierté ce qu'elle a accompli avec les fonds recueillis auprès des donateurs et suscitera l'admiration et la reconduction du support financier[16].

[15] Morissette, N., (2016, 9 avril). Comment résister au passage du temps? Quelques restaurateurs dévoilent les raisons derrière la pérennité de leur établissement, *LaPresse+*, Section Gourmand, http://plus.lapresse.ca/screens/082dd33d-774f-4cab-b2db-8a5a6950001c%7Cz5L9af_H3uwG.html. Consulté en avril 2016.

[16] Renault, Micheline, Brésil, Maudeline, Comprendre et évaluer les impacts sociaux d'un organisme à but non lucratif à l'aide du tableau de bord de Kaplan et Norton, ARUC, Économie sociale, C-15-2006, http://www.aruc-es.uqam.ca/Portals/0/cahiers/C-15-2006.pdf. Consulté en février 2016.

10.2 Contrôler les coûts plutôt que se faire contrôler par les coûts ou s'offrir l'entreprise correspondant à ses valeurs

Qu'on aime on non les chiffres, on ne peut en faire abstraction quand on évolue dans le monde des affaires. On entend parfois de nouveaux entrepreneurs ou de nouveaux gestionnaires dire qu'ils ne veulent pas se soucier des chiffres, plus motivés par le projet, l'innovation, le procédé ingénieux que par la gestion[17].

Mais qui, heureusement, privilégient le travail en équipe où se retrouvent des entrepreneurs et des gestionnaires capables d'opérationnaliser et de mener à bien la commercialisation rentable de nouvelles idées. C'est un des objectifs que s'est donné ce volume. Fournir une plateforme de réflexion et de discussion commune pour les décideurs d'affaires de tout horizon.

La proposition au lecteur qui est faite par la présentation de ce chapitre est la suivante. Les chiffres vous permettent de construire le prototype de la réalisation de votre idée, de votre projet.

Que ce soit dans le cas du démarrage d'un nouveau projet d'affaires, de la réorganisation d'un secteur d'activité, de l'évaluation du maintien ou de la fermeture d'une activité, les chiffres sont la matière première avec laquelle vous allez matérialiser, concrétiser en prototype la recherche et le développement de vos idées. On est habitué de voir le terme « prototype » dans le domaine de l'ingénierie. Le dictionnaire Larousse le définit ainsi :

> *« Premier exemplaire construit d'un ensemble mécanique, d'un appareil, d'une machine, destiné à en expérimenter les qualités en vue de la construction en série. »*

Cela illustre parfaitement la proposition de lecture qui est faite en présentant un chapitre sur la comptabilité de gestion, plus particulièrement l'analyse des coûts et l'évaluation du prix de revient. Construire un prototype qui constitue le début du travail, pas la fin comme on le voit trop souvent dans les processus de préparation des plans d'affaires.

10.3 Garder le cap sur la proposition faite au client ou en finir avec la pensée du « roi des bas prix »[18]

Dans ce volume, la proposition faite au client est en quelque sorte le contrat conclu avec le client. Par exemple, la proposition qui est faite au client dans un restaurant de type restauration rapide pourrait être de servir des mets de bonne qualité, standardisés, à des prix avoisinant 6 $ pour un sandwich.

Alors que dans un autre restaurant, la proposition faite au client pourrait être de servir des sandwichs de luxe, personnalisés, accompagnés de bières artisanales, dans un environnement agréable. À des prix variant entre 15 et 20 $ pour un sandwich.

Que faire en situation de changement important dans une des composantes du prototype du prix de revient des produits et des services vendus? Le réexaminer, pour voir s'il est possible de faire autrement tout en maintenant la proposition faite au client, ou modifier la proposition faite au client pour s'ajuster à ses nouveaux besoins et son niveau d'acceptabilité du changement.

[17] http://www.lesaffaires.com/dossier/un-quebec-fort-ils-y-croient/la-generation-y-aux-commandes/582966
[18] Sauf si d'être le roi des bas prix est la proposition faite aux clients.

Ainsi, McDonalds teste actuellement l'offre d'un nouveau produit, un « hamburger personnalisé »[19], ce qui nous semble s'inscrire dans la volonté de retenir les clients qui délaissent la chaîne pour aller vers des restaurants dont l'offre est personnalisée, et d'augmenter la facture moyenne/client où ils font face à beaucoup de résistance de la part de la clientèle.

L'examen du prototype du prix de revient ne doit pas être uniquement vu comme un outil prospectif d'ajustement aux conditions de marché, mais surtout comme un outil actif de développement et de renouvellement de l'offre/client que l'on soit dans le marché « *B to B* » ou « *B to C* ».

10.4 Quels sont les coûts qui sont pertinents à la prise de décision?

10.4.1 Les coûts? Quels coûts?

Le terme « coût » est un des termes les plus utilisés dans les discussions d'affaires et celui qui crée le plus de confusion. De quels coûts parle-t-on?

Il est donc essentiel, avant d'aller plus loin dans ce chapitre, de définir ce qu'on entend par « coûts » et de bien comprendre le mode de calcul avant toute utilisation dans une prise de décision. Sous peine de « garbage in, garbage out ». Il ne sert à rien de se conforter avec des chiffres « tout croches » ou que l'on ne comprend pas pour se donner l'illusion de bonne gestion.

Voici les différents univers où il est question de coûts dans une entreprise.

Définition générale

Coût total, coût moyen et coût marginal

Lorsqu'on parle de coûts dans une entreprise, on peut parler de différents types de coûts. Lesquels sont pertinents à la prise de décision.

En matière de coûts, il existe trois (3) notions fondamentales :

1. le coût total;
2. le coût moyen;
3. le coût marginal.

Le coût total est la somme des coûts de toutes les ressources qui ont été affectées à la production et la commercialisation d'un produit, à la réalisation et à la livraison d'un service. Un problème souvent observé chez les entreprises dans la détermination du coût total d'un produit ou d'un service est de prendre en considération les coûts que l'on peut observer et d'ignorer les coûts qui apparaissent accessoires ou évidents. Nous reviendrons sur cette notion dans une section subséquente de ce chapitre.

Le coût moyen est un coût, comme le mot le dit, qui relève du fractionnement d'un ensemble. Le coût moyen fluctue en fonction de l'organisation de forfaits, du volume d'activités, et peut devenir un argument concurrentiel dans une offre de services. La volonté de vendre plus à la base client est un bel exemple de la diminution du coût moyen de service ou, autrement dit, de la valorisation du capital relationnel avec les clients.

[19] http://www.mcdonalds.ca/camobile/fr/menu.html

Le coût marginal[20] est le coût différentiel encouru pour fabriquer et commercialiser le produit suivant, pour ajouter « le plus » à un service en cours de livraison chez un client. C'est le principe de l'offre d'une boisson grand format, « le plus », à un prix avantageux pour le client.

Voila un bel exemple ou le département comptable doit travailler de pair avec celui du marketing, car la recherche d'une marge bénéficiaire élevée dépend de la perception de la valeur ajoutée « du plus » pour le consommateur et du prix qu'il est prêt à payer pour se l'offrir.

Calcul du coût total, du coût moyen et du coût marginal

Nombre d'unités	Coût total	Coût moyen	Coût marginal
25 000	102 500 $	4,10 $	nd
–	–	–	–
49 999	104 999,90 $	2,100040 $	nd
50 000	105 000,00 $	2,100000 $	0,10 $
50 001	105 000,08 $	2,099960 $	0,08 $
50 002	105 000,16 $	2,099919 $	0,08 $
–	–	–	–
100 000	109 000,00 $	1,090000 $	nd
100 001	150 000,00 $	1,499985 $	41 000,00

Quel est le coût du produit?

- 4,10 $ si on s'intéresse au coût moyen des 25 000 premières unités.
- 1,09 $ si l'entreprise produisant au coût moyen des 100 000 premières unités.
- 0,10 $ si on considère la 50 000e unité produite.
- 0,08 $ si on considère uniquement la 50 001e unité produite.

Attention ici à la pensée magique à l'effet que plus le volume de production augmente, plus le coût moyen et le coût marginal diminuent.

Dans le tableau ci-dessus, nous constatons que le modèle tient en autant que le nombre d'unités produites est inférieur à 100 000. À la 100 001e unité, le modèle s'effondre.

Pourquoi? C'est le problème de la croissance. Il est possible que pour produire la 100 001e unité il faille acheter un ordinateur « de plus », un camion « de plus », un équipement « de plus », une usine « de plus »... ou penser à une autre façon de faire, comme l'impartition, en attendant d'atteindre un volume de commandes assez élevé pour s'engager dans « le plus ».

[20] « Marginal » signifie « différentiel ».

Note importante

Le roi des bas prix ou le piège des coûts « gratuits »

Plusieurs entrepreneurs démarrent leur entreprise sur la base d'une offre de produits ou de services de qualité... à bas prix. Ce qui va si le positionnement de bas prix repose sur un processus, une efficacité, une chaîne d'approvisionnement dont l'exploitation se traduit vraiment par un moindre coût qui se répercute sur un bas prix de vente. Par exemple, dans sa notice annuelle, l'entreprise Dollarama nous explique que l'historique de ses bonnes relations avec de nombreux fournisseurs en Asie lui procure un avantage sur ses coûts d'approvisionnement. Ce qui est parfait.

Mais dans beaucoup de cas, trop de cas ajouterons-nous, le moindre coût est dû à des coûts que l'entrepreneur ne facture pas au client. Des coûts « gratuits » comme le véritable coût des heures travaillées, le coût d'un local, le coût du matériel informatique, le coût de formation continue, et autres coûts assumés par l'entrepreneur, mais non inclus dans le calcul du prix de revient des produits vendus et des services livrés aux clients. Le modèle du « roi des bas prix » tient en autant que l'entrepreneur demeure dans son « sous-sol » et qu'il maintient un faible chiffre d'affaires, car dès qu'arrivent des opportunités de nouveaux contrats pour lesquels il doit engager des employés (embauche ou collaboration avec d'autres entrepreneurs), encourir des frais supplémentaires de formation, de déplacement et autres, le modèle se brise, car les prix facturés ne couvrent plus les véritables coûts d'opération de l'entreprise qui émergent un à un.

Le concept à maîtriser par les entrepreneurs, ici, est la différence entre la mesure (rentabilité = prix de vente plus élevé que total des coûts réels de production, de vente, d'administration, financiers) et la solvabilité (maintien du solde requis dans le compte de banque). Par exemple, le salaire de l'entrepreneur, qui correspond au salaire qui sera payé à un employé au moment où l'entrepreneur déléguera cette tâche, doit faire partie du coût de production et de livraison et doit être facturé au client. Mais ce n'est pas parce que je facture ce salaire à mon client que je dois me « faire un chèque ». Cette partie de la facturation peut demeurer dans l'entreprise et constituer une source de fonds qui sera utilisée pour le développement et la croissance de l'entreprise. Mais, au moment où, effectivement, un employé s'occupera de faire l'emballage des produits livrés, l'entrepreneur n'aura pas à aviser ses clients que « dorénavant, étant donné que l'emballage n'est plus fait par moi, mais par un employé, je dois vous facturer plus cher ». Nous constatons ici la taille du piège que l'entrepreneur s'est construit.

10.4.2 Évolution dans le temps

Coûts historiques, coûts prévisionnels et coûts actualisés

Les coûts évoluent dans le temps, et ils peuvent évoluer en fonction du temps (inflation) et en fonction de l'apprentissage (courbe d'apprentissage) et de la technologie. Ce dernier élément est important à remarquer parce que trop souvent l'évolution des coûts dans le temps n'est vue et traduite que comme un facteur d'actualisation – capitalisation de données dans la préparation d'un chiffrier prévisionnel. Par exemple, certaines industries ont des taux « naturels » de rotation de personnel très élevés. Dans une conférence sur le commerce électronique organisée par l'Association des femmes en finance du Québec[21], un dirigeant de Sports Experts parlait d'un taux de rotation de 50 % du personnel de vente de l'entreprise. Toute stratégie incluant une meilleure information au client devrait donc tenir compte de la variable « rotation de personnel et apprentissage » dans l'estimation du coût des ressources humaines et par report, dans le coût de service au client. Voire, dans la façon de mieux informer le client.

[21] Dîner-conférence, AFFQ, février 2016.

Voici les différentes définitions du terme « coût » vues dans une perspective temporelle.

Coûts historiques

Les états financiers préparés selon les normes comptables sont préparés sur la base historique, de coûts passés, dans une perspective de reddition de comptes (ce qui a été réalisé) et de facilitation de la préparation des prévisions pour l'avenir (prise de décision).

Coûts prévisionnels

On parle à ce moment de coûts prévisionnels, de coûts qu'on estime effectifs au moment où les actions planifiées par l'entreprise se réaliseront. On pourrait faire référence, ici, à la préparation de plans d'affaires, de plans stratégiques, mais afin de continuer notre propos sur un ton convivial, nous parlerons de l'organisation de projets. De coûts projetés.

La facilité de préparation de tableaux prévisionnels permise par les tableurs de type Excell emmène souvent les dirigeants d'entreprises à multiplier frénétiquement des scénarios reposant sur la construction de formules mathématiques, de plus en plus détachées de la réalité de marché.

Comme il a été mentionné au début de cette section, la projection de coûts dans le temps ne tient pas uniquement à des impacts d'actualisation, mais à de possibles modifications sérieuses du modèle d'affaires utilisé comme base de calcul. Les coûts totaux, les coûts moyens, fluctuent à la baisse comme à la hausse selon les décisions prises par les dirigeants.

Il s'agit d'ailleurs d'une perception, souvent fausse, des bienfaits corporatifs de la croissance. Au fur et à mesure que l'entreprise entre dans de nouveaux marchés, commerce avec de nouveaux clients, les intrants ne sont pas les mêmes. Et pas besoin de se diriger vers l'international pour constater cette différence.

Le marché de Montréal n'est pas le même que celui de Québec ou de Gatineau. Parlez à des franchisés actifs dans l'industrie de la restauration ou du commerce de détail; s'implanter dans un nouveau marché, c'est plus que multiplier et diviser des chiffres.[22]

Coûts actualisés

Dans le chapitre intitulé *Postes comptables*, à la page 75, il a été question de coûts actualisés dans la norme IAS 36 traitant de l'estimation et de l'enregistrement des pertes de valeurs des ressources contrôlées par l'entreprise. En effet, une des méthodes présentées pour calculer la valeur de recouvrement[23] de l'actif ou du groupe d'actifs était la valeur actualisée des flux financiers générés dans le futur.

Le calcul de la valeur actualisée relève des mathématiques financières où il est dit que la valeur de l'argent n'est pas la même dans le temps. Autrement dit, ce que je peux obtenir aujourd'hui pour 1 $ est différent de ce que je peux obtenir dans un an. Moins en situation d'inflation, plus en situation de déflation.

Lorsqu'une entreprise veut comparer la fluctuation réelle de sa situation financière d'une année à l'autre, il est nécessaire d'extraire l'impact de l'inflation sur les chiffres comparatifs.

L'exemple suivant permettra de mieux comprendre l'impact des différentes définitions temporelles du terme coût sur la prise de décision.

[22] Ce qui explique la prudence des magasins Simmons à exporter le concept québécois vers de nouveaux marchés.

[23] Le lecteur se souviendra qu'une perte de valeur sur un actif ou un groupe d'actif doit être constatée lorsque la valeur de recouvrement (valeur de marché ou valeur actuelle des flux financiers [budgets] futurs) est inférieure à la valeur comptable présentée dans les états financiers.

Coûts - Perspective Temps

Figure 10.3 Perspective temps - exemple 1

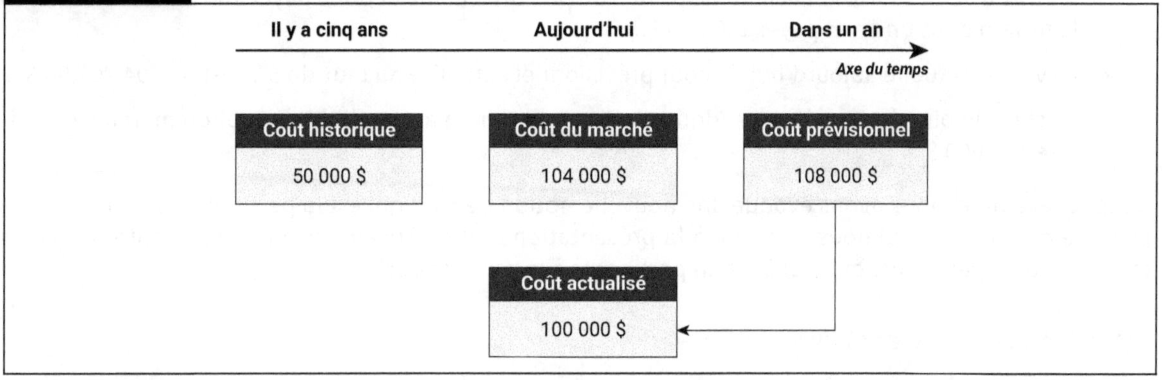

- Il y a cinq ans, une entreprise a acheté un élément d'actif qu'elle a payé 50 000 $.
- Cet élément se vend aujourd'hui 104 000 $.
- Selon les prévisions, il vaudra 108 000 $ dans un an.
- Si on tient compte d'un taux d'actualisation de 8 %, la valeur actualisée de cet élément d'actif est de 100 000 $.

Cet autre exemple permettra de mettre à l'épreuve les nouvelles connaissances acquises.

Données :

- Un terrain a été acquis il y a cinq ans pour la somme de 150 000 $.
- Sa valeur aujourd'hui est de 100 000 $.
- Selon un expert immobilier, cette valeur pourrait augmenter et atteindre 110 000 $ dans un an.
- Le rendement moyen des placements est à l'heure actuelle de 5 %.
- Andrée aimerait acquérir le terrain en question. Elle pourrait l'acheter maintenant au coût du marché ou attendre un an et le payer éventuellement 110 000 $ s'il est toujours en vente.
- Quelle recommandation lui feriez-vous?

Examinons maintenant les informations et le traitement que nous en ferons pour fournir à Andrée la meilleure recommandation possible.

Figure 10.4 Perspective temps - exemple 2

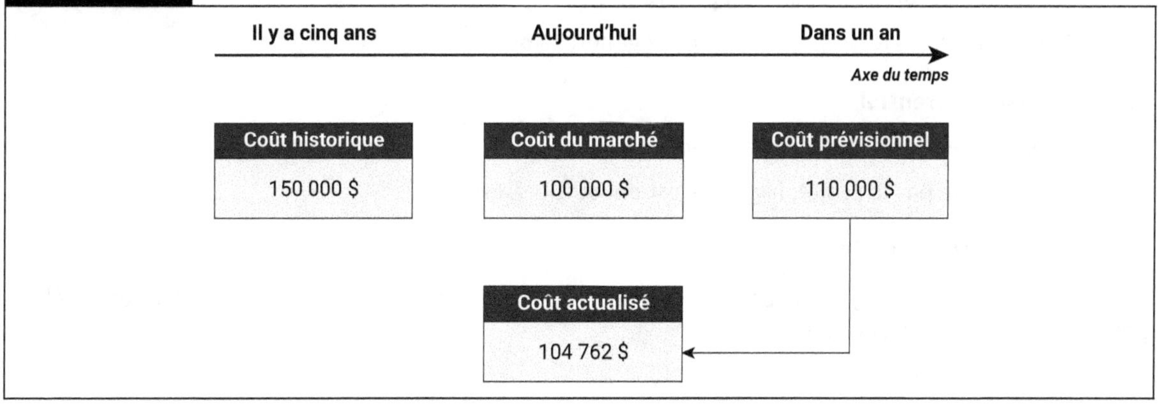

- Pour prendre sa décision, Andrée ne peut se référer au coût historique parce qu'il n'a plus aucune signification aujourd'hui.
- Andrée a deux choix, soit acheter le terrain au prix du marché et donc payer 100 000 $, soit acheter le terrain dans un an et payer 110 000 $.
- La valeur actuelle aujourd'hui du coût prévisionnel actualisé au taux de 5 % est de 104 761,90 $.
- Le choix le plus économique est donc d'acheter le terrain aujourd'hui au coût du marché, c'est-à-dire 100 000 $.

Dans cet exemple, nous avons évoqué une nouvelle notion de coût qui est la pertinence du coût pour la prise de décision, ce qui nous emmène à la présentation d'une nouvelle façon de segmenter les coûts entre les coûts pertinents et les coûts non pertinents à la prise de décision.

10.4.3 Prise de décision

Coûts pertinents et coûts non pertinents

De façon sporadique, l'éternelle question de l'avenir du stade olympique de Montréal refait surface dans l'actualité. Que doit-on faire avec ce stade? Le démolir? Investir dans un toit rétractable? Le convertir en...? Plusieurs suggestions, incluant les plus saugrenues, ont été publiées à ce sujet. Certes, le stade olympique a une valeur symbolique et de représentation de la ville. C'est une attraction touristique et une image remarquable quand on survole la ville avant d'atterrir à l'aéroport Pierre-Elliott-Trudeau.[24] Et, surtout, il a coûté cher, et continue de coûter cher.

Que doit-on faire avec le stade olympique?

La notion de coût pertinent à la prise de décision implique que tous les coûts passés, aussi élevés soient-ils, ne sont pas pertinents à la prise de décision. Comme on pourrait le dire de façon abrupte, « c'est fait, c'est fait ». On ne peut rien y changer. Les coûts passés ne sont donc pas pertinents parce qu'irrécupérables. Ce que l'on peut changer est l'avenir, et ce qui est requis pour changer l'avenir. Les coûts de façonnement de l'avenir sont pertinents. Ou plus précisément, les coûts différentiels pour façonner l'avenir sont pertinents.

Mais encore, que doit-on faire avec le stade olympique?

La réflexion doit se faire sur la base des revenus différentiels futurs et des charges différentielles futures. S'il en coûte, par exemple 20 000 $ par année pour le chauffage, le coût de 20 000 $ de chauffage n'est pas pertinent pour la prise de décision. Si un nouveau projet implique un coût total de 30 000 $ de chauffage, la différence entre les deux montants, 10 000 $ est le coût pertinent pour la prise de décision.

Un petit truc pour identifier les éléments différentiels? La différence de réponse à ces deux questions.

- Je réalise le projet, le revenu est généré. **Oui.**
- Je ne réalise pas le projet, le revenu est généré. **Non.**

Le revenu est différentiel

- Je réalise le projet, la charge est encourue. **Oui.**
- Je ne réalise pas le projet, la charge est encourue. **Non.**

La charge est différentielle

Il est maintenant possible, sur la base de ces deux questions, d'identifier les éléments différentiels ou pertinents à la prise de décision.

[24] Nous comprenons qu'une étude de faisabilité d'un projet doit prendre en considération les retombées économiques, quantifiables et les autres retombées, non quantifiables. Nous n'aborderons cependant, dans ce chapitre, que les retombées quantifiables.

Exemple

Supposons qu'un promoteur d'événements se présente et offre de louer le stade pour 1 000 000 $ par année. Pour ce faire, la facture de chauffage passera de 40 000 à 50 000 $, il faudra procéder à l'embauche d'un nouvel employé, au montant de 40 000 $ en sus des coûts des autres employés, au montant de 250 000 $. Sans compter que le bail de l'exposition de machine agricole, au montant de 20 000 $ ne pourra pas être renouvelé, les installations étant maintenant occupées à temps plein.

Quels sont les coûts (et les revenus) pertinents pour la prise de décision?

Revenus du bail de location :	1 000 000 $
Perte de revenus, bail actuel :	20 000 $
Coûts de chauffage :	10 000 $
Coûts d'un employé :	40 000 $

Les coûts de 40 000 $ pour le chauffage ainsi que celui de 250 000 $ pour les employés ne sont pas pertinents à la prise de décision, puisqu'ils devront être assumés, que l'on accepte ou non de signer le bail avec le nouveau locataire.

Modifions ici une hypothèse pour présenter une autre définition de coûts : les coûts discrétionnaires.

Supposons que durant la préparation de l'offre de location, la direction avait pensé la bonifier en incluant un service gratuit de café et sandwichs. Ce coût est discrétionnaire, puisqu'il peut être enlevé de l'offre sans nuire à l'objectif premier du locataire, se loger. En est-il de même pour le coût du chauffage? Pas au Québec. Un coût discrétionnaire est donc un coût qui peut être enlevé ou reporté dans le futur, car il n'est pas indispensable à la réalisation présente du projet. L'identification préalable et la connaissance des coûts discrétionnaires est un atout précieux dans une ronde de négociation.

10.4.4 Les choix difficiles

Si nous ramenons l'exemple du stade olympique dans le contexte corporatif, la même question peut se poser. Supposons qu'une entreprise a investi dans des installations coûteuses et qu'arrivent sur le marché des nouvelles technologies qui permettent la même, voire meilleure, qualité de production. Que fait-on? C'est ce qui est arrivé dans le domaine de la musique où les coûteux studios d'enregistrement sont devenus caduques suivant l'arrivée de nouvelles technologies d'enregistrement qui permettent à tout artiste de produire du contenu musical à faible coût. À preuve, la fermeture du dernier studio d'enregistrement montréalais, le Studio Victor, qui a fermé ses portes en décembre 2015.

Studio Victor – pourquoi vendre?

Durant les années 1980 et 1990, de nombreux artistes disposaient d'un budget de près de 100 000 $ pour l'enregistrement d'un disque. Aujourd'hui, alors que l'industrie musicale est en crise, rares sont ceux qui investissent plus de 20 000 $ dans la réalisation d'un album. « Je vends parce qu'économiquement c'est très difficile d'être rentable. Ça fait deux ans que je ne fais plus d'argent », explique le propriétaire, Gaétan Pilon.

Fermeture du Studio Victor : la fin d'une époque. Info Radio Canada, 19 décembre 2015. http://ici.radio-canada.ca/nouvelles/societe/2015/12/19/001-studio-victor-fermeture-montreal-visite.shtml

Studio Victor : fin des activités dans l'industrie de la musique?

Pas nécessairement. Le propriétaire demeure toujours actif dans l'industrie musicale. Il a mis la clé sur des équipements autrefois requis pour l'enregistrement de pièces musicales et se dirige vers une nouvelle façon de livrer le même produit, une chanson.

Les investissements, la mobilisation de capital qui avait été faite dans l'acquisition d'équipements sophistiqués a-t-elle été pertinente dans cette décision? Non. Quoi qu'il fasse, ces équipements n'étaient plus désirés par les musiciens. Garder la place ouverte ne faisait qu'aggraver la situation financière. Aussi bien arrêter, vendre et récupérer toute l'encaisse possible pour mieux repartir.

> *Bonjour,*
>
> *Premièrement, nous tenons à remercier sincèrement toute notre fidèle clientèle, nos amis et notre famille de leur encouragement au cours de ces dernières années. Nous avons vécu ensemble d'inoubliables expériences.*
>
> *Studio Victor est maintenant arrivé à un carrefour. Pour donner suite à la relocalisation de ses locaux dû à la fermeture de ceux à St-Henri, il doit prendre une période de temps pour se réorganiser. Il continuera de faire affaire en 2016 au niveau de l'industrie musicale et nous comptons sur vous. D'ailleurs de nouveaux projets résultants des sessions de « Direct-To-Disk » sont en cours de réalisations et nous vous en ferons part bientôt.*
>
> *Cordialement,*
> *Gaétan Pilon*
>
> *studiovictor.ca, consulté en mars 2016.*

La difficulté de faire abstraction des coûts non pertinents à la prise de décision est un problème que l'on rencontre souvent auprès d'entrepreneurs qui ont beaucoup investi dans un modèle de production qui est devenu en quelque sorte le leur. Si ce modèle de production ne correspond plus aux besoins du marché, s'il a été supplanté par une nouvelle technologie ou par un produit substitut moins coûteux, il faut arrêter l'hémorragie financière et penser à l'avenir en misant sur les ressources encore disponibles pour le futur[25].

Aussi, est-il préférable d'amorcer une réflexion sérieuse lorsque vient le temps pour une entreprise de décider de mobiliser du capital sur des installations, des équipements coûteux, dont la fenêtre d'exploitation est courte. Ouvrir un magasin ou louer un emplacement dans un magasin déjà établi. Installer un bureau ou partager des installations avec d'autres entreprises. Être limité par un carcan ou privilégier une structure souple permettant l'ajustement ou la modification des opérations?

10.4.5 Coûts variables ou coûts fixes? Ou quel est le seuil de rentabilité de l'entreprise? Ou à partir de quel chiffre d'affaires je commence à travailler pour « moi »?

Si l'on voit une entreprise comme un ensemble de coûts, il y a deux parties prenantes qui sont présents à la caisse : les clients et les actionnaires. C'est à la fois aussi simple et aussi complexe que cela.

Voici un exemple simple. J'achète une tasse 10 $ (sans autres frais) et je la vends. Si je vends la tasse 12 $ le client paie le coût de la tasse (10 $) et je garde pour moi 2 $. Si je vends la tasse 8 $, le client en paie une partie (8 $) et je paie l'autre partie (2 $).

[25] Nous reconnaissons que c'est une décision difficile, car qui peut dire avec exactitude quel projet d'affaires connaîtra, ou pas, du succès? Tous les directeurs de comptes aux entreprises dans les institutions financières et tous les investisseurs en capital de risque vous le diront, il leur est tous arrivé de se retrouver, impuissants, devant des entrepreneurs qui ont tout investi, économies personnelles, vente de la résidence, retraits des REER, pour réaliser un « rêve entrepreneurial ». L'émission de télévision « Dans l'œil du dragon » (Ici Radio-Canada Télé) nous fournit quelques exemples de ce questionnement lorsqu'un dragon demande à un entrepreneur combien il a investi jusqu'à présent dans son projet sans qu'aucun n'y voit un avenir commercial.

Si j'achète maintenant une table, au coût de 100 $ dont la durée d'utilisation est de un an. Chaque client doit maintenant payer le coût de la tasse achetée, ce qui ne change pas, plus « un morceau » de table. Sinon, c'est moi qui la paie. Qu'est-ce que l'entreprise doit faire? Augmenter le prix de vente de la tasse de la quote-part du coût de la table ou l'assumer en diminuant le gain de son travail?

Nous répondrons à cette question de deux façons. En l'abordant sous l'angle des coûts fixes, des coûts variables et du seuil de rentabilité, et en l'abordant, dans une autre section de ce chapitre, sous l'angle des coûts standards de fabrication et de commercialisation.

Examinons d'abord ce schéma qui nous permet de très bien visualiser la relation entre les coûts fixes d'une entreprise, ses coûts variables et la rentabilité.

Figure 10.5 **Relation entre les coûts fixes, les coûts variables et la rentabilité d'une entreprise**

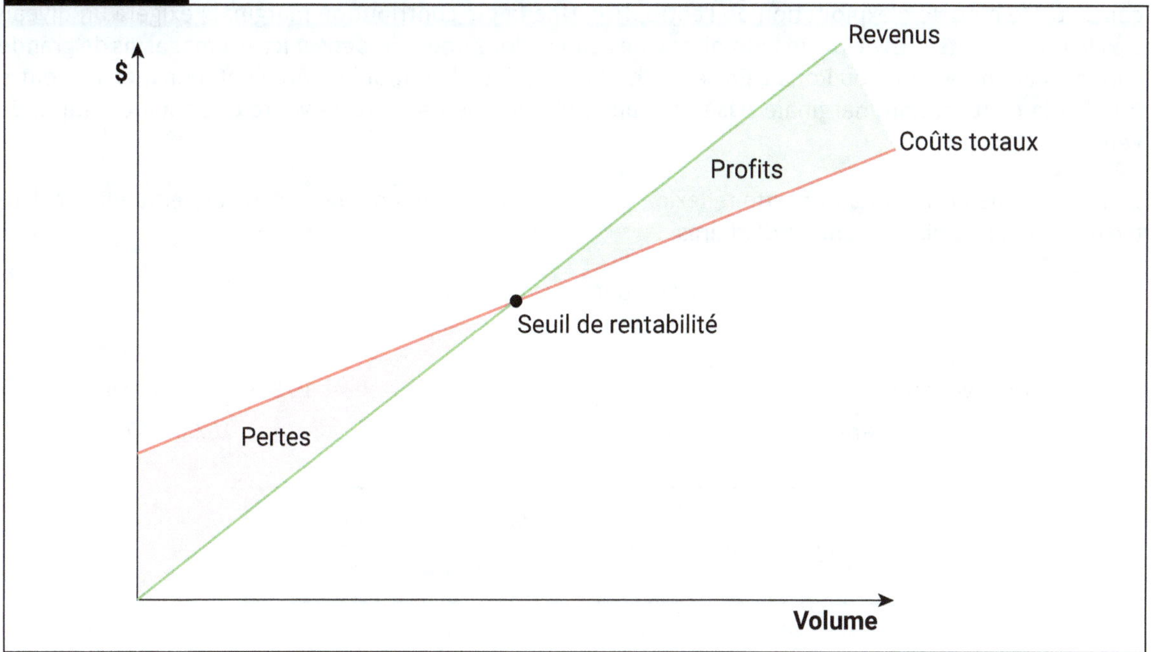

Tout d'abord, nous constatons une première différence importante entre la ligne des revenus et la ligne du total des coûts. L'une démarre à zéro (la ligne des revenus), alors que l'autre démarre au niveau du total des coûts fixes. C'est-à-dire que dès qu'on met en place l'infrastructure de fabrication et de commercialisation de l'entreprise, les coûts doivent être assumés, que les clients soient là ou pas. Et, naturellement, les clients ne feront pas la file la journée de l'ouverture. Petit à petit, l'entreprise se fera connaître et apprécier de ses clients, ce qui augmentera le niveau des revenus jusqu'à ce que la contribution-client couvre l'ensemble des coûts d'infrastructure (coûts fixes) et des ajouts spécifiques (coûts variables), ce qu'on appelle « seuil de rentabilité » ou « profit = 0 ».

Instinctivement, juste à observer le schéma, on peut comprendre que plus les coûts fixes sont élevés, plus le seuil de rentabilité est élevé. Plus les coûts fixes sont bas, moins le seuil de rentabilité est élevé. Il est maintenant facile de faire le lien avec le terme « carcan » que nous avons utilisé à la page précédente. Les coûts fixes représentent un carcan financier au moment du démarrage d'une entreprise, en terme d'investissement et surtout en terme d'utilisation de l'encaisse, et par la suite, car mois après mois, qu'il y ait ou non des clients, il faut les assumer, monopolisant encore une fois une partie de l'encaisse qui pourrait être autrement utile dans le développement des affaires, dans l'exploitation de nouvelles opportunités d'affaires surgissant au fil des rencontres avec les clients ou, plus radicalement, dans une modification majeure du modèle d'affaires.

Comment calcule-t-on le seuil de rentabilité?

Si nous revenons à l'exemple de la vente de la tasse, lorsqu'un client paie 12 $ pour une tasse dont le coût variable est de 10 $, la différence, appelée « contribution marginale », servira à payer une partie de l'infrastructure, dans notre exemple une partie de la table, et à fournir à l'entreprise la rentabilité souhaitée (bénéfice net).

Contribution marginale

Prix de vente	12 $
Coûts variables	10 $
Contribution marginale	2 $

Nous constatons donc que la contribution marginale indique la marge de manœuvre pour réfléchir et concevoir le modèle d'exploitation de l'entreprise. Une faible contribution marginale exigera un niveau très faible de coûts fixes et/ou un haut niveau de ventes. Nous pouvons penser ici aux magasins de grande surface tels Home Depot ou Rona L'Entrepôt dont la stratégie de rentabilité provient d'un mélange entre une faible contribution marginale basée sur une politique de bas prix de vente et un haut volume de ventes.

Opérationnalisons maintenant cette réflexion en examinant la dynamique du seuil de rentabilité, calculée d'abord sur la base du chiffre d'affaires.

Contribution marginale

Prix de vente	12 $	100 %
Coûts variables	10 $	83 %
Contribution marginale	2 $	16,666667 %

$$\text{Seuil de rentabilité (\$)} = \frac{\text{Total des coûts fixes}}{\text{\% contribution marginale}}$$

$$600\ \$ = \frac{100\ \$^{[26]}}{0{,}16666667}$$

Nous pouvons également calculer le seuil de rentabilité en terme du nombre d'unités à vendre :

$$\text{Seuil de rentabilité (\$)} = \frac{\text{Total des coûts fixes}}{\text{Marge à l'unité sur coûts variables}}$$

$$50 \text{ unités} = \frac{100\ \$}{2\ \$}$$

ou 50 unités × 12 $ = 600 $.

[26] Dans notre exemple, nous avons posé l'hypothèse que la durée d'utilité de la table était de un an, ce qui explique le total de 100 $. Si la durée d'utilité de la table avait été de deux ans, le total des coûts fixes annuels aurait été de 50 $, compte tenu du calcul de l'amortissement annuel.

La référence au terme « dynamique » n'est pas utopique, puisque l'examen de ces calculs n'est que le début, non la fin, de la réflexion. Par exemple, sur la base de ces calculs, il faudra vendre 50 unités pour, au minimum, couvrir l'ensemble des coûts. Profit = 0 $. Sommes-nous en mesure de le faire? Sinon, dans combien de temps pensons-nous atteindre ce niveau de ventes? Est-il possible de diminuer les coûts fixes ou de les substituer en coûts variables? De louer, au besoin, un local pour les rencontres avec les clients au lieu de se doter immédiatement de bureaux administratifs? D'augmenter la contribution marginale en recherchant un fournisseur à moindre coût?

La référence au terme « dynamique » est également des plus pertinentes lorsqu'on se penche sur le comportement des coûts. Un coût fixe n'est pas fixe jusqu'à l'infini. Il augmentera par paliers au fur et à mesure de la croissance. Les coûts de l'ouverture d'un second magasin, par exemple. Et il en est de même pour les coûts variables en portant attention à l'habitude de voir les coûts variables diminuer en fonction du volume. Ce qui peut être faux.

Si des tasses doivent être achetées à l'étranger, en devises, si la rareté de la main-d'œuvre fait que le coût des nouvelles ressources sera de plus en plus élevé, le schéma classique de la diminution de la courbe des coûts ne sera pas celui observé. Encore une fois, attention aux automatismes des chiffriers électroniques.

Il existe une méthode de prix de revient des produits et services appelée « méthode du coût variable ». Dans cette méthode, comme le nom l'indique, on ne tient compte que des coûts variables pour la prise de décision. Ce qui peut conduire à de graves erreurs d'estimation de coûts, les coûts fixes n'étant jamais fixes à l'infini et les coûts variables n'étant jamais décroissants à l'infini.

Par exemple, l'ajout d'une plage horaire de travail pourrait se traduire par une augmentation du taux horaire, les employés étant rémunérés à un taux plus élevé pour le quart de nuit. La méthode du coût variable pourrait convenir à des entreprises dont l'organisation des opérations repose presque essentiellement sur des coûts variables et du recrutement de main-d'œuvre, sur commande.

À l'exemple de l'entreprise Velvet Moustache, spécialisée en création de coussins et peluches où la fondatrice préfère miser sur « une constellation de travailleurs autonomes qui se greffent à son équipe lorsque le carnet de commandes se garnit »[a].

[a] Primeau, M. (2016, 12 avril). Les premiers pas vers la croissance, Lapresse.ca, Section PME sous la loupe. http://plus.lapresse.ca/screens/e3ba3a1e-04f0-477a-97ec-6499008d514d%7C_0.html. Consulté en *avril 2016.*

D'où viennent les chiffres?

Que le lecteur se rassure, il n'est pas besoin de mettre en place un nouveau système de collecte d'information financière. Les chiffres proviennent tout simplement des registres comptables de l'entreprise, les mêmes que ceux utilisés pour préparer les états financiers; plus spécifiquement, les mêmes utilisés pour la préparation de l'état des résultats, qui fournit les données annuelles sur le calcul annuel des coûts d'exploitation de l'entreprise.

Sauf que cette fois, au lieu de les présenter par fonction de l'entreprise, comme le coût des marchandises vendues, le coût des ventes et les coûts d'administration, ils sont présentés en fonction de leur comportement fixe ou variable. C'est l'entreprise qui détermine si les coûts sont fixes ou variables, selon son modèle d'affaires.

Un coût fixe est un couru encouru quel que soit le chiffre d'affaires de l'entreprise. Ce n'est pas nécessairement la nature du coût qui importe, mais l'obligation de l'assumer quelle que soit l'évolution de la situation financière de l'entreprise.

Ainsi, un coût d'occupation d'un local est fixe, quelle que soit la forme légale ou la forme financière de sa structuration. Que l'entreprise soit locataire ou propriétaire, le coût d'occupation est fixe[27]. Le coût d'occupation deviendra variable si au lieu de bénéficier d'un local à temps plein, l'entreprise décide de louer, à la journée, un local auprès d'une entreprise spécialisée dans cette activité.

En terme financier, on parle à ce moment de « transfert de risque », car l'entreprise locataire transfère le risque des coûts fixes du local à l'entreprise propriétaire, moyennant un frais constitué par la facture d'utilisation du local.

Il est parfois très difficile de faire la segmentation des coûts entre les coûts fixes et les coûts variables, certains coûts pouvant être à la fois fixes et variables. Le coût d'un local dans un centre commercial, où une partie est fixe (loyer de base) et variable (% du chiffre d'affaires de l'entreprise locataire), par exemple.

En situation de doute, mieux vaut ajouter aux coûts fixes, car c'est principalement à ce niveau que réside le risque de la sous-évaluation du seuil de rentabilité. [28]

Voici un exemple de la complémentarité de l'état des résultats et de la préparation du tableau des coûts fixes et des coûts variables de l'entreprise ABC Ltée[29].

Figure 10.6

Société ABC Ltée
État des résultats
pour l'exercice terminé le 31 Décembre 20X0

Ventes (1 200 000 unités × 5 $)		**6 000 000 $**
Coût des produits vendus		
Matières directes	1 500 000 $	
Main d'œuvre directe	900 000	
Frais généraux de fabrication	1 800 000	4 200 000
Marge bénéficiaire brute		**1 800 000**
Charges d'exploitation		
Frais de vente	650 000	
Frais d'administration	550 000	**1 200 000**
Bénéfice avant impôts		**600 000 $**

Source : Micheline Renault et Jean Madore

[27] Le lecteur se rappellera la motivation de la publication de la nouvelle norme IFRS 16 sur les contrats de location visant à présenter de la même façon les coûts de consommation d'un local, d'un équipement, qu'il soit loué ou acheté. Amortissement du droit d'utilisation du local (location) ou amortissement du local (si achat) + frais financiers.

[28] Il est recommandé de se faire accompagner par un expert-comptable dans cet exercice, mais il est certain que ce sont les dirigeants de l'entreprise qui comprennent et conçoivent le design du modèle d'affaires et, par conséquent, qui connaissent les intrants, les données quantitatives à intégrer dans les calculs. Autrement, cela ne veut rien dire.

[29] Afin de simplifier l'exemple, nous avons exclu les coûts financiers et les impôts, nous en tenant aux coûts d'exploitation.

L'état des résultats précédent n'est pas suffisamment détaillé pour nous permettre de distinguer les coûts fixes des coûts variables de façon précise. Pour ce faire, il faut analyser les coûts et les frais dans les registres comptables.

Figure 10.7

Société ABC Ltée
Analyse des coûts
pour l'exercice terminé le 31 Décembre 20X0

	Coûts variables	Coûts fixes	Total
Matières directes	1 500 000 $		1 500 000 $
Main d'œuvre directe	900 000		900 000
Frais de vente	600 000	1 200 000 $	1 800 000
Frais généraux de fabrication	300 000	350 000	650 000
Frais d'administration	300 000	250 000	550 000
	3 600 000 $	1 800 000 $	5 400 000 $

Coûts variables à l'unité	Dollars ($)		Nombre d'unités	Coût à l'unité
Matières directes	1 500 000	/	1 200 000	1.25 $
Main d'œuvre directe	900 000	/	1 200 000	0.75
Frais généraux de fabrication	600 000	/	1 200 000	0.50
Frais de vente	300 000	/	1 200 000	0.25
Frais d'administration	300 000	/	1 200 000	0.25
Total				3.00 $

Source : Micheline Renault et Jean Madore

L'état des résultats peut maintenant être exprimé comme suit :

Figure 10.8

Société ABC Ltée
État des résultats
pour l'exercice terminé le 31 Décembre 20X0

Ventes (1 200 000 unités × 5 $)		**6 000 000 $**
moins :		
Coûts variables	3 600 000	
Coûts fixes	1 800 000	5 400 000
Résultats		**600 000 $**

Source : Micheline Renault et Jean Madore

On peut résumer l'état des résultats par l'équation suivante :

Prix de vente × volume = (Coûts variables à l'unité × volume) + coûts fixes ± résultat

Soit :

$$5\ \$ \times 1\,200\,000 = (3\ \$ \times 1\,200\,000) + 1\,800\,000 + 600\,000$$

En isolant le volume, nous obtenons l'équation suivante :

$$\text{Volume au seuil de rentabilité} = \frac{\text{Coûts fixes}}{\text{Prix de vente unitaire} - \text{Coût variable unitaire}}$$

$$900\,000\ \text{unités} = \frac{1\,800\,000\ \$}{5\ \$ - 3\ \$}$$

Voici les résultats quand elle aura vendu 900 000 unités

Figure 10.9

Société ABC Ltée
État des résultats
pour l'exercice terminé le 31 Décembre 20X0

Ventes (1 200 000 unités × 5 $)		**4 500 000 $**
moins :		
Coûts variables (900 000 × 3 $)	2 700 000	
Coûts fixes	1 800 000	4 500 000
Résultats		**– $**

Source : Micheline Renault et Jean Madore

On définit la marge sur coûts variables comme la différence entre les ventes nettes et l'ensemble des coûts variables.

On peut exprimer la contribution marginale de trois façons :

1. La contribution marginale totale.

Marge totale = Ventes nettes – Total des coûts variables

2 400 000 $ = 6 000 000 $ – 3 600 000 $

2. La contribution marginale à l'unité.

Marge unitaire = Prix de vente unitaire – Coûts variables unitaires

2 $ = 5 $ – 3 $

3. La contribution marginale en pourcentage.

$$\frac{5\,\$ - 3\,\$}{5\,\$} \times 100 = 40\ \%$$

En ce qui a trait au seuil de rentabilité, les équations deviennent :

$$\text{Seuil de rentabilité (en unités)} = \frac{\text{Total des coûts fixes}}{\text{Contribution marginale}}$$

$$900\,000 \text{ unités} = \frac{1\,800\,000\,\$}{2\,\$}$$

$$\text{Seuil de rentabilité (en dollars)} = \frac{\text{Total des coûts fixes}}{\text{Pourcentage de la contribution marginale}}$$

$$4\,500\,000\,\$ = \frac{1\,800\,000\,\$}{40\ \%}$$

Y a-t-il un lien entre ce qu'on appelle « la crise de croissance » et le seuil de rentabilité?

Un nouveau projet, c'est une nouvelle entreprise, que l'on soit dans le contexte d'une entreprise en démarrage ou dans celui d'une entreprise déjà en opération. Ce qui change, ce sont la courbe d'apprentissage et les facteurs de risques si les ressources disponibles ainsi que le montage financier sont mal planifiés. Trop souvent a-t-on vu des entreprises florissantes connaître l'échec suivant la mise de l'entièreté des ressources dans la réalisation d'un nouveau projet d'affaires. Et les exemples sont multiples autour de nous. Par exemple, dans mon quartier, voilà quelques temps, une entreprise offrant des plats cuisinés avec service au comptoir a décidé de louer le local adjacent, devenu vacant, pour ouvrir un restaurant.

À prime abord, l'idée semble plausible. La cuisine est ouverte, le personnel est là, les clients sont nombreux et satisfaits. Mais après réflexion, est-ce vraiment le cas? La cuisine est ouverte, mais à des heures concentrées, les plats cuisinés étant préparés à l'avance et vendus dans des comptoirs réfrigérés. Le personnel est là, mais le service au comptoir, à des heures cadrées entre 10 et 18 h, ne requiert pas les mêmes compétences et la même disponibilité que le personnel spécialisé dans le service en salle. Les clients sont là, ils sont heureux d'acheter et de déguster les plats cuisinés à la maison; ils ne veulent pas nécessairement les manger sur place.

Dans la réalité, ce qui apparaissait comme une simple extension des opérations courantes est devenu un gouffre financier qui a mené à la cessation complète des opérations des sections service au comptoir et restaurant de l'entreprise. Pourquoi? Tout d'abord, l'augmentation des frais fixes qui ont bondi de façon remarquable. Disposer d'une section remplie de tables pour les clients et embaucher du personnel spécialisé en cuisine et en salle sur de longues plages horaires, est beaucoup plus coûteux que d'exploiter une entreprise à partir d'une petite superficie où logent un comptoir réfrigéré et quelques tabourets pour les clients affamés et pressés. Par la suite, les clients n'ont pas été au rendez-vous et ont même abandonné l'endroit, celui-ci ne présentant plus le caractère intimiste et boutique qui était apprécié.

Et, mis à part les coûts, être commerçant et être restaurateur sont des métiers complètement différents.

Tout projet de croissance entraîne l'augmentation de deux catégories de coûts. Premièrement, il y a les coûts non récurrents de développement et de mise en place du projet, comme les coûts de recherche d'un nouveau site commercial, les coûts de design d'un nouveau concept, les coûts de formation du personnel et autres. Ces coûts doivent être estimés sérieusement, car ils créeront une ponction importante sur les liquidités de l'entreprise et provoqueront une diminution momentanée de la rentabilité, au moins pour la période comptable en cours. Cependant, si une entreprise peut survivre à la diminution de sa rentabilité pendant quelques périodes comptables, elle ne peut survivre au tarissement de ses liquidités causé par l'augmentation des factures à payer. C'est là un premier écueil que l'entreprise doit surmonter.

La seconde catégorie de coûts, qui constitue une difficulté de longue durée, est l'augmentation des coûts fixes que l'entreprise ne peut couvrir instantanément, le temps d'atteindre le seuil de rentabilité. En d'autres mots, la vie en entreprise n'est jamais un long fleuve tranquille. Chaque étape de croissance, de modification du modèle d'affaires, d'entrée dans un nouveau marché, modifie la dynamique des coûts et leur impact sur le seuil de rentabilité de l'entreprise.

Pour terminer cette section sur le comportement des coûts, quoi de mieux que d'écouter un entrepreneur, monsieur Éric Boyko, aujourd'hui président de Stingray, qui a déjà vécu à la dure cette réalité, et qui nous livre ces trois leçons[30].

Encadré 10.1

Trois leçons

Un

« Première grosse gaffe : quand tu commences un projet, assure-toi de rester dans les coûts variables, pas dans les coûts fixes. Parce que les coûts fixes, quand ça va mal, ça entre tous les mois. »

Deux

« Deuxième gaffe : s'il te faut des fournisseurs et des sous-traitants, assure-toi de la qualité, ce qu'on n'a pas fait. »

Trois

Et une observation : « Quand tu fais un plan d'affaires, si tu dis que ça va coûter 100 000 $, ça va toujours coûter le double. Lancer une entreprise, c'est encore pire que faire des rénovations sur une maison. »

[30] Tison, M. (2015, 21 décembre). Du tout cuit, pensaient-ils. *La Presse+*, section Affaires. http://plus.lapresse.ca/screens/ef17a311-13cd-48ee-b98d-7f584806e7ca%7C_0.html. Consulté en juillet 2016.

Notre traduction de ces trois leçons en termes des enseignements de ce chapitre :

Coûts et seuil de rentabilité : plus les coûts fixes sont élevés, plus l'entreprise dépend de l'atteinte d'un chiffre d'affaires élevé pour atteindre la rentabilité.

Coûts fixes et solvabilité : plus les coûts fixes sont élevés, plus le stress est élevé sur les besoins d'encaisse de l'entreprise, en terme de calendrier de remboursement et en terme de montant.

Coûts fixes et financement : plus les coûts fixes sont élevés, plus les besoins de financement augmentent et plus le risque financier augmente compte tenu de l'ajout des coûts fixes d'intérêts. Ce cercle infernal crée progressivement une insuffisance des fonds générés par l'exploitation de l'entreprise pour assumer l'ensemble des coûts d'exploitation (risque d'affaires) et des coûts financiers (risque financier) de l'entreprise.

Note importante

Nous devons être attentifs à la différence de la portée d'action des coûts fixes encourus par une entreprise. Dans un contexte traditionnel, les coûts fixes sont souvent associés à des ressources tangibles, comme des immeubles ou des équipements, qui peuvent limiter la portée d'action d'une entreprise. Alors que des investissements effectués dans un système de commerce électronique permettent à l'entreprise de propulser ses activités à travers le monde, si nous excluons les limites de la logistique opérationnelle. Ce qui ne change pas avec les investissements en coûts fixes est la pression qu'ils créent sur la solvabilité et la rentabilité de l'entreprise. Ce qui change avec les investissements technologiques est la portée d'action qu'ils procurent à l'entreprise. Ainsi, autrefois, une institution financière qui voulait élargir ses opérations à travers le Canada devait le faire progressivement, succursale par succursale, ou acheter un réseau de succursales. Alors qu'il est maintenant possible de le faire instantanément[a] en investissant dans un « réseau bancaire électronique ». La banque Tangerine en est un bel exemple. www.tangerine.ca

a Nous ne prenons en compte ici que la faisabilité technologique..

10.5 Comment fixer le prix de vente d'un produit, d'un service

Voilà une grande question, surtout pour les entreprises de service qui ont souvent beaucoup de difficulté à calculer leurs coûts de prestation et à les transposer en heures facturées.

Il y a d'abord les paramètres de marché qui vont fixer, en majeure partie, le prix de vente d'un produit ou d'un service. Une entreprise n'évolue pas en vase clos et les clients vont comparer l'offre commerciale ou l'offre de service avec le marché. Il y a ensuite le pouvoir de négociation entre le client et le fournisseur de produits ou de services qui va influencer le prix maximum payé. Par exemple, récemment, deux importantes institutions financières annonçaient à leurs fournisseurs de service en technologies de l'information qu'elles diminuaient les taux horaires payés de 5 % dans un cas, de 2 % dans l'autre. Et c'était à prendre ou à laisser, sans discussion[31]. Un autre exemple, encore plus récent est celui de l'Oréal Canada qui a conclu une entente de rémunération mixte avec l'agence de publicité Cossette, incluant un montant de base et un montant conditionnel à l'atteinte de résultats engendrés par le travail de l'agence[32]. Finalement, on apprenait que la profession d'avocat entrait possiblement en zone de turbulence, certains professionnels offrant des services légaux facturés à forfait plutôt que facturés à l'heure[33, 34].

[31] Lalonde, D. (2015, 30 mai). Consultants en TIC : Desjardins et la Banque Nationale coupent les coûts. *Les Affaires*.

[32] Massé, I. (2016, 7 mars). L'Oréal mandate Cossette, mais paiera autrement. *LaPresse+*, section Affaires.

[33] Ducas, I. (2016, 25 mars). La profession d'avocat menacée par la facturation à l'heure, *lapresse.ca*, section affaires. http://affaires.lapresse.ca/economie/quebec/201603/25/01-4964480-la-profession-davocat-menacee-par-la-facturation-a-heure.php?utm_categorieinterne=trafficdrivers&utm_contenuinterne=lapresseaffaires_LA5_nouvelles_98718_accueil_POS18

[34] Des conseillers légaux ont modifié leur modèle d'affaires en s'installant dans des magasins de grande surface, tels Walmart. Ils diminuent possiblement les frais de développement de clientèle et les frais de locaux, mais assument le risque de prix forfaitaires à leurs clients. Id. note 32.

Encadré 10.2

Comment fixer le prix de vente d'un produit, d'un service, d'un projet

Avant tout, le prix de vente d'un produit, d'un service ou d'un projet doit être supérieur au prix de revient (coûts totaux) du produit, du service, du projet.

10.5.1 Comment calculer le prix de revient d'un produit, d'un service, d'un projet

On peut exploiter une entreprise sous la forme commerciale (achat et vente de stocks), sous la forme manufacturière (stocks de matières premières [achats], stocks de produits en cours [transformation] et stocks de produits finis [ventes]). Et on peut exploiter une entreprise sous la forme de vente de services. Dans ce dernier cas, il n'y a évidemment pas de stocks, ou peu de stocks si l'entreprise offre à titre accessoire quelques produits. Nous pouvons penser à des entreprises en service informatique qui maintiennent en inventaire des fils de connection et autres petits accessoires vendus aux clients dans le contexte de la prestation de service, par exemple.

Il n'est pas de l'intention de ce volume de présenter en détail le calcul du prix de revient d'un produit ou d'un service, car cela relève rapidement de l'expertise comptable spécialisée en comptabilité de gestion. Mais, en accord avec la pensée de cet ouvrage, d'expliquer et de simplifier les principes de calcul afin que tout dirigeant ou gestionnaire d'entreprise comprenne les mécaniques de calcul et soit en mesure de participer activement aux travaux en fournissant les intrants, la bonne information, à l'équipe comptable. Encore une fois, l'information fournie par les calculs est utile à la prise de décision en autant qu'elle soit exacte. Ou, autrement dit, « *garbage in* », « *garbage out* ».

Calcul du prix de revient

Encadré 10.3

Principes de base

1. Le prix de revient est constitué de la somme de tous les coûts (production, commercialisation, distribution, gestion et financiers[a])[b] encourus par l'entreprise pour fabriquer, livrer et assurer le service après-vente d'un produit ou d'un service. Cela, dans le cadre du contrat-client et des obligations de prestation (promesses) convenues.
2. Il n'y a pas de formule magique. Le total des coûts encourus par l'entreprise est payé par les clients ou par les propriétaires (actionnaires) de l'entreprise si le prix de vente facturé aux clients est inférieur au coût.[c]

[a] Nous excluons les charges d'impôt des calculs à des fins de simplification. Dans la réalité, elles doivent être prises en considération dans le total du prix de revient.

[b] « Temps Durs

Même les restos qui survivent connaissent des creux de vague. Pour s'en sortir, il n'y a pas de secret : calculer. Des kilos de farine aux rouleaux de papier hygiénique, rien ne doit être laissé au hasard, illustre M. De Canck. "Il n'y a pas beaucoup de cuisiniers qui aiment se faire demander combien ça coûte. Mais si je ne sais pas combien coûte chacune de mes assiettes, j'ai un problème", dit Julie Faucher, professeure à l'Institut de tourisme et d'hôtellerie du Québec (ITHQ), en ajoutant que certains établissements vont si mal que c'est comme s'ils payaient leurs clients pour qu'ils viennent manger. "On ne tripe pas longtemps quand il n'y a plus d'argent qui rentre", souligne pour sa part le chef de La Chronique. »

Morissette, N. (2016, 9 avril). Comment résister au passage du temps? Quelques restaurateurs dévoilent les raisons derrière la pérennité de leur établissement, LaPresse+, Section Gourmand. http://plus.lapresse.ca/screens/082dd33d-774f-4cab-b2db-8a5a6950001c%7Cz5L9af_H3uwG.html. Consulté en av*ril 2016.*

[c] Ce problème est particulièrement présent chez les entreprises de services où il est difficile de cadrer tous les coûts associés à la réalisation d'un mandat de consultation.

Entreprise commerciale

Comme il a été mentionné ci-dessus, une entreprise commerciale est une entreprise qui achète des stocks et les revend aux clients. Dollarama, par exemple, est une entreprise commerciale. L'état des résultats présente donc un coût des marchandises vendues, le coût de l'infrastructure requise pour vendre, dans ce cas des locaux commerciaux, les coûts de gestion et les coûts financiers. Autrement dit le coût de l'infrastructure qui permet à l'entreprise de réaliser sa mission commerciale. Notons que, de plus en plus, le coût de l'infrastructure requise pour vendre est une infrastructure mixte (local et web)[35] ou entièrement web. Ce qui n'est pas gratuit. Il n'y qu'à examiner les états financiers de la société DAVIDsTEA Inc. pour constater que la société investit des millions de dollars dans le développement de logiciels que l'on peut penser associés au développement du commerce électronique.

DAVIDsTEA Inc.

NOTES DES ÉTATS FINANCIERS CONSOLIDÉS (suite)

Pour les exercices clos le 31 janvier 2015 et le 25 janvier 2014

[Les montants sont en milliers de dollars canadiens, sauf les montants par action et sauf indication contraire.]

10) IMMOBILISATIONS INCORPORELLES

	Logiciels $	Brevets et marques de commerce $	Droits sur les actifs loués $	Total $
Coût				
Solde au 26 janvier 2013	2 553	34	136	2 723
Acquisitions	782	25	—	807
Cessions	(352)	—	—	(352)
Écart de conversion cumulé	—	—	15	15
Solde au 25 janvier 2014	2 983	59	151	3 193
Acquisitions	**696**	**25**	—	**721**
Écart de conversion cumulé	**2**	—	**22**	**24**
Solde au 31 janvier 2015	**3 681**	**84**	**173**	**3 938**

DAVIDsTEA Inc., note 10, *Immobilisations incorporelles*, États financiers présentés pour la période terminée le 31 janvier 2015.

Voici la structure de coûts spécifique à l'activité **commerciale** (achat et vente de stocks) :

État du résultat net
(partiel)

Ventes		XXX
Moins		
Coût des produits vendus		
Stocks (début période comptable)[36]	XX	
Achats et coûts directs liés aux achats[37]	XX	
Moins		
Stocks (fin période comptable)[38]	(XX)	(XXX)
Marge brute		XXX

[35] Intéressant, le passage de « brique et mortier » à commerce électronique se fait dans les deux sens. Ainsi, la société Frank + Oak a fait le passage d'entreprise virtuelle à entreprise ayant pignon sur rue en ouvrant un magasin au centre-ville de Montréal, alors que la société Altitude Sports a annoncé en mars 2016 qu'elle fermait sa boutique de la rue Saint-Denis, en activité depuis plus de trente ans, pour se consacrer au commerce électronique qui connaît beaucoup de succès depuis son lancement.

[36] Solde présenté à l'état de la situation financière, période comptable précédente.

[37] Voir norme IAS 2 Stocks, pour le détail du coût des *stocks.*

[38] Solde présenté à l'état de la situation financière, période comptable actuellement terminée.

Entreprise manufacturière

Une entreprise manufacturière est une entreprise qui achète des stocks de matières premières et les transforme en produits prêts à la vente aux clients. La fonction « achats » est toujours présente, mais cette fois, ce que l'entreprise achète ce sont des matières premières, non des produits finis. Soulignons que ce n'est pas le « nom » de l'item qui définit s'il s'agit de matières premières ou de produits prêts à la vente, mais l'utilisation qui en est faite par l'entreprise. Ainsi, une mine de crayon est un produit prêt à vendre si l'entreprise vend des mines de crayon, mais de la matière première si elle vend des crayons. C'est du cas par cas.

Voici la structure de coûts spécifique à l'activité **manufacturière** (achat, transformation et vente de stocks)

État du résultat net
(partiel)

Ventes		XXX
Moins		
Coût des produits vendus		
Stocks produits prêts à vendre (début période comptable)	XXX	
Coût de fabrication	XXX	
Stocks produits prêts à vendre (fin période comptable)	(XXX)	
Marge brute		XXX

Ici, cela devient un peu plus complexe, car la transformation de matières premières en produits prêts à vendre demande une diversité de coûts et une infrastructure de production.

Voici la structure d'un état du coût de fabrication (achat de matières premières et transformation).

État du coût de fabrication

Coûts directement liés à la transformation		
Matières premières		
Stocks (début période comptable)	XX	
Achats et coûts directs liés aux achats[39]	XX	
Moins		
Stocks (fin période comptable)	(XX)	XXX
Main-d'œuvre directe		XXX
Frais généraux de fabrication		XXX
Ou		
Frais indirects de fabrication		
Plus		
Produits en cours de transformation (début période comptable)[40]		XXX

[39] Voir norme IAS 2 Stocks, pour le détail du coût des *stocks*.

[40] On commence la période comptable en terminant les produits en cours de fabrication de la période comptable précédente, ce qui explique qu'on enlève le coût des produits en partie terminés de la période comptable où ils ont été commencés pour les ajouter à la période comptable où ils seront terminés.

Moins	
Produits en cours de transformation (fin période comptable)[41]	(XXX)
Coût de fabrication	**Total**

Informations – Matières premières directes

Les matières premières sont des composantes de l'item fabriqué que l'on peut correctement identifier et quantifier. Si nous prenons la fabrication d'une chaise, par exemple, il est possible d'identifier et de calculer le coût du métal, du bois et du tissu requis pour la fabrication de chaque chaise. C'est ce qu'on appelle la matière première directe. Supposons maintenant qu'à l'étape du contrôle de la qualité, le personnel dispose d'une bouteille de vernis qui est appliqué, au besoin, en cas d'éraflures accidentelles sur la chaîne de montage, le vernis est considéré comme faisant partie des frais généraux de fabrication, comme item indirect.

Quel est le coût réel de la matière première directe?

Nous référons le lecteur au chapitre de ce volume intitulé *Postes comptables*, section *Stocks*, où il est mentionné que le total du coût d'achat des stocks inclut la facture du fournisseur + les autres coûts directs liés à l'achat (page 79).

Délocaliser ou non la production?

C'est à l'aide d'une équation qui inclut, par exemple, le coût des salaires et les frais de transport, que les manufacturiers vont décider de délocaliser (« *offshoring* ») la fabrication à l'extérieur du pays ou de la rapatrier (« *reshoring* ») au Canada.[42]

Coût des salaires + frais de transport

Si le coût du pétrole est à la hausse, les manufacturiers canadiens seront tentés de rapatrier la fabrication au Canada, alors qu'une baisse du coût du pétrole aura l'effet inverse. Récemment, suivant l'augmentation des salaires des employés spécialisés des pays de délocalisation, les manufacturiers canadiens ont commencé à rapatrier une partie ou la totalité de leurs activités de fabrication. Hormis le coût des achats, d'autres variables sont mentionnées pour expliquer leur décision. Les voici[43] :

Les raisons les plus citées pour rapatrier la production :

- Réduction des délais de livraison : 34 %
- Diminution des coûts totaux : 29 %
- Amélioration de la qualité : 28 %
- Satisfaction des consommateurs : 25 %
- Image de marque : 17 %

[41] À la fin de la période comptable, on enlève les coûts liés aux produits dont la fabrication est commencée et sera terminée au début de la prochaine période comptable.
[42] Lorinc, J. (2013, 2 mai). Le grand retour des manufactures : le Canada en profitera-t-il? *L'actualité.com*. http://www.lactualite.com/lactualite-affaires/le-grand-retour-des-manufactures-le-canada-en-profitera-t-il/ Consulté en mars 2016.
[43] Larocque, S. (2014, 5 octobre). Le retour du « made in America », *Lapresse.ca*, Section Économie. http://affaires.lapresse.ca/economie/fabrication/201410/03/01-4806172-le-retour-du-made-in-america.php. Consulté en mars 2016.

Informations - Main-d'œuvre directe

La main-d'œuvre directe est constituée des heures - employés que l'on peut correctement identifier et quantifier pour la fabrication de chaque chaise. Soulignons, ici, que le taux horaire réel utilisé dans les calculs est supérieur au taux nominal + les cotisations sociales (assurance emploi [Agence du revenu du Canada], régime des rentes du Québec, régime d'assurance maladie du Québec [Revenu Québec]) + les autres avantages accordés, comme une contribution à un régime de retraite, une contribution à un régime d'assurances collectives et autres[44]. Pour être plus précis, le salaire de l'employé qui fabrique la chaise fait partie de la catégorie « main-d'œuvre directe ». Le salaire du contremaître qui supervise les opérations de fabrication des chaises fait partie de la catégorie « frais généraux de fabrication - main-d'œuvre indirecte ».

Quel est le coût réel de la main-d'œuvre directe?

Une erreur qui est souvent faite dans l'évaluation du coût de la main-d'œuvre est de l'estimer sur la base du taux horaire nominal (convenu par contrat oral ou écrit) additionné des cotisations sociales réglementaires assumées par l'employeur.

En réalité, le taux horaire réel est supérieur au taux horaire nominal. Quel est le montant de la différence entre les deux? C'est à chaque entreprise de l'estimer compte tenu de son processus de fabrication et des conditions de travail accordées aux employés. Voici un exemple.

Nombre d'heures convenues dans le contrat de travail	35 heures/semaine	
Total du contrat de travail/heures/an (heures payées)	1 820 heures	
Taux horaire convenu	20,00 $	
Sous-total du contrat de travail/$/an	36 400 $	
	*+ cotisations réglementaires[45]	
	*+ cotisations volontaires[46]	
Total du contrat de travail/$/an (*hypothèse + 30 %)	47 320 $	
Heures contractuelles payées		1 820 heures
Moins		
• Jours de vacances (10 jours × 7 heures)	70 heures	
• Congés fériés[47] (8 jours × 7 heures)	56 heures	
• Absences autorisées pour maladie[48] (2 jours × 7 heures)	14 heures	
• Heures improductives (pause-café, autres) 1,5 heures × 48 sem.	72 heures	212 heures
Total heures travaillées et payées		1 608 heures
Taux horaire réel (47 320 $/1 608 heures)		29,42 $

[44] Nous référons le lecteur au site Internet du gouvernement du Québec, qui fournit l'information pertinente et à jour sur le sujet. http://www2.gouv.qc.ca/entreprises/portail/quebec/ressourcesh?g=ressourcesh&sg=873804224&t=o&e=1354631057.

Il est possible de calculer les retenues à la source et les cotisations à remettre à Revenu Québec et à l'Agence de revenu du Canada sur le site Internet du gouvernement du Québec. http://www2.gouv.qc.ca/entreprises/portail/quebec/ressourcesh?lang=fr&g=ressource sh&sg=873804224&t=o&e=1354631057:938902485.

[45] Peut inclure régime privé d'assurances collectives, régime privé de retraite (liste non exhaustive).

[46] Inclut Assurance-emploi (Canada), RRQ et RAMQ, CSST, CNESST (Québec) (liste non exhaustive).

[47] Congés fériés : le 1er janvier (jour de l'An), le Vendredi saint ou le lundi de Pâques, au choix de l'employeur, le lundi qui précède le 25 mai (Journée nationale des patriotes), le 24 juin (fête nationale du Québec), le 1er juillet - si cette date tombe un dimanche, le 2 juillet (fête du Canada), le 1er lundi de septembre (fête du Travail), le 2e lundi d'octobre (Action de grâces) et le 25 décembre (Noël)

http://www.cnt.gouv.qc.ca/conges-et-absences/jours-feries/. Consulté en mars 2016.

[48] Hypothèse de l'auteure.

Frais généraux de fabrication

La liste des frais généraux de fabrication, ou frais indirects de fabrication, inclut tous les frais de fabrication excluant la matière première directe et la main-d'œuvre directe. Autrement dit, l'usine.

Voici une liste de frais généraux de fabrication, qui, sans être exhaustive, peut servir de liste de départ pour identifier tous les frais généraux de fabrication pertinents à l'exercice fait en pratique.

- Matière première indirecte;
- Main-d'œuvre indirecte et fournitures.

Usine

- Amortissement immeuble;
- Assurances;
- Taxes;
- Entretien usine;
- Amortissement équipements;
- Entretien équipement;
- Activités de contrôle de la qualité;
- Activités régulières de recherche et développement;
- Frais financiers (si fabrication de longue durée)[49].

Quel est le coût réel des frais généraux de fabrication[50]?

Le coût réel des frais généraux de fabrication est constitué du total des ajustements comptables (amortissement, par exemple) et des factures payées pour le fonctionnement de l'usine, excluant, comme c'est le cas pour les matières premières directes et la main-d'œuvre directe, les coûts liés à l'inefficacité, la négligence ou les capacités de production non utilisées. On ne peut évidemment pas valoriser des stocks avec un coût de main-d'œuvre directe plus élevé que la normale parce qu'on a oublié de préparer les horaires de rappel des employés et qu'on a dû payer des heures supplémentaires. Les heures supplémentaires payées pour cause de négligence seront ajoutées aux charges de gestion. Il en est de même pour les frais d'une usine qui ne fonctionnerait pas à la capacité normale. Il est logique de dire qu'un item ne vaut pas plus cher, en terme de coût de fabrication, parce qu'il a été fabriqué dans une usine qui n'a pas encore atteint sa capacité normale de fabrication. L'écart de volume sera également ajouté aux frais de gestion. Mais nous discuterons plus en détail de l'évaluation des stocks dans la prochaine section de ce chapitre, appelée « Les standards de fabrication ».

Les standards de fabrication

Comme nous pouvons le constater dans la section précédente, l'évaluation des stocks d'une entreprise manufacturière devient rapidement complexe compte tenu du grand nombre de charges que l'on ne peut imputer directement aux unités fabriquées. Combien y a-t-il de regards du contremaître sur cette chaise, combien y a-t-il d'électricité dans une table fabriquée en hiver... tout cela devient impossible à calculer. Aussi faut-il identifier une base d'imputation qui serait la plus représentative possible du lien entre les charges d'opération de l'usine et les items fabriqués. Le ratio d'imputation étant le total des charges/base identifiée (unités produites, heures de fabrication ou autres). Quelle est la base idéale pour calculer le ratio d'imputation? Encore une fois, c'est du cas par cas. Dans le cas d'une production uniforme de produits, le nombre d'unités pourrait être une base adéquate. Dans le cas d'une production diversifiée

[49] Voir chapitre *Postes Comptables – Stocks* à la page 79.

[50] Les frais généraux de fabrication incluent des frais variables et des frais fixes. Afin de simplifier le texte, nous posons l'hypothèse que les frais généraux de fabrication sont fixes.

de produits, le nombre d'heures pourrait être plus représentatif de la durée de fabrication. La quantité de matière première pourrait également être une base de calcul si démonstration est faite qu'il existe une relation entre cette variable et la quantité d'infrastructure de l'usine à imputer à chaque produit fabriqué.

Et cela se complique avec le nombre de catégories de produits fabriqués, une usine pouvant fabriquer des chaises de bureau allant des modèles de bas de gamme aux chaises les plus luxueuses. C'est pour cela qu'il existe une spécialité dans la formation comptable qui s'appelle « comptabilité de gestion ». Et ces comptables ont besoin de travailler **avec vous**, qui connaissez l'usine, pour intégrer dans les modèles de calcul les données les plus exactes possibles. Il en va de la fixation adéquate du prix de vente des produits et, par conséquent, de la pérennité de l'entreprise. Et, motivation ultime, c'est au décideur, à l'entrepreneur, à l'actionnaire, à prendre la décision. Vaut-il mieux acheter un nouveau logiciel de coupe de tissu qui constituera un investissement important pour l'entreprise, augmentera les frais fixes, pourrait augmenter le seuil de rentabilité, plutôt que de continuer à supporter le niveau actuel de pertes de tissu causées par la coupe « à la main »? Vaut-il mieux cesser la production d'un produit qui a déjà été considéré comme le produit vedette de l'entreprise? Est-il préférable de fermer la boutique avec pignon sur rue et se concentrer sur le commerce électronique? Que de choix difficiles où on ne peut être uniquement observateur des calculs. Il faut comprendre ce qui se passe et ajuster les résultats en fonction des variables non qualitatives qui sont importantes pour l'entreprise. Le besoin de conserver une « vitrine » pourrait, par exemple, influencer la décision de conserver la boutique.

Par conséquent, nous avons intitulé la prochaine section de ce chapitre « Discussion avec le comptable sur les standards de fabrication », car la complexité ne doit pas mener vers la délégation totale des responsabilités, mais doit mener vers la curiosité et la participation active dans les calculs et dans les prises de décision.

Encadré 10.4

Discussion avec le comptable sur les standards de fabrication

Voici ce que seront les premiers sujets de discussion avec le comptable :

1. La base ou clé de répartition

   Comme déjà mentionné, la relation entre l'engagement des coûts de production et les stocks fabriqués constitue du cas par cas. Ce qui est à faire est de déterminer, sur la base de la logique du processus de fabrication, la clé qui permettra de refléter adéquatement « le morceau » de l'infrastructure de l'usine inclus dans chaque produit.

2. La capacité normale de production de l'usine

   La capacité normale de production de l'usine fait référence à la capacité de production qui peut être atteinte dans des conditions normales d'opération, incluant les temps d'arrêt dus aux congés, aux temps d'entretien et autres arrêts normaux de production. Il ne s'agit pas de la capacité maximale, où on opère en situation de stress, sans arrêt, ni à la capacité budgétée si on prévoit fonctionner en-dessous de la capacité normale de l'usine. Cela pourrait être le cas pour la première année d'opération d'une nouvelle usine.

3. Établir les standards de fabrication

   Les standards de fabrication sont des prototypes financiers des coûts prévisionnels de fabrication des produits. Autrement dit, dans des conditions normales, l'entreprise doit estimer le coût prévu de chaque catégorie de produit, incluant le coût des matières premières directes, le coût de la main-d'œuvre directe, et le morceau (imputation) de l'infrastructure de production.

Matière première directe

Si nous utilisons comme exemple la fabrication d'une chaise, il faudra calculer la quantité de matières premières (incluant les pertes normales de tissu, de bois et autres) requise, au coût prévu. L'expertise des employés spécialisés et des acheteurs sera ici mise à contribution. Car plusieurs tests seront probablement à réaliser afin d'arriver au prototype idéal. Un tissu moins dispendieux pourrait entraîner un niveau élevé de pertes parce que sujet à déchirure lors de la pose, par exemple. Il ne faut donc pas voir ici qu'un exercice comptable, mais un exercice de bonne gestion où toutes les compétences sont mises à contribution dans la détermination de la composition optimale coût/qualité/pertes.

Main-d'œuvre directe

À l'instar de l'estimation du coût standard de matière première directe il faut également estimer le coût de la main-d'œuvre directe (MOD) requise pour la fabrication de la chaise. Ici, encore plusieurs tests seront effectués pour déterminer la combinaison optimale entre le niveau de spécialité de la main-d'œuvre, le coût, et le temps de fabrication.

Impacts croisés entre matière première directe et main-d'œuvre directe

Il faut également tenir compte du fait qu'il existe des relations croisées entre les coûts. Par exemple, un tissu de mauvaise qualité, à bas coût, pourrait paraître avantageux si la variable matière première directe est examinée seule. Mais si la mauvaise qualité entraîne un temps supérieur de pose et un volume important de pertes de tissu, l'examen concomitant des deux variables, matières premières et main-d'œuvre nous emmènera vers une conclusion fort différente, à savoir que l'achat d'un tissu de mauvaise qualité, à bas coût, se répercute de façon négative sur le coût total de fabrication.

Voici un autre exemple, inspiré de l'incompréhension du propriétaire d'un service de traiteur spécialisé dans l'organisation de cocktails dînatoires haut de gamme. « Qu'est-ce que cela veut dire que plus le chiffre d'affaires est élevé, plus je perds de l'argent? ». Il faut savoir que fabriquer des canapés pour un cocktail dînatoire luxueux s'avère un exercice de haute voltige, demandant expertise et dextérité. Il est certain qu'un test effectué par du personnel spécialisé, et répété avec du personnel surnuméraire, ce qui s'avère le cas en période d'achalandage, donnera des résultats forts différents.

Vaut-il mieux, en période de fort achalandage, conserver au menu des canapés complexes se transformant en des coûts excessifs de main-d'œuvre ou concevoir des prototypes de canapés où qualité des ingrédients et « simplification sophistiquée du produit final » vont permettre d'offrir un superbe cocktail tout en maintenant la marge de profit souhaitée. Poser la question c'est y répondre.

Frais généraux de fabrication

Une fois estimé le total des frais généraux de fabrication en contexte de capacité normale, et une fois identifiée la clé d'imputation, on attribuera un « morceau » de l'infrastructure à chaque produit en fonction de cette formule :

Frais généraux de fabrication

$$\frac{\text{Total frais généraux de fabrication}}{\text{Nombre d'unités}}$$

ou

$$\frac{\text{Total frais généraux de fabrication}}{\text{Nombre heures MOD par unité}}$$

ou

$$\frac{\text{Total frais généraux de fabrication}}{\text{Clé choisie}}$$

Ainsi, chaque unité fabriquée se verra attribuer un montant égal de frais généraux de fabrication nonobstant le volume de production, ce qui est logique. Que se passera-t-il si le nombre d'unités fabriqués excède ou est en déficit par rapport aux unités prévues en contexte de capacité normale? Nous en discutons dans la prochaine section de ce chapitre où la comptabilité des écarts entre les coûts standards et les coûts réels est examinée.

L'analyse, la comptabilité et la gestion des écarts de budget

Rappelons ici l'objectif du travail de gestion que nous sommes à faire. Estimer le coût réel des produits fabriqués qui se retrouvent dans **l'état de la situation financière, poste *Stocks*, si non vendus et dans l'état des résultats, poste *Coût des produits vendus*, si vendus**. Ce qui montre l'importance de procéder à l'estimation la plus juste possible, un travail négligé ayant comme impact de fausser autant l'état de la situation financière que l'état des résultats.

Pour ce faire, nous utiliserons l'exemple quantitatif suivant.

La société de meubles Renault fabrique et vend un meuble de bureau intégrant en un seul bloc l'espace travail, l'espace imprimante et l'espace classeur. La société a estimé, en début de période comptable, les coûts standards de fabrication du meuble. Les voici.

Coûts standards estimés en début de période comptable	
Matières premières (50 mètres de planche à 0,60 $/mètre)	30,00 $
Main-d'œuvre directe : 3 heures à 18,00 $	54,00 $
Frais généraux de fabrication :	
Frais fixes : 3 heures à 1,50 $	4,50 $
Coût total standard par meuble[51]	97,50 $

Le taux d'imputation des frais fixes est calculé sur une capacité normale de 1 400 heures de main-d'œuvre directe, ce qui donne un taux de 4,50 $ par table.

Il n'y a pas de stocks de matières premières ni de stocks de produits en cours en début de période comptable.

Coûts réels extraits des registres comptables en fin de période comptable	
Nombre de meubles fabriqués : 400 meubles	
Achat de matières premières : 25 000 mètres de planche à 0,63 $/mètre	15 750 $
Matières premières utilisées : 19 000 mètres	
Main-d'œuvre directe : 1 100 heures à 17,70 $	19 470 $
FGF	
Frais fixes :	2 130 $

Écarts sur coûts des matières premières directes

Plusieurs raisons peuvent expliquer la différence entre le coût standard des matières premières calculé en début de période comptable et les coûts réels compilés dans les registres comptables. Dans le cas des matières premières, il peut s'agir d'une différence de quantité ou d'une différence de prix. Faisons le calcul pour connaître les sources précises d'écarts.

Écart de quantité (quantités utilisées dans la production)			
On a utilisé 19 000 mètres de planche	19 000 mètres		
On avait prévu utiliser 50 mètres de planche × 400 meubles	20 000 mètres		
Écart favorable sur quantité	1 000 mètres		
× Coût standard	0,60 $/mètre		
Écart favorable sur quantité utilisée ($)		600 $	Favorable

[51] Pour des raisons de simplification des calculs nous avons posé l'hypothèse que tous les frais généraux de fabrication sont fixes.

Écart de coûts à l'achat (quantités achetées en cours de période)		
On a acheté 25 000 mètres de planche		
On avait prévu payer	0,60 $/mètre	
On a payé	0,63 $/mètre	
Écart défavorable sur coût à l'achat	0,03 $/mètre	
× Quantité achetée	25 000 mètres	
Écart défavorable sur coût à l'achat	**750 $**	**Défavorable**
Écart total sur coûts des matières premières directes	**150 $**	**Défavorable**

Gestion et écarts sur coûts des matières premières directes

Il y a deux sources d'écart à questionner en gestion d'entreprise. Comment expliquer les écarts? S'agit-il d'une mauvaise estimation des standards, d'un incident de parcours qui aurait pu être évité ou d'un fait qui sera pris en considération dans la révision des standards des prochaines périodes comptables? C'est du cas par cas.

Ici, nous constatons que l'écart sur quantité est favorable. Il faudra donc réajuster les standards de quantité utilisée lors de la prochaine période comptable. Pourquoi cet écart est-il favorable? Plusieurs explications sont possibles, incluant, comme déjà mentionné, une erreur d'estimation de début de période qu'il faudra rectifier. Il se peut également que cet écart favorable soit causé par l'embauche d'employés qualifiés, et nous pourrions avoir à ce niveau un écart défavorable. Allons voir.

Écarts sur coûts de main-d'œuvre directe

Plusieurs raisons peuvent expliquer la différence entre le coût standard de main-d'œuvre directe calculé en début de période comptable et les coûts réels compilés dans les registres comptables. Dans le cas de la main-d'œuvre directe, il peut s'agir d'une différence de nombre d'heures payées ou d'une différence de taux horaire. Faisons le calcul pour connaître les sources précises d'écarts.

Écart de quantité de main d'œuvre (nombre d'heures payées)		
On a payé 1 100 heures	1 100 heures	
On avait prévu payer 3 heures × 400 meubles	1 200 heures	
Écart favorable sur nombre d'heures payées	100 heures	
× Taux horaire standard	18,00 $	
Écart favorable sur quantité utilisée ($)	**1 800 $**	**Favorable**
Écart de taux horaire (heures payées en cours de période)		
On a payé 1 100 heures		
On avait prévu payer	18,00 $/heure	
On a payé	17,70 $/heure	
Écart favorable sur taux horaire	0,30 $/heure	
× Heures payées	1 100 heures	
Écart défavorable sur coût à l'achat	**330 $**	**Favorable**
Écart total sur coûts des matières premières directes	**2 130 $**	**Favorable**

L'hypothèse posée ci-haut d'un écart favorable sur quantité de matière première directe causé par l'embauche d'une main-d'œuvre qualifiée, payée à un taux horaire plus élevé, s'avère fausse. Il faudra donc réviser sérieusement les standards de coûts directs pour la prochaine période comptable et féliciter l'équipe de gestion et l'équipe de production si les écarts favorables sont le résultat de bonnes décisions et d'un bon effort au travail.

En attendant, il faut réviser et diminuer le coût des produits fabriqués vendus (coût des produits vendus) et non vendus (stocks) pour tenir compte de chaque source d'écart, les coûts réels différant des coûts standards. Une question se pose sur la raison de l'écart défavorable sur le coût à l'achat du tissu. Si cet écart est dû à une hausse générale du prix sur le marché, inévitable et présente dans le futur, il faudra inclure cet écart dans les ajustements d'évaluation des stocks et en tenir compte dans l'établissement du coût standard de la prochaine période. S'il s'agit d'une hausse de coût qui aurait pu être évitée, une commande à la dernière minute par exemple, et qui ne reflète pas les conditions de marché, cet écart est à ce moment dans les frais de gestion, car il ne s'agit pas d'un élément de valorisation des stocks, mais du coût d'une erreur de gestion.

Écarts sur coûts des frais généraux de fabrication fixes

Dans le cas des frais fixes, le calcul des écarts ne se fait pas de la même manière, les frais fixes ne variant pas avec le niveau de production pour résulter en une évaluation disparate de la quantité de frais fixes incluses dans chaque produit. Autrement dit, la valorisation des stocks.

Deux principales causes peuvent expliquer l'écart entre le budget des frais fixes prévus (construction des standards sur la base du taux d'imputation) et les chiffres réels compilés dans les registres comptables.

Écart sur dépense des frais généraux de fabrication fixes

FGF réels − FGF prévus = Écart

2 130 $ − 2 100 $ = 130 $ Défavorable

Écart sur volume des frais généraux de fabrication fixes

FGF prévus − FGF imputés = Écart

2 100 $ − 1 800 $* = 300 $ Défavorable

*FGF imputés = 400 meubles × 3 heures × 1,50 $: 1 800 $

De nouveau, la direction devra se pencher sur la cause de ces écarts et les libeller en termes d'ajustement de l'évaluation des stocks produits en cours de période et d'ajustement des standards de la prochaine période comptable, ou en termes d'erreurs de gestion ce qui, dans ce dernier cas, entraîne un ajout dans les charges de gestion présentées par l'entreprise dans l'état des résultats.

Entreprise de services et de projets

Une entreprise de services est une entreprise qui offre une expertise, un savoir, une « façon de faire », à ses clients. De façon traditionnelle, on peut penser à un bureau comptable, d'architectes, d'avocats ou autre bureau offrant des services professionnels facturés sur la base d'un taux horaire. Mais, avec le développement des technologies, le secteur des entreprises de services se définit de plus en plus comme une force de création et de production qui repose sur les personnes plutôt que sur les machines. La définition d'une entreprise de service englobe donc, maintenant, les *services professionnels facturés à l'heure* et la livraison de projets, un projet étant défini comme la conception, la réalisation et la livraison d'un mandat ou d'un plan de travail convenu entre une entreprise et un client[52]. On n'a qu'à penser aux entreprises

[52] Traduction libre de la définition du terme anglais « *project* » : 1. a plan 2. a particular job or work which follows a plan. Dictionary of Marketing, Third Edition, Bloomsbury, 2004. ISBN 1-904970-04-4. La définition inclut ici les deux volets de l'utilisation du terme « projet » dans le langage d'affaires, 1. la planification 2. la réalisation.

présentes dans l'univers du multimédia, du numérique, du web, de la collecte, de l'organisation, de l'extraction et de l'utilisation des données pour constater que nous ne sommes encore qu'à l'aube de tous les projets entrepreneuriaux qui émergeront au cours de cette 4e révolution industrielle à laquelle nous avons déjà fait référence dans ce volume[53].

Il est évident que l'on ne peut calculer le coût d'un service, d'un projet vendu, comme il est fait dans le cas des entreprises commerciales ou manufacturières. L'état des résultats ne présente donc pas de section du coût des produits vendus et de marge brute, car ce qu'on vend ne sont pas des stocks, mais le produit de la création et de l'expertise qui se traduisent, en termes financiers, en honoraires et en salaires, tous éléments de rémunération confondus, comme nous l'avons déjà présenté dans ce chapitre (voir la section « Coût réel de la main-d'œuvre directe » présentée dans la section « Entreprises manufacturières » de ce chapitre, à la page 318).

Calculer le coût d'un service ou d'un projet est un exercice difficile, et c'est ce qui explique probablement que plusieurs professionnels ont l'impression de « tourner à vide » dans l'évolution financière de leur entreprise. « Tourner à vide » voulant dire se retrouver dans une situation de rentabilité et de caisse avoisinant le chiffre 0, ou, pire, d'être mécènes de leurs clients. Ce qui signifie de se retrouver avec un profit où il n'y a pas de place pour un salaire convenable, pas de place pour la location d'un bureau, pas de place pour le déploiement de l'entreprise et la « sortie du sous-sol ».

Nous n'entendons pas régler toutes ces difficultés de calcul dans ce volume, mais fournir les données de base qui permettront à tout professionnel d'effectuer un premier calcul de la totalité des coûts encourus pour réaliser et livrer un contrat-client, d'estimer le potentiel de viabilité de son entreprise par rapport à la tarification du service ou du produit vendu et de s'appuyer sur une meilleure information dans la négociation tarifaire avec les clients.

Commençons par présenter de nouveau les principes sur lesquels repose l'impératif de connaître l'ensemble des coûts pour réaliser une activité d'affaires rentable.

Encadré 10.5

Calcul du prix de revient

Principes de base

1. Le prix de revient est constitué de la somme de tous les coûts (production, commercialisation, distribution, gestion et financiers[a])[b] encourus par l'entreprise pour fabriquer, livrer et assurer le service après-vente d'un produit ou d'un service. Cela, dans le cadre du contrat-client et des obligations de prestation (promesses) convenues.
2. Il n'y a pas de formule magique. Le total des coûts encourus par l'entreprise est payé par les clients ou par les propriétaires (actionnaires) de l'entreprise si le prix de vente facturé aux clients est inférieur au coût[c].

[a] Nous excluons les charges d'impôt des calculs à des fins de simplification. Dans la réalité, elles doivent être prises en considération dans le total du prix de revient.

[b] « Temps Durs

Même les restos qui survivent connaissent des creux de vague. Pour s'en sortir, il n'y a pas de secret : **calculer**. Des kilos de farine aux rouleaux de papier hygiénique, rien ne doit être laissé au hasard, illustre M. De Canck. "Il n'y a pas beaucoup de cuisiniers qui aiment se faire demander combien ça coûte. Mais si je ne sais pas combien coûte chacune de mes assiettes, j'ai un problème", dit Julie Faucher, professeure à l'Institut de tourisme et d'hôtellerie du Québec (ITHQ), en ajoutant que certains établissements vont si mal que c'est comme s'ils payaient leurs clients pour qu'ils viennent manger. "On ne tripe pas longtemps quand il n'y a plus d'argent qui rentre", souligne pour sa part le chef de La Chronique. »

Morissette, N. (2016, 9 avril). Comment résister au passage du temps? Quelques restaurateurs dévoilent les raisons derrière la pérennité de leur établissement, *LaPresse+*, Section Gourmand. http://plus.lapresse.ca/screens/082dd33d-774f-4cab-b2db-8a5a6950001c%7Cz5L9af_H3uwG.html. Consulté en avril 2016.

[c] Ce problème est particulièrement présent chez les entreprises de services où il est difficile de connaître et de mesurer tous les coûts associés à la réalisation d'un mandat de consultation.

[53] Nous invitons le lecteur à écouter l'émission La Sphère, diffusée à l'antenne de Ici Radio-Canada Première qui nous permet d'entrer et de mieux connaître ce « nouveau monde » qui n'est pas le futur mais le présent. http://ici.radio-canada.ca/emissions/la_sphere/2015-2016/. Consulté en avril 2016.

Calcul des coûts d'une entreprise de service ou de projet

Nous utiliserons comme outil de calcul un tableau préparé par Pro-Gestion Estrie[54]. Qui peut s'appliquer à tout bureau de professionnels ou entreprise de service. Notre travail : identifier tous les coûts à assumer et à partager entre les clients (services rendus) et l'entreprise (recherche et développement pour investissements dans des projets futurs).

Chaque bureau de professionnels ou entreprise ayant ses particularités d'hébergement et de fonctionnement, le tableau fournit au lecteur, pour chaque section de coûts, quelques éléments de départ, lui laissant le soin de compléter en observant et en examinant de façon détaillée la liste des factures reçues (au nom de l'entreprise ou au nom personnel dans le cas des travailleurs autonomes), la liste des paiements relevés sur l'état de banque, l'état de compte de la société de carte de crédit, ou autres sociétés offrant des services de paiement électronique.

	Sous-total	Total
Coûts d'occupation		
Amortissement (droit d'utilisation ou propriété)	XX	
Entretien, électricité, chauffage, déneigement	XX	
Assurances	XX	
Taxes et permis	XX	
Autres (à compléter)	XX	
À reporter dans la colonne « Total »	XX	XX
Coûts de gestion		
Fournitures de bureau et approvisionnement (café et autres)	XX	
Papeterie	XX	
Frais de poste et de messagerie	XX	
Frais Internet (service et support technique)	XX	
Frais Web et support technique pour entretien et mise à jour	XX	
Frais de téléphone et autres outils mobiles de communication	XX	
Frais de déplacement, de séjour et de restauration	XX	
Salaires ou honoraires professionnels	XX	
Employés	XX	
Conseillers comptables, légaux, marketing	XX	
Autres (à compléter)	XX	
À reporter dans la colonne « Total »	XX	XX
Frais de formation et de qualification		
Congrès, colloques annuels, séminaires	XX	
Cotisations professionnelles	XX	
Autres	XX	
À reporter dans la colonne « Total »	XX	XX

54 Pro-Gestion Estrie (PGE), Offre de service, calcul des honoraires et détermination du prix de vente, http://demarrer.entreprendresherbrooke.ca/pdf/faire_une_offre_service_progestion_estrie.pdf. Consulté en mars 2016.

Frais de développement des affaires		
Temps (équivalent salaire) consacré à la préparation et aux rencontres-clients[55]	XX	
Frais d'inscription et temps (équivalent salaire) consacré aux activités générales de développement des affaires	XX	
Frais de séjour, frais de restaurant	XX	
Autres	XX	
À reporter dans la colonne « Total »	XX	XX
Communication, relations publiques et marketing		
Relations clients, grand public et médias sociaux	XX	
Marketing et gestion de la marque	XX	
Salaires ou honoraires professionnels	XX	
Autres	XX	
À reporter dans la colonne Total	XX	XX
Frais de financement		
Frais bancaires	XX	
Frais financiers	XX	
Frais de gestion de fluctuation des devises	XX	
Frais d'automatisation de la trésorerie	XX	
Autres	XX	
À reporter dans la colonne « Total »	XX	XX
Recherche et développement		
Activités régulières de recherche, de développement et d'amélioration continue des processus de production des services et des projets	XX	XX
Amortissements		
Équipement de bureau	XX	
Équipement informatique, logiciels	XX	
Conception d'application et de site Web	XX	
Frais de développement « nouveaux services et nouveaux processus »	XX	
Frais de développement des affaires « nouveaux clients, nouveaux territoires »	XX	
Autres	XX	
À reporter dans la colonne « Total »	XX	XX

[55] Dans certaines industries, la préparation d'une rencontre avec un client potentiel peut nécessiter de quelques minutes à plusieurs heures de préparation.

10.6 Organisation des chiffres dans le temps et décisions

La section « Amortissements » de ce tableau présente une différence importante entre les normes comptables et l'organisation des chiffres pour la prise de décision. En normalisation comptable, dans la section *actifs incorporels* du chapitre intitulé *Postes comptables*, nous avons expliqué que les conditions d'enregistrement en actifs incorporels (ressources) de certains coûts dans l'état de la situation financière d'une entreprise sont très sévères. Ainsi, aucun coût lié à la clientèle, comme des frais de développement des affaires ou des frais de développement et de solidification de la marque de commerce, n'est admissible en actifs. Ils constituent sans exception des charges à enregistrer à l'état des résultats. Pour d'autres actifs incorporels, tels les frais de développement d'un nouveau produit, d'un nouveau service, d'un nouveau processus de production, cela dépend des conditions liées à l'estimation de la faisabilité technique, l'espérance de la commercialisation rentable et un approvisionnement monétaire suffisant pour permettre à l'entreprise de terminer avec succès l'étape de développement. Nous avons également vu que pour les entreprises à capital fermé, les normes comptables pour les entreprises à capital fermé (NCECP) permettent de tout enregistrer en charges, l'estimation des conditions d'enregistrement en actifs ci-dessus mentionnées étant trop complexe, trop coûteuse ou trop incertaine, dans le cas de la suffisance du financement, par exemple, pour procéder à une ventilation sans risque entre « répond aux conditions d'enregistrement en actif » et « ne répond pas aux conditions d'enregistrement en actif » pour la prise de décision d'un investisseur, en particulier d'un investisseur externe à l'entreprise.

À l'intérieur d'une entreprise, cependant, il faut réorganiser les chiffres en fonction de la connaissance intime de l'entreprise et des besoins spécifiques des décideurs. C'est ce qu'on appelle l'organisation des données comptables à des fins de gestion. Les nouveaux tableaux préparés ne seront pas présentés à des utilisateurs externes de l'information, comme les états financiers, mais seront utilisés par les propriétaires et les gestionnaires qui pourront s'en servir et les interpréter en fonction de leur connaissance profonde de l'entreprise. C'est ce qu'on appelle « la comptabilité de gestion ». Les tableaux pourront quelquefois être remis à des investisseurs, des banquiers, des sociétés d'investissement privées, accompagnés des hypothèses de travail de la direction reflétant ses connaissances, ses estimations et ses convictions.

Si nous examinons la dernière section du tableau intitulée « Amortissements », il est facile de comprendre la répartition annuelle des coûts d'acquisition de l'équipement de bureau, de l'équipement informatique, des logiciels. Comme il est facile de comprendre la répartition annuelle des coûts de développement d'une nouvelle application, d'un nouveau site Web qui devrait se faire, en passant, sur deux à trois ans, compte tenu des refontes majeures qui seront nécessaires pour rester au niveau technologique et goût du jour. Le plus difficile est de faire la différence dans des postes budgétaires comme le développement des affaires (qu'est-ce qui relève du développement des affaires « normal » et qu'est-ce qui constitue un projet « hors de l'ordinaire ») et le développement d'un nouveau produit ou d'un nouveau service qui se fait souvent spontanément en cours de réalisation d'un mandat-client. Le client devrait-il payer tout le développement requis pour le service qu'il recevra? Probablement pas si le temps additionnel pris par les équipes de production a été généré par une nouvelle idée et a suscité la mise en place d'un nouveau projet de développement. Cela n'est pas évident, nous le concédons, mais la capacité de différencier les charges liées à la réalisation d'un mandat et les investissements qui permettront à l'entreprise de continuer à se démarquer est essentielle à l'établissement de l'équilibre charges – facturation-clients qui assurera la survie et la pérennité de l'entreprise.

10.7 Les grandes questions : quel devrait être le prix de vente du produit, du service, du projet? Quel devrait être le prix facturé?

10.7.1 Prix de revient total + marge bénéficiaire

Une entreprise ne vit pas en vase clos, et le prix de vente d'un produit ou d'un service est fixé en partie par le marché et en partie par la valeur unique apportée par le produit ou le service. Dans quelles proportions? Cela dépend de la concurrence et de la valeur spécifique apportée au client ou perçue par le client. Quel est le prix de vente d'un marteau? Quel est le prix de vente d'un marteau accompagné d'un conseil de rénovation? Tout repose sur la concurrence et sur la capacité de l'entreprise à faire accepter par ses clients une prime à la consultation. Ce qui se traduit, en termes de coûts au prix de revient total du marteau + le coût de l'employé qui va offrir le conseil + la marge bénéficiaire.

Comme mentionné, il n'y a pas de miracle. Tout repose d'abord sur le prix de revient total du produit, du service ou du projet vendu. La société Ikea a fait de cet énoncé sa marque de commerce et son succès à travers le monde. Définissons un meuble comme un ensemble de pièces de bois et de métal (vis et clous). Les grandes étapes du processus de la fabrication du meuble à la livraison au client sont les suivantes. Ikea a fait office de pionnier en repensant le processus habituel de vente de meubles au client pour le remodeler sur la base de la diminution des coûts. Comment? En répondant à la question suivante : qui peut faire à moindre coût cette étape du processus de vente du meuble.

Design	Conception	Achat matières premières et transformation	Transport à moindre coût[56]	Entreposage	Livraison	Assemblage
Ikea	Ikea	Ikea	Ikea	Ikea	Client	Client

D'autres entreprises d'ameublement ont repris le concept par la suite, mais Ikea a réussi à imposer son image et sa marque sur tout ce qui est processus d'assemblage par le client. Si bien qu'on appelle un meuble « Ikea » un meuble à assembler.

10.7.2 Mode de facturation

Il y a également la forme de la facturation aux clients. L'entreprise facture-t-elle à l'unité vendue, au taux horaire, au montant forfaitaire, à l'abonnement, cette dernière forme de facturation prenant de plus en plus d'essor, car les clients veulent de plus en plus « utiliser » plutôt que « posséder »[57, 58]. Ce modèle de facturation, qui se retrouve historiquement dans le secteur de la vente automobile – on vend « un paiement pour utilisation d'un bien » plutôt qu'un paiement pour la « vente du bien » – , est en plein essor. De bons exemples : la vente de disques qui s'est transformée en services de musique en ligne, communément appelée « *streaming* », (Spotify, Apple Music et autres) ou la vente de magazines qui est devenue un service de lecture d'une sélection de magazines (Texture, Molto[59] et autres). L'abonnement permet d'écouter de la musique ou de lire des articles, mais dès que les paiements cessent, il n'y a plus de magazines, il n'y a plus de musique. Contrairement à l'offre et à la facturation traditionnelles.

La popularité de la vente d'abonnements pour utilisation plutôt que la vente de la possession d'un bien correspond également à l'essor de ce qu'on appelle l'économie circulaire[60, 61], un nouveau modèle économique qui s'inscrit dans le contexte du développement durable.

Il est évident que le mode de facturation a un impact sur l'activité de l'entreprise, à tel point qu'il transforme des entreprises traditionnellement associées au secteur commercial en entreprises actives dans le secteur des services. Un bouleversement total du modèle d'affaires des entreprises affectées.

[56] Il en coûte moins cher de transporter et d'entreposer des boîtes de pièces non assemblées plutôt que de transporter et d'entreposer des meubles assemblés.

[57] Un nouveau défi marketing : la génération Y, une génération qui shoppe mais n'achète pas? Melty. http://www.melty.fr/un-nouveau-defi-marketing-la-generation-y-une-generation-qui-shoppe-mais-n-achete-pas-a279692.html

[58] L'usage prime sur la possession. La consommation a muté. Les jeunes sont résolument plus portés sur l'usage que sur l'acquisition. À la question, « Aujourd'hui, l'important c'est de pouvoir utiliser un produit plutôt que de le posséder », 75 % des 18-24 ans sont tout à fait ou plutôt d'accord, contre 65 % de la population totale... D'où le succès du Vélib' ou de Spotify. Même Amazon s'y met en lançant un programme de location de livres scolaires (assez chers aux USA) pour Kindle, PC et Mac qui permettrait aux étudiants d'économiser jusqu'à 80 % du prix des livres scolaires. Dossier Génération Y ultra-connectée : comment la capter pour déclencher l'achat? Audirep, avril 2014. http://www.audirep.fr/Mail/emailing2014/03NewsLetterAvril/DossierAvril2014.asp. Consulté en avril 2016.

[59] Agence QMI (2016, 11 avril). Groupe TVA lance Molto, le kiosque numérique de ses magazines. http://www.journaldemontreal.com/2016/04/11/des-magazines-encore-plus-accessibles. Consulté en avril 2016.

[60] http://www.institut-economie-circulaire.fr/. Consulté en avril 2016.

[61] http://cerium.umontreal.ca/etudes/ecoles-dete-2016/economie-circulaire/. Consulté en avril 2015.

10.7.3 Structure de coûts

La détermination du prix de vente d'un produit, d'un service ou d'un projet, repose sur la connaissance des coûts, de leur comportement (fixes ou variables) ainsi que de la marge bénéficiaire souhaitée. En conformité avec cet énoncé, nous illustrerons à l'aide d'un exemple la totalité de l'exercice de la détermination du prix de vente d'un produit ou d'un service.

L'entreprise manufacturière ABC

Voici les données du coût de fabrication de l'usine ABC :

- Capacité normale de production : 20 800 unités.
- Unités/heure de fabrication : 10 unités.
- Coefficient d'imputation des frais indirects : 10 unités/heure.

Voici le total des charges présentées dans les registres comptables de ABC, incluant les frais de fabrication, les frais de vente ainsi que les frais d'administration.

Coûts annuels engagés	Frais fixes $	Frais variables $/unité
Matières premières		10.00 unité
Main-d'œuvre directe		5.00 unité
Surveillance	10 400	12.00 heure
Fournitures diverses	1 664	19.20 heure
Éclairage, chauffage	832	6.00 heure
Amortissement usine	37 440	
Impôts fonciers	4 160	
Frais de vente	5 000	
Frais d'administration	20 000	

Nous utiliserons successivement les méthodes de calcul de prix de revient pour passer de l'étape de l'enregistrement des charges jusqu'à l'étape de la détermination du prix de vente.

Méthode du coût variable

Calculons d'abord le total des coûts variables de la production annuelle :

- Frais directs de fabrication
    - 10 $ + 5 $ = 15 $ par unité
- Coefficient d'imputation des frais indirects variables de fabrication
    - 12 $ + 19,20 $ + 6 $ = 37,20 $/10 unités/heure : = 3,72/unité
- Total : 18,72 $ par unité*

Le lecteur constatera dans la prochaine section l'ampleur de l'erreur de l'évaluation du coût de production d'un produit, d'un service ou d'un projet, lorsque l'on ne considère que les coûts variables dans l'équation.

Coûts + Marge bénéficiaire = Prix de vente

Méthode du coût complet

La méthode du coût complet, comme le nom l'indique consiste à prendre en considération l'ensemble des coûts, directs et indirects, variables et fixes, de la production et de la livraison d'un produit, d'un service ou d'un projet. Notons, à ce stade, que nous ne prenons pas encore en considération les frais de vente et les frais d'administration puisqu'ils ne font pas partie du coût de fabrication.

- Coefficient d'imputation des frais indirects fixes de fabrication
  - 10 400 $ + 1 664 $ + 832 $ + 37 440 $ + 4 160 $ = 54 496 $/2 080 heures[62] = 26,20 heure
  - 26,20 $ heure/10 unités = 2,62 $ par unité
- Total : 18,72 $* + 2,62** $ = 21,34 $

Méthode intégrant les coûts de fabrication, de vente et d'administration

Intégration Frais de Vente et Administration[63]

- Coefficient d'imputation des frais de vente et d'administration
  - 5 000 $ + 20 000 $ = 25 000 $/2080 heures : 12,02 $ heure/10 unités = 1,20 par unité
- Total : 18,72 $* + 2,62** $ + 1,20 $ = 22,54 $

Quel devrait être le prix de vente sur la base de ces calculs[64] :

Le prix de vente devrait être de 22,54 $ + la marge bénéficiaire souhaitée. Supposons que ABC souhaite obtenir une marge bénéficiaire de 10 %, le prix de vente devrait être de 25,04 $.

Il faut convenir que cet exemple de calcul du prix de revient d'un produit est on ne peut plus simplifié. Mais il donne tout de même une bonne idée de la méthodologie qui doit être prise en considération pour « construire » le prix de vente et le comparer avec le prix généralement accepté par le marché. Ici vont s'ajouter les variables qualitatives comme la proximité, l'excellence du service ou autres éléments de bonification qui feront que le client acceptera peut-être de payer plus cher que le marché.

Advenant la situation contraire, la connaissance exhaustive des coûts de fabrication, de vente et d'administration permettra de réaménager la structure de coûts pour atteindre l'objectif de 10 % de marge bénéficiaire, sinon de se questionner sur la pertinence de continuer les opérations.

10.8 Prix de revient par service et par projet ou comptabilité par activité

Dans le cas des entreprises de services et de projets où la réalisation repose sur le savoir, on utilise habituellement la capacité normale d'heures de facturation de l'organisation. Celle-ci est en effet requise pour procéder à l'imputation des frais généraux de production et de livraison du service, du produit.

Ce qui veut dire que chaque heure facturée au client inclut les coûts variables, ainsi que l'imputation des frais fixes (estimée sur la base de la capacité normale de facturation, sections réalisation du projet, vente et administration). On parle à ce moment de comptabilité par activité dont voici un schéma illustratif.

[62] Capacité normale heures

[63] Attention, notre tableau de calcul n'inclut pas de frais variables pour les sections « vente » et « administration ». Mais il serait possible d'en retrouver, comme des commissions pour *les unités vendues*.

[64] Afin de simplifier l'exemple, nous avons exclu l'imputation des charges financières et des charges d'impôt sur le revenu.

Figure 10.10 Schéma Cpt par activité

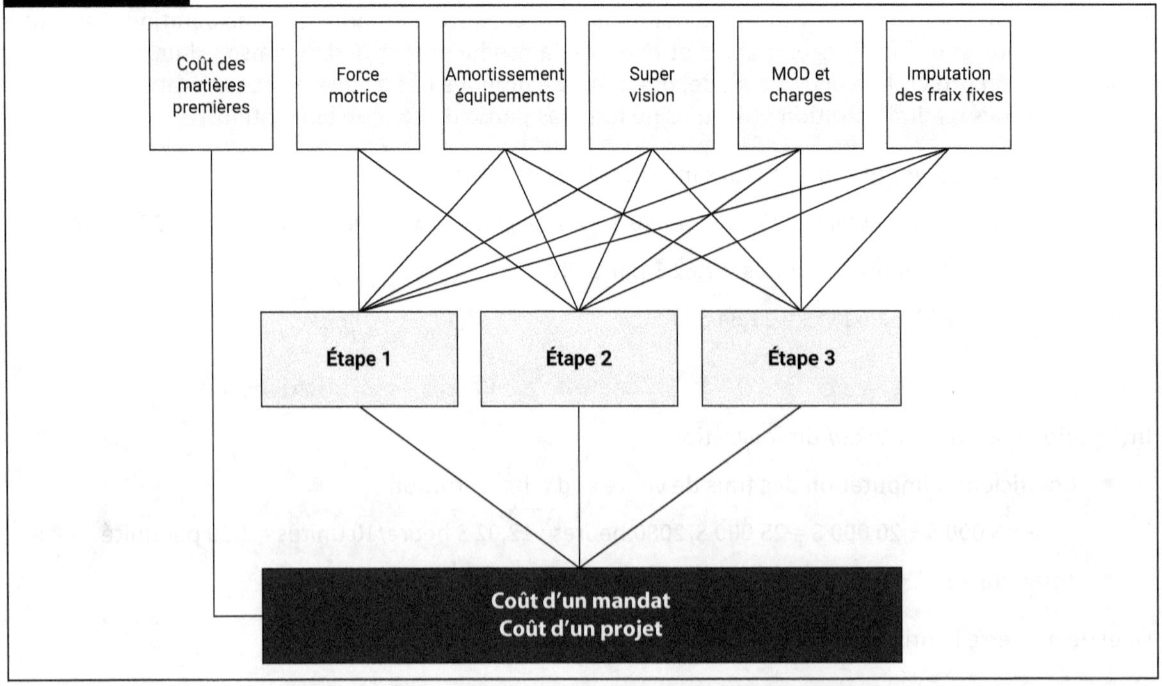

Hypothèse de travail : l'utilisation des équipements de production n'est pas uniforme d'un mandat ou d'un projet à l'autre.

Demeurent de difficiles questions à résoudre :

- Quel pourcentage de frais d'apprentissage devrait-on imputer à la réalisation d'un mandat?
- Quel pourcentage de frais de recherche et de développement devrait-on imputer à la réalisation du mandat?

Nous entrons ici dans une complexité où les services d'un expert-comptable spécialisé dans ce domaine sont requis. Et où on constate que le décideur ou l'expert-comptable ne peuvent, seuls, répondre à toutes les questions. Les connaissances de tous les intervenants de l'entreprise sont essentielles à la construction d'un modèle d'évaluation de coûts que l'entreprise pourra utiliser au moment de préparer la prochaine offre de service. Aussi, on prendra soin de relever le total des coûts liés à la réalisation de chaque mandat, de les comparer avec l'offre de service, de calculer et de comprendre les écarts tant favorables que défavorables. Il s'agit là d'une banque de données des plus précieuses pour faciliter et affiner la préparation des prochaines offres de service.

Il faut également prendre en considération qu'un modèle est valable tant et aussi longtemps qu'il n'y a pas de fluctuations ou de modifications dans les variables; un changement de taux horaire ou l'augmentation du prix de la matière première, par exemple. Toute l'organisation doit être sensibilisée à l'importance d'informer et d'ajuster en mode continu le modèle d'évaluation de coûts, sinon l'information devient de mauvaise qualité pour la prise de décision. Une difficulté de recrutement de main-d'œuvre a comme impact une augmentation du taux horaire des responsables de projets, cela requiert un ajustement immédiat. L'arrivée d'un concurrent qui crée une pression à la baisse sur la facturation oblige un questionnement immédiat sur la capacité de l'entreprise à maintenir son modèle ou à le réajuster en fonction de cette nouvelle donnée.

Il est donc essentiel pour une entreprise de se doter d'un modèle d'évaluation de coûts de ses produits, de ses services ou de ses projets et de maintenir l'information à jour de façon à continue. Rien n'est jamais acquis dans le monde des affaires et l'équilibre de l'équation coûts + profits = prix de vente est ponctuel et fragile.

Mot de la fin

Il se passe actuellement une évolution majeure dans le monde des affaires. Il n'y a plus d'acquis et il n'y a plus de modèles. Ce qui compte pour une entreprise est la capacité de construire une proposition d'affaires qui rejoint les préoccupations des clients et d'évoluer avec eux, à leur rythme. Plus, à leur goût, car il se passe également une évolution majeure au niveau des clients (« b to b ou b to c »). Ce sont eux, maintenant, qui dictent et qui placent les appels d'offres auxquelles les entreprises doivent répondre. Des plus informés, ils scrutent sur internet et sur les blogues les informations disponibles sur le produit, le service convoités et calculent fort bien les rapports qualité/prix. Le langage comptable fait maintenant partie de leur quotidien.

La taille de l'entreprise devient de moins en moins pertinente puisque sur internet une entreprise se construit sur la base d'un réseau de collaborateurs, de l'agilité de son offre de produits et de services et de sa capacité à tenir ses promesses. Ce qu'on appelle le contrat-client en comptabilité. Même les grandes entreprises sont à se déconstruire et à transformer leurs départements en « entreprises réseau ». Le langage comptable fait partie de leur quotidien.

On peut également observer une évolution majeure dans le monde du financement d'entreprises. Les investisseurs privés sont de plus en plus nombreux, avec des profils diversifiés et un engagement qui inclut argent, conseils et réseaux, concurrençant ainsi les institutions financières qui doivent s'adapter à cette offre monétaire enrichie et à des calendriers originaux et étendus de remboursement. Naturellement, le langage comptable fait partie de leur quotidien.

Une grande partie de ce volume a été rédigée en regardant les fenêtres éclairées de l'entreprise Moment Factory, dont je suis voisine. Ils ont inspiré beaucoup de mes réflexions, de mon désir de faire connaître l'expertise et l'enthousiasme des experts comptables à faire partie des équipes entrepreneuriales qui innovent, qui réussissent et qui se démarquent ici et à l'international. J'espère avoir réussi.

Micheline Renault,
D. Sc., MBA, CPA Auditeur, CA
Le 30 août 2016

www.ingramcontent.com/pod-product-compliance
Lightning Source LLC
LaVergne TN
LVHW080807011026
849160LV00015B/1558